FADAS NO DIVÃ

C826f   Corso, Diana Lichtenstein
        Fadas no divã : psicanálise nas histórias infantis / Diana Lichtenstein Corso,
Mário Corso. – Porto Alegre : Artmed, 2006.
        328 p. ; 25 cm.

      ISBN 978-85-363-0620-9

      1. Psicanálise – Literatura infantil. 2. Psicanálise – Literatura juvenil.
I. Corso, Mário. II. Título.

CDU 159.964.2:82-93

Catalogação na publicação: Júlia Angst Coelho – CRB 10/1712

FADAS NO DIVÃ

Psicanálise nas Histórias Infantis

Diana Lichtenstein Corso

Mário Corso

Reimpressão 2009

artmed®

2006

Capa e projeto gráfico
Paola Manica

Ilustrações
Sérgio Santos

Preparação do original
Lúcia Lovato Leiria

Leitura final
Jô Santucci

Supervisão editorial
Mônica Ballejo Canto

Editoração eletrônica

artmed®
EDITOGRÁFICA

Para Laura e Júlia, nossas duas feiticeiras...

Agradecimentos

ste livro não foi feito através de amparo, autorização ou orientação de nenhuma instituição, mas está distante de ser tarefa solitária de seus autores, que, por serem dois, já têm o nós como uso obrigatório. Em muitas passagens, entretanto, o nós abrange muito mais pessoas além dos dois autores. As pessoas a quem estamos agradecendo aqui nos ensinaram, emprestaram sua inteligência e energia ao nosso projeto, enxergaram caminhos que se ocultavam, criticaram estrutura, detalhes, estilo e referencial teórico.

Nossos agradecimentos são especialmente para:

Alfredo Jerusalinsky (primeiro mestre, que nos instigou a pensar sobre a infância contemporânea); APPOA (porque o ofício da psicanálise sobrevive graças a lugares como esse); Contardo Calligaris (em cujo pensamento nos inspiramos); Eda Estevanell Tavares (que também conhece o mundo das fadas, por idéias que incorporamos ao texto); Eduardo Mendes Ribeiro (por estar neste livro desde que ele era uma fantasia); Eliana dos Reis Calligaris (pela cumplicidade fraterna, na teoria e na prática); Eva Susana e Juan Lichtenstein (interlocutores incansáveis); Flávio Azevedo (por ter sido amigo a ponto de ser severo com nosso texto); João Carneiro e Nazareth Agra Hassen (pela força no momento inicial); Jorge e Maria da Graça Falkembach (pela leitura afetiva); Júlia Lichtenstein Corso (consultora em J.K.Rowling e em Maurício de Sousa, pela pesquisa das fontes em todos os capítulos e pelas hipóteses propostas); Laura Lichtenstein Corso (entusiasta da Terra Média, por nos iniciar em Dorothy, Pooh e Harry Potter e pela leitura crítica dos originais); Loraine Schuch (por tratar curiosidades de criança com seriedade de gente grande); Maria Ângela Brasil (cujo argumento foi definitivo para o início do livro); Rosane Monteiro Ramalho (pelas questões meticulosas); Simone Moschen Rickes (que mais de uma vez ajudou a pensar as linhas mestras); Zinah Corso (por ter conseguido compartilhar a vida deste projeto).

Modos de Usar

presente volume pode ser utilizado de vários modos. De acordo com a expectativa do leitor, podemos sugerir diferentes métodos de abordagem.

ALEATÓRIO: para quem se interessa por literatura e quer saber mais sobre seus contos ou histórias preferidos. Nesse caso, sugerimos que vá direto aos capítulos que lhe chamarem a atenção, sem preâmbulos. O livro pode ser perfeitamente lido em ordem aleatória, num percurso costurado pelas narrativas que marcaram a memória de cada um. Para tanto, cada capítulo tem a estrutura de um ensaio, propõe interpretações sobre personagens e tramas, assim como lança mão dos conceitos psicanalíticos que alicerçam tais hipóteses. Visando a permitir esse tipo de leitura, cada elemento teórico tratado é esclarecido na ocasião em que surge. Há alguns casos em que remetemos o leitor, que esteja em busca de alguma dimensão que requeira esclarecimentos, para outro capítulo, mas normalmente cada história ou grupo de contos encontra um tratamento completo e fechado em si.

SISTEMÁTICO: quem está interessado em compreender a infância, trabalha com crianças ou estuda psicanálise, psicologia, psiquiatria, pedagogia ou disciplinas afins, através da leitura contínua, encontrará, na primeira parte do livro, uma espécie de roteiro do desenvolvimento infantil, ilustrado através dos contos de fadas. Não é um manual de psicologia do desenvolvimento, mas busca apresentar o traçado inicial do crescimento de uma criança até a adolescência e seus contratempos, já que as histórias ofereceram excelentes oportunidades para apresentar e ilustrar alguns conceitos. A segunda parte do livro, se lida de modo continuado, sugere uma interpretação da infância contemporânea, ou seja, o que é ser criança e viver em família hoje.

PARA TODOS: pensamos nosso interlocutor imaginário como uma pessoa que pode ser leiga, mas que por razões de trabalho, paternidade, ou por ser um curioso sobre a alma humana, quer saber mais sobre as histórias infantis de ontem e hoje. Apenas um dos capítulos será de leitura mais árdua para alguém sem conhecimentos prévios em psicanálise, psicologia ou literatura: o capítulo XII, onde fazemos a crítica de um livro fundamental sobre o assunto. Ali estão as justificativas teóricas e metodológicas deste trabalho, assim como o diálogo com esse livro clássico que nos serviu de modelo. De qualquer maneira, mesmo nesse capítulo, buscamos a clareza, assim como tentamos realizar um debate sobre a cultura infantil moderna, seus novos meios e temáticas.

Aliás, se algum fio teceu nossa narrativa, foi o da busca da leveza. Mesmo tratando de temas árduos e nem sempre agradáveis, fizemos o possível para entregar ao leitor o fio de Ariadne, para que o Minotauro da chatice não nos devore...

Sumário

Prefácio
A CRIANÇA E SEUS NARRADORES

Maria Rita Kehl

Uma infância são ânsias

(Marilene Felinto)

 erto dia, a mãe de uma menina mandou que ela levasse um pouco de pão e leite para sua avó. Quando caminhava pela floresta, um lobo aproximou-se e perguntou-lhe onde ia.

— *Para a casa da vovó.*

— *Por qual caminho, o dos alfinetes ou o das agulhas?*

— *O das agulhas.*

O lobo seguiu pelo caminho dos alfinetes e chegou primeiro à casa. Matou a avó, despejou seu sangue numa garrafa, cortou a carne em fatias e colocou numa travessa. Depois, vestiu sua roupa de dormir e deitou-se na cama, à espera.

Pa, pam.

— *Entre, querida.*

— *Olá, vovó. Trouxe um pouco de pão e leite.*

— *Sirva-se também, querida. Há carne e vinho na copa. A menina comeu o que foi oferecido, enquanto um gatinho dizia: "menina perdida!*

Comer a carne e beber o sangue da avó."

Então, o lobo disse:

— *Tire a roupa e deite-se comigo.*

— *Onde ponho meu avental?*

— *Jogue no fogo. Você não vai precisar mais dele.*

Para cada peça de roupa (...) a menina fazia a mesma pergunta, e a cada vez o lobo respondia:

— *Jogue no fogo... (etc.).*

Quando a menina se deitou na cama, disse:

— *Ah, vovó! Como você é peluda!*

— *É para me manter mais aquecida, querida.*

— *Ah, vovó! Que ombros largos você tem!*

(etc., etc., nos moldes do diálogo conhecido, até o clássico desfecho):

— *Ah, vovó! Que dentes grandes você tem!*

É para comer melhor você, querida.

E ele a devorou.[1]

Para nosso espanto, este conto recolhido na França, por Charles Perrault, da tradição oral camponesa do século XVII, termina bruscamente aqui. O corajoso caçador, que viria matar o lobo e resgatar com vida a pobre Chapeuzinho Vermelho e sua querida avó, não existe nesta versão. Não existe um final feliz, nem uma moral da história. Seu objetivo original, afirma Robert Darnton, não era o de prevenir as crianças a respeito dos perigos da desobediência aos pais (na versão moderna do conto, Chapeuzinho escolhe o caminho oposto ao recomendado por sua mãe), de modo a protegê-las do contato precoce com a sexualidade adulta. As narrativas populares européias, matrizes dos modernos contos infantis[2] que, a partir das adaptações feitas no século XIX, passaram a integrar a rica mitologia universal, não apresentavam a riqueza simbólica que faz dos contos de fadas um depositário de significações inconscientes aberto à interpretação psicanalítica. Na verdade, eles nem eram destinados especificamente às crianças, nem parecem aliados a uma pedagogia iluminista. "Longe de ocultar sua mensagem com símbolos, os contadores de histórias do século XVIII, na França, retratavam um mundo de brutalidade nua e crua",[3] escreve Robert Darnton.

A função das narrativas maravilhosas da tradição oral poderia ser apenas a de ajudar os habitantes de aldeias camponesas a atravessar as longas noites de inverno. Sua matéria? Os perigos do mundo, a crueldade, a morte, a fome, a violência dos homens e da natureza. Os contos populares pré-modernos talvez fizessem pouco mais do que *nomear os medos* presentes no coração de todos, adultos e crianças, que se reuniam em volta do fogo enquanto os lobos uivavam lá fora, o frio recrudescia e a fome era um espectro capaz de ceifar a vida dos mais frágeis, mês a mês.

As modernas versões dos contos de fadas, que encantaram tanto nossos antepassados quanto as crianças de hoje, datam do século XIX. São tributárias da criação da família nuclear e da *invenção da infância* tal como a conhecemos hoje. Isto implicou:

1. a progressiva exclusão dos pequenos do mundo do trabalho, na medida em que a Revolução Industrial criou espaços de produção separados do espaço familiar (o segundo era característico das organizações do trabalho artesanal e campesino);
2. os ideais iluministas e os novos códigos civis trazidos pelas revoluções burguesas passaram a reconhecer as crianças como *sujeitos*, com direito tanto a proteções legais específicas quanto ao reconhecimento de uma subjetividade diferenciada da dos adultos.

Assim, a infantilização das narrativas tradicionais, transformadas nos atuais "contos de fadas", é concomitante à criação de um mundo próprio da criança e ao reconhecimento de uma "psicologia infantil", da qual mais tarde a psicanálise viria a se destacar radicalmente.

Os autores deste *Fadas no Divã*, o casal Diana e Mário Corso, sabem de tudo isso. Na linha inaugurada pelo psicanalista austríaco Bruno Bettelheim,[4] afirmam que a capacidade de sobrevivência dos melhores contos de fadas, que continuam encantando crianças das gerações dos computadores, videogames e jogos de RPG, consiste em seu poder de simbolizar e "resolver" os conflitos psíquicos inconscientes que ainda dizem respeito às crianças de hoje. A leitura da pesquisa detalhada e delicada que o casal Corso conduz ao longo deste livro nos faz ver que o atual império das imagens não retirou a força das narrativas orais.

É provável que as técnicas de transmissão oral, que na falta de imagens visuais apelam ao poder imaginativo dos pequenos ouvintes, sejam até hoje capazes de conectar as crianças ao elemento *maravilhoso* e à multiplicidade de sentidos que caracterizam o mito em todas as culturas e em todas as épocas, formando, na expressão dos autores, um "acervo comum de histórias" através do qual a humanidade reconhece a si mesma.

Nesse sentido, os autores, que também são pais e contadores de histórias, têm a sabedoria de não esgotar pela explicação psicanalítica todos os elementos que compõem a magia dos contos de fadas. Pudera: Diana e Mário Corso não entraram no mundo das histórias infantis por puro interesse intelectual; entraram conduzidos pelas mãos de suas duas filhas. Por isso mesmo, sabem o quanto é ingênua a pretensão de se propor uma única chave de entendimento para as histórias, uma vez que as crianças sabem utilizar os contos à sua maneira e segundo suas necessidades: "como era usado o mito nas sociedades antigas. (...) A criança é garimpeira, sempre procurando pepitas no meio do cascalho numeroso que lhe é servido pela vida"[5]. Além disso, como psicanalistas, compartilham da paixão da psicanálise pela fantasia, resolutiva de conflitos, constitutiva de identidades, criadora de espaços psíquicos tão reais e potentes quanto a dita realidade da vida. Os psicanalistas levam a infância a sério. No caso de Diana e Mário Corso, à paixão pelo universo infantil soma-se o gosto literário pelos contos de fadas. Com isso, os autores cumprem a mais importante das cinco condições propostas por Fernando Pessoa para um crítico literário: a simpatia.

Tem o intérprete que sentir simpatia pelo símbolo que se propõe interpretar. A atitude cauta, irônica, a deslocada – todas elas privam o intérprete da primeira condição para poder interpretar.[6]

Munidos de indiscutível simpatia por seu objeto, na interface entre a psicanálise e a literatura, os autores vêm contribuir com a ousada proposta de preencher um vazio na área da crítica de literatura infantil no Brasil.

Diana e Mário Corso não são tradicionalistas. Reconhecem que, nas últimas décadas, o poder das comunicações no mundo globalizado acelerou um trabalho de transmissão de histórias que levou séculos de tradição oral, no Ocidente. A extensa análise apresentada neste livro contempla, desde os tradicionais contos de fadas coletados na Europa pelos irmãos Grimm e por Charles Perrault, até os atuais e cinematográficos *Harry Potter*, *Turma da Mônica* e *O Senhor dos Anéis*, encerrando com os heróis dos melhores cartuns contemporâneos: *Mafalda*, *Peanuts* e *Calvin*. Segundo os autores, do ponto de vista do ouvinte infantil, não faz muita diferença se a história é passada ou contemporânea. Os contos que aparentemente não correspondem a questões do mundo atual interessam à criança, sempre aberta a todas as possibilidades da existência e capaz de identificar-se com as personagens mais bizarras e as narrativas mais extravagantes. Como a criança ainda não delimitou as fronteiras entre o existente e o imaginoso, entre o verdadeiro e o verossímil (fronteiras estabelecidas, em parte, pelo recalque das representações inconscientes), *todas as possibilidades da linguagem lhe interessam* para compor o repertório imaginário de que ela necessita para abordar os enigmas do mundo e do desejo.

Se alguns dos mistérios envolvidos nas antigas narrativas maravilhosas – os mistérios da fertilidade, a dependência humana em relação aos ciclos da natureza, o desconhecimento de fenômenos naturais, etc. – hoje parecem superados pela tecnociência e pelo acesso que todas as crianças têm à informação televisiva, isto não significa que a zona *estranhamente familiar* das manifestações do inconsciente tenha se reduzido ao discurso científico e à ousadia das imagens publicitárias. Nossas crianças continuam interessadas em seu próprio universo de mistérios, que sobrevive à aparente transparência da era das comunicações, com seu imperativo de tudo mostrar, tudo dizer, tudo exibir.

Mais, ainda: este mundo que propõe trazer toda a riqueza subjetiva para uma zona de plena visibilidade parece convencer menos as crianças do que os adolescentes e adultos. As crianças continuam interessadas no mistério; se ele se empobrece, elas o reinventam. Da mesma forma, são fascinadas por tudo o que desperte nelas a vasta gama de sentimentos de medo. O medo é uma das sementes privilegiadas da fantasia e da invenção; grande parte dele provém das mesmas fontes do mistério e do sagrado. O medo pode ser provocado pela percepção de nossa insignificância diante do Universo, da fugacidade da vida, das vastas zonas sombrias do desconhecido. É um sentimento vital que nos protege dos riscos da morte. Em função dele, desenvolvemos também o sentido da curiosidade e a disposição à coragem, que superam a mera função de defesa da sobrevivência, pois possibilitam a expansão das pulsões de vida.

As crianças procuram o medo. As histórias infantis incluem sempre elementos assustadores que ensinam os pequenos a conhecer e enfrentar o medo. Curiosos e excitados, os pequenos exigem que os adultos repitam várias vezes as passagens mais amedrontadoras dos contos de fadas. A madrasta malvada da *Branca de Neve* é mais popular do que os bondosos anõezinhos, assim como a bruxa comedora de crianças de *João e Maria* ou o tenebroso Darth Vader, do contemporâneo *Guerra nas Estrelas*.

Na primeira parte do livro, os autores analisam contos infantis que contemplam o medo da agressividade sexual dos pais incestuosos, assim como da rejeição inconsciente de algumas mães por suas crias. O tema das madrastas invejosas e más – em *Branca de Neve* e *Cinderela*, por exemplo – interessa às crianças porque nomeiam indiretamente a rivalidade das mães em relação a suas filhas, que o mito da perfeição do amor materno obriga a recalcar. A sobrevivência de diversas histórias de abandono das crianças por mães/madrastas egoístas, na linha de *João e Maria* e *Pequeno Polegar*, indica que as crianças *querem saber* dos limites e da ambivalência do amor materno. A sobrevivência de uma das histórias infantis mais populares, a saga do pobre patinho feio expulso da convivência com os irmãos bem nascidos, indica, nas palavras dos autores, que toda a criança conhece a experiência de sentir-se uma "estranha no ninho". Ouvir histórias é um dos recursos de que as crianças dispõem para desenhar o mapa imaginário que indica seu lugar, na família e no mundo.

Histórias de crianças que saem ou são expulsas de suas casas, ou que perdem o rumo de volta depois de um passeio mais ousado e se deparam com perigos inimagináveis, funcionam como antecipações que lhes permitem dominar o medo do "mundo cruel" que, mais dia, menos dia, terão de enfrentar. Nestas incursões pelo mundo proibido longe da proteção familiar, os melhores conselhos – como os do *Grilo Falante*, da história de *Pinóquio* – existem para não ser obedecidos. De todas estas, penso que a solução mais feliz e menos moralista é a de *Peter Pan*, menino que fugiu de casa exatamente para perpetuar a utopia da infância, associada à liberdade quase sem limites que a fantasia permite. Como observam os autores, em *Peter Pan*, ao contrário da história de *Pinóquio*, o mundo da fantasia não é um *desvio errado* em relação às normas do mundo adulto: ele indica que a criança precisa desejar crescer, para que isto aconteça. Por outro lado, a Terra do Nunca, ilha da utopia onde as crianças nunca crescem, não tem nenhuma semelhança com o paraíso bíblico: o prazer de habitá-la está ligado ao gozo do perigo, do medo e da aventura. Não interessa às crianças a fantasia de um paraíso pacificado, sem conflitos. Elas *desejam* o medo, o prazer do mistério e do desafio, aos quais respondem com a máxima potência de suas fantasias de onipotência.

De toda a gama de ameaças e perigos que assolam e fascinam o mundo infantil, é importante destacar o desamparo das crianças diante das fantasias inconscientes dos pais, às quais estão particularmente expostas pelo fato de serem, para elas, perigos irrepresentáveis. Estes não se resumem às obscuras fantasias incestuosas dos adultos; englobam também toda uma gama de possibilidades de resposta à pergunta sobre o sonho parental: o que o Outro quer de mim? Pergunta cuja resposta é impossível de ser atendida pela criança. Como lembram Diana e Mário Corso, ao analisar a história de Pinóquio: a paternidade é o sonho de fazer de alguém a marionete de nossos próprios sonhos. E acrescentam que, da posição de filhos, "somos o delicado equilíbrio entre não encarnar o que se espera de nós, e (viver) levando em conta exatamente isso". Nesta balança precária, o adulto não pode vencer: sua vitória implicaria

"a morte imaginária da criança, pois esta sente que só existe enquanto sua palavra valer".[7]

Talvez por isso, o inesgotável potencial (re)criativo aberto pelas narrativas infantis resida na sabedoria com que apresentam a função paterna, reduzida ao traço mínimo, indispensável, a partir do qual é a criança quem tem que se encarregar do resto do trabalho. O exemplo do *Mágico de Oz* é retomado com muita sensibilidade pelos autores, segundo os quais *a falta de magia do mago é o ponto mais mágico da história* (ou do filme), pois indica que o pai não é tão poderoso quanto se esperava. Basta que seja "um homem bom, mas um mau mágico",[8] de modo a que a criança seja obrigada a resolver sozinha os problemas que a vida lhe apresenta. Nesse sentido também, as inúmeras aventuras infantis que terminam com uma volta para casa não são tão conservadoras como podem parecer. Como na pequena novela do Bom Leão, criada por Ernest Hemingway (que não integra este livro), aquele que retorna à casa depois de uma longa aventura nunca será o mesmo que um dia saiu para conhecer o mundo.

No entanto, a viagem de iniciação necessária para que toda a criança conquiste o mundo à sua maneira nem sempre leva para muito longe de casa. A análise da saga contemporânea de Harry Potter revela, segundo os autores, o papel da escola como espaço de transição da infância para a adolescência – ou como o lugar onde é possível viver este período quase impossível da vida, a chamada pré-adolescência.

No último capítulo de *Fadas no Divã*, o leitor será presenteado com uma surpresa: uma história que o pai-narrador Mário Corso criou em parceria com suas duas filhas, hoje adolescentes. Como todas as histórias do gênero maravilhoso, esta também contém elementos simbólicos que remontam a questões sobre a origem familiar das meninas (que não vou antecipar aqui para não estragar o prazer dos leitores). Contar histórias não é apenas um jeito de dar prazer às crianças: é um modo de ampará-las em suas angústias, ajudá-las a nomear o que não podia ser dito, ampliar o espaço da fantasia e do pensamento: a ficção, escreve Corso, "acaba sendo uma saída para que certas verdades se imponham".[9]

Contar histórias é ainda uma das melhores maneiras de ocupar o lugar geracional que cabe aos pais, junto a seus filhos – lugar que os adultos hoje relutam em ocupar, no afã de se conservar eternamente adolescentes. Se cada filho tem que recontar a própria história à sua maneira para fazê-la sua, os autores apresentam sua versão particular dos pais suficientemente bons, de Winnicott, como *pais suficientemente narradores*: estes são capazes de tecer uma teia de sentido em torno das crianças, e ao mesmo tempo deixá-la incompleta para que estas continuem a tarefa de produzir o romance familiar apropriado a suas pequenas vidas.

A associação entre os cuidados parentais e a narratividade me fez lembrar o relato do romancista argentino Ricardo Piglia sobre os índios sul-americanos *ranqueles*, dizimados no final do século XIX. Viviam em tribos nômades, sem relações fixas de autoridade e obediência. Entre os *ranqueles*, o poder não advinha da força de coação, mas da capacidade narrativa do chefe.

> Nessas sociedades, que souberam proteger a linguagem da degradação que as nossas lhe infligem, o uso da palavra, mais do que um privilégio, é um dever do chefe. O poder outorgado a ele do uso narrativo da linguagem deve ser interpretado como um meio que o grupo tem de manter a autoridade a salvo da violência coercitiva. (...) como um personagem de Kafka, esse homem, prisioneiro de seus súditos, continua, todos os dias, construindo seus belos relatos de ilusão. E porque, apesar de tudo, continua falando, todos os dias, ao amanhecer ou ao entardecer, consegue fazer com que suas histórias entrem na grande tradição e sejam lembradas pelas gerações futuras. Até que, por fim, um dia, as pessoas o abandonam: alguém, em outro local, nesse momento, está falando em seu lugar. Seu poder, então, acabou.[10]

Como o antigo chefe *ranquele*, os pais narrativos servem-se de seu poder de dizer coisas significativas a seus filhos, dia após dia, até perceber que eles estão deixando de lhes dar ouvidos. É hora de deixá-los falar por si mesmos. O amor entre eles continua – mas seu poder acabou.

Notas

1. Apud Robert Darnton, *O Grande Massacre de Gatos (e Outros Episódios da História Cultural Francesa)*. Rio de Janeiro: Graal, 1986. Tradução de Sonia Coutinho.
2. Modernos, embora já tradicionais para nossas crianças, porque são versões posteriores ao século XVII.
3. Darnton, cit., p. 29.
4. Autor do consagrado *A Psicanálise dos Contos de Fadas*.
5. M. e D. Corso, p. 29
6. Apontamento de Fernando Pessoa utilizado como nota preliminar publicada pela primeira vez na edição da *Obra Poética* do autor pela editora Aguilar, Rio de Janeiro, 1960. As outras qualidades do decifrador de símbolos seriam a intuição, a inteligência, a compreensão e a graça.
7. p. 219 e 224.
8. p. 248 e 250.
9. p. 307.
10. Ricardo Piglia, *O Laboratório do Escritor*. São Paulo: Iluminuras, 1994, p. 90-91. Tradução de Josely Vianna Baptista.

Apresentação

 psicanálise sente-se à vontade no terreno das narrativas, afinal, trocando em miúdos, uma vida é uma história, e o que contamos dela é sempre algum tipo de ficção. A história de uma pessoa pode ser rica em aventuras, reflexões, frustrações ou mesmo pode ser insignificante, mas sempre será uma trama, da qual parcialmente escrevemos o roteiro. Freqüentar as histórias imaginadas por outros, seja escutando, lendo, assistindo a filmes ou a televisão ou ainda indo ao teatro, ajuda a pensar a nossa existência sob pontos de vistas diferentes. Habitar essas vidas de fantasia é uma forma de refletir sobre destinos possíveis e cotejá-los com o nosso. Às vezes, uma história ilustra temores de que padecemos, outras, encarna ideais ou desejos que nutrimos, em certas ocasiões ilumina cantos obscuros do nosso ser. O certo é que escolhemos aqueles enredos que nos falam de perto, mas não necessariamente de forma direta, pode ser uma identificação tangencial, enviesada.

A paixão pela fantasia começa muito cedo, não existe infância sem ela, e a fantasia se alimenta da ficção, portanto não existe infância sem ficção. Observamos que, a partir dos quatro últimos séculos, quando a infância passou a ter importância social, as narrativas folclóricas tradicionais, os ditos contos de fadas, constituíram-se numa forma de ficção que foi progressivamente se direcionando para o público infantil. Hoje, os contos de fadas são considerados coisa de criança, mas curiosamente muitos deles continuam estruturalmente parecidos com aqueles que os camponeses medievais contavam. Como foi que esses restos do passado vieram parar nas mãos das crianças de hoje?

O presente livro organiza-se ao redor de duas questões. A primeira é direcionada a essas narrativas folclóricas sobreviventes. Pretendemos traçar hipóteses a respeito do quê as mantêm vivas até agora, que fantasias poderiam estar animando-as. Embora muita coisa tenha mudado no reino dos homens, parece que certos assuntos permaneceram reverberando através dos tempos. Por exemplo, os temas do amor, das relações familiares e da construção das identidades masculina e feminina ainda podem se inspirar em narrativas muito antigas. Essas velhas tramas devem ter achado razões para existir em tempos tão distintos, senão teriam perecido. São problemas e soluções de outrora, mas que surpreendentemente encontraram lugar no interesse de gente novinha em folha. Por quê?

A segunda questão busca saber se os contos de fadas podem evoluir. A resposta a essa interrogação passa pela identificação daqueles que seriam os sucedâneos modernos dessas narrativas centenárias. Se pudermos analisar histórias infantis mais recentes, mas que já se tornaram clássicas, nascidas e consagradas ao longo do século XX, buscando nelas as novas formas que a fantasia encontrou de se conjugar, talvez possamos compreender melhor algumas coisas sobre as crianças, as famílias e as pessoas do nosso tempo. Através das fantasias que embalaram os sonhos das gerações mais recentes, deve ser possível saber algo mais sobre o tipo de gente que estamos nos tornando.

A importância dos contos tradicionais para a construção e o desenvolvimento da subjetividade humana já foi estudada e demonstrada, especialmente por Bruno Bettelheim em seu livro *A Psicanálise dos Contos de Fadas*. Essa obra foi uma experiência pioneira em interpretar exaustivamente os contos de fadas a partir da teoria psicanalítica, ressaltando que seu uso pelas crianças contemporâneas visa a ajudá-las na elaboração de seus conflitos íntimos. Ele acreditou encontrar na eficácia psicológica dessas tramas o motivo de sua perenidade e, com base nessa hipótese, discorreu sobre uma série de características da infância. Inspirado nesse trabalho de Bettelheim, nosso estudo compartilha de seu campo de interesse e de suas questões, mas visa a seguir um passo adiante dessa pesquisa, ou seja, verificar se histórias infantis do século XIX e XX são usadas pelas crianças de forma similar. Além disso, novas histórias respondem a novas necessidades subjetivas, as fantasias traduzem as novidades existentes na vida dos jovens humanos, mas que modificações são essas?

Na primeira parte do livro, enfocamos contos de fadas tradicionais tal como fez Bettelheim. Dedicamos um capítulo ao re-estudo de seu livro, onde apontamos as interpretações interessantes que ele nos legou, mas também as divergências, fazemos críticas particularmente a certas idealizações com que o autor cercou o problema.

Tanto o mundo dos contos de fadas, quanto a oferta atual de ficção para crianças são universos muito extensos, e isso se reflete ao longo do livro, onde também contamos e analisamos muitas narrativas, o que basicamente se constitui no recheio de nosso trabalho. Quem não está habituado ao tema pode julgar excessivo o número de histórias examinadas para responder questões aparentemente tão simples, porém não acreditamos possível um estudo desse assunto sem essas referências múltiplas.

Certamente poderíamos ter mantido um debate basicamente teórico com o leitor, mas optamos por um caminho demonstrativo. Através de uma ampla gama de exemplos de histórias infantis, tradicionais e modernas, e da leitura psicanalítica do conteúdo inconsciente que elas podem evocar, pretendemos contribuir para elucidar as razões de sua atualidade e consagração. Em termos de linguagem, empenhamo-nos em desdobrar os conceitos psicanalíticos de forma que se tornem compreensíveis para os leitores não iniciados nessa teoria, mas quanto ao número de exemplos não é possível economizar, faz parte da natureza do objeto.

Como efeito secundário do presente estudo, a análise de histórias acaba sendo uma forma mais agradável de entrosamento com a teoria psicanalítica, pois aqui se pode vê-la em funcionamento. Evidentemente, personagens de contos não são pacientes, e nenhum deles recebe algum tipo de diagnóstico. Trata-se apenas de histórias que nos permitem abordar questões sobre os sonhos e pesadelos dos seres humanos.

Outro fator também estimulou esse estudo. O território da análise da ficção dirigida à infância é lugar de um paradoxo: preocupamo-nos crescente e obsessivamente com as crianças, nunca tanto investimento foi feito em seres tão pequenos e deles tanto se esperou. Além disso, cada vez mais se acredita nas influências precoces da formação no destino dos seres humanos. Por isso mesmo é intrigante que tenhamos tão pouco espaço para a crítica à ficção que lhes é oferecida. Em contraste com o volume de estudos dedicados à literatura, à mídia e às artes como um todo, parece que poucos profissionais estão empenhados em decifrar os efeitos sobre as crianças do leque de cultura que hoje lhes é ofertado. Quando esses estudos são feitos, salvo raras exceções, tendem a ganhar visibilidade pública apenas as interpretações catastrofistas que surgem sob forma de alerta, denunciando os nefastos efeitos que seriam gerados a partir de uma infância marcada pelos *games* e desenhos animados violentos.

Mais do que oferecer soluções para os enigmas que as tramas narradas apresentam, nosso objetivo foi incentivar esse caminho e unir esforços com aqueles críticos que já o estão trilhando. Para isso, usamos a ferramenta da qual dispomos – a psicanálise –, mas uma análise puramente psicanalítica certamente é reducionista, tentaremos sempre que possível abrir o leque. Seria uma deslealdade tratar qualquer fantasia de modo simplista, é necessária uma relação de respeito com o caráter surpreendente de cada história, assim como uma assumida humildade do quanto sua riqueza transcende nossa capacidade de análise

Essas histórias sensibilizam quem as escuta em diversos planos, e certamente não conseguiremos dar conta de todos. Por exemplo, o conto *João e Maria* fala da escassez de alimentos e da expulsão do lar por essa contingência. As crianças da Velha Europa que o escutavam entendiam bem do que se tratava, pois a comida faltava mesmo. Mas a empatia com uma história se dá em vários níveis e é provável que, junto com o tema da fome real, também fossem tocadas por outras questões, para as quais todas as crianças são sensíveis, como a separação da mãe nutridora e o medo de ser abandonado pelos pais. Já uma criança moderna, de uma família abastada, quiçá nem saiba o que possa ser a falta de alimentos, não obstante se fascina com a mesma história, e provavelmente isso será devido às questões mais subjetivas.

Ainda em um outro ponto de vista, podemos supor que uma criança brasileira, habitante da periferia miserável dos centros urbanos, se escutar a história de João e Maria, vai encontrar no conto uma fonte para traduzir a angústia concreta de ser expulsa de casa por seus pais e a dúvida diária sobre a possibilidade de eles conseguirem trazer comida ou não; mas, acrescido a esse sentido direto, talvez compartilhe com a criança de vida mais abastada a questão sobre a posição da mãe nutridora, cujo seio ela também teve de deixar. É provável que a empatia com os personagens desse conto ocorra em dois níveis (social e íntimo) para todas as crianças brasileiras, afinal, há Joãos e Marias em todos os semáforos do país, então como não pensar em ser abandonado? Além disso, independentemente do quanto a realidade da pobreza se impõe para as diferentes camadas sociais, não há mãe que não faça questão de lembrar a seus rebentos, quando eles esnobam o alimento, que há outras crianças que passam fome.

Como forma de estruturar o livro, optamos por agrupar os contos tendo como eixo as fantasias que acreditamos que suscitam, disso resultou que algumas histórias e personagens clássicas fossem convocadas e outras não. Toda a escolha implica perdas, certamente os leitores encontrarão omissões que considerem imperdoáveis. A seleção de histórias é também a que nos foi possível, pois incluímos aquelas sobre as quais sentíamos que tínhamos algo a dizer, entendendo-se por isso as que tocaram em algum ponto remanescente da nossa infância e que deixou restos na vida adulta. Certamente a parentalidade ajudou a precipitar essas escolhas, já que foi quando nos descobrimos no papel de pais narradores que toda a dimensão desse pedaço da infância aflorou.

Em geral, quando contamos um conto nos apropriamos dele, o subjugamos aos nossos interesses. Para tanto, uma parte se conserva (uma espécie de núcleo da história), mas outra é acrescentada, por isso, as histórias não permanecem exatamente iguais com o passar dos anos. É isso que torna tão instigante o

porquê de determinados contos terem se celebrizado, durado, permanecido com um núcleo comum tão preservado, sendo que não são necessariamente muito melhores do que outros. Entre a variada oferta de combinatórias de fadas, bruxas, amores e aventuras, alguns contos tiveram a sorte de oferecer uma mistura adequada ao uso dos narradores de outros tempos. Nosso trabalho busca compreender quais desses elementos estão presentes em um determinado conto, qual teria sido o acerto daquela síntese particular para que ele fosse escolhido para durar. Uma espécie de análise do produto para entender seu sucesso, às vezes secular, no mercado da ficção.

Quanto às narrativas mais recentes, o critério foi similar, pois dedicamo-nos basicamente àquelas que já mostraram sinais de consagração junto a várias gerações de crianças. Por isso, trabalhamos algumas ficções nascidas com o século XX, que ainda são populares, e analisamos também algumas histórias provenientes das últimas décadas, cujas personagens e tramas se tornaram de domínio público, sendo conhecidas muito além de sua existência escrita, desenhada ou filmada.

Este livro inclui também um apêndice, onde é contada e analisada uma história familiar criada para nossas filhas, não é um conto folclórico, nem um sucesso de público. A única tradição a que ela pertence é a da pequena família nuclear que constituímos, sua única popularidade é entre as crianças filhas dos amigos que receberam uma cópia dessa historinha, mas sua participação no livro é justificada pela possibilidade de exemplificar e explicar como determinado conto é escolhido e construído enquanto parte da mensagem (inconsciente) que os pais passam aos seus filhos. Numa história inventada, fica mais fácil compreender e demonstrar a transparência entre os seus elementos e o inconsciente, tanto do narrador quanto de sua platéia.

Entre as heranças simbólicas que passam de pais para filhos, certamente, é de inestimável valor a importância dada à ficção no contexto de uma família. Afinal, uma vida se faz de histórias – a que vivemos, as que contamos e as que nos contam.

Primeira Parte
– HISTÓRIAS CLÁSSICAS –

"...as fábulas são verdadeiras. São, tomadas em conjunto, em sua sempre repetida e variada casuística de vivências humanas, uma explicação geral da vida, nascida em tempos remotos e alimentada pela lenta ruminação das consciências camponesas até nossos dias; são o catálogo do destino que pode caber a um homem e a uma mulher, sobretudo pela parte da vida que justamente é o perfazer de um destino: a juventude, do nascimento que tantas vezes carrega consigo um auspício ou uma condenação, ao afastamento de casa, às provas para tornar-se adulto e depois maduro, para confirmar-se como ser humano."

Italo Calvino[1]

 primeira parte do livro destina-se basicamente ao leitor que queira saber mais sobre os contos de fadas folclóricos e as razões do seu encanto. Nós nos interrogamos sobre as condições da eficácia dessas narrativas junto à subjetividade infantil e por que algumas delas perduram até hoje. Afinal, entra geração, sai geração e seguimos repetindo as mesmas histórias para as crianças. Por vezes, damos novas roupagens a velhas tramas; em outras, modificamos o desfecho, o ritmo, o estilo, mas muitas delas sobreviveram quase idênticas a si mesmas ao longo de séculos. Isso é absolutamente surpreendente num mundo cada vez mais mutante.

É interessante que esses contos tenham sido relegados à infância, já que na sua origem não serviam a uma parcela restrita de pessoas; eles nasceram para todos. Durante séculos, faziam parte de momentos coletivos, em que um bom contador de histórias emocionava sua platéia, incluindo gente de todas as idades. Com o passar dos tempos, foi diversificando-se a forma da narrativa, através da popularização dos livros – tanto em edições primorosas destinadas à corte e à burguesia nascente, quanto em brochuras baratas, para serem consumidas por uma sociedade em crescente processo de alfabetização ou mesmo através do teatro popular. Mais recentemente, o cinema e a TV foram dominando a cena. Independentemente do meio, fomos assistindo a um deslocamento: essas formas de narrativa mágica foram sendo empurradas para o domínio infantil.

Quando essas histórias faziam parte da tradição oral, o mundo doméstico não era tão dissociado do resto da sociedade, trabalhava-se num lugar que era a extensão da casa. Não havia uma distância clara entre casa e trabalho, nem entre o mundo da infância e o dos adultos, assim como tampouco havia uma preocupação com a formação das crianças, pois nem havia uma clara idéia de que a infância, tal qual a concebemos, existisse. Na partilha ocorrida posteriormente, que fez com que casa e trabalho, adultos e crianças se separassem, os contos de fadas ficaram em casa com os pequenos.

A partir da modernidade, começou a haver uma distinção entre produtos culturais para adultos e produtos para crianças, nosso tempo levou isso ao extremo, e cada idade passou a ter seus produtos bem delimitados. A cultura assimilou as leis do mercado, incorporando suas prerrogativas de consumo e publicidade. Em função das intenções pedagógicas e mercadológicas, passa então a ser importante a definição de um público-alvo. Graças a isso, o grau de especialização da cultura produzida para a infância tornou-se algo a ser estabelecido com precisão. Levando em conta a psicologia de cada época da vida, temos ofertas culturais diferenciadas para bebês, crianças pequenas, escolares, pré-púberes, adolescentes, adultos solteiros, famílias e assim por diante.[2]

Esses produtos culturais para a infância geralmente são aceitos sem reservas pelo público-alvo, mas sempre estão sob a suspeita adulta de serem prejudiciais ou deformadores da mente infantil. Ao contrário, os contos de fadas atualmente parecem estar isentos desse tipo de desconfiança, e é praticamente consensual o apreço a esse tipo de narrativa. O único senão é um certo filtro quanto a passagens mais cruas. Alguns contos foram submetidos a uma certa censura,[3] embora possamos dizer que seu conteúdo básico foi mantido. Hoje eles fazem parte da educação desejável, assim como aprender a contar e se alfabetizar, e é impensável que uma criança cresça em um ambiente considerado estimulador sem ter entrado em contato jamais com *Chapeuzinho Vermelho*, *João e Maria* ou *Bela Adormecida*. Nem que seja intuitivamente, a maior parte das pessoas acredita que essa tradição tem algo a dizer.

Há muito para pensar sobre esses restos da tradição oral que se perpetuaram na intimidade dos lares, passando a fazer parte da formação das crianças. Quanto aos presentes capítulos, cabe-nos enfocar desde o único ângulo que temos competência para fazê-lo: a leitura psicanalítica do fenômeno e das histórias. Seguimos os passos do psicanalista austríaco Bruno Bettelheim, que, com seu livro *A Psicanálise dos Contos de Fadas*, criou o caminho que nos inspira: a leitura dos aspectos psicológicos que nessas histórias

fazem eco na infância e a tentativa, a partir desses, de conjecturar por que as crianças as mantiveram vivas.

Bettelheim demonstra um enfoque que poderíamos chamar de darwiniano dessa relação bem-sucedida, acreditando que as tramas que sobreviveram através dos tempos foram aquelas que ofereciam oportunidade para representar conteúdos do inconsciente infantil, ou seja, as que foram capazes de se adaptar às necessidades atuais. Para ele, há uma seleção ativa por parte das crianças e suas famílias, no sentido de escolher e usar certas histórias como se fossem um esquema no qual se apoiar para realizar suas elaborações. Cada história conteria uma mensagem, um desafio e um desfecho que para a criança interessa ouvir em determinado momento de sua vida. Em linhas gerais, concordamos com esse ponto de vista e tentamos acompanhar esse autor à altura da importância de suas elaborações, dedicando-nos a trabalhar uma série de contos de fadas, inclusive alguns sobre os quais ele já escrevera, assim como outras histórias contemporâneas.

A obra de Bruno Bettelheim foi a pedra fundamental da produção analítica sobre os contos de fadas, ensinando-nos os mecanismos de sua eficácia na vida das crianças. Podemos inclusive dizer que seu texto foi decisivo para a legitimação dos contos de fadas enquanto dignos de fazer parte da formação das crianças contemporâneas. Vivemos tempos muito psicológicos, nos quais há uma preocupação *a priori* com os efeitos de todo o estímulo que se oferece às crianças. Bettelheim elevou os contos de fadas ao estatuto de recomendáveis, o que certamente também contribuiu de alguma forma para sua sobrevivência e popularidade.

Da obra de Bettelheim, aprendemos o método de observar o diálogo da criança com o conto que lhe agrada, principalmente sua coragem ao atribuir essa escolha aos aspectos estruturais inconscientes. Acreditamos, porém, que ele compreendeu essa relação de forma algo idealizada, imaginando que os contos preservados eram aqueles que desempenhavam funções edificantes no sentido do crescimento ou da elaboração de conflitos. Não temos uma visão tão otimista assim. Acreditamos que muitas histórias apenas permanecem pelo seu caráter meramente ilustrativo ou representativo, como um esquema imaginário onde se apóiam elementos conscientes e inconscientes. O que cada trama evoca no leitor ou ouvinte, ou seja, a combinatória de elementos em que uma representação se apóia, não necessariamente faz parte intrínseca da história, ela pode mudar conforme o cenário e a época em que a narrativa é contada. Dentro desse ponto de vista, é possível supor que contos como *Cinderela* ou *João e o Pé de Feijão* não resistiram até nosso tempo pelas mesmas razões que os consagraram nas tradições recolhidas pelos folcloristas ou nas versões de Perrault e Jakobs. Da mesma forma, podemos supor que contos como *Bicho Peludo* ou *Pele de Asno* tiveram sua popularidade encolhida pelas inconveniências que continham, na medida em que não é admissível hoje contar aos pequenos histórias tão francamente incestuosas.

Nosso trabalho é uma tentativa de alargar o horizonte que Bettelheim nos deixou. Uma certa idealização restritiva na sua compreensão do que seria um conto de fadas o afastou de um conjunto de ficções especialmente intrigantes e importantes para as crianças. Divergindo dele, acreditamos que existem novos contos de fadas, configurando-se num gênero dedicado não apenas à preservação, mas também à renovação. Em função disso, propomos uma inclusão de histórias que o autor não considerava genuínos contos de fadas, nem apropriados para crianças, no gênero do maravilhoso.

Conto de fadas versus *conto maravilhoso*

 que entendemos aqui por *conto de fadas* é o mesmo que Vladimir Propp denominou *conto maravilhoso*,[4] em função da onipresença de algum elemento mágico ou fantástico nessas histórias. Contos de fadas não precisam ter fadas, mas devem conter algum elemento extraordinário, surpreendente, encantador. Maravilhoso provém do latim *mirabilis*, que significa admirável, espantoso, extraordinário, singular. Muitos optaram por essa denominação justamente para dar conta da vastidão de personagens e fenômenos mágicos, absurdos ou fantasiosos que podem povoar os reinos encantados. Mas preferimos seguir a sabedoria popular que manteve as fadas enquanto representantes deste reino. Elas já foram associadas às Moiras, imaginadas com uma roca nas mãos, que conteria o fio de nosso destino, como uma espécie de parteiras mágicas, que possibilitam a vida e definem os seus percalços. As fadas seriam as herdeiras das sacerdotisas de ritos ancestrais, já que a elas é reservada a função de veicular a magia. Por isso, não abriremos mão da denominação que em tantas línguas as tornam embaixatrizes do mundo mágico.

O elemento fantástico presente enquanto *maravilhoso* nessas narrativas cumpre a função de garantir que se trata de outra dimensão, de outro mundo, com possibilidades e lógicas diferentes. Assim fazendo, os argumentos da razão e da coerência já são barrados na porta, e a festa pode começar sem suas incômodas presenças, bastando pronunciar as palavras mágicas *Era uma vez...* como uma senha de entrada.

Vivemos num momento em que a mutação dos meios dessas histórias atingiu um ponto de virada: a tradição oral cedeu espaço ao império das imagens. Hoje, tudo o que se diz deve ser ilustrado. Os sons, os silêncios, a entonação e a capacidade dramática, que faziam a glória de um bom contador de histórias foram, substituídos pelas capacidades narrativas dos estúdios de cinema, da televisão e dos ilustradores de livros e quadrinhos. O que nos interessa é o fato de muitas histórias terem subsistido através desses novos meios e perdurarem evocando as mesmas emoções. Nosso propósito é encontrar velhas tramas mesmo que estejam vestindo novos trajes. Seguiremos os rastros daquelas que se preservaram de formas menos vistosas, assim como tentaremos detectar a existência de novidades na terra da fantasia.

Aproximando-se do folclore de vários países, é possível constatar que certas histórias, clássicas para nós, na verdade, constituem apenas um arranjo particular que encontrou uma forma feliz, fez eco numa certa comunidade e teve a sorte de ser preservado. Não é incomum encontrarmos nas compilações de histórias folclóricas, de distintas nacionalidades, contos que começam como o nosso conhecido *Branca de Neve*, seguem com ares de *A Bela e a Fera* e terminam igual ao de *Cinderela*.

É provável que a maioria dos contos de fadas esteja irremediavelmente esquecida. As histórias que sucumbiram davam conta de situações que já não se repetem: explicações mágicas para problemas relativos à fertilidade, aos mistérios da natureza, a regras morais num tempo de rigidez religiosa, a rituais de passagem e a tantas outras coisas, mas deixaremos essa pesquisa para quem tem a competência de fazer uma arqueologia dos contos de fadas.[5] Uma simples leitura no amplo universo deles já sugere que existem alguns que atualmente não causam os mesmos efeitos e estão em via de esquecimento, subsistem apenas nos escritos dos folcloristas, mas praticamente não são mais lidos ou contados.

Como temos acesso aos contos de fadas através de um acervo coletado por folcloristas, tendemos a concebê-los como uma coleção de narrativas composta de histórias fechadas em si. Pensar assim, no entanto, seria um tanto reducionista, pois as histórias que conhecemos hoje são uma parte preservada de um acervo muito mais rico. Em seus primórdios, elas eram um sistema lógico em que várias histórias poderiam ser combinadas. Por isso, melhor seria compreendê-las como um gigantesco baralho de cartas que permitia um sem-número de arranjos, dentro de certos tipos de seqüência lógica, mas conservando uma plasticidade em que vários elementos podem ser mudados e certos sentidos, preservados. Os contos que conhecemos são alguns dos produtos desse todo maior que se move com regras próprias, mais aparentadas ao mito que ao nosso pensamento racional.

Os contos de fadas têm em comum com os mitos o fato de não possuírem propriamente um sentido, são sim estruturas que permitem gerar sentidos, por isso toda a interpretação será sempre parcial. Os contos são formados como imagens de um caleidoscópio, o que muda são as posições dos elementos. Certos arranjos particularmente felizes por equilíbrio, beleza e força, cristalizam e formam algumas dessas narrativas que hoje conhecemos como as nossas histórias clássicas.

Nos capítulos que se seguem, vamos recontar sinteticamente alguns dos contos de fadas mais populares, assim como outros menos notórios ou mais antigos que lhes sejam conexos, embora, no que tange as pessoas da sociedade ocidental, seria preciso ter crescido em Marte para não conhecê-los em sua maioria. Aliás, este é mais um dos motivos do nosso interesse pelo assunto: o fato de que todos partilhamos um acervo comum de histórias. Em um mundo tão plural, de tantas ideologias, tradições e religiões, elas constituem um denominador comum.

Sobre as fontes

rocuraremos agrupar as histórias pela fantasia principal que ela geralmente evoca. É claro que é uma redução difícil, porque a mesma história poderá ser retomada em outro momento, inserida em outra reflexão. A idéia de trabalhar um conto até esgotar quase todos os seus elementos é tentadora, foi o corajoso caminho de Bettelheim, mas é perigoso. Ninguém dá conta de tudo, um conto inclui muito material não-interpretável pela psicanálise: formas arcaicas de narração, cacos de antigos mitos, que já não nos dizem mais respeito, restos históricos de experiências de determinados povos, equívocos resultantes de traduções malfeitas, etc. Sem

falar que cairíamos em outro problema, se fôssemos considerar uma história enquanto um todo, teríamos de eleger uma versão, mas qual seria a melhor fonte?

Na pesquisa sobre a variedade de histórias e versões, nossas fontes serão todas as de que pudermos dispor, privilegiando a variedade sem hierarquizar o que seria uma narrativa autêntica, original de determinado conto. Por isso, em torno de cada eixo temático escolhido, organizamos várias histórias, cujos detalhes as diferenciam, mas parecem convergir para um centro comum. Compartilhamos, relativo aos contos de fadas, a idéia do antropólogo Claude Lévi-Strauss referente aos mitos. Segundo ele, fazem parte do mito todas as suas versões e não haveria uma versão original a ser privilegiada.[6] Embora devamos reconhecer que o conto maravilhoso sofre transformações históricas, inclusive alguns contos passaram por modificações de tal monta que resta perguntarmos se dizem o mesmo que diziam antes, podemos supor que, se eles sobrevivem, é porque nos tocam de determinada forma e que provavelmente algo foi preservado de seu arranjo inicial. Caso contrário, teriam perdido a força, o encanto e cairiam no esquecimento.

É claro que os contos de fadas devem sua sobrevivência a uma série de folcloristas, que, de uma forma mais apaixonada do que científica, nos legaram suas versões. Como essas compilações, agora clássicas, constituíram o degrau que possibilitou a chegada até nós dessas tramas tão antigas, eles angariaram os méritos que justificam que os privilegiemos diante de infinitas formas de vulgarização e difusão.

Nossa escolha, enquanto estrutura do livro, é pela análise da eficácia das fantasias que os contos possam mobilizar nos ouvintes atuais. Sempre é bom lembrar que está no interior de cada um a tecla mágica, pois nem todos são tocados pelos mesmos contos, nem da mesma forma. Afinal, contos que nunca foram esquecidos e provocaram horror e fascínio em uns passam despercebidos para outros. Na seleção de quais contos escolher, privilegiamos então as histórias que são ainda lembradas e que, por isso, seguem causando efeitos ao longo dos séculos em seus leitores e ouvintes.

O uso do conto pelas crianças

as crianças, é mais fácil observar o impacto da ficção, elas se apegam a alguma história e usam-na para elaborar seus dramas íntimos, para dar colorido e imagens ao que estão vivendo. Elas a usam como era usado o mito em sociedades antigas, entram na trama oferecida e tentam encaixar suas questões nos esquemas interpretativos previamente disponibilizados. Ou então se apropriam de fragmentos, como tijolos de significação que combinam à sua moda para levantar a obra de determinado assunto que lhes questiona.

O que fica de um conto para uma criança é o que ele fez reverberar na sua subjetividade, aliado ao fato de como chegou até ela. Caso tenha vindo pela mão de um adulto, pode ser tomado pela criança como se ele tivesse tido a intenção de dizer algo através da escolha daquele trecho dramático específico. Por sua vez, a criança faz suas encomendas, quer escutar determinada história, pede que lhe alcancem certo livrinho, propõe que se brinque com ela considerando-a como se fosse uma personagem. Enfim, essas trocas entre o adulto e a criança, tendo os contos como intermediários, podem operar como uma espécie de diálogo inconsciente.

O importante é termos claro que a criança é garimpeira, está sempre buscando pepitas no meio do cascalho numeroso que lhe é servido pela vida. A relação da infância com as histórias fantásticas é antiga e sólida, o que nos leva à convicção de que essa ficção é preciosa para as mentes jovens.

Testemunhos em análise sobre a força dessas histórias são freqüentes, é comum pacientes adultos mencionarem um conto de fada ou uma ficção infantil contemporânea que nunca esqueceram e que jamais, desde que a escutaram, foram os mesmos. Essas lembranças abrem boas associações para suas análises. E ainda, há quem diga que as coisas mais duras que já escutaram estavam contidas em algum conto de fada ou numa história infantil e que nunca mais vivenciou uma empatia tão intensa junto a outra forma de arte. Nesses relatos, a lembrança do conto é acompanhada da evocação do momento da narrativa, ou seja, quem apresentou a história, quando e onde isso se deu.[7]

Portanto, seja contado por alguém ou por outro meio, há um encontro entre as crianças e os contos de fadas que raramente falha. Se algumas têm a sorte de ter adultos que sejam narradores, certamente isso vai fazer parte da sua memória relativa à história. Mas, aqueles que não têm essa oportunidade, encontrarão nos livros, na TV, na escola, no cinema, no teatro uma fonte onde beber suas doses de fantasia e ficção. Aliás, mesmo as crianças que escutam histórias narradas por seus pais, parentes ou cuidadores, recorrerão também a outros meios, pois para elas importa a qualidade, mas também a quantidade: em termos de ficção elas são consumidoras onívoras e insaciáveis. Em nossa visão, o importante é que, de algum modo, as histórias cheguem até as crianças para ajudá-las a pensar, e quanto menos impessoal for o veículo dessa narrativa, tanto melhores serão seus efeitos.

Notas

1. CALVINO, Italo. *Fábulas Italianas*. São Paulo: Companhia das Letras, 1992, p.15.
2. Essa proliferação de categorias não pára de nos surpreender. A título de exemplo, podemos citar uma série televisiva de sucesso recente: os *Teletubbies*, provavelmente o primeiro programa no qual se trata de captar a lógica dos bebês para cativá-los. A reação de seu público extremamente precoce parece confirmar o acerto da proposta.
3. A transformação dos contos de fadas em relatos bem comportados e menos grotescos não é absolutamente fruto de arroubos pedagógicos recentes. Por exemplo, já no início do século XIX, ao longo das sucessivas edições da compilação dos irmãos Grimm, é possível acompanhar o progressivo abrandamento das tramas e das personagens, como a transformação da mãe má em madrasta. "Em seu idealismo romântico, os Grimm literalmente não toleravam que uma presença materna fosse equívoca ou perigosa, e preferiram bani-la completamente. Para eles, a mãe má precisava desaparecer para que o ideal sobrevivesse e permitisse que a Mãe florescesse como símbolo do eterno feminino, a terra natal, e a família em si como o mais elevado desiderato social." In WARNER, Marina. *Da Fera à Loira: sobre Contos de Fadas e Seus Narradores*. São Paulo: Companhia das Letras, 1999, p.244.
4. PROPP, Vladimir. *Morfologia do Conto*, Lisboa: Vega Editora, 2003.
5. O exemplo mais clássico desse tipo de pesquisa é o conhecido *As Raízes Históricas do Conto Maravilhoso*, de Vladimir Propp. Para dar um exemplo mais recente, em 1994, foi publicado o livro de Marina Warner, *Da Fera à Loira: Sobre Contos de Fadas e Seus Narradores*, que realiza uma viagem pelo contexto histórico das narrativas tradicionais, enfocando principalmente a importância das mulheres.
6. LÉVI-STRAUSS, Claude. *Antropologia Estrutural*. Rio de Janeiro: Tempo Brasileiro, 1985. p.250.
7. Um dos mais famosos casos clínicos relatados por Sigmund Freud, popularmente conhecido como *O Homem dos Lobos*, tem boa parte de seu conteúdo

baseada em reminiscências do paciente relacionadas a contos infantis, assim como às circunstâncias em que os escutou ou leu. Relativo à análise de um sonho, em que aparecem lobos nos galhos de uma árvore, Freud comenta: "Sempre vinculara esse sonho à recordação de que, durante esses anos de infância, tinha um medo tremendo da figura de um lobo que vira num livro de contos de fadas. Sua irmã mais velha, que lhe era superior, costumava apoquentá-lo segurando essa figura específica na sua frente, sob qualquer pretexto, para que ele ficasse aterrorizado e começasse a gritar". In: FREUD, Sigmund. *História de uma Neurose Infantil*. Obras Completas, vol. XVII. Rio de Janeiro: Imago Editora, 1987, p.46.

Capítulo I
EM BUSCA DE UM LUGAR

O Patinho Feio, Dumbo e Cachinhos Dourados

Desamparo infantil – Valor da infância na modernidade – Vínculo mãe-bebê –
Angústia de separação – Valor social da maternidade e do amor materno –
Sentimentos de inadequação e de rejeição na família

> Andersen foi, sozinho, responsável
> por um revigoramento do conto de fadas
> e um alargamento de seus limites
> para acomodar novos desejos e fantasias.
> *Maria Tatar*[1]

cabeça é desproporcionalmente grande; as pernas, praticamente atrofiadas, são incapazes de sustentar o corpo; os olhos têm uma película opaca e azulada que lhe torna o olhar enevoado; o cheiro não é melhor que a aparência: fezes e vômito são emanações constantes. Às vezes são carecas, não possuem linguagem, produzem sons desagradáveis e guturais emitidos a plenos pulmões. E ainda achamos um bebê bonito.

A beleza que os adultos percebem em seus bebês recém-nascidos é totalmente reativa diante do que eles realmente são. Com o tempo, vão ficando graciosos, rosados e proporcionais, capazes de comunicação, estando realmente habilitados a ocupar um lugar ao sol. Antes disso são... patinhos feios.

Escolhemos para iniciar este livro aquelas histórias que nos oportunizassem falar da chegada da criança na família, das dificuldades que um bebê enfrenta para encontrar e construir um lugar no mundo. Embora essa primeira parte do livro seja dedicada à análise dos contos da tradição, partiremos de dois exemplares atípicos, já que são contos do século XIX: *O Patinho Feio,*[2] escrito por Andersen; e *Cachinhos Dourados,*[3] uma história em que as fontes e as variantes se confundem, como num telefone sem fio. Eles figuram em primeiro lugar, porque decidimos começar com uma seqüência que reproduza a do crescimento das crianças.

Essas duas histórias são do agrado das crianças bem pequenas. São tramas sem dramas amorosos, nem bruxas vingativas. O que as crianças precisam, ao se inaugurar no mundo, é de um lugar aconchegante onde possam sentir-se bem-vindas. Patinho Feio passa toda a sua infância numa espécie de exílio e Cachinhos Dourados se desencontra com os objetos da casa dos ursos, dos quais esperaria obter algum bem-estar. Esses personagens nos lembram que não é fácil chegar ao mundo, começamos aos berros, e o desamparo ameaça-nos por um bom tempo. As crianças e suas famílias têm colaborado para a preservação dessas histórias centenárias porque elas são um retrato das primeiras lágrimas, daquilo pelo qual choramos antes, muito antes, de saber o significado do amor.

Não há fadas nesses primeiros contos de que nos ocupamos, aliás, há inclusive quem diga que sequer sejam contos de fadas, já que lhes faltam os elementos mágicos em sua forma tradicional. Bettelheim lhes nega essa característica, porque não há a luta do herói, vencendo as provações e encaminhando-se para a resolução de um conflito, itens que ele considera imprescindíveis para essa classificação. Quanto a nós, acreditamos que o simples fato de haver uma família de ursos morando numa casinha na floresta, que dorme em camas, senta em cadeiras e come na tigela é o bastante para situar o leitor num território mágico. Se contarmos ainda com uma pata preocupada com a imagem pública da sua prole e com uma série de animais falantes no caminho de um angustiado patinho, temos doses de fantástico suficientes para reivindicar a essas histórias algum lugar no mundo mágico, senão enquanto contos de fadas, pelo menos na categoria de contos maravilhosos.[4]

Quanto à crítica de Bettelheim, de que nessas histórias faltaria a luta da personagem rumo à superação, pensamos que, nesta forma de catalogação subjetiva, faltaria considerar outras formas de superação que não passam por vencer bruxas, dragões ou conquistar princesas. A jornada desses pequenos heróis, o patinho e a menina, é mais interior do que exterior. O primeiro luta contra o desamparo e a desesperança, a segunda busca seu lugar numa casa, numa família. Por isso, denominamos este capítulo de *Em Busca de um Lugar*.

Para efeitos de atualização das questões abordadas, lançamos mão à análise daquele que consideramos uma versão moderna para *O Patinho Feio*, de Andersen. Trata-se de um filme em animação de Walt Disney, denominado *Dumbo*, que tem com o

conto coincidências e diferenças que nos permitirão discutir questões sobre a infância contemporânea.

Novas personagens para um novo público

As crianças demoraram até quase o fim do século XVI para serem dignas de alguma importância e atenção. Antes disso, quando sobreviviam aos altos índices de mortalidade infantil, eram criadas entre os adultos, compartilhando promiscuamente todos os aspectos da vida, até que a maturidade física as tornava um deles. A partir do momento em que passaram a valer mais para seus adultos, conquistaram o direito a um reduto literário. Estas duas histórias de que nos ocuparemos, por exemplo, foram escritas e compiladas numa época em que os pequenos já eram objeto de preocupação, sendo inclusive dedicadas às crianças. Sua origem é diferente dos outros contos de fadas da tradição, que conhecemos através das compilações de Perrault e dos irmãos Grimm, entre outros. Estes clássicos, por sua vez, se deslizaram da sua audiência adulta original, constituída pelos trabalhadores em seu momento de descanso ou pelos nobres em seus salões, para a condição de uma narrativa destinada às crianças.

Hans Christian Andersen escolheu as crianças como seu público, mas não sem vacilação. Era comum aos autores de literatura infantil, que antes tinham tentado vencer no território da escrita para adultos, considerada mais séria, porém só conheceram a consagração como escritores para crianças, obtendo junto a elas o prestígio que os meios literários lhes haviam negado. De qualquer maneira, convém observar que esses contos, que atendem tão bem ao critério da sensibilidade das crianças pequenas, datam do século XIX. O primeiro livro de literatura infantil de Andersen foi publicado em 1835, já a versão mais antiga de que se tem notícia do conto de Cachinhos Dourados foi escrita por Eleanor Mure, por volta de 1830, para seu sobrinho de 6 anos. Nessa versão, a invasora ainda`era uma velha, ela só assume a identidade de uma menininha em 1850.[5]

Não surpreende que os contos que nos propiciam abordar assuntos relativos aos bem pequenos sejam diferenciados e um pouco posteriores aos da tradição. Como ressaltamos acima, Andersen reinventou o conto de fadas para os novos tempos. A sociedade que passou a valorizar a infância presta atenção à construção da vida de cada indivíduo, agora levando em conta seus pensamentos, suas convicções, seus desejos e principalmente suas particularidades. A literatura sofreu transformações como um todo, as personagens deixaram de ser estereotipadas, e as aventuras passaram a incluir aspectos relativos a tensões subjetivas.

Patinho Feio é um dos primeiros heróis modernos escritos para crianças, seu drama baseia-se num persistente sentimento de rejeição. Inclusive ele tem sido considerado como um alter-ego do próprio Andersen. O conto poderia ser lido como uma descrição alegórica da infância difícil desse dinamarquês de origem humilde e aparência bizarra, que passou por maus bocados devido à sua personalidade sensível, considerada efeminada por alguns de seus contemporâneos.

Andersen colocou muitos conflitos emocionais modernos, incluindo o sofrimento subjetivo das personagens, dentro de um formato em que se beneficiou dos recursos dos contos maravilhosos. Assim, recriando o conto de fadas para necessidades de outros tempos, contribuiu para a consagração do gênero, enquanto uma modalidade narrativa, não necessariamente presa a determinada constelação de tipos de personagens e tramas.

O Patinho Feio

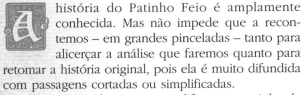 história do Patinho Feio é amplamente conhecida. Mas não impede que a recontemos – em grandes pinceladas – tanto para alicerçar a análise que faremos quanto para retomar a história original, pois ela é muito difundida com passagens cortadas ou simplificadas.

No começo havia um ovo diferente no ninho de uma pata, ele era maior e de choco mais demorado que os outros. Por fim, deu origem a uma avezinha graúda, desengonçada e acinzentada, em nada parecida com seus graciosos irmãos. Seu aspecto distinto é determinante para ser discriminado por todos, inclusive pela mãe. Após se encher dos maus-tratos dispensados por ela, irmãos e vizinhos, ele voou para longe desse galinheiro infernal.

No lago onde foi parar, relacionou-se com dois jovens gansos, apesar da frase inicial dessa amizade: "você é tão feio, que vamos com a sua cara". Mas durou pouco esse laço, pois seus amigos foram abatidos numa caçada. Escondido entre os juncos, salvou-se de uma carnificina que liquidou com tudo que voava. Paradoxalmente, ele se sentiu rejeitado até pelos cães de caça, que o farejaram mas, não o morderam. Sempre voando para longe do perigo, ele caiu na choupana de uma velha, que o acolheu pensando tratar-se de uma pata poedeira. Lá se sentia hostilizado pelos outros animais da casa e foi ficando com saudade da água, até que decidiu voltar ao lago.

Tudo correu bem até a chegada do inverno, quando ficou congelado e desmaiou. Teria morrido, não fosse a bondade de um caçador que o desentranhou do gelo e o levou para sua casa. Lá, devido à tanto sofrimento que teve na vida, interpretou como agressões as brincadeiras dos filhos de seu salvador. Numa tentativa de escapar deles, provocou uma revoada desastrosa, derramando a manteiga, o leite e a farinha da casa. Quando a mulher do caçador gritou, por causa da confusão, ele fugiu mais uma vez, resignado a sobreviver sozinho no lago até a primavera. Essa estação trouxe de volta os cisnes, as belas aves que ele admirara e vira partir no outono. Então, ao curvar a cabeça de medo de que eles também o maltratassem, ele se viu no espelho das águas, descobrindo que havia transformado-se no mais belo dos cisnes.

Poucas histórias infantis foram capazes de uma empatia tão forte e duradoura com o público, certamente devido ao mérito de traduzir muito bem a angústia da criança pequena. O calvário do cisnezinho, que foi cair no ninho errado, é igual ao de todos nós. Na verdade, a trama sintetiza duas fantasias assustadoras: uma dos pais, o medo de ter o filho trocado por outro – hoje, por um equívoco na maternidade, outrora por alguma artimanha de alguém ou do destino; e outra dos filhos, a de descobrirem-se adotivos. Na primeira, o filho está no ninho errado; na segunda, ele vem do ovo errado. Ambas, entretanto, evocam uma certa verdade: somos todos adotivos, o laço biológico não nos oferece as garantias necessárias para sentir-se amado. Mesmo que sejamos nascidos da mesma mãe que nos amamentará e educará, ainda resta um vago e desagradável sentimento de ser o ovo errado no ninho errado.

Entre o feto que se avoluma na barriga e o bebê que sai e é apresentado aos pais não há uma identificação direta. Acreditamos que o bebê e a mãe se reconhecem, a música de fundo desse encontro amoroso é o batimento cardíaco materno que compartilharam toda a gestação, assim como há o reconhecimento das vozes mais constantes, que penetram na cavidade líquida do nenê. Porém, isso não terá sentido se não for reapresentado ao bebê.

Ele reconhecerá a voz da mãe do lado de fora como sendo aquele mesmo som abafado que se imiscuía nas águas uterinas que o banhavam, desde que ela reintroduza essa voz na vida dele. A mãe precisará conquistá-lo, falando com ele, para que ele conecte o som de fora com o de dentro. Já, para ela, será difícil reconhecer naquele ser esquálido e sujinho o filho que tanto fantasiou; ele também terá de seduzir sua mãe, mamando em seus seios, demonstrando capacidade de responder aos seus estímulos.

O volume do ventre materno é preenchido pela fantasia do filho perfeito, já o bebê que sai, como dizíamos, é o patinho feio. A mãe precisa olhar, reconhecer e adotar esse recém-nascido como seu filho. O vínculo que existia na gestação entre o feto e a mãe precisa ser renegociado. Tem tudo para dar certo. Em geral, o pacto de olhares entre o recém-nascido e a mãe é tão rápido e eficiente que nem é visível, nem parece que foi necessário. Embora o amor à primeira vista entre eles dois possa ser fulminante, não é automático nem infalível, como provam as psicoses puerperais e as desconexões do bebê.

A mãe e o bebê têm vários momentos para se desencontrar: na gestação, no parto ou no puerpério. Em todos os casos trata-se do fracasso de um vínculo que gostaríamos de crer como natural. Entre os animais, os filhotes fracos e defeituosos são deixados morrer ou são devorados pela própria mãe. Por mais cruel que seja, isso nos parece mais compreensível, já que nesses casos a rejeição de um filhote obedece a alguma lógica biológica.

No caso da mãe humana, a lógica que rege o vínculo é infinitamente mais complicada. Na gestação ou no parto, por exemplo, ela pode rejeitar um filho perfeito que reconheça como seu, porque ocorre que ela não se admite no papel de mãe. No puerpério, ela poderá dedicar-se ao filho, atenciosa e prestativa, ocupando-se dele, mas o bebê percebe que ela está emocionalmente alienada, suprindo a falta de vínculo com uma eficiência mecânica. Por isso, um bebê limpinho, gordinho e belo, pode ser completamente desconectado por não ter encontrado seu ninho.

Na maior parte das vezes, ao escutar o primeiro choro do recém-saído de seu ventre, a mãe sente que este é o seu esperado bebê, olhar o corpinho ensangüentado só confirma o que seus ouvidos já lhe informaram, por isso, o encontro é feliz. Mas a suspeita que todos temos é de sermos incapazes de nos igualarmos à fantasia que se avolumara no ventre de nossa mãe. Esse temor nos acompanhará para sempre, justificando o sentimento de rejeição que nos identifica ao patinho, abandonado e órfão desde o ovo. O ventre da mãe é estufado de ideal, os filhos crescem e, mesmo que se tornem belos cisnes, ficam sempre com o sentimento de que lhes falta algo para preencher o

que a mãe esperava. Essa defasagem é o tecido do conto do Patinho Feio.

A história também lembra que o ambiente que recebe mesmo o mais amado e esperado dos filhos não deixa de ter suas hostilidades. Além das supracitadas eventualidades ou fantasias de rejeição, está o fato de os bebês interpretarem como hostilidades externas até mesmo aquelas que se produzem dentro do seu próprio corpo. Fome, gases, cansaço e cólicas podem parecer um verdadeiro complô do mundo contra si. Por isso, não é difícil imaginar que todo o bebê por vezes habita um mundo hostil, gelado e solitário como o do patinho. Na clássica história de Andersen, a pequena ave interpreta como maldade até mesmo ações benéficas ou sem intenção de machucar que lhe são dirigidas. O patinho está paranóico depois de tudo o que sofreu. Um bebê também fica inconsolável em certas ocasiões, afinal, ele está morrendo de cólicas e ninguém fez nada para impedir...

Há também algo de verdade histórica neste conto: as crianças pré-modernas estavam mais sós. Se o personagem do Patinho não era digno do amor de sua mãe, isso não constituía uma realidade tão distante para seu autor. Num passado mais recente para Andersen do que para os dias de hoje, era freqüente a história de crianças que não eram adotadas no amor de seus pais. A família tradicional era um lugar árido e, se um filho não tivesse predicados logo ao nascer, provavelmente não sobreviveria. Crianças defeituosas, com incapacidades, não teriam maiores regalias e, caso sobrevivessem, ainda teriam de levar o estigma de falhadas, já que os pais seriam bem francos em não esconder o quanto lhes desagradava um filho aleijado, por exemplo. Cremos que o *feio* pode ser usado para toda a gama do que não se encaixa numa normalidade, algo que está fora do padrão – pelo que contam os biógrafos, o próprio Andersen, excêntrico e delicado, era diferente do padrão.

Dumbo: um amor grande como um elefante

 filme *Dumbo* é mais uma criação de Walt Disney que, se pode dizer, foi responsável por um revigoramento dos contos de fadas.

Desde o lançamento de seu filme sobre a Branca de Neve (em 1936), ele foi o precursor de outra modalidade de apropriação da linguagem dos contos de fadas, agora narrados em compasso com as imagens, sob forma de desenhos animados. As histórias da tradição oral, assim como aquelas obras literárias que se tornaram clássicas, como é o caso de *O Patinho Feio*, devem sua sobrevivência às sucessivas reapropriações de que foram objetos. Os compiladores tradicionais, como Perrault, as adaptaram à linguagem de seu tempo. Podemos dizer que houve – e haverá – repetidos momentos de reciclagem, em que velhas narrativas se atualizam em novas linguagens. Uma história não necessariamente supera a outra, muitas vezes, podem proliferar versões ou tramas inspiradas umas nas outras. Lançado em 1941, *Dumbo* lembra o conto de Andersen, não o substitui nem o supera. Por isso, vamos enfocar nossa leitura nas diferenças entre essas histórias.

A história do elefante voador foi escrita pelo próprio Disney. Ele afirmou ter se inspirado na Figura de um elefante que vira numa caixa de cereais. Através desse desenho animado, aproximadamente um século depois, o patinho feio e rejeitado transformou-se num bebê-elefante que nasceu com gigantescas orelhas de abano. Esse defeito o tornava motivo de escárnio por parte de todos no circo em que vivia. Mas agora o filhote *torto* está com a sua mãe, e ambos sofrem com o seu defeito. A novidade é que a mãe moderna aceita – pelo menos tem de aceitar – o filho do jeito que venha. Afinal, agora o amor materno é um valor em si.

Mesmo contando inicialmente com o amor da sua mãe, o drama de Dumbo também é de separação. Dona Jumbo, a mãe, é encarcerada após ter uma crise de fúria contra aqueles que maltratavam sua cria. O elefantinho ficou só, tendo apenas o rato Timóteo como conselheiro. Com um final feliz, a história termina provando que o defeito de Dumbo era na verdade uma virtude, pois suas enormes orelhas o transformam num elefante voador. Como o Patinho Feio, cuja aparência diferente não era um defeito, apenas uma característica das jovens aves de sua espécie, o elefantinho tinha as tais orelhas destinadas a algo maior. Ambos desconheciam suas qualidades, que carregavam consigo como um fardo, ambos se descobriram superiores aos outros, mas só depois de um bocado de sofrimento.

Até o começo da sociedade moderna, o amor materno não figurava entre os requisitos que uma mulher queria reivindicar para si. Nos primeiros momentos da emancipação feminina, era grande o desejo de desincumbir-se dos filhos e do lar, sempre que houvesse posses para isso. Libertadas do pesado fardo do trabalho doméstico, as nobres emancipadas e as primeiras burguesas jogaram o bebê fora junto com a água do banho, dedicaram-se ao ócio e às tentativas de se mimetizar com os privilégios e as tarefas masculinas. Incumbiam seus bebês aos cuidados de amas-de-leite, muitas vezes fora do lar de origem, e os recebiam de volta quando já tivessem formato de gente, se tivessem sobrevivido até lá.[6]

Na modernidade, o filho passa a ser um projeto prioritário para a mãe, mesmo antes de provar sua viabilidade. O destino dela está associado ao do filho. A sociedade incluiu o cuidado com a família entre as realizações necessárias para atingir o sucesso. Acaba valendo a máxima: "diga-me como são teus filhos e eu te direi quem és". A maternidade não é uma tarefa degredada, realizada nos bastidores da sociedade, hoje ela é importante, central, digna de ocupação e preocupação.[7]

Quando Disney criou Dumbo, essa mudança já estava consolidada. Dona Jumbo não se faz de rogada, aceita o seu filhote e briga por ele, mesmo que isso venha a arruiná-la, como é o caso. O filho vai ser sempre sentido e vivido como se fosse parte da própria mãe. Ela ficará ao seu lado no infortúnio e ele será sua extensão narcísica.

O drama do elefantinho centra-se no fato de que ele se vê privado dessa proteção, quando sua mãe é encarcerada. Essa história tem seu fim quando se produz o milagre de fazer um elefante voar. A diferença entre a história do pato e do elefante está na consagração do amor materno como um grande valor. O patinho já demonstra essa valorização, pelo lado negativo, na medida em que a história frisa a rejeição egoísta da pata e o desamparo do filho. Dumbo, que tem sua mãe a seu lado, não se transforma numa bela criatura preexistente na natureza, como o cisne, ele se revela um ser fantástico, um elefante voador. Como vemos, as mães não investem em troca de pouco...

Nesse sentido, o final do filme de Disney difere do conto de Andersen: em *O Patinho Feio*, a felicidade significa encontrar a tribo e ter uma existência autônoma; para Dumbo, o final feliz está em preencher as expectativas do ideal materno e ser algo grandioso. O impossível de um elefante voar aconteceu, logo as fantasias desatinadas de uma mãe dedicada podem ser alcançadas. Assumir o formato do ideal materno, no entanto, é uma proposta regressiva. É uma possibilidade de se entregar infantilmente à condição de ser objeto da mãe. Infelizmente, a experiência clínica nos revela o quanto isso pulsa forte em cada um de nós, perseguindo-nos a vida inteira.

Se na modernidade a mãe mudou, o mesmo ocorreu com a infância. O aspecto mais marcante dessa modificação é seu prolongamento. Não há mais pressa em abandonar as asas da mãe. Junto dessa prorrogação do crescimento, estão a valorização desse período da vida e as expectativas que temos dele: ser crianças por mais tempo, para que os pais também possam investir mais em tornar os filhos algo mais próximo de seu ideal. Em *Dumbo*, essa infância prolongada já está presente, pois ele é um herói fixado nesse período de idílio com a mãe.

E o pai de Dumbo? Não temos notícia, mas a função paterna é feita por um ratinho, o Timóteo. Como nas histórias de fadas que veremos adiante, temos um pai desvalorizado, neste caso, minúsculo. A assimetria desse casal rato-elefante, no exercício das funções paterna e materna, simboliza bem o que sempre sentimos: uma mãe maior do que suportamos; e um pai sempre aquém do necessário para barrar a sua potência. Nas piadas tradicionais, o enorme elefante costuma ter medo de ratos, mostrando que tamanho não é documento. Porém, não deixa de ser ilustrativo que a mãe seja tão imensa, enquanto o personagem que poderíamos associar ao pai seja tão pequenino.

O ratinho representa um pai que surge como um conselheiro oportuno e sábio, mas só depois que o destino tira de cena a dona Jumbo, cujo amor paquidérmico ocupava todos os espaços. Timóteo cria um objeto mágico, uma peninha, que faz com que o elefantinho perca o medo de voar. Convence-o que se estiver segurando-a na tromba não cairá. Só depois, quando Dumbo já estava convencido de seu dom, Timóteo lhe revela que a história da peninha fora um pequeno truque.

Não pode haver nada mais paterno do que esse episódio. Ele é similar ao que ocorre quando as crianças aprendem a andar de bicicleta: em determinado momento, quem as está segurando deixa-as soltas, e elas seguem pedalando sozinhas, confiantes de que estão sendo amparadas. O trabalho do pai é esse auxílio no crescimento, que passa por deixar voar, mas entregando uma peninha que represente sua presença, ou, com as mãos soltas, acompanha com o olhar as primeiras pedaladas independentes. Trata-se de um apoio que saiba se ausentar na hora certa e possa ser substituído pela confiança nos passos do filho.

Quando Andersen escreveu *O Patinho Feio*, justamente se estava operando a valorização da infância que culminou nos dias de hoje. Por alguma razão, porém, essa história não sucumbiu. Os adultos a seguem contando, as crianças continuam escolhendo-a como algo digno de ser repetido a cada noite. Pelo jeito, ela não é apenas uma relíquia, ela fala de coisas que ainda são ativas no nosso inconsciente. Pensamos que, nesses casos, pouco importa o sexo do personagem, embora tanto o patinho quanto o elefante sejam

masculinos, a condição universal e precoce de suas representações não oferece barreiras à identificação das meninas.

Ao comparar a história de Dumbo com a do Patinho Feio, podemos pensar que o conto de Andersen não se deixou substituir e é mantido vivo pelas crianças e seus pais, graças à ênfase no fato de que cada um terá de batalhar pelo seu lugar no mundo. Embora Dumbo tenha vivido sua aventura longe da proteção materna, numa jornada de crescimento, a fonte de sofrimento se situa na conjugação da hostilidade do mundo com a ausência da mãe. O Patinho Feio não esperava nada de sua mãe, que aliás se revelou uma madrasta. Mas compartilhamos com ambos uma certa dose de desamparo e de sentimento de rejeição, o que nos impulsiona na busca de um lugar ao sol.

O Patinho Feio já se descolou de seu criador, foi apropriado por todos e circula em várias versões. Sua força é tal que muitos chegam a crer que é um conto da tradição oral, o que serve para provar que as criações literárias podem ter a mesma pregnância que os contos ancestrais. Há algo de estrutura comum entre essa criação de Andersen e os contos tradicionais: o patinho não recebe um prenome, designa-se pelas características funcionais do personagem, assim como o final feliz redime e justifica o sofrimento anterior. Falta porém a tradicional revanche ou punição dos vilões. Nessa história não há um vilão específico, apenas o ambiente tem suas rusticidades, ele sofre de frio e fome. O papel de mau se reserva às aves que o discriminaram; assim como no circo, o elefantinho orelhudo foi achincalhado pelas amigas da mãe.[8] De qualquer maneira, esses personagens que maltratam o patinho estão longe de ser vilões do quilate de bruxas, ogros e dragões. Tampouco encontramos a quebra de alguma interdição, que geralmente faz a virada das situações nos contos de fadas.

Como dizíamos antes, consideramos que *O Patinho Feio* faz uma ponte entre o conto de fadas tradicional e o romance moderno, já que, na trama de Andersen, a fonte do sofrimento é também interna. Esse conto já contém uma psicologia rudimentar, coisa que as personagens dos contos de fadas podem até revelar, mas o sofrimento se dará mais em função da tragédia em si e menos no discurso da personagem. A caminhada do Patinho Feio, diferentemente do percurso das personagens clássicas de contos de fadas, é mobilizada pelo sentimento de rejeição e pela sua vontade interna. Lembremo-nos de quando ele deixa a casa da velha, onde não estava sendo propriamente maltratado, porque não se adapta à companhia dos outros animais domésticos – uns tipos bem desagradáveis – e sentia saudades de nadar na lagoa. As dificuldades externas auxiliam nas decisões de quando partir, mas o que realmente o move é o fato de não se sentir bem recebido em determinado lugar.

Cachinhos Dourados: uma casa que não acolhe

Na versão mais popular, *Cachinhos Dourados* fala de uma menina que foi passear numa parte da floresta que ainda não conhecia. Lá encontrou uma casa, provisoriamente abandonada pelos seus donos: três ursos que haviam saído para dar uma volta enquanto seu mingau esfriava nas tigelas. Esses ursos às vezes são representados por uma família – como na versão mais popular hoje –; por outras, são apenas o urso grande, o médio e o pequeno.

A trama é breve, contém quase nenhuma ação, enfoca apenas a estada da menina na casa. Cachinhos tenta saciar sua fome nas tigelas: o mingau da grande está muito quente, o da média muito frio e o da pequena, na medida. Por isso, ela come o alimento do urso pequeno. Cansada, buscou um lugar para sentar e experimentou as três cadeiras: a grande era muito dura, a média muito mole e a pequena lhe pareceu ótima, mas ela era muito grande para o assento e acabou quebrando-o. Por último, foi tentar dormir um pouco nas camas e a experiência se repetiu. Após achar a cama do papai urso muito dura, a da mamãe muito mole e a do filhote ótima, pegou no sono. Não durou muito seu descanso, acordou apavorada, rodeada de ursos em torno da cama. Não teve dúvidas, pulou pela janela e fugiu. Fim.

Cachinhos Dourados está longe de ser um bebê feinho, já é uma linda menina crescida, mas nem por isso conquistou um lugar. A preservação dessa história na vida das crianças contemporâneas já garante uma questão importante. Certamente não seria por seu conteúdo moral, pois não contém nenhuma lição, apenas deixa um vago aviso de que não convém invadir propriedade alheia, nem usar objetos sem autorização de seus donos. Em geral, supomos que toda a história possui algum tipo de moral, lição ou bom exemplo, e isso seria o motivo de introduzi-la na vida de uma criança. Esta é uma prova de que não é bem essa a razão: provavelmente a moral contida é mais uma desculpa, o que transmitimos ao contar uma

história é algo que nos escapa, que obedece a determinações inconscientes.

A história de Cachinhos Dourados não é uma lição de bondade, de bravura, da persistência necessária até encontrar um lugar, do fato de que todo o sofrimento um dia terá uma compensação. Quando o herói não mostra algum tipo de mérito, teríamos ainda o fundo moral que justificaria uma narrativa, como alertar sobre os perigos da curiosidade (Barba Azul) ou da desobediência (Chapeuzinho Vermelho). Esse conto não oferece nenhuma mensagem positiva, seria simplória a leitura de que a menina é punida pela curiosidade, pagando um preço pela transgressão de invadir uma casa que não é sua, e que, com ela, as crianças aprenderiam a não ser xeretas. Cachinhos é apenas uma menininha cansada e com fome, depois de uma excursão na floresta. Afinal, se fosse o caso de culpar alguém, por que não repreender a casa dos ursos por não ser mais acolhedora?

Ela chega sozinha, vinda não se sabe de onde, tenta de todas as formas encontrar no ambiente algum tipo de aconchego e se desentende com os objetos domésticos. Duros demais, muito grandes, excessivamente moles, menores do que deveriam ou frágeis. São camas, cadeiras, pratos e alimentos que se mostram inadequados, demonstrando sim que a menina não serve para se utilizar deles. Por último, exausta depois de tantas aventuras, ela adormece na cama do bebê urso, mas somente até o retorno de seu verdadeiro dono.

Também convém notar que todos os acontecimentos dessa história ocorrem dentro da casa. Aqui a floresta é como uma boca de cena, por onde desaparecem e aparecem os personagens, o foco está lá dentro. Se tivéssemos que resumir a trama, diríamos: a casa não serve para a menina e a menina não serve para a casa, enquanto a floresta ainda não se constitui num lugar.

Boa parte das histórias tradicionais infantis ocorre na floresta ou inclui a tarefa de atravessá-la. É o espaço por onde passa a missão de sair para o mundo para provar algum valor, como ser capaz de sobreviver aos seus perigos, trazer um objeto ou tesouro, tarefas mais usuais dos heróis dos contos de fadas. Seja como for, o que interessa é que se repete a situação em que o personagem passa por algum tipo de expulsão, fuga ou partida do lar, a partir da qual empreenderá a verdadeira aventura, que se desenrola do lado de fora de casa, na floresta ou através dela.

Viver junto da família, na mesma casa, equivale a ficar à mercê de seus julgamentos e desígnios. É preciso partir para o mundo para revelar e descobrir o próprio valor, conquistar méritos que funcionem como uma pequena vingança. Por melhor que seja a família, haverá uma lista de queixas que colecionamos, do quanto não nos consideramos apreciados e amados. A primeira dessas insatisfações provém de que a criança pequena é excluída de uma série de eventos e vista como incapaz para muitas tarefas e atividades, o que, aliás, às vezes, é a mais pura verdade. Como não somos norteados pela razão, sempre restarão mágoas. Em última instância, parece que alguém deveria pagar pelo fato de virmos ao mundo tão impotentes e despreparados.

A partir do momento em que nos julguemos vitoriosos na aventura da vida, por ter conseguido qualquer coisa que achemos merecedores de ser apreciada pelos outros, temos um sentimento de vingança relativo àqueles que pensávamos que não acreditavam em nós. Estes, na verdade, talvez nunca tenham duvidado da nossa competência, simplesmente nos viam com a juventude e a ignorância que de fato tínhamos, provavelmente estavam nos cuidando e educando.

Apenas crescemos um pouco, o suficiente para andar pelas próprias pernas, e um belo dia passamos a achar a casa familiar estreita e queremos de alguma forma partir. Desejamos transcender aquele ambiente, mas sentimos como se os pais e os irmãos nos achassem desvalorizados e nos expulsassem. Fantasiando uma expulsão, projetamos nos outros o nosso desejo de sair.

Nos contos de fadas, algum tipo de maltrato precede a partida do lar: a vida do herói corre perigo, ele é mal-amado, mal-compreendido. É preciso que suas conquistas, em outros reinos ou na floresta, sirvam para mostrar às pessoas que o viram crescer, e que apostavam tão pouco nele, o seu grande valor. Quando ele volta para a família, o faz cheio de tesouros e glória. Muitas vezes, nem volta: vai viver sua realeza num mundo por ele conquistado através dos dons que em casa ninguém soube apreciar.

Cachinhos é totalmente atípica. Não há família para testemunhar nada, tampouco ela quer provar algo; sua história é uma simples busca inglória por alguma forma de amparo. Essa personagem talvez possa propiciar uma representação para a situação do filho caçula, que já encontra uma família pronta e não sabe onde se encaixar. Mas também serve para o filho mais velho, cujo lugar foi usurpado pelo recém-chegado bebê, que tem direito ao berço no quarto dos pais (a cama), ao seio (o prato) e a um aparente lugar junto ao casal que se recolhe *hibernante*, como ursos, em volta do novo bebê. O mundo não está no seu feitio,

a comida não é a que ele quer e seu lugar na casa sofre inexplicáveis alterações.

A identificação com Cachinhos não é privilégio de crianças que têm irmãos, ela também serve para todos os descontentamentos que a criança tem com seu ambiente, que são vividos como hostilidades. Se a cama está incômoda, a comida não tem gosto bom e as cadeiras não são confortáveis, é porque esses objetos não são mais para a criança, e quem sabe eles já não a querem mais? Freqüentemente as crianças sentem como vindo de fora o que estão vivendo por dentro. Elas projetam seus sentimentos em pessoas e objetos do mundo externo, sem a mínima noção de seu envolvimento.

À medida que cresce, o bebê começa a dar trabalho, já não come com o mesmo apetite, seu sono fica inquieto e cheio de pesadelos, não pára sentado em lugar nenhum e sua mãozinha curiosa se mete em todos os lugares, em busca de algum objeto que nem ele sabe qual é. Na época em que começa a caminhar, a criança tem uma atividade ansiosa que a acompanhará pelos anos seguintes, até que consolide a linguagem e a capacidade de brincar.

Cachinhos é também esse ser inquieto, que joga culpa no mundo pela insatisfação que a aflige. Diante de tanta atividade da criança, seu ambiente doméstico começa a apresentar sinais de inadequação. Os objetos mais frágeis são colocados fora de seu alcance, repetidos *nãos* tornam cada movimento seu uma negociação, há muitos lugares onde não pode ir ou coisas em que não pode mexer. Além disso, os adultos tampouco estão sempre de acordo com a opinião da criança sobre o momento de fazer a higiene, se agasalhar ou se alimentar. Se não há acordo relativo aos hábitos, muito menos haverá em relação ao sabor das comidas, que ainda obedecem ao cardápio parental, embora o pequeno já se ache no direito de fazer suas escolhas. De certa forma, a casa toda fica meio hostil, como a dos ursos para Cachinhos.

É bom insistir que os contos infantis não servem apenas à criança, o ato de narrar abre, para os pais, um espaço de elaboração sobre o que ocorre no vínculo com o filho. A história de Cachinhos brinda a possibilidade de ver representado o seu trabalho de inventar um lugar para os pequenos que chegam.

É recorrente escutar das crianças pequenas a pergunta: onde eu estava quando eu ainda não tinha nascido? A preocupação delas é imaginar a inexistência de um lugar prévio, deduzindo que, se alguém um dia não esteve, outro dia poderá não mais estar. Inexistir antes de ter nascido é pior que morrer, pois quem morre deixa lembranças, marcas de sua passagem. Mas quem ainda não nasceu constata que o mundo se virava bem sem sua presença. As respostas dos pais, revelando que o filho já morava em seus corações ou em sua imaginação, tranqüilizam a criança, assegurando-lhe que ela foi precedida por um desejo, o que já é um consolo.

Se tiver sido desejada, a criança de alguma forma existia antes de nascer. "Mas por que meus pais sorriam tanto naquelas fotos da viagem, ou da boda ou da festa, se EU não estava lá?" Acompanha essa, a fatídica questão: "e se eu não tivesse nascido?" É terrível constatar que não faríamos falta, pois não saberiam de nós. Portanto, se perguntar pelo lugar na família, pelo desejo que justificou um nascimento é pura filosofia, e é dela que se incumbe Cachinhos. Um lugar na casa, um lugar ao sol, se o temos, existimos.

Nesse caso, os ursos funcionam como uma metáfora da família humana. Os animais muitas vezes representam os humanos, mas os ursos são um caso particular em que esse comportamento é muitas vezes retomado. O urso é um animal que vivia próximo do homem, facilmente encontrável nos lugares onde os contos nasceram. Além disso, o urso é onívoro como o homem, pode ser feroz, mas nem sempre, é um animal de belo porte, pode andar em duas patas e usar as mãos, parecendo-se conosco. Mas é o fato principalmente de hibernar com suas crias que faz com que pareça ter um *lar* para sua família, como os humanos.

Os ursos, ao contrário da maioria dos animais, teriam suas *casas*, tornando-se portadores do tema do dentro e fora do lar, do aconchego da casa da família nuclear *versus* a floresta inóspita e perigosa do mundo externo. Os animais sempre estiveram nos contos folclóricos, mas, desde que o homem começou a sair do campo e vir para a cidade, eles passaram a representar também a idealização da natureza, um lugar onde a harmonia ainda existiria.

Cachinhos Dourados diferencia-se do conto de fadas tradicional por não ter um desfecho bem marcado. Quando é descoberta, a menina foge espavorida para a floresta, deixando aos ursos a tarefa de reconstruir seus objetos, o equilíbrio doméstico e arrumar a bagunça que deixou.

Na família urso, Cachinhos enfrenta impasses que são os de qualquer criança quando aquilo que deveria ser tão adequado a ela deixa de ser seu número. Já não encontra seu lugar nem junto ao pai, cujo amor é duro, alto e quente demais; nem junto à mãe, cuja presença esfriou qual a sopa e cujo abraço é demasiado mole, às vezes sufocante; muito menos lhe serve ser o bebê, cujo lugar agora parece frágil e pequeno.

Cachinhos também é a criança que cresceu um pouco, agora tem condições de olhar de fora e ver o bebê que já não é mais.

Muitas crianças têm cachinhos na primeira versão dos seus cabelos, os quais geralmente não sobrevivem ao primeiro corte. Os cachinhos são o cabelo do bebê que cresceu. Às penugens do recém-nascido, muitas vezes, se sucede uma cabeleira vasta e ondulada, com cachinhos, que as mães têm pena de cortar, tanto em meninos quanto em meninas. Possivelmente, o adjetivo *dourados* diga respeito ao valor em ouro que esses cachos têm para as mães, ou ainda ao fato de a primeira cabeleira do ser humano ser mais clara, alourada, que a permanente.

Para muitas crianças, o primeiro corte de cabelo é marcante: depois nunca mais serão louras nem cacheadas, esse é um tempo que acaba ali. Depois disso, há um mundo que espera, mas até lá, embora a casa esteja ficando um pouco incômoda, o fora de casa ainda não tem registro. Nesse momento, sair correndo de casa sem ir a lugar algum faz sentido, porque não há exatamente um lugar fora da família. Embora a primeira infância traga consigo elementos de socialização, o mundo referencial dos pequenos não transcende o universo familiar. Cachinhos lembra aos pequenos e às suas famílias que ainda não é hora de sair, mas nem tudo são rosas na toca dos ursos. Por baixo das cabeleiras douradas e cacheadas, há uma revolução que se gesta.

Leitores versus ouvintes

ssas histórias raramente são lidas pelas próprias crianças. Quando já estiverem no ponto de lerem sozinhas, buscarão tramas mais complicadas, que propiciem devaneios sobre a coragem e o amor. É enquanto ouvinte que seu bem jovem público se situa. Mas não há o que temer, afinal elas falam de um mundo de bichinhos, se a mãe ou a professora contarem essas histórias tristes, a criança não se sentirá obrigada a uma identificação consciente.

Hoje tem-se optado por livros dirigidos às crianças pequenas em que se narram conflitos cotidianos, nos quais elas próprias são protagonistas, explicitando emoções ou propondo soluções e negociações possíveis. O franco otimismo desse tipo de narrativa[9] ameniza o peso das escolhas temáticas, afinal, sempre apresentam uma solução ou consolo.

Já os contos maravilhosos não precisam ser tão delicados, podem tratar os assuntos com mais crueza, graças ao distanciamento que a fantasia oportuniza, talvez devam a isso sua longevidade. O fato de o personagem ser um pato, permite que acompanhemos sua infância miserável; já que é um elefante, não importa se o mundo o ridiculariza, e ele necessita se fazer valer longe da mãe; e, quanto à história da menina, como a casa é de ursos, não parece tão preocupante que seja tão pouco acolhedora, quanto seria se a hostilidade proviesse de uma casa de humanos.

O próprio do maravilhoso, tal como definido por Todorov, é tratar-se de um tipo de escrita onde o elemento do sobrenatural figura com toda a naturalidade possível. Por mais malucos e oníricos que sejam os acontecimentos, não haverá estranhamento, pois está tácito de que estamos em outro registro, que tudo é totalmente fictício. Isso ele denomina de "maravilhoso puro", "que não se explica de nenhuma maneira".[10]

Notas

1. TATAR, Maria. *Contos de Fadas: Edição Comentada e Ilustrada,* Rio de Janeiro: Jorge Zahar Editor, 2004.

2. ANDERSEN, Hans Christian. *Contos de Andersen.* Rio de Janeiro: Paz e Terra, 1988.

3. A compilação anteriormente citada, de autoria de Maria Tatar, disponibiliza a variante padrão em que a personagem principal é Cachinhos Dourados; ela também inclui a versão de Robert Southey, publicada em 1837, na qual a invasora era uma velha. Em algumas compilações de contos para crianças, como *Children's Treasury* (Global Book Publishing, 2002) ou *A Child's Book of Stories* (Random House, 1998), a personagem é sempre a menina Cachinhos Dourados. Esta última compilação citada atribui a autoria da versão à francesa Madame D'Aulnay, mas nela os donos da casa não são uma família, são ursos de três tamanhos. Apesar dessas variantes, tudo indica que a versão da história dos três ursos representados como uma família e a invasora como Cachinhos Dourados veio para ficar.

4. "Relaciona-se geralmente o gênero maravilhoso ao dos contos de fadas, o conto de fadas não é senão uma das variedades do maravilhoso. (....) O que distingue os contos de fadas é uma certa escritura, não o estatuto do sobrenatural." In: TODOROV, Tzvetan. *Introdução à Literatura Fantástica.* São Paulo: Perspectiva, 2003, p. 60.

5. Bruno Bettelheim menciona uma versão considerada a mais antiga disponível: um conto escocês, no qual a invasora é uma raposa que termina devorada pelos proprietários da casa. Ele frisa, porém, que este seria: "um conto admonitório, advertindo-nos a respeitar a propriedade e a privacidade dos outros". BETTELHEIM, Bruno. *A Psicanálise dos Contos de Fadas.* Rio de Janeiro: Paz e Terra, 2001, p. 256. Consideramos essa versão a forma folclórica do conto, antes de ser direcionada ao público infantil.

6. Ao escrever seus ensaios, nos anos 1580-1590, Montaigne já reclama contra isso. Diz ele: "É fácil ver por experiência que essa afeição natural (amor dos pais), a que damos tanta autoridade, tem raízes bem frágeis. Em troca de um pequeno benefício, arrancamos todos os dias crianças dos braços das mães e a estas encarregamos de nossos próprios filhos; obrigamos essas mães a abandonar os filhos a alguma pobre ama, a quem não desejamos entregar os nossos, ou a alguma cabra". Aliás, o próprio Montaigne, que não pertencia à alta aristocracia, quis que sua mulher recorresse a amas, de tal modo o irritava a presença de crianças pequenas sob seu teto. In: BADINTER, Elisabeth. *Um Amor Conquistado.* Rio de Janeiro: Nova Fronteira, 1985, p.66.

7. A mesma questão se coloca para os homens: hoje de pouco vale ser um sucesso no mundo externo e um fracasso no casamento e ou na paternidade. Assim como as mulheres devem dar conta de ser profissionais e mães com a mesma competência, os homens também passaram a ter que mostrar seu desempenho no mundo doméstico.

8. O fato de os perseguidores de ambos personagens serem figuras da mesma espécie da mãe leva-nos a supor que elas não passam de duplicações de sua figura. Em Andersen, as outras aves do galinheiro propiciam uma representação caricatural e exagerada da rejeição da mãe. No caso de Dumbo, seria uma divisão maniqueísta da mãe, entre uma toda boa e aquela madrasta que rejeita, clássica nos contos de fadas. Nesse caso, o papel da madrasta é representado pelas amigas discriminadoras de dona Jumbo.

9. São livros dirigidos às crianças bem pequenas que corajosamente enfocam, de forma direta, assuntos difíceis, como a morte de um familiar muito querido, a separação dos pais, a inclusão social de amigos ou colegas com alguma deficiência, os sentimentos de raiva ou inveja e a desigualdade social, entre muitos outros.

10. TODOROV, Tzvetan. *Introdução à Literatura Fantástica.* São Paulo: Perspectiva, 2003, p.63.

Capítulo II
EXPULSOS DO PARAÍSO

João e Maria, O Lobo e os Sete Cabritinhos e _O Flautista de Hamelin_

Concepção oral do mundo – Aquisição da locomoção – Desmame –
Fantasia de ser devorado – Fantasia de expulsão do lar – Distúrbios alimentares

s irmãos do conto _João e Maria_[1] alcançaram a proeza de serem conhecidos por praticamente todas as crianças do mundo ocidental. Se existe um conto que fala ao coração das crianças, este é o caso. Não se pode dizer que os contos da tradição tenham uma boa campanha de lançamento, se eles são lembrados é porque a peneira dos séculos os destacou como importantes. Como fonte desta história, encontramos a versão dos irmãos Grimm, _Hansel und Gretel_, publicada em 1812.

João e Maria são filhos de um pobre lenhador, cuja miséria extremada levou sua esposa, madrasta das crianças, a sugerir que se livrassem delas, já que não havia alimento suficiente para todos. O pai protesta, mas cede ao argumento de que o casal deveria se livrar das duas bocas extras para salvar a própria vida. A mulher sugere que as crianças sejam levadas para o coração da floresta, para um lugar onde seriam deixadas à própria sorte e de onde não saberiam retornar, ou melhor, um lugar em que certamente seriam encontradas pelas feras, servindo-lhes de alimento, antes que achassem a saída.

Na proposta da madrasta, os enteados estavam destinados ao papel de refeição. Como veremos, era exatamente isso que assombrava o destino deles, mas o que os esperava não era uma matilha de lobos famintos e sim outra mulher perversa, uma bruxa – provavelmente outra face da própria madrasta.

Não foi tão fácil livrar-se da dupla. Enquanto os pais arquitetavam o plano de abandono, as crianças, que não haviam conseguido conciliar o sono por terem ido para a cama com fome, ouviram tudo. Maria se desesperou, mas João pensou em algo: no meio da noite, saiu de casa e encheu os bolsos com pedrinhas brancas, do tipo que brilhava à luz da lua. Quando o plano dos pais foi executado, João foi deixando cair as pedrinhas ao longo de todo o trajeto de ida; assim que anoiteceu, elas indicaram o caminho de volta. Ao amanhecer, eles batiam à porta da casa, sãos e salvos.

Na próxima tentativa de livrar-se deles tudo se repetiu, mas a madrasta trancou a porta da casa, impedindo que João fosse abastecer-se com as providenciais pedrinhas. Não tendo como marcar o caminho, o menino utilizou o único recurso que tinha: migalhas de pão, que obviamente serviram de alimento aos pássaros, deixando os irmãos sem guia para voltar para casa. Sem encontrar a saída, caminharam a esmo dias e noites pela floresta até que, exauridos, seguiram um encantador pássaro branco, que os levou para o que parecia ser a salvação: "uma casinha feita de pão doce e de bolos, cujas vidraças eram de açúcar cande". Quando começaram a devorar o telhado e as janelas, saiu de dentro dela uma velhinha, que foi gentil com eles, convidando-os para entrar.

"Acomodaram-se, com a sensação de estar no céu", lá foram regiamente alimentados e aconchegados até adormecerem. Mas, após esse agradável sonho, esperava por eles o pior pesadelo. A velha na verdade era uma perversa feiticeira, e a casinha não passava de uma isca para fisgar suas presas.

Na manhã seguinte, João despertou enjaulado, enquanto Maria foi acordada aos gritos, que a convocavam para o trabalho doméstico. Sua primeira tarefa era preparar uma comida destinada a engordar seu irmão, que ainda estava muito magro para ser comido. Todos os dias, a bruxa ia verificar o andamento do preparo de sua iguaria, para tanto pedia que ele colocasse o dedinho para fora das grades, para ver se não estava mais tão ossudo. O menino, que não era bobo, mostrava a ela um ossinho que guardara para essa finalidade, obtendo assim uma prorrogação da sentença. Não sabemos por quanto tempo esse truque surtiu efeito, mas o certo é que um belo dia a paciência da bruxa acabou, decidindo comê-lo como estivesse, magro mesmo.

Ela mandou preparar um panelão de água para cozinhar o menino e ordenou à irmã que esquentasse o forno, onde assaria também um pão. A intenção da bruxa era devorar ambos, empurrando a menina para dentro do forno, imaginava que ela seria mais saborosa assada. Mas Maria também tinha lá sua esperteza: alegando não saber verificar a temperatura do forno, ela conseguiu que a bruxa se debruçasse nele, de tal forma que fosse possível empurrá-la para dentro. Foi assim que ela ardeu nas próprias chamas.

Conquistada a liberdade, os irmãos encheram os bolsos com pérolas e pedras preciosas que encontraram na casa da bruxa. Mas ainda tinham que encontrar o caminho de volta. Curiosamente, dessa vez agiram como se soubessem por onde ir, sinal de que já era hora de voltar. Porém, no caminho, foram barrados por um grande rio que teriam de cruzar, sem auxílio de ponte ou canoa. Mais uma vez, chama a atenção a estranheza desse caminho de volta, pois não há notícia dessa travessia na ida. Não podendo enfrentar esse desafio sozinhos, foram ajudados por um pato, que os transporta, um por vez, para a outra margem.

Outra vez Maria mostrou-se esperta, pois é ela quem se deu conta de que não poderiam subir juntos na ave, que afundaria com o peso. Com isso, os irmãos ficaram quites, couberam a cada um duas ocasiões de mostrar sua capacidade. Sem outras dificuldades, chegaram em casa para descobrir que a madrasta também morrera, e o pai só fazia lamentar a perda dos filhos. Graças às riquezas da bruxa, os três viveram felizes, livres da ameaça da fome e da maldade da madrasta.

Tempos difíceis

sta é uma história de pais que condenam seus filhos a morrer de fome, livram-se deles para ficar com o pouco alimento que restou, já que são incapazes de abastecer a família. A fome é um dos eixos em torno dos quais girou boa parte da história da humanidade, muitas vezes, impulsionando os movimentos migratórios, as disputas de poder, as guerras. No cenário europeu, onde nasceram essas histórias, o tema da falta de alimento só foi superado recentemente. Incontáveis ondas de escassez dizimaram boa parte da população ou os deixaram fracos para doenças de ocasião, de modo que, não faz muitos anos, o medo de morrer de fome era uma realidade cotidiana nesse continente (e ainda o é para uma inaceitável parte da humanidade).

Existia inclusive uma utopia medieval a esse respeito que nos dá a dimensão da extensão e da importância da fome. O contraponto dessa escassez denominava-se *Cocanha,*[2] lugar imaginário onde a comida existia em abundância. Em Cocanha havia rios de vinho, as lingüiças pulavam nas frigideiras, chovia pães e queijos, enfim, tudo aquilo por que ansiava a maioria das pessoas estaria lá presente. Na verdade, a utopia se prestava a outros sonhos também: lá ninguém trabalhava, a hierarquia do mundo estava abolida, mas certamente o acento mais forte era na abundância de alimentos. A insistência de tantas histórias infantis no tema da fome parece ser também um eco desses tempos difíceis.

Outro comentário que se faz necessário, sobre esta e outras histórias: refere-se às crianças como as primeiras sacrificadas quando a escassez de alimentos chega. Por exemplo, no conto *O Pequeno Polegar*,[3] é a vez de o pai fazer o papel de carrasco, dizendo à sua esposa:

Você está vendo que não podemos mais alimentar nossos filhos. Não tenho coragem de vê-los morrer de fome diante dos meus olhos, estou resolvido a levá-los amanhã à floresta e deixá-los lá, perdidos, o que não é difícil fazer.

Convém observar que *O Pequeno Polegar* coincide em alguns pontos com *João e Maria*. Após os sete irmãos terem sido expulsos de casa por vontade do pai, encontrarão um ogro devorador de crianças. O que mais uma vez nos leva a pensar que existe uma correlação entre essas figuras: o pai ou a mãe que rejeita e o monstro que ameaça devorar, não por acaso são do mesmo sexo em ambas histórias.

Era um tempo em que os pais, só depois de encher bem a barriga, lembram que as crianças poderiam ficar com as sobras.[4] O duro é que era bem assim. A criança como alguém que possui um valor mais alto que o adulto, alguém a quem se deve cuidar e preservar, é uma conquista da modernidade. Para nós é tão natural abrirmos mão do pouco para que não falte às crianças, quanto, para a sociedade tradicional européia, era deixá-las com as sobras.

Mas essas são considerações gerais que nos auxiliam a contextualizar o clima da sociedade em que nasceram esses contos, embora não explique por que eles continuam sendo tão populares. Aliás, observar a diferença cultural que separa o mundo de origem dessas histórias da realidade de seus atuais leitores nos instiga ainda mais a buscar nelas o motivo de sua longevidade. Só podemos conjeturar que esses elementos ancestrais estão hoje a serviço de outros significados. Acreditamos que seu uso hoje é psicológico. Considerar os aspectos históricos não substitui a necessidade de apreciar as possíveis evocações inconscientes despertadas pelo conto, que são as verdadeiras responsáveis pela sua permanência, mesmo quando as condições objetivas já não permitem uma identificação direta entre o leitor e a personagem.

Famintos e Desmamados

isando a uma análise de cunho psicanalítico, torna-se importante explicar um pouco mais sobre o funcionamento de um bebê, para compreendermos por que, nesses contos de fadas, os pais estão tão empenhados em livrar-se dos filhos e da tarefa de alimentá-los. Em *João e Maria*, as crianças ficam a maior parte da história relacionadas ao tema da alimentação. Embora passem da condição de famintos à de iguaria, só depois de derrotar a bruxa (que parece morrer ao mesmo tempo que a madrasta, indicando que são personagens conexas), os irmãos acertam o passo para voltar para casa, fazendo a travessia necessária para outra forma de vínculo familiar. O conto é a história dessa travessia, simbolizada pelo cruzamento do rio na viagem de volta. Do outro lado do rio, já não há fome, tampouco há bruxas devoradoras. Vejamos como esses últimos elementos se combinam.

Neste conto, os pais são acusados de estarem impondo aos filhos aquilo que, na verdade, o seu próprio crescimento está precipitando em sua vida. Crescer traz ganhos, mas também perdas. Estas últimas fazem com que a independência conquistada pelo filho seja vivida como abandono por parte dos pais, já que é muito difícil, neste momento, se reconhecer como autor da própria história. Muitas vezes, a criança mesma "se desmama" e, ao mesmo tempo, inconscientemente, acusa a mãe de negar-lhe o seio.

Estamos acostumados a acompanhar o sofrimento com o qual as mães prescindem da condição de fonte de alimento para seus filhos. Serão lágrimas de tristeza, pela perda de um tipo de vínculo onde elas são insubstituíveis junto a seus bebês, assim como palavras de culpa, pelo notório ganho em liberdade que o fim da tarefa lhes proporciona. Todo esse discurso habitua-nos a compreender o desmame como uma atitude basicamente materna, o que ofusca a enorme participação do bebê nessa decisão.

O desmame é o primeiro movimento de independência do bebê, ele ocorre como o fim de uma relação amorosa, na qual o casal vai sentindo em diversas ocasiões que o esperado encontro não acontece, a sintonia diminuiu, há ruído na comunicação. O crescimento da criança, assim como a reestruturação da vida e do corpo da mãe após o parto, vai diminuindo as condições propícias para a entrega necessária ao amoroso momento da amamentação. Cada vez mais, acontece que ambos estão um pouco mais distraídos, impacientes, os corpos não se encaixam tão bem, é uma paixão que esmorece.

Aliás, não demora muito para que a criança passe a se sentir incompleta com o que pode conseguir em termos de satisfação e motivação através da boca e critica a provedora, como se a falha fosse dela. Quem sabe se o produto fosse mais a seu contento, o consumidor não ficaria tão insatisfeito...

A primeira forma de decodificar o mundo é oral: chupar, lamber e sugar são meios privilegiados de conhecimento e satisfação. Os olhos fazem um mapeamento geral, situam o objeto, mas, para investigações mais profundas, são requeridos os lábios, a língua e um revestimento de saliva que atesta o conhecimento adquirido.

Mas chega um dia em que esse sistema e o mundo que ele pode abranger parecem pequenos, outros horizontes são requeridos pela curiosidade do bebê. Ao crescer, sua motivação passa pela exploração de todos os lugares onde suas pernas e seus olhos puderem levá-lo. A locomoção é fascinante, tanto a própria como a dos objetos, que são arremessados ou têm providenciais rodinhas. Tudo se move.

João e Maria jamais admitiriam que gostariam de ter saído de casa, que ansiavam os mistérios da floresta. O desejo mais imediato seria de que sua própria casa fosse comestível e que eles pudessem passar o resto da vida lambendo suas paredes. Não fosse a fome e a expulsão, jamais sairiam. Aí que está o engano, o mais comum é as crianças se lançarem à floresta, mas acusando os pais de tê-las expulsado de casa e dizendo que ali passavam fome. Nas histórias de fadas, é muito comum uma temporada na floresta, significando o mundo externo, o fora de casa, que invariavelmente se iniciará como uma expulsão ou com a fuga de uma condenação à morte. Há muitas mortes ao longo do crescimento, cada nova etapa obriga o ser humano a ver morrer aquilo que ele era e a família que servia àquela modalidade de relação.

Neste conto, em que a expulsão de casa se deve à falta de alimentos, a mãe ou sua representante, a madrasta, tem a idéia de livrar-se das crianças, mas o pai resiste, embora se deixe levar. Parece coerente, afinal é ela quem faz questão no conto, é o seu corpo que é negado, já que devemos compreender o alimento enquanto extensão do corpo da mãe e de seus atributos maternos. Perdidos na floresta, reencontram uma representação desse corpo, sob a forma da casa comestível, que devoram sem preocupação, como um sedento no deserto se atira nas águas de uma miragem. O preço, como sabemos, é alto. João é engaiolado para ser comido pela bruxa e Maria também perde o Paraíso, pois além de no futuro virar comida de bruxa, agora ainda terá de trabalhar.

O trabalho de Maria retrata a perda da grata passividade do bebê, quando pela sua invalidez tudo lhe é alcançado. Há uma época na vida em que se diz às crianças, mesmo pequenas, que usem suas pernas para ir buscar o que querem, que procurem e alcancem seus objetivos, e é notório o quanto elas resistem a isso. Embora já saibam falar algumas palavras, insistem em pedir o objeto desejado aos gritos ou através de gestos. Quando já podem se locomover, seu interesse privilegiará aquilo que tiver de lhes ser alcançado, mesmo que haja outros tantos, igualmente atrativos, colocados onde possam pegar. Fazer o esforço de pedir com palavras (em vez de gritos), trabalhando no uso do vocabulário, assim como se abastecer do que necessitam (indo buscar os objetos com as próprias pernas) são atos vividos como abandono. Se a criança tiver de se engenhar para atingir um objetivo é porque não o fizeram por e para ela. Neste momento (às vezes pelo resto da vida), ser atendido é uma forma primitiva de ser amado, trabalhar para cuidar-se e abastecer-se evoca uma forma de solidão.

Engaiolado pela bruxa, João fica no papel aparentemente mais passivo, mais regressivo, daquele que é impedido de crescer, que se mantém alheio ao mundo. Porém, seu personagem incumbe-se de uma das mais primitivas formas de atividade, que constitui no exercício do direito de se recusar a comer.

Fechar a boca é a primeira rebeldia assumida de um bebê. Ao entregar o ossinho em lugar do dedo para enganar a bruxa, João se posiciona como magro – ossudo, como se diz –, na mesma medida em que ela o quer rechonchudo como um porquinho. Esse tipo de recusa alimentar é similar à dos filhos, que insistem em selecionar o próprio cardápio, discordante do da mãe, assim como ao freqüente fenômeno de que as crianças comem de tudo na casa dos outros, enquanto na própria são enojados e seletivos. É simples, na casa dos outros (que assim são chamados porque não pertencem à família mais próxima) ninguém está pendente do que eles comem ou não. Nesses casos, a criança realiza uma apropriação do ato alimentar, destinado agora apenas à própria satisfação, orientado pelos seus critérios.

A proposta da bruxa a João não existe só nas fábulas. Muitas patologias graves do vínculo mãe-bebê, que vão redundar em psicoses infantis e em certos quadros de demências em adultos, são frutos dessa bruxaria, que costumamos chamar de simbiose. São filhos engaiolados, não têm olhos para floresta alguma, só vivem para e através de um vínculo umbilical com sua mãe. Jamais desenvolverão linguagem, porque só ela os entenderá e só isso importa, se caminharem o farão sem rumo, pois só existe a presença magnética da mãe, todo o resto não é compreensível. Talvez usem fraldas e se babem como bebês, ofertando-se no altar dos cuidados maternos, embora em muitos casos estejamos falando de homens barbudos e com pêlos pubianos. Esse é o filho que a bruxa devorou.

Há patologias físicas, como lesões cerebrais e síndromes genéticas, que condenam pais e filhos a relações mãe-bebê, num sofrimento que se prolonga até que a morte os separe, mas não estamos falando desses casos. Nas patologias psíquicas anteriormente referidas, não há acidente, não há doença diagnosticável no corpo que justifique a gravidade do quadro, apenas um vínculo sufocante e demenciante.

Maria também terá o destino do forno, já que ser devorado não é um privilégio da relação da mãe com o filho homem. O que muda sua sorte é que ela estava trabalhando, de alguma forma independente, por isso, dela parte a possibilidade de reagir. João, por sua vez, não está como a vítima hipnotizada da cobra, esperando o bote, ele mantém a esperteza e engana a bruxa.

Buscar seus próprios objetos, de alguma forma trabalhar, não é a única maneira de romper o fascínio de ser cuidado, descobrir que é possível discordar do adulto, que ele não é tão poderoso nem onipresente, como se acreditava, também é importante. A tarefa é dar-se conta do quanto se é independente do desejo da mãe: não adianta a bruxa querer lhe empurrar comida, fazendo de João um porquinho, ele lhe responderá com sua magreza.

Paraíso perdido

 oão é um bom exemplo para ilustrar um tipo de anorexia infantil, absolutamente normal, no qual a criança testa e constata quão grande é a vontade da mãe de que ela coma. Quanto mais se recusar, mais variadas e angustiadas ofertas de alimento a mãe lhe fará, ignorando que a única coisa que lhe permitiria voltar a comer seria se abster de lhe oferecer muito e insistentemente. Se a mãe não mostrar ansiedade em alimentar o filho, o desejo deste pelo alimento poderá até se expressar, mas, enquanto a insistência da mãe lembrar que ele comerá para a satisfação dela, ele recusará.[5]

Por isso, os dois irmãos se prestam para representar duas formas importantes do crescimento: a troca da passividade pela atividade e a separação entre o desejo da mãe que quer alimentar e a vontade de comer do filho. O complemento seio-boca rompe-se definitivamente quando a criança passa a escolher e recusar alimentos. Antes, o seio simbolizava o alimento perfeito, portanto raramente era recusado, mesmo que viesse aplacar outros incômodos diferentes da fome. De um jeito ou outro, o seio era sempre bem-vindo, se não para mamar, para usá-lo de bico ou para ficar olhando para a mãe.

É importante observar que o paraíso representado pelo seio – esse modo de vida em que nada falta e em que não é preciso fazer nenhum esforço – não existe concretamente na vida dos humanos. Desde o primeiro encontro, quando o recém-nascido dá a mamada inaugural e mãe e filho são banhados de uma sensação de reconhecimento mútuo, estabelece-se uma relação que já supõe dois seres distintos. Eles passarão bom tempo sentindo-se visceralmente unidos, mas essa é uma ilusão compartilhada. No desmame, rompe-se essa fantasia, não uma simbiose de fato. A necessária presença do olhar como complemento da mamada, que o bebê reivindica (às vezes até furiosamente), deixa bem claro que ele quer a mãe, não o leite, que o seio é parte de um contexto, não serve isoladamente. É por isso que os bebês podem ser amamentados com mamadeira sem traumas, quando necessário, como nos casos de adoção ou de algum impedimento físico para dar o seio.

Quando esse primeiro idílio amoroso se rompe, restam a queixa e a idealização do que se supunha ter. Em *João e Maria*, a queixa é representada pela expulsão de casa, onde a madrasta lhes recusava comida, assim como a idealização fica a cargo da maravilhosa casa comestível da bruxa.

Chame-se ela casa de gengibre, de doces, de pães e bolos, não há quem não tenha em seu acervo alguma versão apetitosa dessa casa da bruxa. Sua aparência varia, pode ter sido fornecida pela gravura de um livro infantil ou por uma criação pessoal, mas ela faz parte da galeria da infância. A casa da bruxa significa fartura, pena que o preço seja fazer parte do cardápio. Aliás, a maior parte desse conto gira ao redor do comer: começa com a fome em casa, o banquete na casa da bruxa (onde se comem até as paredes), o terror de serem devorados por ela e conclui com um belo assado de bruxa. O mundo de João e Maria é interpretado a partir da oralidade, mas, na prática, isso é uma evocação, como aquelas memórias que fazemos sobre alguma pessoa querida que perdemos, por morte ou separação, então pinçamos para nosso uso só as partes que nos interessam. A memória é sempre uma versão dos fatos.

Separados da mãe pelos novos horizontes de conhecimento e relações que se descortinam a partir do desmame, faremos desse primeiro momento uma versão mítica, de uma Mãe-Cocanha, de cujos peitos jorravam o leite e o mel. Mas essa fantasia tem seu lado negro: é a bruxa devoradora. Não poderíamos pensar que semelhante fantasia de complementa-ridade entre mãe e filho parecesse possível sem repre-sentar algum tipo de ameaça. Ser um só com a mãe significa perder-se nela, ser readmitido em suas entranhas, em suma, ser assado, cozido e comido. Observe-se que é uma fantasia possível apenas para quem já tem bem claro que está do lado de fora, por isso, tem medo de ser reincorporado. Só pode voltar a entrar quem já saiu.

O Lobo e os Sete Cabritinhos

ara deixar mais claro que o importante é a separação em si, podemos lançar mão de outra história, também muito conhecida, compilada pelos irmãos Grimm: *O Lobo e os Sete Cabritinhos*,[6] em cujo começo há uma inversão em relação a *João e Maria*, já que é a mãe quem sai para a floresta.

Era uma vez uma velha cabra que tinha sete cabritinhos e os amava como as mães amam os filhos. Certo dia, ela teve de ir à floresta em busca de alimento e recomendou aos sete cabritinhos: "Tenho de ir à floresta, meus queridinhos, e vocês devem tomar muito cuidado com o lobo, que é muito mau e muito peri-goso. Se ele entrar aqui em casa, devorará vocês todos, inteirinhos, da cabeça aos pés. Ele muitas vezes se disfarça, mas é fácil reconhecê-lo logo, por sua voz áspera e seus pés muito pretos".

Disfarçado, o lobo conseguiu devorar todos os cabritinhos, menos o menorzinho que se escondeu bem e contou para a mãe o acontecido quando ela voltou. Eles encontraram o monstro dormindo de bar-riga cheia e, de forma similar ao final de *Chapeuzinho Vermelho* (que analisaremos no próximo capítulo), abriram a barriga do lobo com uma tesoura, salvaram os filhotes devorados e repuseram o volume com pedras. O lobo se acordou com sede, caminhou até o poço, mas, como o peso das pedras o derrubou lá dentro, acabou morrendo afogado.

Seja através de uma velha bruxa ou de um lobo, depois que uma floresta separa mãe e filho, restam evocações de dois tipos: idealizadas (a saudade de um mundo comestível) e aterrorizantes. A figura primordial assustadora é uma versão da mãe imaginária do primeiro vínculo simbiótico e, embora pareça estranho, pode muito bem ser representada pelo lobo, associado em outras histórias à figura masculina.[7] O monstro não precisa ser uma figura feminina, porque ele não é a mãe, ele apenas deve ter um apetite insaciável e feroz como o do ogro de *O Pequeno Polegar*, de Perrault. O apetite peremptório da velha bruxa ou a bocarra escancarada do lobo representam a mesma ameaça: ser visto apenas como algo que precisa ser incorporado o mais rápido possível. Depois de comidos, os filhos já não terão existência própria, farão parte do monstro.

Esses contos tão assustadores, em verdade, têm um aspecto extremamente tranqüilizador. Os irmãos João e Maria nem chegam a ser devorados, enquanto os cabritinhos e a menina Chapeuzinho Vermelho saem intactos da barriga do lobo. Como as histórias são contadas desde a perspectiva das crianças que já ti-veram suas rudimentares, mas bem-sucedidas, expe-riências de separação, não há mais perda da integri-dade, ninguém se dissolve nas entranhas da bruxa ou do lobo.

Quando um olhar enlaça a mulher a seu filho, que mama em seus braços, já estamos num momento em que ela e seu bebê são seres separados. O primeiro tempo, que seria da simbiose absoluta, nem existe de fato. Na vida real, o seio representa a mãe, mas é ela que é amada, por isso, é representada como uma mulher (no caso a madrasta, a velha cabra). Vice-versa, o filho interessa a ela não só porque a suga, há muitos significados que se acoplam à maternidade – de conquista de uma identidade feminina, de poder, de prova de amor, etc. A mãe pode ser uma só, mas a maternidade não é uma coisa só. Somente após a primeira separação, da qual a criança se sente autora – quando ela "se desmama" –, aparecerá a figura mons-truosa, como se a criança pudesse se dizer: "Vejam só, o tamanho do perigo de que eu me escapei!".

A versão pavorosa do primeiro enlace amoroso é uma espécie de alerta para ambos. Para a mãe, que certamente conhece as personagens da sua própria infância, este é o aviso: não reincorporarás teu produto, sob pena de te assemelhares a monstros do pior tipo; para o filho: estás numa viagem sem volta.

Não esqueçamos que tanto a bruxa quanto o lobo só fazem sua aparição num segundo momento, após a saída de casa dos filhos ou da mãe. Por sorte, em geral, esses monstros são fantasias que só habitam os porões da memória, não fazem parte concreta da vida familiar.

Uma palavra a mais é necessária sobre as pedras na barriga do lobo: preencher o lobo é como ter certeza de que sua fome será aplacada, nada mais caberá lá. Está bem, mas se tem também a encenação de uma gravidez masculina, o que também ocorre em *Chapeuzinho Vermelho*. No final, a mãe ou o caçador recosturam a barriga do lobo com pedras dentro, e ele morre disso. Essa "gravidez masculina" não funciona, pedra é algo inanimado e morto.[8] Quando o lobo sofre uma "cesariana", o que sai é algo que já foi nascido antes, ele mesmo é estéril. A barriga de pedras já é uma tentativa da criança de diferenciar os sexos, entre as mulheres que carregam os bebês em seu ventre e os homens que não o fazem. Inicialmente, ela parte da premissa de que todos são iguais e podem fazer as mesmas coisas, logo gestar e parir seriam atributos comuns a ambos os sexos. A realidade liquida essa hipótese e talvez a gestação pétrea seja uma boa ilustração dessa infertilidade.

A travessia

o fim da história, conforme a versão dos irmãos Grimm, João e Maria "acharam em todo o canto da casa da bruxa arcas de pedras preciosas e pérolas" que eles levaram consigo de volta para casa. "São melhores que as pedrinhas brancas", afirmaram referindo-se àquelas com que assinalaram o caminho de volta na primeira vez em que foram expulsos. Em casa, João havia enchido os bolsos de pedrinhas ou migalhas que lhe permitissem voltar; dessa vez, o faz com outro tipo de tesouro, cujo valor não é o de uma passagem de volta. Eles encontram o caminho de casa, mas pelas próprias pernas, as pedras preciosas e as pérolas são um valor mundano, são como dinheiro, que providenciará o abastecimento de que eles precisam. Agora, os bolsos estão plenos de independência.[9]

Uma vez morta a mãe, que se negava a ser o paraíso, e livres dos perigos de ser devorados por ela, os irmãos se satisfazem com as jóias que podem comprar comida e bem-estar, representantes das riquezas que tanto fizeram falta nos tempos de escassez. Muitas histórias infantis contemplam um verdadeiro crescimento, lembrando que quando partimos não voltamos nunca mais, vivemos em outro reino, o antigo morreu. Isso equivale a dizer que uma vez que se muda de posição subjetiva não há volta, se verá tudo desde um outro prisma.

É relevante o detalhe de que a travessia final tenha de ser feita a sós, ou seja, os irmãos terão de se separar, inclusive entre eles mesmos. Já observamos o fato de o percurso de volta ser tão diferente do da ida, afinal não há notícias de que eles tenham atravessado nenhum curso d'água no trajeto inicial, muito menos um grande e difícil de transpor como esse.

Um exemplo que segue atual sobre a importância da água nas passagens é o batismo. Algumas tradições religiosas têm revalorizado o batismo em sua forma primitiva, a imersão total do neófito na água. Só depois disso, ele estará dentro de outra ordem mais elevada que a do início. A partir da imersão, será reconhecido como membro de determinada comunidade religiosa, ou seja, é um ritual de passagem em que a água assinala o momento de transformação.

Muitos seres mágicos são incapazes de atravessar cursos de água. Um expediente comum para se livrar de um perseguidor sobrenatural é pular um riacho ou atirar-se num rio, pois aquele ficará invariavelmente detido na margem. A mitologia e a tradição folclórica parecem sublinhar a travessia da água como uma das metáforas para a passagem para outro nível de existência, de transformação, não se sai do outro lado da margem do mesmo modo como se entrou.

A casa para a qual retornam João e Maria não é a mesma de onde partiram, não há mais nela uma figura materna ameaçadora, e as riquezas foram conquistadas pelas próprias crianças. É um final diferente de tantas histórias de fadas, em que o herói conquista seu próprio reino, riquezas e uma bela princesa, dando as costas para o seu castelo de origem. *João e Maria* é anterior a esses horizontes, há uma revolução a fazer, mas ela é intramuros, seus efeitos serão contabilizados ainda dentro da relação familiar.

O pato como meio de transporte talvez seja uma homenagem à versatilidade desse animal, pois poucos como ele voam, caminham e nadam. Difícil imaginar alguém mais bem preparado para as transformações que a vida exige, portanto, ele parece um bom exemplo de mobilidade possível. Como ele domina vários meios, pode figurar como um auxiliar ajudando alguém a passar por eles.

Outros gulosos

xiste um conto curto, muito antigo, repetido em vários folclores, geralmente conhecido com o título de *Os Três Desejos*.[10] A história é a seguinte: um pobre homem consegue, por intermédio de um ser mágico, a graça de ter três desejos atendidos. Mas ele e sua mulher são muito tolos e, como quem nunca come mel, quando come se lambuza, desperdiçam seus desejos de uma forma estúpida. O papel de mais tolo ora é da mulher, ora é do marido, mas o certo é que um dos dois, distraído em conjecturar qual a melhor forma de fazer seu pedido, enunciará alto sua vontade de comer alguma coisa. Prontamente o pedido é atendido e assim se desperdiça com um simples alimento aquilo que poderia conter todos os tesouros do mundo. O outro cônjuge, raivoso por ter visto um desejo ser banalmente usado, num impulso pede que a tão desejada linguiça grude no nariz do guloso, e lá se vai outro desejo. Como da primeira vez, trata-se de um pensamento que é enunciado alto; se inicialmente há uma gula desmedida, nessa segunda vez, ocorre um descontrole de raiva. Por último, o derradeiro pedido é gasto para livrar o nariz do monstruoso adendo. E o casal está de novo como antes da possibilidade de desejar.

Além de ser uma fábula sobre a dificuldade de saber o que desejamos, a história nos mostra que, quando não sabemos o que queremos, existe uma boa chance de escorregarmos para os desejos orais ou para outros impulsos primitivos. Nessa história, há duas formas de incontinência oral, a de raciocinar com o estômago e a de falar sem pensar. Nas histórias de fadas, muitas vezes, as personagens vomitam coisas boas ou ruins quando falam, mostrando que palavras também são objetos que saem da boca e é preciso controlar o que se diz. Em uma delas, As Fadas,[11] a bondade é premiada com a expulsão de pérolas junto a cada palavra, ao passo que a personagem má é condenada a vomitar sapos sempre que falar.

Outra história sobre satisfação oral chama-se O Mingau. É narrada pelos irmãos Grimm e mal passa de um parágrafo. Nela, uma menina faminta recebe como presente, de uma velha que encontra, uma panelinha mágica. O objeto fantástico sempre lhe oferecerá a quantidade que ela desejar de mingau. A velha lhe ensina as palavras mágicas para iniciar e cessar o feitiço, e assim a menina providencia para que ela e sua mãe não tenham mais fome. Um dia, na sua ausência, a mãe consegue fazer o feitiço iniciar, mas não sabe fazer a panela parar, acontece então uma enorme inundação de mingau que envolve toda a cidade e só cessa com a volta da menina.

O Mingau é uma fantasia sobre um paraíso oral, pela possibilidade de satisfação irrestrita, cujo poder está com a criança. É necessário frisar a importância do poder de fazer cessar o jorro de alimento. As crianças pequenas são embutidas de comida de tal modo que a idéia da colher vindo para uma boca, que tem de se escancarar bem obediente, vai ficando terrífica à medida que crescem. Fechar a boca é uma das primeiras formas de poder. Por isso, essa pequena história, que nem sequer angariou muita popularidade, é significativa para nossa análise. Arriscamos dizer que seu encanto está em dizer que a criança pode até compartilhar com a mãe o poder de fazer brotar o alimento, mas o de fazê-lo cessar é só dela, ninguém vai lhe fazer comer o que ela não queira.

Os paraísos orais não perderam seu prestígio, seguem sendo imaginados. Acreditamos que, contemporaneamente, o mais requintado é a fabrica de chocolate do livro A Fantástica Fábrica de Chocolate, de Roald Dahl.[12] A trama é muito mais rica do que uma utopia oral, mas, de qualquer forma, o cenário principal, em que a história se desenvolve, é uma fábrica mágica-tecnológica onde tudo é comestível e todos os sonhos glutões infantis podem ser atendidos. Nessa novela, a magia é substituída pela tecnologia, e a floresta encantada é uma fábrica não menos encantada. Enfim, uma cocanha infantil moderna, onde todos os doces estão disponíveis sem custos e sem limites, mas cada uma das crianças visitantes terá de aprender a se controlar. A passagem pela fábrica é também um ritual de saída da infância, na medida em que cada um precisa provar que não se deixa levar pela oferta oral, por mais que a tentação seja do tamanho de uma fábrica e seu proprietário feiticeiro, um grande sedutor.

Os dramas atuais, como obesidades, anorexias, toxicomanias e alcoolismo, são histórias de gente, jovem ou adulta, tentando solucionar os problemas com pedrinhas brancas que as reconduzam ao calor de um lar que os expulsou quando cresceram. Diante dos fracassos, das insatisfações, esses Joões e Marias tentam devorar a casinha, ingerindo alimentos ou incorporando substâncias tóxicas que proporcionem uma satisfação. Se consumirem a comida, ou a substância "mágica", tentam atingir tal satisfação, mais mítica do que real. Trata-se de gente que sabe o que quer e pode consegui-lo, seu desejo é a incorporação de um objeto concreto. A anorexia é o mesmo pelas avessas, o objeto é a comida, só que a relação é de recusa.

A toxicomania, como a bulimia, são um circuito de vida reduzido, elas aplainam o problema dos desejos. Afinal, nunca sabemos muito bem o que, ou quem queremos, nem do que precisamos ser para que nos queiram. Quando o assunto se resolve em termos de ingestão, consumo ou abstinência de algum alimento ou substância, sabemos que queremos aquilo e que se tivermos aquilo nos sentiremos queridos. Como se vê, *João e Maria* é uma história de gente pequena que serve também para gente grande.[13]

O voto de morte paterno

oão e Maria é uma história que também oportuniza a elaboração do voto de morte dos pais sobre os filhos, a fantasia de filicídio. O começo é muito explícito, os pais não querem mais as crianças, elas atrapalham a sua sobrevivência, comem sua comida. Como não há para todos, então os pequenos têm de partir. É mais do que uma expulsão, eles são deixados à própria sorte na floresta. Os pais não se preocupam se eles conseguirão sobreviver sozinhos; o que importa é que não voltem, se morrerem ou viverem dá no mesmo.

Nesse conto, a vontade paterna é manifesta, mas cremos que existe outro que, embora velado, discursa mais sobre o quanto os filhos atrapalham a vida de um casal. Trata-se de *O Flautista de Hamelin,*[14] uma história européia que nos mostra a vontade dos adultos de se livrar desses pequenos seres que tanto comem e só atrapalham.

A história é simples: uma cidade é assolada por ratos, e os cidadãos já não sabem o que fazer. Os ratos estão em toda a parte, importunando a todos, estragando e comendo a comida da cidade. Os métodos habituais não surtem efeitos, pois os animais são muitos, ninguém dá conta de se livrar de tantos. Como último recurso, o prefeito oferece uma valiosa recompensa a quem conseguir livrar a cidade dessa praga.

Logo depois surge um flautista que diz ter uma solução, com sua flauta mágica encanta a todos os ratos e some com eles. A cidade comemora feliz por estar livre dos roedores. Mas na hora de cumprir o trato, o prefeito não quer pagar ao flautista a quantia justa por ele ter livrado a cidade da peste. O flautista não pensa duas vezes em se vingar de uma cidade tão ingrata, pega a flauta, encanta desta vez as crianças encerrando-as dentro de uma montanha. Um menino coxo, que não consegue acompanhar a turma, é a única criança que se salva desse estranho destino e resta para relatar o ocorrido. O menino manco tem inveja dos que se foram, pois a promessa da música do flautista, que ele também ouvira, era de um mundo melhor, onde nada falta, onde não há perigo, e ele mesmo ficaria bom da perna.

Existe uma história moderna, uma pequena novela inglesa, que pode ajudar-nos a pensar a equivalência entre criança e ratos, chama-se *As Bruxas*, também de Roald Dahl.[15] Nessa história, as bruxas são uma sociedade secreta cujo objetivo é odiar e exterminar crianças. Estão tentando usar em larga escala um veneno, ministrado em guloseimas, que transformaria as crianças em ratos. E, para a maior glória das feiticeiras, seriam os próprios pais e professores que vão matar seus pequenos sem saber o que estão fazendo.

Nessa novela, há uma pista para pensar o porquê dos ratos: o menino que vem a ser o personagem principal da história cria ratos, são os seus animais de estimação. Ou seja, os ratos podem estar nestas duas posições: ser um bicho pequeno e gracioso e ser uma peste que transmite doenças e dizima celeiros. O seu aspecto de pequeno e doce é hoje bastante lembrado, as histórias infantis do século XX estão cheias de ratos, basta lembrar de Mickey e Jerry para ficar nos mais famosos. As aventuras de Tom e Jerry, sua permanência e simpatia (apesar, ou talvez por causa da violência) se devem, ao nosso ver, à eterna luta entre grandes e pequenos, entre adultos e crianças. Como o século passado foi um período de simpatia crescente com as crianças, é natural que Jerry se saia tão bem diante de seu inimigo natural bem maior.

Mais recentemente, foram lançados vários filmes em que os ratinhos são associados ao tema da adoção. Por exemplo, em *Bernardo e Bianca*, dois ratinhos se envolvem em salvar uma menina órfã; em *Stuart Little*, um ratinho é adotado como filho por uma família humana. Curiosamente, o menino que enfrenta as bruxas no livro de Roald Dahl também é órfão. Esse é um expediente pelo qual as histórias infantis oferecem uma bem-vinda separação entre os adultos maus, as bruxas, e seus pais, que são inocentados desse voto de morte pela sua ausência da cena.

Ora, se a equivalência ratos-crianças pode ser estabelecida nesses contos modernos, e esse simbolismo transposto para *O Flautista de Hamelin*, então o conto faz sentido. O que a cidade não agüentava mais – os seres pequenos que tanto comem e que estão por todos os lados incomodando a todos – eram as crianças. Simbolicamente esse duplo movimento do flautista, ora com os ratos, ora com as crianças, de encantar e sumir é o mesmo. Trata-se de sumir com as crianças para a felicidade dos adultos.

Claro que o final é triste para a cidade, que está privada de suas crianças, mas assim é a vida, sempre perdemos algo mesmo quando nossos desejos são satisfeitos. Uma incompreensão comum de quem se aproxima da psicanálise é pensar que o caminho da cura seria a simples realização dos desejos. Na verdade seria melhor conhecê-los para poder enfrentá-los, saber lidar com eles, não necessariamente realizá-los. Se assim fosse, uma questão de satisfação direta, existiriam poucos homens sobre a face da terra, já que somos habitados por desejos de morte, direcionados inclusive aos nossos seres mais queridos, incluindo nossos filhos. Existem momentos em que queremos que eles sumam, que vacilamos se foi uma boa idéia tê-los tido. Esse pequeno conto dá vazão às fantasias que nos percorrem a respeito do nosso desejo, muitas vezes ambivalente, pelos filhos. São os momentos quando os pais pensam o quanto os filhos podem ser um peso na sua vida. Mas esse conto fala a ambos: às crianças, por terem uma intuição de que podem ser o peso; e aos pais, para poderem pensar como seria enfrentar essa cidade (casa) vazia.

Os pais têm dificuldade de responder como seria a sua vida sem os filhos. Certamente seria mais fácil, mais barata, com mais tempo para eles, mas ficariam como a cidade de Hamelin, chorando pelas crianças que se foram ou que não tiveram. Ter filhos não é um bem universal inquestionável, é cada vez mais, para a sorte de todos, uma escolha. Relançar o desejo herdado dos pais na geração seguinte sempre foi o destino da humanidade, pagamos o que nossos pais investiram em nós na próxima geração que, por sua vez, vai pagar tendo filhos e assim sucessivamente. Acreditamos que é este pagamento que o prefeito de Hamelin interrompeu e, por isso, as crianças sumiram. Talvez hoje a pressão por ter filhos não esteja tão forte como uma imposição social, e existem outras formas de pagar aos pais por nos fazer existir.

Notas

1. GRIMM, Jacob & Wilhelm. *Contos de Fadas*. Belo Horizonte: Villa Rica Editora Reunidas, 1994.
2. Existe um conto dos Grimm, *A Terra da Cocanha*, mas ali estão expostos apenas os traços bizarros desse lugar mágico. Um bom livro que analisa essa utopia é *Cocanha – História de um País Imaginário*, de Hilário Franco Júnior, publicado pela Companhia das Letras, São Paulo, em 1998.
3. PERRAULT, Charles. *Contos de Perrault*. Belo Horizonte: Editora Itatiaia, 1989. É bom lembrar que *O Pequeno Polegar* de Perrault é muito diferente das outras histórias com esse nome. Aqui ele é o caçula de sete irmãos, que são expulsos de casa pela miséria, o começo é praticamente igual a *João e Maria*. Na floresta, eles enfrentam um ogro que os quer devorar, mas, graças à astúcia do Pequeno Polegar, habilmente conseguem escapar.
4. Nas palavras da mulher do lenhador dessa história: – "Onde estarão nossos pobres filhos agora? Eles fariam uma boa refeição com estes nossos restos!"
5. Voltaremos a esse assunto no Capítulo XIV, analisando os personagens de Maurício de Sousa, Magali e Dudu.
6. GRIMM, Jacob & Wilhelm. *Contos de Fadas*. Belo Horizonte: Villa Rica Editora Reunidas, 1994.
7. Em *Chapeuzinho Vermelho*, ele faz o papel de adulto sedutor e ardiloso, similar às raposas das fábulas, que tentam e enganam os inocentes e os otários.
8. Idéia desenvolvida em FROMM, Erich. *A Linguagem Esquecida*. Rio de Janeiro: Zahar Editores, 1962.
9. Retomamos essa questão da troca de um tesouro de valor oral por outro de importância monetária, na análise do conto *João e o Pé de Feijão*, Capítulo VIII.
10. JACOBS, Joseph. *Histórias de Fadas – Mundo da Criança*, volume III. Rio de Janeiro: Editora Delta, sem data.
11. PERRAULT, Charles. *Contos de Perrault*. Belo Horizonte: Editora Itatiaia, 1989. Citamos Perrault, mas essa história é conhecida em todos os folclores com os mais variados títulos. Quase sempre existem duas irmãs, uma de boa índole e outra má e egoísta, sendo esta última sempre a preferida da mãe.
12. O livro tem tradução no Brasil pela Editora Martins Fontes, 2000. Em 1971, saiu o filme homônimo que muito contribuiu para a popularização dessa história.
13. Na verdade, especialmente a toxicomania comporta vários outros elementos, aqui falamos apenas de um dos circuitos que estão operando nesses contextos de adição.
14. BROWNING, Robert. *O Flautista de Manto Malhado em Hamelin*. São Paulo: Musa Editora, 1993. Esta lenda ficou popular através da poesia feita por esse inglês, mas já era conhecida há séculos. A cidade de Hamelin existe, fica na Baixa Saxônia e é também um porto. Há quem queira buscar indícios reais de uma migração de crianças ou jovens ocorrida no século XIII, mas nada ficou provado, e tudo então fica neste território vago onde os mitos florescem.
15. DAHL, Roald. *As Bruxas*. São Paulo: Martins Fontes, 2000. Em 1990, essa história foi filmada com o nome de *Convenção das bruxas*.

Capítulo III
UM LOBO NO CAMINHO

Chapeuzinho Vermelho, Dama Duende, João-Sem-Medo e Os Três Porquinhos

Perda da inocência – Curiosidade sexual infantil –
Fantasias de sedução por um adulto – Fantasia de incorporação –
O papel do medo na construção da função paterna

– Para que esses olhos tão grandes?
– Para te ver melhor, minha netinha.
– Para que estas orelhas tão grandes?
– Para te escutar melhor, minha netinha.
– E para que esta boca tão grande?
– Para te comer melhor, minha netinha!

Esse diálogo é escutado há gerações, e o leitor certamente o conhece: faz parte do conto *Chapeuzinho Vermelho*. Se toda a narrativa tem seu clímax, poucas têm uma cadência tão boa até atingi-lo como esta. Ao final desse diálogo, a criança que ouve a história já está eletrizada, pendente do destino da menina que será devorada, capaz de prever cada frase, que sabe de cor e exige que a cada vez seja repetida de forma idêntica.

Ao longo dos últimos séculos, desde Perrault,[1] que a compilou do folclore no século XVII, essa história foi sendo suavizada. Sua primeira versão francesa em papel (1697) não contém um bom final para a menina: depois do diálogo clássico, ela é definitivamente devorada. O texto de Perrault tem um caráter de fábula moral, ensina que quem transgride as regras se expõe ao perigo, é punido e fim de história. Inclusive algumas versões de Perrault trazem uns versinhos finais que alertam as meninas ingênuas sobre o perigo dos *lobos* de fala mansa:

Vemos aqui que as meninas e, sobretudo, as mocinhas lindas, elegantes e finas, não devem a qualquer um escutar. E se fazem-no, não é surpresa, que do lobo virem o jantar. Falo "do" lobo, pois nem todos eles são de fato equiparáveis. Alguns são até muito amáveis, serenos, sem fel nem irritação. Esses doces lobos, com toda a educação, acompanham as jovens senhoritas pelos becos afora e além do portão. Mas ai! Esses lobos gentis e prestimosos são, entre todos, os mais perigosos.[2]

Cento e sessenta anos depois (1857), os irmãos Grimm escreveram uma continuação da história, que lhe empresta um caráter de conto de fadas.[3] Nesta, após Chapeuzinho ter sido devorada, um lenhador que estava passando em frente à casa da avó da menina escutou o ronco do lobo que dormia de barriga cheia. Ele entrou e cortou-lhe a barriga, retirando a avó e a neta vivas de seu ventre; após, os três preencheram o espaço vazio do estômago do animal com pedras. O lobo acordou com sede a acabou afundando na água que pretendia beber, morrendo da mesma forma que em *O Lobo e os Sete Cabritinhos*.

Apesar de os finais das histórias de Perrault e dos irmãos Grimm diferirem, seus inícios são bastante similares. Temos uma menina adorável, conhecida de todos pelo capuz vermelho, presenteado pela avó, o qual andava sempre vestindo. Um dia, sua mãe pede-lhe que leve uns bolinhos e vinho (ou manteiga) para sua avó que vivia na floresta. Em Grimm, essa ordem é acompanhada de um pequeno sermão:

Trate de sair agora mesmo, antes que o sol fique quente demais, e, quando estiver na floresta, olhe para a frente como uma boa menina e não se desvie do caminho. Senão pode cair e quebrar a garrafa, e não sobrará nada para a avó. E quando entrar, não se esqueça de dizer bom-dia e não fique bisbilhotando pelos cantos da casa.

Disposta a obedecer, Chapeuzinho pega o caminho conforme lhe fora indicado, mas encontra-se com o Lobo. As várias versões frisam que ela não teve medo, pois não sabia do perigo que corria com ele. No primeiro diálogo dos dois, cheio de gentilezas, ele toma a iniciativa e lhe pergunta aonde ela vai. Prontamente a menina conta ao Lobo sua missão, seu trajeto e a localização precisa da casa da avó.

O ardiloso animal elabora então um plano para devorar não uma, mas duas criaturas. Para isso precisa de tempo, então faz Chapeuzinho ver como o sol está lindo e quantas flores há para colher pelo caminho. A menina se entusiasma com a proposta, se distrai com as flores e admirando borboletas, e ele consegue chegar

antes à casa da avó. Já na história de Perrault, o lobo desafia Chapeuzinho para uma corrida até seu objetivo, sendo que lhe indica o caminho mais longo e vai pelo mais curto tratar de seus assuntos com a vovó. Em todas as versões, Chapeuzinho não cumpre seu trajeto de uma forma direta. Seja pelas flores e borboletas do caminho, seja pelo prazer de uma corrida, ela não leva sua tarefa totalmente a sério, cumpre-a *brincando*.

De qualquer maneira, o Lobo chega antes à casa da avó, anuncia-se como sendo a neta e aproveita para devorar a velha sem delongas, vestindo suas roupas de dormir e deitando-se em sua cama, à espera da menina. Chapeuzinho chega depois, e, nesse momento, ocorre o clássico segundo diálogo – reproduzido acima –, que é sempre o clímax da narrativa. Por mais variações que a história possa produzir, essas falas são como um núcleo permanente.

Numa edição comentada e ilustrada dos contos de fadas, Maria Tatar disponibiliza uma curiosa versão, de feitio mais antigo, dessa história. Ela foi compilada a partir de narrativas orais, na França, em 1885; portanto, quando já existiam disponíveis para o público as versões impressas de Grimm e Perrault. O conto chama-se *A História da Avó* [4] e tem as características das narrativas folclóricas, não originalmente direcionadas para as crianças. Por isso, não há nele nenhuma mensagem pedagógica subliminar, nem preocupação em suprimir os elementos grotescos.

A História da Avó merece um comentário, pois está fora do padrão habitual. O começo é igual, mas mais sucinto, sem o sermão materno, que está totalmente ausente. O diálogo com o Lobo é breve, apenas este pergunta por onde ela vai e segue o outro caminho correndo para chegar antes. Devora a avó, mas não toda, deixa um pouco de carne e uma garrafa de sangue para depois. Quando Chapeuzinho chega, ele pede-lhe para deixar a cesta na despensa e a convida com a carne e o vinho (ou melhor, o sangue) que estão na prateleira. No fundo da cena, um gato falante comenta que é preciso ser uma porca para comer da carne da avó e beber o seu sangue. A menina não parece dar importância a essa observação, mas está atenta ao convite do Lobo para irem para a cama:

Tire a roupa, minha filha, e venha para a cama comigo.

A cada peça de roupa que ela tira, pergunta para o Lobo onde colocar, ele responde sempre o mesmo:

Jogue no fogo, minha filha, não vai precisar mais dela.

O *strip-tease* é detalhado, quanto ao avental, ao vestido, ao corpete, a anágua e finalmente as meias, e mais minucioso será, quanto mais o narrador quiser acentuar as tintas eróticas da cena. Quando ela finalmente deita, depois do diálogo conhecido sobre as partes grandes e peludas do corpo do Lobo, a menina tem uma súbita vontade de urinar e pede para se aliviar lá fora, ao que o Lobo responde que faça na cama mesmo. A menina insiste, e ele deixa-a sair, mas com um cordão amarrado no pé. A menina amarra o cordão numa árvore e dispara para casa tão rápido que o Lobo não a alcança.

Desde essa narrativa da tradição oral – que consideramos a mais antiga –, passando por Perrault, até a história como é contada hoje – praticamente a versão dos Grimm –, os aspectos mais eróticos (em que Chapeuzinho se despe para entrar na cama do lobo-vovozinha) e canibalísticos (quando, antes de comer a menina, o lobo lhe serve a carne e o sangue da avó) foram sendo suprimidos, substituídos e suavizados.

Apesar das modificações, ao longo desse processo, ficou preservada a existência de um diálogo, em que a vítima faz perguntas, parecendo desconfiada, mas ingenuamente se entrega à bocarra de seu algoz. Por mais máscaras que se ponha para suavizar a violência do relato, a menina será engolida, e a tensão da narrativa provém da percepção das crianças ouvintes, que antecipam o perigo, ao passo que a menina se deixa enganar.

Mas se existiram tantas maneiras de contar essa história, numas a menina se salva, noutras é devorada, por vezes precisa de ajuda, por outras foge sozinha, como entender que reconheçamos todas como *Chapeuzinho Vermelho?* Na verdade, como em outros contos, todas as formas são válidas, inclusive as modernas visivelmente moderadas, pois estas são as necessárias para nossa sensibilidade atual. Todas as narrativas mantêm o essencial, por isso são reconhecidas, afinal o que faz um conto são os elementos em jogo, não necessariamente os seus desfechos. O conto da Chapeuzinho contém um drama sobre a perda da inocência, e isso está preservado em todas as versões.

Chapeuzinho é uma criança com a ingenuidade de quem não sabe – e ainda não suporta saber – sobre o sexo, mas sua intuição lhe diz que há algo a mais que anima os seres humanos. Embora ela leve doces para a vovozinha, parecendo que na vida comer é a maior satisfação e a solução para todos os males (vovó ficará boa da doença), ela encontra no caminho outros encantos: a lábia lupina, as flores, as borboletas e o prazer de brincar. Ela representa a transição da aparente inocência infantil para o conhecimento da existência das práticas sexuais adultas, que surgem na vida da criança às vezes através de uma sedução imaginada ou, em casos graves e traumáticos, vivida.

O apelo dessa história é forte, porque todos já fomos alguma vez Chapeuzinho Vermelho, quer dizer, descobrimos que as demandas sexuais existem e passamos a investigar no que nos dizem respeito. Curiosos, mas despreparados, corremos o risco de ser convocados ao papel de objeto de um desejo erótico antes de estarmos sequer remotamente prontos para tal. Que desse drama uma menina seja a protagonista parece normal, mesmo para a identificação dos homens, pois sempre que houver uma criança submetida à sedução por um adulto, seja de que sexo for, ficará feminizada em decorrência da passividade própria do ato. Isso não quer dizer que um menino perderá sua masculinidade a partir de um incidente desses, mas sim que, naquele momento, estará vivendo algo que pode ser compreendido a partir do ponto de vista da entrega sexual feminina.

O que quer Chapeuzinho?

 a época da criação da teoria psicanalítica, uma das descobertas freudianas mais difíceis de absorver, por uma sociedade que já nos precede em um século, foi a da sexualidade infantil. Freud atribui a ignorância desse aspecto da vida das crianças a dois fatores: a um preconceito moral e à amnésia "que na maioria das pessoas (mas não em todas!) encobre os primeiros anos da infância, até os 6 ou 8 anos".[5] Talvez deveríamos conjecturar que não se trata de uma amnésia total, mas de uma memória seletiva.

Na análise de um adulto, através das associações, temos acesso a um numeroso acervo de fantasias eróticas infantis. Nelas podemos constatar tanto o caráter sexualizado que a criança percebe nos vínculos amorosos familiares, assim como a erotização de manipulações medicinais e de higiene. Também é possível evocar, ao longo de uma análise, as fantasias que a criança fabrica para seu uso masturbatório, normalmente formatadas de acordo com as teorias sexuais que possui na ocasião, portanto privilegiando as partes do corpo mais importantes para a criança pequena que para o adulto: a boca e o ânus.

Outra forma de manter a memória desses velhos prazeres certamente fica aos cuidados das manifestações culturais. Tal papel cabe certamente à lembrança de alguma artista opulenta que tenha povoado a imaginação dos pequenos, a algum trecho de livro, conversa ou filme que as crianças tenham conseguido coletar, mas histórias infantis como essa também oportunizam a expressão do quanto as crianças se sentem atraídas por esse desconhecido tentador que é o sexo. A menina dessa história adverte quanto aos riscos que as crianças correm graças à sua inocência e à maldade de alguns lobos perversos, mas também ilustra o quanto elas podem vir a se expor em função da curiosidade e dos desejos eróticos confusos, mas imperiosos, que guardam em seu interior.

Assim, fica difícil interpretar a atitude de Chapeuzinho de dar confiança para um estranho como pura ingenuidade. Em quaisquer das versões, mesmo nas bem comportadas que chegaram até nossos dias, percebe-se sutilmente, sob a trama desse conto, que entre o Lobo e sua presa há um diálogo que não se restringe à iminente devoração, a conversa tem uma inequívoca coloração erótica.

Chapeuzinho Vermelho é uma história que pode até incumbir-se das seqüelas psíquicas do desmame e ajudar a organizar as fobias necessárias, mas é principalmente evocativa de uma corrente erótica que perpassa a relação da criança com seus adultos. Diante desse timbre sensual do amor familiar, a criança pequena é tão ingênua quanto Chapeuzinho, mas também tão ousada quanto ela. A menina pode não saber que jogo está sendo jogado, mas é inegável seu interesse em participar.

Apesar de perceber que vovó estava muito estranha, ela entra no jogo de palavras e se deixa devorar pelo lobo. Aliás, trata-se de uma conversa de mútua sedução, plena de preliminares. Sem destacar seu caráter de tentação erótica, seria incompreensível pensar por que o lobo não a comeu com a mesma objetividade que o fez com a vovozinha... Em vez disso, ele e a menina ficam travando um duelo verbal, totalmente dispensável se Chapeuzinho não passasse de um bocado de carne tenra.

Em *A História da Avó*, a menina, depois de despida, escapa porque insiste com o Lobo para que a deixe sair para urinar, ao que ele acede se ela for amarrada com um fio de lã, recurso de que ela se livra com facilidade. Ora, bem sabemos, pelos dramas que circundam o controle esfincteriano – a tirada das fraldas

– e pelos repetitivos casos de enurese noturna – incontinência urinária –, que fazer xixi em hora e lugar inconvenientes é, muitas vezes, manifestação de uma excitação sexual irrefreável para a criança.[6]

A vontade de urinar está freqüentemente associada ao prazer das meninas e se mistura com os primórdios da masturbação feminina. Na versão folclórica do conto, então, é indiscutível que Chapeuzinho ficou excitada com aquela conversa e com o *strip-tease*. Embora os relatos mais modernos não tenham essas partes picantes, restaram o diálogo sedutor e o fato de que o lobo recebe a menina na cama.

Seria pouco pensar que do pai só se espera o papel do Lobo no sentido de colocar as coisas no seu lugar e impor as leis. Sabemos que ele também tem seus atrativos, principalmente para as Chapeuzinhos Vermelhos que ele tem em casa. Os meninos também vão se interessar por ele, como veremos em *João e o Pé de Feijão* (Capítulo VIII), a seu modo, mas as meninas usarão também as armas femininas da sedução para conquistar para si a atenção do pai. É por isso que elas se deixam cativar nos diálogos com ele, que desobedecem à mãe. O pai deve ser temível, como o Lobo, mas para a menina é importante fantasiar que ele também a deseja e a corteja. Essa questão da importância do desejo paterno torna-se relevante mais tarde, quando a menina entra na adolescência (como veremos adiante), mas o idílio já é bem antigo, desde os rudimentos da feminilidade de cada filha.

Três gerações de mulheres estão envolvidas no conto: a filha, a mãe e a avó. Se o Lobo puder também ser considerado uma forma de simbolizar aspectos do desejo paterno, veremos que ele se interessa justamente por aquelas que não pode nem deve seduzir na vida real. O lobo-pai teria de se restringir às mulheres da sua geração, sem assuntos a tratar com crianças e senhoras com idade para ser sua mãe.

É exatamente isso que a criança está tentando decodificar na organização sexual da vida adulta. Quem pode casar com quem e por que os velhos e as crianças parecem estar fora desse tema? Querem compreender sobre o amor, quem se submete a quem e qual dessas submissões (vista na ótica infantil, é claro) é sexual. A Chapeuzinho tem em comum com a avó o fato de estar fora do comércio sexual, se o pai não respeita essa ordem, é natural que vá comer a avó também, afinal todas as mulheres da família seriam então dele.

Os aspectos eróticos tão latentes quanto insistentes da história dão conta de uma corrente sensual que se estabelece entre a criança e seus progenitores, mas não deixa de se ater aos velhos conhecidos: a boca e o prazer oral. Ao mesmo tempo que o conto funciona dentro do antigo registro oral, tão cômodo para a criança, observa certas percepções novas, ainda não passíveis de serem decodificadas, que balançam o esquema de organização psíquica primordial. O prazer da conversa e de brincar entre as flores se interpõe ao tema da comida. Sua missão era levar comida para a vovó, como se daí proviesse a forma única de agrado possível, mas eis que no caminho o mundo se revela bem maior que as guloseimas que cabem na cesta.

Não é difícil perceber que Chapeuzinho está cativada por algo que não compreende, mas sente. Nesse sentido, são muito ilustrativas as gravuras clássicas de Gustave Doré[7] que retratam o primeiro encontro da menina com o lobo na floresta e os dois deitados lado a lado na cama. Em ambos desenhos, Chapeuzinho olha para o lobo fixamente, entre intrigada e hipnotizada. Há uma mútua sedução implícita. O que seduz e fascina a menina não é certamente a beleza do lobo, de quem não podemos afirmar que seja um galã, são suas segundas intenções. Afinal, o predador podia ter devorado sua tenra presa num canto qualquer da floresta. Distraída colhendo flores e correndo atrás de borboletas, era fácil de ser emboscada, mesmo assim ele a atraiu para a cama, para lá lhe passar sua conversa mole antes de devorá-la.[8]

Chapeuzinho está interessada em saber no que ele está interessado, poderíamos dizer que é o desejo dele que a intriga. Mas gostaríamos de frisar que, para a menina, isso é mais uma curiosidade, digamos, teórica, que a pretensão de chegar a algum tipo de envolvimento erótico com seu sedutor. Um abismo separa as intenções de um pedófilo da capacidade de compreensão da criança de quem ele se aproveita. Infelizmente, para as pobres vítimas desse crime, é justamente essa inocência curiosa que seduz o abusador: o contraste entre a condição adulta de seu propósito e a infantilidade da vítima.

O conto *Chapeuzinho Vermelho* trabalha o tema da sexualidade infantil dentro do território do possível e necessário para as crianças pequenas. Ter uma sexualidade, sabê-la e exercê-la são três coisas bem distintas. Esta última possibilidade somente se inaugura com a adolescência, enquanto a infância oscila entre as duas anteriores. Chapeuzinho é útil para aqueles que sentem que a têm, estão curiosos com seu significado, mas ainda não estão prontos para explicitar esse conhecimento.[9]

Curiosidade sexual

pesar de existirem diferentes versões, há poucas histórias similares à de *Chapeuzinho*. Os contos de fadas são extremamente repetitivos, uma leitura mais extensiva nesse território revela que uma mesma fórmula aparece, com variações apenas superficiais, sob vários títulos. Nesse sentido, *Chapeuzinho* é ímpar. Mas existe uma exceção: uma história curta, narrada pelos irmãos Grimm, que pode evocar traços de *Chapeuzinho*, chamada *Dama Duende*.[10]

Nele, uma menina, que já é desobediente e teimosa, pede aos pais para conhecer a Dama Duende, uma senhora de má fama. Ouve-se dizer que em sua casa ocorrem prodígios, a menina então é atraída por isso e tem muita curiosidade de ver tais maravilhas, não explicitadas no conto. Seus pais a proíbem terminantemente de ir lá, inclusive ameaçam de não reconhecê-la mais como filha, mas tal advertência pouco surte efeito, ela vai mesmo assim.

O desfecho é rápido, a menina entra na casa da Dama Duende e quando chega diante da propriamente dita já está pálida de medo. O que se sucede é um diálogo que lembra o diálogo de Chapeuzinho com o Lobo. Neste conto, a menina já está amedrontada e não quer crer no que seus olhos já viram: a casa se revela um lugar diabólico, com figuras masculinas aterrorizantes. A Dama Duende é de uma crueldade impassível, transforma a menina num pedaço de lenha que imediatamente é consumido pelo fogo.

A moral da história é tão breve quanto o conto: não se deve ser desobediente e não se deve buscar nada com as pessoas más. Mas, falando em tentação, o que essa menina desobediente procurava? Que lugar é este que, apesar do medo, dá má fama e da advertência categórica dos pais, não deixava de atraí-la? Talvez a melhor pista seja o seu destino, virar um objeto a ser consumido pelo fogo. Na versão *A História da Avó*, existe um fogo aceso que consome as roupas de Chapeuzinho, aqui a própria menina se torna um objeto a alimentar as chamas. O fogo em questão é um recorrente símbolo do desejo sexual e do ato sexual. Não falamos apenas do popularmente conhecido fogo da paixão, é bom lembrar também que existe a crença popular de que criança que brinca com fogo se urina na cama.

Outra história dos Grimm que mistura os elementos do medo e da curiosidade sexual é *João-Sem-Medo*.[11] Este personagem não se assusta com nada e, por isso, passa reclamando: "Ah, se eu pudesse tremer de medo!".

Aqui nos afastamos de Chapeuzinho, mas a temática é a mesma: o enigma diante de sensações do mundo adulto, ou seja, o que é o sexo e, principalmente, como não temê-lo. Como o maior desejo de João-Sem-Medo é encontrar algo que lhe permita viver essa sensação que os outros têm e parece ter-lhe sido vedada, não lhe resta alternativa senão sair pelo mundo em busca de um encontro com o medo. Em seu caminho, por sorte, encontra um castelo encantado, assombrado por toda a classe de diabos e fantasmas, e quem conseguir desencantá-lo terá as graças do rei e sua filha como esposa.

Até os diabos se assustam com a coragem de João: ele fica as três noites – o tempo que um pretendente devia passar ali dentro – se divertindo com as tentativas dos seres das trevas em expulsá-lo. Por fim, os fantasmas se dão por vencidos e saem do castelo, que pode ser habitado por homens novamente. O herói ganha a princesa como prêmio, porém segue frustrado porque ainda não conseguiu tremer de medo. A criada de sua recém-esposa tem uma idéia: quando ele está na cama dormindo com sua mulher, ela lhe joga em cima uma tina de água com peixes vivos. Este susto, que desta vez o colhe no lugar certo, na cama com uma mulher, produz-lhe a sensação tão almejada, finalmente treme de medo.

Bettelheim encontra o sentido deste conto compreendendo-o a partir do seu fim, que o re-significa: a busca de João, o que lhe faltava sentir, não era o medo, mas os tremores e afetos relacionados ao sexo. Era esse o efeito que ele buscava, cuja ausência lhe impedia de se sentir um homem completo. Afinal, é na cama e a partir de uma sensação produzida pela ação de uma mulher – no caso, a criada é uma duplicação da esposa – que ele sente o que nunca sentira.

João-Sem-Medo partiu para o mundo movido pela curiosidade sexual, mas, como já era jovem, pôde afinal se divertir, não foi devorado nem consumido pelas chamas. Já estava longe da época em que o prazer dependia da boca, são os peixinhos pulando em sua pele, escorregando juntamente com a água fria que o excitam.

O significado mais completo do conto seria uma advertência: não adianta a coragem na vida sem a coragem na cama, sem isso não se é adulto. Muitas vezes, um bom desempenho diante dos desafios da vida não implica que tivemos a coragem de enfrentar os fantasmas que nos assombram entre os lençóis.

Comer e ser comido

m *Os Três Porquinhos,*[12] conto da tradição inglesa, também há um encontro dos personagens com o lobo, mas esta história ressalta outro significado desse evento: a fantasia de incorporação. Aqui, o risco de ser devorado é o tema central, enquanto em Chapeuzinho é um significado associado ao tema da curiosidade sexual, como analisamos acima.

Neste conto, chega um dia em que os três irmãos porquinhos estão em idade de sair de casa, pois sua mãe já não tem meios de sustentá-los. Partem então separados, seguindo caminhos diferentes. A primeira providência de cada um é conseguir uma casa para morar, o primeiro faz a sua rapidamente com um pouco de palha que recebe de um homem no caminho. O segundo pede e ganha, também de um homem que encontra, um pouco de gravetos e com isso faz a sua casa, levemente mais robusta que a do irmão anterior. Por fim, o terceiro porquinho dispensa mais tempo para fazer sua casa, pois ela é feita da maneira mais sólida possível, é construída de tijolos, que também ganhou de um desconhecido no caminho. Todos recebem, portanto, alguma ajuda (um homem que lhes fornece o material necessário), o que varia entre eles é a disponibilidade para o trabalho.

Quando o lobo entra em cena, os porquinhos já têm onde se abrigar. O primeiro corre até sua casa e se esconde, mas o lobo com facilidade sopra a casa pelos ares e devora o porquinho. O segundo dos irmãos tem o mesmo destino, o lobo simplesmente tem de soprar um pouco mais. É apenas no terceiro porquinho que a história toma outro rumo. O lobo sopra, mas não derruba a casa. Já que suas ameaças de nada valem – "vou assoprar, bufar, e sua casa vou derrubar!" –, procura então outra maneira.

Usando a mesma lábia que surtiu tão bom efeito com Chapeuzinho Vermelho, ele tenta seduzir o porquinho com indicações de onde existem apetitosas iguarias para ele. O porquinho escuta e vai buscar a comida, mas sempre se antecipando ao lobo, que não consegue nada com suas armadilhas, a não ser perder maçãs e nabos para o espertinho. Por fim, o lobo apela para uma medida extrema, tenta entrar pela chaminé da casa do porquinho; dessa vez, este também estava preparado, e o lobo tem o seu fim dentro de uma panela de água fervente. Nesta história inglesa, o porquinho come ensopado de lobo no jantar, ou seja, quem veio comer acabou devorado.

Os Três Porquinhos têm a simplicidade que as crianças bem pequenas apreciam, sem muitos personagens, os bons de um lado e um malvado de outro. A trama, porém, embora simples, toca a fundo as crianças pequenas, que afinal um dia terão de sair de casa e proteger-se sozinhas. Nessa história mais antiga, os dois primeiros são devorados, mas nas versões contemporâneas todos se salvam: a cada investida do lobo, a casa é derrubada e eles correm para se abrigar na casa do irmão.

Embora os porquinhos não sejam tão ingênuos quanto a menina, ambas as histórias compartilham certa decodificação oral do mundo – dividida entre os que comem e os que são comidos –, que ainda persiste um bom tempo após o desmame. O porquinho pode ser pensado como sendo três em um. O trio daria espaço para a evolução do personagem, representando sucessivos momentos. Inicialmente desprotegidos, à mercê de serem devorados, o porquinho e a criança aprendem a criar empecilhos que os separem da mãe, diferenciando sua vontade da dela. Como situávamos nos capítulos anteriores, a separação da criança, o trabalho de se compreender como um indivíduo é progressivo e bastante marcado por estratégias de defesa, como se recusar a comer e negar-se a fazer o que lhe é solicitado. Sucessivas paredes, cada vez mais bem construídas, demarcarão os territórios entre a criança e seus adultos.

A arma do lobo é sempre a boca, afinal, o sopro é uma força que provém dali e, de certa maneira, também a lábia em querer enganar vem do mesmo lugar. A boca cumpre múltiplas funções quando se é muito pequeno, além de fonte de saciedade, prazer e conhecimento, ela é uma espécie de portal. Os trânsitos que ainda restam entre o bebê e sua mãe, uma vez que a comunicação umbilical foi cortada, terão passagem prioritária pela boca. O olhar é uma fonte muito importante de vínculo. Em função do que vê, o bebê pode se tranqüilizar – "que bom, mamãe chegou" – ou inquietar-se –"Perigo! Perigo! Ela pegou a bolsa, ela vai sair!". Mas só aquilo que se engole é factualmente passível de ser possuído e controlado.

Embora ainda não compreenda conscientemente, a criança procede como se soubesse que sua primeira morada é o ventre materno. Por sua vez, o raciocínio de que se possa entrar e sair de dentro do outro não é nada estranho para alguém que há pouco se alimentava diretamente do corpo de sua mãe. Se aquele líquido morno sai diretamente dos seios dela para sua boca, outros trânsitos de dentro de um para o outro também são imaginariamente possíveis. Mas eis que vem o lobo para lembrar que essa história não é tão simples assim.

No imaginário infantil, o lobo e as bruxas gulosas – tal qual a de *João e Maria* – assustam mais que as bruxas ciumentas – como as encontráveis em *Rapunzel*, *Branca de Neve* e *A Bela Adormecida* –, que geralmente aparecem depois. Estas últimas são mais complexas, assim como vai ficando a vida depois que as relações passam a ser claramente entre pessoas inteiras e não mais entre bocas. Quando as bruxas ciumentas reinam, já há uma família inteira, há uma criança que sabe que vai crescer e já pode se colocar questões relativas à ambivalência de sentimentos e à fragilidade dos pais. O primeiro perseguidor, o papão da primeira infância, freqüentemente pertence ao gênero masculino, tendo no lobo seu ancestral mais famoso, tanto que até hoje se fala dele. Mas na vida dos pequenos o lobo não está só, pode ter a companhia do Papai Noel, que não traz só presentes, são muitas as crianças que o temem; do bicho-papão, que geralmente mora em baixo da cama, mas freqüenta outros cantos escuros; do palhaço, o terror dos aniversários; do cachorro, que, como o lobo, vaga pelas ruas pronto para cravar os dentes afiados nas criancinhas; e de outros, ao sabor do freguês. A bruxa também é assustadora, mas ela não costuma sair das histórias para aterrorizar o cotidiano dos pequenos, ou pelo menos é mais raro encontrar uma bruxa incumbida do papel de objeto fóbico.

Em relação aos três porquinhos, vence aquele que melhor soube prever e se proteger, que construiu a casa de tijolos. São histórias que dão conta da necessidade de proteção da criança diante de perigos que ela ainda não decodifica bem, mas desconfia que deve aprender a evitar. *Os Três Porquinhos* possui também agregado um aspecto de fábula moral, mostrando que a perseverança vence, que o mundo não é só brincar, que o trabalho árduo é recompensador e que crescer é saber cuidar de si.

No desenho da Disney referente a esse conto, há uma provocação interessante à figura do lobo, pois os porquinhos ganham uma trilha sonora onde cantam de forma desafiadora: "Quem tem medo do lobo mau, lobo mau, lobo mau?", provocando seu perseguidor, como um toureiro. O porquinho não se contenta em fugir e procede como a criança que pede a repetição do conto, no incansável prazer de ter medo. Graças ao lobo, a criança poderá simbolizar o medo de desaparecer dentro do corpo da mãe, como os alimentos desaparecem dentro de sua boca, indo morar em sua barriga.

São tempos de uma subjetividade simples, uma época em que é conveniente a invocação de um intermediário entre a mãe e a criança, esse é precisamente o lobo. Quem já brincou com pequenos, pouco mais que bebês deambulantes, descobriu que se esconder e ser encontrado é muito divertido para eles.

Após aguardarem ofegantes, escondidos debaixo de uma coberta ou atrás de uma cortina, eles gritam nervosos e eufóricos quando são descobertos e saem correndo, como porquinhos gritões. O momento de espera sob os panos, antes de serem descobertos, é equivalente à expectativa que acompanha o diálogo com o lobo e o objetivo da criança com essa brincadeira é sentir medo. Mas por que uma criança gostaria ou precisaria sentir medo?

Para que sentir medo?

e a criança não soubesse que há um lobo-adulto rondando lá fora, não teria tranqüilidade para ficar oculta sob o tecido, teria medo de nunca sair de lá. É o lobo que a fará sair de seu esconderijo. O terror mais primitivo é o de ser enterrado vivo nas entranhas da mãe. Por isso, a maior parte das crianças elegerá alguma figura apavorante para seu uso pessoal, conhecida pelos psicanalistas como objeto fóbico. Sua forma varia bastante, mas a certeza é que o mundo ficará geograficamente mapeado conforme sua presença ou ausência. Os objetos fóbicos mais comuns são aqueles fáceis de ser encontrados no dia-a-dia e nos lugares freqüentados pelas crianças. Nenhuma delas terá terror a pingüins... A não ser que more no Pólo Sul.

Sabendo-se qual é o perigo e onde fica, o mundo se torna mais previsível e tranqüilo. O pior medo é despertado quando não conhecemos bem os contornos do que nos apavora, por isso, o terror habita na escuridão. A fobia que normalmente se manifesta na infância é um recurso de defesa contra uma forma de medo muito mais terrível, que é a angústia: essa sensação de que algo indefinível e não-localizável nos ameaça. Ao escolher um algoz como um cão ou um palhaço, podemos controlar esse sentimento de forma bem mais eficiente do que se formos tomados por ele.[13]

Algumas formas de angústia são relativas a sentir-se dissolvido nesse outro maior que pode nos conter, nos engolir. Após Chapeuzinho ter sucumbido a tão aterrorizante destino, surge, na versão dos Grimm, o caçador que a tirará de lá. Essa figura faz um contraponto como um aspecto do lobo que é uma ameaça primordial.

Parece contraditório, mas a figura do lobo abre espaço, ao mesmo tempo, para representar o risco da incorporação ao corpo materno, assim como seu oposto, a personificação de um objeto fóbico que lhe ajude a circular no mundo externo. A lógica da história como dizíamos é das mais primitivas: "é visível que o lobo está interessado, mas se alguém quer algo de mim, quem sabe pode ser que queira me engolir", esse poderia ser o tipo de raciocínio de Chapeuzinho diante do lobo. Por isso, o caçador tem que fazer um *parto*, já que é nascendo que se sai do ventre materno.

A cena do bebê alimentando-se ao seio reproduz por fora a situação que o cordão umbilical estabelecia por dentro, de um fluido que liga o corpo de mãe e filho como se fossem um só. A partir dela, a criança iniciará um segundo parto, dessa vez psíquico. O desmame é um nascimento subjetivo, no qual o mais importante é a garantia para a criança de que seu corpo e sua pessoa são uma unidade indivisível e separada do corpo materno. É importante ressaltar que esse processo não ocorrerá somente com crianças alimentadas ao seio, seus esquemas se reproduzirão também com aquelas que usaram mamadeira e precisam transitar para outras formas de alimento, mais ativas e que exigem que a criança coma fora do colo.

A pantomima da colher transformada em *aviãozinho* que as mães fazem, marcando ruidosamente a viagem do alimento do prato à boca, é denotativa dessa separação. Seja no seio ou na mamadeira, o ato de se alimentar era de aconchego, mas com a chegada do prato e da colher há um mundo, cheio de instrumentos frios e duros, que se interpõe entre mãe e filho. Só de avião para cobrir uma distância tão nova e assustadora. Por isso, o desmame, no sentido subjetivo que lhe atribuímos, é um processo longo, almejado e temido pela criança, do qual o medo do lobo é um recurso defensivo auxiliar.

O pedido das crianças para escutar o conto da Chapeuzinho repetidas vezes justifica-se pelo prazer de encontrar o lobo, constatar a ameaça real que ele contém e assustar-se, para bem de tranqüilizar-se. É por isso que o objeto fóbico tem no pai seu melhor representante. O pai ocupa a mãe, ao exigir seu quinhão no interesse dela, oferecendo-lhe prazeres adultos que o bebê não pode lhe dar, fazendo com que muitas vezes ela se desconcentre da criança. É claro que o trabalho dela, assim como as preocupações mundanas com o dinheiro, com a vida social e cultural, produz o mesmo efeito; mas se há alguém disponível para ser culpabilizado por retirar da criança a atenção da mãe, este é o pai, afinal é com ele que ela dorme. Nada mais compreensível então que se alicercem em sua figura as representações do objeto fóbico, que será conclamado para rondar do lado de fora da casinha do porquinho.

Para os pequenos, que conhecem a boca como fonte primeira de prazer, é fácil pensar que aquilo que os adultos fazem quando estão a sós se relaciona com se morder uns aos outros. Essa conclusão se impõe porque ele decodificará tal modalidade a partir do seu desejo de mordiscar e abocanhar o seio, que são formas carinhosas de devoração. Os adultos, em uma certa sabedoria inconsciente, logo descobrem o imenso prazer que infunde no seu bebê a brincadeira de beijar a barriguinha como se fossem *comê-los*.

O lobo não é um bicho tão grande e raramente ataca o homem, então por que ele foi escolhido para esse papel desabonador? Acreditamos que justamente por ser a versão maligna do cachorro: ambos partilham a mesma carga genética, conforme a raça, quase a mesma aparência, e podem cruzar entre si. Enfim, um é a versão doméstica, e o outro, a versão selvagem do canídeo. Tão iguais e tão diferentes, o lobo e o cão mostram-se propícios para suportar a metáfora do perigo associado ao amor incestuoso, afinal, é algo tão familiar e próximo, como os pais, que pode ser vivido de maneira selvagem e distante, tal qual os desejos inconfessáveis e incompreensíveis que se imiscuem na relação com eles.

Entre as tantas interpretações possíveis da história de Chapeuzinho, pode-se pensar que ela seja alusiva ao potencial de sedução contido nas relações com os adultos. Sendo assim, é natural que estes, vividos até então como protetores, revelem seu lado obscuro: alguém que segue sendo o mesmo, mas que mostra sua face selvagem. Como o cão doméstico se presta para encarnar a fera de que necessitamos invocar em determinados momentos (aquelas crianças que se desesperam quando vêm um, aferrando-se ao colo mais próximo), o lobo é, em definitivo, essa versão selvagem do perigo doméstico, uma prova de que o papai bonzinho que se tem em casa pode tornar-se uma figura ameaçadora e temível.

Chapeuzinhos quando (não) crescem...

xistem adultos que são completamente alheios às sutilezas eróticas que estão presentes na vida cotidiana (certamente o leitor conhecerá a história de alguém próximo que seja assim). São aquelas mulheres ou homens que nunca percebem quando estão sendo olhados, dificilmente arranjam parceiros em função de que não sabem, nem rudimentarmente, praticar o jogo da sedução e se queixam de serem invisíveis, quando na verdade são é cegos para este assunto.

Quando enfim algo acontece para esse tipo de inocentes, eles põem tudo a perder por só entenderem as coisas depois da noite ter passado. Muitas vezes, se envolvem em relacionamentos em que são usados das mais diversas formas, já que a passividade infantil é a única modalidade de relação que têm a oferecer e sempre há quem tire proveito disso. Possuem uma ingenuidade crônica, a experiência parece nunca ser cumulativa, estão sempre repetindo seus erros, incapazes de aprender como funciona o jogo sexual. Com alguma freqüência, essa inocência militante se estende para os territórios fora do amor, fica complicado trabalhar e estudar, já que raramente percebem os subtextos que estão implícitos na comunicação entre as pessoas, nas instituições que freqüentam, enfim são imunes a quaisquer sutilezas.

A ingenuidade adulta é uma patologia das mais sérias, causa uma série de embaraços, atrapalha ou inviabiliza a vida amorosa das pessoas envolvidas e, pior, geralmente não é reconhecida como um grande problema. A pessoa que a possui se sente pura e boa, enquanto os outros é que são cheios de hipocrisia e intenções escusas. Pois bem, uma provável fonte dessa ingenuidade provém de uma recusa inconsciente em admitir o preponderante papel do sexo na nossa vida.

Ao longo do crescimento, há uma série de idas e vindas a respeito dessa questão. O período de latência, por exemplo, é um momento de suspensão da problemática. Algo como: não quero saber disso, pelo menos neste momento, tenho coisas mais importantes para me ocupar. Depois de ter passado pelo intenso drama amoroso e erótico do Complexo de Édipo,[14] que torna as crianças até os 4, 5 anos tão difíceis de lidar, finalmente às exigências eróticas e as disputas de poder dão uma trégua.

Na verdade, é um armistício merecido, pois a longa batalha anterior estabeleceu o lugar das coisas. Quando a latência chega, os pais diminuíram amorosamente de tamanho e aumentaram sua estatura em autoridade, a própria criança já não se sente tão central na vida deles. Muitos vínculos de dependência mais primitiva, que envolviam tanto física e espiritualmente pais e filhos, estão se dissolvendo nessa ocasião. Graças a isso, sobra energia para se alfabetizar, voltar-se para os amigos, para a escola. Tudo vai bem até que a puberdade termina com a trégua, traz novamente à cena desejos incompreensíveis, modifica o corpo, erotiza a vida.

Essa postura *latente* vida afora é inviável, pois não cabe mais no quadro do adulto: seu corpo é sexuado, os calores do desejo invadem seu corpo, quer seja na fantasia masturbatória quer, nos piores casos, sob a forma de uma angústia que o deixa desamparado. Essas *almas puras* querem ser celibatárias como os latentes, mas terminam fazendo o papel da avestruz que esconde a cabeça no buraco, deixando exposto o enorme corpo. Dentro desse esquema, quando a vida lhes impõe um papel sexual, vão oferecer o que têm: sua ingenuidade. Ser uma assustada Chapeuzinho é até onde vai a sexualidade de quem não quer saber nada do assunto.

Acima de tudo, essas pessoas não querem saber da diferença dos sexos, já que o amor e o exercício da sexualidade são movidos por uma sensação de que somos incompletos, uma metade em busca da outra. A diferença dos sexos, que partilha os seres com base em uma grande divisão de identidade, nos coloca *a priori* diante da impossibilidade de pertencer aos dois times. O desejo sexual é mais variado do que isso, ele permite que tanto a identificação (masculina ou feminina), assim como o tipo de objeto escolhido para amar (homossexual ou heterossexual), faça combinatórias diversas, pessoais e intransferíveis. Mas há um ponto de partida com o qual não podemos deixar de lidar: em condições normais nascemos fisicamente sexuados, pertencentes a uma das metades.

Aceitar a diferença dos sexos traz, como decorrência, a perda não só da inocência, como também da onipotência infantil. É difícil aceitar que há algo em nós que sempre dependerá do outro para ser conquistado. Uma vez sexuados, seremos para sempre incompletos. Por mais que um homem se conecte com seu lado feminino e vice-versa, sempre será o outro lado. Amar é... ser incompleto. Por isso, essa ingenuidade é defendida com unhas e dentes, para voltar a ser algo tão valioso como acreditávamos ser quando bebês e perdê-la é ficar à mercê do amor. Homens ou mulheres, por mais principescos ou poderosos que sejam, se estiverem em busca de algum amor, estarão lidando com a incompletude.

Notas

1. PERRAULT, Charles. *Contos de Perrault*. Belo Horizonte: Ed. Itatiaia, 1989.

2. Da obra original de Perrault (*Histoires ou Contes du Temps Passe, Avec des Moralités*. Paris: Barbin, 1697), in TATAR, Maria. *Contos de Fadas*. Rio de Janeiro: Jorge Zahar Editor, 2004. É interessante observar que esses versinhos finais foram suprimidos das edições atuais de contos de Perrault.

3. GRIMM, Jacob e Wilhem. *Contos de Grimm*. Belo Horizonte: Ed. Villa Rica, 1994.

4. Conforme Maria Tatar: A *História da Avó* foi contada por Louis e François Briffaut, em Nièvre, 1885. Publicada originalmente por Paul Delarue em *Lês Contes Merveieux de Perrault et la Tradition Populaire*", "Bulletin Folklorique de l'Île-de-France" (1951). Ibidem p. 335. Essas fontes sugerem que, embora A História da Avó tenha chegado até nós graças a uma pesquisa posterior àquelas que propiciaram as compilações mais tradicionais, como as de Perrault e dos irmãos Grimm, ela é resultante de uma pesquisa dentro de parâmetros de rigor histórico que nos autorizam a considerar esta versão mais antiga que as anteriores.

5. FREUD, Sigmund. *Três Ensaios sobre a Teoria da Sexualidade* (1905). Obras Completas, vol. VII, p.163. Rio de Janeiro: Imago, 1989.

6. Surpreendentemente, a enurese é um sintoma cuja cura responde bastante bem a uma intervenção moderadamente severa por parte da família. Uma explicação plausível para esse fenômeno deve-se ao fato de a criança receber a reprimenda como a bem-vinda proibição de se entregar a uma forma de satisfação sexual que, embora sinta, é muito pesada para carregar. Trocando em miúdos, ela sente um prazer sexual de alguma forma conexo com coisas que os adultos fazem e sobre as quais ela não sabe bem o que são. Essas sensações corporais estranhas e boas, de alguma forma, se associam a seus pais, porém ela não tem registro possível para tal desejo, porque é proibido e complicado demais. Por isso, se urina em sonhos ou mesmo segura o xixi até que sua saída explode como forma de prazer. Quando lhe é proibido urinar em qualquer lugar, embora pareça um contra-senso proibir algo que tem motivações inconscientes, muitas vezes, a criança consegue controlar-se; é como se ela fosse excluída de um circuito de prazer muito complicado para ela mesma. Algo semelhante ao que sentimos quando ficamos impedidos de comparecer a um compromisso desejado, mas que temíamos enfrentar.

7. Ver em PERRAULT, Charles. *Contos de Perrault*. Belo Horizonte: Editora Itatiaia, 1989, p.53 e 24.

8. No Capítulo VI do livro *O Pensamento Selvagem,* Levi-Strauss demonstra as pontes entre os tabus sexuais e alimentares: "Todas as sociedades concebem uma analogia entre as relações sexuais e a alimentação... (...) Em todo o canto do mundo, o pensamento humano parece conceber uma analogia tão estreita entre o ato de copular e o de comer que muitas línguas designam essas duas coisas pela mesma palavra." É na base disso que, explica o autor, os tabus geralmente se estabelecem sobre estes campos, ou seja, as regras que estabelecem quem poderá casar-se com quem, deslizam-se metaforicamente para "quem come quem", redundando nas práticas de restrições alimentares, ou seja, o que se pode e não se pode comer. In: LEVI-STRAUSS, Claude. *O Pensamento Selvagem,* São Paulo: Editora Nacional e Editora da USP, 1970.

9. "Ao mesmo tempo que a vida sexual da criança chega a sua primeira florescência, entre os três e os cinco anos, também se inicia nela a atividade que se inscreve na pulsão de saber ou de investigar. (...) Constatamos pela psicanálise que, na criança, a pulsão de saber é atraída, de maneira insuspeita-damente precoce e inesperadamente intensa, pelos problemas sexuais, e talvez seja até despertada por eles". In: FREUD, Sigmund. *Três Ensaios sobre a Teoria da Sexualidade* (1905). Obras completas vol. VII. Rio de Janeiro: Imago, 1989. p.182.

10. GRIMM, Jacob & Wilhelm. *Todos los Cuentos de los Hermanos Grimm.* Madri: Coedição Editorial Rudolf Steiner, Mandala Ediciones, Editorial Antroposófica, 2000.

11. Na versão brasileira, o conto chama-se *História do Jovem Que Saiu pelo Mundo para Aprender o Que É o Medo.* In GRIMM, Jacob & Wilhem. *Contos de Grimm.* Belo Horizonte: Ed. Villa Rica, 1994.

12. JAKOBS, Joseph. *Contos de Fadas Ingleses.* São Paulo: Landy Editora, 2002.

13. Voltaremos a este assunto no Capítulo XIV, analisando o personagem Cascão, de Maurício de Sousa.

14. É como os psicanalistas chamam o triângulo amoroso em que os filhos pequenos se envolvem com seus pais. O filho amará o progenitor do sexo oposto e disputará sua preferência com o do mesmo sexo. Este primeiro amor deixará seqüelas pelo resto da vida. Freud utilizou-se da trama da tragédia grega *Édipo Rei,* de Sófocles, como metáfora desse triângulo.

Capítulo IV
A MÃE POSSESSIVA

Rapunzel e *A Fada da Represa do Moinho*

Simbiose materna – Desejos de grávida –
Desafios na instalação da paternidade – Dificuldade materna diante do crescimento –
Saindo da família para o amor

ra uma vez um casal que queria muito ter um filho. Quando finalmente atingiu essa graça, ocorreu que a mãe foi tomada por um clássico desejo de grávida: queria comer os raponços,[1] (uma verdura para salada), que cresciam no jardim da vizinha, conhecida como uma perigosa feiticeira. Tanto incomodou seu marido, lamentando que morreria caso seu desejo não fosse satisfeito, que ele se dispôs a correr o risco de colher o vegetal. A primeira porção só incitou a mulher a exigir mais, motivo pelo qual ele empreendeu uma segunda excursão à horta da bruxa. Dessa vez, ele se deu mal, foi surpreendido pela dona da casa, obrigado a explicar seus propósitos e somente saiu vivo – e carregado da verdura tão cobiçada – porque foi coagido a prometer a filha que nasceria para a perversa mulher em troca do raponço.

Assim que nasceu, a menina foi recolhida por essa estranha madrasta, que a batizou de Rapunzel, numa alusão aos raponços pelos quais fora trocada. Tão grande era o apego da bruxa à Rapunzel que, quando esta atingiu a idade de 12 anos, se tornando uma bela jovem, foi colocada numa torre sem portas, para que ninguém a visse. O único acesso aos aposentos de Rapunzel era por meio de suas próprias tranças. A bruxa madrasta chegava ao pé da torre e gritava a frase que celebrizou essa personagem:

"Rapunzel, Rapunzel! Jogue suas tranças!"

Pelos cabelos da moça, ela subia. A visita da bruxa era o único contato de Rapunzel com o mundo externo. Certo dia, um príncipe escutou a voz da jovem, que cantava para aplacar a solidão. Não descansou enquanto não descobriu a fonte da música que o encantara. Escondido, assistiu à bruxa subindo e decidiu usar o mesmo expediente. Depois que ela partiu, repetiu a mesma frase e as tranças caíram.

Chegando aos aposentos de Rapunzel, contornou o susto da moça, que jamais vira um estranho, muito menos um homem, garantindo-lhe que a amaria mais do que qualquer um. Assim começou um romance que só poderia terminar em um plano de fuga: ela pediu ao rapaz que lhe trouxesse seda com a qual teceria uma escada para descer da torre. Na véspera da sua partida, ela recebeu a rotineira visita da bruxa, mas acabou falando mais do que deveria. Na versão que chegou até nós, ela diz à madrasta: "Como é, boa mãe, que você é tão mais pesada que o jovem príncipe?" Porém, na primeira versão dos Grimm para essa história, a menina teria perguntado: "Por que meu vestido está ficando mais apertado na cintura?", pelo que deduzimos, ela está grávida, mas é tão inocente que não compreende o que lhe ocorre.

A bruxa ficou furiosa, cortou as tranças da moça e a expulsou de seu convívio, exilando-a num deserto. Na seqüência de sua vingança, amarrou as tranças na torre e ficou lá esperando o príncipe. Quando ele subiu por elas, o empurrou, fazendo-o cair sobre espinhos que o cegaram. Dessa forma, condenou-o a nunca mais ver sua amada. Ele vagou por anos pela floresta, comendo raízes e frutas, enquanto no deserto Rapunzel deu à luz a um casal de gêmeos. Em sua errância, o príncipe chegou até onde ela estava e lhe reconheceu a voz, abraçando-se a ela, desesperado. Tomada de tristeza, ao ver seu amado naquele estado, ela chorou e suas lágrimas devolveram a visão a ele.

O conto *Rapunzel* [2] conserva-se lembrado pelas crianças apesar de não ter tido, até agora, grande ajuda da mídia moderna para sua difusão. Não contamos ainda com uma versão cinematográfica, apenas segue comparecendo nas compilações de contos de fadas folclóricos. As versões que conhecemos são todas inspiradas na de Jacob e Wilhelm Grimm. Recentemente, o conto ganhou mais uma censura, por exemplo, a omissão da maternidade de Rapunzel no deserto. Na verdade, a própria versão dos Grimm já é modificada nesse sentido, visto que a pergunta que a jovem faz à bruxa – pela qual esta descobre seu plano de fuga – deixou de ser alusiva a uma gestação, como vimos antes. Essa última transformação já responde ao direcionamento dessa obra de compilação folclórica para o público infantil. Isso não é uma novidade, a *Bela Adormecida* passou pelo mesmo crivo. Sua história hoje

só costuma ser contada dentro dos limites do que se julga conveniente para as crianças, não é narrado o fato de que ela teve dois anos de concubinato clandestino (e dois filhos) com seu príncipe. Nesse caso, quem conta um conto, subtrai um ponto.

Por sorte, a essência da história de Rapunzel não está no pedaço omitido, mas sim no desejo incontrolável que ocorreu durante a gestação de sua mãe, dando origem à trama que fez da menina filha adotiva de uma bruxa. A marca registrada desse conto é o exílio na torre sem portas, cuja única entrada dava-se por meio das longas tranças da jovem. Como veremos, tanto o desejo incontinente da mãe, quanto a clausura da filha, responde ao mesmo fenômeno: a mãe possessiva. Acreditamos que Rapunzel não deve fazer companhia a outras jovens, como Branca de Neve e Cinderela, que padecem da inveja da madrasta de sua beleza juvenil. Ela terá de enfrentar a ira da mulher que a criou como filha, mas a origem do conflito entre as duas está na atitude possessiva materna, que vê o crescimento como um abandono. O pecado dessa personagem não é o de ser mais sedutora que a mãe, mas o de incluir alguém mais, o príncipe, numa relação que deveria ser completa, em que mãe e filha se bastassem.

Rapunzel congrega três grandes temas recorrentes nas histórias de fadas: o filho prometido a contragosto para um ser mágico em troca de algum favor (ou da vida), a clausura do filho ou filha pela mãe ou pai (tentando mantê-lo longe dos braços de seu amor) e, por último, o surgimento de um apaixonado em função de resgate, retirando a jovem (ou o jovem) da clausura, do sono ou do feitiço. Esse conto ainda contempla uma jornada posterior, que também é bastante comum nessa literatura, em que os amados se desencontram por longos anos, esquecem-se um do outro ou não se reconhecem, para depois reatar o laço amoroso.

A sua aparição mais antiga é atribuída, por diversos autores, a um conto narrado pelo precursor de Perrault e dos irmãos Grimm: Giambattista Basile. Em 1636, 60 anos antes de Perrault, Basile publicou a primeira versão literária de impacto popular de contos de fadas, o *Pentamerone*, onde figurava a história de *Petrosinella* (salsa, em italiano). Nesta, uma grávida é descoberta roubando a horta de uma bruxa, que lhe faz prometer o bebê em troca da vida. De posse da menina, a enclausura numa torre, de onde ela é resgatada por seu príncipe, após vários encontros eróticos.

Embora o autor italiano tenha enfatizado o amor dos jovens e a engenhosidade da heroína para escapar da torre, as versões seguintes já foram introduzindo o sofrimento na vida do casal. Sessenta e um anos depois, em 1697, uma aristocrata francesa, Charlottte Rose de Caumont de la Force, publicou a versão que deu origem ao conto, traduzido para o alemão por Friedrich Schulz, considerado a provável fonte de inspiração dos irmãos Grimm. Na história francesa, a dupla passa por maus bocados até despertar no coração da bruxa a capacidade de perdoá-los.

A jovem presa numa torre é uma imagem forte usada por muitos autores, por isso, é comum associarmos um sem-número de jovens enclausuradas como versões de Rapunzel. Mas ela é uma síntese singular e seria uma pena tomá-la por um de seus elementos isolados. O que vale, a nosso ver, é a combinatória específica da trama. Podemos considerar como cerne da história a associação entre um bebê entregue a um ser mágico, um pai fora de cena e a mãe (no caso uma substituta) não suportando que alguém se interponha entre ela e a filha. Por isso, vamos trabalhar com a versão dos irmãos Grimm, que legaram essa síntese aos nossos tempos, e que, não por acaso, é a que perdura.

Um desejo imperativo

esde o momento em que o pai aceita o trato e a menina é levada pela vizinha que a batiza de Rapunzel – como alusão ao objeto pelo que foi trocada –, os pais biológicos desaparecem da história. Essa feiticeira é muito diferente das ogras devoradoras de criancinhas e das bruxas más de outros contos de fadas, ela se comporta como uma verdadeira e atenciosa mãe. Sua malvadeza não mostra expressão mágica, nem sequer se compreende o que apavorou tanto o pai de Rapunzel, já que em nenhum momento ela faz propriamente um feitiço. Se alguém realiza um ato mágico, esta é Rapunzel, que cura a cegueira do príncipe com suas lágrimas.

A fúria da bruxa é sempre o resultado de sentir-se invadida, é mais egoísta que mágica, seus atos malvados são conseqüência da dificuldade de ver a menina crescer e do medo de perdê-la. Ela vocifera contra quem entra em sua horta ou torre, se a deixassem em paz, aparentemente, ela não faria mal a ninguém. Provavelmente, a chamamos de bruxa por falta de uma palavra melhor para uma mulher poderosa, intransigente e egoísta.

A madrasta e a mãe são personagens conexas, porque ambas querem a satisfação de seus desejos num esquema de tudo ou nada, vida ou morte. A mãe biológica exige a verdura, sob ameaça de morrer,

levando consigo a criança para o túmulo. Já a bruxa ama sua filha, mas somente se esse afeto lhe for exclusivo. Sentindo-se traída, expulsa aquela a quem tanto se dedicou, convencida que não lhe serve mais; de certa forma, é como se para ela Rapunzel tivesse morrido. Unidas pela intransigência de seus desejos, essas duas personagens maternas podem ser compreendidas como uma só. O processo do conto vai num crescente isolamento da filha com a mãe até a separação radical, deixando bem claro que fora da torre uterina só há um deserto. Essa mãe, além de querer a filha totalmente para si, quer crer que é tudo para ela.

É inevitável pensar que esse conto contenha algum eco da história bíblica sobre a expulsão do Paraíso de Adão e Eva. Temos aqui um jardim-pomar maravilhoso, como no Paraíso, onde só havia uma interdição – neste caso também, mas sobre toda a extensão do jardim-pomar da bruxa. No Paraíso bíblico, uma vez burlada a lei sobre um vegetal interdito – a maçã –, os dois são expulsos; aqui idem, o pai e a mãe biológicos saem de cena. Além disso, temos outra vez uma mulher incitando um homem a quebrar as regras. Não é o caso de uma reedição do mito, mas são elementos em jogo que permitem raciocínios análogos sobre os temas do desejo, da transgressão e de um castigo como pagamento. Na história de Rapunzel, o ciclo se repete duas vezes, já que o príncipe é pilhado roubando a jovem, tal qual ocorreu ao pai com os vegetais, e ambos são condenados ao desterro.

O paraíso é, na visão de uma mãe simbiótica,[3] o que ela dá ao filho, ou a completude que sua relação estabelece. Esse paraíso tem como contraponto a condenação ao deserto, que não poderia ser melhor metáfora da aridez que espera os expulsos. De qualquer forma, um elemento desse paraíso, uma verdura, faz papel de fruto proibido; já nossa heroína, graças a um deslocamento, transforma-se num substituto (Rapunzel-raponços) do objeto cobiçado.[4]

A exclusão do pai

feiticeira da casa vizinha e a mãe de Rapunzel são mulheres poderosas, cujos desejos não devem ser negados, pois a cobiça da grávida era tão impositiva quanto o medo que a bruxa infundiu no pai de Rapunzel. Esse pobre homem, fraco como cabe à maior parte dos pais nos contos de fadas, é um joguete entre essas mulheres exigentes: uma quer raponços, outra quer Rapunzel. Sua mulher, se morresse, levaria junto a filha que estava em suas entranhas; já a bruxa também o fará perdê-la, levando-a para ser criada longe dele. Ambas querem o mesmo, porque ambas são a mesma. Elas querem o bebê para si e não estão dispostas a compartilhar, é um desejo sem negociação.

Quem desaparece é o pai, pois ele abdica dessa filha por não poder satisfazer a sua mulher. Essa insatisfação se expressa pela exigência de mais raponços, num apetite insaciável que o deixa impotente. É como se a mulher dissesse: já que não podes me satisfazer, a filha que virá será o meu objeto de satisfação. A mãe, agora transfigurada na bruxa, anuncia ao pai o vínculo simbiótico que irá ter com a filha e que, logicamente, o exclui. Rapunzel é a resposta para esses anseios de grávida, a grávida come raponços, a bruxa engole a vida de Rapunzel. A diferença entre uma e outra é a existência do pai, banido da cena, junto com a mãe biológica. Depois dele ter sido subjugado pela bruxa, ninguém mais ameaçará as posses do jardim onde ela plantou Rapunzel para seu usufruto pessoal.

Popularmente se diz que, caso um desejo alimentar da grávida não seja satisfeito, a criança nasce com a cara daquilo que a mãe tanto almejou. Pelo jeito, foi o que aconteceu: a menina ficou com um nome que é a marca do objeto que a mãe tanto queria. Mas que desejo é esse que a grávida tem? Afinal, o que quer essa mulher, que já está com a *barriga cheia*?

Teoricamente, uma gestante estaria plena, satisfeita. A partir dessa perspectiva, chama a atenção que ela queira tanto comer algo, mostrando que seu apetite não se satisfez com o que lhe enche o ventre. Ela sabe precisamente o que lhe falta: comer uma melancia às três da manhã, fruta que evidentemente não se tem em casa na ocasião ou nem é época, por exemplo. O folclore sobre o desejo peremptório das gestantes é sábio, lembrando que o filho esperado pode não satisfazer totalmente à mãe, há algo que ainda lhe falta. Ainda bem, diríamos...

As mulheres geralmente desejam a gravidez, exibem com orgulho a protuberância que torna pública sua condição de sexualmente desejadas e demonstra que ela foi agraciada com o dom da maternidade. O bebê é herdeiro desse orgulho: incapaz de andar com as próprias pernas, locomove-se aderido ao seu corpo, alimentando-se de seus seios. Nos casos em que a mãe fica fascinada nessa possessão, ele será amado enquanto uma continuidade do corpo da mãe, enquanto não ameaça caminhar para longe dele.

Quando um casal é invadido por um terceiro elemento, o recém-nascido, não é incomum que o pai vivencie uma espécie de mágoa, que muitas vezes começa no próprio curso da gestação. A aparência de plenitude da grávida, algumas vezes associada à recusa de uma vida sexual mais animada, deixa o homem com uma sensação de exclusão. O nascimento não melhora as coisas: o recém-nascido povoa a casa com seus objetos, seus gritos e seu cheiro, incluindo, por vezes, a presença ostensiva da sogra ou de outros estranhos na casa. A nova mãe passa o dia seminua, mas dessa vez não há nenhum apelo erótico, apenas uma fonte de leite. Alem disso, exausta, a mãe adormecerá com o nenê sempre que tiver oportunidade.

Para o homem, há alguns caminhos possíveis: observará todo esse circo a uma distância prudente, orgulhoso da paternidade, mas estranho a seus rituais, ou é possível que se identifique com a mulher, compartilhando com ela os cuidados maternos primários. De qualquer uma dessas posições, precisará (ou sentirá necessidade de) intervir, reconstruindo a vida erótica do casal, lembrando à mulher que ainda é desejável, tirando-a dos circuitos obsessivos em que ela entra com seu bebê. Por mais envolvido que esteja com mamadeiras e fraldas, o pai tende a oferecer alguma exterioridade que areja a relação com o bebê. As mães principiantes entram em pensamentos recorrentes e culposos, em que se acusam das mais variadas insuficiências, alarmam-se com qualquer coisa e temem a cada segundo pela vida do bebê. Nada como um pai para relativizar essas pequenas, mas sofridas loucuras. Porém, nem sempre o homem está pronto para exercer tal função. Ele pode também entrar numa disputa com o bebê, colocando-se na mesma posição: chorão e exigente, ou ainda terá o recurso de desistir, deixando sua mulher entregue ao papel da bruxa, vivendo exclusivamente para o bebê. Muitas vezes, esta é a ocasião para providenciar uma relação extraconjugal, fazendo uma conveniente separação entre a mãe e a mulher desejada, que ele não suporta vê-las fundidas numa mesma pessoa.

A história de Rapunzel é profundamente ligada a essa trama do filho como possessão materna. Mas longe do conto de fadas, nenhum filhote humano faz bem esse papel, todos mostram pouca vocação para esse idílio – se não for assim, pagará o preço da desconexão, da psicose, por essa entrega. Talvez por isso essa história se conservou e é tão bem-vinda, ela mostra que há uma saída mesmo quando se tem a mais possessiva e dedicada das mães.

É interessante notar que, logo nos primeiros dias de um bebê, ocorre um fenômeno que neutraliza a possibilidade de ele ser objeto de plena satisfação da mãe: são as cólicas do primeiro trimestre. Essa cólica é uma dor de barriga mesclada de angústia que faz uma percentagem muito grande de recém-nascidos gritar incessantemente por horas, sem que o seio, o colo, as canções de ninar, ou qualquer dispositivo tentado, surtam maiores efeitos. A cólica é atribuída a uma imaturidade gástrica, porém curiosamente se observa que bebês sem mãe (deixados em hospitais, orfanatos) ou sem substituta não costumam desenvolver esse quadro, ou seja, dói, mas só adianta chorar se houver alguém para quem se queixar.[5] Geralmente todas as famílias desenvolvem rituais do que julgam capaz de cessar o sofrimento do pequeno, alguns investem em determinada forma de segurá-lo, na bolsa de água quente, no chazinho, em algum remédio, numa música ou na alteração do ambiente. O certo é que o bebê chorará até que consiga parar, em geral, vencido pela exaustão. A frustração decorrente de uma sessão de gritaria dessas derruba qualquer ilusão de completude e continuidade entre o bebê e o corpo materno, já que nada do que ela possa lhe oferecer o satisfaz.

O folclore, ao alimentar esse mito de que um desejo insatisfeito da gestante prejudicará o feto, ressalta em que ela, embora grávida, ainda deverá ser satisfeita pelo marido. Se este não provar sua potência satisfazendo-a, a mãe pode se locupletar com o filho; e, se assim for, este efetivamente será da forma como ela queria. Mas o que ela quer, nesses momentos de insatisfação, não é da ordem do que o marido pode lhe dar, não é um desejo sexual, é um desejo oral. Ora, bem sabemos que o território da oralidade ainda é de domínio materno, ou seja, no caráter do pedido dela já está contido que ele não poderá satisfazê-la. Talvez os desejos orais das grávidas sejam um último apelo dessas mulheres que, estando prestes a tornarem-se mães, terão que ceder o lugar de filho para seu bebê, seria o último "mamãe eu quero mamar".[6] Talvez por isso também seja tão tentador o jardim da bruxa e tão impossível ao marido satisfazer à mãe de Rapunzel, seu desejo já seria um assunto entre mãe e filha.

Tomada pela fantasia de plenitude que emana de seu ventre volumoso, a futura mãe exigirá mais do homem, sob pena de desistir de outro tipo de satisfação, que não aquela proveniente da maternidade. Para que lhe seja concedido o direito de compartilhar o filho, evitando que ele nasça com a cara da inclemência do desejo insatisfeito da mãe, o pai tentará satisfazer aos caprichos da gestante.

A história de Rapunzel mostra o quanto essas exigências de raponços e melancias são uma cilada para o pai, que, testado em sua potência, se revelará pequeno diante do crescente poder de exclusão da díade mãe-bebê. O pai dessa história paga, com o apagamento de seu personagem, o preço de ser menor que as exigências de sua mulher. Ela queria algo que a satisfizesse, mas não bastou a primeira leva de vegetais roubados do jardim da bruxa. A continuidade da exigência é o que permite que a mãe se transforme na bruxa, criando essa filha que ela cobiçou para seu uso pessoal e intransferível.

A clausura

apunzel cresce com essa mãe dedicada até a puberdade, que traz para a filha uma curiosidade de transpor os muros do jardim. Dessa vez, a mãe será insuficiente para completar a filha, a bruxa fica colocada na mesma posição do pai de Rapunzel.

Quando a jovem atinge a idade de 12 anos, a bruxa, temerosa de que alguém visse sua crescente beleza, a enclausura numa torre, sem portas, que só poderia ser acessada subindo-se pelos cabelos da moça. Rapunzel não pode sair, e o acesso da mãe dá-se através de uma continuidade corporal: um pedaço da filha que se estende a pedido da mãe e garante a ligação da dupla. As tranças são um tipo de cordão umbilical, simbolizam a continuidade de corpos que se corta com o nascimento, mas que a bruxa reedita justamente quando ela mais teme o rompimento.

Quando chega a puberdade, os pêlos pubianos – os *cabelinhos* que tanto crescem nessa época – não pedem licença para aparecer, se avolumam como os belos cabelos de Rapunzel, mas não costumam obedecer à voz da mãe. A bruxa dessa história tem o comando sobre quando esses cabelos são atirados para fora da janela, eles *crescem* para ela. Não é assim com os adolescentes: quando os pêlos aparecem, de certa forma o acesso dos pais é interditado. A nudez será ou não ocultada, conforme o hábito da família, mas o olhar nunca mais terá a mesma permissividade que se tem com a criança, cujas partes mais íntimas podem ser vistas e tocadas impunemente pelos pais. O corpo de adolescente cresce para o olhar do parceiro erótico, que, de certa forma, se anuncia com essas transformações físicas.

Rapunzel fica então presa na torre, recebendo as visitas diárias da bruxa, e quando está solitária se põe a cantar. Sua música transpõe o claustro e possibilita com que ela suscite o desejo de um homem, o qual será o gancho necessário para a separação da mãe. Por duas vezes, o príncipe e ela se encontram através da voz, pois não podem se ver: quando ela está na torre e quando ele está cego.

Mostrar a nova imagem, agora com relevos, é, para as adolescentes do sexo feminino, a forma privilegiada de revelar o avanço da maturação sexual, assim como para os meninos a mudança de voz é o sinal definitivo do processo.[7] Nesse caso, a imagem atrai pela sua omissão, erguendo muralhas que impedem de ver seu tesouro. A bruxa só faz instigar o olhar, pois bem sabemos o quanto o desejo é atiçado pelo que se oculta ou apenas se insinua. A bela voz anuncia a bela moça, que mais atraente será quanto mais difícil for vê-la.

Quando o encontro enfim se dá, o príncipe quer tirá-la de lá e levá-la consigo, mas ela só poderá sair quando fizer uma escada. Ela propõe então a seu amado que, a cada visita, ele traga uma meada de fios de seda com os quais ela tecerá essa escada, quando esta estiver concluída, ela descerá. Enquanto tramava a fuga e a escada, num lapso, a jovem faz um comentário infeliz à bruxa, dizendo que achava estranho que ela fosse mais pesada que o príncipe, revelando assim seu plano e permitindo que esta fizesse algo para impedi-la.

Inconscientemente, acaba dizendo que o amor da mãe é *muito pesado*. Esse comentário que a trai é considerado, por Bruno Bettelheim, um exemplo único de lapso numa narrativa de história de fadas clássica. O lapso diz o que não se quer dizer, mas, ao mesmo tempo, enuncia tudo que se pensa. Com esse comentário, Rapunzel desvela a própria divisão psíquica do momento da personagem: quer sair e quer ficar. De qualquer maneira, o lapso permite a resolução da relação com a bruxa: a sua conseqüência é a expulsão da jovem. Rapunzel com sua frase infeliz provoca o corte das tranças e da relação com essa mãe.

O amor da mãe ou o deserto

 amor simbiótico não tem portas, a única saída é pela janela, isto é, sendo jogado, defenestrado, para fora do continente materno, externo ao qual a mãe supõe que espera apenas o vazio.[8] Após as longas tranças, que garantiam a continuidade entre mãe e filha, terem sido cortadas, a traição será punida com a expulsão para o deserto, por definição, um lugar onde não há nada, representando a impossibilidade de a mãe ver qualquer coisa além da díade e fazendo um contraponto ao paraíso do jardim-pomar inicial. Tanto será assim, quanto mais uma mãe simbiótica pensar que

sem ela nada existe e com ela a criança teria o paraíso, quando, na verdade, o filho é que seria um refúgio paradisíaco para a mãe.[9]

Rapunzel passa trabalho, mas não parece desertificar-se, vaga por muito tempo na solidão e na miséria, mas dá à luz a um casal de gêmeos, fruto das visitas do príncipe à torre. É interessante como ela passa da função de filha à de mãe quase imediatamente. Isso não é nada estranho em histórias que foram popularizadas em tempos anteriores à anticoncepção, mas, para as mulheres de hoje, a maternidade não é mais o indício *princeps* da sua maturidade sexual, há um longo tempo entre sua iniciação e a concepção.

Quando o príncipe chega para buscar sua amada, é a terrível sogra que encontra em seu lugar. Nesse momento, o discurso da bruxa é ilustrativo de sua fúria egoísta:

Arrá! Veio à procura da queridinha, mas a bela ave já não está no seu ninho cantando. O gato comeu e também vai furar teus olhos. Você perdeu Rapunzel para sempre, nunca mais a verá de novo.

Fica claro que o príncipe foi punido com a cegueira pelo crime de olhar. O castigo incide por onde veio o suposto pecado. Se pensarmos que Rapunzel foi penalizada com o corte de cabelos, signo de uma castração, a cegueira pode ser também a contrapartida masculina dessa castração simbólica. Mas Rapunzel estava grávida, o príncipe não ficou só no olhar, por isso deve ser punido. De qualquer forma, há, para ambos os personagens, um apagamento do mundo em que habitavam, para Rapunzel, o vazio do deserto; para o príncipe, a falta de olhar.

No final feliz, quando as lágrimas devolvem a visão ao amado e a felicidade ao casal, houve uma modificação da imagem: independentes terão de ver e ser vistos de forma diferente, como homem e mulher. Mas não podemos elidir o fato de que essa nova imagem, inaugurada pelas lágrimas, pressupõe o lamento pelas perdas que tiveram. E, afinal de contas, não se chega à maturidade sem perdas.

O corte das tranças incidiu sobre aquele atributo (fálico, diríamos) que tornava essa filha valiosa para a mãe. É por isso que, em psicanálise, se diz que o filho pequeno é um falo para a mãe, independentemente de que ele seja ou não dotado de pênis. É na condição de objeto de desejo para a mãe que ele se "faliciza", assim como a perda desse lugar implicará uma castração, para mãe e filho.

Neste ponto da história, há mais uma virada: na primeira, com o advento da puberdade, a bruxa esconde a jovem na torre; já, após o exílio (acompanhado da maternidade), os amantes terão terminado definitivamente de crescer. A marca desse novo momento é a solidão, essa consciência das perdas que acompanha tristemente todos os adultos.

Nas histórias de fadas, sempre a felicidade sobrevém após um caminho de desafios e provações. Nesse caso, Rapunzel e seu príncipe tinham de vencer a bruxa e aprender a viver independentes, fora do castelo e da torre. A jornada deles é a do crescimento, do rompimento do vínculo com a mãe. É importante perceber que, enquanto a mãe a possuía pacificamente, não houve conflito no conto de Rapunzel, nem sequer a usurpação do bebê pela bruxa pareceu muito trágica. A verdadeira bruxa só se materializa quando a jovem precisa crescer, se afastar e ser perdida pela mãe. A bruxa da mãe não deixa a filha partir, mas nessa história fica claro que, de certa forma, também a filha, no ato falho, a convoca para a função de complicar sua saída. Na verdade, para a filha também não é fácil abandoná-la.

As tranças

s cabelos, como podemos constatar ao longo da história, nunca foram indiferentes. Cada cultura, cada época, decidiu o significado de cortá-los, deixá-los crescer ou penteá-los de determinada forma, mas seu uso sempre foi simbólico.[10] Seu corte foi um modo muito popularizado de subjugar o inimigo, de impor a alguém um castigo desonroso, mas também um sinal de respeito extremo, de veneração. Cortavam-se os cabelos em sinal de luto (e muitas vezes eram enterrados junto com o ente perdido); sua raspagem, a tonsura, é também o modo de os religiosos mostrarem submissão a Deus. Por isso, não podemos passar incólumes pela relevância das tranças nessa história; elas foram um elo entre a bruxa e a moça, cortá-las foi a castração do que a relação tinha de fálica.

Nesse caso, se alguém se reivindicava possuidora desse sempre valioso objeto (o cabelo, as tranças) era também a bruxa. Cortá-lo é uma forma de castração, mas num sentido mais amplo, não apenas significando a ablação do órgão sexual masculino, considerado como uma espécie de símbolo do falo, de representação privilegiada deste. Fálico, no jargão psicanalítico,

significa sem faltas, assim como falo é o complemento necessário a uma suposta falta. É importante que fique bem claro que estamos falando em termos metafóricos. Nesse sentido, podemos dizer que é fálica uma mulher que se faz cobiçar na sua perfeição, uma mãe que se encastela como possuidora exclusiva de seu bebê, ou ainda um homem que se acha o tal. Isso não é um insulto, é uma forma de expressar que o desejo e o objeto capaz de provocá-lo são móveis, podem se instalar em alguém, em determinado momento, em uma relação.

Para Freud, os cabelos (enquanto representantes dos pêlos pubianos) facilmente se prestam para ser objeto de amor fetichista.[11] A explicação proposta para essa idéia é a de que os pêlos pubianos seriam o último patamar, antes que os olhos que fitavam o púbis feminino constatassem a falta de pênis, a "castração" da mulher. Para ele, a aceitação da diferença dos sexos é um dos grandes traumas com que é preciso lidar. Atrás dos pêlos pubianos se esconde a raiz da nossa incompletude. Os caracteres sexuais secundários, como pêlos e protuberâncias, são nuances que, por vezes, podem confundir os sexos, mas o pênis e a vagina dividem os humanos em dois. A presença do órgão sexual masculino, externo e visível, tornou-o símbolo da completude.

A existência da falta condena-nos a ser biologicamente de dois tipos, se somos um, deixamos de ser o outro, o que faz com que para sempre estejamos buscando a outra metade. Para tanto recorremos ao amor, ao sexo, à maternidade ou a qualquer expediente à procura daquele ou daquilo que nos possa restituir uma integridade suposta e para sempre perdida. Mas o importante é compreender que a castração não é uma prerrogativa das mulheres, que o corpo é feito de presenças e ausências, dividindo o ser humano em duas classes. Essa realidade é limitante para todos, pois necessariamente nasceremos com uma ou outra característica sexual.

Para as tranças de Rapunzel, convergem dois sentidos: por um lado, são o símbolo da continuidade entre mãe e filha – cortá-las é cortar o vínculo simbiótico; por outro lado, são também um corte no corpo de Rapunzel, a marca que a fará estar longe da mãe e, por sua vez, a capacitará para amar e ter filhos. A castração é sempre lembrada como uma falta. Talvez seja uma inclinação pessimista da nossa cultura, porque, na verdade, sem a instalação dessa falta, não há desejo. Afinal, quem tem tudo, nada quer. É depois que ela perde as tranças que sua vida de fato começa.

A fada do lago

 conto de fadas *Rapunzel*, assim como *Chapeuzinho Vermelho*, não possui muitas histórias conexas, embora exista uma a que podemos recorrer para ampliar as idéias sobre os elementos em comum. Essa história não é semelhante na aparência, mas sim na trama que remete ao tema da mãe simbiótica. Nela temos um menino sendo moeda de troca e uma fada que o afasta do pai. Uma proposta de troca do bebê por riquezas é feita logo que a criança nasce, porém a entrega não é imediata, como no caso de Rapunzel. Na medida em que cresce, a jornada desse menino é primeiro evitar, depois se libertar, desse ser feminino poderoso que o ganhou do pai numa espécie de logro.

Trata-se de *A Fada da Represa do Moinho:*[12] vivia uma vez um moleiro na beira de uma represa e pode se dizer que era próspero. Em certo momento da vida, porém, a sorte o abandonou e ele endividou-se. Um dia estava à beira da represa, cabisbaixo, pensando no seu destino, quando emergiu uma mulher muito bela das águas. O moleiro assustou-se, sabia que encontrara um ser mágico, mas, como ela chamou-o por seu nome, ele não fugiu. A fada perguntou o que estava acontecendo com sua vida e ele explicou que a fortuna o abandonara. Então ela lhe propôs um negócio: ele voltaria a ter sorte se em troca lhe desse a criatura que estava nascendo naquele momento em sua casa. Por mais estranho que pareça, ele não sabia que sua mulher estava grávida, por isso, pensou que o trato viria a lhe custar um filhote de cachorro ou de gato e foi para casa satisfeito. Quando chegou, anunciaram-lhe que a mulher tivera um filho. O moleiro ficou triste e desconcertado, pois se deu conta de que o negócio, aparentemente barato, sairia bem caro. A fada o havia logrado.

Pelo menos a fada tinha palavra e a sorte do homem de fato voltou. O que não acontecia nunca era o dia da cobrança, o pai sabia que o menino não era mais seu, sofria cada dia por isso, mas tampouco vinha alguém lhe cobrar a dívida. O moleiro vivia exclamando: "De que me vale a riqueza, se tenho de perder meu filho".

O menino tornou-se um rapaz e provou-se excelente caçador, mas nem por isso abandonaram a cautela: ele era proibido de chegar perto do lago, por medo de ser levado. Como se destacava no seu ofício, ficou a serviço de um senhor local importante. Tempos depois, ganhou dele uma casa para viver, desposando uma jovem da aldeia que estava amando. No momento em que a relação com essa moça começava, o destino falou mais forte. Numa caçada, perseguindo uma presa, matou-a próximo da represa. Depois de preparar o animal, aproximou-se do lago para lavar as mãos e foi tragado para dentro. A fada enfim levou o que sempre fora seu.

É claro que todos o perderam, ele saiu desse mundo e foi para o reino da fada no fundo do lago, mas quem mais o pranteava era a sua esposa. A dívida, motivo de tanto sofrimento para seu pai, veio a ser efetivamente cobrada da primeira mulher que o amou. A esposa desesperou-se, compreendeu o que ocorrera, mas não sabia como reaver o seu marido. Ao adormecer, ela teve um sonho em que aparecia uma velha oferecendo-lhe ajuda. Quando acordou, seguiu a pista do sonho: partiu em busca da velha trilhando o caminho que lhe fora indicado. De fato, o sonho era uma influência mágica, pois terminou encontrando a mesma mulher bondosa, pronta a lhe auxiliar a recuperar seu amado.

A senhora deu-lhe um pente de ouro, sugerindo que esperasse a lua cheia e fosse pentear-se na beira do lago. A jovem fez o combinado e, depois de um tempo, uma onda veio até a margem e levou o pente. Das águas que se ergueram para o resgate do presente dourado, surgiu a cabeça do seu amado, que lhe devolveu um olhar triste. Voltou até sua benfeitora, que desta vez lhe ofereceu uma flauta de ouro, indicando que esperasse até a próxima lua cheia e tocasse o instrumento à beira do lago. Novamente repetiu-se a cena: uma onda levou a flauta, deixando o marido descoberto pela água, por uns momentos, até a cintura.

Seguindo o mesmo ritual, foi feita uma terceira tentativa. Agora, com uma roca de ouro, só que, desta vez, no momento em que a onda subiu para pegar o presente, o marido ficou inteiramente livre da água. A esposa estendeu a mão, de um salto ele pulou para fora do lago e ambos fugiram correndo. Enfurecida, a fada criou uma onda gigantesca, fazendo com que toda a água do lago se levantasse e os perseguisse. Já se davam por vencidos, quando a esposa apelou mais uma vez para a velha senhora. Para salvá-los do afogamento, ela os transformou em rã e sapo.

Os dois sobreviveram à investida da água, mas se perderam um do outro. Uma vez retornados à forma humana, ainda lhes restava um desafio: estavam num lugar desconhecido e sem notícias do parceiro. Embora tristes, resignaram-se a retornar à vida comum, trabalhando como pastores em lugares distintos. Muito tempo depois, eles se cruzaram pastoreando, mas não se reconheceram. De qualquer maneira, ficaram felizes por não estarem tão sozinhos no campo.

Numa noite em que conviviam, ainda incógnitos um para o outro, o pastor pegou uma flauta e tocou uma canção bela e triste. Imediatamente, a pastora rompeu em prantos, dizendo que, em uma das últimas vezes que vira seu marido, ela tinha tocado essa triste música. Só então ele a olhou, a reconheceu, e ela também. Era como se um véu tivesse caído de ambos os olhos, possibilitando que enfim se vissem. Desse dia em diante, foram felizes para sempre.

Um prisioneiro da sereia

ste conto é, na fantasia predominante, uma versão masculina da história de Rapunzel. Nas duas histórias, desde o nascimento, o pai não ignora que o filho vai pertencer a um ser feminino mais poderoso. Em ambas, o verdadeiro problema só começa quando um terceiro vem de fora e ameaça formar um novo núcleo amoroso. É nesse momento que a violência do laço com a mãe-fada mostra a sua força. No primeiro caso, Rapunzel é expulsa, só terá registro em seu amor se for posse exclusiva da mãe. No caso masculino, a mãe retém o filho para si, impedindo-o de amar outra mulher.

Esse rapaz foi trocado pela riqueza do pai, mas acreditamos que é outro significado de riqueza que está em jogo: ele vem a ser a riqueza da mãe. O pai que fique lá com as suas riquezas mundanas, mas deixe o filho para ela. Se essa for a troca, admitimos que a fada é um duplo materno. Afinal, ela aparece pela primeira vez no dia do nascimento e só vai reaparecer para impedir o envolvimento do filho com outra mulher, do que se depreende que ele já lhe pertenceu por todos esses anos. Senão, por que, justamente no momento em que surge essa jovem, a fada vem cobrar sua dívida? Parece-nos que ela não suporta que alguém venha a pegar a sua riqueza. Ela já conseguiu, mediante o trato inicial, tirar o pai do caminho, por que viria agora a suportar uma concorrente?

No folclore europeu, como em tantos outros, as águas podem ser reinos de seres mágicos. De uma forma geral, águas calmas, como as de lagos, represas e fontes, costumam ser habitados por seres femininos; enquanto nas águas agitadas, como as de rios e corredeiras, se encontram seres masculinos. Ambos são sedutores, mas as criaturas mágicas femininas – sereias ou ondinas – têm na sedução sua principal característica: costumam encantar jovens homens que se perdem nas águas para nunca mais serem vistos. Essa fada da represa, usando uma terminologia mais precisa, seria então uma sereia,

ou, pelo menos, se comporta como tal. Como sabemos, as sereias prendem amorosamente os homens num reino seu. A partir disso, eles vão viver só para elas, se não os matarem. Como o enfeitiçado só vai ter olhos para a sereia, nada mais lhe interessa na vida, a morte pode ser interpretada como uma morte social. Mediante essa tradição folclórica, é natural que a prisão do homem enfeitiçado não seja uma torre, mas a água. Neste meio, totalmente envolvente, o herói espera que alguém de fora possa vê-lo para ajudá-lo a fugir.

Além da mãe e da fada, que se alternam no mesmo papel, há uma representação diferente da figura materna. Trata-se da velha bondosa, ou seja, a face da mãe permitindo que o filho possa ir embora. Ela é velha porque sabe que seu tempo já se foi. É ela que vai ter um diálogo simbólico sobre dons femininos com a futura esposa, que tenta dar à sogra as provas de que possui os dotes femininos necessários para ganhar a disputa por esse homem. Os presentes entregues ao ser aquático são representantes dos encantos e das lides femininas. O pente está ligado à beleza, afinal ela necessitava pentear-se antes de entregar o objeto. A flauta lembra a música, mas também o encanto da voz, do canto. Aliás, cantar é o que as sereias fazem de melhor. É claro que a sereia é a outra, mas se a futura esposa não tiver nada de sereia, por que esse homem trocaria de *fada*? Por fim, a roca é o símbolo do trabalho feminino por excelência em épocas passadas, além dos encantos, uma mulher precisava provar que sabia trabalhar.[13]

Nessas duas histórias, depois da libertação, temos um momento de certo desencontro e de uma cegueira, eles se olham, mas não se vêem. Há um tipo de encantamento que precisa cair para que o amor ressurja. A jovem esposa teve seus encontros oníricos e reais com a velha mulher, que lhe ensinou as artes da conquista, mas não pôde garantir a união do casal. A última transformação em anfíbios,[14] pela qual ela lhes salva a vida, também os separa, a ponto de esquecerem-se da imagem um do outro.

O olhar é quase sempre associado à paixão. Nas histórias de amor, sempre um capítulo privilegiado se dedica à primeira visão que um amante tem do outro. Na história de Rapunzel, por duas vezes, o príncipe não pode vê-la, mas pode escutá-la. Nesta outra, os amantes alternam-se, resgatando-se através do som da flauta.

Essa temporada pastoril ajuda-nos a re-significar a parte final do conto de Rapunzel, pois tenderíamos a pensar que foram somente os malefícios da bruxa que impediram a felicidade do casal, caso não considerássemos as limitações de cada um diante de um relacionamento. Os dois pastores, por exemplo, não foram impedidos de se encontrar apenas por um agente externo, tiveram de vencer também uma dificuldade interior: estavam cegos um para o outro.

Após a inundação, ainda estava reservada para os amantes a experiência da solidão e da responsabilidade, marcas do pastor, que anda só, cuidando de seu rebanho. É como se as metamorfoses continuassem, pois ainda não estavam prontos para outro tipo de relação.

É bastante comum, na experiência dos casais, estes beneficiarem-se dos impedimentos que a relação possa sofrer (proibições familiares, distâncias e outros). Paradoxalmente, são dificuldades externas que contribuem para o bom andamento da relação. Algumas vezes, depois de terem lutado para vencer tudo o que os impedia, se descobrem juntos (enfim sós) e desencantados. Não estavam preparados para enfrentar um ao outro, sem a intermediação da família, dos obstáculos do trabalho, do estudo ou da distância. São tomados de dúvidas sobre o que sentem e ameaçam separar aquilo que parecia tão coeso. Às vezes, torna-se necessário um momento de solidão, afastar-se emocionalmente, para enfim, amadurecidos, poderem voltar a se encontrar.

Quando os amantes deste conto começaram sua relação, o caçador recebera uma casa do senhor para quem trabalhava; portanto, teve de certa forma um apoio paterno. Porém, ainda vivia sob a ameaça da fada do lago uma mãe possessiva sob cuja menção crescera. Não há por que considerar irrelevante que ele tenha se *esquecido* desse risco quando foi lavar as mãos no lago. Acaba assim fazendo um lapso similar ao de Rapunzel. No momento da partida, quando vai viver com a mulher amada, esse jovem vacila e entrega-se, uma última vez, a sua antiga fada.

A preparação para a nova vida de um jovem casal envolve novamente a família, quer seja na organização de uma festa de casamento ou de um lugar para morar, há uma nova convocação para a bênção e a tutela. Foi num momento como esse que os dois jovens, Rapunzel e o caçador, vacilaram. Mediante esses lapsos – expressão de fraqueza diante de seus propósitos –, a saída só pode ser árdua, como foi para esses casais, cuja união será tão mais difícil quanto for a força do vínculo familiar que terão de romper. É importante observar que os outros, a mulher do caçador e o príncipe de Rapunzel, não passaram impunes por esse processo: também tiveram múltiplas tarefas na gincana de conquistar a capacidade de pertencer a um casal. Amar é trabalhoso.

Notas

1. Raponço ou rapôncio é uma denominação comum a duas plantas campanuláceas, cujas raízes se comem como salada. Do italiano, *raponzo* ou *raperonzo*.
2. GRIMM, Jacob & Wilhelm. *Contos de Fadas*. Belo Horizonte: Villa Rica Editora Reunidas, 1994.
3. "O conceito de simbiose foi criado por Margareth Mahler, tanto para dar conta de uma fase importante na evolução da relação mãe-filho, quanto para dar conta do funcionamento psíquico da criança psicótica. Trata-se mais de uma polaridade do que de uma forma clínica particular (...)." In: LEBOVICI, Serge. *Traité de Psychiatrie de L'Enfant et de L'Adolescent*. Paris: Presses Universitaires de France, 1985, p.196 (*Lês Psiychoses Infantiles*, verbete escrito por René Diatkine e Paul Denis).
4. Maria Tatar insere uma associação desse vegetal com a história. Segundo o crítico Joyce Thomaz, o raponço seria uma "planta autogâmica, que fertiliza a si mesma, tendo ainda uma coluna que se divide em duas se não-fertilizada, e as metades enroscam-se como tranças ou cachos na cabeça de uma donzela, e isso põe o tecido estigmático feminino em contato com o pólen masculino na superfície exterior da coluna". Procedente ou não, a relação metafórica do vegetal com a interpretação da história, da planta autogâmica com a mãe totalizante, não deixa de ser no mínimo curiosa. In TATAR, Maria. *Contos de Fadas*. Rio de Janeiro: Jorge Zahar Editor, 2004.
5. SPITZ, René A. *O Primeiro Ano de Vida*. São Paulo: Martins Fontes, 1983, p.193.
6. O carnaval brasileiro celebrizou a marchinha carnavalesca *Mamãe eu quero* (de Jararaca e Vicente Paiva, 1936): "Mamãe eu quero, mamãe eu quero, mamãe eu quero mamar, dá chupeta, dá chupeta, dá chupeta pro bebê não chorar". Neste momento de encenar fantasias, fica evidenciado que, pela vida afora, no fundo da nossa alma, ainda mora um bebê chorão.
7. "Para a moça, a puberdade assinala o que pode ser visto pelos outros. (...) com as modificações da silhueta, em particular o crescimento dos seios, a imagem do corpo está comprometida com dois olhares: a busca de uma conformidade a um modelo socialmente definido, cujas pistas ela pode encontrar nas revistas femininas (...); por outro lado, com a demanda de uma confirmação pelos outros, tanto por sua família como por seus amigos, de que o estatuto de seu corpo mudou. (...) Para o rapaz, na

puberdade, a pulsão vocal é que será imediatamente acentuada. (...) O que animará a relação que ele terá com o outro sexo será a voz e sua colocação à prova: o ato de contar vantagens." In: RASSIAL, Jean-Jacques. *O Adolescente e o Psicanalista*. Rio de Janeiro: Companhia de Freud, 1999, p. 25 e 26.

8. Para a psicanálise, as fantasias ou tentativas de defenestração (jogar-se desde uma abertura no vazio) são de alguma forma evocativas de uma separação radical. Freud analisou, no caso clínico de 1920, *A Psicogênese de um Caso de Homossexualismo numa Mulher*, a tentativa de suicídio através da queda como uma simulação de nascimento. Para essa leitura, ele apoiou-se no uso da palavra alemã *niederkommen*, que significa tanto "cair" quanto "dar à luz". Em suas palavras: "É provável que ninguém encontre a energia mental necessária para matar-se, a menos que, em primeiro lugar, agindo assim, esteja ao mesmo tempo matando um objeto com quem se identificou e, em segundo lugar, voltando contra si próprio um desejo de morte antes dirigido a outrem". In: FREUD, Sigmund. Obras Completas, vol. XVIII. Rio de Janeiro: Imago Editora, 1987, p.203. Considerando a saída pela janela, caindo no caso do príncipe ou sendo destinada ao vazio do deserto, como Rapunzel, enquanto "defenestrações" (afinal, como Rapunzel saiu da torre?), podemos pensar um pouco no quanto é preciso matar em si o outro que nos sufoca e com isso morrer também um pouco a cada separação. Somente esse tipo de associação ajuda-nos a entender por que, ao longo dos tempos, as versões foram enfatizando nessa história o calvário do jovem casal.

9. Um filho recém-chegado pode ser uma suspensão da relação com o resto do mundo para a mãe. Durante um tempo, as exigências da vida ficam em segundo plano, trabalho, casamento, projetos inconclusos, tudo isso será adiado para outro momento. Não é fácil retomar. Muitas vezes apegar-se ao bebê é uma saída para a covardia de re-enfrentar a vida. Em casa, com seu filho, identificada com a vida infantil deste, ela se manterá afastada do trabalho, das exigências sociais e, freqüentemente, da própria sexualidade.

10. A propósito do significado dos cabelos nos contos maravilhosos, Vladimir Propp, os considera símbolo de força, e citava o exemplo paralelo de Sansão e Dalila:... "nos cabelos residia a alma ou o poder mágico. Perder os cabelos equivalia a perder a força". In: PROPP, Vladimir. *As Raízes Históricas do Conto Maravilhoso*. São Paulo: Martins Fontes, 1997, p.35.

11. No texto de 1927, *O fetichismo*, Freud tece algumas considerações sobre a figura do "cortador de tranças", um personagem desaparecido de nossos tempos (junto com as tranças): "Nele, a necessidade de executar a castração, que ele mesmo rejeita, veio para o primeiro plano. Sua ação contém em si própria as duas asserções mutuamente incompatíveis: 'a mulher ainda tem um pênis' e 'meu pai castrou a mulher". In: FREUD, Sigmund. *O Fetichismo*. Obras Completas, vol. XXI. Rio de Janeiro: Imago Editora, 1987, p. 184.

12. GRIMM, Jacob & Wilhelm. *Contos de Fadas*. Belo Horizonte: Villa Rica Editora Reunidas, 1994.

13. Além de ser um símbolo do trabalho, a roca está associada ao sexo. Ver próximo capítulo quando falamos da Bela Adormecida.

14. Se existe um animal que pode suportar a metáfora do crescimento, este é o sapo, ou a rã, os dois passam por estágios muito distintos, por transformações radicais, no rumo da maturidade. Por isso, se prestam a alegorias sobre crescimento.

Capítulo V
O DESPERTAR DE UMA MULHER

A Jovem Escrava, Branca de Neve, A Bela Adormecida e _Sol, Lua e Tália_

Identificação da menina com a mãe – Importância da inveja materna –
Amor e ódio da filha pela mãe – Passividade feminina – Menarca –
Passagem da infância para a adolescência –
Adolescência como período de adormecimento e exílio

s bruxas dos contos de que falamos até agora só queriam saber de comer, de engolir as crias. A face obscura da mãe, discutida nos capítulos anteriores, corresponde à da primeira infância, quando está em jogo o lugar do filho como possessão materna. Essas primeiras histórias revelaram a versão terrífica desse idílio amoroso, lembrando que toda a entrega tem seu preço. No amor, seja materno-filial ou erótico, quanto mais profundamente alguém se entregar a viver o papel de objeto, menos saberá onde estão os limites, as fronteiras, que assinalam onde termina o eu e onde começa o outro. O preço da entrega absoluta é a dissolução ou a fragilidade do eu, que equivale na fantasia a ser devorado pelo outro ou a viver sob essa ameaça.

Já as analisadas neste capítulo são fadas ou madrastas orgulhosas, que agem por se sentirem ofendidas, por inveja, ciúme ou narcisismo ferido. Nestas histórias, temos outro aspecto da complicada relação com a mãe: trata-se da problemática da construção da identidade feminina. Não podemos esquecer de que a menina floresce na mesma proporção em que sua mãe perde o viço, restando o incontornável conflito de como se parecer com esta, tornando-se uma mulher, na mesma época em que a mãe vê declinar seus atrativos femininos. Essas histórias são bem claras, avisam à futura mulher que a juventude da mãe morrerá esperneando e que não há lugar para duas mulheres desejáveis no núcleo familiar.

Branca de Neve é uma das narrativas de que os pequenos mais gostam, talvez graças à presença dos sete anões, enquanto _A Bela Adormecida_ é hoje preferida das meninas, por ser acima de tudo uma história de amor. Não basta apenas a essas heroínas se livrar da velha bruxa, é preciso enfrentar ainda a morte da infância e as dificuldades de despertar nos braços de seus príncipes, que aliás se apaixonaram por elas quando estavam adormecidas. Eis mais um detalhe que liga essas princesas: ambas, bem como suas antepassadas, passam por um período de adormecimento – fato que dá nome a uma delas e é o estado em que seduzem os seus amados.

As histórias começam muito bem, pois ambas as meninas eram filhas desejadas. Branca de Neve nasceu exatamente com as cores que a imaginação de sua mãe a pintou; e Bela Adormecida teve sua chegada ao mundo celebrada num luxuoso batizado, em que as fadas dotaram-na de todos os encantos que uma mulher pode ter. Essas princesas têm o privilégio de corresponder em gênero e número ao desejo parental. Ninguém consegue essa proeza, como lembrávamos por ocasião da análise do conto do Patinho Feio, o filho idealizado não nasce nunca, restando ao filho real a batalha inglória de tentar se parecer com o que ele supõe que esse ideal possa ser. Acrescente-se a isso que, face à antiguidade desses contos, é surpreendente que haja filhas mulheres num lugar tão idealizado, pois é recente a valorização do nascimento de uma menina.

A sociedade que viu nascer essas histórias compreendia a utilidade de uma filha mulher restrita à possibilidade de alianças por casamento, o que era pouco face ao papel de um filho homem na trama sucessória. Quanto às filhas, mesmo que seu enlace beneficiasse a família, a necessidade de lhe dispensar um oneroso dote lembrava a passagem de um encargo, de um fardo, pelo qual é necessária alguma indenização. Às plebéias, incapazes de oferecer qualquer aliança importante com seu matrimônio, restava apenas a função de fardo, já que sequer lhes cabia preservar o nome da casa paterna. Como sabemos, havia pouco a celebrar com o nascimento de um bebê do sexo feminino. Para usar uma expressão antiga e de esclarecedora crueldade: ter uma filha era como regar a horta do vizinho. As princesas, portanto, explicitam em suas histórias uma contradição, pela qual o desejo aparece ao contrário de sua forma tradicional. Vale a pena se perguntar o porquê.

Tão lisonjeiros são esses contos para a beleza e os dons de suas jovens personagens femininas, que quem os aprecia mal percebe o quanto o julgamento é inclemente relativo ao resto das mulheres. Tantos elogios, em verdade, ocultam um número proporcional de críticas e preconceitos para com o sexo feminino, cuja face perigosa é explicitada com requintes, principalmente na figura da madrasta da Branca de Neve. De acordo com esses relatos, a jovem extrai seus encantos do fato de que ainda é inocente, portanto não sabe usar os ardis típicos da fêmea humana. Carente de poder formal, a mulher sempre foi vista maquinando formas sutis de exercê-lo, e esses são seus feitiços. Além disso, somos levados a crer que, quando se tornar mãe, vai lidar com seu filho como um dragão sentado sobre seu tesouro, devorando e cuspindo fogo em quem ameaçar suas crias.

No conto da Bela Adormecida, a velha fada, com seu mau humor invejoso e nocivo, exemplifica o que resta de uma mulher quando a juventude a abandona. Os atrativos femininos seriam uma arma privilegiada de conquista de posição para uma mulher, como o envelhecimento a privaria destes, a mulher necessitaria recorrer a outros feitiços, os da bruxa. Um homem pode amar apaixonadamente uma princesa adormecida, aprisionada e passiva, mas quando a mulher desperta e perde a beleza inocente da juventude, resta a visão da sua verdadeira alma: poderosa, perigosa e ardilosa.

Vemos então que, sob uma capa de elogio, essas histórias contêm um aviso de que todo cuidado é pouco com mães, sogras ou todo o tipo de mulher adulta. A mãe boa, que morre rapidamente na história de Branca de Neve e sai de cena na da Bela Adormecida, é muito menos expressiva do que a malvada. A boa índole está restrita às jovens e a uma que outra fada, mas as fadas boas jamais estão desacompanhadas de sua versão maligna. Essas histórias seriam, então, também um tratado sobre a relação de homens e mulheres com a feminilidade: seu preço, seu fascínio, a magia magnética de sua beleza, seus poderes e perigos.

Lisa, a antepassada

isa, a heroína de *A Jovem Escrava*,[1] conto escrito por Basile, publicado em 1634, é apontada como a ancestral mais próxima de Branca de Neve. De fato, o conto de Basile, originalmente narrado em dialeto napolitano, contém alguns elementos de *Branca de Neve*, embora também possamos reconhecer traços de *A Bela Adormecida* e *Cinderela*.

A história deste conto inicia com uma brincadeira da jovem irmã de um barão que faz uma aposta com suas amigas: qual delas conseguiria pular uma roseira sem tocá-la. Nenhuma consegue, mas a menina trapaceia as companheiras, já que ela pula melhor que as outras e faz parecer que ganhou, mas sabe que deixou cair uma folhinha. Rapidamente, ela engole essa folha para garantir sua vitória no jogo. Tempos depois se descobre grávida. Desesperada, pois não sabe como isso ocorreu, ela recorre às suas amigas fadas[2] em busca de uma explicação. Estas lhe informam que ela engravidara magicamente da folha da roseira. Ela passa então a ocultar primeiro a gestação e depois a menininha que nascera, a quem dá o nome de Lisa. Leva-a até as fadas, em busca de sua benção e proteção, e elas lhe dão muitas qualidades. Uma das fadas, porém, apressada para chegar a essa espécie de batismo, torce o pé e, movida pela dor, roga uma praga. A maldição proferida era que Lisa, ao atingir 7 anos, enquanto estiver sendo penteada pela mãe, morrerá com o pente enterrado em seus cabelos. Chegada a funesta ocasião, a maldição se confirma. A rainha guarda sua filha, que parece morta, mas mantém as cores da vida, em sete caixas de cristal, uma dentro da outra. Essa urna é mantida escondida pela mãe em um remoto quarto do castelo, cuja chave leva sempre consigo. Tomada de tristeza pela perda, a mãe morre, não sem antes pedir, em seu leito de morte, que seu irmão custodiasse a chave, sem jamais abrir a porta do respectivo recinto.

Passados alguns anos, o irmão casa-se com uma mulher perversa e ciumenta. Numa ocasião, ele se ausenta para uma viagem e confia a chave, com as devidas recomendações, para sua esposa. É claro que a mulher abre a porta e encontra a urna e nela uma jovem (que na realidade é sua sobrinha). A menina crescera nesses anos de sono, assim como seu caixão transparente, que se expandira com ela. Enlouquecida de ciúme, pelo que julga ser um objeto de culto do marido, ela arranca a jovem de seu sono pelos cabelos e, com isso, faz cair o pente que a mantinha enfeitiçada. Ao acordar do seu sono mágico, Lisa exclama: "Oh, minha mãe!". Ao que obtém como resposta: "Vou te dar mãe e pai!". Tratando-a como uma escrava, a esposa do tio a submetia a todo o tipo de trabalho, de maus-tratos e recobre seu corpo de trapos e sujeira. Quando o tio retorna, a esposa lhe conta que Lisa era uma escrava que lhe havia sido enviada pela sua mãe e, sendo uma jovem perversa, deveria ser sistematicamente castigada.

Certo dia, ao partir para uma viagem, o tio pede a todos no castelo que façam alguma encomenda, a jovem escrava pede uma boneca, uma pedra de afiar e uma faca. A boneca servia como ouvinte de seus sofrimentos e a pedra para afiar a faca, que seria usada para pôr fim à sua vida miserável. O tio termina escutando sua história triste no momento em que ela a narrava para a boneca, com isso impede que ela se mate e a manda para casa de pessoas de sua confiança, para recuperar a saúde e a beleza. Quando a jovem finalmente está bem, ele realiza um banquete em sua homenagem, apresenta-a à sociedade como sua sobrinha e expulsa sua perversa mulher. Por fim, o tio providencia um bom marido para Lisa.

Essa narrativa serve para que possamos pensar o que ela teria em seu cerne para ser interpretada como a origem de *A Branca de Neve*. As trajetórias das personagens na verdade se assemelham apenas pelo desaparecimento precoce de suas mães. Na história de Basile, parece haver algo de pecaminoso na concepção, por mais mágica que seja, de Lisa, pois sua mãe, que a teve em função de uma travessura, precisa ocultar a menina, sugerindo que sua origem foi de alguma forma escusa. Esse foi um elemento que se perdeu, pois em nada lembra o nascimento de Branca de Neve.

Lisa chama a tia de mãe, tornando possível o deslizamento desta para o papel materno, assim como seu tio em seguida assume um lugar paterno, ao reestruturar seu lugar social e providenciar-lhe um casamento. Também não se manteve nas versões posteriores a suposição da tia de que haveria algum tipo de amor entre seu marido e a jovem adormecida, origem de seu ciúme vingativo. Essa trama cedeu lugar a alusões bem menos incestuosas. Como veremos, no conto dos irmãos Grimm, nada dá margem sequer à suposição de algum amor familiar. O pai desaparece ou é sem importância, e a madrasta entra numa disputa de beleza com a enteada, intermediada pelo ascético espelho mágico. Tudo indica que a passagem do tempo foi decantando histórias cada vez mais simbólicas e metafóricas, necessárias à nova sensibilidade moderna e à preocupação com o que se está oferecendo às crianças.

Como antepassada, Lisa serve para representar a fundação de uma genealogia de jovens mulheres que terão de se salvar de pragas e maldades, provenientes de quem deveria abençoá-las e cuidá-las. Elas deverão amadurecer isoladas, ocultas dessas terríveis invejosas. Por fim, para encontrar um amor, terão antes de passar por um sono enfeitiçado. Vamos adiante, então, ao encontro de Branca de Neve e Bela Adormecida, que herdaram dela partes da história e sobrevivem hoje para alimentar devaneios amorosos em pessoas de todas as idades. Com elas, podemos pensar sobre as intempéries provenientes da rivalidade com a mãe, que é preciso vencer para adormecer menina e despertar mulher, assim como sobre os revezes que são próprios da adolescência de ambos os sexos. Mais adiante, encontraremos ainda *Cinderela*, que é uma jovem escrava, como Lisa, e nos fará avançar nessas conjecturas.

Branca como a neve

ranca de Neve, tal como a conhecemos, não conta com uma versão de Perrault, mas aparece na compilação folclórica dos irmãos Grimm.[3] Seu sucesso está de alguma forma associado ao fato de ter sido o primeiro longametragem em desenhos animados. O desenho animado *Branca de Neve e os Sete Anões* (Estúdios Disney, de 1937), além de elevar estes últimos à condição de protagonistas, foi o precursor de uma linguagem que formará o gosto e o estilo de narrativa para crianças de gerações a partir daí. É tão marcante a influência desse filme que a imagem sugerida por ele para a personagem da Branca de Neve hoje é indissociável desta. Qualquer leitor que pensar nela a imaginará tal como ali foi desenhada.

Na versão dos irmãos Grimm, o começo da história não poderia ser mais idílico:

Era uma vez uma rainha que, certo dia, no meio do inverno, quando flocos de neve caiam do céu como se fossem penas, costurava sentada junto à janela, cujo caixilho era de ébano muito negro. E, enquanto costurava e olhava pela janela, espetou o dedo na agulha e três gotas de sangue caíram na neve. Ela pensou então: quem me dera ter uma filha branca como a neve, vermelha como o sangue e negra como o caixilho da janela.

Seu desejo foi uma ordem, "pouco depois deu à luz a uma filha que tinha cútis tão alva como a neve e tão corada como o sangue e cujos cabelos eram negros como o ébano que ficou chamada de Branca de Neve". Mas o que era bom durou quase nada, já que a mãe morreu logo após o nascimento. Essa rainha aparece apenas para ser quem faz a encomenda. Mãe boa, como todas as de contos de fada, que, por ter desejado tanto a criança, ficaria isenta de sentimentos hostis, abandona a cena rapidamente, para deixar surgir em seu lugar a madrasta num novo casamento do pai. Sempre claramente diferenciada da genitora, a mãe

sobrevivente é essa madrasta, em cuja relação com a enteada não há o amor materno para amortecer o ciúme e a inveja.

Após um ano de luto, o rei, na última vez que é mencionado no conto, casa novamente com uma mulher tão bela quanto perversa. O pai de Branca de Neve não será lembrado nem para explicar seu desaparecimento, nem sequer será mencionada sua posição diante do destino da menina. Em seu lugar, surge um espelho mágico, objeto de constantes consultas pela madrasta. Enquanto o espelho respondia que ela era a mais bela das mulheres (sim, ele era falante), a enteada não trazia problemas, mas quando chegou o dia em que ele mencionou que a menina era a mais bela do reino, ela tornou-se uma rival.

Isso ocorreu quando Branca de Neve tinha 7 anos. É curioso que ainda tão jovem ela possa ser ameaçadora à posição de uma mulher adulta, por isso é compreensível que esse detalhe tenha desaparecido dos relatos contemporâneos. No filme da Disney, assim como nas ilustrações mais tradicionais da história, a heroína é representada como uma adolescente. É somente nessa fase, quando perde a condição infantil, que a jovem representa uma ameaça para o reinado da mulher mais velha da casa. Os 7 anos talvez representem o momento em que a menina começa a apresentar algum interesse pelos atributos de feminilidade, como roupas e comportamentos, já que, até então, pouco se diferenciam na aparência as crianças de ambos os sexos, mas isso são conjecturas. Outra fonte, bem mais provável da alusão a essa idade, é o fato de que, à época dessas narrativas, os 7 anos eram a ocasião do fim da inocência infantil, o início de uma certa responsabilidade social.[4] Vemos também que é com a idade de 7 anos que Lisa está fadada a perder sua mãe.

De qualquer maneira, graças aos acontecimentos que se sucedem, é possível supor que as aventuras de Branca de Neve acontecem quando a heroína já é adolescente, portanto a criança amada e desejada já não existe mais mesmo, foi substituída por uma bela jovem. Um bebê tende a ser objeto de contemplação e fascínio por parte dos pais, que celebram a realização de seu desejo. Já a moça que esse bebê se tornou é objeto de desejo para um jovem príncipe, desbancando ambos de seu trono: o pai é substituído por ele, e a mãe é agora uma madrasta invejosa da beleza e da juventude da filha. É a partir desse ponto que a ação realmente começa.

A fim de livrar-se da incômoda presença da bela jovem, a madrasta incumbe a um caçador a serviço de sua corte que leve a enteada para a floresta, a mate e lhe traga seu fígado e pulmões como prova. O homem compadece-se das súplicas da menina, deixando-a partir, confiante de que as feras farão a tarefa por ele. Para simular que cumprira sua missão, mata um animal e leva suas vísceras para serem comidas pela invejosa mulher. A menina atravessa a floresta livre de toda a ameaça, ficando claro que o perigo morava em casa. Ao anoitecer, chega a uma cabana, onde tudo é pequeno. Uma mesa servida para sete, assim como sete caminhas e, nesse mundo em miniatura, se sente aconchegada. Ela come um pouquinho de cada prato e experimenta todas as camas, ficando adormecida na última delas. A cabana pertencia a sete anões mineiros que, ao anoitecer, retornam, encontrando a bela invasora. Ela lhes suplica que a deixem ficar e conta sua história. Sensibilizados, eles a aceitam, mas com a condição de que ela faça os serviços domésticos.

A partir desse momento, eles se cuidam mutuamente, por isso, ao sair, sempre alertam para que ela não permita a entrada de estranhos na casa. Enquanto isso, a madrasta é comunicada pelo espelho – que nunca mente – da sobrevivência e do paradeiro de Branca de Neve. Por três vezes, ela visita a jovem, a fim de livrar-se pessoalmente dela: na primeira, disfarçada de velha vendedora ambulante, lhe oferece um cadarço para seu corpete. Quando a moça aceita, ela o coloca na jovem, apertando-o até sufocá-la, mas ela foi salva pela providencial chegada dos anões. Da segunda, mais uma vez disfarçada, ela lhe oferece um pente envenenado. Assim que o pente toca os cabelos da moça, ela cai morta, mas mais uma vez os anões a salvam, retirando o objeto de sua cabeça. Por último, mediante o fracasso das tentativas anteriores, ela tenta a gula da jovem com uma bela maçã vermelha envenenada. Branca de Neve morde a maçã, cai como morta e dessa vez não há o que seus amigos possam fazer para reverter o fato.

Apesar de morta, a jovem parecia estar apenas adormecida, mantendo-se rosada como em vida. Por isso, os anões decidiram colocá-la em um féretro de vidro, onde pudesse ser contemplada por quem passasse, enquanto eles velavam e montavam guarda ao seu lado. Não demorou muito para que um jovem príncipe passasse por ali e ficasse fascinado com a sua beleza inerte. Tanto que pediu aos anões para que ela pudesse repousar em seu palácio, prometendo honrá-la como uma amada. Ao ser transportada, um tropeço dos lacaios balançou o caixão e, com o solavanco, soltou-se da garganta de Branca de Neve o pedaço de maçã envenenado que mantinha o sono enfeitiçado. Ao despertar da amada,

o príncipe declara seu amor e é aceito pela moça. Convidada à festa de casamento, a madrasta comparece, mesmo corroída pela inveja. Lá porém a espera o castigo: é obrigada a calçar sapatos em brasa e neles dançar até a morte.

Na versão Disney, Branca de Neve é despertada de um modo mais romântico e menos pudico, por um beijo, fruto dos novos tempos. Quanto à malvada, é eliminada pelos anões, que se encarregam de jogá-la do alto de uma montanha. Já que o filme lhes deu personalidades e papéis mais marcantes, não é de estranhar que a vingança também coubesse aos anões, assim como antes haviam se incumbido da segurança da princesa.

Espelho, espelho meu...

 morte precoce da rainha-mãe representa que o filho que nasce não fica com a cara da encomenda por muito tempo: assim que começa a crescer, passa a escolher sua própria carta de cores e matizes. Na versão dos irmãos Grimm, a rainha morre no parto, o que é bem correto, pois a criança que nasce não é nunca exatamente como se sonhou, afinal ela já chega ao mundo berrando, dando mostras de alguma insatisfação. Assim, quem morre no parto é esse ideal de que um filho será capaz de satisfazer plenamente o desejo da mãe.

Nos contos, a mãe má é representada ora por uma bruxa, ora por uma madrasta. Branca de Neve tem o azar de ter as duas, com um detalhe adicional: sua madrasta é bela, sua feiúra é interior. Na cultura medieval cristã, a beleza feminina se identificava ao maligno, à influência do demônio, o que vem a ser o coroamento de uma longa carreira de preconceito para com a mulher. Como os contos de fadas desde sempre foram dessacralizados, nunca foram muito afetados por essa visão cristã da beleza como um problema (como o esconderijo do diabo); a beleza era sempre um bom sinal, e a feiúra, o signo dos maus.

Nisso a madrasta de Branca de Neve é uma exceção,[5] mas convive com uma eterna insegurança a respeito de seus atrativos, não lhe bastava ser bela, sua formosura tinha de ser insuperável. A supremacia da beleza da madrasta é objeto de consulta constante a um espelho mágico, a quem ela pergunta:

Dize a pura verdade, dize, espelho meu: Há no mundo mulher mais bela do que eu?

A verdade é que a beleza só existe para um olhar, sem esse reconhecimento ela não faz sentido, por isso o espelho é o complemento necessário da imagem. O olhar no espelho traz sempre uma pergunta e uma resposta. Cada um o contempla tentando se ver "de fora", buscando decifrar o impacto de sua imagem nos olhos dos outros, interrogando como somos vistos.

Outra fonte de informação a respeito de quem somos é a comparação: é sempre melhor se podemos ser julgados mais lindos, inteligentes ou interessantes que este ou aquele que consideremos digno de admiração, imitação ou desafeto. Em suma, queremos superar alguém que, pelo direito ou pelo avesso, consideremos como parâmetro. Por isso, não basta o espelho responder que ela é bonita, ela tem de ser a mais bela de todas.

Nada mais útil então que um espelho capaz de emitir opinião, se assim fosse não gastaríamos tanto tempo nos perguntando como estamos parecendo. Porém, a melhor resposta ainda é ser amado. A admiração do ser amado, de quem normalmente exigimos que, como o espelho, diga alto e claro o quanto nos aprecia, é o melhor certificado de adequação a este olhar, pois significa que alguém viu, gostou e desejou aquilo que somos. Há moças que terminam nas mãos de um enamorado príncipe, mas nunca cessam de lhe perguntar se são amadas, ainda e de verdade, e não adianta que ele assegure que isso já foi dito mil vezes e que sua opinião não mudou. Não basta ser espelho, tem de falar.

O amante da madrasta é representado por esse espelho mágico, capaz de lhe responder a pergunta a contento. Aliás, ninguém faria uma pergunta dessas para ouvir que a mais bela é a outra, a resposta tem de ser previsível, é apenas uma busca de confirmação. O drama começa quando o espelho responde que a mais bela é a jovem. Até aqui a convivência era possível, o que fica insuportável é justamente a comparação das belezas.

Espelho e caçador, duas faces do pai

as que olhar é este que acaba com a paz no lar? O espelho mágico é um olhar pregado a uma parede no quarto da madrasta. Assim deveria ser o homem com quem ela se casou, ou seja, ter olhos só para sua mulher; entretanto, esse homem-espelho consegue ver também a beleza da princesa, sua filha. Um belo dia, o pai, que é também um homem, se dá conta de que sua menina cresceu e foi agraciada com os atrativos de uma jovem mulher. É uma constatação, mas é também o início de uma separação entre pai e filha, ele não mais contemplará sua nudez em vão. A intimidade que um pai podia ter com sua menina antes dessa visão agora é invadida por um constrangimento.

O espelho então enuncia que há uma jovem mulher na casa, sua própria mulher não é mais a única e está ficando para trás. Existem outras histórias centradas no caráter traumático para a jovem do momento em que se explicita esse olhar do pai, por exemplo, no conto *Bicho Peludo*.[6] É inegável que ele contribui para a impossibilidade de permanência no lar da Branca de Neve, mas aqui vamos centrar o enfoque na reação da mãe, ou melhor, madrasta. De qualquer forma, nessa família só há lugar para uma mulher ser desejada. À filha só resta a expulsão, partir em busca de seu próprio espelho, ou seja, de um amor.

Quando ela perde o lugar de única beldade, a fúria da madrasta dá início ao drama. A inveja é o divisor de águas, e ela age rápido: manda sem rodeios que um caçador mate Branca de Neve e traga suas vísceras, que pretende devorar temperadas com o sabor da vingança. A madrasta quer incorporar os atributos da jovem, comer seu pulmão, seu fígado, seu coração (o órgão varia conforme as versões). Comê-la é passar a ser ela, a incorporação[7] é a forma mais primária de identificação.

Nessa história, o personagem do pai é uma figura subordinada à madrasta, um olhar preso à parede do quarto. Mas por que ele não poderia ser também representado pelo caçador, como se fossem duas faces da mesma moeda? Afinal, ele se submete à madrasta, mas por outro lado a engana. Diferentemente desta, o caçador consegue ver a moça como uma menina frágil, tem pena dela e a salva da inveja assassina materna. Há uma cumplicidade entre o caçador e a jovem, que minimiza o poder da madrasta e permite a fuga. O mais importante é o fato de a mãe poder ser enganada, dela não ter controle total sobre esse homem. O pai é fraco, pode enganar, mas não reverter o quadro, por isso, não vale a pena ficar em casa por ele. Além disso, é indigno do amor da filha, livra-a da mãe, mas a deixa na floresta à mercê das feras. Nesse caso, o amor do pai é impotente no mundo externo, fica restrito aos muros da casa.

Os caçadores eram nobres na origem, afinal a caça era um atributo da aristocracia. As crianças de hoje não sabem desse aspecto histórico, mas eles seguem sendo figuras importantes, aparecem como protetores, pois caçar animais selvagens é enfrentar o que há de mais perigoso na floresta. Essa importância é visível na popular história de *Pedro e o Lobo*, em que o caçador aparece como modelo de identificação viril para os meninos, assim como na eterna *Chapeuzinho Vermelho*, em que a menina é retirada da barriga do lobo por um caçador.[8]

Por mais poderes que a bela madrasta tenha, ela não consegue controlar nem espelho, nem caçador. O olhar de um e os atos de outro a traem. O espelho está preso à parede, mas enxerga além do recinto, e o caçador só finge que obedece. Se a mãe fosse perfeita, se sua beleza hipnotizasse o pai, que mais ele quereria além de adorar e obedecer a sua amada? À filha só restaria a opção de tentar se mimetizar à mãe para tornar-se também objeto desse amor. É importante que a filha possa recolher elementos de identificação com a mãe.[9] Ser como ela em alguns aspectos, mas como ponto de partida, não de chegada. Perceber a limitação do modelo materno empurra ao trabalho de buscar referenciais e vivências que ampliam o horizonte da vida da filha.

É um caminho problemático para a filha quando ela sente uma admiração irrestrita pela mãe ou mesmo quando o amor de seu pai pela esposa é de uma paixão engolfante. Isso relega a moça a duas posições igualmente difíceis: pode tentar se igualar à mãe, perdendo o caminho de construção de sua própria pessoa, ou ainda se identificar com o pai, buscando amar uma mulher maravilhosa assim como a que ele ama. Na segunda escolha, ela encontrará numa solução homossexual a possibilidade de relacionar-se com a perfeição de sua mãe.[10]

Porém, para haver alguma existência individual, algo que possamos chamar de "eu", é preciso que saibamos nos diferenciar, particularizar uma forma de ser. Tentar ser igual é uma forma de morte, de anulação, pois, se formos iguais a alguém, seremos essa pessoa, portanto não existirá aquela forma específica que nos identifica. Para a filha, é necessário constatar que o desejo do pai transcende seu amor pela mãe, de forma a que esta não se cristalize como a única forma capaz de suscitar algum desejo.

A moça interroga para onde se dirige o olhar e o desejo paterno, esperando que o pai se interesse por algo além de sua esposa, inclusive que ele reserve algum espaço para perceber que a filha cresceu. Essa questão não é restrita ao campo amoroso ou erótico, a amplitude do desejo do pai pode ser representada por um gosto deste pelo seu trabalho, pelo jornal que lê com dedicação obsessiva, pelo esporte, amigos, leituras, programas de televisão – enfim, tudo o que lembra que ele não tem olhos apenas para sua mulher. O amor da mãe também tem de ser repartido entre o filho e o homem amado. O importante é essa variação, de modo que ninguém, nem filho, nem cônjuge, seja objeto absoluto, capaz de locupletar a mãe ou o pai. A criança interessa-se por aquilo que é importante para seus pais, porque, num primeiro momento está buscando lugar para si no amor deles, mas termina descobrindo um mundo mais vasto, pleno de opções amorosas, de realizações possíveis e variadas formas de realizar seus desejos.

A turma dos anões

ivrada da morte pelo caçador, Branca de Neve se vê sozinha, abandonada na floresta e sem ter para onde ir. Vaga por algum tempo até que o acaso a conduz para a casa dos anões da floresta. Quem são esses anões? Ora, o folclore europeu está cheio deles, são sempre criaturas da terra, ou melhor, das entranhas da terra. São mineradores incansáveis e detentores dos segredos e tesouros do interior das montanhas. Geralmente, são representados como adultos em miniatura, usam longas barbas, são avarentos e não muito amistosos. No nosso caso, se portam muito bem com a heroína e lhe dão casa e comida em troca de serviços domésticos. Ela ganha um lar onde pode ocupar um lugar feminino, mas não sexuado, ela é a dona de casa, mas não é mulher de ninguém, todos a querem e a cuidam, mas não há uma disputa sexual por ela. No filme da Disney, eles competem por sua atenção como um grupo de irmãos, estão enamorados dela, mas como crianças que querem um quinhão maior de sua atenção.

Nos contos de fadas, os anões geralmente estão numa posição onde desejam outras coisas que não o sexo. Eles querem riquezas e raramente cobiçam as princesas, pois estão fora desse domínio das lides sexuais. São como os mais velhos ou como as crianças, eles têm as barbas da velhice e o tamanho das crianças. Digamos que eles podem representar um território fora do exercício sexual (antes e depois), um lugar onde a Branca de Neve não precisa se preocupar com sua beleza. Nesse sentido, é o lar ideal para o momento.[11]

Temos observado que nos desenhos Disney é constante a presença de figuras infantis representadas pelos animais e, neste filme, também pelos anões (pois todos disputam os cuidados maternos da princesa). Essas figuras funcionam como ganchos de identificação mais diretos para as crianças. Essa inserção é sábia, pois a criança pode sonhar em ser a bela princesa ou o príncipe corajoso no futuro, sendo que no presente ela se permite, como os animaizinhos, participar da trama sem se projetar diretamente nesse desafio que só o tempo lhe designará. Trocando em miúdos, a menina, por exemplo, poderá sonhar com um dia ser a Cinderela, mas no momento se imaginará como um de seus ratinhos de estimação.

A narrativa dos Grimm frisa a importância da igualdade fraterna entre os anões. Por exemplo, o anão que foi desalojado de sua cama pela exausta Branca de Neve – quando ela chega na casa pela primeira vez –, dorme uma hora daquela noite na cama de cada um dos outros, para não sobrecarregar ninguém. Os objetos, as quantidades de comida, os móveis são absolutamente iguais, equanimemente divididos entre todos.

A menina Cachinhos de Ouro invade a casa de uma família, utiliza os objetos e, através deles, se interroga sobre os lugares de cada um num núcleo familiar. Branca de Neve, por sua vez, também invade uma casa, mas descobre nela como é um grupo de irmãos, ou de amigos que são em certos aspectos equivalentes. Não quer dizer que os anões sejam irmãos entre si, pois o relato não esclarece se são um grupo de trabalhadores ou uma família, mas o funcionamento do grupo é tipicamente fraterno.

Para os jovens, passar a maior parte do tempo em companhia de um grupo de pares, sua "turma", é uma das formas de proteção dos conflitos familiares gerados pela adolescência. A casa da família fica bem difícil de habitar quando os defeitos dos pais são tão chamativos aos olhos dos filhos e vice-versa. Ao mesmo tempo, desde uma posição menos valorizada, fica difícil o exercício de autoridade que os pais ainda necessitam fazer. A conseqüência disso é um ambiente tenso e potencialmente conflitivo, onde lugares hierárquicos são disputados, e pais e filhos passam se criticando, em discussões ou, no mínimo, em pensamentos.

Esses grupos fraternos costumam amparar as primeiras experiências amorosas e sexuais, e bem sabemos o quanto é difícil administrar o tema do amor e da amizade. É sempre constrangedor amar alguém do grupo, fala-se em perder a amizade e sempre que possível se ama alguém de fora, voltando para o grupo quando se está só, para se curar dos fracassos do amor e para tomar coragem para uma nova investida. Os anões, como os bons amigos, são todos da mesma geração, as desigualdades são muito sutis e o sexo fica excluído da relação. Por outro lado, como ocorre no grupo adolescente, Branca de Neve se prepara ali para transitar do olhar e do desejo do pai para o encontro com seu príncipe, e os anões são parteiros desse processo.

A mãe bruxa

 perversidade da madrasta de Branca de Neve e sua determinação inamovível de livrar-se da enteada obrigam-nos a tentar entender qual a origem de tanto ódio. Só as rivalidades femininas, o pânico de ser superada pela mais jovem seriam suficientes?

Acreditamos que aqui temos retratado mais os sentimentos da filha pela mãe do que o contrário. As meninas na primeira infância são tão amorosamente dedicadas às suas mães como os meninos. Porém, enquanto estes continuam amando alguém similar à mãe pelo resto da vida (desde, é claro, que sejam heterossexuais), elas terão de abrir mão dessa modalidade amorosa, para experimentar com o pai os rudimentos do que será seu objeto amoroso heterossexual no futuro. Dos caminhos e percalços deste enlace amoroso, nos ocuparemos no capítulo seguinte. Aqui pretendemos entender o que acontece quando esse primeiro amor das meninas com a mãe acaba.

Geralmente, esse primeiro amor com a mãe sucumbe em meio a um mar de queixas, acusações e mágoas. A menina desvincula-se da mãe acusando-a de tê-la abandonado, descuidado e preterido. Tem também queixas de que a mãe não a dotou dos atributos (fálicos, dirão os psicanalistas) de que ela precisava para ser valiosa e escolhida na sua preferência, por fim ainda acusa a mãe de ser ela própria castrada e desvalida, incapaz de dar-lhe o que ela necessita. Essas queixas se enlaçam às queixas relativas ao desmame, de ter recebido pouco leite ou por tempo insuficiente.

Muitas dessas ruminações são comuns a meninos e meninas, pois a mãe sempre deixa a desejar. Como vimos antes, é porque este amor materno não é absoluto, nem locupleta ninguém, que um filho sente necessidade de crescer, desejar além dos primeiros vínculos e partir. Mas entre as mulheres essa falta materna acaba sendo o combustível que faltava para que elas incinerem os restos de um amor que terá de sucumbir. Freud escreveu em 1932: "não conseguiremos entender as mulheres, a menos que valorizemos essa fase de vinculação pré-edipiana à mãe".[12] Situações como a rivalidade mortífera entre a madrasta e a enteada desse conto nos obrigam a concordar. Parece que há algo de raivoso nas relações entre a mãe e a filha, senão na prática, pelo menos nas fantasias de que essas histórias se incumbem de representar.

A menina funciona como a raposa da fábula que colocava todos os defeitos possíveis nas uvas que não conseguia alcançar e terminava concluindo que "as uvas estão verdes". Esse amor materno, que ela não levará consigo para sempre, que ela sente que está perdendo lugar, será desqualificado, criticado como as cobiçadas e inatingíveis uvas da raposa. O expediente para livrar-se da mãe é acusá-la de todo o rancor que a filha sente por esta que a está abandonando. Mais uma vez temos uma projeção, onde se atribui ao outro aquilo que sentimos.

A forma pela qual a bruxa vence Branca de Neve (parcialmente), através da maçã envenenada, diz respeito a essas queixas da filha, as quais podem ser encontradas nas associações livres das pacientes em análise: o medo de ser envenenada pela mãe, assim como os inúmeros distúrbios alimentares, como as anorexias nervosas, nos quais todo alimento envenena. A mãe é a primeira fonte de alimento e os assuntos do estômago sempre lhe serão de certa forma alusivos. Ser envenenada é também uma forma de lhe dizer que seu leite é ruim, que seu alimento não nutre, mata. Mais uma vez é a mágoa que dá o tom do texto da filha.

Por tudo isso, as mães farão papéis extremamente cruéis quando a heroína do conto for uma moça, serão finalmente derrotadas e cruelmente castigadas. Quanto aos pais, quando fazem suas maldades, sempre encontram algum tipo de conciliação ou perdão no final. Realmente, ser mãe é desdobrar fibra por fibra...

A maçã envenenada

 espelho tudo sabe e acaba revelando à bruxa que a beleza de Branca de Neve segue viva, assim como sua localização. A madrasta resolve que se algo tem de ser bem-feito tem de ser feito pessoalmente e parte para envenenar a princesa. Disfarçada de velha ou de camponesa, tira do seu arsenal de maldades um veneno poderoso que oferece a ela, sob a forma de uma maçã.

O disfarce de velha é uma sábia forma de enganar Branca de Neve, pois dos velhos pouco há para temer. Costumeiramente, os adolescentes encontram nos avós abrigo para os conflitos resultantes do narcisismo ferido dos pais. No velho, podem reencontrar o conforto daquele amor materno perdido, administrado por quem já se apaziguou relativo aos conflitos do sexo. A camponesa seria uma mulher sem os atrativos de uma nobre, tosca e voltada para o trabalho, portanto fora do circuito da sedução.

Quando pedimos para crianças fazerem desenhos de árvores, qualquer que seja, é incrível a recorrência da macieira, que parece ser um arquétipo de árvore. A maçã ficou, dentro da nossa tradição, inseparável do mito de Adão e Eva, como símbolo de desejo proibido. É morder essa maçã que altera o destino de Branca de Neve, morre uma menina e nasce uma mulher, o veneno é a sexualidade. Porém até aquele momento, a jovem se mostra totalmente casta. A madrasta leva até ela a primeira tentação, sob a forma, é claro, do fruto proibido mais conhecido da tradição ocidental.

Fica a questão do que a feiticeira foi fazer lá, pois a jovem já não perturbava seu reinado, escondida no fundo da floresta, brincando de mamãe junto com a turma dos anões. Porém, uma vez que o espelho lembrou que sua beleza ainda conta, à mulher mais velha coube fazer o resgate.

A cena não é incomum no cotidiano de mães e filhas. Na maior parte das vezes, a vida erótica da jovem é bem maior na fantasia de sua mãe do que na prática da vida da filha. A mãe supõe acontecimentos que a jovem nem sequer ousa pensar, quanto mais dizer. Em determinada etapa do início da adolescência, a mãe passa antecipando em seus pensamentos a principiante sexualidade que sua jovem filha ainda não sente condições de exercer. É isso que a bruxa foi fazer na casa dos anões, na história vai para matá-la, na prática se trata de fazê-la despertar para o desejo sexual, para a tentação. Tanto é assim que é sob os efeitos da maçã que a beleza de Branca de Neve se expõe, tornando-se disponível para o olhar do príncipe. Assim, a mãe é importante fonte de identificações, nas quais a filha bebe a ciência dos atrativos femininos, afinal, ela lhe possibilita afinar a cintura, a fazer penteados diferentes e a se mostrar disponível para ser amada. Mas a história lembra que esse ensino também é acompanhado de rivalidade e de inveja pela mulher mais velha. Talvez essa seja a origem da agressividade latente e da rivalidade sutil que permanece na relação das mulheres entre si, independentemente da idade e do tipo de vínculo.

É importante a ressalva de que, ao associar essas questões da gênese da identidade feminina à história da Branca de Neve, jamais nos ocorreu que houvesse qualquer intencionalidade no sentido da representação desses dramas num conto de fadas. As origens da preservação dessa trama se devem a múltiplos fatores, dos quais apenas podemos aqui conjecturar algumas facilitações, ou seja, uma possibilidade de comparação com certas ocorrências psicológicas constatáveis na nossa subjetividade contemporânea. Nesses casos, permitimo-nos certo tipo de livre associação, aproveitando a ocasião para revelar a trama que se pode associar a alguns aspectos do conto.

Em seu sono letárgico, Branca de Neve seduz passivamente. O fato de permanecer corada é a marca do feitiço, é o que mostra que ela não está morta, quando as cores da vida abandonam o corpo. Tão viva ela está, que sua imagem seduz o príncipe, sobre quem não temos motivos para pensar que seja um profanador de cadáveres, um necrófilo. Ele é apenas mais um homem que se apaixona pela imagem de passividade da mulher. Branca de Neve em seu esquife de cristal é a imagem de uma mulher entregue ao desejo de seu príncipe.

Estar corada é uma expressão da vivacidade do desejo, que nos *esquenta* quando ruborizamos. A cor vermelha também costuma tingir as faces dos adolescentes, quando são vistos, mencionados ou abordados por alguém que lhes interessa ou consideram. Portanto, essa *morte* de Branca de Neve mais expressa a possibilidade de ser vista do que um sono propriamente dito. O feitiço da madrasta torna possível que sua beleza possa ser exibida e desejada, disponível para o amor na sua urna transparente.

Essa maldade que sai pela culatra não é uma contradição do conto, é apenas uma prova de que para uma jovem a inveja de sua mãe não é necessariamente nociva. Essa inveja é um móvel importante de confirmação de suas qualidades femininas, uma espécie de fermento que permite a expansão de seus encantos. Além disso, deve ficar bem claro que a jovem a ser invejada está em posição bem diversa da menininha que a mãe enfeitava para sua própria glória. A criança rosada, arrumada com babados e fitas, deve ser envenenada, deve morrer, para que fique claro que agora só restou a jovem cujos atributos não se endereçam à mãe, mas sim a um príncipe encantado de amor pela sua imagem.

Enfim, convém ressaltar a ligação dessa princesa com as cores, desde as características com as quais deveria nascer, até as que conservou em seu sono enfeitiçado. Tanto uma como a outra são as cores com as quais a mãe a pintou, as primeiras do desejo da rainha boa, as segundas as da inveja da madrasta. Seja pelo direito ou pelo inverso, temos o fato de que o amor materno será sempre uma espécie de matriz que definirá a carta de cores dos amores que o sucederão.

Bela, porque adormecida

 história deste conto tem, resumidamente e até onde a prospecção histórica alcança, três momentos. Começa em Giambattista Basile, com o nome de *Sol, Lua e Tália*[13] (1634); encontra outra versão consagrada em *A Bela Adormecida do Bosque*,[14] de Perrault (1697); e assume a forma pela qual a conhecemos hoje em *A Bela Adormecida*[15] (1812), dos irmãos Grimm. Em 1959, os estúdios Disney produziram sua versão em desenho animado.

Na história de Basile, Tália é uma princesa que nasce com a mesma recepção festiva de suas similares. Preocupado com seu destino, o rei manda consultar astrólogos e magos, que se reúnem para lhe dar uma triste notícia: sua filha morrerá sob o efeito de uma lasca de linho. O rei manda retirar de seu palácio tudo o que representasse risco para sua preciosa filha. Em certa ocasião, porém, ela vê uma mulher fiando, interessa-se pela atividade e pede para experimentar. É nessa ocasião que uma lasca presa ao linho entra sob sua unha, e ela cai morta. Desconsolado, o rei a veste suntuosamente, coloca-a num trono de veludo e a deixa num de seus castelos no campo, que manda fechar, como um grande monumento funerário. Certo dia, outro rei que caçava por ali perdeu um de seus falcões, que foi visto entrando no castelo. À procura da ave, ele entrou no castelo abandonado. Quando chega à sala do trono, se depara com a bela princesa desacordada e começa a gritar para despertá-la. Mesmo que ela não reaja aos chamados, ele se enche de desejo pela jovem, leva-a para um leito e a possui. Ao sair do castelo, envolve-se em seus assuntos, esquecendo-se da amante adormecida.

Nove meses depois, Tália dá à luz a um casal de gêmeos, que, auxiliados por duas fadas, são colocados para mamar em seus seios. Certo dia, buscando os mamilos da mãe, os bebês começam a lhe sugar os dedos, possibilitando que a farpa saia de sua unha e ela acorde. Tália desperta e encontra suas duas pequenas jóias, que chama de Sol e Lua, porém ainda não compreende o que lhe ocorreu. O castelo é um palácio encantado, ela e seus filhos têm tudo de que precisam, mas nunca encontram ninguém. Quando o rei finalmente se lembra de Tália, comunica que sairá para caçar e volta a seu castelo. Feliz em vê-la desperta, se prolonga junto dela por muitos dias, enamorado dela e de seus dois belos filhos. Conta-lhe tudo o que aconteceu e promete que encontrará forma de levá-los para seu reino.

O rei está tão enamorado que em sonhos constantemente chama seus nomes, o que motiva sua esposa a investigar quem são, desconfiando que esta seja a razão da longa permanência do rei na floresta. Quando descobre o segredo de seu marido, pensa numa maneira de se vingar e se livrar dessa incômoda rival. Por intermédio de um secretário do rei, ela envia para Tália uma suposta missiva do soberano, solicitando-lhe que confie Sol e Lua a esse homem, que os levará para junto do pai, pois ele sentia falta e queria vê-los. Era uma grande cilada montada pela esposa ciumenta, que pretendia servir os filhos de seu marido como iguarias para o próprio pai. As crianças salvam-se graças ao cozinheiro, que pratica a tradicional substituição de crianças por caça escondendo-as em sua casa. Enganada, a malvada diverte-se, acreditando que está enganando seu marido. Passado um tempo, ela manda buscar Tália, que obedece prontamente, pensando tratar-se de um chamado do rei. Para a rival, a rainha tinha preparado uma fogueira, mas Tália se põe a gritar, e o rei chega a tempo de alimentar as chamas com a perversa mulher e o secretário traidor. Saindo de cena a rainha, Tália se torna a nova esposa do rei, e este é o final feliz. Neste conto, a ênfase está mais na relação de Tália com o futuro marido que naquilo que a adormece.

Já *A Bela Adormecida do Bosque,* de Perrault, dá contornos mais precisos para o nascimento da heroína, assim como compartilha com o conto de Basile da segunda parte. Como escrevia para a Corte, o francês deu um lustro moral a essa história, que, convenhamos, é bem picante. Aqui a perseguidora da Bela Adormecida não é a esposa traída, mas sim a sogra. Porém, não acreditamos que as transformações produzidas por Perrault visavam apenas à maquiagem moralista da história. Na verdade ele combinou outros elementos dessas inúmeras partes, semelhantes em tantas histórias, que se articulam para formar os diferentes contos de fadas.

Em Perrault, a menina foi muito desejada por seus pais, tanto que quando chegou foi motivo de grandes comemorações. Numa das festas, no entanto, acontece a maldição. As fadas foram convidadas para o batizado, recebendo cada uma talheres de ouro do rei; elas, por sua vez, ofereceram à criança dons, como a beleza, a bondade e a graça. Mas a corte esqueceu de convidar uma fada, tão velha e isolada que inclusive a julgavam morta. Mesmo assim ela foi ao evento, mas sente que não foi bem recebida, por isso amaldiçoa a menina, para que morra quando tocar num fuso. Por sorte, uma jovem fada ainda não oferecera à princesinha seu dom e usou então sua magia para amenizar a maldição: graças a ela a morte se transformou num século de sono.

O rei manda queimar as rocas do reino. Mesmo assim, 15 anos depois, ela encontra uma velha (que não sabia da proibição) fiando linho numa torre do castelo. A menina pergunta, toda a curiosa, o que era aquilo e pede para experimentar o instrumento que para ela era novidade. Mal pegou o fuso, feriu-se e caiu num sono centenário. Quando ficam sabendo da tragédia, as fadas encantam o castelo para que todos, menos os pais, durmam junto com a princesa. Magicamente, a vegetação em volta faz uma cerca de espinhos, que ninguém consegue ultrapassar.

Ao fim de cem anos, um príncipe que foi caçar por aqueles lados encontrou o castelo. Sobre este castelo havia uma lenda de que era habitado por uma beldade adormecida, para cujo resgate estava destinado um príncipe. Entrando no castelo sem encontrar nenhum obstáculo, pois a vegetação espinhosa se afastava só para ele e se fechava em suas costas, encontrou a princesa. Enquanto ele a contemplava pasmo com sua beleza, ela despertou, pois havia chegado o fim de seu encantamento. Como a atração é recíproca, eles começam um romance. Esse caso de amor fica clandestino por dois anos, o tempo necessário para que nasçam um casal de filhos, chamados de Aurora e Dia. Quando o pai do príncipe morre, ele herda o trono e assume publicamente o relacionamento, para que não lhe fosse exigido casar novamente.

Tempos depois, surge uma guerra, o rei é obrigado a partir, deixando o reino e a esposa aos cuidados de sua mãe. Infelizmente, a sogra de Bela Adormecida era descendente de uma linhagem de ogros e quer comer os netos. Ela ordena matá-los, mas o criado incumbido da tarefa lhes poupa a vida, oferece carne de caça para a avó canibal e os oculta em sua casa. Não contente, ainda manda preparar um prato com a carne da nora, que é salva da mesma forma que seus filhos. Felizmente, as tantas artimanhas para enganá-la vão dando certo; no final, o marido volta, e a mãe malvada, surpreendida em sua vileza, se atira num poço de víboras onde encontra seu fim.

Os irmãos Grimm nos legaram *A Bela Adormecida* que hoje é a versão mais conhecida dessa trama. A ênfase está na relação com os pais, o desejo de ter a filha, sua posterior maldição e seu despertar. As aventuras que ocorrem após o despertar da jovem, simplesmente inexistem nesse relato. No conto, a seqüência é conhecida por todos nós: um casal real espera ansiosamente para ter um herdeiro, um dia uma rã aparece durante o banho da rainha e lhe anuncia que ela terá uma filha. Dito e feito, nasce uma bela menina. Os reis dão uma grande festa de batizado e convidam também as fadas. Como o rei não tinha pratos de ouro para todas (só tinha 12), uma ficou de fora. Essa fada excluída, a décima terceira, chega à festa mesmo sem ser convidada e, na sua fúria, amaldiçoa a menina para que não viva mais que 15 anos. Ao chegar a essa idade, ela estaria condenada a espetar o dedo num fuso e morrer. Por sorte, uma das fadas não havia dado o seu dom e converteu a morte em um sono que imobilizaria a princesa por cem anos.

Nessa versão, todo o castelo, incluindo seus pais, adormece junto com a princesa e começa a crescer uma cerca de espinheiros ao redor do castelo, que o cobre inteiramente. Cria-se uma lenda no local que no tal castelo encantado vivia a Bela Adormecida. E, desde então, assim ficou sendo chamada. Muitos príncipes tentaram chegar ao castelo, mas acabavam desistindo de atravessar o espesso espinheiro. Alguns que insistiram acabaram morrendo. Quando o prazo estava para acabar, surge um príncipe que não tem medo de atravessar a cerca de espinhos. Na verdade, não precisa fazer grandes esforços, ele é de certa forma escolhido, pois ao chegar perto do espinheiro, este se abre em flores e o deixa facilmente passar. Encontrando a beldade que lhe tinha sido predestinada, ele fica subitamente apaixonado e a beija. Após o beijo todo o reino desperta, e eles se casam e vivem felizes até o fim de seus dias.

O desenho dos Estúdios Disney traz-nos uma Bela Adormecida já num viés romântico, pois a livra dessa passividade absoluta. Aqui os dois apaixonados se escolhem antes que ela sucumba ao feitiço. Nessa versão, ela fica escondida, aos cuidados das boas fadas, numa cabana na floresta até os 15 anos para estar a salvo das maldades da bruxa. Desde o começo, a malvada é uma bruxa e não uma fada – uma velha senhora que havia sido prudentemente excluída da festa, pois dela não se esperava nada de bom. Durante seu tempo de esconderijo na floresta, a princesa encontra, por acaso, o príncipe; os dois jovens, sem saber que já estavam prometidos entre si pelas suas famílias, se apaixonam. Quando vão ter de cumprir o desígnio dos pais, já se apropriaram do desejo deles, e então o final é feliz, pois tudo é conciliado.

Mas Disney opera algumas mudanças importantes: o enredo ganha ares de Rapunzel, pois a bruxa tranca a Bela Adormecida num castelo inacessível, os espinheiros estão a seu comando, e ela mesma vira

um dragão que impede a passagem do príncipe. Agora o príncipe não encontra um caminho livre, ele tem de vencer os espinheiros e matar o dragão, com uma espada mágica fornecida pelas fadas, para chegar à princesa e desencantá-la junto com seu reino. Embora a salvação esteja na força e na determinação do homem que escolheu essa princesa, ela já o havia explicitamente escolhido também. Esse desenho animado não exime os heróis dos desígnios do destino, de serem joguetes na luta do bem contra o mal, mas se empenha em ressaltar sua capacidade de determinação, tanto na escolha amorosa dos jovens quanto na capacidade de luta do príncipe.

Uma passividade absoluta

as princesas dos contos de fadas, a Bela Adormecida é a mais passiva, a começar por seu nome. Sua característica principal é a beleza inerte, objeto de cuidado e de contemplação por parte da Corte e do seu príncipe, que vem a conhecê-la no sono enfeitiçado. Ela compartilha dessa sedução passiva com a Branca de Neve e com Tália, que cativam seus príncipes nesse estado de *mortas*. A Bela Adormecida tem como *túmulo* o seu palácio enfeitiçado, o príncipe chega até ela deparando-se com os criados adormecidos, surpreendidos pelo sono mortífero que os condenou a só despertar junto com a princesa. Dessa forma, não só a mulher espera imóvel, como seu mundo aguarda um novo amo para voltar a girar. A entrega da Bela Adormecida é completa, nenhuma princesa oferece tanta passividade a um homem como ela.

Apreciamos os amados em geral dormindo, não há mãe que não tenha ataques de ternura ao ver seus anjinhos adormecidos. É extremamente sedutora a visão dos rostos corados, os lábios entreabertos, a respiração tranqüila dos seres entregues ao sono, sem controle sobre seus corpos, inconscientes da força dessa presença apaixonada que os possui com os olhos. O filho e o ser amado adormecidos são perfeitos, são possessões inermes, desarmadas, à mercê da nossa idealização.

No amor, a mulher parece se colocar sempre o dilema de que será bela enquanto se fingir de morta. Ela própria tende a narrar, para si e para os outros, uma situação amorosa dando ênfase no impacto que produziu no outro, no desejo que suscitou, mais que daquele sentido por ela. Embora as mulheres modernas possam incluir seu desejo no relato do desenlace de uma cena de amor, ou seja, dirão se sentiram interesse ou não, a movimentação dos atores tenderá a que ela seduza e ele conquiste. Mesmo que esses papéis amorosos sucumbam ao grande questionamento que vêm sofrendo nos últimos anos, a questão da passividade e da atividade conserva sua atualidade.

A passividade não se define pela ausência de ação. Uma atitude silenciosa pode ser extremamente ativa, basta, por exemplo, silenciar sobre algo em que o interlocutor deseja muito uma resposta, para perceber quanta atividade pode haver numa ausência de palavras ou atos. Se alguém diz ao outro que o ama e este se cala, gerando dor e angústia no primeiro, temos uma situação em que ambos foram ativos. A passividade depende de que alguém se envolva em um evento sem se sentir necessariamente sua causa. Ou seja, significa sofrer em sua pessoa ações ou desejos que não antecipou, que não supôs que pudessem ocorrer.[16] Nesse sentido, Bela Adormecida foi realmente passiva, ocupou a posição paradigmática da feminilidade tradicional, aquela que conduzida pelo pai é entregue nos braços do marido na cerimônia de casamento. O simbolismo desse gesto é como o de um objeto, que passa de mão em mão, sem ter um querer que defina sua trajetória.

Não há mulher que possa ou queira plenamente se instalar nesse lugar passivo. Antes de se deitar no *esquife*, cuidará dos detalhes do cenário, acompanhando com o canto do olho cada movimento do príncipe. Mas essa história dá conta de um resto infantil que se imiscui na gênese da sexualidade feminina: a importância de ser desejada pelo pai. Não há melhor resposta para o desejo de ser desejado que o fato de ser escolhido quando não tínhamos intenção de seduzir. As histórias de amor mais românticas trazem seguidamente relatos em que uma mulher é surpreendida pelo desejo de um homem quando estava ocupada com outra coisa, distraída em seu cotidiano nada sedutor. Nada, então, confirmará mais que somos interessantes para um outro do que sermos fisgados pelo interesse deste antes que qualquer reciprocidade se esboçasse. Assim, uma menina gostaria de perceber o impacto de seus encantos sobre o pai sem que tivesse de passar pelo constrangimento de seduzi-lo, ou de entrar em qualquer disputa com a bruxa da sua mãe. Dessa forma, a passividade passa a fazer parte da cena erótica humana, mais enquanto uma fantasia que uma posição propriamente dita. É também enquanto fantasia que a passividade assumiu lugar privilegiado na erótica feminina, traduzindo-se num intenso desejo de ser desejada, arrebatada e possuída sem ter de fazer nada para provocar a cena.

Existe uma passagem que pode dar uma idéia do quanto essa passividade tem de ativa. Numa das versões dos irmãos Grimm, a Bela Adormecida é chamada de Rosa das Urzes, em referência às flores do espesso espinheiro. Tanto nos Grimm quanto em Perrault, esse espinheiro impedia a passagem de muitos interessados, mas quando chegou o escolhido, ele se abre com facilidade. Aquilo que espinhara tantos e que impedia o acesso à princesa, agora se acha aberto como um corredor. É difícil não pensar tais espinhos como uma proteção da princesa que se escondia ao toque e ao olhar, as descrições enfatizam que a cerca cobria todo o castelo. Ou seja, só quando ela quiser, o caminho estará franqueado para que o outro o faça *ativamente*. Portanto, é ativa na decisão de abrir o flanco, deixar-se penetrar.

Como existem tantas histórias que alertam sobre os perigos oriundos dos poderes exercidos pelas mulheres, que aliam sua força à sabedoria e às frustrações da maturidade, não surpreende que os príncipes fiquem seduzidos por aquelas que são belas e estão inativas, indefesas. Veremos adiante o quanto Cinderela é diferente dessas princesas. Ela luta para ir ao baile, invoca com seu sofrimento o feitiço que a embeleza, encomenda o vestido, assim como entra e sai de cena mostrando que a sedução é feita de revelar e ocultar alternadamente.

O sangue necessário

 reviravolta da história é feita, como é comum nesse tipo de relato, por alguma transgressão: a Bela Adormecida se pica porque não devia tocar o fuso. Por mais que a proibição tenha tido o objetivo de protegê-la, assim como a imposta à Branca de Neve, de não abrir a porta para estranhos, trata-se de alguma forma de uma ordem que não é obedecida. Essas mocinhas se submetem ao perigo porque são desobedientes. Elas fazem o que não devem, mas uma maldição anterior é a origem da interdição, e é nisso que devemos nos centrar para deslindar a história. A maldição prescreve algo que o futuro não poderá evitar, como crescer, amar e partir.

Uma fada, uma bruxa ou genericamente uma mulher má, não quer que a princesa viva mais de quinze anos. Ao completar essa idade, espetará o dedo em uma roca, sangrará e morrerá. Aqui, mas de uma forma bem disfarçada, a história se aproxima da de Branca de Neve. É uma substituta malévola da mãe, movida pela força do ódio por não ter um lugar reconhecido, por ter sido esquecida, que rogará uma praga contra a transformação de Bela Adormecida em mulher.

Na época em que esses contos faziam parte da tradição oral, acreditava-se mais na eficácia mágica das palavras. Rogar uma praga era realmente um perigo e, caso alguém proferisse uma maldição, o objeto da ofensa estava fatidicamente exposto e necessitava de um contra feitiço. Nós nos afastamos desse funcionamento, mas seguimos acreditando inconscientemente que, se alguém nos quer mal, isso pode, de alguma maneira, nos afetar. As pragas e o mau-olhado ainda fazem as suas vítimas. Vindo então de uma fada, os pais de Bela Adormecida tinham todos os motivos para se alarmar com a maldição.

A roca era um objeto absolutamente indispensável do cotidiano das mulheres; depois de cozinhar, tecer era a ocupação feminina por excelência. Vários são os contos em que até mesmo os reis escolhem por esposas boas fiandeiras.[17] As mulheres foram as primeiras artesãs, inicialmente da cerâmica e depois da tecelagem; dominar esse ofício era próprio da condição feminina. O fato é que o rei não quer saber de nada que tenha a ver com fiação e tenta proteger sua filha do inevitável, queimando todas as rocas do reino. Mas o destino nesses contos sempre confirma sua força: uma única roca esquecida numa remota torre qualquer é suficiente, a menina a encontra e, maravilhada, aproxima-se do fuso, cumprindo-se a previsão. A princesa cai num sono profundo.

Antes de tudo, este é um conto sobre a inexorabilidade do destino. Existe uma fatalidade que vai acontecer sejam quais forem as precauções tomadas. Mas, antes de pensar em pessimismo fatalista, convém conjecturar a respeito do que é mesmo o inevitável. É inevitável sangrar. Ser mulher é conviver com sangramentos incontornáveis: o primeiro é a menarca, seguida das regras mensais; e o segundo, para as que começam a ter vida sexual, é o decorrente do rompimento do hímen. O ato desesperado dos pais da Bela Adormecida pode ser visto como uma tentativa de evitar a menarca, ou melhor, todo esse derramamento de sangue que lhes arrebatará a criança e fará dela uma mulher. A menarca marca, designa o fim de uma era onde a mãe é a mais bela entre as mulheres, e o pai é soberano no coração da filha, não há pais que abram mão dessa admiração de bom grado. A mulher que surge dessas gotas de sangue dedicará seus encantos ao príncipe que virá arrancá-la de dentro do reino do pai.

As gotas de sangue derramadas na roca dão início ao efeito de um feitiço que representa a irreversibilidade das transformações próprias da puberdade. Não se determina o crescimento dos seios, dos pêlos pubianos, o início das regras. Rebeldes ao livre-arbítrio, eles escolhem a hora e a forma de se instalar no corpo da menina. Ela poderá, no futuro, usar esses atributos para sedução, mas esse momento não chega junto. No início, essas novidades são secretas e incômodas possessões podem ser vividas como certa *maldição*.[18]

Convém lembrar que a boa rainha que concebe Branca de Neve o faz a partir da contemplação de três gotas de sangue derramadas na neve quando picou o dedo com uma agulha de costura. A jovem mulher que devaneia com um bebê, que um dia a fará feliz, é a continuação dessa história da menina que cresce e, às custas de sangue, se torna mulher. Afinal, haverá recompensas pelo sangue derramado: o príncipe e o filho sonhado.

Outro viés interpretativo pode ser tomado: se a questão é evitar o crescimento e a sexualidade, que lugar é esse onde não se pode colocar o dedo? Essa proibição pode evocar outra, bem similar, dessa vez dirigida à atividade de colocar o dedo num lugar proibido, a masturbação. Afinal, essa é uma prática que a levará a pensar em coisas bem longe dos pais, isolando-se em busca de prazeres que os transcendem. Desde Tália, é sempre o dedo, algo que não deve tocar ou ser tocado sob pena de paralisar a heroína. Por isso, é bem possível que esse dedo seja o mesmo utilizado para a exploração sexual pelas meninas. A roca aqui volta a ser um signo mais amplo, é também uma atividade solitária, manual, que imprime na máquina uma certa agitação rítmica, o que pode também sugerir um paralelo simbólico com a atividade masturbatória.

A morte necessária

os ritos de passagem, em várias tradições, existe uma repetição facilmente constatável: a passagem da existência anterior para a que se terá pós-ritual. A vida depois do rito de passagem é separada da anterior por uma morte simbólica e, não em poucas tradições, os neófitos até ganham um novo nome, pois se trata mesmo de uma nova existência. Como são sociedades com menos degraus etários que a nossa, morre a criança para emergir o adulto, sem fases intermediárias. O que entendemos por adolescência, numa sociedade ritualizada, pode se resumir a uma noite na floresta, a alguma mutilação ou prova que se tenha de cumprir. Quando existe um ritual, não há nuances, o antes e o depois não deixam lugar a dúvidas. Antes da cerimônia o sujeito era criança, depois é adulto e ponto, vai responder pelos seus atos de outra maneira, vai ter outro estatuto social e sexual, vai estar pronto para o que quer que seja considerada a vida adulta.

A partir da sociedade moderna, ficou estabelecido que, entre a infância e a vida adulta, haverá o período cada vez mais prolongado da adolescência. Essa é a época de um grande sono, em que os sujeitos estão vivos, mas ausentes do mundo ao qual pertenciam, sendo que ainda não despertaram no tempo que será seu próprio futuro. Esses belos adormecidos provavelmente têm contribuído para a preservação das histórias de princesas adormecidas, já que elas seguem existindo, agora com novos significados. Atualmente, a adolescência é a época de ser o que todos cobiçam: jovem, belo e com todas as possibilidades em aberto. Para nossa sociedade, o jovem parece ter o mundo a seus pés.[19] Mesmo assim, é válida a metáfora de tal período como um sono. O adolescente parece adormecido para o mundo dos adultos, mas ele não está nada parado: em seu retiro, seja o quarto, o grupo ou o hobby, praticará frenética e entusiasticamente qualquer coisa que o engate, se entregará ao amor como nunca, dedicará a seus amigos mais tempo do que nunca, odiará ferozmente a todos os que dele discordam. Portanto, fica estranho dizer que essas criaturas dormem.

O longo sono da Bela Adormecida, esse retiro da vida pública, garante que ela de alguma forma morra para sua família e renasça para o exercício da sexualidade, num tempo diferente daquele vivido por seus pais. É interessante lembrar que as duas versões clássicas, de Perrault e dos irmãos Grimm, apresentam diferenças importantes relativas a esse tema da morte e do renascimento.

Na narrativa de Perrault, a jovem é deixada em seu adormecido castelo em companhia da criadagem, enquanto seus pais, tristes pela perda, partem para viver seu tempo, cuidar da vida e do reino. Quando ela desperta, a época é outra, seus pais não existem mais, o rei do lugar mudou e não pertence à sua família. A história prossegue além do despertar da princesa: ela casa com seu príncipe e tem dois filhos, ficando essa relação por dois anos na clandestinidade.

Escrita mais de um século depois, a versão dos irmãos Grimm, que foi utilizada pelos Estúdios Disney, conta que os pais adormecem com a filha e despertam com ela para o casamento e a felicidade eterna. A história de Perrault dá mais espaço para interpretações e seria interessante pensar por que permaneceu a versão resumida.

A tendência natural é que pais e filhos vivam tempos diferentes. Os filhos nunca compreenderão como era o ambiente que abrigou a infância e a adolescência dos pais; e estes, por sua vez, em muitos casos pouco saberão do tempo de maturidade dos filhos, afetados pelas limitações da velhice ou varridos de suas vidas pela morte. Como na história de Perrault, não há concomitância na vida de pais e filhos, há alternância, substituição. De alguma forma, pais e filhos se perdem mutuamente, habitam tempos distintos. Quando uns acordam, outros já partiram. Normalmente, o filho lembra do que gostaria de ter dito, ou perguntado aos pais, apenas depois que estes já se foram. A comunicação entre pais e filhos sempre padece desse desencontro temporal.

Além disso, é ilusório pensar que os pais entregam de bom grado seu filho à vida amorosa, abrindo mão daquele que nasceu como seu objeto de desejo. As anedotas sobre os sogros, principalmente sobre a sogra, são esclarecedoras. Uma vez assumida publicamente uma relação, ainda há que separar o consorte de seus pais, em geral de forma traumática.

A perenidade da versão resumida, na qual os pais despertam com a filha, não ficando claro que o tempo de maturidade dos jovens coincide com o de declínio dos mais velhos, diz respeito à instalação do envelhecimento como um tema tabu. O permanente elogio dos encantos da adolescência na sociedade contemporânea (que preservou a versão dos irmãos Grimm) torna-nos um coletivo sedento de água da fonte da juventude. Face ao declínio da fé na vida eterna e à valorização da vida de cada indivíduo, o prazo de uma existência se revela curto para atingir a felicidade e o sucesso necessários. Não há ser humano que não queira prorrogação.

Fechar a porta do castelo e pensar que os pais não estarão mais lá por ocasião do despertar da filha é uma cena insuportável para os contemporâneos. Hoje queremos viver todas as fases com o maior grau de juventude possível, leia-se, com isso, com o maior grau de distância da morte possível. Para os filhos também é assustadora a idéia de acordar quando seus pais já morreram, é melhor crer que eles seguirão protegendo por prazo indefinido.

Os estudos de história social têm nos oferecido testemunhos de um crescimento da importância da família nuclear para os indivíduos. Outrora o despertar junto com a criadagem do castelo, garantindo seu lugar social, era uma referência identitária suficiente, hoje não há lugar social garantido para ninguém, todos os referenciais de identidade são relativos e pouco duráveis. Nesse contexto, a importância dos familiares na condição de testemunhas, capazes de reconhecer o indivíduo como sendo ele mesmo, apesar de suas transformações, é necessária. Os pais devem sobreviver à transformação da criança em adulto. Isso, porém, não invalida que algum tipo de morte simbólica ocorra nessa transição.

O sono necessário

 conto, na versão de Perrault, tem dois momentos de adormecimento, de latência. O primeiro deles é o sono da Bela, quando cem anos a separam da criança que foi um dia. O segundo é o período de dois anos em que a jovem e seu príncipe mantêm o casamento em segredo. O fato de a relação ficar abrigada, oculta no castelo já desperto, mas adormecido para o mundo, estende a ela os benefícios do sono. A moça acordou para o amor e para o sexo, mas para o mundo é como se ela ainda dormisse, pois ninguém sabe deles, representando um segundo tipo de latência.

O primeiro período de cem anos de adormecimento é a parte essencial desse conto, que não se perde em nenhuma versão. Esse século de sono simboliza aquele distanciamento que separa em dois tempos a vida de pais e filhos. Em sua separação, imposta pelo crescimento, é inevitável a morte do que fomos uns para os outros.

Quando se é adulto, os pais podem ser acolhedores, na melhor das hipóteses, mas já não podem vencer as batalhas pelos filhos como faziam quando eles eram pequenos. Ao filho cabe enterrar a grandeza e o heroísmo que, quando criança, supunha nos progenitores. Os filhos podem até ainda freqüentar os pais, mas possuem um mundo próprio, que transcende de tal maneira a família de origem, que estes não conseguem compreender toda a dimensão do que se passa na vida dos mais jovens. As vivências em comum escasseiam-se, mudam no filho os referenciais com que ele interpreta o mundo. Muitas de suas condutas e crenças serão pautadas por identificações e experiências colhidas e ocorridas fora da vida familiar.

É possível que um clima de amizade e a vivacidade dos pais na maturidade contribuam para minimizar essa

distância, mas de alguma forma ela aparecerá. A grande exceção para esse afastamento ocorre quando há netos pequenos, quando o compartilhamento dos cuidados com eles, assim como a constante evocação das lembranças infantis, produz uma renovada familiaridade. Porém, mais uma vez, é por um período. Por mais amoroso que seja um vínculo familiar, quando o filho começa a amar, se instala um estranhamento com seus pais. Quando isso ocorre, os pais não se reconhecem mais nos filhos e, não raro, acusam o parceiro amoroso deste pelas modificações. Temos aqui a morte do filho como possessão, já que não é mais uma criatura totalmente concernida aos seus pais. Com o tempo, um muro não de espinhos, mas de diferenças, se erige entre as gerações, que pode ser compensado com a permanência de um afeto mútuo, ou não.[20]

Do lado do jovem, o rompimento com a família é vivido como uma forma de exílio. Um exilado é alguém que vive em outro lugar por ter sido de alguma forma expulso, banido, da sua terra de origem. Ele pode ter encontrado abrigo no mais belo e confortável paraíso terreno, mas será inevitavelmente abatido por uma saudade, resultante de sua saída aparentemente involuntária.

O espaço geográfico que se habita na adolescência é típico de um exilado: um lugar que só existe porque é fora de outro. Jovens encontram-se na rua, em lugares públicos, nas casas quando os adultos estão ausentes, enfim, num lugar e tempo que não são reinos de ninguém. Assim o jovem providencia uma forma de não ser visto. Quem não é visto não é interrogado, não é cobrado, não é controlado. Esconder-se assim é uma das formas de passar *dormindo* por esse período.

Para efeitos da sociedade, também são belos adormecidos, já que se trata de sujeitos crescidos, mas que não fazem muito além de se preparar para a vida que está por vir. É uma fase de ensaio, de treinamento, de simulação.[21] Essa latência (ou exílio) social, espécie de depressão normal que ocorre nessa época, é causada justamente por tudo o que os espera. Do lado de fora desse castelo adolescente, a vida adulta espreita como uma matilha de lobos famintos, pronta para cair sobre os jovens. Esse desafio inclui as decisões vocacionais, o trabalho, as opções amorosas e a parentalidade.

Há um potencial de desperdício de tempo nos jovens, uma inutilidade necessária, uma abstinência das grandes tarefas da vida, traduzível por um sono que parece eterno. Diante de tudo isso, é preciso dormir, para postergar, para esquecer, para repousar, para se esconder.

Notas

1. BASILE, Giambattista. *The Pentamerone*, traduzido por N. Penzer. A íntegra deste conto pode ser lida em www.surlalunefairytales.com, de autoria de Heidi Anne Heiner, disponível desde 1998.

2. As fadas, tanto estas, quanto as convidadas ao batizado de Bela Adormecida, não devem ser compreendidas como as entendemos hoje, como seres mágicos femininos benévolos. No folclore europeu "fada" é um nome genérico para inúmeros seres feéricos, não necessariamente femininos, intermediários entre os seres reais e os espíritos. Podem estar nesse conjunto, por exemplo, os elfos, os *brownies*, os duendes. Enfim é uma palavra pouco precisa e não descreve o caráter desses seres, que parecem tão suscetíveis em seus humores como são os humanos. Ora se apresentam como amigos e doadores, ora podem roubar, raptar e amaldiçoar.

3. GRIMM, Jacob & Wilhelm. *Contos de fadas*. Belo Horizonte: Villa Rica Editora Reunidas, 1994.

4. Ariès nos ilustra esta questão da idade de 7 anos como a do fim da infância, no capítulo denominado *Do despudor à inocência*: "A partir de 1608, esse gênero de brincadeira (jogos eróticos com suas amas) desaparece: o Delfim se tornara um homenzinho – atingindo a idade fatídica de 7 anos – e era preciso ensinar-lhe modos e linguagem decentes". In: ARIÈS, Philippe. *História Social da Criança e da Família*. Rio de Janeiro: Zahar Editores, 1981, p. 127.

5. A beleza da madrasta assemelha-se à do herói do clássico literário *O Retrato de Dorian Gray*, de Oscar Wilde. Nesta história, um rapaz realiza uma espécie de pacto com o diabo para permanecer jovem e belo. Graças a isso, um quadro, que o retratara no auge do viço juvenil, envelhece em seu lugar. O retrato não só envelhece, como também representa a feiúra de sua alma, tomada pelo egoísmo e a maldade. Dorian continua sempre aparentemente igual, sua imagem fica congelada naquele instante juvenil, mas, enquanto isso, seu espírito passa a ser retratado na pintura e revela em seus traços toda a sua miséria interior. A madrasta tem esse tipo de beleza. Quem paga qualquer preço para continuar belo e jovem, diria Wilde, não amadurece, apodrece.

6. Este olhar paterno será mais analisado no Capítulo VI, *O Pai Incestuoso*.

7. Nas fantasias infantis, bem como em crenças de vários povos, a ingestão do inimigo serviria para apropriar-se de suas qualidades. Assim, para um antropófago tupinambá, comer um valente guerreiro inimigo era o reconhecimento de sua bravura e força, assim como a vontade de incorporar essas virtudes. Existia a crença que os leprosos comiam o fígado de crianças para restaurar o seu, pretensamente, danificado órgão. Enfim, devorar seria desejar as qualidades, a madrasta queria era incorporar essa reconhecida beleza da princesa.

8. É interessante lembrar que essa boa reputação tenha persistido inclusive em nossos tempos ecológicos, onde os caçadores são sempre (justamente) vistos como maus, destruidores das indefesas criaturas da natureza. O caçador como herói é um dinossauro, sobrevivente de um imaginário antigo, já que hoje a civilização é a grande madrasta, enquanto a natureza encarna a profanada virgem, por isso todas as simpatias das novas gerações estão com a caça.

9. Bettelheim nos faz notar que o espelho mágico parece às vezes falar com a voz da filha, ou seja, fala deste momento em que a menina acredita que sua mãe é a mais bela das mulheres. In BETTELHEIM, Bruno. *A Psicanálise dos Contos de Fadas*. Rio de Janeiro: Paz e Terra, 1980, p. 246.

10. Esta não é, de forma alguma, a explicação universal para a homossexualidade feminina. Nesse caso, é apenas a solução para um impasse, proveniente de uma identificação, através de um modo de amar.

11. Consideramos a casa dos anões como um refúgio transitório e tolerante, onde se gesta o crescimento da heroína. Por isso, discordamos da crítica que Bettelheim dirige ao desenho animado, onde diz (trata-se de uma nota): "Os anões simbolizam uma forma de existência imatura e pré-individual que Branca de Neve deve transcender. Por isso, o fato de dar nome próprio e uma personalidade individual a cada um – como fez Walt Disney no seu filme –, quando no conto de fadas todos são idênticos, interfere seriamente na compreensão inconsciente desse simbolismo: esses aspectos prejudiciais aos contos de fadas, que aparentemente aumentam o interesse humano, podem na verdade destruí-los, pois tornam difícil captar o significado profundo e correto da história". In: BETTELHEIM, Bruno. *A Psicanálise dos Contos de Fadas*. Rio de Janeiro: Paz e Terra, 1980. p. 249.

12. FREUD, Sigmund. *Novas Conferências Introdutórias sobre Psicanálise. Conferência XXXIII: Feminilidade*. Obras Completas, vol. XXII, Rio de Janeiro: Imago, 1987, p. 148.

13. BASILE, Giambattista. *Sol, Lua e Tália*. Esta história pode ser encontrada, inclusive acrescentada do original em dialeto napolitano, no livro *A Princesa que Dormia – Nas Versões dos Irmãos Grimm, De Charles Perrault e de Giambattista Basile*. Florianópolis: Editora Paraula, 1996.

14. PERRAULT. *Contos de Perrault*. Belo Horizonte: Editora Itatiaia, 1989.

15. GRIMM, Jacob & Wilhem. *Contos de Grimm*. Belo Horizonte: Villa Rica, 1994.

16. Essa compreensão da atitude passiva se deduz da obra freudiana, particularmente no que tange ao tema da sedução, mas uma boa sistematização dessa questão, tal qual formulamos aqui, pode ser encontrada em Jean Laplanche. Conforme ele (citando Spinoza), "somos passivos quando se faz em nós alguma coisa da qual somos a causa apenas parcialmente". Como exemplo, este autor cita a diferença entre *ser amamentado*, *mamar* e *dar de mamar*. Na conjugação passiva de *ser amamentado* (diferentemente das posições ativas de *mamar* e *dar de mamar*), se expressa de tal forma que "faz-se em nós alguma coisa, da qual somos a causa apenas parcialmente e da qual buscamos tornar-nos causa adequada". In: LAPLANCHE, Jean. *Teoria da Sedução Generalizada*. Porto Alegre: Artes Médicas, 1988, p. 90.

17. Lévi-Strauss nos conta que entre os indígenas norte-americanos havia uma correlação entre boa tecelã e mulher quente na cama, quem sabe esta ligação não pode ser lembrada nos contos de fada. Afinal, é extraordinário que reis busquem boas tecelãs para rainhas. A equivalência entre mitologias tão distantes sempre se revela problemática e algo arbitrária, mas neste caso acreditamos que há um paralelo. Ver: LÉVI-STRAUSS, Claude. *A Oleira Ciumenta*. São Paulo: Editora Brasiliense, 1986.

18. Nas sociedade primitivas, as regras determinavam um período de impureza para a mulher, havia objetos e pessoas que ela não podia tocar, atividades que não devia fazer. Com o passar dos tempos, a menstruação perdeu seu caráter social, a mulher não se retira para uma cabana na floresta esperando que passe, ela a sente como algo seu e pessoal, algo privado. Sendo que hoje resta apenas a TPM, nesta fronteira entre o fisiológico e o mítico, para lembrar que a mulher se encontra em estado *delicado*.

19. "Os adultos querem ser adolescentes. Os adolescentes ideais têm corpos que reconhecemos como parecidos com os nossos em suas formas e seus gozos, prazeres iguais aos nossos e, ao mesmo tempo, graças à mágica da infância estendida até eles, são ou deveriam ser felizes numa hipotética suspensão das obrigações, das dificuldades e das responsabilidades da vida adulta. Eles são adultos em férias, sem lei. (...) A adolescência torna-se assim um ideal dos adultos". In: CALLIGARIS, Contardo. *A Adolescência*. São Paulo: Publifolha, 2000. p. 69.

20. Voltaremos a esse tema da relação dos jovens casais com as respectivas famílias e com a sociedade no Capítulo X.

21. Calligaris descreve a adolescência enquanto um período de *moratória* (termo utilizado originalmente por Erik Erikson) nos seguintes termos: "Ele se torna adolescente quando, apesar de seu corpo e seu espírito estarem prontos para a competição, não é reconhecido como adulto. Aprende que, por volta de mais dez anos, ficará sob a tutela dos adultos, preparando-se para o sexo, o amor e o trabalho, sem produzir, ganhar ou amar; ou então produzindo, ganhando e amando, só que marginalmente". In: CALLIGARIS, Contardo. *A Adolescência*. São Paulo: Publifolha, 2000, p. 15.

Capítulo VI
O PAI INCESTUOSO

Bicho Peludo, Pele-de-Asno, A Ursa e Capa-de-Junco

A importância do desejo paterno para o amadurecimento sexual da menina –
Complexo de Édipo feminino – Construção da sedução feminina –
Restos maternos no amor adulto.

O drama em comum

xistem duas histórias muito semelhantes, *Bicho Peludo,* nos irmãos Grimm, e *Pele-de-Asno,* em Perrault, provavelmente oriundas de fontes anteriores comuns. Uma destas que contribuiu para a popularização de tais narrativas é certamente *A Ursa,* de Giambatistta Basile. Embora seu desfecho se distancie das demais, razão pela qual trabalharemos esse conto em separado, o começo é praticamente igual nas três histórias: num reino idílico, um rei bem quisto pelo seu povo desposou uma rainha linda e sábia e tudo corre muito bem. A felicidade não pára por aqui, dessa união resulta uma filha, que é tão bonita e cheia de predicados como a mãe.

Mas se tudo andasse às mil maravilhas, não haveria história para contar, então a rainha adoece. Todos os médicos do reino são chamados, mas ninguém consegue curá-la e fica claro que a rainha vai morrer em breve. Já no leito de morte, com muito esforço, a rainha chama o rei e lhe dirige um último pedido: que ele não torne a casar-se senão com uma mulher tão linda e virtuosa quanto ela. Uma vez que o rei, cego de amor e de dor, aceita o pedido e jura não vir a tomar outra esposa que não seja melhor do que ela, a rainha fecha os olhos e morre em paz.

Evidentemente esse pedido é uma cilada, pois tanto Perrault quanto os irmãos Grimm comentam que o verdadeiro objetivo da moribunda é não ser substituída. Se não tivesse absoluta confiança em ser insuperável em seus atributos, não teria solicitado o juramento do marido.

O que se segue é previsível: o melancólico rei sofre muito e não aceita as pressões da Corte por uma nova rainha e por mais filhos para assegurar o destino do reino. Na tentativa de dissuadir seus conselheiros, o rei comunica a promessa que fizera e anuncia que só tornará a casar-se com uma mulher ainda mais bela e virtuosa do que fora a esposa. Seus súditos esforçam-se por encontrar uma nova rainha, mas não localizam ninguém em quem ele veja tais qualidades.

Com o passar do tempo, pois só o tempo aplaca o luto, o rei faz uma descoberta: a única pessoa que parece estar à altura da falecida é sua filha, afinal ela é tão bela e virtuosa quanto fora a mãe, tendo seus encantos acrescidos pelo frescor da juventude. Numa atitude que assombra a todos do reino e especialmente à princesa, o rei revela sua determinação de casar-se com a própria filha e imediatamente pede sua mão. Apavorada e horrorizada com semelhante proposta, a princesa pensa em como sair dessa enrascada. Ela, ao contrário do rei, se dá conta da transgressão incestuosa que seria cometida caso a união se consumasse.

Bicho Peludo

 qui as versões da história ganham contornos diferentes. Em *Bicho Peludo,*[1] a versão dos irmãos Grimm, o cabelo dourado é um dos requisitos importantes que mãe e filha possuem em comum, e esse fetiche era exigido para a substituição da falecida, além das outras virtudes.

Num estratagema que visa ganhar tempo, a princesa – que depois vem a ser Bicho Peludo – não recusa diretamente a proposta incestuosa, mas tenta evitar o desastre, pedindo ao pai como presente vestidos deslumbrantes e impossíveis: um dourado como o sol, outro prateado como a lua e o terceiro brilhante como as estrelas. Além disso, quer um manto feito de mil peles de animais diferentes, "cada espécie do teu reino tem que dar um pedaço da sua pele para tal fim". A princesa pensa que, com esses pedidos impossíveis, o rei vai recuar de sua investida. Mas ele não pensa assim e, sem pestanejar, vai realizando os caprichos dela um a um, com a pressa de quem tem um desejo premente a satisfazer. Quando finalmente todos os mimos foram concedidos, o pai decretou que a boda seria no dia seguinte.

Para a princesa, só resta então fugir. Para isso, se oculta sob o manto de peles que ganhou, daí se originando o nome que dá título ao conto; leva consigo os três vestidos deslumbrantes (guardados numa casca de coco) e algumas jóias; e ainda passa fuligem no rosto e nas mãos, tomando um aspecto feio e repulsivo.

A jovem acaba sendo encontrada por caçadores de um outro rei que a descobrem entocada, dormindo no oco de uma árvore, e acreditam tratar-se de um estranho animal. Quando constatam que era uma mulher, por comiseração, o monarca faz com que ela seja levada ao palácio para ajudar nas tarefas mais sujas e pesadas.

Bicho Peludo tem então seus dias de Cinderela, é obrigada a fazer as tarefas mais degradadas, vive como uma serva em outra Corte. Até que certo dia acontece um baile no palácio, e Bicho Peludo pede para ir espiar a festa. O cozinheiro, seu chefe, consente que ela dê uma espiada, mas que volte logo para terminar de limpar a cozinha. Ciente de que tem pouco tempo, ela age rápido: põe o vestido dourado como o sol, tira a fuligem e vai para o baile. Quando chega, passa a ser o centro da festa, e todos pensam que alguém tão deslumbrante só pode ser filha de um rei. O rei desse palácio foi ao seu encontro e só dançou com ela, mas, terminada a dança, ela desapareceu tão espetacularmente como surgiu. O rei faz buscas por todos os lados, mas não consegue descobrir nem por onde ela saiu.

Ela já está de volta para sua pele e, a pedido do cozinheiro real, vai preparar a sopa que o rei tomará depois da festa. Com todo o esmero, preparou um caldo delicioso e colocou dentro dele um dos seus anéis. O rei gostou da sopa e ficou intrigado com o anel. Chamou o cozinheiro, que inicialmente mentiu ter sido ele mesmo quem preparou o prato, mas acabou confessando que fora Bicho Peludo. Esta foi imediatamente levada à presença do rei e negou que tivesse qualquer conhecimento de como a jóia fora parar no prato dele.

Em outra ocasião, houve outra festa no palácio e mais uma oportunidade para Bicho Peludo dar uma fugida da cozinha para espiar a festa. Dessa vez, vai com o vestido prateado como a lua; novamente faz sucesso com o rei e foge sem deixar rastros. Tudo se repete, mas nessa ocasião deixa cair na sopeira uma pequena roca de ouro. É preciso uma terceira festa para que o rei possa preparar uma pequena cilada: Bicho Peludo comparece com seu vestido brilhante como as estrelas e, enquanto eles dançam, sem que ela perceba, o rei desliza um anel em seu dedo. Quando se repete a situação em que ela é chamada para que explique a origem do carretel de ouro na sopa, ela se disfarça às pressas, coloca as peles por cima do suntuoso vestido, mas se esquece de passar fuligem no dedo do anel.

Pressionando-a, o rei a puxa pelo braço num gesto brusco e as peles caem, revelando a dama que se escondia em seu interior. Ele a pede imediatamente em casamento e dessa vez nada a impede de aceitar.

Pele-de-Asno

 omo a outra princesa, Pele-de-Asno[2] se desespera igualmente com a intenção do pai e corre em busca dos conselhos de sua madrinha, a Fada dos Lilases. É esta última quem tem a idéia de pedir ao rei vestidos que considera impossíveis de serem confeccionados: um com a cor do tempo, outro com a cor da lua e, por último, um que imite o sol. Os pedidos são de fato impossíveis, mas tão determinado está este rei que força seus artesãos a executar os caprichos da princesa. Apesar do absurdo da situação, é indisfarçável o encanto que as vestes incríveis produzem na jovem.

Quando ela não pode mais recuar, a fada lhe sugere que faça um último pedido que ela julga totalmente impossível de ser atendido: pede a pele de um asno que o pai tem em sua estrebaria. Esse asno é encantado e, em vez de estrume, ele evacua moedas de ouro, sendo assim a maior fonte da riqueza do rei. Mas ele não vacila, manda sacrificar o precioso animal, seu desejo pela filha é maior e está disposto a pagar qualquer preço. Quando a princesa finalmente obtém a pele do asno, sabe que mais nada tem a pedir, que não há mais limites, barreiras nem critérios na vontade de seu pai, agora só lhe resta fugir. A sua madrinha lhe garante que seus vestidos estarão sempre à sua disposição, entrega-lhe uma varinha mágica e assegura que eles a seguirão por baixo da terra para onde ela for, quando quiser trajá-los é só bater com a varinha no chão. A princesa pega algumas de suas jóias, se suja, se cobre com a pele do asno sacrificado e foge sem rumo.

Por onde passa, Pele-de-Asno pede trabalho, mas ninguém quer alguém tão repulsivo em sua casa. Por fim, consegue trabalhar num retirado sítio, uma granja real onde tiveram pena de sua condição e a deixaram limpar o chiqueiro e levar as ovelhas para pastar. Foi numa ocasião de pastoreio que ela se viu refletida na água e se assustou com sua terrível aparência. Foi como se despertasse de um transe, lavou-se, gostou do que viu e a partir de então passou aproveitar suas folgas para usar os seus belos vestidos e fazer-se penteados em que entremeava flores e jóias em seus cabelos, mas sempre escondida em seu quarto.

Além disso, reparou no belo príncipe que, na volta das caçadas, aparecia na granja real para uma refeição.

Certo dia, ele passeava a esmo depois de comer e foi espiar o que se escondia numa aléia escura, no fim da qual viu uma porta fechada. A curiosidade o levou a olhar pela fechadura, e ele não acreditou no que seus olhos encontraram: ali estava uma princesa tão linda e tão ricamente vestida que ele supôs se tratar de uma divindade. A visão lhe causou tal respeito que ele não bateu, nem derrubou a porta como era sua vontade.

Curioso, interroga quem habita aquele local e recebe a informação de que ali mora Pele-de-Asno, uma serva imunda com a qual ninguém sequer fala. Enfeitiçado por esse amor e sem saber muito como lidar com isso, o príncipe cai gravemente doente. A rainha, sua mãe, não mede esforços para curá-lo, oferece-lhe mundos e fundos, mas ele só quer que a tal Pele-de-Asno lhe faça um bolo. Ninguém nem ao menos sabe quem ela é, mas afinal é encontrada naquele remoto sítio; faz o bolo com requintes culinários e deixa cair dentro da massa um delicado anel de ouro. Não se sabe se isso ocorre por descuido ou intencionalmente, mas Perrault observa que não deve ter sido por acaso. O príncipe encontra a jóia e determina que se casará com aquela em quem ela servir. Evidentemente o anel é experimentado por todas as moças do reino para, só por último, servir em Pele-de-Asno, que o experimenta em meio a risos e zombarias.

Pele-de-Asno não é boba e, antes de ser levada à presença do príncipe, por baixo da pele, se trajou à altura da nobreza da sua origem. Quando o anel serviu, ela deixou cair a pele e se revelou em toda a plenitude de sua beleza. Nesse momento, chega a Fada dos Lilases e conta à família do noivo a triste história da afilhada. Os sogros logo se enternecem com a virtude da princesa, e as bodas são providenciadas imediatamente. Entre os convidados estava seu pai, que havia esquecido o episódio e encontrara uma bela mulher para se casar. No reencontro, eles se abraçaram e alguma forma de perdão torna-se possível.

O olhar do pai

 mbora as princesas acreditem que o pedido dos vestidos visa a retardar o assédio paterno, não deixa de ser curioso que, nas aventuras que as esperam, sejam essas mesmas indumentárias as que irão revelar sua nobreza e beleza. Os vestidos são as armas com que conquistarão depois seus príncipes. Perrault, nos comentários que entremeia à história, observa com perspicácia que as moças pedem os vestidos e se encantam com eles como uma quase vacilação, afinal o que o pai tem a lhes oferecer é bem tentador. Por isso, ao fugir nunca se esquecem de levá-los junto, não só os desejavam, como também precisam tê-los consigo nas aventuras que seguirão.

O que é que faz a graça, o encanto de uma menina? Não há uma resposta simples para isso, mas o que faz uma menina sem graça é mais fácil responder. Existe uma constatação clínica simples: um pai que não dedique um olhar para sua filha a deixa sem armas para o futuro jogo amoroso fora de casa. Não adianta espelhar-se na mãe, mesmo que esta seja coquete, se a filha não tiver uma chance de ser vista pelo pai. Se ela não puder disputar o pai (na fantasia), não há razão para a identificação com as armas da sedução que a mãe venha a lhe oferecer. Esses vestidos representam o olhar do pai, olhar que de fato pode ser um tesouro. Sem ele fica difícil construir uma imagem desejável para quem quer que seja. Em outras palavras, uma menina que não suponha um olhar paterno desejante não vai querer se arrumar.

As artes da sedução da mulher se aprendem através de um jogo que não pode ser realizado com o pai, mas pode muito bem ser ensaiado. A imaterialidade do vestido vem depor ao nosso favor: no caso de Bicho Peludo, os vestidos podem ser guardados numa casca de coco; em Pele-de-Asno, a madrinha disse que estariam sempre ao dispor, bastaria usar a varinha. Esses vestidos mágicos são em verdade dons imateriais, com os quais qualquer menina que se supôs amada por seu pai – ou por alguém que ocupe alguma posição paterna – se sentirá trajada quando partir para as batalhas do amor e do sexo, cujo campo de marte sempre se situa em algum outro reino, onde o pai não governa.

Sob as peles

outra questão, tão central quanto o tema dos vestidos, é o esconderijo nas peles, afinal são estas que as nomeiam, que vêm emprestar-lhes certo ar rústico e dar nome aos contos. O que são essas peles? O que elas escondem? Já sabemos que elas escondem a beleza da filha que se abriga da cobiça do olhar do pai, mas por que não se contentam com a sujeira das cinzas?[3]

As cinzas estão ligadas ao trabalho e significam o contrário da nobreza, são características de quem tem que meter a mão na massa. Elas ficam assim socialmente desclassificadas, vão ocupar o último lugar

reservado às mulheres, pois a sujeira está sempre ligada ao pobre e ao desvalorizado. Mas um passo a mais pode ser dado, considerando uma contextualização social que pode conter mais de uma referência.

Um dos legados da religião – que já foi mais dominante do que hoje – foi difundir a crença de que o sexo é algo sujo, e é exatamente o que aflige essas moças, elas estão lidando com desejos sexuais inomináveis, portanto elas estão poluídas, impuras. Desde esse ponto de vista, as moças teriam perdido o seu lugar social em função de sua aproximação com o pecado do incesto. Na verdade, elas não fizeram nada de errado, mas o seus pais explicitaram um desejo que lhes dizia respeito, e isso é o suficiente para torná-las parte do pecado.

Dessa forma, a nobreza fica associada a uma posição mais alta no sentido moral e a pobreza, à perda da virtude. A viagem que elas iniciam, rumo à retomada e ao reconhecimento de sua condição aristocrática, pode ser vista como uma espécie de penitência, como um trecho de abstinência capaz de angariar o perdão.

O nobre era identificado pela sua educação, pela incorporação de uma série de limites no contato corporal, do respeito às regras de etiqueta na alimentação, na indumentária e no convívio. Por mais que, aos nossos olhos contemporâneos, a vida num castelo medieval possa nos parecer um chiqueiro promíscuo e selvagem, estamos falando da etiqueta possível e adequada a cada tempo. O camponês, o trabalhador, ficava reduzido à necessidade: comia porque tinha fome; vestia-se porque tinha frio; enfim, vivia de uma forma rude. O nobre faria tudo isso por prazer ou obrigação social e da forma mais complicada possível.

Ao sair de seu reino desprovidas da nobreza de sua origem, reencontram-se com uma dimensão mais primitiva de seu ser, perdidas da educação que receberam em casa como se tivessem desaprendido. Se pensarmos que os prazeres eram supostamente restritos aos nobres, fica fácil compreender por que essas moças se privam também dessas prerrogativas. Livres de sua condição nobre, poderiam viver também longe de toda tentação.

A riqueza da indumentária, a beleza que mobiliza a paixão, só será novamente revelada para os olhos e o desejo de outro homem, de outro reino e escolhido por elas. Este terá de ser suficientemente nobre para perceber as sutilezas que sinalizam a nobreza oculta. Trata-se de uma retomada; para poder ser novamente desejada, ela deverá encontrar, em outro reino, alguém que seja capaz de vê-la com o mesmo encantamento dos olhos do pai.

O homem que substituirá seu pai a livrará dele, mas será, de certa forma, seu equivalente.

Só partindo dessa premissa é que podemos entender por que as histórias de princesas são tão condescendentes com o pai, não importando o quanto este as fez sofrer. Quando pecaram, as mães más ou substitutas morreram sob tortura, mas, quando se trata do pai, tudo termina num grande banquete de perdão. A dedução que se impõe é que algum tipo de reconciliação com o pai é necessária. É preciso algum acordo para que se possa transferir o amor que o pai e a filha tinham entre si para outro homem. No fim, ele deve comparecer para entregá-la ao herdeiro desse afeto inaugural.

As peles, antes de nossos tempos ecológicos, receberam um lugar especial, justamente por seu papel diferencial entre os nobres e os camponeses. É certo que os primitivos as usavam contra os rigores do inverno, mas elas terminaram associadas aos mais abastados. Além de convenientes pela quantidade de calor que poderiam guardar, elas tinham um charme a mais, eram troféus de caça. Pele-de-Asno e Bicho Peludo carregam em seus disfarces peles muito valiosas.

Um casaco feito com amostras de peles de todos os animais do reino faz da filha a verdadeira rainha das peles. Por ela todos os caçadores do rei fizeram uma verdadeira matança. Nossa jovem porta suas peles, identificando-se a uma só vez com a caça, com o animal que pertence ao reino do pai, e com o caçador, que ostenta a pele como símbolo de sua conquista. Apesar da aparência rústica que os contos alegam que elas assumiram, é pleno de significado que Bicho Peludo tenha sido encontrada, entocada feito um bicho, por um rei que estava caçando; portanto, é como caça que ela foi levada ao castelo. Vivendo lá, terminou se comportando mais como um caçador, atraindo o seu eleito com suas pequenas armadilhas. Como diz o ditado: um dia é da caça, outro do caçador.

As peles dessas histórias visam a ocultar a riqueza de suas vestes, mas não podemos ignorar que existe um contraponto entre as peles e os vestidos. Estar com elas é estar sem os vestidos, é estar *des-vestidas*. No Brasil, diz-se estar nu em pêlo, ou seja, vestido apenas com os pêlos do corpo (como um cavalo que é montado em pêlo, sem a sela). A presença de peles, talvez alusiva a esses pêlos, pode também estar remetendo a uma marca muito importante da maturação sexual, o crescimento de pêlos pubianos. Acompanhados do aumento de volume dos seios, os pêlos são a marca de início do pudor, é a partir deles que os jovens passam a ter o que esconder.

Paradoxalmente, o disfarce de peles expõe o que mais se oculta, se pudermos pensar as peles como substituto desses pêlos. Afinal esse é o jogo das princesas: alternadamente ocultar e revelar. Elas mostram o que suscitará o desejo e, a seguir, o escondem. Só serão vistas quando e quanto quiserem. Ter controle sobre o limite de entrega ao seu parceiro amoroso é muito importante para uma jovem, pois ela só deixará que ele tenha acesso ao tanto que ela suporta compartilhar. Nada estranho então que elas andem cobertas e simbolicamente nuas ao mesmo tempo, nas peles e em pêlo. É disso que se constrói a sensualidade das mulheres.

Ainda as peles nos levam a outra linha de raciocínio, algo teve de morrer para que as heroínas ganhassem suas peles; no caso de Bicho Peludo, um sem-número de animais; em Pele-de-Asno, o animal mais valioso do reino. Esses fatos as ligam, de certa forma, a uma morte, afinal elas portam esses animais mortos em seus nomes e em seus corpos, mas qual morte está em jogo? Possivelmente a morte da infância. Elas saem de casa, já que não há mais um lugar de filha e é o momento de partir.

Fazendo uma comparação, apesar de não haver regras gerais nos rituais de passagem primitivos, podemos afirmar que quase todos fazem alusão a uma morte e a uma ressurreição num novo estágio, às vezes com outro nome (aqui também é o caso, embora só saibamos o seu nome da fase de transição). Esses contos podem ser tanto o resto desses rituais, quanto podem ilustrar alegoricamente o processo de saída da infância para outra modalidade de existência.

A importância de ser amada pelo pai

estes contos, não se questiona a castidade dos propósitos das filhas nem se duvida de quão longe elas estão dispostas a chegar em defesa da sua honra. Embora o rei esteja cego em sua obsessão incestuosa, a relação é preservada do pecado pela recusa. Porém há algo que pai e filha compartilham: o pedido de um objeto impossível. Os vestidos – com a cor do tempo, do sol, da lua, das estrelas –, assim como o sacrifício do asno das fezes de ouro, são ressaltados como pedidos inaceitáveis, tanto quanto o sexo com a própria filha. A filha pede absurdos que pensa não poderão ser satisfeitos, com isso talvez, pedagogicamente, demonstre a seu pai que há desejos impossíveis, ou impagáveis, como o sacrifício do asno.

O diálogo, realizado através de objetos, mantém a filha na condição casta que a história a apresenta, mas esquece um detalhe: por que essas princesas usam como argumento precisamente o pedido de que um capricho seu fosse realizado? Não seria esse justamente seu problema, ser objeto de um capricho do pai? Por que responder na mesma moeda? Afinal, se ele quer um objeto de desejo, elas também. Demonstrar caprichos assim coloca pai e filha na mesma situação, nisso se revela que não é apenas o pai que quer, a jovem também deseja algo. Essas princesas acabam ficando em duas posições, tanto ativas, desejando os vestidos, quanto passivas, como um objeto do desejo paterno.

Ninguém sabe quem é e quanto vale por si, essa é uma questão a ser respondida em interação com a vida que levamos e com as pessoas com quem convivemos, se somos algo é necessariamente aos olhos de alguém. Numa esquemática leitura freudiana, do que se convencionou chamar de Complexo de Édipo – os primeiros amores vividos em família pelas crianças –, sabemos que ambos os sexos principiam sua vida amorosa em um correspondido amor com a mãe. Essa talvez será a maior paixão que se viverá na vida. Para a criança pequena, a mãe é a própria imagem da perfeição, não é à toa que as mães largam esse trono com tanta dificuldade.

A partir daí, os caminhos se bifurcam. O menino partirá em busca de angariar atributos viris, como seu pai,[4] para obter o amor de outra mulher, pois é forçado a desistir daquela que foi seu primeiro amor, porque já tem dono. A menina, por sua vez, para amar os homens não contará com o caminho traçado por esse amor primordial: terá de trocar, terá de aprender a amar alguém de outro sexo. Se ela tentar manter o primeiro esquema, a saída será se identificar com o pai, o objeto de amor da mãe, e isso implicará se virilizar. Para ser mulher, precisará se identificar com a mãe, rivalizar com ela, o que implica em que, em vez de ser amada por ela, terá de perdê-la.

O menino não terá que elaborar a diferença entre ser amado pela mãe e pelo seu futuro objeto de amor: sua namorada ou esposa fará, queira ou não, suas vezes de mãe, pois no homem o afeto apenas se transfere, não transmuta. A menina terá de mudar de objeto, trocando a mãe pelo pai: se quiser amar e ser amada como a mãe, a filha terá de abdicar desse primeiro vínculo e, ainda por cima, disputar no mesmo território que ela. Se ela amar seu pai, então a mãe passará a ser sua primeira rival. É somente aqui que o pai entra em jogo: será aquele cujo amor pela filha reconhecerá a semelhança desta com a mãe, ou seja, perceberá na filha potencialmente uma mulher. Porém, esse amor também terá de ser interditado, como foi aquele primeiro idílio com a mãe, ele terá que mostrar que seu desejo já tem endereço, para que a filha vá buscar seu príncipe em outras paragens. Portanto, o primeiro amor heterossexual será o do homem que reina sobre sua vida: papai. Assim, a menina poderá desejar que ele a ame como ama mamãe (ou ainda mais, de preferência) e se saberá valiosa.[5]

Dessa forma, o elemento amoroso interfere na construção da identidade sexual da menina mais do que no menino. O futuro homenzinho fará o possível para se parecer em algo com o pai para um dia conquistar o amor de uma mulher, para tanto basta incorporar traços deste em sua personalidade. Já para a menina, ser como a mãe, identificar-se com ela, não basta lhe copiar alguns traços, passa por ser amada como ela, mas necessariamente perdendo a primeira modalidade de amor que experimentou na vida.

Os garotos continuam sempre amando as mulheres, da mãe para a namoradinha, não há mudanças estruturais. A menina passa por uma nova gestão: amar alguém de outro sexo que o da mãe abala a estrutura que o amor materno deixou montada, ela abandona a mãe, mas projetivamente se sente abandonada por ela. Diante dessa desilusão amorosa, precisa novamente ser escolhida como objeto de amor, receber a confirmação de sua capacidade de ser amada para se saber mulher. Para os meninos há uma renúncia; para as meninas, uma perda.

As histórias dessas princesas são como um drama edípico feminino explícito, a céu aberto. Elas venceram a contenda pelo amor do pai que outras, como Cinderela e Branca de Neve, perderam. E mais, o pai afirma que mulher alguma chegará aos seus pés, afinal, a mãe maravilhosa e agora morta foi não só representada, mas superada por uma versão melhorada, rejuvenescida, que é a filha.

Em suma, embora nessas histórias as princesas pareçam contrariadas no papel de escolhidas pelo pai, o simples fato de que peçam presentes valiosos demonstra que elas compreendem e se identificam com as vontades do pai. Aliás, essas princesas desejam o desejo do pai, o exigem até, pedem provas deste, querem saber quão longe ele irá em nome desse amor, isso as torna bem complacentes, portanto amorosamente implicadas.

Um tesouro nas entranhas

ele-de-Asno foge vestida com a pele do tão cuidado animal, o asno das fezes de ouro; assim fazendo, termina por se identificar totalmente com esse objeto. Sob a sujeira que recobre o corpo dessas jovens, assim como nos dejetos do animal mágico, se esconde algo valioso. Em ambos os casos, as aparências enganam. O burro seria o menos garboso do estábulo, mas é o preferido. Fezes são para jogar fora, mas essas são um tesouro. Pele-de-Asno e Bicho Peludo são como esse animal: vão vestidas nessa pele aparentemente feia, cobertas de sujeira, ocupar-se das mais nojentas tarefas do castelo, mas sob uma aparência rude começam, tal qual o sacrificado asno, a defecar seus tesouros.

As fezes de ouro são um notório resto infantil. Para um bebê, seu cocô tem valor, ele o guarda consigo tanto quanto puder, às vezes o retém como um tesouro, experimenta o prazer de sua expulsão e o contempla como parte desprendida de si. Não é sem um emotivo adeus que ele suporta suas fezes serem despejadas e desaparecerem na água da privada. Além disso, o bebê pensa que é defecado e ignora a existência da vagina, mas não acreditamos que signifique para ele nenhum demérito ocupar o lugar de um cocô. Por isso, Freud estabeleceu uma certa equivalência na fantasia infantil entre pênis-fezes-bebês. Pênis é uma parte do corpo com que uns nascem dotados e outros não, metade das pessoas têm e as outras não. Por isso é um elemento que representa bem a alternância da presença e da ausência; fezes são esse tesouro que todos fabricamos e perdemos. Já os bebês são também um conteúdo valioso do ventre da mãe que, por sorte, ninguém joga na privada, mas que sempre acaba saindo.

O asno vale por todos esses significados. Ele não é desejável em si, como seria um belo cavalo, mas por seus dejetos, tornando-se apto a representar os valores que o bebê e as fezes podem ter e ser. Ainda na leitura freudiana, a tríade bebê-fezes-pênis é de certa forma equivalente. Relativos ao corpo, são todos elementos valiosos, condenados a serem perdidos ou presentes só para alguns. Esses tesouros corporais são os mais aptos a representar o que a menina gostaria de receber do pai como prova de amor, aliás como as meninas dessas histórias, que fizeram suas exigências de presentes valiosos.

O recurso a tais simbologias freudianas ajuda a nos familiarizar com os aparentes absurdos dessas histórias da tradição. Aliás, em matéria de sem sentido, a psicanálise descobriu que as crianças têm muito a nos ensinar. Por mais que nos esforcemos em mapear algumas fantasias, elas serão pálidas caricaturas, meros esquemas aproximativos de sua compreensão bizarra do mundo. Já a literatura em sua versão ancestral, a narrativa da tradição oral, oferece um acervo escatológico e fantástico que parece coisa do Chapeleiro Maluco, mas que cumpre uma função que ninguém precisa explicar, basta com isso poder jogar. Artistas e crianças têm liberdade de tocar em pontos nevrálgicos do inconsciente com a liberdade dos que não sabem, não querem, nem devem saber o que fazem. O conto folclórico revela o que há de infantil na arte e de artístico na infância. Histórias mais rudes como essas deixam particularmente visível tal conexão.

Ainda sobre o asno, podemos dizer que um rastreamento de seu simbolismo vem a corroborar a hipótese desta dupla face: humildade e trabalho *versus* exuberância sedutora. O asno é animal de carga, de trabalho pesado. Além disso, carregou Jesus quando este entrou em Jerusalém, ficando assim ligado à idéia de humildade e servidão. Quanto à sua sensualidade, temos mais elementos: era oferenda a Príapo, antigo deus ligado à fertilidade; na Índia, é símbolo da falta de castidade; era a cavalgadura de Dionísio; na Idade Média, era usado como imagem do prazer carnal; e ainda havia um antigo costume jurídico de fazer as mulheres infiéis no casamento cavalgarem um burro.

Entre o erótico e o traumático

ssas histórias reproduzem o núcleo do drama edípico da menina, mas tudo aparece com os pólos invertidos: "não sou eu que o quero, é ele que me quer". A mãe morta sai de cena para facilitar a trama, mas de uma forma ou outra, essa é a história de todas as meninas, cabe a elas dar conta do que elas supõem que o pai queira delas.

A morte de uma mãe jovem é um problema. Já que as meninas se acreditam na reserva, a mãe é a garantia de que elas não vão precisar jogar de fato. O desejo de afastar a mãe da cena pode ser um pesadelo para algumas meninas, pois deixaria o caminho livre para esse amor impossível. Esse amor do e pelo pai é útil enquanto um exercício de hipótese, gerador dos atributos mágicos que a menina levará para construir seus encantos de mulher – como os vestidos que Bicho Peludo e Pele-de-Asno levaram consigo. Porém, o sentimento será traumático se o pai se dispuser a atuá-lo e consumá-lo, tomando a filha como objeto de desejo sexual. Desejar ser desejada não redunda na vontade de ser consumida.[6]

É traumático quando um adulto faz uma criança viver algo que ela não tem como compreender, como o assédio sexual. Quando abusada, por mais que em certos casos a prática possa até lhe causar um certo prazer, ela terminará por se sentir privada de toda a identidade, reduzida a uma coisa. Abusar é confrontar a criança com algo muito maior do que ela possa elaborar.

O assédio sexual do adulto sobre uma criança materializa algo que, na mente infantil, não passa de um conglomerado confuso de hipóteses, imagens, fantasias e sensações. Esse caos só se definirá numa prática erótica que possa ser compartilhada com outros, quando a infância acabar e os pais já não forem mais os personagens principais da vida. A estruturação de um desejo sexual é um processo demorado e paralelo ao crescimento. Isso ocorre assim não só para que o incesto seja evitado, mas também porque, para se desejar algo, é preciso sentir alguma falta. Buscar algo que não se tem depende de se ter claro que se é alguém separado dos outros, possuidor de uma identidade e de carências.

A criança pequena ainda tenta se iludir, pensando que possui todos os atributos necessários para ser amada, portanto pretende ser e ter tudo de que precisa. É claro que isso é uma ilusão, e, graças às inúmeras ocasiões em que se sente inadequadamente amada, ela encontra forças para se afastar da família e construir uma vida própria. Um adulto, ou mesmo um jovem, já compreende que está só, carente do amor de que necessita, por isso, fará o possível para conquistá-lo. É só aí que o desejo sexual vem para dar forma, para enfeixar toda essa falta: ele funciona como uma espécie de parâmetro que organiza as carências. Antes de ter vivido esse processo de separação, que vai dando forma ao seu desejo, a criança não pode tê-lo da mesma forma estruturada e sintética do adulto, nem pode lhe ser imposta. A sexualidade deve ser vivida de acordo com as fantasias e os desejos que o sujeito pode ou não assumir.

Essas histórias relatam de forma privilegiada o longo percurso que separa a inicial vontade de ser desejada (o voto de ter um lugar entre as mulheres) do momento final, em que é possível traduzir isso num desejo próprio. Entre a menina que fantasia e a mulher que ela será, há algumas etapas a cumprir, que não parecem nada fáceis de viver. As jovens dessas histórias saem de casa como meninas e terminam conquistando os seus amados como jovens mulheres. Isso vai ocorrendo na medida em que aprendem a administrar as doses de sedução necessárias para cativar seu príncipe.

A mãe tem de permanecer viva ou ser substituída por outra mulher – real ou onírica – no desejo do pai, para que a filha possa fantasiar em paz sem temor de ser abusada. Bicho Peludo e Pele-de-Asno não foram abusadas, nem são jovens traumatizadas. Elas apenas representam o fio de navalha pelo qual caminha a construção da identidade de uma mulher.

Pistas douradas

redenção dessas jovens disfarçadas passa pela conquista de um príncipe, e, para isso, elas têm seus instrumentos. Bicho Peludo foge de casa levando consigo, além de seus vestidos, três objetos de ouro (um anel, um fuso e uma roca) que ela colocará dentro da sopa de seu príncipe, como uma pista. Pele-de-Asno também entrega seus tesouros dessa forma, colocando o delicado anel de ouro dentro do bolo. Ambas as princesas se movimentam nessa mistura entre o nojento – o sujo e excluído de seu papel de servas imundas –, alternado com a revelação de um tesouro interior – representado pelas jóias surpreendentes que brotam de dentro do alimento.

O sexo é como o tesouro do burro das fezes de ouro, ocupa um território cloacal, a ponto de as crianças pequenas (e muitos adultos quando fantasiam) confundirem e misturarem as funções excretórias com a satisfação sexual. Ao vestir a fantasia de pele, a princesa Pele-de-Asno se caracteriza como o maior dos tesouros do pai. É como o ser monstruoso (o bicho feio que defeca ouro) que ela se apresenta inicialmente ao seu príncipe, para só bem depois assumir a identidade daquela de quem ele se enamorou. A ligação entre as duas identidades, a da suja serviçal e a da dama nobre, é feita pelas jóias, são elas que, embutidas na sopa ou no bolo, dão a pista.

Os disfarces, as várias trocas de identidade, são chaves para a compreensão desses contos. Em seus reinos de origem, primeiro eram amadas como filhas, depois passaram a ser objeto da cobiça erótica do pai. Ambas fugiram fantasiadas com as peles, que simbolizam tanto os tesouros de seus pais, quanto o aspecto animalesco do desejo de que foram objeto; assim caracterizadas, entraram em outro reino, ocupando o mais sujo e desvalorizado dos postos.

Nesse novo lugar, longe dos olhos do pai, puderam se fazer desejar à sua moda e ao seu ritmo: permitindo que sua beleza aparecesse e se ocultasse alternadamente, de forma a seduzir o novo soberano de seus corações e, só por último, revelam sua nobre identidade por meio de algumas pistas. Aos príncipes, dão uma imagem que enfeitiça, apaixona. Depois, cobertas de fuligem, elas entregam a pista que diz: você deve buscar o tesouro que viu e desejou onde ele menos parece estar. O ouro deverá ser desenterrado das entranhas do burro.

Mas o ouro aparece também em continuidade com a comida. O alimento era de um valor inestimável para as sociedades que deram origem a essas narrativas, altamente cobiçado num contexto de fome e miséria. O ouro sublinha a importância do alimento, por outro lado, cozinhar e alimentar, é coisa de mãe. O príncipe de Pele-de-Asno padecia, morria de amores, mas nenhum alimento da casa poderia salvá-lo, somente aquele feito pela mulher amada. A questão é que seu estômago havia mudado de dona, a atual amada é o tempero particular, é ela quem vai alimentá-lo daqui por diante e isso será um dos elementos da nova aliança. Os príncipes também fizeram seu caminho, embora resumido na história: passaram do papel de filhos ao de homens ao afastarem-se da mãe nutridora.

A Ursa

história de Giambatistta Basile, *A Ursa,*[7] possui um começo idêntico às duas histórias anteriores, mas o disfarce das peles provém de uma fonte mágica distinta. O desenlace guarda semelhanças, embora saliente mais a necessidade de aceitação da nora pela sogra. Essa história nos é providencial para ilustrar por que foi também como cozinheiras que as jovens se insinuaram a seus amados. Elas revelam que não só do lado da mulher há transições a fazer, o homem tem de ser tirado de sua própria mãe, e elas terão de provar seu valor também nesse território.

O começo é o mesmo: um rei apaixonado perde sua incomparável esposa, e ela faz o fatídico pedido de que ele só torne a se casar com alguém ainda mais perfeita do que ela. O rei desespera-se, pois sabe que precisa providenciar para o reino um herdeiro, e "a natureza, que fez sua amada Nardella, jogou o molde fora", e com ele a capacidade de amar de seu coração. Da união restou Preziosa, uma moça tão bela quanto a mãe.

Desafiados a encontrar uma substituta para o soberano, seus conselheiros providenciam uma proclamação que convoca mulheres de todos os lugares do mundo a se candidatarem ao papel de rainha. Por longo tempo, ele examina longas filas de beldades vindas das mais diversas origens, mas nenhuma lhe parece estar à altura do juramento que fizera. Não demorou muito para descobrir que buscava

longe o que já tinha em casa, que sua filha Preziosa era "formada no mesmo molde de sua mãe".

Quando o rei revela sua intenção de tomá-la como esposa, Preziosa literalmente arranca os próprios cabelos, tal seu desespero. Mas, em seu auxílio, aparece uma velha senhora, sua confidente (que pelo jeito era uma fada), a qual lhe oferece um dom mágico que a ajudará a se safar desse terrível destino. A velha mulher deu-lhe um pedaço de madeira, que, ao mordê-lo, Preziosa se transformaria imediatamente em uma ursa.

Grandes festas foram organizadas e, no momento em que o rei anuncia para a Corte suas intenções de casar com a própria filha, Preziosa providencia sua transformação numa grande ursa, cujo porte selvagem acaba com a festa, pois todos fogem apavorados. Aproveitando a confusão, ela se interna na floresta mais próxima, ficando lá até que um dia é encontrada por um príncipe que caçava por ali. A grande ursa aproxima-se do jovem dando sinais de simpatia, balançando o rabo como um cachorrinho e deixando-se acariciar. O príncipe leva o simpático animal para casa, ordenando que fosse deixado viver nos jardins do castelo.

Certo dia, quando estava só no castelo, o príncipe se aproxima da janela para olhar a ursa e, em seu lugar, encontra uma bela jovem penteando seus longos cabelos dourados, por quem fica imediatamente apaixonado. Quando Preziosa descobre que está sendo observada, morde imediatamente o pedaço de madeira, transformando-se novamente em ursa.

O príncipe sucumbe em profunda melancolia e, nas suas febres, lamentava "minha ursa, minha ursa". Ele era filho único de uma mãe muito dedicada, que já não sabia o que fazer para curá-lo, então ela pensou que a ursa houvesse feito algum mal a ele e mandou matá-la. Os criados, que compartilhavam com o príncipe a afeição pelo grande animal, apenas a soltaram na floresta, mentindo para a rainha que haviam cumprido suas ordens. Quando o príncipe fica sabendo das ordens da mãe, levanta furioso de seu leito, disposto a castigar severamente quem havia tirado a vida de sua ursa e termina obtendo a confissão de que ela havia sido levada para a floresta. Mesmo doente, monta em seu cavalo e não descansa enquanto não a traz de volta. No castelo, tranca-se com a ursa no seu quarto e, por longo tempo, fica inutilmente tentando convencê-la a abandonar sua forma animal. Suplicou, fez promessas, tanto implorou até que, totalmente enfraquecido, derrotado pelo seu fracasso, caiu novamente enfermo.

A mãe desespera-se mais ainda e, disposta a fazer qualquer coisa, aceita o bizarro pedido do filho de só ser atendido pela ursa. Ele exigia que somente ela fizesse sua comida, arrumasse seus lençóis e lhe desse os remédios. Mesmo que tais tarefas parecessem impossíveis de ser executadas por um animal, a mãe permitiu e ficou observando a delicadeza e a competência com que a ursa as executava. Maravilhada, ela admite que esse animal vale seu peso em ouro e afirma compreender por que seu filho se afeiçoa tanto a ela. Vendo que o coração da mãe amolecera, ele pede sua permissão para ser beijado pela ursa, ameaçando que, se não fosse concedida, ele morreria. Pressionada, a mãe aceita e, durante o beijo, Preziosa deixa cair a madeira, desfazendo-se o feitiço. O que se segue é o mesmo fim das outras jovens: ela conta sua triste história, é recebida na Corte pelos sogros, que celebram sua beleza e virtude, e se casa com o príncipe.

O que mais surpreende na história é o fato de Preziosa não usar suas artes de sedução com a mesma perícia de suas similares posteriores. Ela parece ter sido surpreendida por acaso na forma humana, tudo indica que ela teria permanecido assim para sempre, se não fosse o empenho do príncipe e a autorização da futura sogra para que ela mostrasse seus dotes. É claro que ela não penteava seus cabelos dourados sob a janela do príncipe por acaso, mas sua atitude está longe das ousadas peripécias de Bicho Peludo e Pele-de-Asno.

Depois de fornecer a pista pela qual o príncipe deduziu ser ela uma donzela enfeitiçada, Preziosa não cedeu a seus encantos enquanto não se provou capaz de cuidar do jovem com o zelo de uma mãe. Se as princesas anteriores passaram pela experiência de superar a própria mãe no território dos atrativos, esta, por sua vez, teve de rivalizar com ela no campo dos cuidados maternos.

Pelo jeito esse novo desafio corresponde muito mais às necessidades do rapaz do que às dela, pois aqui temos mais uma inversão. Embora pareça ser ela quem recusa apresentar-se na forma humana até que a velha mulher admita que a ursa é tão boa dona de casa quanto ela, podemos pensar que ocorre o oposto. De fato, o príncipe só beijou sua amada ursa quando esta mostrou que podia ser tão prendada quanto sua mãe. O que pareceria resistência dela, talvez fosse um capricho dele, já que nem sempre as coisas contêm a lógica mostrada na superfície. Portanto, deixar suas pistas em sopas e bolos saborosos faz parte necessária da sedução também para as outras princesas, porque seus homens não querem apenas uma mulher para desejar, eles também esperam ser cuidados por elas, pois seu coração muda de dona, mas nem sempre do modo de amar.

Capa-de-Junco, quase uma Cinderela

or que esses três contos, tão ricos e elaborados, que se prestam para ilustrar questões cruciais da vida das meninas, ocupam hoje um lugar menor e estão quase abandonados? A resposta não é difícil, já que é visível que seu conteúdo não é suportável para os nossos contemporâneos. O século XX foi um século bem psicológico, no qual se concentrou a extrema preocupação pelo caráter ideológico, pedagógico e psicológico de tudo que se difundiu, particularmente no que se disponibilizava às crianças. Em *Bicho Peludo*, *Pele-de-Asno* e *A Ursa*, a fantasia é muito explícita: temos uma trama edípica exposta à luz do sol, ela quase fala por si mesma, o que a deixa com um aspecto bem constrangedor. Não há sequer os disfarces clássicos, por exemplo, o padrasto ou um tio ocultando o caráter paterno daquele que faz a sedução, algo que livrasse a cara do pai.

A unidade dessas três histórias está na diferença da posição do pai. Colocado na maioria dos contos clássicos que sobreviveram como fraco, morto ou sem voz ativa, aqui ele é chamado a proclamar seu amor ao extremo e escolher a filha. Na maior parte das histórias de princesas que conservam sua popularidade, a ênfase é dada na luta contra a mãe, para que a filha possa desprender-se dela. Esta é uma operação necessária para que a mãe deixe a filha crescer e permita ser superada nas questões femininas. Pareceria que, da parte do pai, não haveria conflito, bastaria com que ele mantivesse a bruxa ocupada. Como se vê, com essas histórias, não é bem assim, há assuntos a tratar com o pai, ele tem um papel ativo na construção da identidade feminina.

Existe uma variante dessas histórias que assinala quais restos delas permaneceram disponíveis nos nossos dias. É um conto cuja trama alude constantemente a essas que estamos analisando, mas combinado com elementos comuns a outras histórias da tradição. O que chama a atenção é que parte dessa história tem elementos comuns com *Cinderela*, assim como outras evocam as que analisamos anteriormente. É como se fosse uma história de ligação entre as semelhantes à *Bicho Peludo* e à consagrada *Cinderela*. Esse conto chama-se *Capa-de-Junco*[8] e nos chega a partir da compilação do folclorista inglês Joseph Jakobs. Entre 1890 e 1894, Jakobs publicou seus *English Fairy Tales* e os *Celtic Fairy Tales*, considerados como o cânone britânico para os contos da tradição.

A história tem um início diferente, essa jovem não foge, ela é expulsa de casa pelo pai. Esse homem tem três filhas e resolve lhes perguntar o quanto elas o amam, as duas mais velhas respondem o previsível, que o amam como a vida, como o mundo todo. A caçula (sempre a caçula,[9] nos contos) responde de forma mais enigmática, diz: "o amo tanto quanto a carne fresca ama o sal". Furioso por não compreender tal afirmação, o pai expulsa a filha ingrata que não teria sabido expressar seu amor por ele.

Esse conto, menos conhecido em sua forma folclórica, pelo menos em parte, ganhou perenidade ao ser transformado em tragédia por William Shakespeare, na peça *O Rei Lear*. O princípio das duas histórias é idêntico, pois Cordélia, a filha mais nova de Lear, nega-se a adular o pai como suas irmãs interesseiras. Ela dá à pergunta do pai uma resposta que privilegia a sinceridade e a pureza dos sentimentos,[10] mas o rei interpreta mal. Desde o desterro em diante, as histórias divergem; o rei Lear paga muito caro pela sua injustiça, enquanto, no conto de fadas, o desenlace é mais fantástico e feliz.

Expulsa de casa, Capa-de-Junco passa por um charco e ali junta suficiente quantidade do vegetal que a nomeia para fazer uma capa com capuz, de forma a cobri-la da cabeça aos pés e ocultar suas belas roupas. Como vemos, outra vez o disfarce dá o nome à personagem e ao conto. Assim vestida, ou melhor, oculta, ela se dirige às terras vizinhas onde pede trabalho e obtém o mais degradado da casa. Algum tempo depois, é organizado um baile, e os empregados têm permissão para assistir às danças. Ela declara que está muito cansada e vai dormir. Porém, escondida de todos, retira a capa, se lava e vai ao baile.

Óbvio que o filho do patrão da casa em que ela trabalha não tem olhos para outra senão para a bela dama que nossa heroína se revelou; a noite inteira dança com ela, que foge ao final, retornando ao seu disfarce de junco. Quando todos voltam, ela finge acordar e escuta o relato das próprias proezas feitos pelos servos da casa. A sucessão dos acontecimentos repete-se por três noites, sendo que, na última, antes que ela fuja, ele lhe dá um anel e diz que morrerá de tristeza se não for correspondido. Ela novamente se vai e o jovem começa de fato a morrer de amores pela dama misteriosa.

Em casa providenciam um mingau para o doente, que ela pede para fazer, deixando no fundo da tigela o delicado anel que ele lhe dera. O jovem encontra a jóia, o disfarce cai e a bela dama aparece, sendo pedida em casamento pelo patrão. Toda a redondeza é convidada, inclusive seu pai, mas a jovem pede à cozinheira que, no jantar do casamento, a carne seja preparada sem sal. Uma vez à mesa, o pai prova o prato, não consegue comê-lo e se põe a chorar, declarando que finalmente entende o que a filha, que à essa altura já devia estar morta, havia lhe dito. Nesse momento, Capa-de-Junco abraça o pai, que a reconhece, e se perdoam mutuamente.

Num primeiro momento, o que modifica essa história em relação às anteriores é a inversão: não é o pai que ama a filha, ele exige ser amado por ela. Esse pedido do pai se repete em outros contos, muitas vezes, associado à distribuição da herança. O filho mais jovem, sempre o mais devoto ao pai, leva a pior, por não ser hipócrita como seus irmãos mais velhos, e sempre se revela o de coração mais puro ou o mais bem-sucedido. De qualquer maneira, justamente porque o pai é incapaz de reconhecer o valor desse filho, ele é fadado à aventura, vai buscar em outros reinos o valor que lhe é negado no seu. Em casa é o menor, no mundo provará que pode ser grande, em todos os sentidos da palavra.

Assim, a nossa jovem é lançada à rua, mas convém analisar a resposta que ela dá ao pai, já que é bem enigmática. A jovem não responde com a abstração das irmãs, lança mão a uma metáfora doméstica, situando o pai como o tempero que torna a carne apetitosa. Nisso, a história se inscreve na seqüência das que estávamos estudando: uma história de amor entre pai e filha, em que ele é o que lhe dá os atributos que a tornarão sedutora.

Talvez não haja metáfora mais rude e, ao mesmo tempo, precisa do que falávamos antes do que dizer que a filha é a carne e o pai o tempero. Porém, dessa vez, é ele que se incumbe de interditar o amor, negando-se a compreender o jogo de palavras. Manda-a procurar seu tempero lá fora. Mas, em verdade, ela já o tinha, sob a forma das ricas vestes, e o caso agora é como administrar isso fora da família. Como as suas companheiras peludas, terá de se disfarçar e ir mostrando aos poucos, tanto quanto suporta deixar ver.

É aqui que se estabelece a conexão com *Cinderela*: há o elemento dos três bailes, da fuga e da pista que elas dão ao homem amado ou que ele lhes dá, sejam os objetos de ouro, o anel ou o sapatinho. *Cinderela* também tem em comum com este conto o fato de ser a preterida entre as filhas, a destinada ao trabalho sujo.

Normalmente, os contos tradicionais são o resultado de diversas combinatórias com elementos em comum. Eles são tais quais os diversos jogos que podem ser jogados com o mesmo baralho, por isso, a repetição não surpreende. O que estamos situando nesse momento é uma espécie de conto de transição entre aqueles que hoje não são tão populares e o conto que venceu a barreira do tempo, ou seja, a *Cinderela*. Por isso, vale a pena situar o que se manteve ainda em *Capa-de-Junco* e o que mesmo nele se perdeu.

Jogo de esconde-esconde

 que chama a atenção nessas histórias é o fato de os outros só enxergarem o que as heroínas querem que seja visto. Enquanto estão ocultas sob seu disfarce de pele ou junco, ninguém percebe sua beleza. No banquete de bodas, o próprio pai de Capa-de-Junco não nota que a noiva é sua filha, até que ela o abraça. Da mesma forma, as irmãs de Cinderela também são incapazes de perceber que a musa do baile é a própria irmã, embora a tenham observado a noite toda. Dessa forma, partindo de uma casa onde o amor entre pai e filha se torna insuportável, cai-se num outro registro onde a jovem não está mais exposta, ela é mestra dos disfarces e pode se iniciar na arte feminina de ocultar e mostrar, para atiçar o desejo.

O dramático é quando, na vida real, as meninas não conseguem deixar de ser um "Bicho Peludo". Ou seja, para fugirem de um suposto olhar paterno, e conseqüentemente de um desejo incestuoso, certas mulheres optam por enfear-se. A forma mais comum de esconder-se, e um dos disfarces mais difíceis de tirar, parece ser a gordura. Sob análise, descobrimos que certas mulheres assim se mantêm obesas por uma dificuldade extrema em suportar um olhar desejante, agora já generalizado, ou seja, vindo de qualquer um. Mas o vestir-se pode ser também fonte de litígio: certas adolescentes são mestres numa estética que desagrade aos pais ou que sirva como disfarce. Outras, embora raras, preferem a sujeira e o fedor como um elemento que as torne desinteressantes, o que parece ser uma defesa mais masculina.

De qualquer maneira, o que se perdeu, o grande esquecido das histórias tradicionais que nosso tempo herdou, é, com certeza, o amor confesso entre pai e filha. Em *Cinderela*, já nada dele restou. Realmente, esse deve ser um assunto bem cabeludo... ou peludo, se nos permitem o trocadilho.

Notas

1. GRIMM, Jacob & Wilhelm. *Contos de Fadas*. Belo Horizonte: Villa Rica Editora Reunidas, 1994.
2. PERRAULT, Charles. *Contos de Perrault*. Belo Horizonte: Itatiaia, 1989.
3. Temos um exemplo num conto russo no qual o que faz o pai afastar-se é a pele. "No conto *Pele-de-Porco*, o pai se apaixona pela filha e deseja desposá-la: 'Ela foi até o cemitério chorar carinhosamente sobre o túmulo da mãe'. Disse-lhe a mãe: 'Pede que ele te compre um vestido recamado de estrelas'. A jovem obedece, mas o pai está cada vez mais apaixonado. A mãe aconselha então a filha a pedir um vestido onde estejam representados o sol e a lua. 'Mãe, meu pai continua a me amar cada vez mais!' Dessa vez a mãe lhe diz para pedir que a cubram com uma pele de porco: 'O pai cuspiu de nojo e expulsou-a' *(Afanasi'ev 161 a/ 290)*" In: PROPP, Vladimir. *As Raízes Históricas do Conto Maravilhoso*. São Paulo: Martins Fontes, 1997, p. 174
4. Nos ocuparemos mais desse processo no Capítulo VIII, sobre o conto de *João e o Pé-de-Feijão*.
5. JERUSALINSKY discute essa questão em termos mais complexos, ressaltando a importância do desejo paterno para o sucesso da separação com a mãe: "(a menina) acaba de se separar do corpo materno e se instalar no lugar Um, que vai buscar no olhar do Outro algo que a reconheça. É ali que seu destino se bifurca. Será que vai ser sintoma no olhar da mãe ou no olhar do pai? Para que ela possa buscá-lo no olhar do pai, o pai tem que ser desejante. Isto é, tem que se mostrar obsceno. A obscenidade do pai é essencial para a construção do sintoma feminino, numa posição tal que o desejo da menina – o desejo feminino – escape a uma identificação absoluta com o fantasma materno". In: JERUSALINSKY, Alfredo. *O Desejo Paterno*. Porto Alegre: Correio da APPOA. Nº 79 – ano IX.
6. A psicanalista Eliana Calligaris resgata uma importante contribuição de Helene Deutsch e ressalta a dupla face dessa figura paterna, cuja sedução se revela necessária e perigosa: "Helene Deutsch fez uma distinção: a menina pequena tem dois pais – o pai do dia, com o qual sua relação é consciente e sublinhada por uma troca amorosa; e o pai da noite, que acarreta ameaças de crueldade e sedução, e 'que mobiliza sonhos angustiantes' (...) Seduzir o

pai significa despertar o pai da noite: ele reconhecerá que o corpo da menina é feminino, pois foi ele que o castrou. Só que esse pai é chamado a rasgar a foto da entrega sem limites, ou seja, a foto que no olhar da mãe cativa a menina numa eterna pequena comunhão. O pai, em suma, é também o salvador. Por um lado é cruel e sedutor (o pai da noite), por outro, afastou do corpo da menina os flashes ofuscantes da mãe". In: CALLIGARIS, Eliana dos Reis. *Prostituição: o eterno feminino.* Dissertação de Mestrado em Psicologia Clínica. PUC/São Paulo 1996.

7. BASILE, Giambatistta. *El cuento de los cuentos (El Pentamerón).* Barcelona, José J. de Olañeta (ed.), 1992.

8. JAKOBS, Joseph. *Contos de Fadas Ingleses.* São Paulo: Landy, 2002.

9. Acreditamos que a persistente escolha do filho caçula para encenar o drama da separação dos pais e do crescimento necessário deve-se ao fato de que se supõe que ele será o último a sair de casa, a casar. Antigamente, inclusive, existia a regra de que as filhas se casassem por ordem de nascimento, de tal forma que nenhuma pudesse se casar antes que sua irmã mais velha. Da mesma forma como o primogênito paga o preço da inexperiência de seus pais, o caçula fica com o ônus da resistência destes de ver a família se dissipar.

10. Estas são as palavras da resposta de Cordélia: "Meu bom senhor, tu me geraste, me educaste, amaste. Retribuo cumprindo meu dever de obedecer-te, honrar-te e amar-te acima de todas as coisas. Mas para que minhas irmãs têm os maridos se afirmam que amam unicamente a ti? Creio que, ao me casar, o homem cuja mão receber a minha honra deverá levar também metade do meu amor, dos meus deveres e cuidados. Jamais me casarei como minhas irmãs, para continuar a amar meu pai – unicamente". Julgando que sua resposta era movida pela ingratidão e pelo orgulho, Lear a desterra e deserda, dizendo-lhe: "tua verdade será então teu dote". In: SHAKESPEARE, William. *O Rei Lear.* Porto Alegre: L&PM Editores, 1981.

Capítulo VII
A MÃE, A MADRASTA E A MADRINHA

Cinderela e *Cenerentola*

Diferentes papéis atribuídos à figura da mãe – Rivalidade fraterna –
Valor da memória dos pais da primeira infância – Sedução – Fetichismo no amor

 ertamente *Cinderela* é um dos mais populares contos de fadas, sua estrutura é simples, seu apelo é forte e não há quem não se emocione com esse destino. Historiadores têm encontrado variações sobre essa narrativa em quase todas as culturas, e sua antiguidade é proporcional à sua difusão. Já foi documentada uma versão chinesa do século IX da nossa era. Seu contraponto masculino não é conhecido na nossa tradição ocidental, mas em culturas indígenas norte-americanas encontramos o *Ash-Boy,* um *Cinderelo,* com uma estrutura bastante similar à da faceta feminina.

A versão hoje mais difundida se deve basicamente a Perrault (1697), seguida em popularidade pela versão dos irmãos Grimm (1812). A maior parte dos elementos do roteiro do desenho animado de Walt Disney (1950) foi retirada da história francesa. Como no caso de *Branca de Neve* e suas similares, outra vez temos uma órfã nas garras de uma madrasta. O personagem do pai é tão irrelevante que, em certas versões, não fica claro se já morreu ou se não se importa com a filha. Nesse conto, além da madrasta para atazanar a vida de nossa heroína, existem as irmãs que lhe detestam.

A Cinderela italiana

 inderela tem seu ancestral literário escrito por Giambattista Basile, fazendo parte do *Pentamerone,* uma compilação publicada em 1634, em dialeto napolitano, narrada por várias vozes, ao longo de cinco noites – com o mesmo tipo de estrutura narrativa do *Decameron.* Basile recolheu histórias populares e, entre elas, apareceu *Cenerentola,*[1] a Cinderela italiana, avó da Borralheira que ainda vive entre nós.

Cenerentola conta as desventuras de Zezolla, a filha de um viúvo, mimada por ele e por uma governanta que lhe era muito devota. Passado algum tempo do luto, o pai casou-se com uma mulher malvada, que dedicava à enteada um péssimo humor. Enquanto isso, Zezolla não parava de lamentar o quanto desejaria que a governanta fosse sua madrasta, em vez dessa terrível mulher. Foi essa queixa que oportunizou a Carmosina (a governanta) propor a Zezolla uma forma de matar a madrasta e depois insistir junto ao pai para que a desposasse. A menina fez tudo conforme planejaram: deixou cair a tampa de um baú sobre o pescoço da madrasta e depois convenceu o pai a efetuar novas bodas com Carmosina, a qual havia prometido que lhe seria fielmente dedicada. Durante as bodas do pai, Zezolla recebeu a visita de uma pomba que lhe disse: "quando você desejar alguma coisa, mande o pedido para a Pomba das Fadas, na ilha da Sardenha, e você terá seu anseio instantaneamente atendido".

Não demorou muito tempo para que a nova madrasta trouxesse para a família suas seis filhas, mantidas ocultas até então, e Zezolla começasse a ser tratada como criada, vivendo na cozinha, entre as cinzas da lareira, passando a ser chamada de Cenerentola. O pai esqueceu-se da filha, ficando total-mente envolvido com as enteadas, a quem dedicava a mesma atenção de que antes ela era objeto.

Em certa ocasião, o pai teve de tratar de negócios na Sardenha e oportunizou a cada filha que pedisse presentes. As seis enteadas fizeram suas encomendas de roupas, perfumes e enfeites. Dirigindo-se com ar zombeteiro para a própria filha – lembrava de todos menos de seu próprio sangue, diz a história –, permitiu-lhe fazer também um pedido. Ela respondeu que nada queria, mas pediu que levasse suas recomendações à Pomba das Fadas e lhe oferecesse a possibilidade de ela lhe mandar alguma coisa. Ele comprou todos os mimos solicitados pelas enteadas, mas se esqueceu do pedido da filha. Porém, ela havia lançado um feitiço: se ele não a atendesse, não teria como voltar. O navio em que pretendia regressar não pôde sair do porto. Só então ele lembra do pedido da filha e vai providenciá-lo; depois disso, o navio enfim zarpa. Meio a contragosto, ele trouxe para ela o que as fadas enviaram: uma muda de tamareira, uma enxada de ouro, um balde também de ouro e um guardanapo de seda.

Zezolla plantou a árvore com os instrumentos que se revelaram mágicos, regava-a e limpava suas folhas. Em poucos dias a árvore havia crescido, alta "como uma mulher". De seu interior saiu uma fada que lhe perguntou o que ela queria. Ela respondeu que queria poder sair da casa sem que suas irmãs soubessem. A fada lhe ensinou as palavras mágicas que, entre outras, dizia para a tamareira ao sair: "dispa-se e vista-me rápido"; e, ao voltar, "dispa-me e se vista" (como se a árvore emprestasse as roupas).

Chegada a temporada de bailes, Zezolla com-pareceu suntuosamente vestida, transportada por uma luxuosa carruagem, a ponto de polarizar comple-tamente a atenção do rei (que pelo jeito era solteiro). Na saída da festa, o rei colocou um servo para segui-la, mas ela jogou moedas de ouro no chão, e ele se distraiu recolhendo-as. Dessa forma, conseguiu manter seu mistério. No segundo baile, apresentou-se ainda mais luxuosamente paramentada, dançou com o rei, mas voltou a fugir, dessa vez, jogando pedras preciosas que tinha preparado para livrar-se do criado, que novamente a perseguia a mando do rei. Ainda numa terceira festa, a cena se repetiu, ainda com mais ostentação. Como o rei estava muito determinado a descobrir quem ela era, foi obrigada a fugir correndo e, na pressa, deixou seu tamanco cair.

O rei organizou grandes jantares para experi-mentar o tamanco em todas as damas do reino, mas em nenhuma delas serviu um calçado tão delicado. Desesperado, lançou um pedido aos seus súditos para que apresentassem todas as candidatas possíveis. Em função disso, o pai de Zezolla lhe comentou que tinha mais uma filha em casa, mas que ela era tão esfarrapada e suja que não poderia sentar-se à mesa real. Mesmo assim o soberano ordenou que ela fosse trazida e, assim que a viu, soube que era a moça que ele estava buscando. O conto não relata como ela estava trajada nessa ocasião, pelo jeito com seus andrajos costumeiros. Assim que ela se sentou para experi-mentar, o pequeno tamanco arremessou-se magica-mente para seu pé, reconhecendo sua dona. Zezolla foi coroada imediatamente, e às irmãs coube apenas morrerem de inveja e correrem para casa queixar-se para a mãe da injustiça de não terem sido escolhidas.

A Cinderela francesa

A versão seguinte, numa seqüência cronológica das três mais famosas, é a de Perrault, chamada de *Cinderela* ou *O Sapatinho de Vidro*.[2] A Cinderela francesa só tinha uma madrasta, que começou a maltratá-la de entrada. Com ela vieram duas filhas, possuidoras do mesmo péssimo gênio da mãe. Do pai, Perrault diz apenas que teria repreendido a filha caso ela se queixasse da madrasta, "porque era sua mulher quem dava as ordens na casa", em suma, um fraco. Ela trabalhava de sol a sol, porém se mantinha afável com todos.

Quando chegou o convite para o baile, a ninguém ocorreu que ela poderia comparecer, afinal, era como uma criada. Após pentear e arrumar as irmãs com esmero, ela se sentou na cozinha a chorar. Foi nesse momento que surgiu sua madrinha, uma fada que a obrigou, entre soluços, a confessar seu desejo de ir ao baile. Com vários passes de mágica, ela providenciou a carruagem – a partir de uma abóbora, tendo ratos e lagartos transformados em cavalos, cocheiro e librés – e os vestidos necessários para fazer de sua chegada um acontecimento. Mas havia um senão: o encantamento só durava até a meia-noite.

O desejo foi alcançado e, mais do que isso, sua aparição paralisou a festa. Ela se tornou o centro das atenções do príncipe solteiro, e o assunto obrigatório nos comentários do baile. Lá ela dedicou particular atenção às irmãs, com quem partilhava as iguarias oferecidas, sem ser reconhecida. Ao voltar para casa, sentiu muito prazer em escutar o relato das irmãs, maravilhadas pela bela desconhecida, sem nem sequer suspeitar que fosse ela.

Na segunda noite de baile, Cinderela repetiu a proeza, mas distraiu-se dançando com o príncipe e teve de sair correndo quando soaram as badaladas das doze horas. Na pressa, deixou cair um de seus sapatinhos de vidro. Na posse dele, o príncipe determinou-se a encontrar a amada misteriosa, pois ele já estava apaixonado por ela. Procuraram entre todas as mulheres do reino e em nenhuma servia um calçado tão diminuto e elegante, até chegar à casa de Cinderela, que pediu para prová-lo também, apesar de que caçoavam dela. Numa apoteose final, quando o calçado serviu, a moça tirou o outro pé de sapato do bolso e ainda a fada madrinha apareceu para transformar os trapos no mais belo dos vestidos.

A boa Cinderela de Perrault casou-se com seu amado e ainda perdoou suas irmãs malvadas, levando-as para o palácio e providenciando-lhes bons casamentos.

A Cinderela alemã

próxima versão, dos irmãos Grimm, não é tão popular, e sua personagem não é tão magnânima quanto a anterior. A Cinderela[3] alemã é mais próxima de Zezolla e das moças que mostraram sua beleza em momentos mágicos, mas se esconderam em trapos e peles até o momento final da revelação.

Nesta história, o vínculo da jovem com sua falecida mãe é muito ressaltado: ela segue as recomendações desta no leito de morte, de ser sempre boa a piedosa, e chora diariamente em seu túmulo. Quanto a seu pai, em breve voltou a se casar com uma mulher, mãe de duas filhas, ambas de bela aparência e péssimo coração. A elas coube o papel preponderante de espezinhar a nova irmã, que foi rebaixada, obrigada a fazer trabalhos forçados e a habitar em meio às cinzas.

Certa ocasião, antes de partir para uma viagem, o pai perguntou para as três o que queriam que ele trouxesse de presente. Ao contrário das irmãs, que solicitaram as riquezas costumeiras, ela pediu apenas: "o primeiro galho de árvore que bater em teu chapéu, quando estiveres voltando para casa". Quando recebeu a encomenda, um galho de aveleira, a jovem plantou a muda no túmulo de sua mãe, regando-a com suas copiosas lágrimas até que a muda se transformou em uma árvore. Freqüentemente, quando ela se sentava à sua sombra para rezar e chorar, em seus galhos pousava um passarinho que realizava seus desejos.

Um dia chega um convite para uma festa que duraria três dias, onde o príncipe devia escolher sua noiva. Por duas vezes, Cinderela implorou para também comparecer, mas a madrasta, a contragosto, disse que só permitiria caso ela conseguisse catar os pratos de lentilhas que ela esvaziou entre as cinzas – o que julgava impossível. Quando a jovem realizou a tarefa, graças à ajuda dos passarinhos, a perversa mulher lembrou-a de que ela não tinha roupa e então não poderia ir. Quando elas se foram, Cinderela apelou para suas aves mágicas. Curiosamente, foi obediente, pois é impossível não observar que ela poderia ter apelado para essa solução mágica desde o começo, mas, através desse expediente, ela obteve a permissão da madrasta para ir, pois realizou as tarefas e só não pôde comparecer por falta de roupas. Então, providenciando as vestes, ela não estaria fazendo nada de errado.

Com os belos vestidos emprestados, compareceu ao baile e obteve os favores do príncipe, que no fim se ofereceu para acompanhá-la até sua casa, curioso por saber quem ela era. Perto de casa, ela fugiu dele e pulou num pombal. Com ajuda do pai da moça, eles derrubaram o pombal, mas não a encontraram. Ela já correra para devolver o vestido, que deixara sobre o túmulo da mãe para ser recolhido pelas aves. No segundo baile, tudo se repetiu, mas dessa vez ela se escondeu do príncipe subindo agilmente numa pereira, que novamente foi derrubada, sem que a identidade de Cinderela fosse descoberta. A cada vez que ajudava o príncipe, o pai se perguntava se seria sua filha a princesa misteriosa, mas nada disse. Na terceira noite, o príncipe preparou uma armadilha: mandara passar piche na escadaria, dessa forma um delicado sapato dourado da fujona ficou preso. Munido da pista, o príncipe foi buscar sua amada.

Mandou experimentar o sapato em todas, declarando que se casaria com sua dona. As irmãs tentaram calçá-lo, mas como era pequeno demais, a mãe delas cortou o calcanhar de uma e o dedo da outra. Conformado, já que elas haviam calçado o sapato, por duas vezes, o príncipe pôs uma das irmãs sobre seu cavalo, disposto a desposá-la. Mais uma vez, os pássaros mágicos ajudaram, avisando o príncipe de que havia sangue no sapatinho.

Voltando para a casa do pai de Cinderela, ele perguntou se não haveria outra filha – afinal a amada sempre desaparecia em seu quintal. O pai disse que só restava uma maltrapilha, mas o príncipe exigiu que ela também experimentasse. O sapato serviu e o príncipe a reconheceu. Quando tentavam assistir ao casamento daquela que tanto haviam maltratado e que agora adulavam, as duas irmãs finalmente foram castigadas: as mesmas aves que tanto auxiliaram Cinderela furaram-lhes os olhos, condenando à cegueira aquelas que só se importavam com a aparência.

O essencial

ara Bettelheim, "A borralheira de Perrault é adocicada e de uma bondade insípida e não tem nenhuma iniciativa (provavelmente por essa razão Disney escolheu a versão de Perrault como base de seu relato cinematográfico). A maioria das outras borralheiras são mais gente".[4] De fato, comparativamente, parece que Zezolla e a Cinderela dos Grimm são mais travessas, precisam plantar e regar a árvore de onde provém a boa magia e são menos atenciosas com suas algozes. Porém, a história de Perrault sintetiza melhor toda a trama, é um roteiro mais eficiente e acreditamos que não se perde a seqüência essencial: a boa alma, companheira da beleza, encontra o devido reconhecimento apesar dos trapos que a ocultam. A jovem joga um esconde-esconde com o príncipe e com sua família, que se nega a ver nela algum valor. Ele investiga, a descobre,

lhe declara seu amor, e só então ela revela que é a bela dama do baile. Por isso, não convém julgar qual é a melhor versão, acreditamos que o tempo faz uma seleção natural dos aspectos da história adequados a cada época e, se ela continua sendo contada, é porque em sua essência ainda tem algo a dizer.

As versões mais complexas, a italiana e a alemã, permitem detalhar melhor a força da relação da moça com sua finada mãe, que aparece no derramamento de lágrimas sobre o túmulo e na busca de Zezolla por uma substituta, que termina sendo a Pomba das Fadas. Também nestas, os mistérios de Cinderela assumem o ar de uma certa picardia infantil; subindo em árvores, jogando iscas para distrair o criado, as moças vão a baile como mulheres, mas fogem como molecas. O que essas duas histórias oferecem em relação a Perrault é uma riqueza maior, o que é bem-vindo para nossa análise, enquanto a versão francesa é a melhor síntese. Talvez esta versão hoje domine a cena justamente pela forma, pois é a que melhor amarra os elementos da história.

Em todas elas, a madrasta parece não invejar diretamente a juventude, a beleza e o bom caráter de Cinderela, mas deixa claro que não suporta a falta desses dons em suas filhas legítimas. O castigo é simples, fazer a menina trabalhar, com a expectativa de que o próprio trabalho haverá de enfeiá-la. O nome da heroína em diversas línguas, que também dá nome ao conto, é sempre o mesmo: uma alusão às cinzas do fogão e ao fato de estar junto a ele, de forma que sempre fica marcado o lugar daquela que trabalha.

Existem outros contos que insistem na idéia de que a fadiga do trabalho acaba com o encanto e a beleza, que as vestes rústicas da camponesa tornam invisíveis os encantos da princesa, sem falar da descida na escala social, pois quem trabalha não é nobre. Este é então o destino da heroína, não ser amada em casa e trabalhar feito um servo. Porém, tão bom é seu caráter que ela suporta a carga sem pestanejar e não só trabalha muito, como trabalha bem. Sua trajetória contém de forma dramática uma virada clássica nos contos de fadas, em que o herói prova no mundo externo uma grandeza que em casa ninguém via.

Cinderela dá um colorido forte a sofrimentos como o de não ser amada pelo pai, que a abandona à mercê da mulher perversa e da dor pela perda da mãe boa. Trazendo todos esses conflitos para dentro da cena doméstica, essa história permite uma empatia imediata de qualquer filho com ela, já que cada um sempre se sentirá demasiado injustiçado e exigido, assim como pouco amado. Acreditamos que daí provém seu sucesso. Por isso, não importa se a heroína de Perrault é mais adocicada, já que o encanto do conto é mesmo sua vocação para o dramalhão.

As filhas prediletas

s irmãs de Cinderela são seu avesso, preguiçosas, mal-humoradas e orgulhosas. Mesmo quando é dito que são belas (Grimm), são aparentemente sem atrativos, não obstante detêm o amor da mãe. O raciocínio óbvio seria atribuir essa preferência aos laços de sangue, mas isso já não salvou outras personagens das maldades maternas, e, como costumamos constatar, madrasta é um qualificativo transitório da mãe. Outro caminho seria pensar que essas filhas infantilizadas ainda não ameaçam o reinado da madrasta, elas não são ainda mulheres, não há oposição, são crianças mimadas, vivendo no tempo em que a mãe ainda era boa e foco de admiração.

De qualquer modo, essa história engaja seus leitores numa profunda empatia com a filha que não é preferida no amor dos pais. Onde houver irmãos, haverá desigualdade de fato ou a suposição de que ela existe. É raríssimo o caso em que um grupo de irmãos considere equânime a distribuição do amor dos pais. Normalmente, os filhos observam que a preferência dos pais, e principalmente da mãe, incidirá sobre o filho menos independente, menos rebelde aos mimos, mais exigente de atenção. Os filhos que mostram maior interesse pelo mundo externo que pelos assuntos domésticos não são dignos dessa escolha por serem traidores. Para amar fora de casa, é preciso ter diminuído a importância do amor dentro.

As irmãs da borralheira se deixaram arrumar para a festa pela mãe, mas como complemento a sua glória. As filhas só pareciam belas aos olhos maternos, sua aparência não foi chamativa para o príncipe, porque não foi para ele que elas se enfeitaram. Foram para festa como os filhos pequenos iriam a um aniversário infantil. Com Cinderela, o caso era outro: seu embelezamento tinha o endereço certo do olhar do príncipe e imediatamente se produz o efeito desejado. Esse feitiço sobre o rapaz é descrito sempre da mesma forma: todas as outras moças e o resto da festa se apagam, ele só teve olhos para sua eleita. Portanto, não se trata mais de ser escolhida no amor da mãe ou do pai, o alvo da flecha é outro coração.

A reação da jovem começa quando ela faz a sua primeira reivindicação: ir a um baile. Sua vontade é de se colocar entre as mulheres desejáveis, sabe que está na hora de ser olhada por um homem, e o baile é o lugar onde isso acontecerá. A madrasta lhe dá várias missões impossíveis de modo a dificultar seu *debut* e, quando finalmente ela vence todos esses desafios, aquela igualmente não lhe ajuda. É uma recusa a admitir um lugar diferente para nossa heroína, para que ela possa ao menos sonhar com um destino melhor. Além de ser impedida de ir, Cinderela terá de se dedicar aos preparativos de suas irmãs para o baile.

Finalmente chega o auxílio na figura da fada madrinha. A madrinha é a substituta da mãe na sua falta, o que já nos dá uma pista sobre seu significado. Perrault apenas explicita melhor, personificando num ser mágico aquilo que nos Grimm e em Basile é retratado de forma mais simbólica e espiritual. O importante é que nos três casos o auxílio é proveniente do que decantou do antigo amor dos pais, agora morto, desencarnado, que já não tem lugar no mundo real da jovem.

Memórias encantadoras

 amor materno dá uma segurança que pode ser aproveitada em vários momentos e inclusive, contra tudo e contra todos, nos momentos cruciais. É uma força oriunda do fato de que um dia fomos amados, significamos algo para alguém, e imbuídos dessa convicção vamos então à luta. O dom da fada madrinha – o mesmo valendo para suas similares – na verdade é simples: restituir algo que uma filha já teve, quando era objeto do olhar materno apaixonado de que os pequenos se nutrem. Só um olhar desse calibre, herdeiro desse amor, possibilitará que o encanto seja realçado e não coberto por cinzas e roupas feias. O que fica em cada um de nós da força desse primeiro amor materno será o cerne do narcisismo ulterior do sujeito, aquilo que chamamos erroneamente de auto-estima. Na verdade, é tanto a força de uma alter-estima que o funda, quanto requer um olhar externo para ser reafirmada a cada tanto. Em geral, as mães contemplam seus filhos com a mesma paixão do príncipe para Cinderela: eles sempre serão os mais bonitos da festa. Mas seu poder é temporário, a mãe logo desaparece, ao contrário da madrasta que a mantém sob o jugo por um período mais longo.

Nos contos, madrasta é sinônimo de mãe má, a ela são reservados os papéis da inveja, da colocação de entraves para que a menina se torne uma mulher (Cinderela) ou ainda, em sua versão mais mortífera, do ódio assassino (Branca de Neve). Em *Cinderela*, temos o contraponto da fada madrinha ou das árvores mágicas (quer crescidas no túmulo da mãe, quer enviadas pelas fadas, estas são erguidas sobre a memória da mãe perdida). Essas fadas são personagens mais evanescentes, destinados a preservar o lado bom da mãe, ou seja, a mãe da primeira infância. Porém, enquanto a madrasta é uma personagem real, as fadas ou seus representantes são figuras interiorizadas, aparecem apenas na intimidade da jovem e são um segredo seu.[5]

Na versão dos Irmãos Grimm, a jovem costumeiramente visita e chora sobre o túmulo da mãe onde plantou uma aveleira, proveniente do primeiro galho de árvore que bateu no chapéu do pai quando estava voltando de uma viagem. Foi esse galho, um símbolo do desejado retorno do pai, que embora vivo, na prática estava perdido, que ela plantou e regou com as lágrimas de seu desamparo.

Túmulo, árvore e pássaros mágicos formaram uma espécie de altar dedicado aos pais da primeira infância, de onde se retira a força para seguir adiante. A mãe biológica está morta, e o pai agora é um bobo insignificante, totalmente incapaz de protegê-la e valorizá-la. Mas nesse altar, se consuma a fertilidade do pai (o galho que brota) sobre o corpo da mãe (a terra do túmulo), representados espiritualmente pelo pássaro[6] e regados com a saudade da filha. É um espaço de culto aos pais perdidos – e por isso idealizado –, aqueles que foram tão poderosos a ponto de nos dar vida e tão protetores a ponto de nos permitir que sobrevivêssemos a riscos e incapacidades da primeira infância. A jovem está crescida, já não precisa mais ser carregada e alimentada, por isso, os pais da infância vivem apenas na memória.

O encantamento capaz de fazê-la renascer das cinzas para um novo tipo de amor, não mais materno, provém de um espaço interior à Cinderela. Todos temos, como ela, que montar com nossas próprias mãos o altar onde colocamos as evocações da infância, as lembranças que guardaremos conosco para uso em outros momentos da vida. Há um abismo entre a infância vivida e as lembranças que guardamos dela. Freud denominava algumas delas como "lembranças encobridoras", ou seja, um tipo de memórias fabricadas, seguindo a mesma lógica inconsciente com que se constroem os sonhos, e que são evocadas quando estão ligadas a algo que estamos querendo elaborar em outro momento da vida.[7] Não quer dizer que as nossas lembranças sejam totalmente falsas, mas sim que, como em toda história contada, ela será do ponto de vista do narrador. Organizamos o passado de forma tendenciosa,

pinçamos os trechos que nos convêm, cortamos os discordantes e alteramos alguns fatos e datas.

Na versão de Perrault, a fada madrinha viria em seu auxílio sempre que, desesperada, a jovem deixasse cair lágrimas denunciadoras da força de seu desejo. A fada interroga o motivo de sua tristeza e providencia uma ajuda: fazer dela uma princesa, mas por algumas horas apenas. De alguma forma, na hora de se apresentar para um homem, há uma reconciliação com uma dimensão boa da mãe, uma possibilidade de se identificar com seus melhores atributos. Em função desse desejo, a magia materializa-se e oferece os objetos necessários para que a menina obediente e rústica, agora vestida para seduzir, fosse ao baile.

As ajudas benignas nos contos de fadas oferecem instrumentos, jamais uma solução. A vida raramente transforma alguém em outra coisa, ela apenas brinda com alguns acasos, fatos e contextos pelos quais uma vida pode mudar seu rumo. Os objetos mágicos são representantes dessas condições, dão oportunidade à personagem de revelar seus dons, são, por exemplo, vestes que ressaltam a beleza, botas de sete léguas que dão velocidade à esperteza do herói, o objeto surge então inserido no contexto de seus desafios e capacidades.

As três formas da mãe

uando a filha se dedica a fascinar seu príncipe, ela comete não uma, mas duas traições, já que ela não deseja mais impressionar a mãe e, ao mesmo tempo, ofusca-a como mulher, tornando-se centro das atenções. A mãe perde o jogo, pois nem ela, nem suas lindas criancinhas são o foco da atenção. Agora é a vez de a jovem mulher ser o alvo dos holofotes. Não é de se admirar que a escolha dessa mulher recaia sobre suas filhas, incapazes dessa dupla traição.

Quanto à filha que se encaminha para a busca de seu príncipe, não estranhamos que considere a mãe boa como uma memória saudosa, enquanto a que está em casa será uma madrasta maléfica. A mãe receberá o mesmo tratamento destinado aos amores que acabaram: afinal, despeito, desvalorização e distanciamento são necessários para que uma história de amor termine e dê lugar a outra. Porém, tudo o que é sentido pela filha será projetado na mãe (a projeção é um mecanismo pelo qual se atribui ao outro o que na verdade se está sentindo). Esse mecanismo é tão efetivo que a filha poderia jurar que a mãe sente por ela tudo o que na verdade rumina em seu interior.

Subjetivamente falando, a mulher do pai não é a mesma pessoa que a mãe. A mãe é aquela que supostamente se completa com os filhos, que tem neles sua prioridade e jamais deseja sua ausência. A mulher do pai tem uma história de amor a viver, que exige tempo, dedicação, e pode se superpor em importância a suas majestades os bebês. A mulher do pai é a madrasta dos filhos, aquela para quem o casamento está em primeiro lugar, mesmo que seja a legítima mãe deles. Nesse sentido, o pai pode ser também colocado nesse lugar de preferido, em detrimento dos filhos que se sentirão injustiçados. A madrinha é a representante do efeito benéfico das lembranças de uma infância onde houve um vínculo amoroso com a mãe. Sendo assim, toda mãe tenderá a ser mãe, madrasta e madrinha ao mesmo tempo.

A madrasta invejosa dos contos de fadas tem uma função extra, ela reconhece a supremacia da beleza da mais jovem. Se nos referirmos à madrasta, compreendemos que agora se trata de uma disputa entre mulheres, em que a jovem ganha um lugar na categoria, e a inveja da mulher mais velha é testemunha da importância dessa conquista. A inveja da mãe é tão importante quanto o desejo do pai, eles sinalizam que em casa a filha já pode ser considerada uma mulher, ou pelo menos um bom protótipo. É com esses elementos que uma jovem se autoriza a cativar outros olhares.

Habitando as cinzas

 nome da personagem está invariavelmente ligado àquela que trabalha junto das cinzas.[8]. As versões do conto variam mais do que o nome dado à heroína, que, além disso, é o nome do conto, o que só sublinha a importância das cinzas para a história. Os dois nomes como é conhecida em português, Cinderela ou Gata Borralheira, têm origem comum, aludem ao resíduo do fogo. Existia, no passado europeu, um criado que guardava o fogo e recolhia suas sobras, uma função que estava nos últimos degraus de uma sociedade marcadamente hierárquica. Que seja um lugar social desvalorizado faz sentido, mas por que sempre este?

As cinzas geralmente estão ligadas ao luto e à purificação. Cobrir-se de cinzas por ocasião de uma perda era bem usual em culturas mediterrâneas. Como o fogo tem um papel purificador, seus restos são puros também. Isso nos leva a uma posição ambígua: ela estaria pura estando suja. Não é sem razão que certos autores viram em Cinderela uma remanescente das vestais,[9] as guardiãs do fogo sagrado na cultura romana. De qualquer maneira, a Borralheira é suja por fora, mas pura por dentro, isso ela demonstra com seu bom caráter, que se mantém apesar dos maus-tratos.

Investigando a vida amorosa dos homens, Freud encontrou casos típicos de como lidar com o amor e o desejo, pois estes nem sempre andam juntos. O que nos interessa neste caso é ressaltar certas características do modo de amar, encontradas em quadros de neurose obsessiva de maneira taxativa, mas que sob uma forma diluída são bem recorrentes. Certas pessoas fazem uma cisão entre um amor puro, elevado, espiritual e casto em contraponto a sua vida sexual carnal, desvalorizada, baixa e suja. Nesses quadros, é comum oscilar entre um amor celestial e um amor terreno no balizamento das escolhas amorosas. Mas essa divisão entre a mulher santa e a degradada ou prostituta não corresponde a um restrito número de casos patológicos, pois encontramos certa disposição geral dos homens para uma classificação das mulheres com esses critérios.

Nas palavras de Freud: "Onde elas (estas pessoas) amam, não desejam, e onde desejam não conseguem amar, a fim de manter sua sensualidade longe de seus objetos amorosos".[10] Cinderela, assim como Pele-de-Asno e Bicho Peludo, de certa forma suporta essas duas pontas da representação do desejo masculino. Nesse sentido, elas são uma mediação, uma síntese da mulher que certos homens procuram, ora suntuosa e pura e por isso amável; ora suja e degradada e, portanto, sexualmente desejável. Cinderela é uma personagem que casa em si esses opostos: pode então ser amada e desejada.

Bettelheim nos aponta em outra direção, ele nos lembra que na língua alemã há uma figura de linguagem: "ter de viver entre as cinzas"[11] que significava não só da condição inferior, mas apontava a rivalidade fraterna. Ou seja, estar entre as cinzas era metáfora de estar abaixo de outro irmão (independentemente do sexo), sofrendo alguma desvantagem. Esse é o gancho para que Bettelheim centre bastante sua interpretação do conto no sentido de dar conta dos problemas fraternos.

Um amor fetichista

 inderela é escolhida por um traço, o pé.[12] Certos autores vêem aqui resquícios de uma origem oriental do conto, onde os pés são valorizados, o que é uma hipótese a considerar. De qualquer forma, mãos e pés delicados são signos de quem não trabalha, de uma certa nobreza. Das múltiplas versões dessa história, o que se repete é a presença do sapato e do príncipe buscando obcecadamente sua dona. No universo dos contos, há muitos desses príncipes, seduzidos por um objeto cuja presença é imprescindível para que uma mulher seja escolhida. Podem ser pés, que calcem determinado sapato; mãos, onde o objeto que orienta a busca é um anel; ou ainda um cabelo, geralmente dourado e trazido pelo vento que inspira a busca por sua dona, para citar uns poucos exemplos.

É impossível não abordar o tema do fetichismo, que consiste num desejo erótico subordinado à presença de um objeto estritamente determinado e sem negociações que permitam sua troca. A importância do pé em Cinderela é tão grande que o príncipe estava disposto a levar a moça errada, desde que nela pudesse calçar o sapatinho. Em Grimm, são os pássaros que o avisam do equívoco, pois ele não se dá conta.

Para dizer algumas palavras sobre o caráter fetichista dessa busca do príncipe, será necessário tangenciar o tema espinhoso do Complexo de Castração. Freud trabalha em inúmeras ocasiões sobre o efeito impressionante, às vezes traumático, da descoberta da castração da mãe pelas crianças pequenas. A forte impressão provém de que elas partem da premissa de que todos possuem pênis, apenas o das meninas ainda não teria crescido.

Apesar de a idéia da castração ser algo de difícil digestão para ambos os sexos, a visão dos genitais da mãe deixaria especialmente o menino impressionado, tanto que ele tenderia, por efeito traumático, a se apegar eroticamente à última coisa que viu antes do púbis da mãe: os pés, os sapatos, as meias, as cintas-liga (quando eram usadas), certos tecidos, etc.[13] Esse objeto fortuito nega a castração da mãe ao mesmo tempo que é a prova de sua efetividade e fica como um substituto do falo materno inexistente. Duas realidades psíquicas convivem então: a mãe é castrada e a mãe não é castrada, a única síntese possível é o fetiche. O inconsciente não usa uma lógica formal, está alheio ao problema da contradição, por isso, esses opostos podem conviver e muitas vezes orientam certos destinos eróticos.

Embora já saibamos que a mãe não tem pênis, todos temos questões pendentes com o corpo da mulher. Fonte de desejo, de terror, objeto de manipulações e martírios, o corpo feminino será para sempre o herdeiro do corpo da mãe. Esse que pariu, amamentou, que foi da primeira sedutora,[14] este que perdemos, mas seguimos a vida toda buscando seu calor. A mãe fálica é uma fantasia potencial da infância, é aquela a quem nada faltava porque nos tinha, é a mãe idealizada dos primeiros tempos.

O caráter traumático da castração passa por descobrir que existem dois sexos, condenados a se diferenciar e imaginariamente se complementar. A partir da compreensão do significado da diferença dos genitais femininos e masculinos, estaremos condenados a nos sentir incompletos. Mas ninguém se resigna a isso tranqüilamente. A mulher pode exigir um filho que a complete; no trabalho, pode buscar o prestígio que a iguale ao homem. Este, por sua vez, também tem inúmeros caminhos para lidar com a falta, mas os fetiches que iludem sua imaginação são um atalho freqüentemente utilizado.

Se o fetichismo como quadro dominante é raro clinicamente, já como tempero erótico ou como aquele traço de que o objeto amado não pode prescindir, comanda as escolhas amorosas. Ele faz parte da determinação do atributo necessário para que o feitiço do desejo seja ligado.

Cinderela representa também a mulher que se adequou à essa exigência da erótica masculina. É aquela que sabe da importância de se deixar amar a partir de um traço, do uso de um fetiche e se conforma a fazer de um homem a fonte de sua felicidade. Ou seja, ela não é amada só porque tem o pé delicado, ela é amada em sua totalidade e pelo conjunto de seus dotes, mas esse amor não vai funcionar se não tiver esse gatilho para o desejo do homem.

A permanência dessa história nos dias atuais é curiosamente extemporânea. Enquanto na prática as mulheres já não precisam sair de casa no dorso do cavalo de um príncipe, Cinderela e seu sapatinho persistem na fantasia feminina como um protótipo a ser levado em conta, possivelmente porque neste conto há um bocado de verdade sobre o desejo masculino. A vida das mulheres mudou, mas a construção da identidade feminina ainda requer que ela se disponha a desempenhar um certo papel para uso da fantasia masculina. Independentemente da mulher forte e capaz que ela se mostre no mundo, Cinderela será qualquer mulher que, na intimidade, se disponha a brincar de esconde-esconde nos encontros amorosos e a deixar em seu rastro um fetiche como isca para o homem que quer seduzir.

Versões mais antigas

inderela é um desses contos que desnudam a insuficiência da pesquisa atual sobre a mitologia. A antiguidade da narrativa e sua difusão, inclusive entre culturas isoladas, nos levariam a pensar num suposto momento arcaico quando os homens partilharam uma cultura única. Mas isso são suposições, o fato é que a similaridade das fábulas e dos contos distribuídos pelos cantos do planeta segue sendo uma questão não-resolvida.

Em versões mais antigas que estas que estamos trabalhando, se encontra um auxiliar mágico distinto que nos afasta da fada madrinha e nos aproxima da árvore mágico-doadora. Nelas, Cinderela é ajudada por um animal que ela protegia (vaca, ovelha, cabra, touro ou ainda um peixe) e que foi morto pela madrasta. Antes de morrer, o animal dá instruções à heroína do que fazer com os seus ossos: deve enterrá-los e regá-los. Desse túmulo, *nascem* os objetos mágicos que vão ajudar Cinderela, outras vezes, sobre ele nasce uma árvore mágica ou um animal ajudante. Em outras versões, ainda, o animal ressuscita dos seus ossos e entrega à heroína os presentes mágicos. De qualquer maneira, a força desse auxiliar mágico vem de outro mundo: do reino dos mortos.

Aqui encontramos apoio num mito bastante difundido, o do renascimento através dos ossos. Tratava-se de uma suposição de que os ossos dos animais, se envoltos em sua pele e enterrados, voltariam à vida – o que nos remete a quase um paralelismo com o mundo vegetal, já que eles são *plantados*. São crenças xamânicas, encontradas em inúmeros lugares, que falam dessa possibilidade, tanto para homens quanto para animais, de poder voltar à vida se certas precauções rituais com seus ossos e peles fossem respeitadas. Cogita-se que esse envoltório de peles e ossos seria oferecido aos deuses para que estes lhes devolvessem a vida. De qualquer forma, os restos mortais são devolvidos à terra numa esperança que ela nutra e preencha de carne outra vez a estrutura (os ossos) e seu envoltório (a pele).

Geralmente os animais ressuscitados voltariam com algum problema, algum osso faltaria, ou um dos cascos, enfim, eles acabariam mancando pela falha de quem fez o rito. A interpretação dada é de que, quem passou pelo mundo dos mortos e voltou, fica marcado por ter feito semelhante empreitada e por isso manca. Por aqui passam algumas das interpretações a respeito da assimetria no andar, e, por isso, Cinderela faria parte do grupo, junto com Édipo, Jasão e Perseu: destes que caminham com dificuldade, têm os pés marcados ou usam uma só sandália. São personagens que, de alguma forma, teriam conhecido os meios de comunicação com o mundo dos mortos.

A religião cotidiana das culturas que nos deram origem (greco-romanas), e uma das mais primitivas e difundidas formas religiosas, era o culto dos mortos.

Os mortos da família eram reverenciados como deuses, independentemente de suas ações na terra; e os vivos tinham uma série de obrigações para com eles. A força de uma família provinha justamente dessa união, já que os mortos ativamente tentavam ajudar seus vivos e vice-versa. Talvez a dedicação de Cinderela no túmulo da mãe, assim como a força mágica proveniente dela, possa ser um eco dessas antigas crenças. Graças a isso, faria mais sentido a idéia de ligá-la de algum modo às cinzas e então aos mortos.[15]

Notas

1. BASILE, Giambattista. *The Pentamerone*, traduzido por N. Penzer. A íntegra deste conto pode ser lida em www.surlalunefairytales.com, de autoria de Heidi Anne Heiner, disponível desde 1998.
2. PERRAULT, Charles. *Contos de Perrault*. Belo Horizonte: Itatiaia, 1989.
3. GRIMM, Jacob e Wilhelm. *Contos de Fadas*. Rio de Janeiro: Villa Rica, 1994.
4. BETTELHEIM, Bruno. *A Psicanálise dos Contos de Fadas*. Rio de Janeiro: Paz e Terra, 2001, p. 292.
5. "A árvore cresce, e o mesmo ocorre com a mãe interiorizada dentro de Borralheira. (...) À medida que a criança cresce, a mãe interiorizada também deve passar por modificações, como ela própria. É um processo de desmaterialização semelhante àquele em que a criança sublima a mãe boa real, transformando-a numa experiência interior de confiança básica". Ibidem. p. 299.
6. Os pássaros são animais ligados à morte, eles é que podem voar até um lugar longínquo que é o mundo dos mortos. Existe uma conexão alma-pássaro em culturas da antiguidade, seguramente no Egito e na Babilônia. Na tradição cristã, os anjos que levam as almas são alados. Numa cultura tão distante desta, na dos índios da América do Sul, encontramos também uma idéia de que certos pássaros, e por isso são agourentos, seriam a morada transitória dos mortos.
7. "Quando as lembranças conservadas pela pessoa são submetidas à investigação analítica, é fácil determinar que nada garante sua exatidão. Algumas imagens mnêmicas certamente são falsificadas, incompletas ou deslocadas no tempo e no espaço. (...) Forças poderosas de épocas posteriores da vida modelaram a capacidade de lembrar das vivências infantis – provavelmente as mesmas forças responsáveis por termos nos alienado tanto da compreensão

dos anos da nossa infância". In: FREUD, Sigmund. *Sobre a Psicopatologia da Vida Cotidiana* (1905), vol. VI, cap. IV, p. 56. Obras Completas. Rio de Janeiro: Imago Editora, 1987.

8. Por exemplo: Cenerentola vem de *cenere*, em italiano, cinza; em francês é chamada de *Cendrillon*, que quer dizer mulher que está sempre ao pé do fogo, suja, e provém de *cendre*, cinzas ou restos mortais; em espanhol *Cenicienta*, provindo de *ceniza*, cinzas e no figurativo restos mortais; em alemão, temos *Aschenputtel,* derivado de *asche,* cinza; em húngaro temos a Hamupipöke, derivado de *hamu*, cinza; em inglês se usa o nome francês adaptado: *Cinderella*.

9. Donzelas que se consagravam ao culto da deusa Vesta (ou Cibele) e como sacerdotisas estavam obrigadas, por juramento, a manter a virgindade para sempre. Seu principal ofício era não deixar apagar o fogo sagrado da deusa sob a pena de serem enterradas vivas. As vestais já são uma manifestação tardia da importância do fogo em cada lar grego ou romano, cada casa deveria ter o seu sempre acesso, e era uma obrigação do dono da casa a sua não-extinção, pois ele tinha um caráter sagrado.

10. FREUD, Sigmund. S*obre a Tendência Universal à Depreciação na Esfera do Amor* (1912), vol. XI. Obras Completas. Rio de Janeiro: Imago Editora, 1987, 166 páginas.

11. BETTELHEIM, Bruno. *A Psicanálise dos Contos de Fadas*. Rio de Janeiro: Paz e Terra, 2001, p. 278.

12. Alguns antropólogos fazem aqui uma ligação com certas personagens míticas que possuem uma assimetria no andar, pois, com um só pé calçado, Cinderela certamente claudica. Há um uso mítico, e provavelmente um símbolo, em andar com um único pé de sandália (monossandalismo). Está correto, mas a ligação desse caso a essa característica não nos ajuda muito, pois as interpretações sobre a assimetria no andar também variam muito. Certos autores acreditam que seja uma marca da autoctonia, da ligação com a terra, e outros vão ver nesse mesmo fato uma ligação com o mundo dos mortos.

13. "Parece que, quando o fetiche é instituído, ocorre certo processo que faz lembrar a interrupção da memória na amnésia traumática (...) é como se a última impressão antes da estranha e traumática fosse retida como fetiche. Assim, o pé ou o sapato devem sua preferência como fetiche – ou parte dela – à circunstância de o menino inquisitivo espiar os órgãos genitais da mulher a partir de baixo, das pernas para cima." In: FREUD, Sigmund. *Fetichismo* (1927). vol. XXI. Obras Completas. Rio de Janeiro: Imago Editora, 1987, p.182.

14. "(...) pude reconhecer nessa fantasia de ser seduzida pelo pai a expressão do típico Complexo de Édipo nas mulheres. E agora encontramos mais uma vez a fantasia de sedução na história pré-edipiana das meninas, contudo o sedutor é regularmente a mãe (...) foi realmente a mãe quem, por suas atividades concernentes à higiene corporal da criança, inevitavelmente estimulou e, talvez até mesmo despertou, pela primeira vez, sensações prazerosas nos genitais da menina.". In: FREUD, Sigmund. *Novas Conferências Introdutórias sobre Psicanálise* (1933), vol. XXI. Conferência XXXIII Obras Completas. Rio de Janeiro: Imago Editora, 1987, p. 149.

15. "... esse culto dos mortos perdura por um tempo especialmente longo porque os mortos são deuses próximos e queridos, mais acessíveis que as divindades oficiais onipotentes. Seu culto é estrito e pragmático. Compreendemos agora por que o índio que deseja uma pesca abundante vai se deitar sobre o túmulo de sua mãe e ali passa alguns dias dormindo e orando; exatamente da mesma forma, a Cinderela russa, em sua infelicidade, vai até o túmulo da mãe e rega-o com água ou suas lágrimas, dependendo da variante; ou seja, realiza um ato de libação." In: PROPP, Vladimir. *As Raízes Históricas do Conto Maravilhoso*. São Paulo: Martins Fontes, 1997, p. 178.

Capítulo VIII
PAPAI OGRO, FILHO LADRÃO

João e o Pé de Feijão

As várias faces do pai – Construção da identidade no menino –
Morte simbólica do pai – Reconhecimento familiar do crescimento

a maior parte dos contos que analisamos, a maldade ficava por conta das bruxas, ou mulheres malévolas, às vezes com poderes mágicos, que sempre mostravam suas piores intenções: eram antropófagas, invejosas e possessivas. Pois bem, é chegada a hora de falar de monstros masculinos: os ogros e os gigantes. Eles são enormes, brutais, desprovidos de caráter, possuem bens preciosos, roubados de alguém, e adoram uma criança tenra em qualquer refeição. Nas histórias infantis, eles são indiferenciados, podendo ser um ou outro, até porque são muito similares,[1] por isso, vamos também usar indistintamente as palavras "ogro" ou "gigante". O conto de fadas mais popular sobre um ogro ou gigante é *João e o Pé de Feijão*, uma narrativa que nos abre a possibilidade de falar sobre a construção da identidade viril através da apropriação da herança paterna.

Diferentemente da maior parte das histórias trabalhadas até este ponto, cuja fonte privilegiada encontra-se nas compilações dos irmãos Grimm ou de Perrault, *João e o Pé de Feijão* é proveniente da tradição inglesa. As duas versões tradicionais do conto pertencem a Benjamin Tabart e a Joseph Jakobs, sendo este último o responsável pela abordagem mais conhecida. Quando realizou sua compilação, publicada em 1890, de contos tradicionais ingleses, Jakobs desprezou a versão escrita por Tabart, que existia desde 1807, preferindo referenciar-se nos relatos orais que conhecia.

No texto de autoria de Tabart, Jack (João, para nós) não é um filho inútil que vence como um ladrãozinho esperto, mas sim um filho que vinga o pai com a ajuda de uma fada. Essa versão é considerada uma transformação da história tradicional em uma trama moral edificante, de menor autenticidade folclórica que a versão de Jakobs.

Bettelheim mostra-se simpático ao conto de Jakobs, considerando-o mais autêntico, mas nós não acreditamos que exista uma versão original, que seria então a mais verdadeira. No terreno do folclore, pela sua natureza multiforme, tais considerações soam estranhas. Afinal, se a versão de determinada história é levada em conta por uma comunidade, é porque segue dizendo algo – adaptado às necessidades de determinado momento e lugar –, de modo que seu cerne ficou preservado. Preferimos então trabalhar com ambas em pé de igualdade.

A história de Jakobs[2]

João e sua mãe viviam às custas de sua vaca Branca-de-Leite, cujo leite vendiam na feira. Certo dia, a vaca secou, e eles ficaram ameaçados pela fome e a miséria, tendo como única saída a venda do animal. João sugeriu que poderia trabalhar para o sustento deles, mas a mãe argumentou que já antes ninguém o quis contratar. Essa versão é condescendente, pois algumas adaptações sugerem que ele era um rapazinho indolente e mal-educado.

João saiu de casa com a tarefa simples de vender a vaca na feira, mas no meio do caminho encontrou um homem que lhe fez uma proposta peculiar: trocar a vaca por um punhado de feijões mágicos. Apesar de a troca ser desproporcional, nosso herói aceitou sem pensar muito. O homem lhe fez a seguinte promessa: "se plantá-los à noite, pela manhã estarão lá no céu", o que poderia muito bem ser uma conversa de charlatão visando a enganar um menino tolo. E foi exatamente isso que pensou a mãe de João, que se desesperou ao ser informada do negócio, jogando os feijões pela janela e mandando o tolinho dormir sem jantar, a modo de castigo.

Após ter ido para a cama com fome, João acordou-se pela manhã com uma luminosidade diferente em seu quarto. Os feijões mágicos atirados pela janela confirmaram seu poder, crescendo espantosamente, de tal forma que seus galhos entrelaçados se perdiam entre as nuvens como uma escada. Não tendo mais nada a perder, o menino aceitou o convite da curiosidade e subiu até chegar a uma terra encantada, situada acima das nuvens. A promessa do homem se cumprira.

Saindo do pé de feijão, uma estrada o conduziu até a porta de uma casa gigantesca, em cuja soleira estava uma mulher igualmente grande, a quem João pediu para comer algo de café da manhã, já que não havia sequer jantado. O detalhe é que ele chamou a

enorme mulher de *mãezinha* e não parece tê-la considerado ameaçadora. Mas a giganta lhe avisou que devia partir, pois se entrasse na casa poderia virar café da manhã de seu marido, o ogro, que já estava para chegar. Pensando mais na fome que no risco, João implorou que o deixasse entrar mesmo assim, ao que a mulher terminou cedendo.

Em seguida, com grande estrondo, porque a casa tremia com cada um de seus passos, um gigante de péssima aparência entrou, mal tendo dado tempo de o menino engolir um pouco de pão e leite e ser ocultado dentro do forno. O monstro sentiu cheiro de carne humana, mas a mulher o enganou, dizendo que ele estava era sentindo o cheiro dos restos do menino que havia degustado na noite anterior. Ela o distraiu servindo-lhe uma lauta refeição, que o ogro engoliu com a voracidade própria da espécie. Apavorado em seu esconderijo, o menino fez menção de fugir, mas a mulher lhe assegurou que devia aguardar, pois ele sempre tirava um cochilo depois das refeições.

Depois de comer, o ogro ordenou à mulher que lhe trouxesse suas riquezas, e ela pôs sobre a mesa sacos de moedas de ouro que ele começou a contar. De barriga cheia, terminou realmente pegando no sono. Essa foi a oportunidade para a fuga de João, mas não sem antes se apossar de um saco de moedas, que jogou para dentro do seu jardim antes de descer pelo pé de feijão. Graças a essas riquezas, mãe e filho viveram bem por um tempo, mas quando terminaram as moedas, foi necessário subir novamente em busca de mais.

Na segunda visita, a história toda se repetiu de forma similar, embora tenha sido um pouco mais difícil de convencer a mulher. O *souvenir* dessa ocasião era ainda mais valioso que as moedas trazidas da primeira vez: era uma galinha que punha ovos de ouro sempre que lhe ordenavam.

Embora a galinha lhes garantisse o provento necessário, João sentiu vontade de voltar lá, já que suas visitas vinham sendo tão rentáveis. Na terceira visita nem tentou enganar a mulher, entrou aproveitando uma distração dela e escondeu-se num caldeirão de cobre. O ogro mais uma vez o farejou e junto com a esposa procuraram no forno, mas novamente julgaram ser o cheiro do menino do jantar da véspera. O tesouro da vez era uma harpa dourada que tocava e cantava divinamente. Ao seu som, o gigante costumava adormecer como um bebê. João aproveitou para fugir com a harpa mágica depois que o ogro pegou no sono, mas ela não colaborou. Como falava, gritou assustada quando o menino a pegou, acordando seu patrão.

Desperto, o ogro iniciou a caçada ao ladrãozinho, seguiu-o até o pé de feijão e o perseguiu na descida. Graças à sua agilidade juvenil, João chegou antes, gritou para a mãe lhe alcançar um machado e cortou o grande caule, fazendo o ogro cair e morrer. Com os ovos da galinha e as apresentações da harpa mágica, eles enriqueceram e João pôde se casar com uma princesa.

A versão de Tabart[3]

 início da história é similar, embora haja uma ressalva de que o menino é um inútil, mas de bom coração. Quando partiu para vender a vaca, ele encontrou um açougueiro, que é quem lhe fez a proposta. O detalhe interessante aqui é que ele realizou a troca pelos feijões sem que sequer o açougueiro tenha lhe explicitado bem qual seria a mágica da qual as sementes eram capazes. Como na outra história, ele é repreendido pela mãe, que atira os feijões pela janela e o julga um tolo sem conserto.

A diferença entre as versões começa quando João chega ao alto do pé de feijão e é recebido por uma fada, que lhe conta uma história:

Era uma vez um nobre cavalheiro que, junto com sua amável esposa, vivia em seu castelo, na fronteira da Terra das Fadas. Seus vizinhos, a gente pequena, havia lhe dado muitos e preciosos presentes. A fama desses tesouros espalhou-se, e um monstruoso gigante, muito mau, resolveu se apossar deles. Para isso, ele subornou um serviçal, que o deixou entrar no castelo e matar seu dono durante o sono. Por sorte, a dama não foi encontrada pelo gigante, pois lhe era reservado o mesmo destino. Ela havia saído com o filho para visitar sua antiga babá. Na manhã seguinte, um dos serviçais do castelo, que havia conseguido fugir, contou à mulher o terrível destino de seu marido, assim como a intenção do gigante, que jurara matar mãe e filho quando os encontrasse. Em função disso, a senhora ficou trabalhando como camponesa, escondida na casa de sua velha ama, até que esta morreu, deixando-lhe o pouco que tinha. Essa pobre mulher é sua mãe, este castelo era de seu pai e deve agora ser seu.[4]

Como João crescera sem saber da tragédia paterna, a fada disse ter enviado os feijões mágicos para atraí-lo para aquele lugar, a fim de que ele recuperasse sua legítima herança. A partir dessa revelação, o menino parte para enfrentar o assassino de seu pai. Vai armado apenas com a coragem e a esperteza com a qual os pequenos vencem os grandes. Para incentivá-lo, a fada afirma: "Você é daqueles que matam gigantes. Lembre-se: tudo o que ele possui na verdade é seu".

Quando ele bateu à porta do ogro, foi recebido por uma terrível giganta de um olho só. Apavorado, João tentou fugir, mas ela o pegou e o colocou para dentro de casa, tencionando transformá-lo em seu pajem, queixando-se de que o marido devorava todos seus ajudantes e a deixava com todo o trabalho. O ogro voltou, sentiu cheiro de carne humana, mas ela o enganou, dizendo tratar-se de uma carne assada que havia preparado para o café da manhã. O gigante comeu, saiu e deixou a mulher com seu novo pajem, que a ajudou o dia todo. Após o jantar, através da fechadura do armário, ele pôde ver quando o ogro mandou vir a galinha dos ovos de ouro. O resto da história transcorre de forma similar à versão anterior. Nas próximas visitas, disfarçado, ele volta para trabalhar como pajem e rouba, uma vez o saco de ouro e, em outro momento, a harpa. Encontramos apenas uma variação no final, pois é dito que João vive feliz para sempre com sua mãe.[5]

Trocando um pássaro na mão por outro voando

 negócio da China feito por João merece algumas palavras: afinal, que troca é essa em que negociamos algo valioso por uma promessa? Pode haver outros sentidos associados, mas salta aos olhos que essa é uma representação perfeita para aludir ao desmame. Afinal, é quando fazemos o negócio, a princípio nada proveitoso, de trocar aquele leite certo de cada dia por algo impalpável.

O fato é que a promessa da mágica dos feijões se realiza. Afinal, toda criança verá um dia seu corpo brotar em estatura tal qual o talo de feijão, rumo ao céu. Se esses feijões realmente significam a certeza de um crescimento, eles são, de certa forma, mágicos.[6] Porém, para crescer, é preciso perder as vantagens de ser pequeno, como o leite do seio materno representado pela vaca. Podemos lembrar que, movida pela raiva, a mãe manda João para cama com fome, sublinhando que o início do conto trata mesmo de uma operação de distanciamento da mãe e da sua condição de alimentadora.

Quando o homem que propõe a troca da vaca por feijões é um açougueiro (na versão de Tabart), fica claro que ele a quer para outros fins, diferentes do fornecimento de leite. Esse detalhe reforça ainda mais a leitura de que João negocia a versão nutridora da mãe. A troca resultante será a seguinte: ele entrega aquela que lhe dava leite, mas secou, e recebe umas sementes cuja magia é o crescimento. É um negócio de risco, pois ele dá algo que não lhe serve mais e recebe algo que ainda não é. O passado encontra seu fim nas mãos do açougueiro, o futuro é promissor, enquanto o presente é uma incerteza.

O começo do conto já denuncia que a mãe não estava contente com João. Em várias versões, ele é um inútil desmiolado, como se não bastasse, mostra-se ainda mais tolo a partir do mau negócio que faz. Enfim, tudo começa com uma grande desilusão de parte a parte. Decididamente, João está longe de ser o que sua mãe espera dele. O contrário também ocorre, pois mãe e filho passavam fome, então certamente João não andava satisfeito com sua nutriz. O desencontro já estava dado, em casa já não havia muito para esperar, ao menino só restava partir para negociar com o destino e tentar obter o que necessitava fora de casa.

Pai nobre, pai açougueiro, pai antropófago

o que se segue ao rompimento entre mãe e filho, começa a riqueza da história que torna esse conto tão propício para falar das diversas conjugações do pai ao longo do processo de construção da identidade do filho. Na verdade, temos três homens contracenando num papel que poderíamos considerar paterno: o açougueiro – ou o homem que faz a troca da vaca por feijões; o bom e nobre pai de João – na versão de Tabart; e o terrível ogro.

O personagem da estrada é uma das faces do pai que vem marcar a intervenção necessária para afastar o filho do seio materno, mas é uma face pacífica: mostra um caminho possível de crescimento, já que ele consome a vaca, mas cumpre o que promete. Se fôssemos fazer um paralelo com o desenvolvimento da criança, essa parte não respeitaria a cronologia da história verdadeira: na vida real esse encontro não é o primeiro que ocorre. Seria mais um epílogo em que é possível se reconciliar com a lábia do pai, que nos vendeu algo que era ao mesmo tempo nada e tudo. Trocamos a mãe por nada além de um caminho, que ainda por cima somos fadados a percorrer sozinhos.

O bom e nobre cavalheiro, que pelo relato da fada sabemos ter sido o pai de João, é muito mais uma permissão simbólica para a retomada dos tesouros do que uma ajuda. Como nas histórias de princesas,

em que a mãe boa está sempre morta, nesta o bom pai também está morto. Vivos restam ao menino o açougueiro, que vai esquartejar a vaca leiteira, e o ogro, que está interessado na carne dele. João não recebeu poderes ou objetos com os quais vencer seu inimigo. A conquista dos tesouros dependeu unicamente de sua coragem; portanto, a versão idealizada do pai não é uma ajuda concreta, é apenas um exemplo a seguir, um reconhecimento da legitimidade do desafio, enfim, não passam de um incentivo interno.

Outra figura paterna encontra-se no final da subida do pé de feijão. Ali encontramos o pai enquanto um ogro, um gigante tirânico, que possui muitos bens, mas não reparte com ninguém e ainda tem uma mulher que lhe serve. Esse é o pai na visão primitiva da criança: ele é o dono do pedaço, é o dono da mãe e, inclusive, vê o filho como uma de suas posses. Boa parte das fantasias de antropofagia tem como fundo a idéia de ser parte de outro, ser incorporado no corpo de alguém, afinal já habitamos o corpo da mãe em nossa pré-história pessoal. Estar dentro, ser engolido ou engolir alguém, é também uma forma rudimentar de representar a identificação.[7] Nesse caso, João projeta no ogro seus próprios ímpetos de se apropriar de seus atributos: se eu quero seus tesouros, ele quer algo de mim, ou quer me possuir.

Há um elemento na versão de Tabart que propicia a associação entre o gigante e o pai: no conto, o malvado usurpador mata o pai de João enquanto este dorme, já o menino aproveita o sono do ogro para roubá-lo. Através dessa associação entre o assassino e o ladrão, que se valem do repouso da vítima, João passa a ocupar o lugar que antes fora do ogro, e este é vitimado como o pai. Na equivalência estabelecida por essa versão, que dá aos maus atos do menino um caráter de vingança, se alicerçam as pontes de que precisávamos para propor um caminho interpretativo.

Uma herança roubada

s intenções de um em relação ao outro são diferentes para os rivais desse conto: o ogro quer comer crianças, o menino quer roubar bens de circulação social[8]. Evidentemente que, quando sai em perseguição do pequeno ladrão, o gigante não está pensando no seu estômago, naquela ocasião o outro não é uma iguaria, é um rival. Porém, enquanto estava escondido no forno, João estava ameaçado de ser devorado como o menino de cujos restos a mulher do ogro falara.

Os rudimentos da identificação passam por abocanhar a porção do outro que se quer para si. Esse processo é unicamente um pressuposto inconsciente, resultante do fato de que o primeiro amor, a mãe, é alguém para ser sugado. O raciocínio infantil decorrente seria que amar é comer-se mutuamente. Muitas vezes, porém, as crianças muito pequenas têm através de sua boca um diálogo sofrido com o mundo, mordendo pessoas ou amiguinhos, comendo o que não devem, vomitando o que deveriam digerir. Ser devorado pelo ogro poderia ser também uma projeção, que é supor no outro a intenção que na verdade nós temos, neste caso, o desejo da criança de devorar aqueles que lhe são caros.

Os gigantes devoradores têm muitos ancestrais, mas talvez o mais ilustre seja Cronos. Sua história é a matriz de muitas outras da mitologia grega, nas quais o pai precisa se livrar do filho para não ser morto por ele. Cronos castrara seu próprio pai, Urano, e fora por isso amaldiçoado com o destino de repetir a história, dessa vez como vítima. Para se livrar do vaticínio de ser eliminado por um descendente, ele sistematicamente devorava todos os filhos que sua esposa Réia, lhe dava. Irritada com o fatídico destino de sua prole, Réia engenhou um plano para salvar seu último rebento, enganou Cronos, fazendo-o engolir uma pedra envolta em trapos e criou o menino escondido do pai.

Como na mitologia grega ninguém está acima do destino, o desenlace era previsível. Cronos foi derrotado por esse filho, que veio a ser Zeus, o qual não só venceu o pai, como o fez vomitar todos seus irmãos. Se nosso ogro fizer jus à essa tradição de comedores de criancinhas, realmente fica fácil atribuir-lhe finalidade similar. Ele seria como um pai que reincorpora a cria para evitar que esta o supere e termine apropriando-se de seus tesouros.

Fora dos contos de fadas, não é necessário ter galinhas de ovos de ouro para assistir aos filhos levarem consigo a juventude perdida dos pais, o viço de seu apetite sexual, as oportunidades e a energia para aproveitá-las. Ver os filhos crescerem é contemporâneo de se ver decrescer, e, no fim dessa história, a tendência natural é que o pai de alguma forma morra enquanto o filho o sobrevive e desfruta do tesouro de viver. A morte do ogro, depois que o menino obteve o que quis dele, mostra que não há lugar para os dois sobre a terra, algum precisa ser devorado ou eliminado.

Reduzido à função de força bruta, o ogro é vencido como um monstro qualquer a ser enfrentado pelo herói, mas a relação entre o herói e seu inimigo é diferente quando este possui tesouros que se cobiçam. Matar um monstro mau deixa os rivais em campos opostos, ficando o herói com o do bem. Porém, quando se trata de roubá-lo, matá-lo para conquistar seus tesouros, fica-se na mesma posição que ele, ganha o melhor ladrão. Pensando assim, poderíamos considerar o ogro como um intermediário para que João pudesse roubar os tesouros de seu próprio pai. Aliás, aquele é um personagem tão abjeto que a ninguém ocorreria recriminar o menino por ter livrado o mundo de sua presença; por outro lado, se alguém narrasse a história de um jovem roubando seu próprio pai e travando com ele um duelo mortífero, seria impossível que tivéssemos com ele qualquer empatia.

Na versão de Tabart, esse conto nos mostra alguém roubando sua própria herança ou pelo menos, na versão de Jakobs, construindo um patrimônio a partir de um roubo. Porém, apesar do ditado "ladrão que rouba de ladrão tem cem anos de perdão", não é possível esquecer que João rouba várias vezes. Esses contos mostram fatos não muito diferentes da realidade, receber uma herança nunca é um processo simples, há percalços no caminho da passagem para o filho daquilo que o sangue ou o direito lhe designa como legitimamente seu. Por mais paradoxal que pareça, uma herança tem de ser roubada, assim como o pai tem de ser de alguma forma assassinado (num plano imaginário, é claro).

Mas o que são esses tesouros usurpados? Eles consistem na matéria-prima com que cada um fabrica sua identidade. São aqueles traços herdados, copiados, inspirados no que se viu e viveu que passam por uma apropriação por parte daquele que cresce, da criança, do jovem, do filho, e serão a matriz daquilo que um ser humano compreende como sua personalidade.

Com quantos roubos se faz uma identidade

transmissão da herança imaterial é uma doação ativa dos pais (eles falam, educam, cuidam, mostram seus amores e mágoas), mas o filho não é um herdeiro passivo. Se recebesse passivamente os benefícios a que tem direito pela filiação, não se possibilitaria com que um filho escolhesse, mesmo que de forma inconsciente, quais aspectos da identidade de seus pais adotaria para si. Além disso, há um detalhe a mais: o que os pais terminam legando não necessariamente é o tipo de coisa que cabe em seus sermões e ideais. É na vida familiar como um todo, da forma como essa é ditada pelo inconsciente parental, que o filho faz sua colheita de traços identificatórios. A percepção inconsciente da criança vai além da hipocrisia, da falsa moral, das convenções sociais, mesmo sem sabê-lo, ela vai em busca dos detalhes que revelam a verdade sobre o amor, o desejo, as frustrações e as expectativas de seus pais.

Uma vez exposto a esses traços do inconsciente familiar, assim como à cultura do seu grupo (que inclui ofícios, inserção social, política, código de ética, formas de buscar prazer e tantos outros parâmetros dentro dos quais vivemos), à medida que esses elementos de identificação vão sendo pinçados pelo filho, resta-lhe descobrir que tipo de uso fará deles. Poderá confirmar uma identidade com seu grupo social, fazer uma versão dela ou contradizê-la totalmente. Evidentemente que estamos falando aqui de uma escolha basicamente inconsciente. A seleção dos aspectos da personalidade e do inconsciente parental que farão sintoma em nós, eco em nossa forma de ser, é uma tarefa desempenhada pela inevitável neurose de cada um.

A construção da identidade dos filhos não se estrutura necessariamente sobre o modelo das virtudes dos pais, evidentemente que essas podem servir de substrato, mas o que organizará a lista dos itens que um filho vai tomar para si está mais do lado do que falta a seus pais do que daquilo que eles possuem. Por mais que os pais possam se mostrar satisfeitos com o que conquistaram na vida, será em nome daquilo que ainda lhes falta que eles próprios seguirão sua caminhada.

O que falta aos pais é representado por aquilo que eles desejam. Se tiverem, por exemplo, sucesso profissional, mas lhes faltar qualidade de vida, para o filho será um grande desafio construir uma vida equilibrada entre o trabalho e o lazer ou entre este e o tempo dedicado à família. Um filho procurará transcendê-los, mais do que imitá-los. Para tanto precisa se estruturar a partir do que a eles faltou fazer, viver ou possuir. Partirá do ponto onde os pais encontraram seu limite. Um dos sentimentos possíveis de um pai, que assiste ao filho realizar seu sonho inconcluso é sentir-se roubado, afinal aquilo era para ser vivido por ele.

Porém o voto de ir além das conquistas parentais é um desafio e tanto, afinal mal sabemos se conseguiremos chegar aonde eles chegaram ou se não sucumbiremos aos mesmos empecilhos que os fizeram fracassar, por isso, a identidade com a falta dos pais precisa ser de alguma forma processada, transformada. Por exemplo, se um filho for um bom negociante como algum de seus

pais, a identificação terá de transcorrer de tal forma que essa característica seja também propriedade do herdeiro, pois se ele pensar todo o tempo que ela pertence ao progenitor, fracassará nos negócios para não usurpá-la dele. Se o filho se mostrar um bom negociante por sua própria conta, poderá até conviver com a consciência de que se trata de uma identidade com sua família de origem, mas para isso terá de ter matado seu pai idealizado e se apropriado daquilo que já era seu. Por outro lado, se uma família obrigar – na maior parte das vezes *amorosamente* – um filho a herdar um ofício, uma característica, um negócio, a passividade que essa operação lhe impõe incorrerá no fracasso da empreitada, ou pior, no sucesso da empreitada e na alienação do sujeito, deixando-o numa infelicidade crônica.

Freqüentemente, ocorre em famílias o roubo ou a apropriação por parte dos filhos de dinheiro ou de objetos significativos, como perfume da mãe, maquiagem, roupas, carro, bebidas. Não estamos nos referimos à delinqüência, ao filho que rouba para comprar drogas, mas ao furto sintomático, aquele em que são surrupiados objetos que funcionam como representantes dos pais. Esses objetos estão suportando um resto de identificação, é melhor então pensar duas vezes antes de fazer um alarde, pois não se trata exatamente de roubo, são curtos-circuitos na busca por traços paternos.

A imensidão do rival de João lhe garante lugar no pódio dos pais. Gigantes são todos os adultos para a criança pequena, mas com o tempo ela vai descobrindo que, surpreendentemente, pode enganá-los. Manipular com seus estados de humor, enganar com pequenas mentiras ou omissões, compreender seu poder de chantagem no jogo do amor são instrumentos pelos quais a criança desde muito pequena descobre que a força descomunal dos seus gigantes tem inúmeros pontos fracos.[9]

A insistência de João em continuar roubando o ogro, mesmo depois de obter a galinha dos ovos de ouro, torna necessário que avancemos um pouco mais nessa interpretação. Se no terceiro roubo o gigante finalmente desperta para reconhecer e perseguir seu rival, podemos dizer o mesmo do menino: é neste último furto que ele de certa forma admite que quer mais do que as riquezas do monstro, quer mesmo é derrotá-lo, interessa-se por ele.

Se até agora ele utilizou as riquezas do ogro sem se importar com a procedência, ou seja, elas passaram a ser usadas por João, da mesma forma como antes serviam ao gigante, quando se tratou da harpa, objeto de prazer, ela gritou por seu dono, acordando-o para o duelo. A partir daquele momento, as riquezas (estas mesmas que estamos associando aos traços identificatórios herdados) para serem do menino terão de deixar de pertencer ao gigante de forma explícita, por isso, este terá de morrer.

É importante observar que é somente no último roubo que o gigante reconhece João como o autor dos outros dois. Se os disfarces adiantaram antes é porque foi só a partir dali que ele atingiu algum tipo de identidade. Essa tolice do ogro – e da sua mulher – serve para frisar que as sucessivas incursões é que foram construindo uma identidade para João, que passou de ladrãozinho anônimo à posição de rival. Depois disso, o ogro pôde morrer. Morto o dono, os bens roubados restam como uma herança, passando a ser legitimamente de João. O que de fato aí se legitima é a condição de crescido, capaz da inteligência e da coragem indispensáveis para buscar do mundo o necessário para prover a sua casa.

Os tesouros do ogro

s tesouros do ogro são três: a galinha dos ovos de outro, as sacas de moedas de ouro e uma harpa que canta e toca sozinha.

A galinha dos ovos de ouro é a antítese da vaca seca. As galinhas servem aos homens com sua surpreendente capacidade de fabricar ovos diariamente. Estes, além de fonte de alimento para nós, referem a questão da origem da vida. Inclusive o ovo é um dos símbolos da vida, ou da ressurreição como na Páscoa católica. Então, tanto quanto a vaca, a galinha está em condições de representar a mulher e seus dons de fertilidade e alimentação. Na versão de Jakobs, a primeira coisa que João tira do monstro é aquela de que a vida o havia privado: a mãe.

O ouro, porém, ultrapassa a condição materna dos ovos. Esse metal é o lastro das moedas, possui um valor universal, não é fiel a nenhum dono, serve àquele que o possuir. Uma mulher que fosse como a galinha dos ovos de ouro seria como um cheque ao portador, dando seus tesouros femininos àquele que lhe ordenar. De fato, o amor é como o ouro, pode brilhar na mão de qualquer um que o possua.

Aliás, sob sua aparência de servilidade, a mulher do ogro se revela bem pouco fiel: alerta João para o perigo que corre e ainda o alimenta, parece não estar do lado do marido, apenas está ali para servi-lo por temor. Quem escuta essa história, evidentemente, se pergunta por que a mulher do ogro não é também uma antropófaga (como no *Pequeno Polegar*, de Perrault), disposta a partilhar do delicioso menino assado. Como Réia, a esposa de Cronos, a ogra guarda o menino para si, não nega que o pai é um rival perigoso e temível, mas tem a coragem de salvar o pequeno ladrão que a seduz com sua condição de filho faminto. Essa tensão entre a relação com seu homem e com seu filho é a raiz das contradições que revelam à criança que ninguém é um complemento perfeito para o outro.

Se o pai fosse tudo para a mãe, ela jamais teria se entregue à maternidade, desejado para si um pequeno sugador. Se o bebê fosse tudo para ela, para que então ela se manteria com seu ogro, providenciando-lhe todos os prazeres que ele lhe exige? A galinha dos ovos de ouro, portanto, mostra que João pode até voltar ao lar e oferecer os tesouros para sua mamãe querida, mas depois de ter enfrentado o gigante algo mudou. Ela estará mais em posição de testemunhar as conquistas de crescimento de seu filho, do que de retorno a uma díade idealizada. As artimanhas do menino lhe permitiram vencer o seu rival e também apreciar sua grandeza.

Apenas para fazer um contraponto com o mito de Édipo, podemos dizer que João não desposa a mãe. A história cessa no momento em que ele lhe prova que cresceu e circula com outros valores, mais importantes que o alimento que ela pode fornecer, ou seja, o ouro capaz de comprá-lo.

Depois de comer, o ogro costumava gritar com a mulher pedindo-lhe que seus tesouros fossem trazidos. Ele os examinava, contando o dinheiro, vendo a galinha pôr seus ovos dourados e, por fim, adormecia, roncando sonoramente, satisfeito com a comida e as posses. O último desses bens não diz respeito à riqueza, mas diretamente ao prazer: trata-se da harpa encantada. Ela toca para adormecer seu amo, mas também é ela que grita quando João a pega e começa a levá-la embora. A harpa faz o que a ogra não fez, é fiel àquele a quem proporcionava prazer. Somente quando privado desse bem, o gigante desperta, reconhece João como o menino que vinha sistematicamente roubando-o e decide eliminá-lo.

Decididamente, não era possível compartilhar esse tesouro com o pai. Os ovos e as moedas podiam ser possuídos por João, enquanto o seu dono original ainda vivia ali no alto do pé de feijão, mas a harpa, esse instrumento de prazer, já é demais. Quando um filho faz sua escolha amorosa ou erótica, de onde buscará extrair o deleite, o gozo, terá de ser o amo da situação, desejará se sentir o ogro da vez. Quererá ser o legítimo possuidor de seus tesouros, capaz de produzir naquele que escolher para amar ou desejar eroticamente a servidão da harpa, que não reconheça outro que não ele. Depois do furto da harpa encantada, não há lugar para dois. Nesse momento, João representa o menino crescido que já não se contenta com o que é do pai, nem com o passado; da vida ele quer o prazer que lhe seja pessoalmente endereçado.

Nossos argumentos falam da imaterialidade desses tesouros, que não seriam outra coisa que a transmissão de dons de pai para filho. Outra evidência que valida a hipótese é o lugar onde João vai buscar os tesouros: num mundo à parte, cujo acesso o pé de feijão possibilita, criando uma passagem para essa outra dimensão (agora nas nuvens), embora já estejamos no território das fadas. Que reino é esse que se situa além do nosso alcance? Que lugar é esse o qual só por meio de um expediente mágico podemos alcançar? João não tem um pai vivo, logo só é possível encontrá-lo no reino dos mortos, que também é o reino das gerações passadas, responsáveis pela tradição que nos é legada.

Um dos aspectos sempre lembrado do ogro é seu excelente faro para humanos. "Fi-feu-fo-fum, farejo o sangue de um inglês, esteja vivo ou morto, doente ou são, vou raspar-lhe os ossos e comer com pão"[10] é a frase mais marcante do conto e o clímax para os pequenos. Existe uma crença muito antiga que versa sobre os odores, a qual pode vir em nosso auxílio: tanto os humanos sentem facilmente o mau cheiro dos mortos, como os mortos sentiriam de longe o *mau* cheiro dos vivos. Cremos que o ogro se situa nesse outro espaço porque ele está ligado à morte, até porque ele traz a morte aos humanos. Nesse caso, ela vem associada à comida (ser devorado), mas talvez não só pelo aspecto das teses orais de incorporação, mas porque a carne possibilita pensar na diferença entre os mortos e os vivos. Afinal, como os vivos se alimentam de carne morta, podemos pensar que os mortos se alimentam da carne dos vivos; pode ser esse o raciocínio de fundo de algumas lendas sobre ogros e outros antropófagos que vivem em outras dimensões.

Morte dos três pais

 ão é fácil ser filho, uma identidade é mastigada e digerida com lentidão e dificuldade. O pai é uma figura que, sob todas suas faces, o principal que tem a oferecer é o desafio. Do ponto de vista do menino, cada conjugação do pai merece uma contrapartida. O primeiro a ser encontrado nesse conto é também o último. O pai

açougueiro é aquele que o priva dos seios, é o que lança o menino na aventura e também o ensina que é preciso ser astucioso. Essa lição tem de ser rapidamente aprendida para ser usada contra aquele que representa o aspecto mais terrível: o ogro. O pai açougueiro é também o último, porque seus feijões realmente fizeram a mágica. Só no fim é possível ao menino dar-se conta que valeu a pena, mas depois de ter vencido os obstáculos que esse mesmo pai impôs. Identificado com a inteligência desse pai, o menino arrancará a esperteza necessária para saber como sair das ciladas da vida.

É preciso lembrar que uma identificação efetiva pressupõe a morte imaginária daquele que nos legou o traço. Muitos casos de incompetência de um sujeito para a vida se devem ao fato de que os dons continuam fazendo parte do pai, assim como toda a sabedoria e a esperteza seguem como atributos dele. Não é o caso de nosso herói, ele aprende rapidinho que na vida ganha quem pensa mais rápido, e o açougueiro, que não será mais necessário, desaparece.

O próximo pai, o ogro não está disposto a entregar-se. Na verdade não é tarefa fácil para os pais a de serem usados pela subjetividade dos filhos e depois dispensados. Há algo nos pais que diz ao filho que ele nunca crescerá, precisará deles para sempre e jamais será tão capaz quanto eles para enfrentar a vida. Por isso, a resistência dos pais ao crescimento dos filhos precisa ser eliminada através da morte do gigante. Aliás, a bem da verdade, quando os filhos ficam grandes, os pais parecem fisicamente menores.

O ogro tenta correr tanto quanto João, mas este, mais leve e rápido, corta o talo do pé de feijão, fazendo o gigante desabar pelo próprio peso. Há um corte que o filho tem de fazer desse vínculo, embora este não cesse de se reconstituir e regenerar de várias formas ao longo da vida. Se de entrada o pai precisa impor ao filho um limite, ficando com a vaca para sua própria satisfação, na saída é o filho que lembra ao pai que ele está pesado e velho. Nada como conviver com a juventude dos filhos para contabilizar que o tempo não traz só ganhos, que as perdas são muitas.

O pai que ficará para sempre, no melhor dos casos, é aquele nobre cavalheiro do conto de Tabart, o dono original dos tesouros. O problema é que ele nunca sobrevive para entregar seus dons. Quando o filho se apropria, o pai em pessoa, já superado, não tem mais a mesma importância. Afinal, uma pessoa precisa crer que seus dons e conquistas são realmente seus, senão estará a vida toda lidando com a própria existência como se fosse patrimônio alheio.

Volta ao lar

N o fim do conto, em apenas uma das versões, João casou com alguma princesa, mas podemos ter a certeza de que em ambas ele está apto para fazê-lo. A história termina afirmando que ele e sua mãe viveram felizes para sempre. Resta-nos a pergunta: o que João quer com essa mãe que já não tem muito a lhe oferecer? Supomos que ela está na condição de testemunhar por parte da família o necessário reconhecimento das conquistas do filho. Justamente porque as aventuras acontecem fora do lar, é importante que os pais possam conhecer a vitória dos filhos, para que fique claro que este que venceu é o mesmo pequeno de cujas capacidades todos duvidavam. Se essa é uma história que tem a dizer sobre a aquisição de uma identidade, podemos acrescentar que esta também depende de se fazer reconhecer como a mesma pessoa do início ao fim da própria história. Em inúmeros contos de fadas, o herói busca sua família, em geral seus irmãos, para compartilhar suas glórias, para viver junto nesse novo reino em que ele é soberano.

A mãe permanece em casa, como um resto do passado, como ficam todos os pais enquanto seus filhos partem e voltam, de tanto em tanto, para fazer o balanço de sua caminhada. Os pais que ficam, real ou metaforicamente, no lugar em que foram deixados ao partir, servem como elo entre a criança que se era e o jovem ou adulto que o filho se tornou.

Voltar para casa é vivenciar um fio de continuidade, sentir-se parte de uma história, confirmar a identidade de uma pessoa nas várias circunstâncias de sua vida. Por isso, neste conto, como na vida, o filho vai e a mãe fica, pois ela é fiel depositária da memória da infância perdida. É comum que quando se encontrarem envolvidos com a paternidade ou maternidade, os filhos retornem para perguntar à mãe detalhes do seu passado mais remoto. Desta vez, ouvem com agrado as mesmas histórias que antes os constrangiam: relatos de como dormiam ou se alimentavam, de como nasceram e das gracinhas ou travessuras que faziam quando bebês. É quando se está passando para o outro lado da linha – agora o filho é outro –, que se torna possível resgatar essas lembranças, compartilhá-las com a mãe (ou com os pais) e reapropriar-se delas. Um dos grandes benefícios da parentalidade está em encontrar-se de alguma forma com a criança que um dia se foi.

Geralmente é na vida adulta a ocasião para esse retorno, assim como, no melhor dos casos, a oportunidade para um convívio mais ameno com os próprios pais. O trabalho de identificação a que nos referíamos oportuniza tanto a consciência de que se é similar, embora diferenciado deles, quanto o reconhecimento da dívida sobre os legados recebidos. Quando nos reconhecemos enquanto devedores do fato de ter pertencido a uma linhagem (mesmo nos casos em que acreditamos que seja uma sem predicados), encontramos uma forma de viver mais interessante, que nos permite oscilar entre a individualidade e o sentimento de pertencer a um grupo. O trabalho de uma análise freqüentemente repete a operação de João: primeiro pegar as riquezas – sejam elas fartas ou parcas – dos pais, a seguir conscientizar-se de que provieram deles, depois apropriar-se delas e, por último, aceitar a oportunidade de que elas façam parte de uma história pessoal. Para saber quem somos, é fundamental descobrir de onde viemos e de que é feita a bagagem que carregamos para todos os lados, a qual chamamos de identidade.

Poderíamos também pensar que João é um pequeno Édipo, pois no fim da aventura ele volta para casa, vitorioso, tendo vencido o gigante, para gozar os tesouros com mamãe, como aqueles filhos crescidos que não trocam o colo da mãe por amores do tipo de que um homem pode usufruir. Não deixa de ser um final mais conveniente às crianças pequenas, do que aqueles nos quais os tesouros estão sempre em algum reino distante, e a princesa tem de ser conquistada ou de alguma forma negociada com algum soberano sogro-ogro. Parece atraente, voltar para finalmente ocupar o lugar do papai, ser o homem da casa. Mas essa é uma cena bastante difícil, pois a mãe pode ser a mais atraente das mulheres aos olhos apaixonados do filho, mas, aos olhos dela, ele sempre será um bebê incompetente para a vida, que precisa de sua ajuda para comer e se agasalhar. Normalmente, essa saída acaba sendo menos uma forma de ser o homem da casa e mais uma maneira de perpetuar-se na condição de filho.

Voltar para casa vencedor é um projeto da criança que alguma vez se disse: –"eles vão ver!". São inúmeras as histórias de fadas na qual um jovem, de preferência o filho menor, considerado tolo e fraco, identificado com todas aquelas incapacidades que tem aquele que ainda não cresceu, sai para provar que é o mais esperto e capaz de sua prole. Ele sempre supera irmãos mais velhos e sua revanche às vezes passa pela grandeza de incluí-los em seu novo reino, oferecendo-lhes esposas e riquezas. Não é preciso ser o filho caçula para se identificar com esse personagem, basta ser criança.

Na maior parte das vezes, é o pai quem duvida da competência do filho mais moço, o que torna sua aventura bem-sucedida uma revanche contra a falta de crédito recebida. No caso de João, a dúvida é explicitada pela mãe, que mediante a troca infeliz dos feijões pela vaca constata que não dá para contar com o filho para nada, fazendo coro com todos os pais e irmãos mais velhos que dizem que não se deve confiar nos pequenos, até que eles provem do que são capazes.

Notas

1. Os gigantes e os ogros compartilham o tamanho, a maldade, a brutalidade e a fama de antropófagos. Ambos podem ser descritos como monoculares (o que a nosso ver sublinha o papel do olhar nesses monstros) e, quando são representados, ambos possuem uma bocarra pronta a devorar. Polifemo, o ciclope que topou com Ulisses, é um ancestral ilustre desses seres que hoje podem ser incluídos nessa categoria confusa entre o gigante e o ogro. Por outro lado, existem inúmeros mitos que levam a crer que o homem primitivamente era um gigante e que vem degenerando, ficando cada vez menor, mais fraco e vivendo menos tempo. O ogro possui uma característica que nem sempre o gigante possui, um olfato bem desenvolvido para perceber a proximidade de humanos. Provavelmente a palavra "ogro" vem de Orcus, figura de origem popular na religião romana, às vezes confundida com Caronte e, por isso, associado à morte.

2. JAKOBS, Joseph. *Contos de Fadas Ingleses*. São Paulo: Landy, 2002.

3. "As aventuras de João foram registradas em primeiro lugar por Benjamin Talbart, em 1807, como 'A História de João e o Pé de Feijão'. Tabart baseou-se, sem dúvida, em versões orais que circulavam em sua época, embora afirmasse que a fonte de seu conto era um manuscrito original". In: TATAR, Maria. *Contos de Fadas: Edição Ilustrada & Comentada*. Rio de Janeiro: Jorge Zahar Editor, 2004. Esta versão, menos popular hoje em dia, pode ser lida em português na tradicional enciclopédia infantil *O Mundo da Criança*, publicada na década de 1950, pela editora carioca Delta.

4. MILLS, Alice. *Children's Treasury*. New York: Random House, 2002. Tradução nossa.

5. Na opinião de Bettelheim, esse conto de Tabart, que ele chama de "a versão expurgada", "faz com que tudo que sucede a João seja uma retribuição moral em vez de uma história sobre a aquisição da masculinidade". Ele o contrapõe ao conto de Jakobs, que considera "original": "O original de *João e o Pé de Feijão* é a odisséia de um menino que luta para conseguir independência de uma mãe que o menospreza e tenta conseguir por conta própria uma certa grandiosidade. Na versão expurgada, João faz apenas o que lhe diz outra mulher mais velha e poderosa". In: BETTELHEIM, Bruno. *A Psicanálise dos Contos de Fadas*. Rio de Janeiro: Paz e Terra, 2001, p. 231 (nota).

6. Poderíamos inclusive pensar que eles contêm uma promessa de crescimento que é muito preciosa em particular para um menino, pois o feitiço propicia algo que se parece com uma ereção gigantesca. Assim como as sementes são uma analogia recorrente do sêmen humano (não só pela origem comum das palavras, mas também pela história da sementinha do papai na barriga da mamãe). Nesse sentido, a magia dos feijões seria alusiva à maturação sexual do menino. Bettelheim propõe essa leitura ao afirmar que "escalar o pé de feijão simboliza não só o poder mágico de ereção do falo, mas também os sentimentos do menino em conexão com a masturbação". Ele também atribui essas fantasias a um sonho, dizendo que "nenhum menino normal poderia, durante o dia, exagerar de modo tão fantástico as esperanças que sua masculinidade recém-descoberta lhe desperta. Mas durante a noite, nos sonhos, isso lhe aparece em imagens extravagantes, como o pé de feijão por onde sobe até os céus". In: BETTELHEIM, Bruno. *A Psicanálise dos Contos de Fadas*. Rio de Janeiro: Paz e Terra, 2001, pp. 227 e 228 (nota).

7. A leitura freudiana da identificação com o pai e da rivalidade que esta contém leva-nos a pensar que quem quer se parecer com o outro tem boas razões para devorá-lo. Nesse sentido, poderíamos pensar que, de certa forma, João elimina o ogro e se apropria dos seus objetos como se incorporasse algumas partes deste, lhe comesse alguns pedaços: "A identificação é conhecida pela psicanálise como a mais remota expressão de um laço emocional com outra pessoa. Ela desempenha um papel na história primitiva do Complexo de Édipo. Um menino mostrará interesse especial pelo seu pai; gostaria de crescer como ele, ser como ele e tomar seu lugar em tudo. Podemos simplesmente dizer que toma seu pai como seu ideal. (...) O menino nota que o pai se coloca em seu caminho, em relação à mãe.

Sua identificação com ele assume então um colorido hostil e se identifica com o desejo de substituí-lo também em relação à mãe. A identificação na verdade é ambivalente desde o início; pode tornar-se expressão de ternura com tanta facilidade quanto o desejo de afastamento de alguém. Comporta-se como um derivado da primeira fase de organização da libido, da fase oral, em que o objeto que prezamos e pelo qual ansiamos é assimilado pela ingestão, sendo desta maneira aniquilado como tal." In: FREUD, Sigmund. *Psicologia de Grupo e Análise do Ego* (1921), cap. VII, p. 133. Obras completas, vol XVIII. Rio de Janeiro: Imago Editora, 1987.

8. O ouro, assim como o dinheiro, são valores monetários e, portanto, uma abstração. Eles não têm valor em si, não servem diretamente para nada, sua cotação depende de parâmetros externos. A comida ainda tem um valor direto: é o alimento de que precisamos para sobreviver. Os distúrbios alimentares variados (anorexias e bulimias) provam que ela está sujeita a uma inserção subjetiva, que relativiza esse caráter direto, mas ainda é diferente das riquezas monetárias, estas sim são de um valor impalpável.

9. A arte dos pequenos em enganar os grandes, como fez João, é recorrente nos contos de fadas. Para citar apenas seus similares mais populares, temos *O Pequeno Polegar* e *O Gato de Botas*, ambos de Perrault.

10. Na tradução de Maria Luiza X. de A. Borges, para o livro: TATAR, Maria. *Contos de Fadas: Edição Ilustrada & Comentada*. Rio de Janeiro: Jorge Zahar Editor, 2004.

Capítulo IX
HISTÓRIAS DE AMOR I: QUEM AMA O FEIO, BONITO LHE PARECE

O Rei Sapo, A Bela e a Fera e O Príncipe Querido

Repulsa infantil ao sexo – Idealização do objeto amado –
Início da vida sexual – Narcisismo infantil – Aspectos agressivos do amor –
Renúncia ao amor dos pais – Crescimento e civilidade

m diversos contos de fadas, há um lapso de tempo entre o primeiro momento em que o príncipe e a princesa se olham e se apaixonam e aquele em que enfim ficam a sós no leito nupcial. Muitas vezes, haverá aventuras interpostas entre o primeiro encontro e a cerimônia de casamento. Depois de descobrirem que desejam um ao outro, ainda lhes faltará lutar por esse amor, perder-se para reencontrar-se, vencer opositores ou enfrentar desafios. Temos analisado algumas dessas histórias nos capítulos anteriores, mas, naqueles casos, a beleza de ambos os consortes garante o mútuo encantamento de que tirarão energia para vencer os obstáculos que os separam.

Analisaremos agora algumas das inúmeras histórias de desencontro inicial. São aquelas em que os percalços da relação começam por haver algo de repulsivo, animalesco ou indomado em um dos membros do casal – geralmente no homem. Na maioria das vezes, o aspecto terrível deve-se a algum feitiço que o amor finalmente vencerá, porém antes esse sentimento terá de se provar como algo maior que a atração física, deverá transcender as aparências. Uma vez postas à prova a nobreza dos sentimentos e a força dos heróis, o casal terá direito a uma imagem condizente com a idealização da paixão, em que a beleza e a riqueza das vestes dos amados podem recompensar os amantes pela agrura da conquista.

O casamento é o último horizonte a que chega a maior parte dos heróis desses contos, embora muitas vezes a relação ainda tenha de enfrentar alguns contratempos para se estabelecer, como no caso de *Rapunzel* e da *Bela Adormecida*, na versão de Perrault. Depois do *felizes para sempre*, que em geral significa casados até que a morte os separe, termina o ciclo da maior parte desses relatos; mesmo quando mencionado que o casal teve filhos, a continuação da história não vai muito longe da boda.

Questões da maturidade não são alvo dos contos de fadas. Se a velhice, a morte e a educação dos filhos aparecerem, serão sempre mostradas desde a perspectiva dos mais jovens. Certas histórias começam com a intenção de um velho rei de escolher um entre seus filhos como sucessor. Nelas, a perspectiva da narrativa acompanha a disputa entre os príncipes para obter esse direito, na qual vence, na maioria das vezes, o mais jovem e aparentemente menos apto dos irmãos.

Raros são os casos que enfocam a questão da sucessão do ponto de vista dos pais, daqueles que envelhecem, que perdem a vez. Em *A Gata Branca,*[1] narrado por Madame D'Aulnoy, o que movimenta a trama é o fato de o rei sempre inventar novos desafios para seus três filhos, com o objetivo de procrastinar o momento de deixar o trono. Embora aqui apareça explicitamente a vacilação do velho que não se conforma, seu valor na trama está subordinado à luta travada entre os filhos pelo trono.

Em outro tipo de relato, o rei se encontra descontente com o resultado da educação de um filho, considera-o preguiçoso, ignorante ou fraco, por isso, enviará o jovem para uma jornada de aprendizagem; entretanto, lemos uma história desse tipo colocando-nos na expectativa da revanche, na qual o filho provará ao pai do quanto é capaz. Gostamos de testemunhar esse personagem calando as dúvidas do pai tão espetacularmente quanto gostaríamos de ter impressionado nossos próprios pais, que invariavelmente sentimos vacilar na confiança que nos depositavam. Salientamos que, em ambos os casos, a ênfase está menos nos dilemas sucessórios ou pedagógicos dos monarcas e mais na disputa dos filhos pelo trono ou pela herança.

Quanto às filhas mulheres, a ênfase dos contos mostra como algumas terão de lutar contra as cobranças afetivas por parte do pai, que lhes exige um tipo de vínculo que já não cabe na relação paterno-filial. O pai pede um amor que está reservado para o futuro e não voltado para o passado. Outras terão de enfrentar o desafio de crescer lutando contra suas próprias resistências, são as princesas mimadas, cujos pai e pretendente terão de privá-las dos mimos da Corte, da família, lançando-as na aventura ao cabo da qual encontrarão seu príncipe.

As variantes são muitas, mas o denominador comum é o ponto de vista a partir do qual se narram tais contos: a juventude. Por isso, não causa estranheza

que tenham ficado, no nosso tempo, para uso das crianças. O horizonte da juventude, onde elas têm oportunidade de amar e mostrar seu valor, é fonte de apreensão, já que se preparam para vivê-la, é a porção de futuro que têm em vista. Nos contos, verificam que não será uma experiência fácil, embora percebam que há luz no fim do túnel.

Se há algum dado do futuro que as crianças levam em conta é o amor. Evidentemente estarão preocupadas com *o que vão ser quando crescer*, o que se traduz em expectativas de trabalho e sucesso, mas sabem que dependem de amar e ser amadas para sua sobrevivência e não têm motivos para supor que essa dependência, tão explícita na infância, se modificará radicalmente. É normal, portanto, que se preocupem com o futuro de seus vínculos amorosos.

Conhecedores dos contos de fada poderão contrapor que muitas histórias contemplam protagonistas maduros, casais premiados pela sua bondade em receber os necessitados em casa ou castigados pela mesquinhez, animais mostrando que a união faz a força ou ressaltando uma ou outra virtude. É um universo vastíssimo e existe essa vertente de contos com estruturas fabulares, voltada para a transmissão de valores e a recompensa das virtudes. Mas os leitores assíduos de contos folclóricos do mundo todo admitirão que, na maioria das histórias, o amor – incluindo aqui o reconhecimento paterno – é o motor, o prêmio ou o desafio da trama.

Este capítulo – assim como os dois que se seguem – será dedicado basicamente às aventuras que ocorrem no território do amor, especialmente àquelas em que um dos consortes não corresponde à expectativa do outro. A feiúra geralmente aparece associada ao caráter animalesco do outro, como nos casos conhecidos de *O Rei Sapo* e de *A Bela e a Fera*.

O Rei Sapo

 mais célebre história de um noivo animal e da transformação do repulsivo em atraente é com certeza *O Rei Sapo*.[2] Nele, um monarca enfeitiçado depende do afeto de uma princesa para voltar à forma original. Uma das mais clássicas cenas evocadas pelos contos de fadas é justamente a da bela princesa beijando um repulsivo batráquio, permitindo-lhe o retorno da metamorfose. A possibilidade de um sapo virar príncipe é um bom argumento para o fato de que as aparências não devem ser impedimento para uma relação. Seguidamente as mulheres recorrem a essa história como metáfora, quando argumentam que vale a pena investir em determinado pretendente, apostando mais no que ele se tornará do que naquilo que é no presente. Mas vale a leitura do conto, tal como estabelecido pelos irmãos Grimm, para nos surpreendermos com um fato importante: a princesa também tem lá sua feiúra.

Trata-se da filha mais jovem do rei, como sempre, a mais bela de todas as princesas. Nos dias quentes, ela tinha por hábito brincar com sua bolinha de ouro perto de uma fonte, mas uma vez deixou cair seu precioso objeto na água profunda, fazendo o brinquedo desaparecer. Desesperada, pôs-se a chorar como um bebê, aos gritos. Nesse momento surge um sapo, prometendo alcançar-lhe a cobiçada bola, mas somente se ela concordar em levá-lo para a casa dela. Além disso, teria de lhe aceitar como companheiro de brincadeiras, compartilhar com ele seu prato e admitir sua companhia até na própria cama. A jovem concordou, mas sem a mínima intenção de honrar uma promessa feita a tão desprezível criatura – e aqui ela se mostra uma pessoa bem pouco bonita. Depois de obter a bola de volta, ela foge correndo do sapo, mas ele vai até o castelo e bate à porta, exigindo o cumprimento da palavra da princesa caçula.

Horrorizada com a aparição do sapo, a princesa relata o ocorrido ao pai que, em vez de apoiá-la, lhe exige que faça jus à promessa. Assim, tomada de nojo, é obrigada a admitir o batráquio em sua mesa e em sua cama; na hora de dormir, ela não agüenta mais o assédio dele e raivosa o atira contra a parede. Ele, então, se transforma num belo príncipe e ela, numa enamorada princesa.

É surpreendente que o gosto popular recente tenha se apegado a uma cena que simplesmente não existe na narrativa clássica dos irmãos Grimm: a da princesa beijando o sapo. Não só nossa heroína jamais se disporia a isso, como também a transformação não era provocada por um ato de amor e sim de violência. Na atual versão popular, o sapo esclarece à jovem que ele é um príncipe enfeitiçado e, em nome da perspectiva da transformação, ela se sacrifica e vence o nojo, beijando-o. Já nesta narrativa mais antiga, a princesa se envolve com o animal sem esse consolo, a aparição do belo príncipe é uma surpresa que a recompensa pelos maus bocados por que passou.

Ao sermos fisgados pelo amor, temos como conseqüência a saída da casa dos pais para vivermos a relação, porém, isso nem sempre é pacífico. Por mais que os contos insistam que o amor é uma promessa capaz de recompensar pela infância e pela família

perdidas, partir é mais fácil para os heróis que têm madrastas bruxas, pais fracos, egoístas ou que são mesquinhos movidos pela fome. Quando o lar convida a ficar, sair será uma operação dolorosa e brusca, que pressuporá algum tipo de expulsão, comumente personificado por um casamento imposto contra os desejos da jovem. Na história do Rei Sapo, o pai da princesa lhe impõe a companhia do ser viscoso em seu leito, submetendo-a à violência desse convívio. O gesto agressivo da jovem está à altura do caráter torturante da situação em que se viu envolvida, mas também é um gesto dramático de rompimento, de revolta contra a autoridade do pai e contra as exigências do sapo. A independência não pode ser construída de submissão, crescer é também perceber a limitação da força e do poder da autoridade parental.

A versão popular do beijo não enfatiza o ato de rebeldia da princesa. Naquele caso, a jovem se dispõe a uma troca vantajosa: ela faz um esforço para vencer o nojo em nome de um amor possível (voltaremos ao tema da repulsa mais adiante). De qualquer maneira, ela se submete, mas o fará somente se isso lhe convier. Um sacrifício movido por uma razão pragmática não é um ato de obediência, é uma troca.

De qualquer maneira, o que é conhecido como um beijo originalmente foi escrito como um arremesso, sendo assim, não há como suavizar essa trama. Para ocorrer, um amor depende de que um rompimento com a família de origem esteja em curso ou consumado. É necessário que o amor entre pai e filha tenha encontrado uma nova dimensão.

Já vimos em outras histórias, anteriormente analisadas, quais são as condições propícias para a separação entre a mãe e os filhos, assim como para a identificação entre estes e seus pais. Aqui, quando chega a vez de aprender a amar fora de casa, também não há poucos dramas.

Não é sem uma certa agressividade que os jovens de ambos os sexos enfrentam seu futuro amor. Uma certa irreverência é a marca da recém-conquistada liberdade. Ela fará com que os amantes não se entreguem um ao outro sempre tão passivamente, como uma princesa adormecida em um castelo. O jogo erótico-agressivo evidencia que um pacto amoroso não é inicialmente pacífico, só depois que o sapo se tornou inconveniente ao extremo e a princesa totalmente intolerante é que eles descobrem o amor. A primeira marca não é de fascínio mútuo. Antes que o amor os torne sempre tão repetitivamente belos, eles terão que vencer a fera que há dentro de cada um.

Às vezes, para entender um sonho ou um mito, é preciso inverter alguns dos elementos em jogo. Temos aqui uma princesa que, num gesto de violência, atirando o sapo na parede, transforma um animal em um homem. Se invertermos alguns termos, podemos fazer outra leitura: temos um príncipe que, num ato de violência, transforma uma menina em uma mulher. Como a cena se passa no quarto e a sós, é precisamente ali que termina a paciência da nossa princesa, é provável que nesse quarto tenha se dado a transformação. A primeira concepção que as crianças têm do ato sexual associa-se a uma cena de alguma forma de violência, poder ou submissão. Por isso, o desenlace dessa história não lhes soaria estranho.

O beijo entre a princesa e o sapo é uma das cenas mais clássicas da iconografia dos contos de fadas. Acreditamos que essa imagem é alusiva ao estranhamento mútuo que embaraça nossos protagonistas, onde a diferença de espécies ilustra de forma caricatural a diferença dos sexos. O encontro amoroso heterossexual rompe uma seqüência longa de amizades homossexuais que acompanharam toda a infância, quando se identificar uns com os outros e se imitar mutuamente era o tom.

A descoberta do vínculo amoroso introduz o tema da diferença entre duas pessoas que se sentem muito concernidas, mas terão de lidar constantemente com formas diferentes de encarar o mundo, de ver um ao outro, assim como conviver com o contato entre corpos diferentes. Tudo isso, acoplado a uma proximidade física nunca antes experimentada – por ser assumidamente erótica –, contribui para o caráter agressivo dos primeiros amores, plenos de desencontros e encontros espetaculares, como nos contos de fadas.

Por sorte, vivemos em um tempo em que a primeira relação sexual não é cerceada por tabus, nem extremamente valorizada. Embora não seja sem importância para a vida de cada um, não é mais o marco fundamental da vida adulta da mulher, como fora até bem pouco tempo atrás – como se pode ver a importância da defloração captada na cena. Naquele contexto, era esperado que um ato tão ritual, tão valorizado, fosse operar uma transformação radical. Nesse sentido, é compreensível que a princesa não seja a mesma depois de compartilhar uma cama com o sapo, ela também se transforma a partir daquela noite.[3]

A substituição das cenas, da violência pelo beijo, nos cai tão bem, porque de fato há uma indefinição quanto ao começo de cada elemento que compõe o quadro: o amor, o sexo e a violência. Resumindo todos os termos, é o amor – simbolizado pelo beijo – que

transforma a violência do sexo em algo desejável e restitui a humanidade do noivo.

As princesas domadas

jovem da história *O Rei Sapo* faz parte de uma linhagem de princesas orgulhosas dos contos de fadas, cuja representante mais popular nasceu da pena do dramaturgo inglês Shakespeare: Catarina, da peça *A Megera Domada*. Não se trata de uma contradição, já que ele recolhia histórias do folclore para inspirar suas personagens e suas tramas. A megera Catarina não era uma princesa, mas a filha de um rico burguês, e sua soberba agressiva torna-a um desafio para o homem que quiser desposá-la. Quando finalmente surge um corajoso candidato, ele utiliza para domar a personalidade inconveniente da moça um método similar ao de muitas histórias de fadas, em que as princesas orgulhosas são submetidas a passar trabalho, necessidades e principalmente são privadas das vestes suntuosas e dos mimos que recebiam de seus pais na Corte.

Várias histórias relatadas pelos irmãos Grimm possuem um início quase invariável: "Era uma vez um rei que possuía uma filha belíssima, mas tão orgulhosa que achava não haver nenhum cavalheiro digno dela. Rejeitava e ridicularizava um depois do outro", ou ainda "anunciara que se casaria com o primeiro homem que fosse capaz de propor-lhe um enigma que ela não pudesse decifrar. Porém, se ela adivinhasse, o homem deveria ser decapitado". Em geral, cabe ao pretendente dobrar a noiva através de sua esperteza e de todos os ajudantes mágicos que conseguir alistar.

Nesses contos, é recorrente também a intervenção do pai da jovem, pondo fim a seus caprichos. Um bom exemplo é o caso de *O Rei Bico-de-Tordo*,[4] no qual o pai, irritado com a soberba da filha, decreta que ela se casará com o primeiro mendigo que bater à sua porta. Um príncipe pretendente, que havia sido ridicularizado pela princesa, disfarça-se de mendigo, casa-se com ela e impõe à jovem uma rotina de trabalho e pobreza, até que ela tenha sofrido o suficiente para mudar seu caráter. Tal situação também pode ser exemplificada com as palavras de outro príncipe despeitado, personagem de *Os Seis Criados*, também dos Grimm: "sofri tanto por sua causa, que achei que também devias sofrer por minha causa".

Essa abordagem é bem diferente daquela das lânguidas princesas enfeitiçadas, que esperavam inertes o príncipe chegar, para lhes oferecer *status* social, riqueza e segurança. Aqui parece que o início de uma relação é um duelo, em que o homem, se perder, será decapitado, e a mulher, quando derrotada, domada. É impossível negar a perspectiva social que se evidencia em tais histórias. São os trâmites necessários para garantir a submissão da esposa ao esposo, implícita no casamento tradicional. Milênios de opressão da mulher encontram aqui uma boa tradução. Afinal, reduzir a mulher a seu lugar de súdita, mesmo sendo rainha ou princesa, seria tarefa do pai e do marido. As mulheres contemporâneas teriam mais motivos para se identificar com essas princesas indômitas do que com a inerte Bela Adormecida. Mas não acreditamos que a sobrevivência dessas tramas na nossa cultura deva-se apenas aos restos da opressão vivida pelas mulheres. A soberba da princesa que deve ser erradicada está mais relacionada com uma forma de infantilidade, personificada tanto no choro desmesurado pela bolinha de ouro perdida (um brinquedo) quanto na incapacidade de manter um compromisso social (a promessa dada ao sapo).

Há uma espécie de pacto entre o pai e o pretendente para colocar limites nessas meninas mimadas, assim como existem histórias, tal qual *O Duende Amarelo*,[5] de Madame D'Aulnoy, em que a mãe busca uma saída para as falhas na educação que dispensou à sua filha. Nesse caso, a beleza da filha foi tão elogiada que a jovem passou a considerar que nenhum homem era digno dela. Parece que, em certos momentos, uma filha porá todos os empecilhos possíveis ao casamento a fim de permanecer na Corte de seus pais. Não estará disposta a sair de bom grado e só o fará quando surgir um homem muito especial, capaz de lhe impor uma sujeição que antes ninguém conseguiu.

Na vida real, por sua vez, o rompimento da jovem com a casa familiar raramente é pacífico. Não é nada incomum a ocorrência de uma ou mais cenas de algum tipo de violência, expressa na elevação do tom das vozes nas discussões, no bater das portas, em algum objeto quebrado ou arremessado, tal qual o sapo, como premissas necessárias para que uma partida possa acontecer. As discussões entre pais e filhos, das quais as moças são as protagonistas mais freqüentes, por serem mais dadas a argumentos verbais e mais submetidas ao mundo doméstico, denotam o fim de um acordo, de um entendimento no relativo ao funcionamento da vida e do lar.

É preciso que o objeto que simbolizava o mundo infantil seja jogado fora, para que a menina cresça. Mas se ela não estiver pronta, chorará como uma criança mimada. Antes de encontrar seu príncipe, terá de ser, ainda uma vez, cerceada pela educação parental. No meio, entre os momentos simbolizados pela perda da bola dourada e o surgimento do príncipe, há as cenas de submissão, raiva e violência. O sapo, ao lhe devolver o brinquedo, já lhe anuncia que, uma vez que o perdeu, não reencontrará mais seu mundo do mesmo jeito. Ela nega em princípio, mas a vida bate à sua porta, exigindo o cumprimento do seu curso de crescimento e de separação dos pais.

Beleza versus *feiúra, nojo* versus *atração*

 izem que o amor é cego, de certa forma é mesmo. O enamoramento provoca uma idealização do objeto amado. Todas suas virtudes serão ressaltadas e seus defeitos minimizados. O amor é uma poderosa lente que distorce para aumentar o valor daquele a quem entregamos o coração. O feio vira bonito, essa é a lição primeira do conto *O Rei Sapo*. Outra, que talvez não contenha exatamente a mesma mensagem, mostra que, sob o signo do amor, é possível a transformação do repugnante em atraente.

O sexo é considerado pelas crianças como assustador, violento e principalmente nojento. Elas ficam bem chocadas ao imaginar ou deduzir o tipo de prática a que os adultos se entregam na sua intimidade. Provavelmente, a feiúra das personagens desse conto advenha também daí, da intimidade a que foram forçados pela promessa feita ao sapo pela princesa, de comer no mesmo prato e dormir na mesma cama.

A criança tem um contato muito próximo com aqueles que a cuidam. Em nome da higiene, eles têm acesso a suas partes íntimas, freqüentemente compartilham seus talheres e prato e deitam-se com ela para conversar, para lhe contar histórias ou para fazê-la adormecer. Através da inocência infantil, essa intimidade fica a salvo de revelar as tintas eróticas que pode assumir. A criança supostamente é um ser fora do sexo, por isso, a intimidade de um pequeno com seus adultos é uma relação protegida por todos os tabus que obrigam a respeitar e cultivar a sua ingenuidade. Essa mesma ingenuidade teve Chapeuzinho Vermelho quando se entregou aos ardis do lobo, sem desconfiar das segundas intenções deste. Em *O Rei Sapo*, apesar de o sapo apenas querer se livrar do feitiço, o desenlace amoroso da trama, quando a jovem se descobre compartilhando o quarto com um belo jovem por quem se apaixona, não deixa dúvidas do caráter adulto assumindo pela intimidade da dupla.

O que enoja os pequenos em relação à vida erótica dos grandes é justamente o outro uso daquilo que para eles deveria ser apenas funcional. Não há dúvidas de que as crianças não se omitem de sentir e demonstrar uma série de reações prazerosas associadas a serem limpadas, acariciadas, abraçadas, mas o tipo de vínculo paterno-filial providencia para que tais manifestações sejam contidas e, de preferência, não explicitem seu caráter erótico. Existem ocasiões em que uma criança diz coisas que deixam explícito que ela está sentindo um prazer erótico. Os adultos, por sua vez, descaracterizam a situação, achando graça e transformando suas palavras em anedota; poderão também repreendê-la, assim como evitarão a situação de onde ela extrai esse prazer. São os expedientes pelos quais o tabu da inocência infantil tem sido preservado.

Quando, na intimidade de um casal, um põe comida na boca do outro, despem-se mutuamente ou deitam-se juntos, todos aqueles gestos, que outrora faziam parte dos cuidados maternos primários, assumem outro significado, ficando subordinados à erótica da relação. Assim fazendo, revelam o potencial erótico da primeira relação, motivo pelo qual Freud chamou a mãe de a primeira sedutora.

A sensação de asco e nojo associada ao ato de comer ou a outros momentos da vida cotidiana foi muito analisada nos primórdios da psicanálise, por ser sintoma insistente na histeria da época de Freud. Foi desde então considerada o sinal de que há algum conteúdo inconsciente, normalmente sexual, associado a um pensamento não admitido na consciência. Algo que dá sinais de sua existência na medida em que tempera com um sentimento de asco outro pensamento aparentemente inocente, por esse deslocamento associa-se a emoção a um novo objeto, mas sem um vínculo de significado aparente.

A princesa morre de nojo ao compartilhar sua intimidade com aquele ser viscoso que se insinua a ela de forma tão impositiva. Parece compreensível, pois a ninguém ocorreria sentir ternura ou apego por um sapo, que aliás tem o péssimo hábito de inchar e intumescer, como soe ocorrer aos orgãos sexuais quando excitados. Nada mais distante do carinho infantilóide que outro bichinho possa evocar, do qual provém o hábito dos amantes chamarem-se mutuamente de gatinho, coelhinho... ficando assim nesse espaço intermediário entre o desejo materno e o sexual.

O sapo é estrangeiro a tudo isso, sua presença na intimidade da princesa não deixa lugar a dúvidas, aquela que brincava na fonte com sua bolinha de ouro voltou do passeio comprometida com um sapo asqueroso. Após o incidente, ela estará fadada à perda da intimidade infantil com os outros e a um sentimento de nojo, que chegará para avisar que comer e dormir podem associar-se a outros prazeres.

A Bela e a Fera

ompetindo com *O Rei Sapo*, *A Bela e a Fera*[6] é uma das mais lembradas histórias de noivo animal. Enquanto a primeira é um típico conto de fadas, a segunda nos chegou através das versões romanceadas, embora originalmente existissem contos de fadas com estrutura similar.

A arquitetura da história é relativamente simples. Por uma necessidade do pai, uma bela jovem entrega-se a um casamento de conveniência. O marido é assustadoramente feio, mas igualmente rico. Ao chegar à casa onde ela terá de viver com seu novo consorte, encontra nele uma surpreendente educação, quando sua única expectativa era ser devorada. A jovem descobre sensibilidade e gentileza sob a pele de um monstro, e este se beneficia do bom coração da beldade nada orgulhosa. Embora seja certamente também uma alusão aos casamentos arranjados, que tinham de ser enfrentados pela maior parte das mulheres até o triunfo do amor romântico, não deve ser apenas essa a razão da sobrevivência dessa história até nós. *A Bela e a Fera* restou como representante de uma vasta linhagem de contos em que o amor precisa transcender as aparências animalescas para acontecer.

O relato desse conto de fadas não foi colhido da tradição popular pelos Grimm, nem por Perrault, celebrizou-se na mão de duas damas francesas que produziram as mais populares versões da história, em meados do século XVIII. Existem narrativas similares de moças entregues a noivos animais em todas as culturas, mas a mais célebre é esta de Jeanne-Marie Leprince de Beaumont (em 1756). Essa versão é a mais parecida com as narrativas tradicionais dos contos de fadas. Nela, até a cena final da transformação de monstro em homem, Bela ignora que sua Fera na verdade é um bonito príncipe enfeitiçado. A maior parte do relato enfoca o surpreendente convívio da jovem com o monstro, em que ela vê um amor brotar de dentro das peles de um ser tão pouco atraente.

Anterior a esta, temos a também bastante difundida versão de Madame de Villeneuve (em 1740), um relato ainda mais maneirista que o de Beaumont. Nele, a jovem, desde sua chegada ao castelo, sonha insistentemente com um belo príncipe, por quem imediatamente se apaixona. Ela também descobre que a imagem dele está estampada em quadros por todo o castelo, assim como há a voz de uma fada que lhe sussurra que não se deixe levar pelas aparências. A jovem passa a crer que o príncipe com quem sonha é prisioneiro do monstro nas masmorras do castelo. Vemos que, nessa versão, ela conta com pistas. De certa forma, assemelha-se à princesa que beija o sapo, sabendo antecipadamente do resultado. A jovem de Villeneuve convive com o monstro, mas seu coração nunca pertencerá ao animal, ela vive presa à fantasia com o belo príncipe, conta com a possibilidade de sonhar com um casamento baseado na perfeição dos consortes.

Na maior parte das narrativas em que uma jovem é entregue a um monstro, ela se surpreenderá ao encontrar amor ou pelo menos algum tipo de bem-estar, nem que seja o da riqueza do ambiente, onde só esperava escravidão ou castigo. O relato das senhoras francesas certamente é o grande responsável pela permanência desse conto na memória do mundo moderno, já que elas traduziram a fórmula folclórica tradicional, o noivo animal, para as modalidades e a linguagem dos padrões amorosos do seu tempo, da mesma forma que Perrault fez, à sua época, com outras histórias da tradição.

Para estabelecer algumas conexões, podemos arrolar, entre os parentes próximos de *A Bela e a Fera*, o conto norueguês *A Leste do Sol, a Oeste da Lua*, em que o noivo é um grande urso branco, e *O Lobo Branco*,[7] conto asiático que chega até nós através da compilação de Andrew Lang. Apenas para mostrar que lidamos com um território bastante vasto e pouco propício a estereótipos, lembramos a história anteriormente citada, *A Gata Branca*, que inverte tanto os termos de Bela quanto os de Fera. Ali nos deparamos com a vez de uma princesa enfeitiçada encerrar um jovem príncipe em seu castelo, encantado-o e fazendo-o enamorar-se dela, apesar de sua forma animal.

O preço das flores

 anto nas versões que comentamos quanto em outros contos semelhantes, a trama começa com uma viagem de um pai viúvo, outrora rico, que perdera seus bens. As irmãs de Bela não cessam de se queixar dos revezes que a nova vida de trabalho e austeridade lhes impõe. Já a jovem parece conformada, sabe da desgraça que se abateu sobre o pai e faz de tudo para melhorar a vida

de todos com bom humor e muitas lides domésticas. Seu bem-estar provém do amor correspondido pelo pai; das irmãs mais velhas recebia tratamento similar ao recebido por Cinderela.

Antes de viajar, por um negócio que esperava lhe proporcionasse a volta da antiga condição financeira, o pai oferece a cada filha a possibilidade de encomendar um presente. As irmãs mais velhas pedem belos vestidos ou jóias, presentes caros, evocação da opulência que ele não podia mais lhes oferecer. Bela, sempre compreensiva, pede apenas uma rosa, um presente de amor.

Voltando de sua viagem, na qual seus negócios foram um fracasso, o pai perdeu-se numa tempestade e chegou a acreditar que havia encontrado seu fim. Entretanto, exausto, faminto e molhado, descobre um castelo mágico, onde encontra calor, uma mesa de iguarias digna de um rei, roupas secas, mas nenhuma viva alma. Após comer e dormir, já tendo desistido de agradecer pessoalmente a seu cortês anfitrião invisível, que julgava ser uma boa fada, está em condições de empreender a viagem de volta. Eis que vê a oportunidade de satisfazer o desejo da sua caçula, já que se depara com um belo canteiro de rosas. No momento em que colhe a flor, surge o dono do castelo tomado de fúria, acusando-o de responder à sua hospitalidade com um roubo. É difícil de entender tal reação. Já que tudo ali havia se oferecido para o bem-estar do hóspede, por que com as rosas seria diferente? Mas estamos no universo da lógica dos contos de fadas, se uma transgressão não acontece, não temos conto.

O castelo pertence a uma fera de aspecto repelente e humor condizente com a má aparência, o monstro exige que o negociante pague com a vida pelo roubo. Este lhe explica que a flor era para atender ao desejo de uma de suas filhas. O monstro oferece-lhe então a possibilidade de voltar para casa e ver se alguma delas se candidata a morrer em seu lugar – no relato de Madame de Villeneuve, a Fera não fala em matar o mercador, mas que sua vida lhe pertencerá. Nesses casos, ele aceitará a troca por uma de suas filhas, mas apenas se ela se propuser voluntariamente.

A óbvia continuação é a inegociável posição de Bela de ir no lugar do pai, já que seu pedido era o que havia causado toda a confusão. A rosa solicitada se equivale aos rapúncios dos pais de Rapunzel, que lhes levam a dar uma filha, em troca do vegetal colhido, a uma bruxa que os ameaça. Vemos então que, sob a máscara da humildade, Bela pedira o presente mais precioso, aquele capricho que levou o pai a se arriscar e que precipita a trama.

O presente que ela pede é uma prova de amor, aliás, mais que isso, é parte do comércio de um amor que não precisa de provas; é mais do que já tem junto dele, é um fruto da terra, representante da vida simples que levam. Já suas irmãs, ao solicitarem a restituição da riqueza perdida, mostram ao pai sua crítica pela situação em que foram levadas a viver, condenam-no pela penúria, não estão satisfeitas com o pai que têm. Ao mesmo tempo, a necessidade de presentes caros e valiosos denota dúvidas a respeito de um amor. Quanto menos arraigado ele for, mais dependerá de objetos que o provem. Jóias e roupas representam aqui a superficialidade do vínculo que ligava o pai às outras filhas. Já a flor, que Bela pediu apenas para satisfazer o desejo do pai de que ela também encomendasse algo, é similar ao pedido que Cinderela – na versão dos Grimm – faz ao pai quando ele parte para uma viagem: quer o primeiro ramo que bater no seu chapéu quando ele empreender o caminho de volta. Cinderela como Bela, acima de tudo, querem seus pais de volta.

Não contraditória, mas complementar a essa interpretação, temos outra que implica uma certa liberdade lingüística. Proveniente do latim, *defloresco* – a retirada ou perda das flores –, chegou às línguas neolatinas como alusiva à perda da virgindade. Isso talvez nos dê a pista de por que logo as flores eram proibidas ao pai no contexto de um castelo onde tudo se oferecia a seu bem-estar. O homem que irá colher as flores, que deflorará Bela, não deverá ser o pai, apesar de quão forte seja o amor paterno-filial. A interdição que desencadeia a história pode ser a interdição a que pai e filha estavam submetidos.

Uma vez entregue à Fera, a jovem encontra no castelo tudo aquilo que seu pai não poderia lhe oferecer. Desde confortos que a façam sentir-se cuidada, com toda a segurança e o mimo possíveis, até a diversão, narrada segundo os gostos da época, com direito a espetáculos, bibliotecas, jardins e pássaros exóticos. Enfim, ela terá tudo, menos a almejada presença de seu querido progenitor. A solidão inicial é compensada pela companhia cada vez menos repulsiva de Fera, que domina as artes da conversação e a trata com respeito. Noite após noite, o monstro a pede em casamento e, com a maior delicadeza possível, Bela recusa. Até esse momento, ela ainda se encontra referenciada no amor do pai, embora comece a sentir algum gosto pela nova vida.

Graças ao bom relacionamento entre eles, Fera fica disponível para aceitar o pedido de Bela, cujo pai adoecia de tristeza pela perda da filha, para visitar a família. Nesse momento, a relação entre o bizarro casal

realmente se inicia. A jovem volta para a casa da família, mas seu coração já não pertence aos seus; ela volta para junto do pai, mas agora está ligada à Fera e sabe do perigo deste vir a morrer de tristeza se não retornar no prazo convencionado.

Em casa, distrai-se, descumprindo o prazo que havia combinado com Fera para sua estada, seja pelo prazer de conviver com seu pai e seus irmãos homens, seja, conforme a versão, pelos ardis das irmãs invejosas, que visavam ao seu atraso para que o monstro perdesse a paciência e a devorasse. Ao cabo de algum tempo, movida pela culpa e por um afeto que descobrira a ligava a seu esquisito companheiro, Bela volta ao castelo onde o encontra definhando. Tomada de tristeza, chora, declara seu amor e sua intenção de aceitar o pedido de casamento, proporcionando assim as condições para a quebra do feitiço. Apenas quando fosse capaz de ser amado, apesar de sua aparência repulsiva, a Fera poderia readquirir a forma original de que fora privado por uma bruxa.

O que aparece inicialmente como um sacrifício, dar a vida em troca da do pai, pode ser agora lido como a necessidade de uma escolha. Como no caso das princesas orgulhosas de que falávamos acima, tudo indica que não é de bom grado que uma jovem trocará o amor de seu pai pelo de outro homem. A aparência monstruosa do consorte revela o quanto ela ainda não pode ver nele nada atraente, apenas assustador por ser um homem, como o pai, mas que tem, para com ela, intenções bem diferentes.

Os estúdios Disney produziram a sua versão para *A Bela e a Fera* em desenho animado.[8] Nela, a trama foi simplificada, a família de Bela se resume a seu pai, que é apenas um viúvo um pouco excêntrico, não um comerciante falido. Além disso, foi criada a figura de um rival para Fera, sob a forma de um homem aparentemente atraente por fora, mas feio por dentro. De acordo com a nova sensibilidade que os homens devem saber demonstrar no amor, introduzida pelas mulheres após sua liberdade conquistada, a Fera é capaz de compreender os interesses intelectuais da jovem; o outro é um brutamontes, disposto a casar-se para fazer dela uma doméstica a seu serviço.

Como no caso dos relatos das senhoras do século XVIII, no desenho animado, a figura de Fera se adaptou aos ideais de homem de uma época: de cavalheiro no perfeito domínio das artes do amor cortês, ele se transmutou para um homem delicado e inteligente que uma mulher livre e intelectualizada – a Bela nesse caso amava os livros – espera a seu lado. Já o pai de Bela, apesar das alterações, segue como um personagem socialmente desvalorizado, sendo ela a única que o admira e por isso seu amor é tão nobre – como nas versões tradicionais –, pois é capaz de amar na adversidade.

Há um parentesco claro entre o amor que a jovem devota ao pai e o que destina à Fera: em ambos os casos, contorna as convenções sociais. No primeiro, não se importa com a fortuna que o pai perdeu; no segundo, a beleza que falta à Fera deixa de lhe fazer caso. Ela mostra capacidade de transferir o mesmo tipo de vínculo, como se o amor por um ensinasse a amar o outro. Fera também se revela disposto a esperar que Bela termine o luto por um amor, para que possa aceder a outro. No início, a jovem apenas sente saudades; a seguir, sente-se bem, mas tem pena do pai, que supõe estar doente de tristeza por sua falta. Ainda terá de voltar para casa, apenas para constatar que seu coração já não pertence àquele lugar, só então está em condições de viver um novo amor, não mais incestuoso. Fera espera esse tempo de amadurecimento. Sua paciência, porém não é infinita, por isso, está quase morto quando Bela retorna.

Na versão Disney, fica mais realçado o encantamento sofrido por Fera. A rosa é usada como uma espécie de ampulheta, um símbolo do tempo que lhe resta para que o feitiço seja quebrado: com o passar dos anos, as pétalas caem, quando cair a última, ele morrerá sem ter sido amado e perderá a chance de voltar à forma original. Com esse recurso, a história se aproxima mais das tradicionais narrativas de noivos animais. Todos têm algum tipo de prazo, referente ao tempo que a jovem terá de conviver com eles naquela forma horripilante; se tal prazo não for respeitado, novos revezes e sofrimentos são reservados para o casal (voltaremos a esse assunto mais adiante).

Ainda no desenho animado, há um relato que precede o desenrolar da história. Conforme a versão, Fera teve seu coração testado por uma fada, que, numa aparência esfarrapada, pede abrigo no castelo, o que lhe foi negado. Por ter sido considerado egoísta e incapaz de amar, foi condenado a ficar sob uma forma repulsiva até que uma mulher, apesar disso, viesse a amá-lo. Aqui é ele que tem de aprender a dobrar seu caráter bruto e entender as necessidades dos outros, em outras palavras, deixar sua infantilidade para trás.

A tradicional versão de Madame Beaumont apenas menciona que uma fada má condenou o príncipe a viver dessa forma até que uma bela moça consentisse em desposá-lo; Madame De Villeneuve nem sequer menciona a origem do encantamento, assim como na maior parte das histórias de noivo-

animal, não ficamos sabendo das razões de tal transformação. A única pista que temos é que, devido a uma mulher mais velha, uma bruxa, uma fada, as coisas andaram mal, geralmente porque ele não soube amar. Temos poucos elementos, mas podemos especular, se fizermos um paralelo com Bela. Se considerarmos que a situação do jovem é similar à de Bela, podemos pensar que seu feitiço representaria o quanto ele ainda está preso à mãe, e esse tempo seria o necessário para poder abrir mão desse seu primeiro amor, fundante para os homens.

O Príncipe Querido

xiste uma história em que a origem da transformação animal fica realçada por ser o aspecto central da trama. Trata-se de *O Príncipe Querido,*[9] conto tradicional francês compilado por Andrew Lang. Nele, um bondoso monarca é testado por uma fada que, simulando ser um coelhinho caçado por seus cães, se atira nos braços do rei, de quem acaba recebendo cuidados. A fada oferece, em troca da proteção recebida, a realização de qualquer desejo, desde que seja único. Ele pede então que ela seja guardiã da bondade no espírito de seu filho, conhecido por todos como Príncipe Querido, pela grandeza de seu coração.

O pai morre pouco depois, e a fada presenteia o jovem com um anel, que lhe causa dor quando ele se revela mau ou injusto. O idílio inicial entre o órfão e o controle da fada termina em rompimento, o anel é posto fora e o príncipe revela seu lado despótico e cruel, fazendo todo o tipo de injustiça que estiver a seu alcance. Ele é mau com seu povo, ingrato com um velho tutor e violento com a mulher que escolheu para amar.

A fada já havia dito ao pai que a realização de seu pedido dependeria muito da colaboração do príncipe, o que não estava ocorrendo. Diante disso, a tutora teve de recorrer a métodos mais drásticos, mediante a aplicação de um castigo: "condeno-te a que sejas como os animais cujo comportamento imitas. Pela tua fúria, tens sido como um leão e como um lobo pela tua avareza. Como uma serpente, tens te revoltado contra alguém que é como um segundo pai para ti e, por teu mau caráter, te assemelhas a um touro. Portanto, em tua nova aparência adotarás o aspecto destes animais".

Não mais querido, o príncipe ficou com cabeça de leão, as aspas de touro, o corpo de serpente e os pés e as mãos com garras de lobo. Quase não dá para imaginar essa síntese. O fato é que, de dentro da nova forma, ele precisou dominar a maldade de sua alma para ir praticando atos de bondade. Após salvar o homem que o alimentava e maltratava numa espécie de zoológico para o qual fora enviado, transformou-se em cãozinho de colo da rainha; após ajudar uma pessoa com fome, é promovido a pomba. Sob essa última forma animal, encontra sua amada e recebe o afeto dela. Era o que faltava para a transformação final, em que tudo volta a seu lugar e eles reinam felizes para sempre.

A condição animal neste conto é uma forma de rebaixamento, em que um belo jovem perde o afeto que antes provocava nos outros. Ele se comporta como uma criança despótica, o que se traduz bem nas palavras do irmão de leite do príncipe que havia se tornado seu *mau* conselheiro mais próximo: "todo aquele que não cumprir com teus desejos deverá pagar por isso". Não deixa de ser uma boa tradução do narcisismo infantil, tal como explicitado por Freud em *Sobre o Narcisismo*.[10] Nesse texto, ele relata como a criança – que ele chama de *His majesty the baby* (Sua majestade, o bebê) – é tratada como alguém que deverá receber em vida tudo o que foi negado a seus pais, nenhum limite deverá se interpor entre ela e seus desejos, nenhuma exigência amargará o prazer de sua existência, tudo cairá em seus braços com o menor esforço possível. Esse mecanismo, pelo qual os pais querem ver suas frustrações e pendências solucionadas através da glória dos filhos, está bem ilustrado neste conto pelo diálogo do pai com a fada. Quando ele recebe a oportunidade de fazer um pedido não quer algo para si, é no príncipe que quer ver seu desejo realizado.

O Príncipe Querido já era um bom sujeito, por isso fica difícil de compreender porque o pai foi pedir à fada algo que o jovem já tinha. Através desse expediente, as qualidades do filho, que eram características de sua personalidade, ficam alienadas como se ficassem a serviço do desejo do pai. Não é de admirar então que o jovem passe por um período de rebeldia, necessário para diferenciar-se deste pai tão devotamente despótico, a ponto de se fazer representar por um anel que feria o príncipe quando ele se comportava mal. Mas esta é uma das formas possíveis de pensar os seus maus modos. Outra vertente para abordar esta questão nos aproxima dos impasses que as famílias têm vivido hoje no relativo à imposição de limites às crianças.

Esse príncipe-menino-déspota, como tantos que mostram sua falta de boas maneiras na nossa vida cotidiana, aparece na leitura de Freud como uma extensão do desejo dos pais. O pai dele pede que a grandeza de seu caráter provenha da magia, ao que a fada educadora responde que não é possível, o príncipe terá de trabalhar por isso. A história não é mais que o trabalho de uma vida para aprender com frustrações e desenganos, afinal, trata-se do trajeto de qualquer um. Esse calvário animal conecta o príncipe com as princesas mimadas de que falávamos, que precisaram pagar, com trabalho e com a perda das vestes suntuosas, pelo seu orgulho. Mas há um aspecto diferencial: a condenação à perda da condição humana.

A animalidade da aparência corresponde à pouca humanidade de seu espírito. O que nos diferencia dos animais está presente na forma como a relação humana com o mundo transcende as necessidades imediatas e se revela *desnaturada*. Um animal matará para comer, mas não sairá para caçar por prazer. O máximo que podemos dizer é que alguns jovens gatos domésticos torturam suas presas antes do golpe de misericórdia, porém isso faz parte de seu treinamento como futuros caçadores, são brincadeiras de filhote. Quase tudo que os animais fazem têm uma razão de ser no sentido da sobrevivência – sua, da cria ou do grupo –, é uma espécie de lógica natural. Já os humanos são capazes de todo o tipo de capricho e irracionalidade, é preciso trabalhar nossa alma para que nosso apetite de gozo não se torne irrestrito e perigoso. Sem o controle de uma educação e de uma sociedade capaz de pôr limites, somos o pior tipo de bicho – afinal não existe um altruísmo natural. Podemos encarnar a fera má por deleite e sermos capazes de torturar a presa até bem crescidos, num prazer que não tem idade para acontecer.

É essa humanidade, tão frágil, que é perdida no conto. O rei considerava a bondade o maior bem, por isso, não desejou algo para si, quis o refinamento do caráter de seu filho sem que ele tivesse de passar pelas dores da educação. Educar traz consigo a necessidade de impor limites, cercear, negar prazeres. Os pais que se negam a realizar essa tarefa constroem *ferinhas*, criaturas sem capacidade de avaliar as possibilidades da realidade de satisfazer suas exigên-cias, cuja satisfação reivindicam com violência. Nisso se transformou o Príncipe Querido. Geralmente, a ideologia desses pais, incapazes de educar, de pôr freio a sua própria extensão narcísica, contém uma idéia rosseauniana de que, deixado à própria sorte, ou com pouca intervenção, o filho, algum dia, revelará uma boa natureza. Infelizmente, não é o que acontece e, quando os pais se dão conta, os esforços precisam ser redobrados para uma correção de rumo.

Esse conto possui elementos dos contos de fadas, mas é praticamente uma fábula moral. De qualquer modo, revela que aprender a amar, no sentido erótico, depende de suportar as frustrações e de compreender as necessidades do outro. Se um filho tiver sua majestade de bebê atrelada ao narcisismo de seus pais e se tiver a missão de gozar por eles, pressupõe-se que deverá crescer em condições muito particulares: deverá receber seus dons por magia. Como isso é impossível, terminará sendo um bichinho de estimação para a satisfação deles ou uma fera a ser enjaulada. Nesses casos, geralmente os pais reproduzem o discurso indignado do Príncipe Querido em sua fase despótica: vociferam contra o mundo que impede seu precioso filho de conquistar o que eles lhe desejam.

A Bela e a Fera, graças a essa outra história conexa, pode ser pensada também como um conto de conquista do amor e da humanidade. Afinal, também não se nasce homem, torna-se um.

Notas

1. LANG, Andrew. *El Libro Azul de los Cuentos de Hadas I*. Madrid: Neo Person, 2000.
2. GRIMM, Jacob & Wilhelm. *Contos de fadas*. Belo Horizonte: Villa Rica Editora Reunidas, 1994. No original o título é *O Rei Sapo ou Henrique de Ferro*, mas popularmente é referido apenas como *O Rei Sapo* ou ainda como *O Príncipe Sapo*.
3. Freud observa que a defloração de uma mulher constitui-se numa: "injúria narcísica que decorre da destruição de um órgão" a qual poderia inclusive atrair sobre o autor de tal ato a raiva da mulher. "O perigo que assim se levanta pelo defloramento de uma mulher consiste em atrair sua hostilidade para si próprio, e o marido em perspectiva é exatamente a pessoa que teria toda a razão para evitar tal inimizade." FREUD, Sigmund. *O Tabu da Virgin-*

dade. Obras Completas, vol. XI. Rio de Janeiro: Imago, 1987. p. 187.
4. GRIMM, Jacob & Wilhelm. *Contos de Fadas*. Belo Horizonte: Villa Rica Editora Reunidas, 1994.
5. LANG, Andrew. *El Libro Azul de los Cuentos de Hadas I*. Madrid: Neo Person, 2000.
6. LANG, Andrew. *El Libro Azul de los Cuentos de Hadas I*. Madrid: Neo Person, 2000, no que se refere à versão de Madame de Villeneuve. Já para a de Jeanne-Marie Leprince de Beaumont ver TATAR, Maria. *Contos de Fadas: Edição Ilustrada & Comentada*. Rio de Janeiro: Jorge Zahar Editor, 2004.
7. Esses dois contos serão examinados no próximo capítulo.
8. O filme *A Bela e a Fera* foi lançado pelos Estudios Disney em 1991. Essa é a versão infantil animada. Não confundir com o filme homônimo, a obra prima de Jean Cocteau, de 1946, *La Belle et la Bette*.
9. LANG, Andrew. *El Libro Azul de los Cuentos de Hadas II*. Madrid: Neo Person, 2000. Existe uma versão em português: PIMENTEL, Figueiredo. *Histórias da Avozinha*. Rio de Janeiro: Livraria Garnier, 1994. Figueiredo Pimentel foi o primeiro compilador brasileiro de contos de fadas, mas nem sempre encontramos seus livros. Em suas antologias, ele misturou alguns contos brasileiros entre os da tradição européia
10. "Os pais sentem-se inclinados a suspender, em favor da criança, o funcionamento de todas as aquisições culturais que seu próprio narcisismo foi forçado a respeitar, e a renovar em nome dela as reivindicações aos privilégios de há muito por eles próprios abandonados. (...) A criança concretizará os sonhos dourados que os pais jamais realizaram – o menino se tornará um grande homem e um herói em lugar do pai, e a menina se casará com um príncipe como compensação para sua mãe". In: FREUD, Sigmund. *Sobre o Narcisismo: uma Introdução*. Obras Completas, vol., XIV. Rio de Janeiro: Imago, 1987, p. 108.

Capítulo X
HISTÓRIAS DE AMOR II:
AS METAMORFOSES

***A Leste do Sol e a Oeste da Lua, O Carneiro Encantado,
O Lobo Branco, Cupido e Psique, A Pequena Sereia e Hans, o Ouriço***

Transição dos laços afetivos nos primeiros amores –
Resistência dos pais aos novos amores dos filhos – Maturação do casal –
Amantes como estrangeiros entre si – Dificuldades na saída da casa paterna –
Rejeição parental – Revezes da concepção

O noivo animal

o capítulo anterior tratamos de exemplos de noivo animal, mas são histórias que, embora pertencentes a essa classificação, não são típicas. Existem contos, em vários folclores, de personagens do tipo noivo animal com uma estrutura mais parecida com o que vamos trabalhar agora.

Em um conto da tradição norueguesa, compilado por Peter Christien Asbjørnsen e Jørgen Moe, chamado *A Leste do Sol e a Oeste da Lua,*[1] temos um dos mais clássicos exemplos de noivo animal. Nele uma família muito pobre é confrontada com a proposta de um urso que lhes promete riqueza se lhe cederem a filha caçula, uma menina muito bela, em casamento. Com

certo pesar, mas de olho no que traria de volta o pão à mesa para os outros filhos, o pai consulta a filha. Ela em princípio não aceita, mas acaba cedendo pelo bem de todos. Sempre há dinheiro envolvido nesses casamentos. Mas aqui se trata de um dote às inversas, ou seja, é o noivo que compra a sua noiva a peso de ouro, exatamente o contrário do casamento europeu tradicional, em que uma mulher casava tanto mais fácil e melhor quanto maior era seu dote.

Resignada a seu destino, a menina parte com o urso e chegam a uma morada mágica onde nada faltava. No escuro da noite, o urso tira sua pele, transforma-se num jovem e compartilha a cama com a noiva. Como na maior parte desses relatos, não temos aqui nenhuma alusão a que esse momento seja traumático ou violento para a jovem. Ao contrário, a forma humana noturna é um alívio para ela, um contraponto ao animal com quem tem de conviver durante o dia. Além disso, há uma virada na expectativa de um destino triste que a heroína esperava, já que, quando da partida, como ocorre a tantas prometidas a noivos animais, a idéia é enfrentar um sacrifício, incluindo a possibilidade de ser devorada pelo consorte.

Como em *A Bela e a Fera*, a moça acaba sentindo muita solidão durante os dias que passa no suntuoso castelo. Sente falta da casa paterna e sua tristeza convence o urso a levá-la até lá para uma visita. Dessa vez, não há um prazo a ser desobedecido; entretanto, o urso a proíbe de falar a sós com a mãe, na verdade, para que não comentasse suas intimidades. Claro que acontece o proibido, e a mãe se revela uma péssima conselheira. Sabendo, pelo relato da filha, da pele que ele retira à noite, a mãe suspeita de que o noivo seja um troll[2] e aconselha a jovem a espiá-lo dormindo. Quando ela tenta ver o noivo sem a pele, ele perde a oportunidade de ser desencantado e a abandona, após referir:

O que você fez?, exclamou. Agora atraiu uma maldição sobre nós dois. Se tivesse esperado apenas um ano, eu teria sido libertado! Tenho uma madrasta e ela me enfeitiçou de tal modo que sou urso de dia e homem à noite. Terei que deixar você e ir à procura dela. Ela mora num castelo a leste do sol e a oeste da lua. Mora lá também uma princesa, com um nariz de três varas de comprimento, e é ela a mulher que terei agora que desposar.

Vemos ressurgir aqui a questão do prazo, parece que um tempo é necessário para um indivíduo amadurecer e assumir publicamente suas relações íntimas. Em todas essas histórias, o primeiro encantamento – o início do relacionamento sexual do casal – ocorre em alguma situação de confinamento, de exclusão social. Afinal, o que aborrece a jovem é ser retirada de seu mundo de referências e do convívio com os seus; porém, quando tem a oportunidade de voltar à casa dos pais, descobre que sente falta de seu amado. A partir daí, a finalização da trama é imediata, encaminha-se para o fim da maldição.

No caso de Bela, não fosse pelo breve descumprimento do prazo, diríamos que ela fez rapidamente o processo de rompimento com a família de origem, assumindo sua nova situação civil, a de ser a mulher de alguém. Já os amantes desta tradicional história norueguesa passam por revezes bem maiores que os de Bela e Fera. A noiva precisa viajar para aquele lugar geograficamente improvável e inacessível. Para essa jornada, necessitará de muita coragem e do apoio de forças da natureza, como os ventos que a transpor-

tam, assim como de seres mágicos, nesse caso, velhas senhoras que lhe oferecem cavalos e objetos cuja utilidade ela descobrirá depois. Há mais um elemento muito interessante nessa viagem: ninguém a quem ela pergunta sabe exatamente a localização do príncipe, embora todos tenham uma idéia aproximada do caminho ou de quem poderá saber sobre ele. A única certeza compartilhada por todos os interlocutores encontrados pelo caminho é a de que ela é a moça que estava destinada para o príncipe, por isso, se dispõem a ajudá-la. Movida por essa única indicação amorosa, ela se lança ao desconhecido.

Uma vez chegando ao castelo da madrasta, ela precisa tirar seu homem das mãos da nova e horrível noiva: a princesa nariguda. É nesse momento que os presentes recebidos na viagem se mostram úteis, pois negocia uma maçã de ouro, um pente de ouro e uma roca de ouro com a horrenda princesa, que não parece estar muito interessada na companhia noturna de seu noivo, são os objetos dourados que realmente mobilizam seu desejo. Aproveitando a situação, a jovem troca cada um deles pelo privilégio de passar uma noite com o príncipe. Mesmo assim, não é fácil realizar o resgate, pois a noiva, que não era boba, narcotizava o príncipe. Apenas na terceira noite, ele é alertado por criados para que não tome a poção, assim poderá ficar acordado para encontrar sua amada e planejar uma fuga. Juntos, derrotam os *trolls* – pois sua madrasta e a princesa nariguda sim eram *trolls* – e fogem com todas suas riquezas.

O prazo que a noiva do urso não soube respeitar refere-se ao tempo de amadurecimento necessário para que uma relação seja assumida publicamente. Atualmente equivale ao período em que os casais podem experimentar alguma privacidade erótica, antes que os laços de um casamento imponham à relação desafios que ela não comporta. Como vemos, nas velhas histórias, esse período de latência de um amor já está presente, provavelmente significando algo bem diferente do que para nós. Ainda hoje a estabilização de um relacionamento requer tempo, paciência por parte dos amantes e uma certa cota de sacrifício aliada à coragem, visando a ajudar tanto o noivo quanto a noiva a romper com os velhos laços amorosos. Se não houver esse esforço, o rapaz corre o risco de adormecer nos braços da bruxa possessiva que é sua mãe. Da mesma forma, os laços que prendem uma jovem ao amor devoto e pleno de mútuos cuidados que ela professa por seu pai podem voltar a ficar fortes.

Existe um conto de Madame d'Aulnoy que nos mostra justamente esse fracasso, em que os laços antigos acabam prevalecendo. Chama-se *O Carneiro Encantado*[3]. Temos a mesma seqüência dos contos de noivo animal, com exceção de um detalhe: a menina é expulsa de casa pelo pai. Miranda, esse é o nome da heroína, era a menor das três filhas e a predileta do pai, porém, ela não adulava o pai como as mais velhas, e ele acaba pensando que seu amor não era correspondido. Um dia a menina sonha que o pai lhe alcança um jarro para lavar as mãos. Ela conta seu sonho a ele, que o interpreta como uma alusão à posição de servilidade frente à filha. Fica irado e isso é a gota d'água para mandar matá-la. Como aconteceu a tantas heroínas, o carrasco tem piedade e engana o pai, deixando-a fugir.

Na fuga, ela encontra o Carneiro Encantado, que é um príncipe enfeitiçado. Vivem juntos até que ocorrem as bodas de uma irmã dela, às quais deseja comparecer. Ela vai disfarçada à festa, faz muito sucesso e parte misteriosamente. Volta ao reino do Carneiro Encantado e encontra-o sofrendo muito por sua ausência. Tempos depois, no casamento seguinte, da outra irmã, volta para a festa. Desta vez, o pai tinha obstruído a rota de fuga da princesa misteriosa, pois queria conhecê-la. Não reconhecendo a filha, gentilmente lhe estende um jarro para lavar as mãos após o banquete. Miranda cai em prantos dizendo que seu sonho se realizou, e o pai leva um susto, mas fica muito feliz em saber que sua amada filha estava viva, pois já se arrependera de seu tresloucado gesto. Os dois reatam o antigo vínculo e ele lhe promete seu reino, uma vez que já estava velho. Enquanto isso, o tempo passa, e o príncipe encantado morre de tristeza, pois Miranda tardava a voltar.

Nesse conto, os laços antigos prevalecem sobre os novos. O reencontro com o amor do pai foi fatal para o novo laço que se iniciara com o príncipe encantado. Miranda momentaneamente esquece de quem lhe sustentava afetivamente no período em que estava longe do pai, e o futuro casamento não acontece. Decididamente, não se pode agradar a dois senhores.

As peripécias de *A Leste do Sol, a Oeste da Lua* encontram similaridade num conto da Ásia Menor, presente na compilação de Andrew Lang. Trata-se de *O Lobo Branco*,[4] uma história que inicia como *A Bela e a Fera*, já que o pai é ameaçado e precisa dar sua caçula querida em troca da vida, mas finaliza como a do urso, pois a moça terá de fazer longa jornada em busca do amado perdido. A variável interessante neste conto é a permanente forma humana em que o lobo se mantém na intimidade do casal. Ele somente veste as peles quando saem de seu castelo para visitar os pais da noiva. Na ocasião das bodas de uma das irmãs da heroína, a mãe intromete-se, tentando ajudar e atrapalha. Assim que descobriu sobre as transformações do genro, durante a noite, queimou a pele do lobo, provocando seu desaparecimento. O resto da história é a luta da jovem apaixonada pela reconquista desse amor.

Cruzando as três histórias, elas demonstram inequívoco parentesco. Nesse conto asiático, há também a resistência à união da filha por parte da mãe. Sua intervenção só dificulta a relação, fazendo com que a noiva do Lobo Branco, em um caminho solitário, com pouca orientação e algum apoio do ambiente, tenha de arrebatá-lo das mãos de outra pretendente, com quem está prestes a se casar, pois já acreditava que ela o havia esquecido. Além disso, a monstruosidade de Fera não parece diferente daquelas dos outros noivos animais. Enfim, são todas um duelo de conquistas e perdas, em que o amor de um e outro é posto à prova antes que possam sentar-se lado a lado no trono, ou seja, assumir publicamente a relação.

Cupido e Psique

As histórias precedentes reproduzem uma estrutura comum que existe em várias versões nos contos de fadas. Entre elas, temos a antiga história de Cupido e Psique,[5] que nos chegou através de Apuleio, em *O Asno de Ouro*[6] – livro também conhecido por *Metamorfoses*. Psique era uma das três belas filhas de um rei, porém muito mais bela que as irmãs. As outras duas casaram e Psique não conseguia casamento, pois sua beleza era tanta que assustava os pretendentes. Sua formosura fazia todos acreditarem que ela era uma deusa, por isso, começaram a lhe levar oferendas em substituição àquelas devidas a Vênus. Quando esta vem a saber disso, manda seu filho Cupido para que a vingue: sua pena seria fazer com que Psique se apaixonasse por um homem desprezível. Porém, Cupido não pôde realizar sua tarefa, já que ele mesmo ficou fascinado por Psique.

Enquanto isso, os pais, não sabendo o que fazer para que a filha viesse a se casar, consultaram um oráculo, que é um intermediário de Apolo – deus, entre outras coisas, das profecias. Ora, Apolo já sabia da paixão de Cupido, e juntos fazem um plano, a partir do qual, a revelação oracular diz aos pais para prepararem Psique para um funeral e deixarem-na numa rocha onde um ser monstruoso viria arrebatá-la. Os pais ficaram desconsolados, mas, mesmo com muito pesar, assim foi feito. Psique, desesperada, foi abandonada num rochedo à espera do monstro.

Um vento levou Psique pelos ares e a depositou sobre um relvado num vale. A princesa adormeceu e quando acordou estava num palácio magnífico de ouro e mármore. O palácio era desabitado, pelo menos da forma habitual, só vozes lhe faziam companhia e atendiam a suas necessidades. Quando entardeceu, ela sentiu uma presença. Esse ser era Cupido; entretanto, ele advertiu-a de que não poderia vê-lo, sob pena de perdê-lo para sempre. No escuro da noite, vinha compartilhar a cama com Psique, que, apesar do estranho casamento e do marido ainda mais estranho, se sentia feliz. Com o passar do tempo, sente saudades de casa e das irmãs e vontade de contar aos pais que não estava morta, nem tinha sido consumida por um monstro, conforme ela mesmo acreditava que iria acontecer.

Depois de muita insistência, Cupido consentiu que ela recebesse a visita das irmãs, mas estava temeroso que isso poderia ser um perigo para a relação deles. Quando suas irmãs souberam que tudo ia bem, que ela estava feliz e tinha um marido muito rico, foram tomadas de uma profunda inveja. Não descansaram enquanto não criaram um plano para envenenar a relação. Souberam então que ela nunca tinha visto o marido e que isso lhe estava vedado. Sugeriram-lhe que, com o auxílio de uma lâmpada, o espiasse durante seu sono e o matasse com uma faca afiada.

Psique acabou cedendo à idéia das irmãs, afinal o oráculo tinha falado num monstro, e espiou o marido adormecido. O que viu foi um belíssimo rapaz. Emocionada pela descoberta, acabou deixando cair uma gota de azeite quente da lâmpada sobre ele e o despertou. Cupido cumpriu sua ameaça e saiu dizendo que não voltaria mais. "Onde há amor deve haver confiança", foram suas palavras antes de partir. Como no caso da Bela Adormecida, Psique cai de amores pelo rapaz adormecido, confirmando que é grande o poder de sedução dos amantes na passividade do sono. Porém esse rapaz não parece estar disponível para tal adoração, Cupido sente-se traído.

Abandonada, Psique saiu a andar pelo mundo, mas não achou acolhida em nenhum lugar. Vênus a atormentava, pois invejava sua beleza e ainda não fora vingada da afronta de ser substituída nas oferendas. Enfim, comportava-se como a mais ciumenta das sogras. Numa manobra desesperada, Psique se oferece como serva para Vênus, na esperança de aplacar sua ira. Vênus a faz passar dias de Borralheira, dando-lhe tarefas impossíveis, que, diligentemente e com auxílio de animais que dela se penalizam, cumpre. Numa de suas tarefas impossíveis,

é vencida mais uma vez pela curiosidade, abre uma caixa que continha o sono e cai adormecida. Nesse momento, Cupido intervém e a desperta. Enfim, Psique passa uma longa jornada de privações e sofrimentos até que Cupido, que não conseguia esquecê-la, pede a Júpiter que lhe permita viver com essa mortal. O Deus consente – na esperança de que, entretido com uma paixão, Cupido talvez deixasse os humanos e ele mesmo mais em paz – e a transforma numa imortal. Por fim, Vênus se reconcilia com Psique.

Seria essa a história inaugural que nos legou as outras? Pode até ser, mas quem nos garante que ela já não seja uma versão de uma história anterior? É fácil cair numa hierarquia de que quanto mais antiga, mais verdadeira, mais autêntica. Examinando os contos atentamente, vemos que a única hierarquia possível é entre os bem escritos e os mal escritos; entre os que mais facilmente nos colocam em cenários onde as paixões humanas encontram vazão, e os que o fazem com alguma dificuldade. Esse antigo conto é muito bem arquitetado, nos dá toda a dimensão das grandes dificuldades de uma mãe em ver seu filho com outra mulher que lhe supera em beleza e juventude. Seu foco central é a beleza encontrando um novo altar. A única coisa que o difere dos outros é o uso de deuses da tradição latina. A estrutura é a mesma de um conto de fada e não de um relato mítico. Temos a clássica seqüência em que ocorre uma transgressão, depois a partida dos heróis para se recuperarem da falta, seguida de um final feliz com eles numa posição superior àquela de que partiram.

Cupido era invisível para Psique, mas sua relação devia ser velada para a mãe, que foi duplamente traída, afinal ele deveria destruir e não amar sua rival. Na verdade, ninguém sabia desse amor, mas acreditamos que era especialmente Vênus quem deveria ficar na ignorância. Seu filho tinha motivos para prever a tempestade de ciúmes e o desejo de vingança que viriam. O próprio Apolo, fazendo papel de alcoviteiro, nos dá a dimensão de quanto esse deveria ser um amor encoberto, de que Vênus não aceitaria de bom grado um amor para o deus do amor.

Um amor de outro totem

 os casos de noivo animal, Bruno Bettelheim nos diz que essa condição de animalidade de um dos pretendentes é metafórica da sexualidade ainda não dominada, antes de ser lapidada pela maturidade e pelo amor. Sendo assim, deparar-se com um primeiro parceiro erótico equivaleria a enfrentar a pretensa animalidade do sexo. Pele-de-Asno – história analisada no Capítulo VI –, para pensarmos em uma personagem feminina, faria parte desse raciocínio. Nesse caso, seria a mulher que teria de largar a pele animal para retornar à plenitude feminina.

A interpretação de animalidade como sendo a sexualidade ainda não domesticada pelo jovem casal é irretocável, mas acreditamos que pode haver outras sobrepostas. No universo social pré-moderno, que originou e cultivou essas histórias, o casamento era uma mudança de referênciais, especialmente para as mulheres. O matrimônio tecia laços, a família da mulher perdia um membro e a do marido ganhava uma filha. E não podemos esquecer que sempre havia um dote em jogo, o casamento era uma das formas de partilha de riquezas, algo que nos contos está sempre presente.

De qualquer maneira, a moça ingressava em outra família como uma estrangeira. Era preciso que ela se habituasse a novos códigos, costumes, sabores e cheiros. Cada família é como um pequeno país, com linguagem, rituais e gastronomia próprios. Já que mudava de família, deveria agora ser aceita numa casa estranha, subordinada a uma sogra nem sempre simpática com sua nora. O homem era de certa maneira, metaforicamente, de outro totem, pertencia a outra tradição familiar, e a mulher deveria acompanhá-lo. Não é de admirar que essa diferença pudesse ser vista, de maneira alegórica, como seu amado fosse de outra espécie.

Talvez as culturas antigas tivessem a mesma relação com os animais que os ameríndios ainda têm. Eles não fazem a divisão entre natureza e cultura, em que os animais ficam do lado da natureza; eles concebem os animais como seres de outra cultura. Como nós temos nossa linguagem, nossos hábitos, os animais também teriam sua linguagem e seus hábitos; nós não os entendemos e eles não nos entendem, da mesma forma como não entendemos outra língua humana. Logo, nessa lógica, casar com um animal equivale a casar com um estrangeiro, e os mitos ameríndios dão inúmeros exemplos das possibilidades de casamento entre homem e animal.

Algumas organizações sociais de tribos indígenas mostram de maneira bem clara a circulação regrada dos casamentos. Quem pode casar com quem é definido estritamente, de tal modo que quem pertence a determinado clã só poderá casar com alguém de outro. Isso tudo está longe da nossa realidade, pois na modernidade o casamento é uma eleição aberta, embora, é claro, as regras que impedem o incesto estão igualmente presentes.

Apesar de hoje escolhermos com o coração, freqüentemente ficamos surpresos ao constatar que determinadas escolhas amorosas trazem o molde da nossa família, ou são evocativos da forma de ser de algum de nossos pais. Por vezes, repetimos seus modelos de identidade ou relação; por outras, nos esforçamos para escolher nosso amor muito distante de tais modelos, mas não de qualquer forma e sim procurando seus antônimos, amando pessoas culturalmente diversas ou constituindo família do outro lado do mundo – o que ainda os mantêm na condição de parâmetros, só que às inversas. Não temos nada objetivo a regrar a escolha, os casamentos não são arranjados conforme necessidades políticas ou econômicas, estamos longe das interdições tribais, mas não necessariamente essa liberdade nos facilita a vida.

O problema se equaciona do ponto de vista do que, sintomaticamente, supomos como igual ou sentimos como estrangeiro. Referimo-nos aqui a uma estrangeiridade que está longe de se restringir ao país de origem. Trocando em miúdos, trata-se do que se sente como familiar, portanto proibido, ou como estranho, portanto um território em que a escolha amorosa é possível.

Pessoas da mesma raça, profissão, cidade natal, classe social ou qualquer traço evocativo da família de origem podem ser sentidas como interditadas, como se fossem do mesmo totem. Não podendo escolher entre os semelhantes, busca-se alguém que possua qualquer identidade diferente para poder amar. Às vezes, necessita-se da certeza de que se está escolhendo fora do lar, de que os amados não são uma evocação direta dos pais ou irmãos. Como clínicos, observamos os freqüentes casos de pessoas que só conseguem se casar em outro país, ou com um estrangeiro, ou ainda com alguém de outra raça ou cultura, como única maneira de evitar a fantasia de incesto. Nesses casos, somente alguém estranho suscita desejo, só com o príncipe ou a princesa longínqua o casamento se concretizará.

Dessa forma, mesmo nos tempos modernos, nos quais uma mulher não será privada de sua família, nem obrigada a ingressar na do marido, a questão da diferença em termos de cultura familiar ainda se estabelece. O marido escolhido trará para dentro da relação seus hábitos e excentricidades familiares, e ela idem. São necessariamente dois estrangeiros tentando estabelecer um território comum de negociações diplomáticas e fronteiras. A identidade do núcleo familiar ou do casal que irá constituir demora em ser encontrada e negociada. Talvez esse tempo de latência de que falam os contos – nos quais os amantes ainda são de espécies diferentes e devem se abster ao máximo do contato com as famílias de origem – aponte um trabalho de formação de hábitos comuns e códigos compartilhados naquele novo núcleo familiar, originado pelo casal.

A animalidade do consorte presta-se então a uma sobreposição de diferenças e problemas a serem administrados por quem começa uma relação: a diferença de gênero; a novidade de, pela primeira vez, ter tanta intimidade com outro sexo; a diferença das referências familiares e ou culturais; e, por último, o desejo sexual que passa a conquistar um espaço de exercício outrora inédito, talvez ainda visto como primitivo e portanto animal.

É possível que o melhor exemplo de troca de referências seja o tristíssimo conto *A Pequena Sereia,*[7] de Andersen. Bem menos feliz que no desenho musical homônimo dos Estúdios Disney (1989), a pequena sereia original só enfrenta dissabores do começo ao fim. Nessa história, por ocasião da maioridade, cada sereia[8] tinha direito a vir espiar o mundo dos homens. A heroína escutava atentamente cada história das suas precedentes em tal ritual e muito esperava pelo seu. Quando faz 15 anos, vai com grande expectativa espionar o reino dos humanos. Na ocasião, encontra um navio em que havia uma festa, era o aniversário de um príncipe, que o celebrava no convés. Uma tempestade vem para estragar a comemoração e joga o príncipe no mar, imediatamente a sereia o salva e o leva, mais morto que vivo, para uma praia segura.

O fascínio pelo outro reino ganha uma dimensão ainda maior, e a sereia se apaixona perdidamente pelo príncipe. Não encontra mais consolo no reino do pai e faz um trato com uma bruxa para poder ser uma humana, trocando a aparência por uma de suas virtudes, a voz. Ganha a forma humana, mas fica muda. Nessa condição, encontra o príncipe que não a reconhece como sua salvadora, mas, de qualquer modo, toma carinho por ela e a conserva sempre por perto como uma amiga ou um tipo de irmã. Desprovida da voz, que era um dos seus maiores atrativos, e sofrendo terrivelmente, já que as novas pernas doíam ao caminhar, não tem como se fazer entender e passa pelo suplício de presenciar o casamento do seu amado com outra princesa, também humana como ele.

Ela não morre, pois ficamos sabendo que sereias virtuosas se transformam numa espécie de anjo da guarda, como ela mesma foi para o príncipe. É uma história beata, em que a vida eterna fica como recompensa suficiente para aquela que deixou tudo por amor a um homem de outra dimensão, de outro

totem. Aqui quem tem a parte animal é ela, e a história é basicamente então a de seu sofrimento para conseguir deixar de ser sereia, como no reino do pai, e tornar-se como são os do reino do amado, homens.

O conto de Andersen não abre espaço para negociação. Nas histórias precedentes, ambos têm seu quinhão de perdas para se encontrar. O noivo animal passeia pelo mundo com sua maldição, enquanto a jovem tem de enfrentar uma jornada de privação e perigos para resgatá-lo. Neste conto, pelo contrário, o amado não gasta um fio de cabelo em troca daquele amor, ele nem se dá conta de que ela é de outro reino. Além disso, o preço que a sereia teve de pagar à bruxa pela forma humana foi sua capacidade de falar, que a privou da capacidade de envolver o amado com a bela voz. Não há como evitar pensar a voz também como o representante de seu idioma. Nesse sentido, para ingressar em outra cultura não houve uma síntese possível, a mistura de idiomas, a sereia pagou sua ousadia com o mutismo, que, por sua vez, foi apenas metáfora da morte que viria a seguir. Em última instância, o conto termina sendo um manifesto sobre a impossibilidade de rompimento de determinadas barreiras, sejam culturais, raciais ou familiares.

Não nos estranha que o desenho Disney, em tempos em que a tolerância entre os povos é um ideal social, tenha lhe modificado o final tão radicalmente. No desenho animado, é permitido que o povo do mar e o da terra façam um casamento intercultural. É o próprio pai da sereia que, vendo a força do amor da filha, consente com sua partida, mudando sua forma. Decididamente outros tempos...

O filho animal

ormalmente, os contos de noivo animal são muito econômicos em explicar a origem do encantamento que custou a imagem humana ao consorte, a magia não convive com muitos porquês. Vagamente, sabemos que a responsável é uma mulher má que lhe rogou uma maldição. Alguns outros contos, no entanto, podem nos fornecer uma pista. Relataremos um destes.

Pouco conhecido, porém interessante, é o conto narrado pelos irmãos Grimm, chamado *Hans, o Ouriço.*[9] Hans é um personagem cuja forma mescla a forma humana com a de um ouriço. O detalhe que nos faz contar essa história é o fato de estar centrada na origem do encantamento: um desejo expresso através de um deslize verbal do pai.

Privado de ter filhos por uma infertilidade do casal, um camponês se envergonha de sua condição quando vai à cidade comerciar seus produtos e constata que não possui uma prole como os outros. Outrora, e hoje com menos força, a fertilidade de um homem era símbolo inequívoco de sua potência sexual. Portanto, ser visto sem filhos era o mesmo que despertar suspeitas de impotência, uma vergonha pública para o homem em questão. O que entra em jogo a partir daí não diz respeito apenas ao desejo de ser pai, mas também ao de se livrar desse questionamento.

Por isso, ele exclama querer um filho a qualquer preço, "nem que seja um ouriço". Não se sabe se Deus ou o diabo atende a seu pedido, de qualquer forma a dita criatura vem ao mundo, tal como convocada pelo pai. É óbvio que este se arrepende do que disse e relega o estranho ser a viver entre as cinzas, desejando explicitamente que ele morra. Afinal, se não ter filhos já lhe impunha uma má fama, o significado social de um filho imperfeito entre os povos antigos trazia evocações ainda mais constrangedoras.[10]

A vida de Hans não começa nada bem, a mãe não o amamenta e o enjeitado cresce como pode. Quando atinge certa idade, não tendo nenhum motivo para ficar, pede ao pai que lhe dê um galo como meio de transporte, uns porcos para criar e uma gaita para tocar. Quer partir para construir sua própria vida.

A enunciação de que aceitaria um filho a qualquer preço é feita para ser logo provada impossível. Um filho é pensado como um troféu, é concebido para tanto. A tarefa da parentalidade, em condições normais, é a de cair desse cavalo. Não só a criança, por sorte, tem seus defeitos, como ela não está disposta a ficar enfeitando a estante de ninguém, já que ela tem sua própria vida para cuidar. Isso no caso de crianças que nascem sem imperfeições físicas. Quando esses acidentes ocorrem, é possível aceitar um filho deficiente, mas antes será necessário realizar o luto pelo filho perfeito que não nasceu.

Nesse sentido, o que diferencia o nascimento de um filho com problemas de um normal é uma questão de tempo, o primeiro já nasce ouriço, não dando chance à idealização – assassinada logo no início da festa. No segundo caso, do bebê *perfeitinho*, a desilusão pode tardar, mas não falha.

Os filhos que foram, de alguma forma, condenados a permanecer à imagem e semelhança do ideal de perfeição costumam pagar o preço de sua própria vida ou do equilíbrio mental para ocupar um lugar na estante de troféus dos pais. Para esse tipo de filho, será necessário tornar-se deficiente para o mundo externo, sendo incapaz para o sexo ou amor (de forma a nunca substituí-los); ou inviável para certas ousadias e transgressões necessárias para se independizar (assim nunca os abandonará). É paradoxal, mas o filho idealizado termina por ser de certa forma deficiente: é aquele que nunca cresce.

Hans, o ouriço, não teve esse problema, seu nascimento não emprestou uma imagem de potência ao pai. Enquanto bebê espinhoso, não viveu um idílio simbiótico com a mãe, cujo seio nem sequer conheceu; portanto, quando quis e precisou partir, nada o segurava. Mas há algo mais de que um filho precisa para seguir adiante. Uma coisa é romper a bolha desse ideal e provar o gosto amargo da imperfeição humana, outra é nunca ter sido idealizado. Isto faz diferença.

Tanto quanto um amor obsessivo tem o poder de imantar pais e filhos, que não conseguem se separar, um filho pode ser retido junto aos pais justamente pelo contrário, pela falta de um lugar no amor deles. Ele persistirá dentro do núcleo familiar até se assegurar de que partiu deixando saudades.

Infelizmente é comum, numa prole numerosa, que o filho que fica junto dos pais na adversidade e na velhice seja justamente aquele que foi preterido no amor. Os preferidos partem tranqüilos, seguros de seu lugar na família e no amor dos pais, não precisam mais conquistá-los. É como na história bíblica da volta do filho pródigo: aquele que fica junto do pai não recebe homenagens, já o que abandonou a família é objeto de grandes festas na sua volta. Quando o filho que sempre esteve junto do pai reclama da injustiça, queixando-se de que o menos apegado é o mais homenageado, o pai diz que a homenagem era para o retorno de um filho que, tendo sido perdido, foi finalmente reencontrado, enquanto ele jamais fora perdido. A realidade, porém, é outra, o filho pródigo pode partir e voltar quantas vezes quiser e sempre terá uma festa de boas-vindas, enquanto o preterido ficará sempre lá, cavando um lugar para si na pedra dura do coração dos pais.

Já Hans, que não tinha motivos para ficar, pois era mais do que preterido, era um enjeitado, se interna na escuridão da floresta, onde leva solitariamente uma vida agradável e observa sua criação de porcos prosperar. Uma vez tenta voltar, para levar ao pai o fruto de seu trabalho, uma vez que sua criação de porcos tornara-se muito numerosa. Novamente encontra-se com a rejeição: o pai fica desagradavelmente surpreso de que a abjeta criatura não tenha perecido na floresta e ele precisa novamente partir. Em seu desejo, o jovem ouriço pensara em voltar para casa na condição de homem digno, capaz de mostrar o seu sucesso, mas o pai lhe lembra que ele não passa de um porco-espinho, tão animal como os bichos da sua criação.

De volta ao seu hábitat, por duas vezes, ele tem oportunidade de ajudar reis que haviam se perdido na floresta e teriam perecido nela, incapazes de sair ou sobreviver. A ambos faz a mesma exigência em troca de guiá-los para fora e salvar-lhes a vida: quer que lhe seja dada a primeira coisa que o soberano encontrar quando chegar em casa. Nem é preciso dizer que a primeira coisa que vai ao encontro de ambos é a filha caçula, predileta do pai,[11] feliz com seu retorno.

O primeiro rei havia feito um contrato falso, contando com enganar o ouriço e sem intenção de entregar-lhe nada, muito menos a própria filha. Quando Hans aparece para cobrar a promessa, é recebido pelos soldados do rei que têm instruções de matá-lo. Pela segunda vez, precisa sobreviver a um voto de morte, já que seu próprio pai não cessava de se lamuriar, desejando o fim da criatura monstruosa que seu desejo gerou.

Hans, no entanto, não se comporta como um enjeitado que vai embora. Na floresta encontrou seu hábitat, onde sua condição animal era natural e onde mostrou condições de dar ao rei o que ele não tinha: a possibilidade de sobreviver à hostilidade do ambiente. No mundo humano, ele não ofereceu ao pai aquilo que este desejava, não nasceu para provar a potência paterna; uma vez na floresta, o ouriço deu ao rei o que este precisou, por isso, o jovem passa a ter condições de cobrar. Muito se fala da dívida que um filho contrai com seus pais, por tudo que fizeram por ele, mas nessa história aparecem também os direitos conquistados por um filho que, a seu modo, cumpre com seus deveres e tem condições de cobrar da vida seus merecidos ganhos.

Ameaçando os soldados, caso o rei faltasse com sua palavra novamente, o ouriço se faz respeitar e consegue que a princesa lhe seja dada em casamento. Mas, a modo de vingança, deixa a noiva toda ferida com seus espinhos e parte despeitado, para cobrar a promessa ao segundo rei.

Junto deste, encontra as portas abertas e uma jovem, tal qual Bela, disposta a se sacrificar em nome da palavra do pai. Este rei toma-o como um filho e não mede esforços para receber bem aquele que o ajudou numa hora difícil. Nesse caso, a condição de Hans, enquanto uma criatura da floresta, um porco-espinho, serviu ao rei em determinado momento, portanto é como se essa animalidade, ao ser absorvida como algo útil, houvesse se tornado desnecessária. O símbolo da rejeição inicial desaparecerá quando for neutralizada pelas boas-vindas do pai substituto, o segundo rei. Na noite de núpcias, o ouriço torna-se um belo jovem, cuja pele de bicho deve ser queimada para encerrar o encantamento.

Nos contos de fadas, a queima da pele é uma forma tradicional de tornar o desencantamento irreversível, no caso anteriormente citado, *O Lobo Branco,* isso não funcionou devido ao fato de a mãe da jovem ter tentado o ritual antes do prazo, à revelia do príncipe encantado. No conto de Hans, sua pele foi queimada no momento certo, ele deixa para trás sua antiga existência que o prendia à maldição paterna. Nesse reino será plenamente humano e é feito o sucessor do trono.

Essa não é a única história em que a gênese da animalidade é uma maldição dos pais. Um bom exemplo de maldição, dessa vez materna, é o conto *O Corvo.*[12] Nessa história dos irmãos Grimm, uma mãe que não agüenta mais uma filha chorona acaba desejando, num momento de raiva, que ela se torne um corvo. Dito e feito, a menina se transformou em corvo e saiu voando pela janela. Nesses casos, os desencantamentos são trabalhosos, mas possíveis, são jornadas parecidas às das jovens noivas do urso e do lobo, em que é um amor que vai redimir os enfeitiçados.

Mas que desejo parental é esse que faz do filho um monstro, um animal encantado? Na tradição, um filho com aparência animal, ou com algum tipo de monstruosidade, costumava ser castigo divino por alguma forma de sexo interditado. A infertilidade de um casal é um revés biológico do qual ninguém tem culpa. Porém, quando ela ocorre, é como um pé de vento que levanta uma poeira que ninguém gosta de encontrar, pondo em evidência toda uma gama de conflitos que usualmente passariam sem fazer barulho.

Quanto mais rápido e imperceptivelmente uma gestação acontece, menos ficará evidenciado para um casal a diferença entre o sexo para a procriação e por prazer. Uma gestação pode acontecer por acidente, num deslize da contracepção, ou num contexto em que se está fantasiando com um filho, sem uma clara definição de quando será concebido. Nesses casos, engravidar incorpora-se nas fantasias eróticas do casal, o desejo por um filho é tênue, quase lúdico. A parte complicada – um pouco ou até muito assustadora – chegará com a confirmação da gestação ou com o nascimento da criança, quando o casal se tornar uma família.

Quando a natureza nega ou obstrui esse caminho mais fácil e sutil, o casal terá de gerar a criança, afirmando a força do seu desejo. Terá de submeter sua vida sexual ao império da concepção, tornando conscientes muitas coisas que muito bem ficavam nas sombras. Um filho não é um bem universal, desejá-lo é tão humano como questionar se é preciso mesmo tanta abnegação, tanta dedicação por alguém que, no fim da história, acaba indo embora e escolhendo outro amor que não o de seus pais. Certa parte das infertilidades inexplicáveis pela ciência médica são psicogênicas, podendo estar ligadas a uma suposição inconsciente de que um, ou os dois cônjuges, não seriam capazes de ser bons pais. Às vezes, adoções posteriores ou a reversão do caso revelam infelizmente que as intuições eram verdadeiras. É bom lembrar que a facilidade para engravidar de forma alguma quer dizer o oposto: nestes casos também pode se revelar a total falta de pendor para a paternidade.

Os problemas de fertilidade desnudam uma patologia ligada à concepção porque tornam conscientes processos que, na fecundação, geralmente transcorrem de forma inconsciente. Associado ao evento biológico da relação sexual, encontra-se um mar de dúvidas e estranhamentos. Quando uma gestação acontece muito rápida e naturalmente, não há muito espaço para duvidar do parceiro escolhido, nem das próprias capacidades para o exercício da parentalidade, nem sequer da criança, que talvez seja difícil de criar ou portadora de algum defeito. No transcurso da gravidez, muitas dessas dúvidas virão, mas já é tarde, não podem impedir a chegada do filho ao mundo. Quando elas se insinuam à consciência antes da concepção, fica mais clara a gama de neuroses e fantasias que assombram todos os progenitores principiantes.

O pai de Hans quis um filho para provar sua potência, saiu um monstro; a mãe da menina corvo se desiludiu com seu bebê, quis que ela fosse menos chata, virou uma ave; a mãe de Rapunzel quis uma gravidez com a mesma impaciência com que exigiu os rapúncios, ficou só com os vegetais. Nos contos de fadas, cada vez que os pais explicitam a força de seu desejo sobre a concepção, algo acontece que impede a paternidade ou a maternidade de ocorrerem normalmente. Na vida real, não é assim tão certo nem tão direto, mas vale como um alerta.

É certo que para se ter um filho é importante que ele seja desejado, mas esse voto também sabe ser problemático. Seja qual for o quadro da origem de uma vida, ser o resultado do desejo explícito ou inconsciente de alguém é uma sina difícil com a qual todos temos que lidar. Sempre nascemos mais feinhos do que nos fantasiaram, às vezes espinhentos para

mamar e mais chorões do que o esperado e nem sempre chegamos ao mundo com o gênero desejado. Somos concebidos numa intimidade erótica do casal, que compartilharemos de forma incômoda e conflitiva durante nossos anos de infância, assim como a evocaremos em nossas fantasias quando crescermos.

A filiação é uma sina necessária. Essas histórias expõem caricaturalmente sua face neurótica. O noivo animal, por ser um filho monstruoso, evoca que no momento de partir para a vida adulta, sexualmente independente e madura, levaremos conosco os desejos com os quais fomos fabricados. Isso é inevitável, às vezes é possível incinerar as peles e cavar a própria humanidade, mas sempre restará pelo menos a lembrança de como tudo isso começou: do lobo, do urso, do ouriço, do corvo ou do rapúncio que um dia fomos.

Sair de casa é uma nova existência, é uma nova pele. A casa paterna, sempre tão idealizada, muitas vezes se mostra asfixiante. Não são raros os filhos que estão sob o jugo de desejos mortíferos por parte dos pais, que não suportam ou não entendem as escolhas daqueles. A saída de casa, que, na verdade, é a saída das expectativas parentais, revela-se nesses casos equivalente à libertação de uma maldição.

Notas

1. TATAR, Maria. *Contos de Fadas: Edição Comentada & Ilustrada*. Rio de Janeiro: Jorge Zahar Editor, 2004.
2. Troll é um nome genérico utilizado no folclore escandinavo para seres encantados que habitam as montanhas ou as florestas. Sua tradução aproximada seria: espírito malvado, demônio ou monstro. Podem adotar várias formas, existem referências como sendo anões, mas em outros casos eram vistos como gigantes.
3. LANG, Andrew. *El Libro Azul de los Cuentos de Hadas II*. Madrid: Neo Person, 2000.
4. LANG, Andrew. *El Libro Gris de los Cuentos de Hadas*. Madrid: Neo Person, 2000.
5. Esta história para os latinos tem significados agregados, afinal Cupido é a personificação do amor, outras vezes do desejo. Seu estatuto entre os deuses não é muito claro, alguns o consideram uma divindade menor. Para os gregos, com nome de Eros, ele existiu desde o começo do mundo, como uma entidade primitiva e eterna, cuja força não se extingue. Não podemos esquecer que suas flechas podem atingir até os deuses. Vênus, sua mãe nas versões mais conhecidas, é a deusa relacionada à

beleza e ao amor. Já Psique tem como tradução aproximada "alma".

6. APULEIO, Lucio. *O Asno de Ouro*. Rio de Janeiro: Edições de Ouro, 1980.

7. ANDERSEN, Hans Christian. *Contos de Andersen*. São Paulo: Paz e Terra, 1988.

8. As sereias da Antiguidade eram mulheres até o torso com o resto do corpo de ave, foram estas que tentaram Ulisses. No caso, trata-se de um ser que habita um reino no fundo do mar, metade mulher e metade peixe, talvez o nome de pequena Nereida seria mais adequado, ou ainda Ondina, mas ficou como sereia. Na tradição européia recente, os seres aquáticos encantados eram todos dessa forma, metade humano com cauda de peixe, a figura clássica de um Tritão.

9. GRIMM, Jacob & Wilhelm. *Todos los Cuentos de los Hermanos Grimm*. Madrid: Coedição de Editorial Rudolf Stiner, Mandala Ediciones, Editorial Antroposófica, 2000. Este conto não consta nos *Contos de Grimm – Obra Completa*, editadas em português pela Editora Villa Rica. É uma boa edição, mas não sabemos o que os levou a publicar 99 contos apenas dos aproximadamente 200 contos originais, e mesmo assim chamar-se de Obra Completa.

10. Criaturas deformadas costumavam ser associadas com seres demoníacos, o que lançava uma sombra sobre a pureza da alma dos pais. Mesmo hoje, em tempos menos religiosos, os pais cujos filhos apresentam alguma anomalia visível precisam combater a idéia de que ali estaria marcada alguma falta por eles cometida. Já Bettelheim observa que: "a sabedoria psicológica destes contos é notável: falta de controle sobre as emoções por parte dos pais cria uma criança desajeitada. Nos contos de fadas e sonhos, a má conformação física com freqüência representa um mau desenvolvimento psicológico". In: BETTELHEIM, Bruno, *A Psicanálise dos Contos de Fadas*. São Paulo: Editora Paz e Terra, 2001, p. 87.

11. Este expediente, pelo qual o pai será obrigado a prometer que dará a primeira coisa que encontrar ao chegar em casa a algum ser que o ameaça, é repetido em vários contos de fadas. Em muitos deles é a filha caçula que corre aos seus braços nessa ocasião, como prova da intensa afeição que a liga ao pai. Não surpreende que se repita essa escolha pelo filho mais jovem como predileto, pois é o que está mais distante de abandonar a família, o mais próximo da criança amada e amante dos pais.

12. GRIMM, Jacob & Wilhelm. *Todos los Cuentos de los Hermanos Grimm*. Madrid: Coedição de Editorial Rudolf Steiner, Mandala Ediciones, Editorial Antroposófica. 2000.

Capítulo XI
HISTÓRIAS DE AMOR III:
FINAIS INFELIZES

Barba Azul, O Pássaro do Bruxo, Nariz de Prata, e As Três Folhas da Cobra

Curiosidade feminina – O preço da iniciação sexual das mulheres –
Oposição paterna ao amadurecimento da filha – Ruptura da submissão
e da ingenuidade femininas – Construção da imagem corporal –
Caráter desestruturante das perdas amorosas – Ciúme patológico.

 as histórias que precedem, analisadas nos dois últimos capítulos, a assimetria do casal encontra, no final do relato, alguma solução; entretanto, essa sorte não é regra, o mesmo não acontece em *Barba Azul,*[1] nem nos contos que vamos analisar agora. Existem várias histórias que dão conta de desencontros amorosos, com maridos cruéis, esposas jovens e curiosas, redundando num casamento que fracassa. São as tramas em que o estranhamento entre marido e mulher não encontra resolução, e o laço amoroso não se consolida. *Barba Azul,* popularizado por Perrault, que deu tintas literárias, ao estilo da época, a uma narrativa folclórica anterior, pode ser considerado o conto modelo sobre esse tema. Trata-se de um tipo de história bastante difundido, tanto que existem outras muito semelhantes provenientes de

várias nacionalidades. Para essa análise tomaremos ainda *Nariz de Prata,*[2] da tradição italiana, e *O Pássaro do Bruxo,*[3] dos irmãos Grimm, da tradição alemã.

Barba Azul

 arba Azul é um homem rico e poderoso, nada lhe falta, exceto uma esposa. Pede então em casamento uma moça de menos posses que veio a conhecer. O matrimônio para ela era uma oportunidade de saída do lar, a chance de uma vida financeiramente compensadora. Em *Nariz de Prata,* três irmãs são sucessivamente convidadas para trabalhar como criadas, mas para driblar a miséria da sua família. Já, na história alemã, *O Pássaro do Bruxo,* três irmãs são inicialmente raptadas, mas, assim que chegam ao cativeiro, são cercadas de todo o tipo de conforto que o dinheiro pode comprar.

Nessas histórias, o início é diferente de contos tipo *A Bela e a Fera*. Bela vai para o castelo de Fera para morrer, enquanto para essas moças, por mais indigesto que seja o pretendente, se coloca a possibilidade de um casamento de conveniência. Mas o que nos levou a agrupá-las não é apenas o fato de começarem de modo semelhante, é seu desenlace, estruturalmente quase idêntico. Só variam as aparências.

São as posses, ou a vontade de ir embora de casa, que fazem as moças em *Barba Azul* e *Nariz de Prata* relevarem o que seus olhos vêem no pretendente: tanto um mau aspecto quanto uma pista de sua maldade. Quanto ao primeiro conto, acrescentava-se à desagradável barba do herói sua má fama. Sabia-se que casara várias vezes sem que se tivesse notícia do paradeiro das esposas anteriores, o que, convenhamos, não é muito encorajador para as novas candidatas. A desconfiança das moças que ele cortejava era tão grande que precisou promover grandes festas, com muita fartura e diversão, para seduzir alguma delas. Finalmente houve uma que conseguiu suportar o aspecto sinistro do homem de barba azul e aceitar seu pedido.

Depois de consumado o casamento, em que tudo ocorria normalmente, o marido parte em uma viagem, deixando com a esposa todas as chaves do castelo. Tudo o que ele possuía ficou ao dispor dela, riquezas inclusive, menos o acesso a um cômodo proibido, cuja chave ele também lhe estava confiando. Se ela transgredir, diz ele, antes de embarcar na carruagem: "não há nada que não deva esperar da minha cólera".

Até o momento dessa ameaça, Barba Azul era um marido cujo maior defeito era sua aparência estranha, a jovem não parecia ter motivos para temê-lo, já que a tratava até com certo mimo, mas nada do que ele lhe podia oferecer a atraiu tanto quanto o quarto proibido. Se o motivo do casamento era o bem-estar financeiro, isso nunca lhe faltou, bastava acomodar-se nessa nova vida. Mas tudo indica que seu verdadeiro fascínio era a aparência maligna e assustadora do marido, o mistério que sua vida encerrava, produzindo o mesmo atrativo da chave do quarto interditado. É com esse perigo, com essa ameaça, que ela se envolveu ao casar.

Ela vacila muito, mas cede à sua curiosidade. Ao entrar no recinto proibido, a jovem encontrou uma cena tétrica: as esposas anteriores degoladas e penduradas, feito um açougue de carne humana. O susto fez com que derrubasse a chave no chão, manchando-a com o sangue derramado, e não houve sabão capaz de retirar a marca. O que ela não sabia era que a tal chave possuía o poder mágico de denunciar a transgressão, uma vez suja, não podia ser lavada. Ao voltar, o marido descobriu que ela traíra sua confiança através da mancha na chave e só lhe restava, então, cumprir o prometido, castigando-a com a morte.

O final da história tem um desenrolar nervoso, a esposa é salva pelos irmãos quando a lâmina já descia sobre seu pescoço. Essa é a mais passiva das três heroínas, o máximo que ela fez para se salvar foi pedir um tempo para rezar, postergando assim por 15 minutos a hora da morte, pois apostava na possibilidade de que seus irmãos, que estavam para chegar, tivessem chance de salvá-la. Já o temível Barba Azul foi vencido e morto sem grande resistência pelos irmãos da esposa. Ela ficou sem marido, mas, pelo menos, tinha um castelo e um dote para tentar um casamento feliz.

O Pássaro do Bruxo

s heroínas similares das histórias alemã e italiana são mais espertas e dão uma virada na trama, deixando seus algozes no papel de otários. Além disso, nessas histórias, há uma seqüência de três irmãs que são levadas pelo estranho pretendente; destas, apenas a última, a caçula, não sucumbe à sua armadilha. É como se assim houvesse oportunidade para a personagem aprender, levando-nos a supor que talvez as três não sejam mais que uma, ou seja, a mesma em três momentos sucessivos. Essa evolução da personagem em três tempos permite que ela cresça com a experiência. Assim, não ficará mais rezando com a faca sobre o pescoço, mas fará o necessário para se safar, salvando as anteriores e levando consigo parte do tesouro do sinistro esposo.

O Bruxo do conto dos Grimm, *O Pássaro do Bruxo*, é na verdade um velho raptor, como o Velho do Saco.[4] Ele bate à porta das moças esmolando e termina aprisionando-as em um cesto mágico, levando-as para seu castelo. Embora os inícios das histórias sejam distintos, já que não se trata aqui de um casamento por interesse, como ocorreu em *Barba Azul*, os destinos das noivas são idênticos no restante da trama. Quando chega à casa do Bruxo, a moça é a senhora daquele novo e riquíssimo lar. Como cabe a esse tipo de história, o velho homem parte por uns dias, deixando aos cuidados da futura esposa as chaves da casa, incluindo a do quarto proibido. Junto com o molho de chaves, ele entrega-lhe um ovo, que deverá ser cuidado e carregado sempre consigo.

Quando a primeira das irmãs entra no recinto proibido, depara-se com uma visão terrível: uma pilha macabra, construída pelos corpos esquartejados de todas as moças que já haviam caído na cilada. Com o susto, o ovo cai na poça de sangue, ficando com uma mancha indelével. Quando o Bruxo retorna, examina o ovo, que possui o sinal da desobediência, e identifica a senha para matar mais essa jovem. Assim ocorre também com a seguinte. Apenas a caçula escapa do castigo, quando chega sua hora de ser posta à prova, a história muda: a jovem deixou o ovo a salvo antes de abrir o quarto proibido, lá encontrou suas irmãs esquartejadas e colou seus pedaços, devolvendo-lhes a vida, e depois as escondeu. Em favor da idéia de que as três irmãs são na verdade representações da mesma tem-se o comportamento da terceira, que, mesmo sem se comunicar com as outras, age como se soubesse o que elas viram e quais precauções e providências deveria tomar.

Ao retornar, o Bruxo ficou contente por encontrar o ovo intacto como prova da obediência da jovem, resolvendo que esta seria sua esposa definitiva. Ela aparentemente aceita o pedido de casamento e se iniciam os preparativos. Na nova condição de futura esposa, ela lhe pede para enviar para sua família um grande cesto de riquezas, que o Bruxo deveria carregar pessoalmente. A jovem garante ao noivo que tem um poder mágico com o qual tudo vê, de modo que, se ele fraquejar colocando o cesto no chão, ela o repreenderá. Aparentemente, ele não lhe nega nada. Ela coloca as irmãs no cesto junto com as riquezas e envia o crédulo noivo para a sua casa de origem. Por duas vezes, vergado pelo imenso peso, o Bruxo tenta pousá-lo no chão para descansar.

De dentro de seu esconderijo, elas tinham instruções de, cada vez que ele parasse, dizer: "estou olhando pela minha janelinha e vejo que paraste, te ordeno que sigas adiante!". Impressionado com o poder da noiva, o bruxo segue o trajeto até que, suado e cansado, entrega o cesto contendo as jovens sãs e salvas na casa de seus pais. Através das artimanhas, a jovem faz com que ele devolva as irmãs da mesma forma como ele as raptou. Mas ainda lhe restava a necessidade de fazer um plano para sua própria fuga.

Esta é a que melhor faz o papel de ridicularizar o noivo. Colocando uma caveira vestida de noiva na janela, disfarça-se de um bizarro pássaro, cobrindo seu corpo de mel e plumas. Mais uma vez a vingança tem cara de zombaria, de troco. Já que ele as fazia

carregar um ovo, ela se fantasia de uma grande ave. O que ela faz é subverter as coisas dentro da própria linguagem do monstro e, por isso, ele não percebe e a deixa escapar.

Ao voltar da casa dos pais dela, o Bruxo ainda cruza-se no caminho com a moça disfarçada de ave. Sem desconfiar de nada, ele conversa com ela, que lhe diz que sua noiva está toda arrumada na janela esperando por ele, aludindo à risonha caveira deixada em seu lugar. Quando chegou à casa, ele foi recebido pelos irmãos das jovens que incendiaram a casa com o dono dentro.

Nariz de Prata

 ariz de Prata, no conto folclórico italiano, compilado por Ítalo Calvino, é o Diabo. Ele aparece vestido de preto com seu estranho nariz de prata, pedindo a uma pobre lavadeira que lhe confie uma de suas filhas para trabalhar como criada em sua casa. Na verdade, como bem cabe às aparições do demônio, ele foi conjurado por uma das irmãs, ao exclamar que preferia partir com o próprio diabo a passar uma vida de tanta miséria. A história desenrola-se de forma quase idêntica à de *O Pássaro do Bruxo*: as jovens consecutivamente tornam-se senhoras de imensa riqueza, possuem as chaves de quartos com maravilhosos tesouros, mas uma delas, a de um quarto proibido, não deve ser usada. À medida que vão transgredindo, ele as mata e volta para buscar mais uma das três irmãs, alegando para a mãe delas que o trabalho é muito e necessita de mais ajuda.

Nesse caso, o quarto dos horrores é um inferno em miniatura, onde as moças padecem numa fogueira. O objeto do teste também é diferente, agora ele lhes coloca uma flor no cabelo enquanto elas dormem. Quando em contato com o quarto-inferno, a flor murcha com o calor e denuncia a transgressão. Como vemos, a proibição é idêntica nas três histórias, o que muda é a forma de suplício a que as curiosas são submetidas, assim como o mecanismo pelo qual se revela sua desobediência.

Lúcia, a irmã mais jovem, tirou a flor dos cabelos e colocou-a num vaso, motivo pelo qual não ficou chamuscada quando abriu a porta do recinto proibido. Pensando que enfim havia encontrado uma moça obediente, o Diabo cede ao pedido dela de levar sacos de roupa para que a mãe lavasse. Assim, ela faz com que ele transporte ensacadas tanto as duas irmãs que ela tirou da fogueira do inferno, quanto a si própria de volta à casa da mãe. Usa o mesmo expediente de dizer que tem o dom mágico de tudo ver, para evitar que o saco seja aberto e descoberta a trapaça. Cada vez que ele pousa o saco no chão, as irmãs ou ela dizem, lá de dentro: "Estou vendo, estou vendo!" No final, com todas sãs e salvas de volta ao lar, basta colocar uma cruz na porta para garantir que ele não as importunará mais e usufruir dos tesouros roubados por Lúcia da casa do Diabo.

Um dote roubado

 final é economicamente feliz, e as moças voltam provavelmente bem menos ingênuas. Porém, ainda estão solteiras. Aqui não há felicidade conjugal, a diferença entre a noiva e o consorte revela-se insuperável. Contrariamente ao caso de Bela, nessas histórias a monstruosidade do noivo não tem cura, não há nada que o amor possa fazer, só resta matá-lo ou fugir da relação fracassada. Como no final da história elas estão mais espertas e com um bom dote, podemos talvez supor que não estejamos falando propriamente de casamentos, mas sim de fantasias de libertação. Provavelmente trata-se de desenvolvimentos preparatórios para que uma jovem possa fazer uma escolha amorosa e sair de casa levando aquelas riquezas a que tem direito.

Esses maridos ou noivos mais se parecem com o ogro de *João e o Pé de Feijão*. Eles são poderosos e assustadores, mas otários. Principalmente no caso do Bruxo e do Diabo, enganá-los é coisa que essas frágeis mulheres, assim como fez o pequeno João, fazem com facilidade. A riqueza que lhes é roubada parece ser uma merecida punição para a maldade do adversário, assim como uma justa recompensa pela bravura em combate das heroínas.

Dar um dote significa que o pai, um homem, confia aos cuidados de outro homem uma mulher incapacitada para ganhar o próprio pão. O dote funciona como uma compensação pelos gastos que ela causará dali em diante. No tempo dos casamentos arranjados, ou de conveniência, não se supunha que a mulher fosse somar algo à riqueza da família com empreendimentos e poder, isso teria de ser providenciado previamente pelo pai dela.

O trabalho feminino era interno à mecânica de manutenção do lar. Por mais que a mulher lidasse de sol a sol como uma besta de carga, parindo, criando, alimentando e limpando, isso não era visto como trabalho, nem como fonte de poder ou riqueza. Essas

jovens são bem modernas, pois tudo indica que arrancaram o dote à força desses maridos, que mais se parecem com pais que as querem aprisionar na inocência e na obediência infantil. Elas terão que aprender a enganá-los para fugir de casa, e eles se comportam como bobos, não lhes ocorre que elas possam ser espertas, que tenham crescido tanto.

Todo amor que acaba implica algum tipo de morte. Entre as moças e esses representantes dos pais, que as querem reter na ingenuidade, não teria por que ser diferente. A moça em *O Pássaro do Bruxo* deixa em seu lugar a patética caveira vestida de noiva e foge, tendo-se apossado de sua vida, levando consigo as riquezas que são as que mais valem, aquelas que conseguiu conquistar sozinha. Mas vamos adiante detalhar mais este percurso.

O quarto obscuro

 esde a caixa de Pandora, a curiosidade feminina tem o péssimo hábito de abrir lugares de onde saem ou se revelam maldades. No mito grego, Zeus manda uma armadilha para os homens, uma arca que contém todos os males. O endereço da oferenda é o de Epimeteu, mas é sua esposa, Pandora, quem abre a arca. Mesmo advertida do perigo, ela o ignora roída pela curiosidade. Libertados por ela, os males se espalham pelo mundo, e as consequências só não são piores porque a esperança é a única que ficou retida – Pandora fechou a arca quando se deu conta do que fizera. Daí vem o ditado: a esperança é a última que resta.[5] Esse é um tema recorrente em mitos e contos de fadas: as mulheres em geral seriam mais curiosas, e há uma advertência de que essa curiosidade lhes custa caro, quando não a sua vida.

Para dar um exemplo bem distante do grego, os índios brasileiros tinham um mito em expansão na época da descoberta: é a história de Jurupari, um herói civilizador que veio ensinar uma série de coisas aos homens. Uma de suas missões era conseguir uma mulher para o sol. Pois bem, quais os três atributos que essa mulher deveria ter? Saber guardar um segredo, ter paciência e não ser curiosa. O sol segue sem parceira até hoje, pois Jurupari nunca encontrou tal mulher. A questão é saber o que seria tão destrutivo, tão ameaçador, para os homens e para a civilização, na curiosidade feminina?

Na tradição judaico-cristã, a reputação da mulher não é muito diferente. É Eva quem provoca a perda do paraíso terreno, ao convencer Adão a ceder à tentação de conhecer o sabor da fruta proibida. Sua figura confunde-se com a da serpente, pois não se sabe quem tem a maior culpa, a cobra por representar a tentação ou a mulher por se deixar cativar por ela. São duas faces da mesma moeda, duas faces de Eva. Ela deseja ardentemente provar daquilo que lhe fora proibido: a árvore do conhecimento, de onde provém a capacidade de distinguir o Bem do Mal. O primeiro efeito desse conhecimento foi se perceberem nus e se envergonharem, afinal, a inocência fora perdida. Depois disso vem a sua expulsão do Paraíso e as conseqüências, para eles e para sua descendência. Somos herdeiros do pecado de Adão e Eva, por isso somos obrigados a conhecer as agruras da vida e ter como destino irremediável a morte.

Como podemos ver, os contos de fadas não têm a mulher em melhor conta que o resto da cultura, neles também ela tem uma curiosidade sem possibilidade de freio e com conseqüências funestas. Note que mesmo as heroínas que se salvam não deixaram de abrir a porta, apenas souberam enganar o marido, o que nos leva a pensar que é impossível driblar a curiosidade feminina.

Hoje acreditamos que as mulheres são mais consistentes e comprometidas nas relações afetivas, que elas se entregam ao sexo mais movidas por amor, que têm por seus homens laços de amizade mais constituídos ou, ainda, que depois do sexo ficarão mais ligadas ao parceiro. Quanto aos homens, pensamos que poderiam se entregar às relações sexuais sem amor e seriam mais voláteis nos laços que venham a constituir a partir do sexo. A frases acima são o senso comum do nosso tempo,[6] não vamos agora analisar a sua possível superficialidade, o importante é ressaltar que essa é uma visão moderna. Na antiguidade clássica e até a aurora dos tempos modernos, a idéia era bem outra, senão o oposto: as mulheres se entregariam ao sexo mais facilmente, seriam mais lúbricas. Os homens não teriam muito recato, mas eles seriam mais capazes de fazer amizades duradouras e certamente manteriam mais a palavra e a fidelidade, num sentido amplo. Não vale a pena, nem seria do nosso alcance pensar o que estaria historicamente certo, mas os contos de fadas são uma relíquia fóssil das narrativas humanas, e seus valores estão firmados mais em crenças antigas do que modernas. As mulheres desses contos são um exemplo de pessoas em quem não se pode confiar, que não obedecem aos maridos e mentem sempre que podem.

A resposta do porquê dessa má fama de curiosas inveteradas é difícil, mas talvez esse quarto dos horrores possa nos fornecer pistas. As descrições são variadas, mas é um lugar particular, lá as esposas anteriores estão mortas e vivas, numa espécie de suspensão, pois, embora estejam esquartejadas, para salvá-las basta colar-lhes os membros. Em *Nariz de Prata*, o quarto é uma espécie de inferno, com chamas e tudo, mas, quando a caçula salva suas irmãs mais velhas, é só tirá-las do fogo e elas ficam como antes, prontas para voltar para casa. É uma estranha fogueira que não queima, mas faz sofrer. Tanto em *Barba Azul* como em *O Pássaro do Bruxo* há muito sangue. Embora sejam mortes antigas, há um sangue que não seca, o chão do quarto é um lago de sangue onde caem os objetos que ficarão manchados por uma marca irreversível.

Há uma história invertida, em que é um rapaz que profana a porta de um quarto proibido, que talvez nos ajude a compreender o que fascina essas curiosas. Neste conto dos irmãos Grimm, um rei morre e deixa seu filho aos cuidados de seu homem de maior confiança: *João, o Fiel*.[7] A recomendação do pai é de que ele colocasse todo o castelo à disposição do jovem, dando-lhe todas as chaves, menos a de um quarto, que não deveria ser aberto sob hipótese alguma. Não é preciso ir muito longe para supor que nada interessou tanto ao jovem quanto o tal quarto proibido. Ele não descansou enquanto não fez João romper a promessa que fizera ao moribundo, obtendo assim a tal chave.

O quarto em questão não continha nenhum horror, mas o retrato de uma princesa bela, mas tão bela que sua visão faria qualquer um enlouquecer de amor. Isso de fato acontece com o jovem príncipe, e será necessário que João faça o impossível para trazer a beldade para o reino, antes que seu jovem soberano morresse de amores. Podemos também lembrar a versão de Perrault para *Pele-de-Asno* – história analisada no Capítulo VI deste livro –, em que o príncipe adoece de amor após ter espiado a bela princesa pelo buraco da fechadura. Escondida em seu quarto, ela se permitia envergar os suntuosos vestidos que trouxera de seu reino e se despia da sujeira e das peles animais que lhe ocultavam a beleza. Olhar pela fechadura é similar a abrir uma porta proibida, em ambos os casos, vê-se o que não se devia.

O que esses rapazes enxergaram é algo que os faria desejar ardentemente uma mulher. Já as Pandoras de todos os tempos simplesmente foram aquelas que não aceitaram a interdição à sua curiosidade, provavelmente dirigida ao saber sexual. Entre todos os mistérios

155

que rodeiam as crianças, e as tornam detetives de seus adultos, o que mais instiga sua inteligência são os mistérios referentes ao sexo. Afinal, a prática sexual é a única que se fecha atrás de portas proibidas, se esconde entre as palavras, não se deixa ver. Por isso, supomos que, quando há uma questão de conhecimento interditado, se trata dos mistérios do sexo. Essas jovens mostraram a desobediência, a infidelidade de que as mulheres sempre se incumbiram. O que os príncipes fizeram como um deslize de criança – pedir muito algo que lhe foi negado, espiar pelo buraco da fechadura –, as moças executam com espírito de aventura.

A maior parte dos contos de fadas retira sua trama do desrespeito a uma interdição, alguém faz algo que não devia ter feito, e o resto do tempo as personagens tentam consertar a situação. No caso do príncipe curioso, ele convence o tutor a desonrar sua palavra com o pai dele. No caso de *Pele-de-Asno*, o herói espia. Nossas heroínas, por sua vez, precisaram de muito mais coragem, pois, ao abrirem a porta, estavam lidando com uma proibição enunciada por alguém muito assustador, não tinham dúvida de que sua vida estava em jogo e, mesmo assim, quiseram saber o que havia lá dentro.

A história da humanidade construiu um longo currículo de submissão feminina. Durante os séculos em que amargou a marginalidade ao poder e às mais rudimentares formas de liberdade social, a mulher desenvolveu várias formas de clandestinidade. Por isso, a fama de ardilosas, fofoqueiras, bruxas capazes de influenciar o sujeito sem que ele se dê conta. As práticas sexuais sempre foram diferentes, em quantidade e qualidade, do que a hipocrisia social admitia, as relações sempre foram mais variadas e múltiplas do que sua expressão legal, mas coube às mulheres carregar a identidade que se incumbiu dessas verdades escondidas. O homem traía, mas era a mulher que vivia sua vida como prostituta ou como amante. Os homens promoveram não poucas revoluções na história da humanidade, mas são elas que, desde Eva, levam a fama de desrespeitar até o próprio Deus.

A resposta talvez esteja na diferença do conteúdo do quarto proibido para ambos os sexos. Os rapazes passam a padecer de um amor que tem de lhe ser concedido de qualquer jeito, sofrem de um desejo insatisfeito, enquanto as moças têm uma revelação de sofrimento, são confrontadas ao fato de um sangue que, uma vez derramado, não tem como ser limpo, de uma danação que as deixa chamuscadas. A marca indelével sobre a chave, o ovo ou a flor é como a fumaça, que denuncia o fogo da paixão a que se

entregaram, um sangue que uma vez derramado é irreversível. Esse sangue-transgressão que deixa marcas é um símbolo direto e sem muitos rodeios da perda da virgindade, outro fenômeno irreversível.

Depois de ter usado a chave da porta do sexo, para uma mulher não há caminho de volta. O detalhe é que as jovens heroínas dessas três histórias abriram o quarto proibido, ficaram sabendo do que as esperava, mas escaparam antes do sacrifício, do corte, da queimadura. A esposa de Barba Azul é salva antes que seu sangue se unisse ao das outras, assim como as caçulas das outras duas histórias se livram do castigo e salvam as irmãs mais velhas, que voltam para casa intactas. O quarto proibido é uma revelação, uma ameaça, com a qual as jovens têm que aprender a lidar antes da maturidade sexual. No futuro sucumbirão ao império do desejo, mas não com aquele homem autoritário que as quer ingênuas, com esse mesmo que as compra com um bem-estar doméstico, isso não é um marido, é um pai, e um pai monstruoso, que não deixa crescer.

A literatura, assim como a memória da maior parte das famílias, está cheia de referências de histórias de mulheres marcadas pela sua ousadia sexual. Todos conhecemos mulheres que tiveram que pagar com o fardo de maternidades solitárias e socialmente condenadas, com banimentos, exílios, perdas da condição econômica e outros castigos, pela ousadia de se entregar aos prazeres da carne fora de uma situação *aceitável*. Para o homem, o amor ou um desejo sexual impositivo não necessariamente o retira do registro infantil, em que seus pedidos terão de ser atendidos. Já as mulheres pagam o preço de sua condição de opressão social, assim como a iniciação sexual lhes cobra um ônus físico. Ela implica rompimento do hímen, sangramento, possibilidade de engravidar. Não há jeito de levar consigo muitas ilusões infantis, a iniciação sexual é um golpe às vezes efetivo, por outras traumático, na imaturidade.

Provavelmente por isso, as mulheres sempre tenham representado essa coragem, essa irreverência, tenham sido tão controladas socialmente, acusadas de tanta infidelidade. A radicalidade de sua experiência sexual não lhes deu muita opção. A força feminina, que sempre se revelou nos revezes familiares, nas *mães coragem* da vida, não é uma opção, é uma sina.

As jovens curiosas que abriram o quarto proibido não estavam profanando a regra dada por um marido, mas sim por um pai. É a casa paterna que se mostra toda generosa, desde que ela não se chamusque com um desejo que a levará embora, não derrame as gotas de sangue que a ligarão a outro homem. Uma filha terá todo o bem-estar do mundo, desde que abra mão do sexo. É como um cinto de castidade posto pelo pai, cuja chave não deve ser usada; um corpo feminino, cujo ovo não deve ser fecundado.

Ao final da história, a jovem tem um dote financeiro com o qual pode partir. Mas não lhe foi entregue, como eram nos casamentos arranjados que favorecem o pai e privilegiam a passividade feminina. Só com a morte do carcereiro, que as aprisionava na inocência infantil, essas jovens, que não tinham autorização para tornarem-se mulheres, conquistaram seu dote, que simboliza aquilo que é necessário levar consigo para partir. Esse dote não é um atestado de impotência feminina, é como a herança que João arrebatou do ogro – Capítulo VIII deste livro. Parte daquilo que levamos conosco, ao partir da casa paterna, nos é ofertada, porém o que diz respeito à separação, à libertação de um filho terá de ser arrancado à força, por mais permissiva que a família seja. A razão é muito simples, partir de casa é uma separação amorosa, que, como nos ensina a história dos Grimm, deixa um cadáver na janela e implica algum tipo de morte para os pais.

Separações e esquartejamentos

 esquartejamento dos corpos não nos surpreende. A imagem que temos de nós mesmos, denominada imagem corporal, é construída, não nascemos com ela. Na sua ausência, surge seu contraponto, o corpo esfacelado, despedaçado. Não nos basta ter corpo, cabeça e membros, e eles serem fisiologicamente funcionais, é preciso que exista uma representação mental do conjunto para que saibamos usá-los. A unidade de uma imagem corporal é tecida à força de amor, por isso quando este falta, resta uma sensação de corpo despedaçado. Tentaremos aqui explicar como se conectam os temas da imagem corporal e do amor.

No caminho que tem de ser necessariamente trilhado para a construção dessa imagem corporal, há vários percalços possíveis. Entre eles, são significativas tanto as patologias decorrentes de falta de um investimento amoroso na origem de alguém, por uma falta de conexão entre o bebê e a mãe, quanto o efeito devastador decorrente da um abandono posterior. No primeiro caso, quando falta um amor materno consistente, aquele que seria capaz de costurar as partes, colar a superfície e animar o mecanismo que move o corpo do filho, essa imagem simplesmente não se monta ou, quando se constitui, o faz cheia de deficiências ou deformações. Já no segundo caso, quando há uma perda amorosa importante, por morte, abandono ou traição, sobrevém a depressão, assim como as fantasias ou os atos suicidas.

Uma criança só fica na vertical, só se equilibra sobre dois pés tão pequenos, graças a alguém que a olha nos olhos e lhe transmite segurança. Um bebê só terá forças para sustentar o peso de sua cabeça, para ficar sentado sem despencar, para caminhar sem se segurar nos móveis, se lhe for possível ficar literalmente dependurado no olhar da mãe, dos pais ou substitutos. Nossos músculos se desenvolvem naturalmente, mas se negam a funcionar se não tiver ninguém olhando, cuidando, testemunhando.[8]

Isso é a particularidade humana que nos faz tão ricos e complicados ao mesmo tempo. Um animalzinho sairá andando assim que sair de dentro do ventre materno, um humano poderá ser um inválido, mesmo que seu corpo não tenha nenhuma limitação física, simplesmente porque não recebeu ou perdeu um investimento amoroso.

Perder o lugar no amor dos pais, abandonar o castelo onde crescemos, significa juntar os próprios pedaços, colar o próprio corpo e sair andando. Implica apossarmos-nos daquilo que recebemos, que nos permitiu transformar um olhar amoroso em imagem corporal. Para que possamos fazer isso, temos de conhecer o caminho. Crescer é ir apropriando-se, cada vez mais, daquilo que o amor dos pais nos ofertou. Temos que tomar todos esses olhares que nos constituíram e dissociá-los das figuras reais dos pais, torná-los parte de nosso acervo pessoal, passível de ser levado para outras histórias de amor, como um dote. É por isso que compreendemos tão bem porque personagens de contos de fadas fogem roubando as fortunas de ogros, *trolls* e bruxas sem nenhum dilema moral, agem como se levassem o que é seu de direito.

Quando um filho cresce, ele precisa separar-se desse amor que lhe foi tão vital, constitutivo. Para os pais, é uma perda, afinal fluía entre eles e o filho uma corrente amorosa que dava sentido à vida de todos, mas este último foge levando consigo sua pessoa que, por muito tempo, pertencia a eles.

O filho não ficará totalmente independente de laços amorosos para se sentir integrado, completo e funcional, mas quando crescido fará suas escolhas. Seu desejo apontará quem será o eleito para compartilhar carências e inseguranças, por este se apaixonará. Junto da sua família de origem, a precursora das novas escolhas amorosas é sempre uma separação, por isso, o crescimento deixará um inevitável rastro onde as fantasias são de morte e despedaçamento.

Essa é a razão pela qual os adolescentes amam obsessivamente neste momento de transição. Graças a todos esses vínculos apaixonados, conseguem se apropriar de um corpo que antes pertencia a outros amores. Ser tão desejado pelo parceiro amoroso da paixão adolescente assegura a integridade corporal, como o olhar materno fazia quando o bebê dava seus primeiros passos. Costumamos observar o quanto uma pessoa apaixonada parece feliz, trabalha de bom humor, suporta tudo como se nada fosse suficientemente difícil ou ruim para derrubá-la. Ela está fortemente sustentada pela ilusão amorosa, que lhe empresta uma imagem corporal de incomparável densidade. Enquanto imaginar que esse amor é perfeito, assim se sentirá.

Mas nem sempre o amor faz o serviço de colar os membros espalhados. Barba Azul, Nariz de Prata e o Bruxo quiseram desposar, mas só fizeram despedaçar. Isentos de quaisquer encantos, sequer foram capazes de oferecer a corte gentil de Fera e de outros noivos animais. Foram incapazes de remontar um corpo com amor, ficando apenas representando a imagem do sexo sem amor, do rompimento com a casa paterna como um esfacelamento. Por mais que tenham raptado ou aprisionado, não puderam ficar com as moças. Fica associada a eles a imagem de uma versão maligna e possessiva de um tipo de pai tão recorrente em contos de fadas, aquele que expulsa ou manda matar a filha que não o ama, tanto quanto ou como ele exige. Esses maridos fracassados oferecem, sobre os pais possessivos, pelo menos uma vantagem: daqueles foi possível arrancar um dote condizente para fazer depois um bom casamento. É bem mais viável matar ou enganar um marido mau do que um pai insuportável ou violento. É para essa representação que tais maridos monstruosos se prestam tão bem.

Esses corpos despedaçados são uma boa imagem do que resta de nós quando uma aposta amorosa fracassa. Essa condição de estar vivo, mas ficar como morto, de esfacelamento da própria imagem, é totalmente compatível com o sentimento de si, restante para aquele que perdeu um grande amor. Ser abandonado ou preterido em termos amorosos é uma vivência de aniquilamento pessoal única, talvez só comparável a traumas oriundos de situações-limite que envolvem violência. Nesse momento a vida revela toda a dimensão de sua fragilidade. Os contos têm razão, a falta de amor nos deixa em cacos. Por sorte essas moças mostram que é possível colar os pedaços.

Infelizes para sempre

ada mais romântico que um amor que, sob quaisquer circunstâncias, em qualquer condição, triunfasse sobre os percalços da relação. Os laços que regem o casamento hoje são baseados nesse ideal. Mas ele é relativamente moderno, pois, nos casamentos tradicionais, era melhor se o amor existisse, mas não era uma condição necessária, foi o movimento romântico que nos legou tal exigência.

Os contos de fadas falam muito de amor, especialmente entre os pares que se unirão para sempre. Bruno Bettelheim pensava – e, nos parece, com toda razão – que a recorrente afirmação *felizes para sempre*,[9] suscitava a idéia de que não haveria mais angústia de separação, seja de qual laço for. Depois do difícil trabalho de abandonar a casa paterna, é bom pensar que não seria necessário passar novamente pelas dores de outra partida.

Mas justamente estamos aqui constatando que nem só de finais felizes e casamentos bem-sucedidos vivem os contos de fada. Na coletânea dos irmãos Grimm, há uma história muito interessante sobre um fracasso amoroso, tomando um caminho diferente do que tratamos nas três histórias anteriores, trata-se de *As Três Folhas da Cobra*.[10]

Vamos ao conto: uma bela princesa, filha de um bom rei, disse que só se casaria se encontrasse alguém que concordasse em acompanhá-la ao túmulo caso ela viesse a falecer antes do marido. Nenhuma mulher poderia substituí-la, só ela deveria, para sempre, ser a amada do homem que a escolhesse. Ou seja, o futuro marido deveria ser enterrado vivo, junto com ela.

Um príncipe apaixonado aceitou o pedido, e o casamento ocorreu. Nos primeiros anos, tudo transcorreu bem e eles foram felizes. Mas quis o destino que o noivo viesse a honrar sua palavra, ela morreu antes dele. Todo o reino sabia das condições daquela união, e o marido teve então de ser sepultado com ela. Resignado, desceu junto na cripta para esperar a morte.

Enquanto a esperava junto ao caixão da falecida, uma cobra entrou na cripta, e ele a cortou em três pedaços. Passado algum tempo, chegou outra cobra e, vendo a sorte de sua parceira, partiu e retornou com três folhas. Na posse dessas folhas, colou os pedaços da cobra e a ressuscitou. Após a partida dos ofídios, o príncipe, que a tudo assistiu, se deu conta de que eram folhas mágicas e tentou usá-las para restituir a vida à princesa.

Para sua sorte, deu certo, e eles voltaram à Corte para a alegria de todos, mas algo havia mudado: inconformada com o fato de que ele não havia se resignado a morrer por ela, agora já não o amava como antes. Assim que teve oportunidade, matou-o, auxiliada por um amante que arranjara. Numa reviravolta, o criado do príncipe, a quem este havia confiado a guarda das folhas mágicas, utilizou-as para ressuscitar seu amo, que acordado denunciou a princesa. O rei, pai da princesa má, quando ficou sabendo de tudo, condenou a própria filha à morte. Como podemos ver, o mal foi reparado, mas ninguém aqui ficou feliz para sempre.

Mais do que um exemplo para mostrar o quanto o mundo dos contos de fadas é rico em tramas distintas, essa história vale como uma parábola sobre a exigência de amor absoluto. É um tipo de amor que não suporta a possibilidade de vir a ser trocado ou abandonado no futuro. Nesses casos, a morte é preferível à separação. As histórias anteriores, deste e dos dois capítulos precedentes, tratavam das dificuldades e das vacilações de todas as partes para que um amor se efetive. A princesa dessa história, as bruxas que encantavam príncipes, no caso dos noivos animais, a mãe bruxa de Rapunzel, todas acabaram por descobrir que quem teima em não aceitar separações naturais tudo perde.

Saindo um pouco dos contos, até hoje encontramos quem necessite se apoiar em amores fora de qualquer dúvida. Aliás, as juras de amor eterno fazem parte de qualquer cena de sedução. Muitos adolescentes tatuam os nomes um do outro no corpo, como símbolo de algo que, de preferência, nem a morte separará.

Não é de se admirar que essa história tenha terminado tão mal, pois semelhante exigência amorosa não se apóia na força de um amor, mas justamente na sua fraqueza. É por não ter muita capacidade de amar, por duvidar de seu próprio amor que alguém faz uma combinação semelhante. Em muitos contos de fadas, uma rainha morre e deixa atrás de si um soberano triste, incapaz de governar. Já esta princesa prefere não apostar na sorte, e se o príncipe não chorar por ela eternamente? Se ele a esquecer? Por isso quis a certeza de que ele morreria de amor por ela. Mas essa é a questão correta: de onde vem tanta dúvida sobre o amor? Provavelmente da sua própria capacidade de amar que ela duvida.

Sob o efeito dos ideais românticos, quem ainda não sabe ou não pode amar acaba fazendo laços e pedidos desesperados como o dessa infeliz princesa.

Infelizmente, o tema desse conto é bem atual e por isso vale uma análise. Freud nos lembra de que o mecanismo do ciúme[11] (e o que temos aqui é um ciúme futuro, daquela que a substituirá quando ela morrer) funciona da mesma maneira. Um grande ciumento é movido menos pelo medo da perda de seu objeto de amor e mais por projeção de seu próprio desejo. Trata-se do desejo inconsciente – às vezes consciente – de ter relações fora do laço amoroso que está vivendo. Aliás essa história comprova muito bem a tese, pois foi exatamente a princesa ciumenta que traiu seu marido e não o contrário. Mas não precisa tratar-se necessariamente de uma vontade de trair, o ciúme pode ser apenas um reflexo de vacilações relativas a uma relação. Às vezes, para produzir conflitos numa relação, basta a simples dúvida sobre a possibilidade de se estar melhor com outra pessoa. O ciumento acusa o outro de ter olhos para um terceiro que, na verdade, ele mesmo inclui na trama.

Existem muitos mitos em que a cobra era acusada de ter roubado a imortalidade que os deuses teriam reservado aos homens – o fato de a cobra trocar de pele seria o signo de sua regeneração permanente. Talvez aqui, com a função de trazer o instrumento para vencer a morte, ela seja um eco dessas antigas crenças. Especulando um pouco mais, talvez a cobra se preste para, neste caso, representar a força do sexo, que também morre e se recupera, e é uma poderosa força, aliada de quem quer preservar a vida.

Notas

1. PERRAULT, Charles. *Contos de Perrault*. Belo Horizonte: Editora Itatiaia, 1989.
2. CALVINO, Ítalo. *Fábulas Italianas*. São Paulo: Companhia das Letras, 1992.
3. GRIMM, Jacob & Wilhelm. *Todos los Cuentos de los Hermanos Grimm*. Madrid: Coedição Editorial Rudolf Steiner, Mandala Ediciones & Editorial Antroposófica, 2000.
4. O Velho do Saco é um personagem encontrado em vários folclores. É um vilão especializado em raptar crianças ou jovens desobedientes, mas não necessariamente, que nunca mais são avistados. Geralmente fica livre à nossa imaginação definir qual o fim terrível que aguarda os raptados.
5. Em outras versões, a própria Pandora é a caixa dos males, ela é a primeira mulher da humanidade, e Zeus a enviou ao mundo como *presente* aos homens em vingança ao roubo do fogo por Prometeu. Cada

um dos deuses contribuiu para fazer a mulher, Hefesto a criou à semelhança das deusas imortais; dos outros ela recebeu a graça, a beleza, a persuasão, a capacidade de fazer trabalhos manuais, mas Hermes lhe legou a mentira e a falsidade. Epimeteo fora advertido por seu irmão Prometeu a não receber presente dos deuses, mas este se deixou seduzir pela beleza de Pandora e a tomou por esposa.

6. "O lugar comum da psicologia contemporânea – de que o homem deseja o sexo e a mulher deseja relacionamentos – é a exata inversão das noções do pré-iluminismo que, desde a Antiguidade, ligava a amizade aos homens e a sensualidade às mulheres." LAQUER, Thomas. *A Invenção do Sexo*. Rio de Janeiro: Relume Dumará, 2001, p. 15.

7. GRIMM, Jacob & Wilhem. *Contos de Grimm*. Belo Horizonte: Villa Rica, 1994.

8. Nas palavras difíceis, mas precisas, de Jacques Lacan a esse respeito lemos: "a forma total do corpo pela qual o sujeito antecipa numa miragem a maturação de sua potência só lhe é dada como Gestalt, isto é, numa exterioridade em que decerto essa forma é mais constituinte que constituída (...)" ou ainda "o estádio do espelho é um drama cujo impulso interno precipita-se da insuficiência para a antecipação – e que fabrica para o sujeito, apanhado no engodo da identificação espacial, as fantasias que se sucedem desde uma imagem despedaçada do corpo até uma forma de sua totalidade que chamaremos de ortopédica – e para a armadura enfim assumida de uma identidade alienante, que marcará com sua estrutura rígida todo o seu desenvolvimento mental." LACAN, Jacques. *Escritos*. Rio de Janeiro: Jorge Zahar Editor, 1998, p. 98 e 100. Voltaremos a esse assunto no Capítulo XIV, falando da personagem Mônica.

9. "Saiba que você nunca está abandonado. Esse então é o consolo implícito no final habitual do conto de fadas: E viveram felizes para sempre". In BETTELHEIM, Bruno. *A Psicanálise dos Contos de Fadas*. Rio de Janeiro: Paz e Terra, 2001, p. 179.

10. GRIMM, Jacob & Wilhelm. *Todos los Cuentos de los Hermanos Grimm*. Madrid: Coedição Editorial Rudolf Steiner, Mandala Ediciones & Editorial Antroposófica. 2000.

11. Ver FREUD, Sigmund. Obras Completas, vol. XVIII , *Alguns Mecanismos Neuróticos no Ciúme, na Paranóia e no Homossexualismo*. Rio de Janeiro: Imago, 1987.

Capítulo XII
CONSIDERAÇÕES SOBRE O LIVRO:
A PSICANÁLISE DOS CONTOS DE FADAS

runo Bettelheim nasceu em Viena, em 1903, mas a Segunda Guerra Mundial levou-o, junto com tantos outros judeus, a emigrar para os Estados Unidos, onde viveu até sua morte, aos 86 anos. Intelectual curioso, inicialmente se dedicou ao estudo da estética, encontrando-se mais tarde com a psicanálise, que se tornou profissão e base de seu pensamento. Seus interesses abrangiam e desbordavam o campo clínico, escreveu textos sobre vários assuntos e, principalmente, preciosas reflexões psicanalíticas sobre a subjetividade humana em situações extremas. Suas elaborações se alicerçaram tanto na experiência pessoal em campo de concentração, quanto em sua clínica com crianças gravemente perturbadas.

A aposentadoria lhe proporcionou a oportunidade para se debruçar sobre a língua alemã e a literatura, duas velhas conhecidas. A primeira propiciou uma importante revisão crítica da tradução inglesa da obra de Freud; a segunda se traduziu no livro *A Psicanálise dos Contos de Fadas,*[1] que comentaremos aqui, dedicado à análise psicanalítica dos contos de fadas, principalmente os da tradição européia.

As reflexões que se seguem visam a um debate, não com o pensamento de Bettelheim como um todo, mas com o livro em si, que já é um clássico, especialmente pelo seu ineditismo. Um de seus méritos é a linguagem acessível, que tornou compreensíveis para o grande público as teses de Bettelheim. Embora visasse basicamente a explicar a importância psicológica dos contos de fadas, de fato, ele produziu um texto sobre desenvolvimento infantil desde um ponto de vista psicanalítico, no qual os contos funcionaram como geradores de determinados assuntos.

Essa obra surgiu numa época sedenta de informações sobre como acertar na educação das crianças e, quanto a isso, tem um mérito e um problema. O mérito é a influência das palavras do autor na consagração dos contos de fadas como recomendáveis para as crianças. Certamente, ele contribuiu para a difusão e a utilização desse tipo de narrativa em escolas infantis, nas famílias e nos meios de comunicação. Era (e ainda é) um tempo em que se tinha muito medo de errar com as crianças, de traumatizá-las. Por isso, fazia muita diferença oferecer-lhes algo que um psicanalista de tamanha projeção havia apontado, de forma tão convincente, como adequado.

O problema tem a mesma origem do mérito: a rígida normatização sobre quais seriam as histórias aconselháveis para as crianças. Esse *index* informal que Bettelheim fez corre o risco de produzir um efeito paralisante nas famílias, já encharcadas de recomendações feitas por outros livros de orientação. Por medo de errar, os pais se desautorizam, privando-se do contato enriquecedor com seus pequenos. Por certo, esse não foi o intuito do autor, mas acabou fazendo coro ao espírito de uma época em que tem os pais em baixa conta e deixam, então, o difícil assunto de compreender as crianças na mão de técnicos e especialistas.[2]

Apesar de o livro de Bettelheim, em alguns pontos, engessar os pais, especialmente numa excessiva valorização do conto de fada tradicional – por considerá-lo a única forma de literatura recomendável às crianças –, ele é muito mais efetivo na recomendação do seu uso pelas crianças do que em paralisar seus pais. O saldo é positivo para todos: pais, crianças e especialmente para os contos de fadas.

A *idealização dos contos de fadas*

s crianças adoram novidades. Não é muito difícil de chegar à essa conclusão, basta conviver com elas. Tão logo um brinquedo surja no mercado, vão querer conhecê-lo, o mesmo vale para personagens, um novo filme, um novo *game*. É certo que correr atrás das novidades é uma característica do nosso tempo e não se restringe à infância, mas as crianças são ainda mais suscetíveis à essa demanda. Se crescerem num ambiente estimulante, serão curiosas, pois sua vida tem necessidade de fantasia para apoiar suas brincadeiras e seu pensamento mutante. Se possível, buscarão a fantasia em todas as suas formas: brinquedos, filmes, *games*, livros, teatro, brincadeiras com os amigos, programas de televisão, narração de histórias, etc. Não há um meio privilegiado de consumo de ficção, e hoje existe uma multiplicidade de modalidades pelas quais elas podem acessar as histórias que lhes interessam.

Os analistas de crianças já sabem disso há muito tempo e estão sempre atentos às novidades, já que interessam a seus pacientes. Um profissional desses que não esteja minimamente informado quanto às últimas personagens oferecidas pela mídia terá uma certa dificuldade para entender a respeito do que seu pequeno paciente está falando e quais pedaços de ficção ele pode estar usando para tecer a sua subjetividade.

A digressão acima é importante para situar o momento em que Bruno Bettelheim escreveu *A Psicanálise dos Contos de Fadas*. Quando esse livro saiu

nos EUA, em 1977, já existiam pelo menos duas gerações de crianças que cresceram dispondo de uma infinidade de histórias (cada uma com um universo próprio de personagens e cenários) colocadas à sua disposição pela indústria cultural. Em meados do século XX, a oferta de ficção para a infância ganhou um fôlego impressionante, e os meios de difusão também se ampliaram. Como marco do cinema, certamente podemos falar no desenho animado em longa-metragem *Branca de Neve e os Sete Anões* (1937), que lançou as bases do império Disney. As revistas em quadrinhos, que nasceram dirigidas a um público juvenil e adulto, ganharam versões infantis e se expandiram. A TV destinou faixas de horários especiais para as crianças e o estúdio Hanna & Barbera vivia seus grandes dias.

Bruno Bettelheim não dialoga com esse fenômeno cultural. Nada o obriga a fazê-lo, um autor é livre para escolher a fatia da realidade que lhe interessa enfocar. Acontece que esse fenômeno cultural já se alastrava sobre o assunto que ele se propôs a estudar. Então, enquanto se centrava em Perrault e nos irmãos Grimm, já pipocavam versões em desenho animado desses contos no cinema e na TV ou ainda versões alegóricas, estreladas por personagens de algumas séries já consagradas. No cinema, Disney reinava e produzia uma adaptação de obras clássicas atrás da outra. Cabe então perguntar: as crianças dessa época não falavam dessas versões das histórias de fadas com o psicanalista Bettelheim? Ou ainda, não mencionavam as outras personagens que invadiam seu cotidiano? É provável que sim. Mickey foi o nome de personagem mais lembrado por crianças durante décadas, desbancado somente, nos anos 1990, por Super Mario, um herói proveniente dos *videogames*.

Por que então, num momento tão rico em novas ofertas de histórias infantis, um psicanalista se debruçaria sobre uma relíquia fóssil das narrativas orais tradicionais que ficou, no nosso tempo, legada à infância? A resposta instantânea é simples, essas histórias são encantadoras, seguem fazendo-nos pensar e exercem um poder de subjetivação, ou seja, contribuem para que quem as escute elabore problemas e cresça. Além disso, enquanto certas histórias nascem e morrem, os contos de fadas parecem desafiar o tempo. Logo, vale mais a pena se dedicar ao permanente que ao efêmero.[3]

A resposta é correta, mas algo fica faltando e, só ao término da leitura de *A Psicanálise dos Contos de Fadas*, torna-se possível formular uma segunda hipótese: o autor idealizava e superestimava os contos de fadas, acreditava que eles eram o único produto cultural adequado para a infância. Nesse livro, sua prioridade era relançar e valorizar algo que tinha como um grande legado cultural, capaz de exercer uma eficácia benigna inestimável sobre o desenvolvimento infantil. E ainda, é preciso levar em conta a crença do autor de que os contos de fadas, tal como narrados pelos compiladores folclóricos dos séculos XVII a XIX, constituem um produto acabado e perfeito. Assim, se a obra-prima já existia, compreendemos a ausência de referências às adaptações desses mesmos contos para as novas mídias. Não há no livro diálogos ou hipóteses sobre possíveis sucedâneos desses contos no século XX, tampouco aparecem reflexões sobre quais personagens eram importantes para as crianças na sua época e qual uso elas poderiam estar fazendo com o que lhes era oferecido.

A Psicanálise dos Contos de Fadas situa-se fora do tempo de duas maneiras, sugerindo que o conto de fada exerce sua missão em qualquer época e do mesmo modo, bem como desconsiderando o que as crianças de seu tempo consumiam como ficção, nisso incluindo os próprios contos de fadas adaptados a novas mídias. Temos então uma reação romântica e nostálgica em contraposição à cultura de massas norte-americana, que vinha ganhando corpo no tempo em que Bettelheim viveu e teorizou. No livro, não há uma crítica direta a esse cardápio cultural norte-americano, ela se revela no silêncio total em relação ao que ocorria nessa época. Considerando que o autor revela que sua valorização dos contos folclóricos é proveniente da reação das próprias crianças, nos surpreende que elas, na comunicação com ele, não incluíssem outras tramas ficcionais, contemporâneas ao momento histórico que compartilhavam. Trata-se, então, de um livro sobre os contos de fadas tradicionais folclóricos e sobre desenvolvimento infantil, em que uma coisa ilustra a outra (o que não nos parece mal).

O bom e o mau uso do conto

idealização da forma é acompanhada de uma idealização das fontes. Para Bettelheim, contos de fadas são somente os da tradição folclórica, quanto mais antigos, tanto mais verdadeiros e melhores para as crianças. Mesmo autores consagrados como Andersen e Perrault são criticados, pois teriam distorcido ou se afastado dos "sentidos corretos". Os irmãos Grimm são mais considerados, mas também são criticados por, em certos momentos, não serem fiéis às "verdadeiras mensagens" dos contos de fadas. Para o autor, nenhuma mudança é bem-vinda, nenhuma vírgula deve ser alterada.

Aparentemente, séculos de sabedoria acumulados nesses contos teriam decantado numa forma justa e acabada.

Todos os autores posteriores aos irmãos Grimm e alguns de seus contemporâneos, que ousaram criar ficção infantil, são considerados inadequados. Não há nenhuma só história, fora dessas compilações folclóricas, que Bettelheim cite e considere que possa ser subministrada sem problemas para as crianças. Todas as referências a outras histórias são para demonstrar suas falhas em dar aos pequenos o que seria uma plena possibilidade de simbolização. Por outro lado, Bettelheim acredita que os contos de fadas teriam a magia de fornecer realmente o que a criança precisaria e seria para essa linguagem simbólica que ela estaria preparada. Essa visão contém uma dupla hipótese cruzada: as crianças apreenderiam perfeitamente a lógica dos contos de fadas, porque eles são estruturados como mensagens para elas. Em função disso, as histórias de fadas que nos chegaram pelos compiladores confiáveis (que são poucos, segundo o autor) deveriam ser tratadas com muito respeito, não sendo recomendável alterar nada da trama original.

O autor ilustra um dos possíveis malefícios do uso inadequado dos contos de fadas com um caso clínico que acompanhou.[4] Nesse caso, um pai relatava de modo livre o conto de Cinderela para sua filha. Na sua maneira de contar a história, eles se incluíam enquanto personagens e alteravam o curso da trama: ele a salvava das garras da madrasta e juntos viviam aventuras. Pois bem, Bettelheim acrescenta que a menina entendeu essa liberdade narrativa como uma sedução paterna, e isso a levou à esquizofrenia. Ora, certamente o psicanalista austríaco não acreditou que tivesse sido o conto de fada narrado livremente que prejudicou a criança, mas sim alguma neurose familiar que fez os pais ficarem numa posição inadequada, porém, sua forma de relatar os fatos deixou uma brecha aberta para essa dedução equivocada. Relativo ao quadro patológico dessa família, algo deve ter se expressado na narrativa do conto que o pai fez. É certo, mas a história de Cinderela era uma ilustração e não o fato em si.

Se não houvesse a narração de contos de fadas, de qualquer maneira teria se estabelecido uma patologia. Arriscaríamos dizer que talvez até o resultado fosse pior, porque a cena do conto deve ter permitido algum grau de elaboração à menina, pois sabemos que tudo que encontra alguma forma de representação se torna mais passível de ser equacionado. O conto de fada foi apenas a maneira como a família narrou alguns de seus conflitos. Já um caso clínico relatado dessa forma tendenciosa nos parece ser uma distorção bem mais perigosa que a feita por esse pai do conto da Cinderela. Esse tipo de interpretação alarmista alimenta nas famílias uma inibição quanto à possibilidade de se comunicar com as crianças, não são poucos os adultos que escolhem a dedo suas palavras, com pânico de *traumatizar* os pequenos. Descrever a psicologia infantil e conjecturar sobre seu funcionamento particular devem servir para nos aproximar das crianças, não para reduzi-las ao convívio com especialistas que seriam os únicos a saber o que está acontecendo com elas. Pais assim alertados, ao lerem contos de fadas para uma criança, vão ficar inibidos como se fossem mexer num texto sagrado.

A nosso ver, alterações e criações são mais que bem-vindas, serão sempre uma oportunidade de movimentar as fantasias que fazem sofrer as crianças e suas famílias. As coisas ruins, patológicas, ficam escondidas nos cantinhos escuros da mente, produzindo angústia, medo, agitação e irritabilidade. Mas, se essas fantasias encontrarem algum tipo de tradução na narrativa do adulto e no diálogo com a criança, terão o potencial de oferecer alívio, cura e auxiliar no crescimento infantil.

O caso relatado anteriormente é apenas o exemplo mais grosseiro, mas existem outras passagens que contra-indicam explicitamente a alteração de partes do conto ou, até mesmo, o simples fato de deixar uma história pela metade para ser continuada no outro dia. Num outro caso,[5] Bettelheim conta a história de um pai que, por ficar com sono, parou a história de João e Maria bem no momento em que João ficava preso na gaiola da bruxa. O autor lamenta que a criança tenha tido de passar a noite vivendo uma tensão para a qual não encontrou resolução, comenta como, por meio da interrupção, esse pai acabou dizendo inconscientemente que o filho estava ficando preso à sua mãe. Na vida desse casal, estava ocorrendo uma separação, sendo que a mãe tinha uma posição social e econômica superior à do pai, o que o levava a sentir-se um pouco impotente diante da nova situação. Talvez o pai, sem saber, tenha dramatizado sua situação familiar usando um conto de fada interrompido. Provavelmente ele estava tão identificado com João quanto seu filho.

Ao contrário do autor, pensamos que não se pode, nem se deve passar regras aos pais sobre como utilizar, supostamente a bom termo, os contos de fadas. Mais do que situações problemáticas, os casos relatados por Bettelheim são exemplos da utilidade da narrativa ficcional na comunicação entre pais e filhos. Sempre que possível será importante que se busque compartilhar alguma fantasia com as crianças. Geralmente as

escolhidas traduzem os dramas familiares, nem sempre sabemos quais as motivações ou os temas inconscientes que estão sendo abordados, mas nem por isso o diálogo seria menos útil. Todo o tipo de fala ou encenação ajuda na elaboração

O pai do caso acima fez o que pôde, estava preso a uma situação e, bem ou mal, avisou ao filho dos perigos da bruxa. Talvez este seja até um exemplo do bom uso possível dos contos de fadas. Ou melhor, talvez não haja uso bom ou mau, existem usos e são as condutas familiares que vão determinar de antemão o seu caráter. Não existem regras que possam tornar algo seguro se a criança cresce num ambiente patogênico; por outro lado, uma inibição quanto ao uso da ficção pode empobrecer um ambiente saudável.

Em certo momento, Bettelheim conta o interessante caso[6] de uma menina que, tendo inúmeros problemas familiares, sonhava em pertencer à família dos *Robinsons Suíços*. Ou seja, usava a novela de Johan Wyss para devanear a respeito de uma família que enfrentava adversidades, mas vivia coesa, com todos cooperando para o bem comum desse núcleo.[7] O exemplo é perfeito para pensar o uso possível da ficção na vida de cada um. Quando temos um problema, pinçamos uma história que venha nos falar dele, de preferência aquela que contenha uma certa resolução. Relançamos na fantasia o que nos aflige, mas, em sua versão ficcional, o problema encontra alguma saída.

Da história dessa menina, Bettelheim poderia concluir que a ficção moderna também pode fazer seu papel. Mas não, ele insiste em que se ela tivesse optado por contos de fadas teria usufruído ainda mais das possibilidades terapêuticas de uma história. Sem falar que é uma conclusão baseada numa suposição! Afinal, o fato mesmo foi outro, o recurso aos *Robinsons Suíços* havia se revelado eficaz. Isso só demonstra o quanto o autor estava aferrado à idéia de que os contos de fadas seriam mais terapêuticos do que qualquer outra narrativa.

Visto que o pensamento de Bettelheim revela-se bastante dinâmico uma década depois da obra que estamos comentando, no livro *Uma Vida para Seu Filho*, ele elogia a eficácia psicológica dessa mesma trama ficcional:

Quando crianças, essas pessoas tinham querido que um dos pais lesse a história repetidas vezes, porque [...] tinham esperado subconscientemente que ela transmitisse um importante recado ao leitor. Para uma tinha sido *A Família Robinson*; tecendo fantasias em torno dessa história, ela encontrara consolo para sua situação familiar infeliz. O mesmo livro também tinha sido muito significativo para outra menina, que sofria com as repetidas e prolongadas ausências dos pais [...] só depois de adulta se deu conta de que tinha apoquentado os pais e parentes para lerem *A Família Robinson* em voz alta porque ela tinha esperança de que percebessem o recado de que as crianças precisam da presença dos pais.[8]

Apesar disso, o efeito geral da obra é de valorização das histórias infantis e pede a volta dos pais ao pé da cama. É o mesmo efeito que desejamos produzir com o presente livro, mas evitando as restrições de Bettelheim, que amarram as famílias e os contadores de histórias em geral numa forma única de se portar diante da narrativa.

Um tesouro para as crianças...

lém dessa idealização dos contos e de seus efeitos, existem alguns erros históricos quanto à origem dos contos de fadas que os críticos de outras áreas não perdoam o autor.[9] Graças à sua crença na complementaridade de pensamento entre as crianças e as histórias de fadas, Bettelheim dá a entender que tais narrativas foram feitas para elas. Na verdade, esses contos eram compartilhados por todos, numa época em que sequer o "sentimento de infância"[10] existia. Foi somente na modernidade que ficaram relegados à infância, fato que, convenhamos, abala a idéia de que essas histórias tenham sido predestinadas pela civilização para as crianças. Talvez pudéssemos dizer que os contos de fadas são um resto cultural do passado que encontrou na infância um último refúgio, uma reserva ecológica que os salvou da extinção.

A esse respeito, o autor chega a definições pueris. Por exemplo, quando se refere à forma como os contos de fadas teriam sido oferecidos às crianças, enquanto um tesouro que a sabedoria da civilização criara para elas. Numa passagem, quando se pergunta como poderíamos avaliar se determinada história é ou não um conto de fada, ele sugere, como método, que nos perguntemos se ela pode ser vista como uma dádiva de amor[11] às crianças. Se a resposta fosse afirmativa, estaríamos então diante de um genuíno conto de fadas.

No entendimento do autor, poderiam ser caracterizadas como contos de fadas as histórias que contivessem tramas complexas, mas com mensagens reconfortantes, um auxílio que a cultura ofereceria aos indivíduos em formação. É importante a ressalva de que Bettelheim tinha uma visão da infância que compreendia sua complexidade, por isso, não devemos confundi-las com narrativas simplórias, destinadas a um reforço positivo, do tipo de auto-ajuda infantil. Ele valorizava as histórias de tramas intrincadas, cheias de dramas e conflitos. Justamente por isso defendeu com tanto fervor essas histórias folclóricas. Algumas das quais são bem fortes quanto aos incidentes e sentimentos que despertam. Porém, ele também exigiu delas um final resolutivo (de preferência feliz), capaz de alicerçar as elaborações necessárias para enfrentar o desafio do crescimento. Ele insistia em que, pelo seu caráter ainda frágil, as crianças necessitariam de uma ficção especial, capaz de lhes inspirar confiança na vida. Apoiadas nas jornadas corajosas e perseverantes das personagens, elas sentiriam que no final uma recompensa viria para quem conseguisse seguir adiante (um dos grandes riscos para ele é a saída regressiva) e pelo caminho correto.

Podemos até concordar com o autor sobre as possíveis necessidades ficcionais específicas para a infância, mas convém nunca esquecer a ressalva de que os contos folclóricos não foram forjados para isso. Antropólogos e historiadores podem nos contar mais sobre a trajetória que essas narrativas tiveram para a humanidade e por que algumas foram sendo abandonadas e outras não. Novas pesquisas sobre seu uso e gênese devem ainda nos ensinar muito sobre nossas origens, mas certamente seguirão nos apontando que eles não estão na mesma posição de quando foram gestados e difundidos pela narrativa oral, certamente com o passar do tempo seu uso e sentido foram se modificando.

Bettelheim acredita que, através do contato com os contos de fadas, poderíamos tanto economizar sofrimentos quanto alicerçar nosso crescimento. Estamos de acordo, porém constatamos que quanto mais alternativas ficcionais forem oferecidas a uma pessoa, mais instrumentos ela terá para elaborar seus dramas. Também acreditamos que existam tramas mais ricas que outras, disponíveis a uma mesma faixa etária, mas discordamos de que apenas os contos de fadas deteriam todos os atributos de que as crianças precisam para essa elaboração. De fato, eles são versões lapidadas, resultado de séculos de relatos e por isso devem ser objeto de particular interesse. Sem dúvida, os contos de fadas merecem um lugar nobre na comunicação com as crianças, porém não são as únicas histórias que lhes podem oferecer bons efeitos de subjetivação.

Em suma, compreendemos que Bettelheim destaque a efetividade que o recurso a determinada história pode ter na vida de uma criança, pois, dialogando sobre um conto da tradição, ela terá uma oportunidade de elaborar alguns dos seus pequenos ou grandes dramas inconscientes. Se a história tiver sido escolhida por ela ou pelos seus pais, melhor ainda. Se tiver sido inventada, nem se fala, é um recurso ótimo. Mas discordamos de que os contos de fadas tradicionais seriam uma espécie de matriz mitológica detentora de uma efetividade inigualável, capaz de produzir efeitos ímpares de elaboração dos conflitos infantis. Na leitura de Bettelheim, esses contos teriam um núcleo de significado imutável ao longo dos séculos, como se neles estivesse contida e representada uma memória efetiva de fantasias inconscientes, que podem ser usadas por qualquer um em qualquer época, significando aproximadamente a mesma coisa.

Essas ficções, assim como muitas outras, podem de fato oferecer caminhos que encenem as paixões humanas e nos suscitem sentidos que ultrapassam nossa consciência. Mas elas não contêm uma memória arquetípica, pois, se esse fosse o caso, a leitura de seu significado seria unívoca. Ora, os efeitos de determinados contos nas crianças são os mais variáveis e imprevistos, as histórias de fadas possuem personagens e passagens fortes que as cativam vivamente, mas no seu uso os efeitos não são únicos. Os contos, como os mitos, são estruturas geradoras de sentidos, eles não têm um sentido em si. Apenas determinados arranjos facilitam o recurso a uma ou outra fantasia em particular, mas mesmo assim seu uso e circunstâncias serão percebidos de variadas maneiras. Mais que nada, elas são um grande cardápio, onde qualquer um toma o que lhe convém para encenar o drama que está vivendo em um determinado momento. Nesse sentido, um simbolismo fixo e uma interpretação *standard* dos contos são, para nós, opções descartadas.

Por isso, as interpretações dos contos de fadas propostas na primeira parte deste livro devem ser encaradas como um exercício. Não é uma tentativa de interpretação universal, são sínteses, provenientes do estudo da teoria psicanalítica e principalmente da nossa experiência clínica e de análise pessoal. Outros autores revelarão outras facetas em determinadas histórias ou mesmo escolherão outros núcleos narrativos que considerarão mais interessantes de se ocupar.

Contos de fadas ilustrados

 preconceito de Bruno Bettelheim para com as histórias modernas é estendido aos meios modernos: em seu livro existem várias páginas sobre Branca de Neve e suas várias versões antigas e quase nenhum comentário sobre o grande

sucesso que foi o desenho animado *Branca de Neve e os Sete Anões* no cinema. A única menção, em nota de pé de página, é uma crítica ao fato de terem individualizado a personalidade dos anões (Atchim, Dengoso, Zangado, Dunga e outros), o que teria sido um erro, já que eles deveriam permanecer na forma original.[12]

Se o filme fosse comentado, seria provavelmente para demonstrar o recurso à ilustração e à imagem como outro pecado que ronda a narrativa de histórias para crianças. Para Bettelheim, a imagem inibe a imaginação, como nos diz em outro momento:

Um conto de fadas perde muito de seu significado pessoal quando suas figuras e situações recebem substância, não através da imaginação da criança, mas da de um ilustrador. Os detalhes especiais derivados de sua própria vida particular, com os quais a mente de um ouvinte retrata a história que lhe contam ou que ouve, tornam a história muito mais uma experiência pessoal.[13]

Sendo assim, o conto ideal deveria ser narrado ou lido e não trazer ilustrações. As figuras forneceriam as imagens que a criança deveria providenciar sozinha a partir da sua própria experiência. Se viessem de fora, ela não faria um esforço e com isso sua futura capacidade de imaginação poderia ficar afetada.

Porém, o contra-argumento provém do próprio discurso do autor: se ele diz que convém que a criança monte a imagem a partir de detalhes derivados de sua vida, não seriam esses também provenientes de um acervo de imagens que sua experiência lhe proporcionou? Por que uma ilustração proposta para determinada circunstância narrativa – contida em determinado livro – não poderia ser mais uma das imagens que se acrescenta a esse estoque? Ou vamos então reduzir o contato das crianças apenas às imagens que seus sentidos diretamente perceberem do mundo real? Existe uma hierarquia tão diferenciada entre as ilustrações propostas para determinada história e as outras imagens que a criança percebe em seu cotidiano, em alguma viagem ou num *outdoor* de propaganda na rua?

Os contos tradicionais produziram também imagens tradicionais. Por exemplo, as ilustrações que Gustave Doré realizou para *Chapeuzinho Vermelho* de Perrault, são uma evocação constante: marcantes e belas, teriam tudo para ser definitivas. Por sorte, a ninguém ocorre que uma criança será obrigada a imaginar a menina e o lobo tais como ele os desenhou.

Bruno Bettelheim não está sozinho, a crítica à imagem ilustrando histórias é freqüente e de longa data:

os quadrinhos, o cinema, as ilustrações de livros de aventura, todos já foram considerados como algo que afastaria os jovens da leitura, esta sim a maneira correta, nobre e verdadeira de receber a informação. Esses questionamentos quanto ao uso das imagens são difusos e plurais, mas se unem numa suspeita que elas seriam uma facilitação que inibiria a imaginação e deixaria o leitor preguiçoso. O apoio em imagens não requereria tanta atenção na trama, através delas entenderíamos a história pelo contexto total e provavelmente de uma maneira superficial. Nem é preciso dizer que, desde sempre, a televisão está sob alta suspeita, ela encarnaria o produto final da corrupção das histórias, criaria uma geração indolente que não precisaria ler nem imaginar, pois receberia tudo pronto.

Claro que a exposição demasiada das crianças à TV é prejudicial. Não é necessário realizar um estudo avançado para perceber que aquelas que assistem a um número excessivo de horas de televisão geralmente estão sós, e a TV é uma babá de péssima qualidade. Uma criança viciada em televisão é também aquela que não recebe muitos estímulos e tem poucas oportunidades de interlocução com seus adultos e pares. Também não é difícil constatar que sempre que ela tiver oportunidade de um contato humano rico, a relação com a televisão se tornará mais seletiva, restrita aos programas e horários de sua escolha.

Mais prejudicial do que o suposto malefício das imagens é a omissão paterna que abandona as crianças na frente do aparelho de TV. Se houver um adulto para dialogar sobre o que ela está assistindo ou propor outra coisa interessante, não haveria motivo para considerar algum risco intrínseco ao meio de comunicação. Normalmente é mais fácil culpar a TV do que questionar onde estão os pais e qual a sua capacidade em estimular e educar seus filhos.

O fato é que já contamos com várias gerações expostas a uma carga crescente de informação veiculada com e por imagens. E mesmo o mais apocalíptico dos críticos poderá constatar que a inteligência não se ausentou dessa nova safra de humanos que foram, desde a primeira infância, alimentados e educados dentro dessa nova modalidade de comunicação.

Mudaram alguns meios de expressão (ou melhor, foram acrescentados), mas não nos parece constatável qualquer empobrecimento das capacidades cognitivas que possa ser atribuído a isso. Até porque não existe imaginário puro, o que quer dizer que as imagens são estruturadas dentro de uma forma simbólica. O olhar não é uma operação simples, é preciso certa educação

dos sentidos, uma familiarização com certos códigos para entender qualquer imagem. Ela precisa fazer parte de uma lógica, articulada com certo contexto, senão não compreendemos o que vemos. Uma imagem carrega uma mensagem codificada.

As histórias em quadrinhos podem ser paradigmáticas do que estamos falando. Numa ocasião, observamos um senhor de uma certa idade que, embora leitor assíduo e fluente em várias línguas, não teve oportunidade de ler histórias em quadrinhos em sua infância. Na referida situação, enfrentava o desafio de entender uma publicação que sua neta estava lendo e teve inúmeras dificuldades para se situar na história. Não compreendia os códigos, não conseguia saber por onde andava o fio da narrativa e entendia tudo pela metade como quem ainda não é muito familiarizado com uma língua. Ora, tratava-se de alguém não educado dentro dessa forma de linguagem, seguramente se estivesse realmente desafiado aprenderia mais essa língua.

A ilustração é um código sobre outro código, certas vezes criando um terceiro, como no caso dos quadrinhos. Contrapô-la à escrita é uma falsa questão. Como vemos no exemplo, para ler quadrinhos é preciso, além de saber ler, dominar um código particular, expressão simbólica dessa nova forma de narrativa, que não é mais rica, nem mais pobre, é diferente. Uma boa experiência pode ser, se você é adulto, a leitura dos Mangás, quadrinhos de origem japonesa. Os códigos são distintos dos quadrinhos que crescemos lendo, requer certo tempo até entendermos algo. Por exemplo, uma mesma personagem pode aparecer de formas diferentes, dependendo de seu estado de ânimo. Ou seja, a imagem diz pouco se não temos chaves de leitura.

Por mais simplórios que um seriado infantil ou uma série televisiva possam ser, eles compreendem um pequeno universo de referências, uma série de personagens e relações entre eles. Freqüentá-los não é uma atitude passiva, é uma escolha. Mesmo que uma criança ou jovem cresça como um *vidiota* que passe os dias na frente do aparelho de TV, sua atenção oscilará e sua fantasia viajará apoiada preferencialmente em umas personagens e não noutras. Alguns serão seus prediletos, enquanto outros programas funcionarão como um ruído de fundo acompanhado com atenção difusa. O mesmo ocorre com a ficção como um todo, ela será freqüentada e escolhida de acordo com muitas variáveis, das quais a imagem faz uma boa parte, acrescenta, mas decididamente não determina.

Estrangeiros à cultura de massas

oda uma geração de pensadores, especialmente os que emigraram da Europa na época da Guerra, teve grandes dificuldades com a cultura de massa norte-americana; com Bettelheim não foi diferente. As manifestações culturais modernas – como cinema, quadrinhos e TV – ficaram classificadas como entretenimento,[14] compreendido como algo menor e, portanto, menos formativo que a cultura letrada em moldes tradicionais.

Na época em que Bettelheim realizou sua formação e produção intelectual foi criado o conceito de *indústria cultural*.[15] Essa expressão surgiu no livro *Dialética do Iluminismo* (1947), proveniente da teorização dos filósofos Horkheimer e Adorno, que apresentaram questões realmente importantes para reflexão: o que aconteceria com a arte, na medida em que ela assumisse a condição de mercadoria? O que aconteceria com seu público, na medida em que ele se tornasse acima de tudo um consumidor, alguém que poderia e deveria ser manipulado para que escolhesse os objetos (incluindo neste caso músicas, filmes, imagens) que o mercado almejava vender? Como poderia a arte manter sua essência não-produtiva, de contestação e ousadia, se ela fosse engolida por esse sistema comercial? As indagações daqueles que ficaram conhecidos como membros da Escola de Frankfurt ainda perduram sem uma resposta definitiva.

Mesmo que acreditemos que a dita cultura de massa constitui um empobrecimento relativo a uma transmissão cultural mais edificante, é necessário separar o joio do trigo, ou seja, nem tudo o que é veiculado pelos meios massivos, misturado com alguma forma de geração de lucros, é necessariamente alienante e indigno de atenção e respeito. Ainda que se tratasse da produção artística puramente comercial e superficial, se ela encontrou um eco significativo no público, seria uma boa representante da cultura que estaria sendo consumida, então já valeria um estudo, uma pesquisa sobre as razões de seu impacto. Hoje sabemos que não há campanha publicitária capaz de fazer o público engolir um filme ou programa de televisão que não seja de seu agrado. Em certas ocasiões, o barulho do lançamento coincide com a adequação do produto, por outras, as investidas comerciais fracassam, causando prejuízos milionários a estúdios e redes.

Não pretendemos entrar na discussão do possível acerto da expressão *indústria cultural* e seu impacto sobre a cultura, embora tenha sido um bom álibi para menosprezar e não aprofundar a discussão sobre a cultura que estava sendo efetivamente oferecida ao público.[16] Na crítica à cultura infantil, esse preconceito foi prática corrente, e o livro de Bettelheim é mais um exemplo desse tipo de análise. Alguns estudiosos fizeram uma diferenciação entre alta e baixa cultura, privilegiando o interesse pelas obras direcionadas a setores com uma boa formação intelectual e dedicando às manifestações culturais mais massivas, populares, ou mesmo medíocres, mais desprezo do que curiosidade. Para o autor, os contos de fadas, pela sua tradição e origem, teriam os quesitos da alta cultura, com a vantagem de serem acessíveis a todos.

Os contos de fadas nasceram e cresceram entre os mais humildes e apenas posteriormente se transformaram em um objeto para uso da Corte, depois de expurgados seus aspectos mais grotescos e rebuscada sua linguagem. Na medida em que passaram a depender cada vez mais da forma escrita, essas histórias foram se tornando uma referência mais culta. Porém, o gosto popular não as abandonou: adaptações simplificadas, assim como versões televisivas e cinematográficas, garantiram a sobrevivência dessas tramas entre os que não tinham acesso às versões clássicas. Exatamente por isso é problemático ignorar completamente as transformações e as adequações que as novas mídias, assim como as marcas da passagem do tempo, foram imprimindo nessas histórias.

Bettelheim reflete sobre a forma de cultura que ele considera ideal para ser ministrada às crianças e não sobre aquelas que de fato alimentam suas mentes. É como se ele dissesse: para que criar quadrinhos, novas personagens de desenhos animados, literatura infantil, se já existem os contos de fadas, que seriam manifestações mais benéficas. Porém, creditamos esse tipo de postura intelectual (na qual ele não está sozinho) mais a um preconceito que a um estudo que pudesse alicerçá-la.

Em seu livro, não há sequer uma opinião sobre as histórias em que, de fato, seus pacientes deviam estar imersos e comentando. É claro que os contos de fadas eram e seguem sendo uma parte importante da infância de cada um (nosso livro não é outra coisa que um incentivo a isso), mas a questão é que as crianças os usam junto com uma infinidade de outras histórias. Podemos inclusive dizer que eles representam hoje uma parcela menor do interesse delas. Não adianta sabermos tudo sobre *Chapeuzinho Vermelho*, se determinada criança quiser falar sobre o *Chapolin Colorado*.[17] A idéia que o livro de Bettelheim passa é de que essas outras e atuais histórias não seriam adequadas para as crianças, ou ainda que elas nem sequer são dignas de serem examinadas.

Um psicanalista não deve entrar em considerações sobre qual seria a melhor ficção para seus pacientes. Afinal, se eles evocam determinada obra, é porque lhes é importante. Para nós, vale aquilo que está produzindo efeitos de subjetivação, se seria mais ou menos apropriado importa menos. De qualquer maneira, nem se quiséssemos conseguiríamos modificar o gosto e as escolhas culturais de nossos pacientes. É claro que temos nossas opiniões e não é difícil perceber que existem tramas mais ricas, que oferecem melhores possibilidades de encenar fantasias e desafiam mais a inteligência das crianças. Além disso, também podemos aproveitar oportunidades para comentar histórias que acreditamos possam servir em determinado momento, mas isso só funcionará se a narrativa estiver em sintonia com o universo temático de determinado paciente.

Como nem sempre as crianças seguem nossas indicações, temos de ter a humildade de seguir as delas. Se alguma história faz sucesso, é porque diz algo do momento que estão vivendo e da sociedade com a qual estão fadadas a conviver. Na pesquisa e na clínica, nosso desafio é entender o que reverbera nelas, entre os produtos que a mídia oferece, e não tentar apontar qual seria a forma ideal de transmissão da cultura.

Saindo do consultório, na vida familiar, essa posição se modifica: aqui é enriquecedora a atitude de aliar o interesse pelas personagens e tramas escolhidas pela criança à oferta de filmes, programas televisivos, livros e obras de arte selecionadas pelo gosto dos pais. Através desse expediente, cada grupo familiar pode constituir um nicho cultural distinto e envolvente para seus membros.

Logo no início do livro, Bettelheim enuncia a seguinte opinião categórica:

a maioria das crianças – tanto as normais como as anormais, e em todos os níveis de inteligência – acha o conto de fada folclórico mais satisfatório do que todas as outras histórias infantis.[18]

O autor diz apoiar essa afirmação exclusivamente em sua experiência com crianças. Respeitamos sua vasta prática na clínica infantil, mas na nossa experiência e entendimento, pelo menos nos dias de hoje, isso não procede. As crianças não fazem uma hierarquia e uma diferença muito nítida entre as histórias que lhes são oferecidas, transitam entre todas elas com bastante liberdade e muita sinceridade, se gostam de algo aderem sem restrições, se não gostam, as abandonam sem cerimônia. Fora as gravemente perturbadas (limitadas por uma grande restrição perceptiva ou cognitiva), elas se deixam levar tanto por narrativas novas quanto pelas antigas que lhes forem apresentadas. Somente algum tipo de desconexão vai ser capaz de impedir que elas exerçam sua curiosidade perante a pluralidade da ficção a que tiverem acesso.

Quando uma criança tiver de fixar suas preferências, seu gosto será influenciado pelos pais, pelo meio (seus pares, colegas e amigos) e pela oferta dominante da mídia. Acreditamos que as crianças atuam positivamente mais na fixação de novos produtos do que na manutenção das formas clássicas. São os pais, os avós e os professores que introduzem os contos de fadas. É a geração dos responsáveis pelos cuidados e educação das crianças que se incumbe dessa manutenção, afinal essas histórias são uma linguagem comum entre as gerações. Como cada época possui uma safra de ficções próprias, os contos de fadas são uma possibilidade de compartilhar algo em termos de fantasia, esse é um dos segredos de sua sobrevivência.

Os contos nem sempre chegam até as crianças através de relato oral, em família, ao pé da cama. Infelizmente, são poucas crianças que contam com a figura de algum adulto narrador. Os contos acabam chegando a elas das formas mais diversas, muitas vezes, cabe à TV ou aos filmes apresentar a versão que a família compartilhará. Mas, mesmo que não possam contar com uma narrativa adulta em casa, os contos de fadas mais populares são histórias que em geral os adultos sabem (toda ou em parte), de modo que podem tecer uma linha de continuidade entre as gerações. Uma avó, por exemplo, pode não saber nada sobre o desenho animado que o neto assiste na TV, mas conseguirá manter uma conversa com ele sobre *João e Maria*. O mesmo vale para todos os adultos (parentes, amigos da família e profissionais) que não estão em contato com crianças permanentemente, mas podem evocar essas referências de sua própria infância para se comunicar com elas. Provavelmente por isso, coube ao conto de fadas a função de ser representante da tradição em termos de fantasias, e Bettelheim lhes atribuiu tanta (merecida) nobreza. Porém, isso não deve obscurecer nossa atenção para as novas formas e tramas que foram se desenvolvendo para uso dos pequenos.

Os contos de fadas foram recolhidos, em grande parte, sob a influência do movimento romântico. Na medida em que, de fato, o homem abandonava passo a passo a tradição, surgiu um movimento dedicado a revalorizar as raízes que estavam sendo deixadas para trás. Não há dúvida de que é interessante alimentar a infância com o rico acervo de fantasias que o passado nos legou, mas sempre é bom frisar que os contos de fadas nunca foram de fato considerados infantis antes da modernidade.

Novidade versus *tradição*

ssistidos numa tela, contados ou lidos, os contos de fadas têm aceitação garantida com as crianças de forma quase universal, mas seu sucesso não é muito diferente dos obtidos por outras narrativas contemporâneas. Não há um apego maior das crianças pelos contos de fadas, como não é constatável que só eles falariam ao mais profundo da alma infantil. Concordamos, então, com Bettelheim quanto ao peso da influência das narrativas ficcionais sobre a vida dos pequenos, mas não estamos de acordo com o argumento de que só os contos de fadas façam a função adequada de lhes fornecer elementos para fantasiar e ajudar a equacionar suas problemáticas. E ainda, para desespero dos puristas, constatamos que algumas obras da literatura infantil e infanto-juvenil dos séculos XIX e XX, e até mesmo produtos da mal-afamada indústria cultural, podem suprir com a mesma intensidade a função que os contos de fadas desempenham.[19]

Bruno Bettelheim supôs que a permanência dos contos de fadas seria explicável apenas pelo que há em seu interior: o indiscutível potencial de evocação de questões humanas complexas que eles possuem. Não discordamos disso, a análise de alguns desses contos realizada neste livro só confirma essa hipótese, mas não é uma justificativa completa para sua permanência.

A questão da longevidade dessas histórias folclóricas leva-nos à hipótese de que a ficção infantil (e provavelmente a adulta também) teria partes móveis e fixas. Por um lado, seria um cardápio em permanente transformação, adaptando-se aos novos tempos, trazendo histórias que retratem os novos desafios de crescer num mundo que não pára de nos surpreender. Por outro lado, haveria a parte fixa, que é uma aliada para que as gerações se referenciem umas nas outras, para que os mais velhos ajudem os mais novos a superar medos, impasses e sofrimentos.

A língua passa por processos parecidos, embora não sofra transformações tão vertiginosas. Há um gigantesco núcleo comum, já que a língua que se fala não se modifica radicalmente de uma geração para a outra. Mas há também um vocabulário próprio para cada época, um modo de construção de frases, um estilo específico de cada tempo. Nas histórias, ocorre algo parecido, os contos de fadas cumprem para a infância a mesma função de certos clássicos para os adultos. A maior parte das pessoas que não esteja em estado de miséria absoluta, tampouco passe por algum tipo drástico de isolamento, já ouviu falar em Gulliver, Drácula, Frankenstein, Rei Arthur, Romeu e Julieta. Também não são poucos os que são bastante íntimos de Robinson Crusoe, Dom Quixote, Lolita, Dorian Gray, Tom Sawyer ou dos Irmãos Karamazov. Como se vê, precisamos falar uma linguagem comum também na ficção e não só quanto ao conjunto das palavras. Como melhor definiu Contardo Calligaris:

> Nós, modernos, precisamos sempre de boas histórias, pois temos pouco em comum. As aspirações que compartilhamos (e que compõem nossa cultura) não constituem um código, nem valem um livro de normas. Elas vivem e se transmitem pelas histórias das quais gostamos – especialmente por aquelas que são contadas para e por todos.[20]

Para a infância, os contos de fadas representam uma condição que a ficção contém como um todo: a de ser uma vasta biblioteca de histórias que passam de pai para filho, garantindo um acervo comum de personagens que demonstram esperanças, fraquezas e medos, enfim, capazes de encarnar todos os sentimentos humanos imagináveis. Quando se fala na falência das tradições, sempre sentimos uma certa dificuldade em concordar totalmente com essa posição, já que há tanta tradição sendo mantida. E a arte parece ser um importante eixo dessa sobrevivência. Não deixa de ser surpreendente a conservação dos contos de fadas no contexto da história humana que tudo sucateia.

Inicialmente, esses contos, hoje conhecidos como *de fadas*, faziam parte da tradição oral e eram escutados por todos que estivessem ao seu alcance, não havia público-alvo diferenciado. Naqueles tempos, crianças eram apenas humanos de pequeno porte e não mereciam considerações especiais, faziam parte do grupo que se acotovelava para escutar algum narrador. Este último seria tanto melhor quanto sua voz dominasse a platéia de gente cansada do trabalho, necessitada de histórias com as quais poderia se distrair e fantasiar. Os contos eram então narrativas orais, que foram recolhidas pelos compiladores (Basile, os irmãos Grimm, Perrault, Jakobs, e outros) na condição de restos culturais, folclóricos, de um tempo e uma tradição que se esvaíam, e, ao traduzir essas narrativas para uma nova forma (os livros), eles terminaram por reinventá-las. De objeto de diversão da corte e alívio para camponeses exaustos, os livros de Contos folclóricos foram se tornando, cada vez mais, produtos destinados às crianças.

Já Andersen apresentou outra postura: fabricou seus contos de fadas diretamente para as crianças, assim como tantos autores que vieram depois. Compreendê-las como destinatárias dessas histórias equivale a torná-las guardiãs privilegiadas do resto de magia que resolvemos carregar para dentro de uma sociedade moderna, hipoteticamente fundada na razão e na ciência. Com elas, ficaram os restos folclóricos, de quando os camponeses misturavam histórias de amor e aventura com expedientes sobrenaturais.

Muitas teorias compararam a evolução da inteligência de cada indivíduo com a trajetória da sabedoria humana enquanto espécie. Enquanto crianças, pensaríamos como os antigos, para os quais aquilo que é incompreensível não seria objeto de investigação científica, mas sim revestido por alguma crença mágica que lhe emprestaria sentido, nada se questionaria de uma maneira racional e tudo se explicaria magicamente. Sendo assim, os homens quando pequenos reproduziriam a evolução humana, indo do mágico ao científico.[21] Suponhamos então que seus pequenos cérebros precisam das fadas enquanto não conseguissem apreender as razões que movem o mundo, supostamente compreensível, que os adultos habitam.

Esse paralelo da infância com o primitivo é incorreto por onde se pegue. Na verdade, as crianças associam as explicações mágicas com rudimentos de investigação científica. Crianças tecem hipóteses, testam, mudam de premissa e pesquisam como precoces cientistas. Quanto aos adultos, não se pode dizer que suas inteligências sejam objetivas e racionais, não há quem não carregue pelo resto da vida alguma forma de pensamento mágico, que aparece, por exemplo, nas superstições e na religiosidade. Por outro lado, estudos sérios das culturas dos povos ditos primitivos mostram-nos um conhecimento de mundo e categorias lógicas surpreendentes.[22]

Com a construção do *sentimento de infância*, tornou-se necessária a separação de fatias de imaginário a serem oferecidas às recém-valorizadas crianças. A partir de então, determinados assuntos foram considerados impróprios para os menores e desinteressantes para os maiores. Épocas da vida diferenciadas exigem para si diversos tipos de ficção, assim como foram separando-se os tipos de cultura a serem consumidos pelos nobres e pelo povo, pelos ricos e pelos pobres. Enfim, a cultura antes dirigida para todos foi se especializando. Tão preocupados com a formação das crianças, os adultos sentiram necessidade de abastecê-las com trechos do imaginário mágico da tradição da cultura popular, de alguma forma intuíam que tais relatos seriam úteis.

Uma ficção mais complexa para as crianças de hoje

 pesar da permanência dessas antigas narrativas, a modernidade trouxe problemas e temáticas que não encontram eco nos temas da tradição. Como vimos, algumas tramas antigas podem ser utilizadas pelas crianças de hoje como fontes de devaneio, auxiliares de uma elaboração, particularmente as que podem evocar temas relativos ao amor e ao núcleo familiar. Este último ainda encontra uma representação possível enquanto família real (pai-rei, mãe-rainha ou madrasta, filho-príncipe ou princesa). As análises que realizamos nos capítulos anteriores demonstram que os contos de fadas têm grande potencial para retratar a passagem da criança do interior da família para a vida adulta, na qual encontrará abrigo nos braços de outro tipo de amor. Constatamos também que os contos de fadas são uma boa fonte para equacionar o tema da construção da identidade masculina e feminina, da identificação com os pais e das dificuldades próprias da época da juventude.

A visão que possuímos de nós mesmos, no entanto, foi se tornando mais complexa, houve um refinamento da compreensão que temos da nossa subjetividade. A auto-observação é um hábito que cresceu com o individualismo, o qual permitiu com que nos compreendêssemos como únicos. Graças a isso, a ficção tornou-se mais sofisticada, dando conta da trajetória pessoal e dos conflitos de personagens que são ímpares e estão longe de serem estereótipos como até então.[23] Essas novas tramas deram corpo a mudanças no gênero literário, dando origem ao romance, que seria *um relato autêntico das verdadeiras experiências individuais.*[24]

A tendência do romance moderno também envolveu as histórias infantis:[25] as personagens passaram a ter vida interior, a serem pessoas divididas, contraditórias, enfim, gente atrapalhada que não sabe bem de onde vem nem o que quer e tem uma estranha compulsão a chafurdar numa angústia difusa. Temos agora personagens que sofrem de medos absurdos, vivem uma vida sem sentido ou tendem a se perpetuar em determinados equívocos. Enfim, o romance comporta o anti-herói, aquele personagem que não é bom nem mau, mas faz o que não deve (alguns remoem seus erros, outros nem os percebem), não consegue atingir seus objetivos e seguidamente anda meio sem rumo nem propósito. Entre outras coisas, o romance dá conta da nossa dimensão neurótica corriqueira. Nossa questão é saber como essa complexidade é entendida pelas crianças e que efeitos ela produz.

Seguindo as diretrizes do pensamento de Bettelheim, podemos pensar que não seria adequado compartilhar com as crianças uma visão complicada e realista do ser humano. Para ele, elas precisariam de mensagens positivas, histórias das quais possam depreender que o mundo é um lugar cheio de desafios, perigoso até, mas em última instância seria seguro e os problemas teriam uma solução. A idéia é que um universo de dúvidas não convém às crianças, pois colocariam em risco suas parcas e mal estruturadas certezas.

À primeira vista, essas preocupações fazem sentido. Parece recomendável não apresentar às crianças dimensões que elas não estariam preparadas para compreender ou que amplificariam um desamparo que já é suficientemente grande. Mas a questão é saber se as crianças pensam o mesmo ou em que momento elas começam a precisar justamente do contrário?

O exemplo de um livro que vem fazendo sucesso talvez possa ilustrar esse questionamento. Trata-se de *Desventuras em Série*,[26] uma obra composta de vários volumes em que se narra a história de três órfãos, os irmãos Baudelaire. Esses heróis são infelizes, estão desprotegidos e à mercê da maldade do mundo. A história é puro sofrimento, e o autor não quer enganar ninguém, traz uma advertência impressa na capa de que não adianta esperar finais felizes: se algo pode dar errado, isso ocorrerá. Seus leitores típicos não são os bem pequenos, mas os púberes ou as crianças maiores, que estão na borda da infância, querendo sair dela. De qualquer forma, quem freqüenta a família Baudelaire está em busca de histórias que passem uma idéia de que o mundo não é um lugar seguro, nem cálido e nem sempre as coisas terminam da melhor forma.

O próprio *Harry Potter*, de que nos ocuparemos mais adiante, termina cada um de seus extensos livros com vitórias temporárias sobre um conglomerado de personagens maus muito poderosos, o que podemos considerar como um final feliz. Porém, sua felicidade é muito parcial, já que ele se perpetua numa orfandade sem tréguas. Seus únicos parentes, que detêm sua tutela e com quem deve passar as férias, odeiam-no, e as aventuras sempre iniciam na casa deles, onde o menino bruxo tem o estatuto de um pária. Além disso, ele é um personagem complexo, pois, desde sua chegada à escola de bruxaria de Hogwarts, paira a dúvida sobre se ele vai ter um destino que se inclina para o bem ou para o mal. Ele escolhe o primeiro caminho, embora o segundo o assombre constantemente.

Inclusive um personagem aparentemente simples, como o eternamente infantil Peter Pan, pode revelar sofisticadas complicações psicológicas. O livro de Barrie sugere uma origem neurótica para sua determinação em deter o crescimento, ela teria sido proveniente do despeito por um suposto abandono materno, quando ele ganha um irmão.

Um exemplo mais antigo pode nos ajudar: Pinocchio, personagem de Carlo Collodi. As desventuras do boneco de madeira são de fazer inveja aos irmãos Baudelaire antes mencionados. São piores, porque não dependem somente da malvadeza de outros personagens, elas são precipitadas pela teimosia de Pinocchio em escolher o caminho e as companhias erradas. Apesar disso, a história foi crescendo porque as crianças italianas, leitoras do suplemento de jornal que o originou, inundavam a redação de cartas pedindo mais. Mais desgraças. O final feliz neste caso demora tanto a chegar que não neutraliza a longa jornada de preocupações do leitor com o rumo do personagem.

Mas vamos examinar uma paixão em capítulos que atingiu os bem pequenos. No Brasil, entre 1997 e 2001, foi transmitida uma telenovela infantil lacrimógena, que foi um sucesso de audiência e possibilitou a venda de toda a classe de bugigangas. Tratava-se de *Chiquititas*,[27] que é a história de um orfanato e de seus habitantes. Sendo todos eles abandonados por suas famílias, encontravam na solidariedade mútua e na de uns poucos adultos algum consolo, mas pequeno diante das complicações pessoais que enfrentavam, assim como o próprio destino da instituição, que era seu único abrigo, vivia em constante perigo. A presença de momentos pueris e de alguns finais felizes esparsos e parciais, principalmente ao fim de cada ano, não exclui esse programa infantil da dinâmica que é própria das telenovelas. Nestas, os malvados reinam absolutos durante uma centena e meia de capítulos, enquanto o triunfo das personagens simpáticas ao público surge somente no último, como uma redenção. Antes tarde do que nunca, mas é inegável que é na desgraça que os telespectadores se deleitam.

O detalhe é que a audiência dessa novela infantil era composta de crianças (a maioria meninas) desde a pré-escola até o fim do primário, com as menores compondo a grande massa. A trilha sonora de *Chiquititas* é de cortar o coração e, durante os anos de seu sucesso, tocava em todas as festas de crianças brasileiras, com direito a coro e coreografia. Uma das músicas-chave tinha o seguinte texto:

Não me diga mentirinhas, dói demais. Eu já sei que estou sozinha sem meus pais, eles foram pra bem longe, esqueceram que eu nasci, me deixaram, sem carinho, por aqui [...].

Muitos pais à época ficavam pasmos. Queriam saber como seus filhos, crianças com famílias e pais vivos, completamente distantes da realidade da novela, tinham tanta empatia com órfãos sofredores.

A título de último exemplo, podemos citar a experiência de uma cena traumática que em geral é assistida pelos bem pequenos: a morte da mãe do cervo bebê *Bambi*. Embora pertença a um velho desenho animado de Walt Disney, lançado em 1942, as crianças contemporâneas seguem sendo apresentadas a esse clássico, como se ele fizesse parte do acervo imprescindível da infância. Inesquecível, esse episódio trágico é relatado por muitos como uma experiência inaugural, em termos de ficção, com a morte e o desamparo.

A maior parte dessas narrativas lacrimosas serve mais a quem quer sair da infância, mas, como vimos, os pequenos também consomem suas porções de tristeza. De qualquer maneira, isso também nos leva à hipótese de que provavelmente as crianças não suportam tão mal assim as histórias com conteúdos depressivos e angustiantes e ainda com uma suspensão da resolução por um tempo bastante prolongado.

Quanto aos mais crescidos, o fato de que os heróis destinados a essa faixa etária sejam freqüentemente órfãos corresponde bem à solidão com a qual as crianças sentem que precisam enfrentar o mundo para sair da infância. Por mais que tenham uma família estruturada, disposta a acompanhá-los nos desafios que os esperam ao crescer, na hora de desempenhar suas tarefas (escolares, esportivas, de circulação social e geográfica), de buscar o afeto de seus amigos e negociar com seus professores estarão invariavelmente sós, o apoio ficou em casa.

Aliás é importante que ocorra assim, pois as famílias em que as crianças contemporâneas crescem, quanto mais estruturadas forem, mais dedicadas aos filhos costumam ser. Os pais compensam suas incertezas (pois em geral não acreditam que a sabedoria dos mais velhos é a luz no caminho dos jovens) com uma postura atenciosa e exigente. O resultado, embora muito amoroso, é sufocante. Por isso, torna-se fundamental essa forma branda e ficcional de parricídio, que é a escolha de heróis órfãos para se identificar.

Além dos temas do sofrimento e da solidão, temos as questões relativas à complexidade da alma humana. A psicanálise foi a primeira disciplina a admitir as complicações decorrentes da divisão do sujeito como sendo algo normal: somos cindidos entre uma parte nossa que conhecemos (consciente) e outra que se esconde de nós (o inconsciente), mas que se revela constantemente, numa obsessão de espalhar pistas de sua existência até ser levada em conta. Para a literatura, o fato de que somos seres divididos já é uma verdade indiscutível, afinal, não é de hoje que ela cria personagens contraditórias, compostas de uma colagem de identificações que nem sempre produzem uma síntese. Provavelmente o personagem mais famoso, uma caricatura dessa concepção, representativo desses lados incomunicáveis da personalidade – um sociável e adequado e outro selvagem e indômito – é o romance *Dr. Jekill and Mr. Hyde* (*O médico e o monstro*), de R. L. Stevenson, publicado em 1885, quando a psicanálise mal engatinhava.

Ora, se for mesmo inevitável conviver com uma divisão psíquica, em que momento da vida seria bom que ela nos fosse apresentada? Talvez seja isso que algumas crianças buscam nas narrativas modernas. Os contos de fadas trazem personagens unidimensionais,[28] sendo que as complicações ficam por conta da trama, combinando personagens simples dentro de histórias ricas. Para dar conta dessa necessária sofisticação da ficção, foram surgindo histórias que contam com personagens mais complexas, aquelas que exemplificam que é possível ser corajoso, mas ter fobias, ser bom, mas sentir inveja, querer fazer a coisa certa, mas estragar tudo, ser vingativo, ter dificuldade de controlar a raiva. De qualquer maneira vale a pena interrogar se essas questões trazidas pelas narrativas modernas conseguiriam trazer conforto psíquico, mas num sentido mais amplo que o utilizado em *A Psicanálise dos Contos de Fadas*.

Para Bettelheim, só determinadas histórias poderão ser classificadas enquanto genuínos contos de fadas, categoria na qual não cabem sequer alguns tradicionais contos folclóricos ou clássicos literários como os de Andersen. De acordo com esse rigoroso critério, serão considerados contos de fadas somente os relatos breves, que têm final feliz e uma estrutura maniqueísta, que projete os diferentes aspectos da personalidade da criança em figuras diversas e organize o bem e o mal em pólos opostos. Essa classificação decorre da compreensão de que elas estariam se afogando em uma espécie de caos interior, lidando com sentimentos ambivalentes demasiado pesados de suportar. Um bom e velho conto de fada atuaria então como uma estrutura que ordenaria essa confusão, ao mesmo tempo que asseguraria à criança que seus sentimentos hostis podem ser administrados e direcionados de forma não-destrutiva.

Apesar disso, Bettelheim critica duramente as tentativas de construir uma ficção simplória dirigida às crianças, do tipo que ele chamou de *histórias fora de perigo*.[29] Segundo ele, algumas narrativas modernas, escritas para crianças pequenas, evitam temas essenciais e desmerecem a riqueza psicológica de seu público. Dentro da mesma lógica, elogia no conto de fada folclórico sua capacidade de colocar dilemas existenciais de forma breve, sistemática e categórica, não poupando a criança, nem desmerecendo sua complexidade psíquica. Deduzimos então que a trama deve ser mais sofisticada, como complicados são os conflitos que afetam as crianças, mas as personagens devem ser simples, agindo como separadoras, capazes de oferecer uma estruturação na qual a subjetividade infantil possa se apoiar para crescer em segurança. Para os contos de fadas, esse raciocínio funciona, mas transpô-lo para as histórias modernas traz mais problemas do que ajuda.

Tomemos, por exemplo, um anti-herói tal qual o personagem central dos quadrinhos norte-americanos *Peanuts,* o fracassado Charlie Brown, ou um urso tolinho, como Winnie-the-Pooh. Os contos de fadas trazem personagens que inicialmente podem até ser consideradas bobas e fracassadas, mas no final sempre se transformam em vencedoras. Com Charlie Brown isso nunca acontece, ele vai ter de aprender a seguir vivendo de derrota em derrota, enquanto Pooh segue para sempre com seus pensamentos comicamente equivocados, afinal ursos de pelúcia não crescem.

Pelo menos Pooh segue sendo aceito, mesmo fazendo bobagens e talvez graças a elas, mas Charlie Brown não recebe muito consolo. Quem sabe uma criança, cuja percepção de sua vida seja a de que não consegue dar certo, que encara com medo os desafios que se descortinam pela frente, encontra ali uma possibilidade de não se sentir tão única? Talvez neles ela possa ver que haja algum sentido e certa dignidade em seguir levando a vida, com seus desafios às vezes tão desimportantes quanto intransponíveis, sem necessidade ou oportunidade de matar um dragão e conquistar uma princesa. Ou seja, ela pode sentir que seguirá sendo amada e tendo um lugar, apesar de não conseguir fazer as coisas direito e de não ser um herói.

A questão é que não depende somente do final feliz para que uma história passe uma mensagem de segurança. Compartilhar as próprias limitações com as personagens também produz efeitos calmantes, o mundo passa a ser menos exigente. É preciso sonhar com a possibilidade de ser um herói, mas é bom que haja um plano B para os que não chegaram lá (a grande maioria de nós). As histórias modernas deixam as duas pistas de pouso abertas para a identificação.

A maioria dos contos de fadas não oportuniza um meio-termo, só existe um final: o triunfo do herói. Digamos que, enquanto o conto de fadas atua no sentido de ordenar melhor o caos interior da criança, de longe as narrativas modernas as preparam mais para os desafios da vida. Não necessariamente para a vida adulta, mas oferecem instrumentos para começar a lidar com as frustrações advindas das relações humanas, que começam muito cedo. Se os contos de fadas têm servido de apoio para elaborar conflitos decorrentes das relações familiares, as histórias modernas dão conta disso e também do que nos espera do lado de fora do ninho.

De qualquer maneira, é forte o argumento de Bettelheim que estabelece uma contraposição entre a estrutura simples das personagens de contos de fadas, os quais auxiliam a ordenar o caos reinante, e o caráter desestruturante dos sentimentos infantis; entre o desenvolvimento resolutivo das tramas desses contos e a solidão e desesperança que tantas vezes invadem a cena da infância.[30] É como se os contos oferecessem gavetas e estantes onde fosse possível organizar elementos que, deixados à própria sorte, voariam a esmo pelo recinto do pensamento, sem que sequer tivéssemos condições de observar de que natureza era feita aquela bagunça. O conto seria essa estrutura que, atuando como um classificador, restabeleceria a ordem do mundo, conduzindo para uma solução do conflito e aliviando a angústia da criança.

Isso funciona porque saber sobre o que nos aflige alivia o sofrimento. Por exemplo, uma dor física se torna bem menos assustadora depois que um médico explica porque está doendo, e, sendo então menos enigmática, fica mais fácil de suportá-la. Tornar a situação psíquica da criança compreensível, mesmo que aproximativamente, ou pelo menos circunscrevê-la, seria como explicar uma dor.

Os contos de fadas são resultado de uma combinatória muito variada de elementos fixos, mas extremamente ricos quando articulados, como um caleidoscópio de pedras preciosas, lapidadas através de séculos de narrativas. Emprestando essa riqueza à criança, o conto a ajuda na compreensão de suas grandes e pequenas problemáticas, a partir do momento em que ele oferece apoios imaginários para a elaboração de determinada situação.

Porém, não podemos jamais esquecer que a criança tem seu próprio sistema classificatório. Seu pensamento é como um cômodo que está em permanente estado de reforma, pois novas vivências e conhecimentos desequilibram seu sistema de pensamento, revolucionam sua lógica, e, a cada nova etapa, uma nova organização ressurgirá. Essa estrutura dialogará com a do conto, se apoiará nela, mas é a síntese própria a cada criança, específica daquele momento, que produzirá o efeito calmante. Para tanto, a estrutura da narrativa, antes de ser simples ou complexa, terá de ser oportuna.

Na primeira parte do livro, que aqui se encerra, ilustramos uma série de conflitos humanos através de contos de fadas e, a cada trama, fomos associando certos dramas. Os contos de fadas clássicos nos deram oportunidade de descrever o quanto crescer nos desafia a lidar com sentimentos nada fáceis, como o medo da morte (a própria e dos pais), a ameaça de desintegração resultante da fantasia de ser engolfados pela mãe, as mágoas pelas seduções fracassadas e o sofrimento decorrente do rompimento necessário para escolher um amor fora de casa. A cada história, fomos constatando que o problema trazia em seu bojo alguma solução, mas isso não é legível assim apenas porque se trata de contos de fadas, que seriam os únicos capazes de oferecer certas soluções. Eles são apenas ótimas histórias que usamos de diferentes formas há séculos. A saída não está neles, está em nós. É próprio do humano procurar saídas para os sofrimentos, e até os mais jovens têm alguma ordem, mesmo onde pareceria imperar o caos.

As histórias de ficção são como estruturas com as quais é possível dialogar: as vidas das personagens podem nos servir tanto para retratar a forma como administramos a nossa própria, quanto para se contrapor e questionar o sistema que inventamos. Por isso, as personagens não precisam ser tão unívocas, mesmo para os pequenos. Evidentemente que é preciso propor tramas que sejam viáveis, em termos de grau de dificuldade, para o momento cognitivo da criança, porém isso está ligado ao processo de desenvolvimento da sua inteligência, não necessariamente com um caos interior que deva ser anestesiado ou solucionado.

Um pouco de história

ettelheim é acusado de fazer uma leitura psicológica sem levar em conta a história, ou seja, faz uma análise atemporal, como se os contos de fadas sempre desempenhassem a mesma função para um público similar evocando sentidos padrões. Entendemos a crítica e a consideramos pertinente. É um problema o autor não ter se dado conta de que o público-alvo foi mudando, mas uma coisa temos de perguntar aos críticos de Bettelheim: a qual período histórico deveríamos nos ater?

Não é difícil provar que alguns desses contos já existem há vários séculos, devemos então procurar neles mitos diluídos, ou talvez restos de ritos das sociedades neolíticas? Ou ainda, seria melhor privilegiar o papel que eles desempenharam na Antiguidade clássica ou então no medievo? Ou devemos atentar para quais marcas a sociedade que os pôs no papel, durante o Iluminismo e depois no movimento romântico, os teria impregnado? Ou seja, esses contos atravessaram dezenas de séculos e várias formas de organização social. Qual delas teria sido mais importante na sua constituição? Estariam todos esses momentos representados nos contos, tais quais estratificações geológicas de várias eras? Ou quem sabe os contos acompanharam todas essas sociedades justamente por seus elementos ahistóricos?

Ora, pode ser certo que os contos sejam, na origem, uma espécie de decantado de antigos ritos como quer Propp.[31] Acreditamos que beberam também em outras fontes – no sentido de Mircea Eliade de serem uma dessacralização dos mitos –, mas a questão da origem não responde o porquê da sobrevivência desses contos. Se eles provêm mesmo de ritos arcaicos, alguns dos quais só reconstruímos por suposições antropológicas, graças a um pouco de material arqueológico e à comparação com ritos em outros povos, justamente por serem vivências há muito abandonadas, por que esses restos ainda seriam lembrados?

Por outro lado, é possível que esses ritos tivessem durado milênios e, por isso, marcado fortemente a experiência humana, mas uma vez que desapareceram as pretensas condições que teriam criado esses contos, e se passaram inúmeras gerações, sendo que já não temos uma idéia do que realmente foi abandonado, por que teriam se mantido ecos dessas manifestações primordiais? Em outras palavras, o que esses contos evocam para que os povos os sigam lembrando muito depois de terem sido esquecidas as possíveis experiências que os teriam criado? O mínimo que podemos pensar é que eles estão descolados de uma significação original, mas isso não nos ajuda muito, afinal, o que eles passaram a dizer? E ainda, como se deu essa passagem? Não é difícil criticar a postura anti-histórica; o fato é que tampouco os historiadores podem nos ajudar muito, já que existem muitas questões não respondidas sobre a difusão e a antiguidade dos contos folclóricos.

Talvez não seja o caso de contrapor o significado que os contos teriam graças á sua origem, ou seja, a constelação de ritos e mitos que os criou, portanto uma abordagem histórica (ao estilo de Propp), e uma explicação que se baseasse apenas nos elementos psicológicos que são capazes de ainda despertar em nós (no sentido do trabalho de Bettelheim). Quem sabe a saída seja um estudo interdisciplinar em que ambas tendências possam ser levadas em consideração. Uma dá conta da origem, embora não forneça uma explicação razoável para sua permanência. Por outro lado, as hipóteses psicológicas fornecidas pela outra esclarecem boa parte dos conteúdos e atribuem a sua permanência através das gerações à sua eficácia, mas estão longe de resolver todos os enigmas que o conto coloca. Ainda não contamos com um autor com uma erudição nas duas pontas que se dispusesse a construir uma possível síntese. Infelizmente Bettelheim não foi influenciado por Propp, tampouco Propp deu ouvidos à psicanálise, mas enquanto isso não acontece podemos fazer modelos aproximativos.

Provavelmente os contos iniciaram por terem se incumbido de questões importantes na manutenção da cultura de um certo momento histórico e se mantiveram ao longo do tempo pela mesma razão de dizer algo, mas não necessariamente foram os mesmos conteúdos iniciais que se mantiveram. Vamos tomar um exemplo onde isso possa ficar mais claro: a questão da fragmentação corporal muitas vezes retomada nos contos. Em *Barba Azul* encontramos algo que pode ser uma representação típica de esfacelamento e reconstrução do corpo. Mas utilizamos esse exemplo apenas por ser o mais conhecido. Esse conto, como analisamos anteriormente, tem parentescos que podem ser buscados em vários folclores, além de não ser o único tipo de narrativa em que isso aparece. Nos contos que trazem essa questão, alguém é punido e seu castigo é a morte e o esquartejamento. Quando os castigados são resgatados, eles são colados e voltam à situação inicial, como se tivessem renascido e, geralmente, sem maiores explicações de como essa *mágica* se deu.

Propp analisa esse evento como um resto de ritos de passagem onde se morria simbolicamente, o rito deixava marcas corporais ou pelo menos incluía alguma ação sobre o corpo, como um suplício temporário. Terminado o ritual, ganhava-se uma nova existência, às vezes inclusive um novo nome e certamente um novo *status* social. Como o rito incluía a idéia de uma morte, a do sujeito anterior ao rito, vivia-se de alguma maneira esse fim. O corpo cortado e remontado significava a morte e depois a ressurreição. Ora, quando

os ritos que davam conta disso desapareceram, teriam ficado os contos. Mas milênios se passaram, por que esse conteúdo sobre um corpo despedaçado teria razões para ser lembrado? O que ele pode dizer para que seja digno de continuar sendo discursado entre uma geração e outra?

A psicologia e a psicanálise já demonstraram que a idéia que temos do nosso corpo não se aprende tão fácil. Uma série de patologias nos deram as pistas para pensar que a estruturação da imagem corporal não é natural, pois ela não ocorre na falta de certos arranjos que devem aparecer na hora certa para o bebê. Ou seja, todos nós um dia *montamos* nosso corpo, nossa experiência primeira é de um corpo fragmentado.

Isso não é metafórico, basta observar a forma como um recém-nascido se surpreende com os movimentos do próprio corpo, como se fossem fatos externos, já que independem de seu desejo. Não significa que um bebê tenha uma visão do seu corpo como algo fragmentado, já que nessa época isso é um fato, não uma idéia. Posteriormente, quando já temos uma imagem corporal e o controle sobre nossos movimentos, podemos imaginar, retroativamente, como fragmentado aquele corpo que possuíamos e que não atendia ao comando central de nossa vontade. No momento inicial, apenas apoiados num olhar externo, somos capazes de nos reconhecer como um todo e não como pedaços. Isso graças ao fato de termos tido uma função materna que nos espelhou. Portanto é possível que esse corpo despedaçado – aceitando-se a idéia de que originalmente provenha de um rito – só se conservou por seguir dizendo algo a cada um de nós, mas que talvez não tenha sido seu significado primeiro.

Se originalmente o rito foi composto a partir da experiência intuitiva de que é preciso montar um corpo para viver já é uma especulação. Talvez não houvesse, no rito inicial, uma questão sobre a montagem do corpo, ou fosse totalmente secundária, sendo apenas um dos elementos que serviam de oposição entre o vivo e o morto, morte e ressurreição, que seriam o foco da questão em causa naquele momento. Normalmente, para grande irritação de antropólogos, historiadores e folcloristas, os psicanalistas ou psicólogos diriam que é a partir dessa vivência de construção do corpo, que todos nós experimentamos, que se teria criado o rito, ou pelo menos, de onde foram retirados seus elementos. Ou seja, essa interpretação banaliza a experiência ritual, reduzindo-a a simples reflexos psicológicos de conteúdos subjetivos deformados. Dá para entender a exasperação causada diante dessa onipotência provinda do campo *psi*.

As interpretações que atribuem um caráter arquetípico aos simbolismos utilizados por ritos e contos seguem pelo mesmo caminho que estamos criticando, de psicologização antropocêntrica. A princípio essa noção é uma idéia tentadora, pensaríamos que existiria uma espécie de simbolismo elementar e primordial que formaria um substrato inconsciente compartilhado por toda a humanidade. Os ditos arquétipos seriam signos arcaicos e inaugurais, cujo sentido seria intuitivo, evidente por si mesmo então – se é que isso é possível. Esse significado formaria um código que, por sua força e possibilidade de simbolização, nos acompanharia ao longo da história. É uma idéia sedutora, que resolve, num primeiro momento, o impasse entre o vivido primevo e a atualidade. Seriam então esses elementos-chaves que combinados fariam a difusão desses contos presentes em inúmeras culturas, e é isso o que se transmitiria de geração a geração. Esse edifício cai quando fornece suas interpretações, geralmente elas redundam em generalizações que significam quase tudo e seu oposto. Os ditos arquétipos acabam sendo noções tão amplas que se tornam vagas e pouco elucidam sobre os elementos que estão em jogo.

Nossa idéia é então que a eficácia atual dos contos folclóricos em nossa subjetividade não retire sua força necessariamente do que teria sido sua constelação de sentido inaugural, mas em sentidos outros que ela possa evocar no momento presente de sua narrativa. Afinal, nas tramas desses contos, estão misturados ricos cacos de significação, tudo que é próprio do imaginário humano lá está representado ou facilmente pode ser conseguido com sua justaposição: paixões, monstros, morte, amores, traições, abandonos, ou seja, é um material que facilmente se presta para montar sentidos.

Mas vamos a outro exemplo que pode ser útil para delinearmos esse modelo provisório. Inúmeros contos ou mitos nos falam de uma passagem pelo interior de um ser monstruoso – como em *Pinocchio* –, nos quais, depois de sair de dentro dele, o herói não é mais o mesmo: geralmente está mais sábio e, às vezes, estranhamente, perde os cabelos. Propp nos aponta uma série de exemplos em sociedades onde ritos semelhantes ainda existem ou foram recentemente abandonados, apresentando conteúdos similares aos contos. Nesses ritos, os mais diversos animais gigantes – geralmente construções rústicas, ou seja, uma estrutura alegórica – podem servir de monstro e vão dar abrigo a uma temporada a ser passada pelo neófito em sua *barriga*. Aqueles que devem passar um tempo dentro desse lugar simbólico encontram algo que lembra a morada dos mortos, pois lá existem esqueletos ou fantasmas, e às vezes há pistas de um encontro com os ancestrais. Pois bem, conclui ele, esses contos são restos de antigos ritos de passagem. Sendo assim, outra vez a morte é simbólica: morre a criança para nascer o adulto, e os antepassados representam, de alguma forma, a tradição que é recebida por aquele que está sendo iniciado. É bastante provável que assim seja, mas por que esses restos teriam sido preservados por tanto tempo se os ritos em si mesmos já não nos dizem nada?

Ora, todos nós passamos uma temporada no ventre de um ser, naquele momento, bem maior. Na ficção, porém, ao contrário de quando fomos gestados, temos uma atitude mais ativa: agora os heróis saem por si próprios dessa barriga, eles conseguem livrar-se das entranhas do monstro com a sua força ou inteligência. Na ficção, transformamos o passivo em ativo e buscamos a vida. A idéia de uma espécie de morte nas entranhas pode permanecer, embora agora os conteúdos se voltem para o nascimento, pois pode ser uma forma de pensar o estatuto de quem não nasceu, afinal, embora não seja um morto quem vai nascer, é um *não-vivo*, ou um vivo *invisível*.

Podemos não saber por que um povo teve um ritual onde a passagem de um *status* a outro deve ser acompanhada de um simulacro de renascimento. Mas não é tão difícil explicar por que alguns conteúdos, capazes de ajudar na simbolização da passagem pelo interior de outro corpo, tenham permanecido. Afinal é uma questão não só para as crianças, já que saímos todos das entranhas de uma gigante.

O contrário talvez não seja verdadeiro, o rito não necessariamente foi montado assim para simbolizar a questão da nossa origem, mas por ser um rito de passagem, simbolizando um *segundo nascimento*, não é impensável que ele tenha elementos alegóricos do nosso primeiro nascimento. Então, quando enfraqueceram os sentidos relacionados ao ritual, esses contos podem ter se mantido, pois fariam eco em nós através do que antes era apenas um resto, uma decoração da cena, mas de alguma forma ligada a ela.

Por outro lado, pode haver contos em que isso não muda, a origem e a permanência se devem aos mesmos motivos. Boa parte das análises de Propp baseiam-se no estudo de ritos de passagem, enquanto a sociedade moderna é praticamente desritualizada. Nosso crescimento não é balizado por eventos que marquem sem equívoco uma passagem. Porém seguimos crescendo, digamos que temos ainda mais etapas do que antes, por isso é natural que um discurso sobre o crescimento, que fale sobre como passar de uma etapa a outra, sobre sentir-se de fora e depois ser aceito numa sociedade, é nosso feijão-com-arroz dos dramas subjetivos. A sociedade que nos transmitiu os contos era ainda ritualizada, mas já não usava os mesmos ritos que teriam dado origem aos contos, porém os temas ainda eram os mesmos, a angústia de deixar de ser e reinventar-se em um outro estágio, e esse segue sendo um drama humano atemporal. Essas histórias se mantiveram por ajudar a elaborar os mesmos sentidos que possivelmente as fizeram existir.

Outro exemplo desses contos que podem ter permanecido similares, quanto aos conteúdos que despertam e os que os fundaram, pode ser o daqueles relativos aos enlaces amorosos: em muitos deles, antes do final feliz temos um casamento que vai ser a condição dessa felicidade. Fundar uma família, do lado do homem, e mudar de família, do lado da mulher (num arranjo tradicional), são questões que atravessaram todos esses séculos e seguem sendo desafios.

Embora os contos sejam em si estruturas sem um sentido próprio, intrínseco, seguiram existindo, pois continuam possibilitando arranjos que têm algo a nos dizer, não necessariamente a mesma coisa que originalmente podiam significar, mas fornecem elementos para uma nova significação. Quanto às antigas histórias, por vezes as desmontamos no todo e reaproveitamos apenas os tijolos, por outras usamos uma parede inteira que agora ganha um novo lugar.

Sabemos que o estatuto científico dessas especulações é frágil, mas como disse Carlo Ginzburg:

> A orientação quantitativa e antiantropocêntrica das ciências da natureza a partir de Galileu colocou as ciências humanas num desagradável dilema: ou assumir um estatuto científico frágil para chegar a resultados relevantes, ou assumir um estatuto científico forte para chegar a resultados de pouca relevância.[32]

Optamos então por ousar.

A eficácia psicológica das histórias infantis

ma das prováveis vantagens dos contos de fadas folclóricos sobre as outras formas de ficção, deve-se à universalidade de sua difusão. O compartilhamento de trechos do imaginário entre as crianças é o que possibilita sua utilização como se fosse um brinquedo. Se uma menina diz para a outra: "seremos princesas, eu quero ser a Bela Adormecida"; a amiga pode responder: "e eu a Cinderela"; e então a brincadeira pode começar sem maiores esclarecimentos. O mesmo efeito pode ser obtido com personagens de um desenho animado que todas as crianças estejam assistindo. O imaginário infantil abastece-se de histórias, traços de personalidade de personagens e cenários provenientes da ficção, que são utilizados conjuntamente como bonecas, carrinhos, bichos de pelúcia ou super-heróis de plástico. São elementos disponíveis para uma combinação que, esta sim, será o instrumento de elaboração da criança.

Bettelheim tem razão quando diz:

> a criança necessita muito particularmente que lhe sejam dadas sugestões em forma simbólica sobre a forma como ela pode lidar com estas questões (os problemas existenciais) e crescer a salvo para a maturidade.[33]

Dentro dessa ótica, ele faz sua definição de conto de fada a partir do ponto de vista dos possíveis efeitos terapêuticos que a trama tenha potencial de gerar, em detrimento do tipo específico de estrutura narrativa. Seriam contos de fadas, então, aquelas histórias que possuem final resolutivo, as que encaminham as coisas para um patamar superior de compreensão e elaboração. O conto de fada é um relato breve, um pequeno drama em que as coisas se complicam bastante, mas possui um final onde tudo se ajeita. Quem escuta a história e entra na trama encontra uma solução e não fica dependurado na angústia.

Nas palavras de Bettelheim:

> O conto de fada é terapêutico porque o paciente encontra sua própria solução através da contemplação do que a história parece implicar acerca de seus conflitos internos neste momento da vida.[34]

Ou ainda:

> A forma e a estrutura dos contos de fadas sugerem imagens à criança com as quais estruturar seus devaneios.[35]

Nesse sentido, ele frisa a especificidade e a individualidade da elaboração de cada um como o que produz efeito terapêutico, não a história em si. Em princípio isso faz sentido, uma vez que, apoiados nessas histórias, os conflitos podem ser vistos como se fossem de fora.

Graças a isso, os problemas se equacionam e se tornam mais fáceis de enfrentar. Por outro lado, precisamos ressaltar, dentro do próprio argumento do autor, a importância do papel daquele que escuta, lê ou assiste a história como coletor de elementos com os quais fará uma receita específica, e esta sim terá um efeito terapêutico. Através dessa ênfase, poderemos ampliar a crença nesse potencial da ficção para outros territórios além dos contos folclóricos. Dessa forma, estaremos dando crédito às escolhas que as crianças fazem dentro do vasto cardápio imaginário que lhes é disponível nos dias de hoje.

Bettelheim nos ensina sobre o potencial desses contos para traduzirem o que se passa conosco, mas que ainda não encontrou uma forma, uma expressão adequada, por isso convém usá-los para apoiar nossas fantasias ainda sem rosto, mas estamos inclinados a pensar que isso não ocorre de forma tão simples e direta. Acreditamos que a dita solução também vai, de certa forma, *a posteriori*, definir o esboço do problema.

Muitas vezes, o que sentimos é indefinido, é uma angústia, um sofrimento difuso. Uma história pode nos emprestar um sentido que a princípio não é nosso, mas dá um contorno ao nosso sofrimento. Nesse caso, não seria uma verdade do sujeito que se elabora através da trama ficcional, mas por um tempo funcionaria como se fosse. Ou seja, um conto de fada pode nos emprestar um sentido, sem que haja uma correspondência com um problema real.

Por exemplo, uma criança, que esteja se sentindo distante dos pais, pode achar no conto de Cinderela uma idéia que defina sua angústia: acreditar que ela está só e abandonada porque seria a filha preterida, pensar que eles preferem os outros filhos e, a partir disso, fantasiar uma hipótese sobre seu sofrimento, quando na verdade o que ela equacionou foi também um problema. Na prática, esses pais podem estar distantes também dos outros filhos, ou seja, não existiria essa hierarquia de afeto. Digamos que o casal parental esteja envolvido com alguma doença na família, da qual a criança não quer se ocupar porque a faz sofrer, então esse drama de rejeição amorosa lhe vem a calhar. Essa colagem entre o mal-estar e a interpretação que a criança propôs pode durar uns dias, ou meses, pode ser esquecida ou ainda marcar sua personalidade criando uma certeza de menos-valia em relação aos irmãos. Claro, isso vai depender de quanto e de como o meio familiar reagiria à sua encenação de rejeitada. De qualquer maneira, esse exemplo hipotético só serve para frisar o fato de que a ficção não necessariamente vai traduzir corretamente os sentimentos da criança.

Nesse aspecto, nos distanciamos um pouco de Bettelheim, os contos de fadas não servem necessariamente de recurso apenas para o crescimento, eles são um instrumento, conforme forem usados, podem servir para regressão também. Bettelheim transmite-nos a idéia de que o conto opera na criança um apoio correto, bastando haver o feliz encontro entre os dois, desdenhando um pouco o momento de vida em que a criança está e como seus pais estão lidando com ela.

Existe um recurso em psicanálise que evitamos usar e só o fazemos quando não resta outra solução. Freud o chamava de *construções em análise*.[36] Ele ocorre quando fornecemos uma interpretação para um paciente, embora não estejamos completamente seguros que ela corresponda à verdade histórica.[37] Trata-se de oferecer ao paciente uma estrutura onde acomodar as suas lembranças, que, por vezes, se lhe apresentam como roupa girando na máquina de lavar. Criamos uma espécie de varal, onde se pode dependurar peça por peça e assim dar um sentido à carência de significação da história do paciente, fazemos assim uma espécie de prótese histórica provisória.

Na seqüência de uma análise, o paciente trocará a ordem das peças muitas vezes, tirará algumas e acrescentará outras, a construção é apenas uma corda, um apoio do qual partir e em geral será abandonado ou superado. Com os empréstimos de fantasias que tomamos dos contos de fadas e da ficção infantil, ocorre algo semelhante: eles tanto podem simplesmente traduzir nossos sofrimentos íntimos, como dar uma forma e uma inclinação a algo que não estava bem-definido. Nesse sentido, eles ajudam na construção da subjetividade: por um lado, traduzindo o inconsciente em imagens acessíveis e com isso aumentando nosso contato com as fantasias ocultas e, de certo modo, sugerindo pautas para nossas aflições, e ainda fornecendo peças de encaixe para nossa subjetividade em formação.

Um lugar onde isso funciona claramente são as cantigas de ninar.[38] Nesse caso, observamos como elas oferecem um elemento fantasioso que chega na hora certa para que o bebê possa alcançar a tranqüilidade necessária para dormir. Nossa tradição cultural nos ensina, contra todo bom senso consciente, a embalar as crianças evocando figuras geradoras de medo, as quais *a priori* pensaríamos que servem mais para tirar o sono do que para produzi-lo. A Cuca, o Bicho-Papão e o Boi-da-Cara-Preta são convocados para ajudar a fazer a transição da vigília ao sono e incrivelmente isso funciona.

No momento em que alguém mais precisa de paz, para poder relaxar, abrimos a porta para os monstros, por quê? O que faz os bebês sofrerem antes de dormir é uma angústia sem contornos, sua subjetividade é ainda muito incipiente para dar conta das sensações corporais, do mal-estar difuso diante da mãe que se ausenta e retorna sem que ele tenha controle sobre isso. Quando lhe fornecemos um objeto fóbico, alguém a quem temer, fazemos o bebê dar um passo, ainda que falso, mas extremamente útil na direção da diminuição do sofrimento, através de um primórdio de elaboração. Transformamos a angústia em fobia: se eu sei que algo me ameaça, então posso me proteger, logo a minha mãe pode me ajudar, logo esse aconchego que ela me dá é bom, logo o bicho medonho não é a minha mãe.

Em resumo, a relação dual ganha um terceiro elemento, que permite pôr limites na perigosa onipotência da mãe. O fornecimento de um objeto fóbico é um encaixe numa subjetividade simples que precisa de ajuda. É ao mesmo tempo falso e muito verdadeiro para um bebê, que, no final das contas, acabou dormindo. Não é algo próprio do bebê, porque foi a mãe que cantou sobre o monstro e não foi a imaginação dele que o evocou, mas passa a ser propriedade dele na medida em que a canção da mãe funciona, se não fosse adequado, ele não adormeceria embalado nessa música.

Talvez os parágrafos acima possam causar um mal-estar em quem não está familiarizado com a psicanálise, afinal estamos acostumados, pelo menos no senso comum atual, a acreditar que a verdade está dentro do sujeito. Como então alterar um destino com pautas estrangeiras a uma subjetividade?

Conviver é interpretar os outros, educar, mais ainda. Os pais, por exemplo, talvez não percebam, mas estão sempre de alguma forma interpretando seus filhos. Face à fragilidade da criança e ao fato de que inicialmente ela não fala ou se expressa com dificuldade, é preciso inferir suas vontades e temores. Em função disso, os pais avaliam o que está ocorrendo com suas crianças a partir de seus humores e de seu comportamento, atribuindo significados que às vezes são corretos, mas muitas vezes são inadequados. De qualquer maneira, precisam fazer isso, pois dessa interpretação virá a assistência de que o filho necessita. O ensaio e erro na interpretação do que se passa com as crianças é próprio do crescimento, felizes são os que erram menos. Afinal, a subjetividade humana é feita também de ruas sem saída, como um mapa que incluísse os caminhos errados, em que nós mesmos entramos e muitos roteiros equivocados que nos foram sugeridos.

Um sujeito é balizado pelo desejo de seus pais, pelos valores do meio onde nasceu, pelo espírito de uma época. Não existe um sujeito interior *a priori*, ele se forma tomando emprestado de fora o material para se construir. Não existe um ego pré-desenvolvimento como se fosse uma semente da verdade do que vai ser o sujeito adulto. Por isso, é possível tomar emprestado pedaços de ficção para construir-se, de qualquer forma vamos arrecadar elementos de algum lugar. O mesmo vale para sugestões de pauta que a ficção possa nos fornecer, certas ou erradas elas acabam sendo efetivas, pois também é delas que vamos retirar o material para nos constituir. De qualquer maneira, convém ressaltar que os estímulos ficcionais não se impõem como estruturantes, por mais que os meios de comunicação possam insistir. A criança e o adulto escolhem, coletam, despedaçam e corrompem, ao seu bel-prazer, as fantasias que são oferecidas, até que elas se adaptem às suas necessidades.

Notas

1. Título do original em inglês: *The Uses of Enchantment: the Meaning and Importance of Fairy Tales.*
2. Esse fenômeno de intimidamento das famílias foi teorizado por Christopher Lasch em *Refúgio num Mundo sem Coração. A Família: Santuário ou Instituição Sitiada?* Rio de Janeiro: Paz e Terra, 1991.
3. É extraordinário o número de personagens e histórias que o século XX criou para o consumo infantil e que em poucos anos desapareceram. Nosso estudo nos colocou em contato com uma gama ainda mais vasta do que imaginávamos. Dá uma angústia tentar apreender certas lógicas internas de pequenos universos ficcionais, que serão logo mais descartados pelas crianças, mas esse é um ônus inevitável a quem queira trabalhar com elas. Se você pensa em se dedicar à psicoterapia de crianças e não tem paciência para entender algo sobre, por exemplo, *Os Pokémons,* ou algum similar ou sucedâneo deles, proveniente do reino dos *animes* (desenhos animados japoneses), talvez seja de repensar a sua escolha. Não é possível, nem necessário, assistir à TV todos os dias, mas alguma conexão com essas produções é imprescindível.
4. BETTELHEIM, Bruno, *A Psicanálise dos Contos de Fadas.* São Paulo: Paz e Terra, 2001. Ver nota na página 158.
5. Ibidem, p. 186.
6. Ibidem, p. 163.
7. Para aqueles cuja infância transcorreu na década de 1960-1970, como nós, houve uma família Robinson que também ocupou para muitos o lugar de núcleo familiar idealizado: a retratada no seriado norte-

americano de televisão *Perdidos no Espaço*. Era uma família perdida, como os suíços, mas em cujo seio todo o mundo gostaria de se encontrar. Talvez ela fosse inclusive superior à família Robinson na mensagem de segurança, pois havia um personagem que só criava problemas, o Dr. Smith, e nem por isso era expulso da família.

8. BETTELHEIM, Bruno. *Uma Vida para Seu Filho*, Rio de Janeiro: Campus, 1990. p. 139.

9. Especialmente Robert Darnton, no livro *O Grande Massacre de Gatos*. Rio de Janeiro: Editora Graal, 1988. No capítulo: *Histórias que os Camponeses Contam: O Significado de Mamãe Ganso*. Este artigo é um dos ataques mais duros à falta de perspectiva histórica do livro de Bettelheim.

10. Referimo-nos à valorização da criança como um tesouro para sua família, da sua criação como uma tarefa nobre e da possibilidade de compreender suas incapacidades como específicas de uma etapa da vida e não como incompetências. Sobre esse assunto, sugerimos ao leitor o imprescindível *História Social da Criança e da Família*, de Philippe Ariès. Rio de Janeiro: Zahar Editores, 1981, responsável pela pesquisa e difusão deste termo.

11. BETTELHEIM, Bruno. *A Psicanálise dos Contos de Fadas*. São Paulo: Paz e Terra, 2001, p. 35.

12. "Estes acréscimos prejudiciais aos contos de fadas, que aparentemente aumentam o interesse humano, podem na verdade destruí-los, pois tornam difícil captar o significado profundo e correto da história". In: BETTELHEIM, Bruno. *A Psicanálise dos Contos de Fadas*. São Paulo: Paz e Terra, 2001, p. 249.

13. Ibidem, p. 76.

14. "A etimologia da palavra entretenimento, de origem latina, vem de *inter* (entre) e *tenere* (ter). [...] Os conceitos referem-se sempre às origens latinas da palavra e incorporam a idéia de 'ter entre'. O entretenimento nos leva cada vez mais para dentro dele e de nós mesmos. Se a arte nos oferecia o *ékstasis*, que em grego significa 'deixar que saiamos de nós mesmos', talvez para nos dar uma perspectiva, o entretenimento, ao contrário, oferece seu oposto que é a negação dessa perspectiva". In: TRIGO, Luiz Gonzaga Godoi. *Entretenimento: uma Crítica Aberta*. São Paulo: Editora Senac, 2003, p. 32.

15. "Os defensores da expressão 'cultura de massa' querem dar a entender que se trata de algo como uma cultura surgindo espontaneamente das próprias massas. Para Adorno, que diverge frontalmente dessa interpretação, a indústria cultural, ao aspirar à integração vertical de seus consumidores, não apenas adapta seus produtos ao consumo das massas, mas em larga medida determina o próprio consumo". In: HORKHEIMER, Max e ADORNO, Theodor. *Textos Escolhidos*. São Paulo: Nova Cultural, 1989. (Os Pensadores), IX.

16. "O que, ao contrário, se censura ao apocalíptico é o fato de jamais tentar, realmente, um estudo concreto dos produtos e das maneiras pelas quais são eles, na verdade, consumidos. O apocalíptico não só reduz os consumidores àquele fetiche indiferenciado que é o homem-massa mas – enquanto o acusa de reduzir todo produto artístico, até o mais válido, a puro fetiche – reduz, ele próprio, a fetiche o produto de massa. E ao invés de analisá-lo, caso por caso, para fazer dele emergirem as características estruturais, nega-o em bloco". In: ECO, Umberto. *Apocalípticos e integrados*. São Paulo. Perspectiva, 1979, p. 19

17. Esta é uma regra bem discutível, mas constatamos que quanto mais desestruturada for uma criança, mais ela vai usar as personagens caricaturais e descartáveis da mídia, as de fácil digestão e de menor complexidade. Esse é o caso do personagem de um seriado cômico mexicano, muito difundido na América Latina, um herói trapalhão chamado Chapolin Colorado. Justamente, nosso papel enquanto analistas é não fazer nenhuma hierarquia do possível valor cultural das escolhas dos pacientes e sim estar atentos a como eles usam e articulam tais personagens.

18. BETTELHEIM, Bruno. *A Psicanálise dos Contos de Fadas*. São Paulo: Paz e Terra, 2001, p. 14.

19. Na segunda parte deste livro, dedicamo-nos à análise de algumas dessas novas tramas, particularmente as que marcaram época na primeira metade do século XX.

20. In: CALLIGARIS, Contardo. *Terra de Ninguém*. São Paulo: Publifolha, 2004, p. 156.

21. Esta era a opinião de toda a escola antropológica evolucionista durante muitos anos. Os antropólogos abandonaram a idéia há tempos, mas o senso comum a conservou, inclusive alguns psicanalistas caíram nessa cilada, e ela impregna certas teorias da psicologia do desenvolvimento até hoje.

22. "Não voltamos, contudo, à tese vulgar (aliás admissível, na perspectiva estreita em que se coloca), segundo a qual a magia seria uma modalidade tímida e balbuciante de ciência: pois nos privaríamos de todos os meios de compreender o pensamento mágico se pretendêssemos reduzi-lo a um momento

ou uma etapa da evolução técnica e científica. Mais como uma sombra que antecipa seu corpo, ela é, num sentido, completa como ele, tão acabada e coerente em sua imaterialidade, quanto o ser sólido por ela simplesmente precedido. O pensamento mágico não é uma estréia, um começo, um esboço, parte de um todo ainda não realizado; forma um sistema bem articulado; independentemente, neste ponto, desse outro sistema que constituirá a ciência, exceto quanto à analogia formal que os aproxima e que faz do primeiro uma espécie de expressão metafórica do segundo. Em lugar, pois, de opor magia e ciência, melhor seria colocá-las em paralelo, como duas formas de conhecimento, desiguais quanto aos resultados teóricos e práticos (pois, sob este ponto de vista, é verdade que a ciência se sai melhor que a magia, se bem que a magia preforme a ciência, no sentido que triunfe também algumas vezes), mas não pelo gênero de operações mentais, que ambas supõem, e que diferem menos em natureza que em função dos tipos de fenômeno a que se aplicam". In: LEVI-STRAUSS, Claude. *O Pensamento Selvagem*, São Paulo: Editora Nacional e Editora da USP, 1970, p. 33.

23. "Assim como há uma coerência básica entre a natureza não realista das formas literárias dos gregos, sua posição moral altamente social ou cívica e sua preferência filosófica pelo universal, assim também o romance moderno está intimamente associado, por um lado, à epistemologia realista da era moderna e, por outro, ao individualismo de sua estrutura social. Nas esferas literária, filosófica e social, o enfoque clássico no ideal, no universal e no coletivo deslocou-se por completo e ocupa o moderno campo de visão sobretudo o particular isolado, o sentido apreendido diretamente e o indivíduo autônomo". In: WATT, Ian. *A Ascensão do Romance*. São Paulo: Companhia das Letras, 1990, p. 57.

24. Ibidem, p. 27.

25. Esta é a tese que desenvolveremos na segunda parte deste livro, analisando histórias do século XX.

26. SNICKET, Lemony. *Mau Começo* (vol. 1), *A Sala dos Répteis* (vol. 2), *O Lago das Sanguessugas* (vol. 3), *Serraria Baixo Astral* (vol. 4), *Inferno no Colégio Interno* (vol. 5) e outros. São Paulo: Companhia das Letras, publicados a partir de 2001.

27. A idéia original de *Chiquititas* foi do canal argentino *Telefé*, criada em 1995. O enorme sucesso do programa chamou a atenção do canal brasileiro *SBT*, que passou a produzi-la em 1997. A série durou 700 capítulos, que iam ao ar durante o período letivo, ao longo de três anos.

28. A complexidade das tramas nesse gênero literário será sempre fornecida pela situação criada, não por uma ambigüidade da personagem. Ela pode até passar por transformações, descobrirá a coragem, a capacidade de amar ou alguma força que desconhecia ter, mas isto só ocorrerá porque recebeu alguma oportunidade em uma aventura ou através da ajuda de algum auxiliar mágico, nunca por um processo interno.

29. BETTELHEIM, Bruno. *A Psicanálise dos Contos de Fadas*. São Paulo: Paz e Terra, 2001, p. 15

30. "Ela (a criança), como todos nós, está a todo momento num tumulto de sentimentos contraditórios. Mas enquanto os adultos aprenderam a integrá-los, a criança é esmagada por estas ambivalências dentro de si mesma. Experimenta a mistura de amor e ódio, desejo e medo dentro de si mesma como um caos incompreensível". Ibidem, p. 91.

31. PROPP, Vladmir *As Raízes Históricas do Conto Maravilhoso*. São Paulo: Martins Fontes, 1997. Nesse livro o autor exaustivamente tenta provar essa idéia quanto à origem ritual de muitos contos.

32. In: GINZBURG, Carlo. *Mitos, Emblemas, Sinais: Morfologia e história*. São Paulo: Companhia das Letras, 1989.

33. BETTELHEIM, Bruno. *A Psicanálise dos Contos de Fadas*. São Paulo: Paz e Terra, 2001, p. 15.

34. Ibidem, p. 33.

35. Ibidem, p. 16.

36. FREUD, Sigmund. *Construções em Análise* (1937). Obras Completas. Vol XXIII. Rio de Janeiro: Imago, 1987.

37. Como a escuta analítica ocorre em transferência, é provável que as palavras do analista provenham do próprio acervo do paciente, apenas avançam um pouco dentro de sua mesma lógica. Além disso, é desejável que o profissional tenha uma extensa análise pessoal e supervisione regularmente seu trabalho, de modo a não invadir o discurso do paciente com colocações improcedentes e provenientes de sua própria subjetividade.

38. Existe um excelente livro psicanalítico sobre as canções de ninar onde isso está mais explicitado, trata-se de *O Acalanto e o Horror*, de Ana Lúcia Cavani Jorge, publicado pela Editora Escuta, em 1988.

Segunda Parte
– HISTÓRIAS CONTEMPORÂNEAS –

té aqui, este livro foi dedicado às histórias clássicas de origem folclórica, salvo uma que outra que teve tanta aceitação junto das crianças que se tornou parte da tradição. Também até este ponto, estivemos mais próximos de Bettelheim, seja porque partilhamos certas interpretações ou porque as questionamos. Agora gostaríamos de partir desde onde Bruno Bettelheim parou, fazendo uma pergunta que ele não fez: existiriam contos de fadas modernos?

De certa forma, essa questão é uma contradição em termos, já que o nome *contos de fadas* serve para designar tramas centenárias, fantasias antigas, mas mutantes e ainda úteis. Talvez seria melhor indagar de outra forma: existem histórias modernas e contemporâneas capazes de estimular a imaginação das crianças e de ser-lhes tão úteis como os contos de fadas foram e continuam sendo? Em outras palavras, existem candidatos contemporâneos para compartilhar o lugar que o conto de fadas já ocupa?

Ao longo de nossa experiência e dos estudos que realizamos, temos observado que, embora as crianças sigam usando os contos tradicionais para apoiar e elaborar seus conflitos íntimos, essas histórias estão longe

de ser as únicas que elas sabem de cor, lembram suas personagens, relêem, pedem que lhes sejam repetidamente contadas, que passem mais uma vez o filme ou assistem à TV, enfim, não são as únicas a que se apegam. Muitas histórias novas as têm cativado.

Nossa cultura, no entanto, não dispõe de um novo termo que designe essas narrativas modernas. Talvez em função de sua heterogeneidade, seja impossível e desnecessário englobá-las numa categoria qualquer. De qualquer maneira, elas não são a mesma coisa que os seus precursores, os contos de fadas folclóricos. Inclusive porque a modernidade apresenta questões diferentes daquelas de nossos antepassados. Para dar alguns exemplos, podemos evocar *Pinocchio*, *Harry Potter*, *Peter Pan* e *Winnie-the-Pooh*.

Embora Pinocchio possa ser associado a certos personagens da tradição, que são filhos inúteis, tolos e dão preocupações aos seus pais, como pensar um personagem que foge da escola? A escola para todos (e nossas dificuldades para com ela) é uma conquista recente, portanto, essa só pode ser uma temática não tradicional no campo da ficção. E o que dizer de uma história, como *Harry Potter*, cujo cenário central é uma escola! Peter Pan não quer crescer, isso também é inédito no terreno das fadas, algumas histórias falam de dificuldades e sofrimentos de ir adiante na vida, mas nenhuma fala de personagens que se aferram obstinadamente à infância. Pooh pensa como as crianças bem pequenas, sua graça provém dessa lógica rudimentar, porém, nos contos da tradição as personagens são sempre crianças maiores que já andam sozinhas na floresta, jovens ou adultos. E mesmo quando os protagonistas são crianças, a maior parte das histórias trata de como sair da infância. Só hoje, com a extrema valorização desse momento da vida, já não existe uma urgência em sair. Por isso, um personagem como Pooh, que representa uma infância protegida e interminável, faz sentido.

Dentro desse raciocínio, uma questão se faz presente: quais seriam as histórias infantis mais importantes criadas pós-contos de fadas? Quais histórias atuais teriam potencial para ajudar as crianças em seus processos subjetivos? A arte enfocada na infância tem crescido exponencialmente nas últimas décadas, e fica difícil escolher entre o grande acervo que a literatura, o cinema e a TV têm oferecido. Por isso, optamos por partir de um critério bem demarcado: escolhemos narrativas que tiveram certo sucesso junto às crianças e não as que nos parecem mais ricas.

Nesse ponto, a globalização nos ajuda, pois conseguimos acompanhar pelo menos as grandes correntes de interesse do público infantil. Consideramos que isso é pelo menos uma garantia de que essas histórias têm algo a dizer às crianças. Insistimos na idéia de que, em termos de ficção infantil, ou bem elas gostam ou o projeto não vai adiante. Um sucesso nesse campo é um encontro feliz entre quem tem algo a dizer, sabe fazê-lo de uma forma interessante, e as necessidades desse público que é sabidamente exigente, já que se distrai com a maior facilidade. Além disso, nem todas as boas histórias e as belas imagens têm a oportunidade de encontrar seu público. Por exemplo, o mega sucesso *Harry Potter* só existiu pela teimosia de sua autora, J.K. Rowling, que teve seu livro recusado por várias editoras. Um cânone das produções mais importantes da cultura dirigida às crianças não está definitivamente estabelecido, mas acreditamos que, se algum dia for feito, as histórias que escolhemos irão certamente estar bem no *ranking*.

Quanto aos contos de fadas, uma certa escolha darwiniana já havia decantado as histórias que se tornaram clássicas, mas em relação às histórias modernas ainda não podemos aplicar esse critério. Dessas, algumas continuam sendo lembradas muito além de seu tempo de origem, pela adequação da sua fórmula, pela genialidade da trama. Esse é o caso das histórias mais antigas da segunda parte do livro. Quanto às mais recentes, temos de dar tempo ao tempo: afinal,

quem garante que *Harry Potter*, que hoje qualquer criança sabe quem é, amanhã será lembrado? O universo de *O Mágico de Oz*, que Frank Baum escreveu, teve nos EUA a mesma força que Rowling tem agora com seu bruxinho, mas se não fosse o filme da Metro talvez nenhuma criança de hoje soubesse quem é Dorothy Gale do Kansas.

Enfim, certas histórias e personagens sobrevivem seu tempo, vão aos poucos saindo da literatura e entrando na fala popular. Afinal, quem não conhece o nariz do mentiroso Pinocchio ou não sabe que Peter Pan não suporta crescer, às vezes sem mesmo conhecer a história original? Esse é outro critério que nos parece importante, optamos então por ficções que desbordaram de suas histórias para a cultura, em que ou uma personagem ou um certo mote entra na linguagem cotidiana. Essa é, para nós, a certeza de uma genuína contribuição para seu tempo. Por exemplo, no Brasil podemos chamar uma criança sujinha de Cascão (embora com significado preexistente, hoje ele passa pelo personagem de Maurício de Sousa), uma comilona, de Magali; ou um dislálico de Cebolinha; e, se os outros nos entendem, é porque estamos diante de algo que faz um diálogo marcante com a cultura de seu tempo.

Mesmo assim, alguma seleção teve de ser feita: às vezes escolhemos certa trama em função da maior familiaridade (por termos sido atravessados por essa ficção, quer na vida privada, quer na clínica), ou pela facilidade de abrangê-la teoricamente (alguns universos mágicos são mais simples e então mais didáticos). Também houve situações em que recuamos diante das dificuldades provenientes da vastidão do material (especialmente no caso dos super-heróis). De qualquer forma, acreditamos que a amostragem é significativa e convidamos os colegas para que aceitem os desafios de interpretar as histórias que julguem importantes e que não estão contempladas neste volume. Afinal, existe um bom número de personagens e histórias que pedem maior estudo a respeito de sua influência sobre as subjetividades em formação.

Em todas as histórias desta segunda parte, partimos da leitura dos originais, mas não desprezamos as versões posteriores. Afinal, essas narrativas costumam ser apropriadas por outros escritores, ilustradores, editores, adaptadas para teatro e cinema. Muitas vezes, é o cruzamento de duas versões que realmente imortaliza e exporta para novas paragens uma história. Por exemplo, como comentamos acima, sem o filme da Metro, *O Mágico de Oz* seria um fenômeno local e de menor importância. Ou ainda, mesmo uma fábula com força própria, como *Peter Pan*, deve aos Estúdios Disney um pouco de seu sucesso.

Como nosso objetivo foi privilegiar a variedade, abrangendo o maior número de histórias possível, fomos obrigados a estudar apenas parcialmente certos universos mágicos. Por exemplo, ocupamo-nos basicamente da história fundadora quando analisamos o mundo Mágico de Oz ou a história de Harry Potter, a vastidão e a riqueza desses universos ficcionais pediriam um livro como este só para contar todos os detalhes de suas tramas. Já com a Turma da Mônica o que aconteceu foi uma imersão, tanto a que tivemos quando pequenos, quanto mais recentemente, quando nossas filhas atravessaram sua infância acompanhadas dessas aventuras.

Algumas personagens dos quadrinhos foram motivo de paixão adolescente para nós e as pessoas da nossa geração. Por isso mesmo, jamais defenderíamos a tese de que Mafalda, Charlie Brown ou Calvin são personagens da cultura infantil. Há crianças que lêem Mafalda por indicação dos pais e até se identificam com seu estilo crítico, mas certamente não entendem da missa a metade. Quanto ao mundo dos *Peanuts*, temos o cachorrinho Snoopy, que se incumbe de fazer a intermediação entre os pequenos e grandes leitores das tiras. Calvin, por sua vez, é tão sarcástico a respeito da infância e da família, que é preciso ter atingido no mínimo a puberdade para compreender seu ponto de vista. Eles são personagens crianças para a delícia dos crescidos, que depositam neles o melhor de sua curiosidade, irreverência e perspicácia. Essas personagens crianças, habitantes do reino do humor, funcionam como um revelador das agruras do mundo moderno, neurótico e caótico que construímos. De qualquer maneira, vale aqui perguntar-se por que é à voz das crianças que atribuímos essa sabedoria crítica?

Graças à atualidade das questões trazidas pelas personagens que convocamos, nesta segunda parte do livro foi possível transcender o território do crescimento e dos reveses do amor e da identificação que polarizaram a primeira. No que se segue, o leitor encontrará uma análise das peculiaridades da infância contemporânea, do tipo de família e de escola que constituímos.

Capítulo XIII
A LÓGICA DA INFÂNCIA EM PROSA E VERSO

Winnie-the-Pooh

Investimento familiar na educação das crianças – Valor social da infância moderna –
A lógica do pensamento infantil: animismo, egocentrismo, pensamento mágico,
compreensão literal da linguagem – A importância do diálogo com as crianças –
Amigo imaginário

> "Poetry and hums aren't things wich you get,
> they're things wich get you.
> And all you can do
> is to go where they can find you."[1]

innie-the-Pooh e as suas histórias são uma importante representação dos encantos e problemas da infância moderna. É uma história escrita em 1926, por Alan Alexander Milne, um reconhecido poeta britânico, que já fazia sucesso com o público infantil. Os direitos autorais foram comprados por Walt Disney (o primeiro desenho animado saiu em 1966), e nas suas mãos Pooh conquistou, no mundo, o sucesso que já tinha na esfera da língua inglesa. Não demorou muito para que o ursinho se igualasse ao próprio Mickey em

popularidade, sendo hoje um dos personagem mais rentáveis do império Disney.

Mesmo antes do primeiro livro de Pooh, Milne e seu urso já haviam se consagrado por meio de uma coletânea de poesias, publicada em 1924, chamada *Quando Éramos Muito Jovens*. Pooh foi um fenômeno de mídia praticamente desde o começo, ele surgiu, com o nome de Edward Bear, numa poesia intitulada *Teddy Bear*. Na época de seu lançamento, os livros de Milne dominaram as listas de best sellers britânicas por vários anos, e o sucesso deles não pode ser dissociado do trabalho de Ernest Shepard, ilustrador que deu forma a Pooh.

Hoje, impulsionada pela divulgação dos desenhos dos Estúdios Disney, a figura de Pooh é uma imagem que se estende, epidêmica, sobre um número incontável de objetos infantis e inclusive adolescentes. Essa disseminação se deve a um forte empenho comercial, é certo, mas a escolha do produto atende aos caprichos do público. A cara de Pooh, estampada por todos os lados, pode ser um bom retrato da idealização da infância contemporânea e do grande valor que recentemente atribuímos a esse período da vida. Imaginamos as crianças como uma espécie de bichinhos de pelúcia animados, inocentes e graciosos, a quem queremos oferecer um mundo protegido, feito de fantasia e pequenos mimos, como o do ursinho.

Pooh não é apenas como uma criança, ele funciona como um tradutor e divulgador da lógica infantil. Ele pensa como uma criança pequena, e suas histórias explicitam seu modo de raciocínio. Além disso, está sempre cantando, contando para si mesmo o que está acontecendo e encontrando nas músicas conforto e soluções para os seus problemas. Essa *cantarolança* também é um mecanismo infantil revelado: a infância precisa de muita voz, ela precisa falar e escutar as coisas para entendê-las.

Acreditamos que a popularidade de Pooh é então mais do que um fenômeno mercadológico bem planejado. Consumimos esse personagem pela sua função de representante idealizado tanto da infância contemporânea, quanto do que supomos que elas precisam receber do seu ambiente: muita atenção sobre seu modo de ver as coisas, uma escuta que auxilie a encontrar soluções para suas preocupações e muito diálogo, tudo isso para evitar que se percam em raciocínios circulares e hipóteses mirabolantes sobre o mundo que as rodeia.

Uma história real

 encanto das palavras de Milne e das imagens de Shepard tem mais um responsável: um menino chamado Christopher Robin Milne, filho do escritor, cuja infância serviu de apoio para esta criação. Milne contou histórias envolvendo o nome real de seu filho e de seu urso de pelúcia, Winnie-the-Pooh. O brinquedo foi batizado com esse nome em homenagem a uma ursa domesticada do zoológico de Londres: era a mascote de um regimento, que a havia trazido do Canadá. Por ocasião da partida dos soldados para o *front*, Winnie teve de ir morar no zoológico. Em função de sua docilidade, ela era a maior atração do lugar, já que era possível chegar perto e tocá-la, e o filho de Milne era um de seus admiradores.

As ilustrações seguem o mesmo caminho de um apoio concreto, Shepard realizou seus desenhos baseado num lugar real: a casa de campo dos Milne, em Cotchford, próxima a Ashdown Forest. Não apenas o ambiente foi fielmente retratado, também o menino e seus brinquedos verdadeiros inspiraram os desenhos, como já havia ocorrido com os escritos do pai.

Esse lastro de realidade da história rendeu muitos dissabores ao seu protagonista, tanto maiores à medida que ele foi crescendo e se dando conta de seu papel. Christopher Robin Milne sempre foi discreto, deixando bem claro que a infância retratada nas histórias de Pooh era uma criação literária de seu pai e que ele não se reconhecia nela. Houve mesmo uma época em que se revoltou, declarando que seu pai não era um pai verdadeiramente dedicado. De suas palavras ficava a impressão de que a figura do pai, o narrador dos contos, era tão distante da realidade quanto a do menino era da sua personalidade literária. Era talvez uma tentativa desesperada de esclarecer o público de que ali havia apenas personagens, tão ficcionais quanto um urso de pelúcia falante.

Seus esforços foram inúteis, durante toda a vida teve de suportar a tietagem do público, ávido por conhecer o verdadeiro Christopher Robin. O mesmo destino tiveram seus brinquedos de infância, foram adquiridos por uma verdadeira fortuna e fizeram turnês durante anos pelos Estados Unidos e Inglaterra.

Associar alguma verdade a um texto ou um filme é fonte de um próspero gênero literário: as biografias e os romances históricos. O apelo à experiência real soa forte, como se a ficção não tivesse tanto valor, comparada a algo realmente ocorrido. Um relato realista funcionaria então como uma matriz mais confiável de experiência e ensinamentos.

Qualquer um que tenha passado pela experiência de narrar um trecho de sua vida para outro é capaz de perceber que o relato se transforma numa peça de ficção: certas partes do ocorrido são privilegiadas, outras convenientemente esquecidas ou minimizadas, assim como todo o tom da narrativa será o que convier a quem conta o conto. O contrário é verdadeiro, a literatura será tanto melhor quanto mais contiver dos aspectos mais recônditos da alma do seu autor, trata-se de uma verdade que se imiscui entre as palavras, por mais que a personagem e o cenário sejam totalmente diversos do vivido por quem escreve. Temos assim a ficção onde se supõe estar a realidade, e a verdade onde se espera encontrar apenas ficção. Mas o público, como bem constatou o pobre Christopher Robin, não gosta de saber disso.

Retrato e moldura da nova infância

A curiosidade do público relativa à vida do filho de Milne deveu-se ao fato de que eles representaram a infância como achamos que deve ser. Essa relação pai-filho, tão próximos, compartilhando o mesmo mundo imaginário, construído pelo pai com os elementos da infância do filho e a partir de seus interesses, está bem na medida do que se espera que ocorra numa boa família. Na história, Christopher Robin habitava um mundo aconchegante, cercado de brinquedos e estímulos adequados. Ocupar-se das crianças é hoje uma necessidade cultural imperiosa, já que é assim, que bom seria se houvesse também nessa empresa um caminho seguro para a felicidade do filho e a garantia de sucesso do relacionamento familiar. Coube a Christopher Robin, o verdadeiro, lembrar que não é tão simples assim, que por mais dedicado que um pai seja, o que se passa de pai para filho é permeado também por neuroses e conflitos.

A compreensão da especificidade da infância, ou seja, de que os pequenos têm um funcionamento particular e necessidades especiais, não é muito antiga na história humana. Foi somente a partir século XVII que começaram a se registrar escritos e práticas que retratavam alguma preocupação moral e pedagógica com o cuidado e a educação das crianças. É preciso ler a história social da infância, tal como relatada pelo historiador francês Philippe Ariès,[2] para crer o quanto é recente a compreensão da especificidade do funcionamento mental das crianças, assim como as práticas educativas condizentes com esse modo de pensar.

Seres humanos nascem fracos, incapazes para a vida independente. Diferentemente de alguns animais, chegamos ao mundo física e mentalmente inválidos. Os bichos contam com um aparato de capacidades e ou instintos capazes de sustentá-los minimamente quando nascem. Nós não somos capazes nem de segurar o peso da nossa própria cabeça. No intelecto, a mesma lentidão se reproduz, subjetivamente somos como bebês marsupiais. Mesmo do lado de fora, precisamos ainda, por um bom período, ser abrigados em uma bolsa, estar acoplados aos braços, ouvir a voz e receber o carinho da mãe ou substitutos, de onde tiramos um mínimo de conforto. Convém sempre lembrar as pesquisas do psicanalista René Spitz,[3] que constatou que um bebê pode chegar inclusive a morrer se não for objeto de alguma manifestação amorosa. Na ausência dessa espécie de bolsa afetiva, se não for importante para alguém, ele não se desenvolverá e sequer se alimentará, perecendo por falta de lugar no mundo.

Essa complicação é também berço da riqueza subjetiva humana. Na mesma medida em que fomos perdendo capacidades doadas pela natureza, foram se refinando nossa inteligência e sensibilidade. Quase tudo em nós se subordina a um processo mental, fruto de que resta pouco do automatismo biológico, bastante reduzido às funções vegetativas. Por isso, para os humanos crescer é lento e trabalhoso.

Só muito tardiamente a nossa sociedade passou a levar em conta quão demorado é o processo chamado infância. Inclusive ele foi se tornando mais extenso na medida em que foi recebendo espaço para se expressar. Nas sociedades pré-modernas, as crianças cresciam compartilhando o trabalho e a promiscuidade doméstica, a puberdade era sinal de maturidade sexual, dali para a frente, casar e procriar já eram uma realidade. Aos poucos, foi se instalando a necessidade de diferenciar a vida dos adultos e das crianças, assim como de lhes dar o tempo e os estímulos que elas requeriam para sua evolução. Foi preciso admitir que, além de lento, o crescimento das crianças implica muito investimento por parte dos adultos, criar passou a equivaler a educar.

Ao ocupar-se das crianças, foram sendo descobertas suas necessidades especiais, assim como o fato de que seu pensamento funcionava com uma lógica particular. Uma das primeiras manifestações a partir das quais foi constatado esse *sentimento de infância* foi o encantamento dos adultos com as gracinhas das crianças. Ariès pesquisou escritos (diários, cartas) de senhoras abastadas que se revelaram, para os historiadores sociais, boa fonte para a reconstituição da vida cotidiana do passado. Elas passaram a incluir em sua correspondência o relato das peculiaridades (ditos, gestos ou crenças) de filhos e netos como sendo objeto de admiração e encanto, algo digno de ser comentado. O fascínio com as crianças tornou-se um valor social a ser exibido, ganhou *status* de prestígio. Chegou a ponto de alguns moralistas da época escreverem textos de repugnância a essa atitude, que para eles fazia dos pequenos algo como macaquinhos da Corte.

É a partir do momento em que criança deixa de ser um adulto em miniatura, sendo objeto de uma atenção especial, que passa a ser socialmente valorizada a tarefa de se ocupar delas. Mais que isso, essa etapa da vida passou, cada vez mais, a ser considerada como a formação de uma pessoa, fonte de todas as virtudes, capacidades e traumas que ela terá na vida adulta. O processo que se segue e que chega nos dias atuais, resulta numa hipervalorização da infância. A criança é considerada como uma semente, na qual é necessário colocar dentro tudo o que vai germinar depois. Foi aumentando a ocupação e a preocupação da sociedade com a elaboração desse momento inicial, a começar que ela deverá ser mantida em um lugar protegido, onde possam ser controladas as variáveis de sua formação.

Os escritos para crianças não eram nenhuma novidade em 1926, a própria língua inglesa já havia, antes de Milne, dado origem a *Alice no País das Maravilhas* (por Lewis Carrol, 1865), *O Pequeno Lorde* (por Frances Burnet, 1886), *Peter Pan* (por J.M. Barrie, 1911), *As Aventuras de Peter Rabbit* (por Beatrix Potter, 1902), só para citar alguns. Esses foram autores que deram origem à literatura infantil, levando em conta sua necessidade de misturar magia ao pequeno mundo familiar e cotidiano que constitui sua realidade. É provável, no entanto, que o sucesso de Pooh e Christopher Robin tenha ocorrido por ser uma das narrativas pioneiras, além disso, muito acertada, dessa nova concepção da primeira infância. A especificidade de Milne é a de ser mais que um texto literário: é um tratado pedagógico intuitivo.

Milne não fala maravilhas das crianças, nem lhes oferece um lugar incrível como a Terra do Nunca de Peter Pan. Embora tudo ocorra numa floresta encantada, o mundo de suas personagens é pequeno, como o das crianças que o lêem ou assistem. Se as crianças e seus pais têm escolhido, nos últimos quase 80 anos, Pooh para se divertir, se deve ao mérito de o escritor narrar as histórias dentro da lógica mental infantil, descobrindo a origem de seus equívocos, com graça e respeito.

As histórias de Milne até podem ser edificantes, moralistas, mas essa não é sua essência. Anos depois, esse modo de pensar ganhou uma tradução teórica, é a postura pedagógica dedutível dos ensinamentos do genebrino Jean Piaget. Como dizia Freud, em assuntos psicológicos, a literatura tem a capacidade de antecipar conhecimentos, ela constata realidades internas muito antes que qualquer tipo de ciência possa descrever e explicá-las. Como as crianças, o urso entende as metáforas literalmente, sua relação com a língua é de freqüente desentendimento e confunde o real com o imaginário.

Quem melhor traduz essa lógica infantil é o próprio Pooh, não o menino. A autenticidade dessa criança retratada no ursinho provavelmente pouco tem a ver com Christopher Robin, cuja realidade é uma cilada. Pooh é provavelmente o retrato da sensibilidade de um poeta remetido às suas memórias mais remotas. Foram estas que se despertaram quando ele se tornou pai, elas lhe permitiram interessar-se pelo jeito que seu filho pensava e falava. Provavelmente a infância

que aparece tão bem retratada nas histórias de Pooh é mais a de Alan Alexander Milne. Sendo um poeta, ele deve ter sido, desde muito pequeno, um observador atento das palavras e seus efeitos.

Hoje *Winnie-the-Pooh* deve sua popularidade aos filmes da Disney, mas o texto original deve ser recuperado. Nas telas, um pouco da magia das palavras de Milne se perde, embora devamos admitir que a Disney fez um trabalho bem coerente com a versão original. Para os países que precisam de tradução, talvez seja o caso de um conselho que o psicanalista húngaro Sandor Ferenczi deu aos psicanalistas de todo o mundo: o livro *A Interpretação dos Sonhos* de Freud, deveria ser reescrito em cada língua, pois cada uma tem um simbolismo próprio e jogos de palavras intraduzíveis que fazem sua riqueza. Talvez a saída seja que cada língua encontre o seu Milne para brincar com as palavras num jogo tal que as crianças se reconheçam. De qualquer forma, mesmo com a barreira da língua, o Urso Pooh segue como um bom companheiro para fazer as crianças pensarem.

As aventuras e os amigos de Pooh

 ursinho Pooh não tem grandes aventuras, as histórias são de uma simplicidade surpreendente. Ele tem objetivos muito simples, como comer muito mel, se divertir cantarolando e estar próximo das pessoas de que gosta, como Christopher Robin e os animais de sua vizinhança. Suas histórias têm como ponto de partida pequenos problemas do cotidiano: um amigo que precisa de ajuda, a ocasião em que comeu tanto que ficou entalado na porta, a chegada de um novo bicho na floresta ou as travessuras que um ou outro aprontam.

A maior fonte de inspiração das tramas são seus equívocos de linguagem, sua inocente e distorcida concepção de mundo, assim como a vivência assustadora dos sonhos ou o fato de tomar palavras e expressões ao pé da letra; dramazinhos de gente pequena, respeitadas as grandes dimensões que podem assumir nessa época da vida. Mais importante que as aventuras é a forma da sua narrativa: é dirigida às crianças menores e escrita na língua em que elas pensam.

A título de exemplo inicial: em certa ocasião Pooh e seu amigo Piglet decidiram fazer um *tour* de visitas aos amigos. Não lhes pareceu nada estranho incluir a casa do próprio Pooh no roteiro, como se fosse mais um amigo para se visitar. Quando lá chegaram, o texto é construído assim:

Eles foram primeiro à casa de Pooh, por sorte Pooh estava em casa exatamente quando eles chegaram, por isso ele os convidou para entrar e lhes ofereceu alguma coisa.[4]

O leitor terá impulso de ler novamente, achando que entendeu errado. Mas não, o texto é assim, Pooh visita a si mesmo e se surpreende que estava em casa quando ele mesmo chegou lá. É outra forma da lógica, similar à quando se pergunta para uma criança quantos irmãos ela tem, invariavelmente ela vai contar-se entre eles.

Em outra ocasião, Pooh vai procurar o amigo em sua casa, mas este havia saído; a porta estava aberta e a casa vazia. O texto, por sua vez, narra que:

Quanto mais ele olhava lá dentro, mais Piglet não estava lá.[5]

Essas são pequenas amostras de um estilo de escrita em que a graça literária é tirada dos pequenos absurdos poéticos, que são os mesmos que cometem seguidamente as crianças de nosso convívio.

Voltando aos nossos heróis, Pooh é um urso de pelúcia que pertence ao menino Christopher Robin. Nas histórias, contracenam com eles outros animais de brinquedo: o porquinho Piglet (Leitão ou Bacorinho[6]), o burrinho Eeyore (Bisonho ou Ió), a canguru fêmea Kanga, seu filho Roo e um tigre (Tigrão). Além disso, há dois animais de verdade, um coelho (Abel) e uma coruja.

Piglet é pequeno e medroso, mas um amigo muito leal do urso. Suas histórias retratam uma relação assombrada e temerosa com o mundo e com as palavras. Seu modo de expressão é muito peculiar, de quem é facilmente impressionável: adora adjetivos, logo os incorpora aos nomes. No livro boa parte de suas falas tem maiúsculas na maior parte das palavras. Ele é crédulo e se assusta facilmente, fazendo um contraponto com Pooh, cujas preocupações são mais hedonistas: bolar modos de comer e se divertir e tudo isso com muita cantoria. Esses objetivos que movem o urso são vividos de forma imperiosa. Ele é impetuoso e cabeçudo e impõe ao pequeno amigo aventuras que sua alma caseira não consideraria recomendáveis.

Eeyore, o burrinho, é melancólico, freqüentemente se desanima, perde-se em questionamentos inúteis e precisa ser ajudado. A palavra que o caracteriza é *gloom*, que quer dizer desânimo, estar acabrunhado, lugar sombrio. Tudo nele é *gloomy*. Mas há alguma sabedoria em sua melancolia. Como nunca se entusiasma com o que está acontecendo, detém o privilégio de ver as coisas de fora. Seguidamente não embarca nas bobagens que os outros inventam, apenas os acompanha murmurando sua visão das coisas, que poucas vezes alguém escuta. Aliás, ele jamais espera que alguém o faça. Nunca se julga digno de atenção e se pede algo para si, por exemplo, em certa ocasião em que pediu ajuda porque sua casa havia sumido, diz que está preocupado porque os outros vão se chatear ao se darem conta que ele está passando frio. Diga-se de passagem, ele ficou sem casa porque o Pooh havia chegado à errada conclusão que ele não tinha onde morar. Querendo fazer uma surpresa ao burrinho, Pooh desmontou a casa que ele já habitava, julgando que era um monte de gravetos. Por sorte, os pedaços de sua antiga casa foram usados na construção da nova, e Eeyore teve onde se abrigar. Às vezes, a ajuda dos amigos é providencial, como quando lhe conseguiram um novo rabo de corda, mas normalmente eles mais o atrapalham, por não entenderem o que o burrinho realmente necessita.

Ao contrário de Pooh e Christopher Robin, cuja lógica se impõe ao mundo e orquestra as aventuras, Eeyore é a melancolia associada à solidão de alguém que pensa que sua voz não é objeto de interesse por parte dos outros. Não quer dizer que ele não seja amado pelos amigos, o certo é que ele não é compreendido por eles. O eterno desencontro entre suas necessidades e a ajuda dos amigos serve para demonstrar que as crianças querem outro tipo de atenção, que não se restringe a um cuidado objetivo, que só a escuta atenta e depois o diálogo podem oferecer.

O Tigrão é outra versão de criança. Assim como Roo, o canguruzinho, eles fazem travessuras, são alegres, agitados e também precisam de algum cuidado. A palavra que o define é *bounce*, alguém vigoroso, saltador. Ele é o contraponto da tristeza do burrinho, é a própria imagem da mania: fala alto, é pretensioso, estouvado, derruba, quebra e esmaga tudo em volta com seus movimentos bruscos. Jamais escuta até o fim o que lhe dizem e, principalmente, pula sem parar. Ele encarna essa agitação que as crianças ficam quando estão nervosas, com sono ou tentando chamar a atenção, quando parecem ter molas no lugar dos pés e são pequenos furacões que deixam um rastro de desordem por onde passam. Sua conduta é fonte de transtorno para todos, mas gera um desespero particular no coelho Abel, que tem uma casa organizada, uma horta que é um primor e preocupações de gente grande. Abel é quem reclama e faz o papel do estraga prazeres, mas é Tigrão quem revela o lado incômodo das crianças, com suas presenças alterando a ordem do mundo regrado dos adultos.

O personagem do tigre é praticamente o mesmo que Roo, ambos saltadores, tanto que às vezes vive aos cuidados de dona Kanga, como se fosse seu filho mais velho. O canguruzinho faz travessuras de forma totalmente inocente, se mete em situações perigosas sem ter a mínima noção do que fez, nem durante, nem depois. Numa história ele caiu na água, quase se afogou e depois ficou perguntando para todos, eufórico, se viram como ele nadava bem. Já Tigrão não é assim bobinho, ele se dá conta dos estragos que provoca, embora não consiga se conter. Alterna momentos de euforia com outros em que compreende o quanto ele incomoda e julga que nunca mais será amado por alguém.

Como o Tigrão, mesmo a mais saliente das crianças consegue olhar de fora a cena da sua bagunça e temer pelos seus efeitos. Aliás seu objetivo é produzir efeitos, pois como o tigre, suas preocupações se centram no amor e na atenção que é capaz de gerar. Seu lema seria: "falem mal de mim, mas não falem de outra coisa". Aquilo que Roo faz inocentemente, por ser apenas pequeno, no Tigrão mostra-se mais complicado, ele tem lá suas intenções: as crianças aprontam confusões como uma forma de diálogo com os outros, toda ação sua está na expectativa de uma reação. Se algum desses personagens existe na alma das crianças, este é o Tigrão, pois, mesmo que sejam muito pequenas, bebês de colo, suas molecagens são feitas de olho no adulto, à espera emocionada de provocar o previsível "não".

As funções adultas são representadas por dona Kanga, uma mãe clássica, dona de uma paciência infinita, pelo coelho Abel, que é um ranzinza, e pela Coruja, um avô caricatural. A mamãe canguru é amorosa e isso é tudo, um personagem coadjuvante apenas, o texto de Milne é mais centrado na relação pai-filho, praticamente não há presença feminina no universo de Milne. O coelho Abel trabalha em sua horta, tem uma casa arrumada e sempre está tentando manter alguma ordem no canto da floresta que ele habita. Também é o mais egoísta, tenta reprimir as características mais anárquicas de seus amigos, não lida bem com as novidades e organiza complôs contra uns e outros. Enfim ele guarda em si as partes mais chatas das pessoas crescidas (como o define Milne: *Coelho, cuja vida é feita de Coisas Importantes,*[7] assim com maiúsculas). Na verdade, ele personifica o adulto ocupado, pressionado por tarefas e responsabilidades, que não tem paciência com as confusões que as crianças armam. No fim das contas, ele sempre amo-

lece, arrepende-se de suas chatices e relaxa um pouco com as criancices dos outros. Ele é o adulto que as crianças têm em casa, que não está sempre disponível para elas, tem preocupações que elas não compreendem e tenta se escapar dos constantes pedidos infantis.

A coruja também faz um gênero adulto, brinda os amigos com uma sabedoria ridícula e dispensável, mas eles jamais deixam de consultá-la. Na verdade é um adulto fora de órbita, todos o respeitam, mas não está mais conectado no mundo real. É um avô bonachão que vive de suas lembranças e tudo o que quer é um público para contá-las. Freqüentemente, se perde no meio de suas intermináveis histórias que ninguém entende. Além disso, usa um vocabulário empolado que visa a impressionar os outros com sua sapiência. Por outro lado, também não escuta o que os outros personagens têm para lhe dizer. A coruja é talvez um representante da velha geração que ainda não tinha o hábito de escutar as crianças.

Já chamamos a atenção para a ausência feminina nesse pequeno universo de meninos (com a exceção da dona Kanga, todos os personagens são masculinos). Não parece haver nenhuma intenção misógina nisso, apenas os bichos são extensões da personalidade de Christopher Robin, e ele é um menino. Na faixa etária que mais se identifica com essas personagens pouco se importa se eles são menino ou menina, há ainda uma certa indiferenciação sexual. Dona Kanga é uma mãe nutridora, como todas, mas seu cuidado se restringe quase que totalmente a Roo. O Tigrão é o único que se beneficia de seu zelo sem ser seu filho.

Quanto a Pooh alimenta-se de mel, que necessita ser trabalhosamente tirado das abelhas. Essa relação do ursinho com o seu único alimento, assim como as aventuras necessárias para obtê-lo, é uma espécie de coração da trama, por isso merece algumas considerações. O ambiente onde Christopher e seus animais vivem – um protegido quarto e uma imaginária floresta segura (contraponto de todas as florestas cheias de perigos das histórias infantis tradicionais) – nos faz pensar num lugar quente e protegido, portanto de certa forma materno. Acontece que isso é uma dedução, porque mães mesmo quase não comparecem nas histórias do Pooh, nem mesmo para oferecer o alimento. O leite do nosso urso é o mel, ele é um insaciável glutão mas, diferentemente dos bebês, apenas de mel, descrito como maravilhoso, mas perigoso, produzido pelas abelhas que nem sempre estão dispostas a fornecer a substância preciosa. Muito pelo contrário, não poupam esforços para perseguir o urso ladrão, que vive tomando susto delas.

Apesar das poucas alusões ao feminino, o pequeno paraíso protegido de Christopher Robin e Pooh parece ter a marca de um lugar construído e cuidado pelas zelosas mãos de alguma excelente mãe: as casas dos animais são quentinhas, arrumadas e cômodas; eles convidam uns aos outros para lanches quando se visitam. Como filhos muito bem treinados, eles cuidam de se agasalhar quando têm frio e vão para a cama à noite sem que ninguém tenha que ralhar. Acreditamos que esse mundo doméstico ordenado seja também uma representação materna internalizada, em torno da qual não se fazem maiores dramas e conflitos.

Mas há um território onde as coisas não funcionam com essa eficiência: o do mel. Mais que uma comida, é objeto de cobiça do Pooh. Para piorar as coisas, seu abastecimento de mel está sempre se esgotando, ele é um guloso descontrolado que come tudo o que tem na despensa e ainda sai por aí devorando o estoque dos outros. Engorda até ficar entalado na porta, e sua generosidade desaparece quando o assunto é mel. Os delírios e medos do Pooh estão relacionados a que alguém (um terrível Efallante,[8] por exemplo) venha comer seu mel. É aí que aparecem as falhas maternas e os conflitos com a dadivosa genitora.

Dona Kanga é a única figura materna concreta que aparece na história. Ela é mãe de um filho pequeno, Roo, que, ao contrário dos amigos, não cuida de si com a autonomia de quem está crescido. Ela faz seguidamente o papel clássico das mães, correndo atrás dos filhos com uma colher, um agasalho, ou com recomendações que eles não escutam. Quanto aos outros, terão de enfrentar o mundo sem toda essa generosidade. As abelhas representam para Pooh a hostilidade que surge a partir de então. A relação complicada entre a gula insaciável de Pooh e o egoísmo militante das abelhas ilustra as dificuldades que esperam aqueles que atingem alguma independência, mas ainda se sentem famintos da disponibilidade acolhedora do seio perdido.

Muitas crianças desenvolvem relações bastante ambivalentes com a comida. As abelhas que saem em enxame atrás de Pooh mostram o lado perigoso do alimento. Apenas esse aspecto seria capaz de explicar por que as crianças têm pânico de experimentar alimentos diferentes e ficam muito desorganizadas quando se lhes obriga a comer. Elas cuidam do que entra e sai de seu corpo como obsessivos guardas de fronteiras e não estão muito dispostas a ousar num território que até então polarizava as trocas com a mãe e os adultos em geral. São como um jovem país, cioso de seus recém-estabelecidos limites territoriais,

temerosos de que a ingestão de alguma novidade ou de quantias indesejadas vá modificar a forma e o caráter de seu corpo e pessoa. Como as crianças acreditam que tudo o que se ingere passa a fazer parte e altera a natureza daquele que come, todo cuidado é pouco.

A lógica do pensamento infantil

raças aos detalhados estudos de Jean Piaget, hoje o pensamento infantil não é compreendido como incompleto, simplório, em suma, como se a infância rimasse com ignorância. Sabemos que as crianças têm suas hipóteses absurdas, mas que, a seu modo dão conta, de um problema; além disso, sua concepção de mundo tem uma lógica diferente e é complexamente estruturada.

Pessoas bem pequenas, daquelas que recém-começaram a contar sua vida em anos e não em meses, costumam funcionar conforme o princípio de que seus pensamentos e ações são o motor de tudo o que ocorre ao seu redor. O resultado pode parecer bizarro e divertido, mas é apenas uma criança funcionando com um raciocínio egocêntrico. Qualquer um que conviveu com crianças e as escutou falar sabe que elas acham que são causadoras de vários fenômenos, por exemplo, que a lua se movimenta para acompanhá-las.

Testemunhamos seguidamente a dificuldade dos pequenos em diferenciar o mundo inanimado do animado, que se traduz pelo fato de pensarem que os objetos são como eles, também sentem e têm vida. Por isso, é procedente que peçam licença para uma cadeira que está obstruindo seu caminho, esperando que ela se arrede. Também não somos bobos e cuidamos quando vamos mencionar algo que as assuste ou impressione, porque para elas as palavras nunca são em vão, sempre trazem seu objeto à vida. Falar da bruxa é como se ela estivesse entre nós – o que torna sua realidade bem mais mágica –, da mesma forma como uma criança não se cansará de buscar um cavalo alado ou um unicórnio na paisagem se o mencionarmos durante uma viagem, afinal se a palavra existe, a coisa existe.

Por último, vale lembrar a enorme dificuldade que temos para consolar uma criança que despertou apavorada por um pesadelo. Isso se deve ao fato de que ela o vive como se tivesse realmente acontecido, é preciso que sejamos muito convincentes para que ela acredite que era apenas um sonho, para que ela, com o tempo, compreenda que o que ocorre nos sonhos é um registro diferente daquilo que de fato acontece, é algo que só se passa em sua imaginação.

Temos então uma confusão de registros, onde ainda se misturam o animado com o inanimado, o real com o abstrato e o interno com o externo. Isso gera uma compreensão do mundo particular, que diverte e impressiona aqueles que convivem com crianças, já que se trata de dialogar com uma visão que parece distorcida em relação à nossa. Jean Piaget diria que se trata de: "um espírito que não distingue ou que distingue mal o eu do mundo exterior, tudo participa e tudo pode agir sobre tudo".[9] Ou ainda que: "não sabe distinguir a aparência de exterioridade do sonho da própria exterioridade".[10]

De nada adianta dizer à criança que ela está errada, que deve ver o mundo do nosso jeito. Ensinar os bem pequenos é uma tarefa socrática, passa por levar a lógica deles até onde ela se torna problemática e, com isso, nas palavras de Piaget, desequilibrá-las de suas certezas. Devemos aprender a fazer as perguntas certas, a confrontá-los com desafios que lhes ajudem a compreender as coisas de outra maneira. Não adianta dizer que a lua não tem vida. Em primeiro lugar, precisaremos entender o que eles supõem: se a lua os acompanha é porque está interessada neles; se acham que a lua pensa, sente e tem intenções, é porque funcionam assim. Ora, como esse tão importante astro não seria igual a eles?

Em certa história, Pooh resolve que é hora de viver uma aventura sozinho. Munido de uma trouxa, resolve então explorar os limites de seu território e conhecer o mundo do outro lado da colina. Quando finalmente chega ao topo, ele se distrai com uma borboleta e acaba descendo pelo mesmo lado em que subiu, embora siga acreditando estar entrando em território desconhecido. Quando começa a encontrar as paisagens familiares e seus amigos, se surpreende com o fato de que o outro lado seja tão igual ao seu. Nem o encontro com os amigos o demove dessa certeza, fala com eles como se fossem o *Abel do outro lado* e o *Tigrão do outro lado*. Fala com tal convicção que os convence de que ele é um *Pooh do outro lado*. Com isso reina a confusão, pois aquilo que é um reencontro com o lugar de onde saiu é vivido como se fosse uma duplicação, como se houvesse do outro lado do morro um mundo em espelho com o lado em que ele costuma viver. São necessárias muitas e muitas coincidências para desfazer a premissa inicial de que ele estaria do outro lado e não em casa.

Quando as crianças põem uma premissa na cabeça, pouco importa a contradição com a realidade, é a realidade que está errada e não a sua lógica, por isso, adaptarão sua percepção ao seu pensamento. Apenas se respeitarmos a sofisticação dessa coleção de absurdos e conseguirmos interrogá-la desde o interior de sua lógica, teremos chance de despertar a curiosidade da criança para nossa dita sabedoria científica e adulta. Se esse diálogo com a criança não acontecer, ela igualmente fará o processo de confrontar a realidade do mundo com suas hipóteses, mas será de modo silencioso e solitário.

O poder mágico das palavras

erta ocasião, Pooh resolve pegar mel das abelhas. Ciente de que não seria uma missão fácil, resolve ir fantasiado de nuvem de chuva para enganá-las. Seu disfarce foi besuntar-se de lama e manter-se pendurado num balão azul de gás, com o qual tentava chegar à colméia. Quando chega perto da colméia, percebe que elas estão desconfiadas de que ele mesmo parece mais um urso sujo que uma nuvem de chuva. Decide então convencer os insetos com uma música *de nuvem* e com as palavras de seu amigo Christopher. Este deveria dizer: *"Ping, ping, ping, parece que está chovendo"*; enquanto ele – a *nuvem* – cantaria: *"Como é doce ser uma nuvem, flutuando no céu azul..."*

É uma pena que as abelhas não tenham muita sensibilidade poética. Pooh precisou fugir sem mel nenhum; mesmo assim, ele não admite que seu plano estapafúrdio fracassou, preferindo mentir-se que aquela colméia é de abelhas erradas, que, sendo assim, elas devem fazer o tipo errado de mel. Ora, ninguém quer um mel errado, não é verdade? Esse tipo de enrolação é muito comum nas crianças pequenas, que, para diversão dos adultos, dão as desculpas mais furadas para algo que não conseguiram (afirmações do tipo: hoje não posso saber o que os animais pensam porque meu poder está descansando).

O interessante neste caso é a aproximação entre a palavra e a coisa, de tal forma que, se eu resolvo me fantasiar de nuvem, é mais necessária minha própria convicção do que a minha provável aparência. Isso faz eco nas crianças e graça nos adultos porque no passado também pensávamos de uma maneira muito semelhante. Nas palavras de Piaget: "o pensamento é considerado ligado ao objeto".[11], de tal forma que "a coisa abrange seu nome, a título de caráter intrínseco, ainda que invisível"[12], de tal modo que se algo tem um nome, quer dizer que ele existe! Trocando em miúdos: se foi dito, logo existe.

Pooh e seus amigos têm muito medo dos *Heffalumps*, criaturas grandes, comedoras de mel, que os desenhos de Shepard sugerem ser parecidas com elefantes (provavelmente porque a palavra soa parecido a *elephants*). O detalhe é que nunca ninguém viu um desses monstros que aparecem apenas em sonho. Christopher Robin, Pooh e Piglet mentem uns para os outros que já encontraram um, mas nenhum deles duvida de que possam de fato existir, afinal, fala-se deles...

As crianças devem achar que as metáforas, mas também a língua como um todo, são invenções do demônio. Conforme o lugar onde estejam colocadas, as palavras mudam de sentido, por vezes, a mesma palavra designa coisas bem distintas e, ao contrário, palavras bem diferentes podem querer dizer a mesma coisa. Além disso, há aquelas que soam como uma coisa e, na verdade, querem dizer algo que não tem nada a ver. Por exemplo, a palavra *truculento*, que por ter a seqüência *lento* em seu interior pode parecer um adjetivo que qualifica alguém mais suave do que seu significado possa sugerir. Se uma criança não compreende a totalidade da palavra, ela se apegará ao pedacinho que sabe, como fazem também os adultos quando se iniciam em uma nova língua, muitas vezes acertando, outras caindo em uma das tantas ciladas que a linguagem contém.

Nada como os poetas para fazer arte com os assombros que a língua nos produz desde muito pequenos. Por isso, frisamos a importância de Milne ser antes um poeta do que um escritor de ficção. Poetas e crianças têm o hábito (ou a necessidade) de ficar tocando as palavras como se fossem cordas de um instrumento, para ver como vibram.

Piglet sofre muito com o vento, ele é muito leve e o vento é um de seus grandes inimigos. Mas há uma história que gira em torno de ser um dia de ventania: *a windy day*. Em português perde o sentido, mas a questão é a semelhança fônica entre *wednesday* (quarta-feira) e *windy day* (dia ventoso). Noutra ocasião, Christopher Robin lidera uma grande expedição em busca do Pólo Norte. Quando já estavam a caminho, ele se dá conta que não sabe como é o Pólo Norte, portanto não o reconhecerá quando chegarem lá. Ponderando junto com o Coelho – já que ambos mentem que sabiam como era, mas esqueceram –, eles chegam à conclusão de que o Pólo Norte é um poste encravado no chão. Por quê? Porque em inglês a mesma palavra *pole* designa "pólo" e "poste". Não compreendendo em absoluto o que um pólo possa ser, é necessário para uma criança pensar num poste cada vez que esse extremo do mundo é mencionado...

Um exemplo em português talvez ajude: uma menina com 3 anos se agradou do sapato de salto de sua mãe, o calçou e o chamou de *sapato de lombinha* (para dar conta do desnível do sapato). Informada de que aquele objeto se chamava *sapato de salto*, ela ficou ainda mais admirada e comentou: *"como alguém pode saltar usando isso"?*.

Acreditamos que o leitor estará neste momento evocando uma coleção de histórias semelhantes a esta. Elas provêm do fato de que para uma criança isso é mais do que um trocadilho, é uma compreensão literal. A palavra será referenciada ao objeto ou ação de sua vivência que se associar a ela, fica então difícil entender os sentidos figurados.

A linguagem já é uma coleção de arbitrariedades com as quais somos obrigados a nos conformar, não há motivo para o objeto quadrado, de superfície plana, erguido sobre quatro patas, utilizado para apoiar objetos, chamar-se de *mesa*, tanto que também atende pelo nome de *table, tavola, aztal* e muitos outros. É uma convenção com a qual somos obrigados a nos conformar. Não estranha que as crianças procurem alguma transparência entre o objeto e a palavra, como na linguagem rudimentar infantil – *quá-quá* (pato), *au-au* (cachorro), *bi-bi* (veículos em geral), onde pelo menos os seres e os objetos são designados pelo som que emitem.

Após aprenderem a falar de acordo com o código da sua língua, as crianças ainda terão de aprender que algumas palavras mudam de significado conforme o contexto: as malditas metáforas. Afinal, é preciso aguçar o ouvido e espichar o cérebro para compreender que, apesar de mamãe dizer que está *morrendo de fome,* ela não irá para o céu. Deve ser por isso que o ursinho Pooh se queixa tanto da dificuldade de pensar, lutando contra a necessidade imperiosa de se distrair com qualquer borboleta ou folhinha que passe voando. Já que são problemas tão difíceis de solucionar, melhor se ocupar de outra coisa mais compreensível.

Caso não dê para se distrair, a criança tentará estabelecer uma lógica rudimentar dentro da arbitrariedade da língua, onde se estabeleceriam conexões mais palpáveis entre os nomes e suas propriedades. As personagens de Milne passam constantemente por esses constrangimentos e mal-entendidos. Cada vez que isso acontece com o urso, o menino comenta carinhosamente *silly old bear* (velho urso bobo), como quem diz o quanto o ama apesar e talvez por sua inocência.

Graças a Pooh e Christopher Robin, o pequeno que escuta a história ou assiste ao desenho animado poderá ver, como se estivesse de fora, esses incidentes tão evocativos do que acontece na sua vida. É uma espécie de catárse, já que, quando ocorreram com ele, certamente foi seu o papel de bobo da corte. Para a criança, Christopher é o bobinho, sendo que para este é Pooh que não compreende as coisas, assim como para a maior parte das personagens ainda resta Roo, lá no final da linha, como o menorzinho de todos.

A relação das coisas e das pessoas com seus nomes

um primeiro momento, o ursinho de pelúcia se chamava Edward Bear, mas seu dono mudou seu nome para Winnie-ther-Pooh. O nome "Pooh" originalmente pertencia a um cisne que Christopher Robin tinha, conforme as palavras de Milne:

Quando este cisne disse adeus, nós ficamos com este nome para nós, pensávamos que ele não o quisesse mais.[13]

Winnie, como dissemos, era o nome da ursa do zôo britânico que pai e filho costumavam visitar. Embora não tenha conseguido explicar o que queria dizer a palavra *ther* (que mais parece pertencer a uma espécie de vocabulário privado de criança), conforme Milne, Christopher Robin deixou bem claras as razões de seu uso. Segundo o menino, graças à essa palavra, apesar de *Winnie* ser um nome com evocações femininas, ele se tornou possível para designar um urso macho.

Seguidamente, as famílias incorporam palavras à sua rotina que são criação de seus membros mais jovens. Normalmente, a chupeta e seu objeto transicional (brinquedo ou pano utilizado por ela para se acalmar e adormecer) terão um nome que a criança inventou, como "bu", "nana". O mesmo se aplica aos avós, às babás e a outras pessoas que os cerquem. Não é estranho que algum membro da família termine adotando o apelido que algum pequeno inventou, sendo identificado por ele pelo resto da vida, pelo menos na intimidade do lar. Como o *ther* do filho de Milne, às vezes, temos de privilegiar o sentido que a criança atribui a uma palavra, independentemente de quantas evocações possam nos ocorrer.

Uma das genialidades desse relato é conseguir mostrar a lógica infantil respeitada em suas pequenas verdades, se o menino diz que é assim, o adulto até questiona, mas não lhe impede de viver com suas formulações. De fato, os nomes das coisas são

convenções, combinações. Se Pooh era o nome de um cisne de estimação de Christopher Robin que foi embora, se ele e seu pai acharam que a ave não estaria mais querendo usar o nome, tendo ficado vago, não havia impedimento para que fosse destinado para o urso.

O interessante dessa história sobre a origem do nome do ursinho reside no fato de a palavra se mostrar como uma entidade concreta, que pode ser preenchida por seres distintos e é como se existisse mesmo sem eles. Já é uma evolução, se comparado com um momento precedente, em que, para as crianças, os nomes e os objetos são uma coisa só. Nesse caso, a denominação *Pooh* só serviria para o cisne e deveria desaparecer com ele. Quando um mesmo nome pode dar abrigo a seres tão diferentes, parece que as palavras começam a assumir a flexibilidade que elas de fato têm, já que podem designar diferentes coisas e mudar de significado conforme sua posição.

O ato de batizar um brinquedo ou um bichinho de estimação permite à criança viver a experiência de ser um criador da língua. A partir do momento em que ela decidiu assim, tal objeto será designado por tal nome porque ela quis assim. Por vezes, ela utiliza um nome já disponível, mas que a partir de então nomeará tal criatura por vontade da criança, ela o corromperá a seu modo, imprimirá uma marca. Por exemplo, uma menina com seus 2 anos recebeu um urso de pelúcia e deu-lhe o nome de "Colar". Fora lhe sugerido que talvez ficasse melhor chamá-lo de "Polar", que seria um nome condizente a um tipo de urso, ao que ela esclareceu que era de fato "Colar", porque ele teria os pêlos do pescoço diferentes. Na verdade, o pêlo do pescoço do urso era absolutamente igual ao do resto do brinquedo, mas a nomeação é um arbítrio a que a criança tem direito. Nesse caso, ela fez uma solução de compromisso entre a sugestão e sua própria escolha, alterando apenas uma letra.

É assim que fazem os pais quando escolhem o nome de seus filhos: alguém se chama assim porque assim decidiram; mesmo que sigam alguma tradição de família ou escolham um nome de moda, eles sempre terão tido razões para escolher uma e não qualquer outra palavra para designar seu filho. As pré-escolas têm por hábito enviar para casa um questionário pedindo aos pais que expliquem as razões dessa opção. Não importa se o nome do filho tenha sido escolhido num catálogo de significados de nomes infantis; origine-se de um palpite do irmãozinho que os pais acataram ou da sugestão do médico que fez o parto; provenha da Bíblia, de uma novela de TV, de um ídolo Pop; ou seja o nome de um herói, cientista ou divindade mitológica, sempre haverá uma história. A criança que batiza se arbitra, como seus pais, a ser um criador da língua.

Mas a nomeação oportuniza outra forma de diálogo com a questão da linguagem: o sobrenome ressalta um aspecto de inflexibilidade da língua, já que este nem os pais tiveram o direito de escolher. Geralmente, os sobrenomes são palavras sem significado compreensível, ou pelo menos fora de contexto, mesmo que designem profissões, lugares ou qualidades, são palavras fora do lugar. Ferreiro, Leite, Machado, Guerra, Oliveira, Coelho, apenas para designar os que têm significados na nossa língua, quando transformados em nomes de família abandonam o sentido que lhes atribui o dicionário. Um membro da família Ferreiro não se sentirá obrigado a seguir tal profissão, nem necessariamente ela fará parte da tradição de ofícios desse grupo, é apenas uma palavra que recorta um conjunto de indivíduos ligados por laços de sangue e convenções sociais.

Numa das histórias de Pooh, há uma incrível descrição sobre as confusões infantis relativas ao patronímico. O narrador da história (que se supõe ser o próprio Milne), a quem o menino pede que conte uma história para seu urso sobre ele próprio (o urso), comenta que ele *vivia sob o nome de Mr. Sanders*. O menino quer saber o que significa isso de *viver sob um nome*, ao que o narrador responde de forma bem concreta: "ele tinha o nome escrito sobre o marco da porta, em letras douradas", e que ele vivia abaixo deste. Da mesma categoria é o diálogo sobre o nome de família de Piglet, que se considerava descendente de Tresspassers W....

Muitas vezes, ler para crianças pequenas inclui o necessário recurso às figuras, há vários momentos em que elas pedem para ver, quando acontece algo importante na história, surge uma nova personagem ou elas perdem o fio da meada. Nesse caso, a figura ajuda a contar a história: aparece então o desenho de um pedaço quebrado de uma antiga placa pregada próxima à casa de Piglet, onde se lê: Tresspassers W..., portanto esse é o nome sob o qual o porquinho vivia. Traduzindo para o português, o nobre antepassado do leitão se chamaria algo como "Intrusos F..." (não sabemos as letras faltantes, mas provavelmente seria: Intrusos Fora). Quando Christopher Robin perguntou ao leitão o que isso significa, ele respondeu que era o nome de seu avô, e que esse nome está na família há muito tempo. O menino argumentou que alguém não pode chamar-se Intrusos F. Ao que o leitão respondeu que pode sim, porque esse era o nome de seu avô,

provavelmente Tresspassers Will, apelido de William (como se o nome em português do avô fosse, digamos: Felipe Intruso).

Um amigo imaginário

 os contos de fadas tradicionais, os feitiços benignos provêm de seres mágicos que oferecem ao herói objetos encantados. Seguidamente, essa ajuda sobrenatural provém de animais, mas ela costuma estar eqüitativamente distribuída entre fadas, anciãs boas, anões, duendes e animais de várias espécies. Os animais dos contos de fadas falam a mesma língua dos homens, assim, como se fosse natural. Jamais o herói se surpreende com esse dom, normalmente age como se fosse a coisa mais normal do mundo. Eles também estão entrosados com os desafios humanos, costumam guardar algum tipo de sabedoria e muitos têm função de ensinar.

Mas há um tipo de animal mágico que não mora no mundo das fadas. Ele habita o quarto ou a casa de qualquer criança. Sua magia consiste em falar, em se movimentar, em ser um dos mais fiéis companheiros de seu dono. São bichos de pelúcia ou bonecos, mas não são objetos quaisquer. Trata-se da escolha de um objeto preferido, quase um *alter ego* da criança. O bicho falante e seu dono são faces da mesma moeda, como se o bicho se incumbisse de uma parte da personalidade da criança. Certas coisas que a criança quer dizer ou pensar, mas não assume como próprias, são atribuídas a seu objeto predileto. Por exemplo, ela pode dizer que seu urso *não está gostando nada disso*, quando ocorre alguma coisa que lhe desagrada, mas não quer admitir. Esse brinquedo é diferente de um objeto transicional (que explicaremos melhor nos capítulos seguintes, o qual é um representante materno), aqui se trata de uma extensão imaginária da própria criança.

Através desse tipo de animal de pelúcia ou boneco (embora bichinhos de verdade, como um cão, possam desempenhar em parte esse papel), a criança pode lidar com aspectos mais antigos de sua personalidade – mais regressivos, diríamos em termos psicológicos. Geralmente, o bichinho é mais inocente do que seu dono, de modo que este se pode colocar como se fosse seu adulto, cuidando-o, protegendo-o, sabendo mais que ele, dando-lhe ordens.

A criança e seu brinquedo têm uma relação de amigos, mas também este é um irmão mais moço e um filho; é um coringa, se presta para múltiplas funções. Alguns podem ganhar uma densidade especial e encarnar um amigo imaginário. Temos mais recentemente, nos quadrinhos, o caso de *Calvin and Hobbes* (conhecido no Brasil como *Calvin e Haroldo*), um menino com seu tigre de pelúcia, que é um amigo imaginário. É bom lembrar que o amigo imaginário não necessita de um apoio real.

Seguidamente, encontramos nas publicações dirigidas a pais artigos sobre o dito "amigo imaginário". Ele seria um personagem inexistente que a criança menciona como se estivesse sempre ao seu lado, narra suas peripécias e opiniões, assim como as visões que tem dele com convicção e apreço. É um fantasma de uso privativo de determinada criança. Porém, de forma alguma ele é temível, o amigo imaginário faz jus ao seu nome, é amigável, sua presença é sempre muito bem-vinda. Ele é descrito como uma aparição freqüente na vida das crianças, sendo que o objetivo desses artigos é tranqüilizar a família: seu filho não está maluco, confundir a realidade com a imaginação é normal. Ocorre que, clinicamente falando, o fenômeno do amigo imaginário é muito menos freqüente do que a sua popularidade nos faria julgar.

Muitas vezes, a família brinca junto, outras nem fica sabendo da existência desse ser imaginário. Normalmente, a menção a esse personagem fica mais na memória dos familiares do que na nostalgia do adulto que o teve. No caso de Pooh, poderíamos dizer que foi o relato de Milne que elevou o urso de pelúcia de Christopher Robin ao grau de amigo imaginário de seu filho. Ele seria então um filho imaginário de Milne.

A primeira história de Pooh começa assim:

Aqui está o Urso Eduardo, descendo as escadas agora, bump, bump, bump, vem batendo sua cabeça, atrás de Christopher Robin. Esta é, até onde ele sabe, a única maneira de descer, mas às vezes ele sente que talvez tenha outro jeito, se ao menos os bumps parassem e ele pudesse pensar no assunto. E então ele pensa que talvez não tenha outro jeito. De qualquer maneira, ele está aqui embaixo, pronto para ser apresentado a vocês. Winnie-the-Pooh.

No que se segue, o menino pede ao narrador que conte uma história para o urso, tratando-o assim como se ele fosse vivo e tivesse vontades que precisam ser traduzidas para o adulto que não tem a condição de entendê-lo. Porém, no parágrafo anterior, já tínhamos acesso ao pensamento de Pooh, que parece ter bastante empatia com o narrador também.

Um amigo imaginário como o Pooh é possível quando a família o admite como duplo da criança, aceita incluí-lo e de alguma forma se comunicar com ele, nem que seja evocando-o na conversa com a criança. É um passo além da fantasia corriqueira de acreditar que os brinquedos tenham vida enquanto a criança não vê,[14] pois quando a família incorpora a personagem, o que era fantasia se torna uma brincadeira. O amigo imaginário é uma forma de a criança se referir a coisas suas como se fossem totalmente externas. Como faria um adulto que narra uma história de sua própria vivência como se não tivesse ocorrido com ele, conta na terceira pessoa, atribuindo os feitos a um protagonista de mentira.

O amigo imaginário é uma duplicação da criança que se institui, ganha nome e *status* de existência, algo como um gêmeo fantasma. A vantagem é que através dele podem ser vistas situações e sentimentos como se estivessem de fora, como Christopher Robin vê as ingenuidades de Pooh, seu *silly old bear*. O narrador não precisa chamar a atenção do leitor sobre os aspectos cômicos da criança, eles são insignificantes do lado das do ursinho, que é um duplo, disponível para ilustrá-las sem que ninguém se ofenda.

Quando uma família aceita que sua criança inclua um fantasma na cena dispõe-se a fantasiar com ela, e isso não é patológico, é de certa forma lúdico. A popularidade de relatos e análises desse recurso ao amigo imaginário, serve, provavelmente, para nos tranqüilizar a respeito do aspecto fantasmagórico que pode assumir a imaginação infantil e a fronteira muito tênue que nela separa o real do imaginário. Aliás, uma das fronteiras mais delicadas da clínica com crianças pequenas está em perceber quando elas estão delirando e quando estão brincando. O amigo imaginário é fantasia que beira um delírio, mas é culturalmente aceitável, passageiro e provavelmente útil.

Um exemplo de duplicação mais simplificado e mais comum é atribuir seus feitos a outros. Seguidamente, falamos coisas sérias com uma criança como se não lhe dissessem respeito. Ela nos conta eventos importantes como se tivessem ocorrido com uma personagem da brincadeira, um amigo, um irmão ou o cachorro. Embora saibamos que ela é o verdadeiro protagonista, não vamos desmascará-la. Será para ela um prazer escutar nossa opinião sobre o evento, acreditando que nos enganou e sem se ser obrigada a sentir-se concernida com o que dizemos. Se no nosso entendimento seu amigo foi mau ao bater num colega por causa de um brinquedo ou que seu cachorro foi doido de entrar naquele terreno onde havia algum perigo, ela concordará com seriedade, como se não tivesse sido ela mesma quem fez a aventura. Esse é um recurso clássico a um duplo que serve de apoio a uma comunicação que, na sua forma direta, seria difícil ou constrangedora.

Graças a alguns anos de atenção às peculiaridades das crianças, alguma sabedorias popular se acumulou, hoje sabemos que a infância tem aspectos francamente delirantes. A invocação do duplo de Christopher Robin através de Pooh, sua construção literária como amigo imaginário e sua consagração no gosto do público testemunham uma simpatia pública pelos recursos de imaginação e fantasia que fazem parte da infância de todos nós.

A magia sempre esteve presente nas narrativas dirigida às crianças, os contos de fada são pródigos nisso, mas a magia de Milne é bem particular. Ela está mais próxima da criança, pois trabalha com a sua lógica e explora as minúcias do desenvolvimento da linguagem. Suas histórias falam menos das fantasias das crianças em si e mais de como estas surgem e operam, e é disso que ele retira seu encanto duradouro.

Notas

1. MILNE, A. A. *The Complete Tales of Winnie-the-Pooh*. New York: Dutton Children's Books, 1994, p. 311 ("Poesia e Cantigas não são coisas que você pegue, elas é que te pegam. Tudo o que você tem de fazer é estar onde elas possam te encontrar"). A palavra *hum* é uma onomatopéia do ruído das abelhas, equivale a quando cantarolamos uma música com os lábios fechados ou talvez às cantigas infantis ou de ninar que embalam ao som de palavras que vão se tornando murmúrios. É assim que o urso Pooh classifica as músicas que ele faz com suas poesias.

É como se ele ruminasse para si próprio uma narrativa em versos sobre a situação que está vivendo.

2. ARIÈS, Philippe. *História Social da Criança e da Família*. Rio de Janeiro: Zahar Editores, 1981. Na mesma linha de investigação, recomendamos o livro de Elisabeth Badinter, *Um Amor Conquistado*, publicado pela Editora Nova Fronteira, em 1985.

3. SPITZ, René. *O Primeiro Ano de Vida da Criança*. São Paulo: Martins Fontes, 1983.

4. MILNE, A. A. *The Complete Tales of Winnie-the-Pooh*. New York: Dutton Children's Books, 1994, p. 294

5. Ibidem, p. 167.

6. Os nomes entre parênteses são os da tradução brasileira; às vezes, podem divergir daqueles que por ventura o leitor conheça, pois a tradução brasileira não é homogênea.

7. Ibidem, p. 294.

8. Efallantes (em inglês *Heffalumps*) são monstros temidos pelas personagens desta história. Nenhuma delas jamais viu um, mas todos sonham freqüentemente com eles. Até já foram organizadas caçadas na tentativa (frustrada) de prender um deles e salvar o mel que ameaçam roubar.

9. PIAGET, Jean. *A Representação do Mundo na Criança*. Ed. Record, Rio de Janeiro: 1981, p. 127.

10. Ibidem p. 94.

11. Ibidem p. 74.

12. ibidem p. 63.

13. MILNE, A. A. *The Complete Tales of Winnie-the-Pooh*. New York: Dutton Children's Books, 1994. Introduction.

14. Essa história sobre a condição animada (mesmo que secreta) dos brinquedos deu origem ao filme *Toy Story*, que é uma versão moderna da mesma fantasia do conto *As Flores da Pequena Ida,* de Andersen. Nesse caso, as protagonistas eram flores colhidas por uma menina.

Capítulo XIV
UM POR TODOS E TODOS EM UM*

A Turma da Mônica

Revolta contra o poder da mãe – Onipotência mágica infantil –
Agressividade nas crianças pequenas – Estádio do Espelho –
Capacidade de estar só – Objeto transicional – Fobias infantis –
Construção primordial do Eu – Voracidade e recusa do alimento nas crianças

s histórias em quadrinhos da *Turma da Mônica* são onipresentes entre as crianças brasileiras e já estão fazendo sua segunda geração de leitores: os pais que hoje compram as revistas para seus filhos leram *Mônica* quando crianças. Não há uma idade definida para se familiarizar com suas histórias, pode-se começar bem cedo. Muitas crianças firmam a alfabetização justamente nesses quadrinhos e, por muitos anos, suas personagens vão acompanhá-las. Já para os adultos que não os leram quando crianças, pode parecer aborrecido, afinal, as personagens são muito simples, cada uma tem uma ou duas características, e toda a ação gira ao redor disso.

Para quem não sabe, as personagens centrais são Mônica, Cebolinha, Magali e Cascão. Mônica tem uma força descomunal, mas não a usa para o mal. Ela carrega sempre um coelho de pelúcia chamado Sansão, que, segurado pelas orelhas e lançado, se torna sua principal arma contra os meninos que tanto a incomodam por não aceitarem sua liderança. Cebolinha é um garoto esperto, mas não consegue falar os erres. Embora não deixe de considerar Mônica sua amiga, quer derrotá-la a todo o custo, pois tem uma idéia fixa de que o mundo está ao revés, com uma menina mandando nos meninos. Magali é a melhor amiga de Mônica e só pensa em comer, é uma gulosa sem limites.

---

* Este capítulo, de forma reduzida, com o nome "O Enigma da Mônica", foi publicado em 7 de junho de 2003, no Caderno de Cultura do jornal *Zero Hora*, de Porto Alegre, RS, por ocasião dos 40 anos da personagem Mônica.

Por último, mas não menos importante, vem Cascão, que vive em função de sua fobia de água, razão pela qual é um sujinho. Todos têm a mesma idade, 6 ou 7 anos, ainda não vão à escola e vivem o cotidiano comum das crianças urbanas, com umas pinceladas de magia aqui e ali; essa, entretanto, não é a tônica dos enredos.

Os quadrinhos começaram a ser desenhados, em 1960, por Maurício de Sousa, e foram tiras de jornal até ganharem revistas próprias a partir de 1970. Desde então, arregimentaram uma legião de leitores, são motivo de parques temáticos, brinquedos e garotos-propaganda de uma infinidade de produtos e campanhas. Se é certo que as crianças têm grande empatia por essas personagens, qual é o segredo? O que da infância elas representam para se fazerem merecedoras de tantos fãs?

Acreditamos que encarnam facetas comuns às crianças, mas separadas em personagens. É como se vários aspectos presentes na infância passeassem dissociados, permitindo-lhes contemplar e elaborar um de cada vez. Se juntássemos todos num só, faria mais sentido; entretanto, faremos nossa análise dessa turma obedecendo à mesma divisão do autor, dando a cada um o lugar que sua especificidade requer.

Cebolinha: a guerra dos sexos

ebolinha parece ser o intelectual da turma, é o que pensa e arquiteta planos mirabolantes, porém não consegue falar direito, já que está completamente incapacitado de pronunciar os erres, substituindo-os pela letra "L". Seu defeito de fala é um contratempo extremamente comum no processo da aquisição da linguagem; graças a isso, embora seja um menino ligado às coisas da turma, do bairro, do mundo, fala como uma criança pequena. Ele realiza uma luta quixotesca para vencer a supremacia da força física de Mônica, sua atividade central é bolar um plano infalível e se apossar do coelho de pelúcia da menina, que ele julga ser a fonte do poder que ela detém. Apesar do empenho, sempre fracassa, seus esforços parecem ridículos e seus planos são delirantes como os do cavalheiro espanhol. Cascão é seu Sancho Pança, mas difere do gordo ajudante de Quixote, porque se mostra sempre meio distraído e é geralmente o responsável pelos fracassos das empreitadas de Cebolinha. Cascão não tem uma grande preocupação em derrotar Mônica. Seduzido pelo amigo que faz da rival seu moinho de vento, participa do plano meio a contragosto, sabendo que irá apanhar no final.

Apesar de ser constantemente traído por sua linguagem, que o desvaloriza, a inteligência do Cebolinha é voltada para derrotar sua rival. Suas ações são sempre uma afirmação viril que nunca consegue alcançar o alvo. De certa forma, é o mais maduro por ser o mais perseverante em sua missão de Sísifo de derrotar uma mulher para se afirmar como homem. Pode não dar certo, mas ele é aquele que não se cansa de tentar, e talvez essa seja a garantia de sua afirmação como menino.

Um pouco do nexo do personagem de Cebolinha se explica pela personagem da Mônica, ambos coadjuvam para realçar a especificidade um do outro. Ela é a atração principal, já que o mundo de Maurício de Sousa é de certa forma feminista. Nele, a mulher continua sua disputa pelo espaço que lhe foi negado por tantos séculos. Mônica faz a leitura de que é preciso vencer no próprio território dos homens, aos sopapos, embora Magali lhe lembre que lucraria sendo mais feminina. Mônica também gosta de se arrumar, de brincar de casinha e pode até se interessar por alguns meninos, com aquele amor contemplativo das primeiras descobertas; entretanto, com os meninos da turma e principalmente com seu inimigo número um, a relação é sempre bélica.

O embate de Cebolinha em busca de supremacia é o de qualquer menino. Todos os homens começam sua carreira à mercê de uma mulher mais forte: a mãe. Os meninos, tão senhores de si, são educados para respeitar, logo de início, a uma mulher, cuja força é descomunalmente maior que a deles. Por mais espertos que tentem ser para fazer frente à desproporção de tamanhos, sua bela lábia de pouco lhes vale quando uma mãe quer que algo seja feito. Nos quadrinhos, Cebolinha arquiteta planos geniais para derrotar com esperteza a força de Mônica, como já fizeram Davi contra Golias, Polegar e João do Pé de Feijão contra seus ogros. É o contraponto possível, a inteligência contra a força bruta. Essa é a arma secreta que Cebolinha sempre tenta colocar em seus planos para derrotar a Mônica.

Não bastasse a Cebolinha sua fala problemática, lhe falta pouco para ser considerado careca. Inclusive vem daí a origem de seu nome: ele tem apenas um pequeno tufo de cabelos em formato das folhas verdes da cebola. Realmente, seus atributos viris ainda estão longe de crescer, ele é Sansão antes de lhe crescerem os cabelos. Aliás, Sansão é exatamente o nome do coelho de pelúcia de Mônica, que ela mima como uma boneca, mas é sua principal arma contra os meninos. Por isso, quando Cebolinha fala em derrotar Mônica, se trata de lhe tirar esse coelho e fazer nós em suas orelhas,[1] como se assim ela fosse perder a força, tal qual o Sansão dos mitos, quando teve sua cabeleira cortada por Dalila. Na posse desse coelho-cabelo, ele subjugaria o poder feminino e seria o *dono da rua* ou *da lua*, para usar suas palavras.

Estamos sugerindo que a luta inglória de Cebolinha contra Mônica seja também a das crianças em geral contra sua mãe. Afinal elas não se entregam de tão bom grado à supremacia de poder da mãe, submissão que, para os meninos, é ainda mais constrangedora. Como a trama de quase todas as histórias dá-se a partir de uma questão entre pares, pode ser difícil entender nossa tese de que Mônica possa representar algum aspecto da mãe. É igualmente difícil imaginar alguém chamando a mamãe de *baixinha, golducha e dentuça*, como cebolinha faz, mas certamente é o que muitas crianças, em certos momentos, gostariam de dizer às suas mães. Insistimos, no entanto, em que essas personagens são todas parciais e múltiplas, oferecendo espelhos a variadas posições identificatórias. De qualquer maneira, acreditamos que Mônica se presta para dramatizar ludicamente a mãe nessa luta do menino contra o poder materno; embora lhe falte a autoridade, ela tem a força e o sexo da mãe.

Entretanto, é bom salientar que essa *dona da rua* não parece usufruir de um gozo particular pelo seu poder. Isso se dá mesmo é na cabeça de Cebolinha, ele sim teria esse gozo de domínio que projeta em sua rival. Mônica, como uma mãe, manda e pronto. Não se questiona nem sente um glamour especial pelo seu pretenso reinado, apenas administra os humores dos que estão sob sua jurisdição e ainda os protege de perigos maiores.

Mônica: a sansona

 ão pequena e tão poderosa, Mônica é eloquente tanto da identificação da criança com o poder dos adultos, quanto da oni- potência mágica própria da infância. Nos primeiros anos, o pai e a mãe são todo-poderosos; de seus gestos, provém tudo o que chega à criança. E não há só os pais na vida de uma criança, que costuma ser rodeada de vários adultos, há também aqueles que não são a mamãe nem o papai, mas que estão na verdade a substituí-los no exercício das funções materna e paterna.

Os adultos, entretanto, podem parecer maus. Eles colocam a criança em lugares indesejados, por exemplo, levam-na para dormir no berço quando estava muito

bem no colo ou não lhe alcançam algo que ela quer. Mas também sabem ser bons, permitem que a criança veja o mundo de cima quando a pegam no colo, oferecem-lhe alimentos, alcançam coisas. Uma mera ação deles permite que um brinquedo venha *voando* da estante até as mãos do bebê, que havia demonstrado interesse no objeto através do olhar, de um gesto ou de um grito.

Ao bebê, isso parece algum tipo de magia que pode ser realizada por ele ou pelos adultos; ele não faz muita diferença entre o benefício que provém do gesto dos adultos que o cuidam e o que foi causado por seu grito ou por um gesto que fez. Não poucas vezes, os bebês criam rituais mágicos, como se balançarem para serem erguidos, mas não lhes é bem claro se foram erguidos porque seduziram a mamãe com a macaquice ou pelo poder de seu gesto mágico. Seu ser ainda está misturado com o dos adultos, bem como os atos destes com o ambiente em que as ações acontecem, as causalidades estão ainda por se definir. Por isso, terão de se balançar muito sozinhos para concluírem que o ritual só funciona na frente de adultos; depois ainda será preciso entender que está em poder destes decidir corresponder ou não ao pedido. Os adultos, então, serão seduzidos ou subjugados à base de gritos e lágrimas, expediente que o bebê não demorará em aprender a utilizar.

Cebolinha é um menino que já percebe que a mãe tem esse poder e não está contente. Para isso (e somente isso), Mônica encarna a mamãe. Mas Mônica é muito mais, também é aquela criança que se sente poderosa pelos gestos mágicos. Sente que pode levitar objetos, apontando para eles, e voar invocando os deuses do balanço. Assim, seu poder é ilimitado, não há em quem não possa bater.

O bebê não extrai seu presumido poder apenas da ignorância da causalidade, ele sabe que sua pessoa é um objeto valioso de possessão e digno de cuidado para seus pais. Ele não terá em absoluto uma consciência disso, mas sentirá um poder, que está representado por Mônica. Ela é o filho no pleno exercício de um sentimento de realeza, que emana da valorização da criança na família, já que, por menorzinha que seja, polarizará as atenções.

Certa vez, num programa de pegadinhas norte- americano,[2] a proposta era fazer a música-ambiente de um supermercado tocar conforme os movimentos de determinada pessoa, sincronizando os acordes com seus movimentos e com isso deixá-la desconcertada. A maior parte dos adultos não percebeu, as crianças maiores ficaram incrédulas, mas um pequenino de 3 ou 4 anos se divertiu fazendo música com seu corpo.

Caminhava mais rápido e acelerava o ritmo da música, ele parava e ela parava, ia para a frente ou para trás, orquestrando-a, como se fosse banal que a música-ambiente do estabelecimento acompanhasse seus movimentos. Afinal, não é normal que o mundo gire em função dele?[3] Por isso, Mônica é proprietária do coelho Sansão e o usa para bater nos inimigos, mas sua força não provém do cabelo como no lendário herói, provém de ser pequena, amada e de ter adultos a seu serviço.

Aliada a esse poder, está sua agressividade. Mônica resolve quase todos os problemas na base da força, a sopapos e coelhadas. É muito comum que, em certos momentos cruciais de sua vida, as crianças façam a demarcação de seu território pessoal a socos e dentadas, como faria um animalzinho acuado. É época de delimitar espaços e de sentir-se confuso quanto a eles. As crianças pequenas tornam-se agressivas quando algo ameaça seu império, principalmente novos príncipes. Esse território pode ser uma dúvida sobre quem são e o quanto são amadas, seja porque nasceu um irmão, os pais viajaram, se separaram ou encontraram novos parceiros, mudou a professora da sala ou simplesmente porque estão crescendo e acham que deixando de ser nenê não terão vez. Na dúvida, elas batem e assim, quando a reação do outro se faz audível, sabem que existem e que sua presença faz diferença, algo como *bato, logo existo.*

Em certa ocasião, uma menina de 3 para 4 anos desenhou uma imagem de sua mãe grávida (o que era um fato em sua vida), anunciando que era ela mesma o nenê que estava na barriga. O desenho consistia em uma cabeça com duas pernas palitos. Quando lhe perguntaram onde ela estava, já que não havia barriga no desenho, apontou os grandes olhos que colocara na mãe e disse: *aqui.* Não há melhor síntese do processo, descrito pelo psicanalista francês Jacques Lacan, enquanto *estádio do espelho.*[4] Ele explica o fato de que a imagem corporal da criança não é concebida de dentro para fora, resultante de algum tipo de autoconhecimento, ela é operada de fora para dentro, proveniente do olhar que a mãe ou substituta possa lhe oferecer. Por isso, o corpinho da criança nasce da barriga, mas seu "*eu*", sua imagem corporal, é parido pelos olhos da mãe. Óbvio que não é qualquer olhar, ele tem de ser expressivo do quanto essa criança significa e de tudo o que é esperado dela.

O olhar materno que liga todas as partes do corpo e as entrega para que a criança monte uma imagem, que reconhecerá como sendo seu "*eu*", funciona como um espelho: a criança tem que querer se olhar nele. Em suma, depende de um encontro para o qual ambos os lados têm de contribuir, mas que infelizmente nem sempre ocorre. Porém, quando esse processo de construção de uma imagem corporal ainda é incipiente, a criança pode sentir que sua imagem se dilui sempre que o olhar se ausenta: *se mamãe não está, eu não sei se existo.* Por isso, o psicanalista inglês D. W. Winnicott valoriza tanto a *capacidade de estar só,*[5] denotativa de uma consciência de si que se está libertando da necessidade da presença real de um adulto.

Mas não é apenas a solidão que ameaça os principiantes na tarefa de ser alguém, o contato com os outros também gera confusão. Outros humanos podem também ameaçar essa identidade tão verdinha, e aqui voltamos à pancadaria de Mônica. Afinal, como saber onde termino eu e começam os outros? Se a primeira experiência de sermos nós mesmos é tão alienante, já que nos descobrimos no outro, evidentemente que será difícil estabelecer esses limites. Quando uma criança pequena acusa outra de algo que ela mesma fez, muitas vezes não está mentindo. Provavelmente, ela está se confundindo com a outra, já que bem lhe convém que ela fique depositária do que não quer assumir. Os tapas e as mordidas entre os pequenos nas creches são conflitos em geral provenientes dessa urgência na afirmação do "*eu*", pequenas escaramuças de fronteira.

Mônica foi inspirada em uma das filhas de Maurício, quando ela tinha 2 anos. Em uma revista comemorativa dos 30 anos da personagem, é possível ver uma foto da menina àquela época, abraçada a seu coelho de pelúcia de estimação, e é admirável a sabedoria desse pai de fazê-la acompanhar-se do brinquedo em sua entrada para os quadrinhos. Uma fralda, um bicho de pelúcia ou boneca, um pedaço de roupa, um travesseiro, quando se é assim pequeno, são freqüentemente companheiros inseparáveis. Esse é o tipo de objeto que Winnicott chamou de *objeto transicional.*[6]

Trata-se de um objeto que a criança reivindica sempre que vai dormir, se sente frágil, doente ou desafiada. Quando ele aparece, já é um momento de certa independência, pois a presença real da mãe pode ser substituída por esse representante da função materna. Com esse objeto será executado um ritual que consiste em colocá-lo em determinada posição, cheirá-lo, esfregá-lo em alguma parte do corpo, enfim, as variáveis são infinitas, mas a função é sempre a de executar por si mesmo o que outrora tinha de ser realizado por outro. A imperiosa necessidade da presença desse determinado objeto indica que a criança ainda não internalizou aquele atributo. Embora ela já possa dormir sozinha, o objeto transicional não poderá ser substituído por nenhum outro, e nenhuma mãe é louca a ponto de sair de casa sem ele. O bebê ainda crê que a função materna está contida nesse objeto que representa uma zona intermediária, uma espécie de cordão umbilical simbólico do qual depende.

O objeto transicional é considerado a *primeira possessão de não-eu*.[7] Ele é diferente da sucção de dedo ou do bico. O primeiro faz parte do corpo da criança, enquanto o segundo é um substituto portátil do bico do seio. O valor do objeto transicional está em ser externo ao corpo do filho e da mãe. Ele é um último elo e, ao mesmo tempo, a primeira independência, ele representa o vínculo, mas não o encarna. Talvez poderíamos dizer que ele é também um *não-nós*.

Aliás é comum que a criança, além de não se separar, não permita que esse tipo de objeto seja lavado, o que o descaracterizaria dos atributos com que ela o revestiu, ou seja, as sujeirinhas e os cheirinhos que o convívio com ele foram lhe acrescentando. Mônica é totalmente inseparável de seu coelho encardido de pelúcia e algumas de suas histórias se iniciam com confusões armadas pelo fato de o coelhinho ter sido posto para lavar. Mônica responsabiliza Cebolinha pelo sumiço, ou seja, alguém acaba apanhando pela separação e pelo lavado. E é isto que Cebolinha faz: some com o coelho e o altera, dando nós em suas orelhas.

Maurício transportou para a personagem um atributo típico de crianças pequenas, permitindo que ele assimile esse papel. Todas as personagens da turma trazem questões da primeira infância, junto a outros conflitos característicos de momentos posteriores da vida de crianças já socializadas. Uma personagem, muitas vezes, costuma parecer mais velha que a época da vida da criança que está representando. Isso é compreensível, em função de que o tempo de elaboração é posterior ao de vivência. Quando estamos dentro de uma situação não a percebemos, só a visualizamos de fora. As histórias da turma são ambientadas num mundo de crianças maiores e tratam de muitas coisas que estas vivem, hábitos, jogos, tipos de gente, desafios. É dessa forma que a personagem angaria empatia e identificação junto de seu público, que é majoritariamente de idade escolar. Porém, junto disso, essas histórias operam com questões próprias de quando se era menor, possibilitando a elaboração de aspectos de um passado recente, mas que requer algum tipo de tradução.

Cascão: o sujismundo

 ascão é um fóbico, ou seja, tem medo de algo muito específico e vive pendente de sua aparição. Mapeia o mundo conforme a presença ou a ausência do objeto de seu pavor, no caso, a água. Isso qualquer criança entende, e a solidariedade com Cascão é imediata. Ter medo é uma coisa séria para os pequenos, e é bom ver que não são os únicos com medos inexplicáveis.

Não há criança sem um objeto fóbico ainda que transitório. O tipo mais comum são aqueles que a criança tem oportunidades variadas de encontrar: como um palhaço, um cachorro ou o Papai Noel. O objeto fóbico ajuda a estipular os espaços, podemos dizer que ele atua como um referencial, um parâmetro, a partir do qual a criança mapeia determinado lugar, assim como articula tais espaços com uma certa lei, identificando onde pode e onde não pode ir. Quando uma criança pequena tem medo de palhaço ou do Papai Noel, podemos observar seus movimentos de vai-e-vem medindo o território com o olhar no ponto fixo de seu terror. Então, estabelece a distância ideal desde onde poderá observar detidamente, e com verdadeiro fascínio, o seu objeto fóbico e, ao mesmo tempo, se sentir segura. Fazendo assim, ela estabeleceu um espaço físico e suas leis de trânsito, por exemplo, concluindo: "posso me aproximar 2 metros que ele não me fará nada".

Os objetos fóbicos são representantes paternos. A função paterna é a fábrica de onde vêm os *não* que são utilizados por todos os adultos e lembram à criança de que nem tudo no mundo está ao seu dispor e nem tudo o que ela faz satisfaz a todos. Porém, nem sempre temos a sorte de contar com um Papai Noel, com um palhaço ou com zoofobias (a mais clássica é o medo de cachorro), que são medos tão bem situados, portanto tão fáceis de evitar. Às vezes, a fobia assume uma forma mais difusa, mais sofrida, por estar espalhada, sem contornos definidos. Assim, é o medo de escuro e de água. O escuro e a água estão por todos os lados, sempre comparecem em nossa vida e são uma fonte inesgotável de sustos.

Uma criança pequena que tinha intensa fobia à água, ao crescer, explicou que seu maior temor era o ralo da banheira, pois tinha certeza de que seria sugada por ele. Evidentemente, essa explicação é uma elaboração posterior, pois à época da fobia tanto fazia se havia ralo ou não na água, que era o objeto de seu pavor. Para Cascão, qualquer pingo d'água é ameaça, embora nunca tenha ficado claro o que aconteceria se ele se molhasse. De qualquer maneira, essa imagem do ralo da banheira vale pela explicação que nos proporciona para os medos difusos: eles envolvem uma idéia de sermos engolidos, de nos diluirmos.

Esses medos infantis normais são da mesma índole daqueles sentidos por pessoas que não conseguem sair de casa, freqüentar lugares com muita gente ou estar em algum lugar onde fiquem longe da saída. São conseqüências de uma dificuldade de definir onde estão seus contornos, onde termina o *eu* e começa o *outro*.

Quando tiramos a roupa de um recém-nascido para banhá-lo, é freqüente que ele grite como um desesperado. Sua vivência corresponde à de ter perdido a pele, o único referencial que tinha no mundo. A roupa era seu parâmetro, o único lugar que conhecia para se encostar; ficar sem ela, equivale a cair no vácuo. As fobias de água geralmente estão ligadas à idéia de se mesclar e se afogar nessa coisa mole, maior e perigosa que é a água. Também é uma fantasia de perder os contornos, de deixar de ser.

Estamos falando das fantasias de um bebê, cuja construção do ego é algo muito precioso e recente. Quando um início de separação da mãe (ou de quem cumpra essa função) estabelece os primeiros contornos de uma individuação, a primeira silhueta daquilo que chamaremos de *eu*, tudo é ameaça para essas fronteiras tão inseguras, que, por essa razão, serão defendidas com bravura. Uma das formas de demarcar limites é se besuntando de comida, de fezes ou de sujeira da pracinha. Trata-se de *pichar* os muros daquilo que compreendemos ser nosso território. Nesses casos, ser limpo, lavado, é ficar privado dessa identidade, dessa pele que se pichou, se tatuou, que foi apropriada com o que havia ao alcance. Cascão defende essa primeira delimitação de si, no caso, a sujeira. Seu tema ainda é estabelecer os contornos do próprio corpo.

Quando uma criança escolhe um objeto fóbico, o cachorro, por exemplo, ela está se organizado para circular num espaço fora do lar. É preciso sair de casa para encontrar o cachorro, saber atrás de quais portões e muros ele se esconde, ser surpreendido por ele numa virada de esquina, enfim, esse é um mundo cheio de riscos. Assim, quando se elege um objeto fóbico, ele funciona como um sistema de defesa e de estruturação. O personagem de Cascão consegue transformar uma fobia mais primitiva, muito mais assustadora, em algo previsível e passível de ser evitado. A água o ameaça basicamente de duas formas: através do banho e da chuva. Evitando essas duas possibilidades, não há do

que temer. Isso não deixa de ser uma boa dica para os pequenos assustadiços: é bem melhor quando sabemos onde mora o perigo.

Cascão faz da sujeira uma verdadeira marca registrada. Sua presença é anunciada e notada pelo cheiro ruim, ele irrita a família e os amiguinhos com esse fedor, mas eles nada podem fazer a não ser reclamar. Todas as tentativas de fazê-lo tomar banho são vencidas pelo seu propósito de jamais se molhar. Em suas histórias, a criança se sente vingada das tantas vezes que foi violentamente privada de seu revestimento, de seu cheiro, aquele construído com trabalho e emanações do seu corpo.

A parte mais chata da educação certamente está relacionada com a limpeza, e muitas crianças fazem ali suas oposições. O adulto pega a criança, esfrega, enxágua e, por mais patinhos de borracha que se ponha na banheira, é impossível não se ver que a criança se sente pequena à mercê daquele gigante de mãos tão fortes. O hábito de higiene é rotina infalível: o banho sempre virá, a cara sempre será esfregada para serem retirados os restos de comida, a mão da criança será posta em baixo d'água para tirar aquela papa de banana que estava sendo amassada com tanto prazer. A dificuldade com os hábitos de higiene é a insurreição contra esse poder. De certo modo, Cascão encarna o protesto contra essas regras.

A propósito, convém lembrar que, para muitas crianças, as fezes são a forma de ocupar o ambiente com seu cheiro, como faz Cascão. Somente algumas se rebelam e fogem à troca de fraldas, para melhor aproveitar o contato com seus dejetos; mas todas elas são igualmente mal-cheirosas quando estão passeando com suas fraldas sujas. A criança também perturba o ambiente com assuntos ligados às suas fezes: as diarréias e gazes do recém-nascido são uma forma de opinar sobre o alimento recebido, de informar sobre algum mal-estar; prisões de ventre costumam lembrar que elas não são *um tubo de entra e sai*, elas podem reter, por razões objetivas ou subjetivas, uma grande quantidade de fezes. Depois da retenção prolongada, a criança pode brindar sua família com o acontecimento de grandes derramações, que sempre são motivo de comentários e confusões. Como vemos, a sujeira da criança é uma forma de expressão, de diálogo com sua família, e ela não entende que seus presentes, seus tesouros, sejam tratados como lixo. Cascão nunca entrega sua sujeira e está sempre a lembrar que o lixo pode ser nobre.

Sendo sujinho, Cascão, ou qualquer criança, consegue não ficar no lugar do queridinho bebê cheiroso da mamãe. Esse aspecto repulsivo que a sujeira promove pode ser um escudo eficaz contra o apaixonamento da mãe. É ela que o limpa e enfeita, é de sua escolha a roupa e penteado que o filho vai usar e não convém que ele estrague sua obra-prima. Já a sujeira, além de ser da autoria da criança, é o inverso do que ela faz, a súmula do que ela desgosta. Não há ideal que resista a uma boa camada de lama.

Além disso, os pequenos gostam de ser amados, adoram ser atirados para cima, abraçados e aconchegados, mas detestam excessos afetivos provenientes daqueles com quem não constroem alguma empatia. Eles fogem de pessoas que lhes apertam as bochechas, os pegam no colo à força e exaltam verbalmente (falando alto) como são bonitinhos. Isso é uma prova de que crianças são carentes, mas não são tão ingênuas. Afeto é bom, mas apresentado de forma tão barulhenta ou intrusiva as constrange, reduzindo-as à condição de bibelô, objeto de admiração passiva. Via de regra quem se relaciona assim com as crianças não está disposto a escutar o que elas têm a dizer ou a observá-las para decifrar o que dizem seus gestos. Quem exclama alto como são lindinhas geralmente não quer papo com elas. Sendo assim, se forem fedorentinhas, ou até meio antipáticas, evitarão a produção desse efeito. É por essa razão que elas ficam mudas quando a mãe lhe ordena que respondam a uma pergunta em público (seu nome, idade), elas se negam a serem apresentadas como um bichinho amestrado.

De certa forma, há uma mensagem de que, quando crescer, Cascão terá de abrir mão dessa sujeira. Uma criança fedorenta é tolerável, mas um adulto não. Quem nos dá esta dica é Capitão Feio, um supervilão que quer sujar o mundo todo, torná-lo um lugar feio e poluído. Ele teria tudo para ser o herói do Cascão, mas não é. Ao contrário, a Turma da Mônica está sempre enfrentando e derrotando esse sujão fedorento. Aliás, é boa a lembrança de Maurício de que a sujeirinha das crianças é bobagem, mas a porcaria que os adultos fazem, destruindo e poluindo seu ambiente, é caso de polícia.

Magali: o mundo é uma melancia

 agali é representante de uma oralidade sem regras, depositária de uma fantasia de que se pode comer qualquer coisa em qualquer quantidade e sem conseqüências. Ela decodifica tudo através da fome, qualquer situação ou imagem pode ser traduzida em comida. Sua visão de mundo se assemelha à algumas obras de Arcimboldo – pintor renascentista italiano que compõe suas imagens com legumes ou frutas, entre outros elementos da natureza. Seus quadros, vistos de longe, representam um rosto humano, mas, quando chegamos perto, constatamos, por exemplo, que o nariz é um pepino ou uma berinjela, os olhos são feitos de vagens, os lábios de cerejas. Essa imagem composta de objetos comestíveis pode ser vista como uma alegoria do quadro perceptivo da criança bem pequena, cujo pensamento assim se organiza: "se não sei o que me aflige, deve ser fome, se desejo algo, deve ser para comer". O único sofrimento, que vez por outra preocupa Magali, é a dor de barriga; embora sua gula – proporcional ao tamanho de sua fruta predileta, a melancia –, em geral, não lhe custa muito caro.

De certa forma, ela encarna um poder: o de comer irrestritamente até dizimar qualquer estoque. Como uma nuvem de gafanhotos, não há restaurante ou casa que ela não esvazie, e é disso que emana sua veia cômica. Sabemos que, por melhor que seja nosso apetite, jamais comemos tanto quanto a mamãe gostaria. Mães costumam pôr no prato aquele algo a mais, de tal forma que o filho nunca consiga comer tudo e sempre fique em falta. Diante disso, o apetite de Magali é uma vingança. Tudo o que a mãe possa oferecer ao filho sempre será insuficiente, sua despensa ficará pequena diante da fome de Magali. Assim, a insuficiência, que sempre estava do lado do apetite do filho, fica agora relegada à mãe, pois ela nunca consegue cozinhar em quantidade suficiente. Aliás, na vida dos filhos esse momento sempre chega: na adolescência, são todos *Magalis*, juntam-se com os amigos para pôr a mãe no desespero da insuficiência. Magali é a prova de que, desde pequenos, os filhos sonham com essa revanche.

Existe um personagem secundário, Dudu, um pouco mais jovem que os da turma, que é o contraponto de Magali. Dudu vive em uma espécie de greve de fome, para ele toda a comida é uma ameaça. O mote de suas histórias é o desespero de sua mãe querendo que ele se alimente. Dudu faz um tipo meio anoréxico, aquele que só existe para recusar o assédio da mãe, frustrar seus desejos, vomitar suas exigências. Temos nele mais um personagem que é um traço de personalidade.

Certa anorexia faz parte da primeira infância e não se constitui em nenhum tipo de patologia grave.[8] Logo a criança descobre que tem poder de alterar seus adultos quando não come o que lhe oferecem e passa a usar esse expediente. No primeiro período de vida, em função de seu crescimento acelerado, um bebê ingere uma quantidade grande de alimento, se levado em conta quão pequeno ele é. Ao final desse período, lá pelo segundo ano de vida, passará a comer proporcionalmente a seu tamanho, portanto muito menos. Esse momento normalmente produz crises na mãe, que se sente recusada junto com o alimento que o filho deixa de ingerir. O raciocínio é simples: se o filho come tudo, significa que ela tem para dar corresponde ao que ele deseja; se sobra, há algo dela que ele não quer, que vai para o lixo. Por isso, normalmente as mães engordam comendo os restos deixados pelos seus filhos, elas reincorporam aquela parte de si que haviam oferecido, mas que ninguém quis comer. Já Magali usa outro método, o de lembrar à mãe que esta nunca conseguirá oferecer o suficiente.

Crianças filósofas

 gama de personagens de Maurício é muito mais vasta que o pequeno grupo que já comentamos. Seu sucesso também se deve a uma variada galeria de personagens que evocam outro tipo de questões, as quais não se restringem aos percalços do crescimento. Há a turma do Chico Bento, arquétipo do nosso interiorano esperto, um Pedro Malasarte mais jovem, diluído e adocicado. Temos o Bidu, um cachorro que se propõe questões existenciais. Mas é sobre a turma do Penadinho, que têm coragem de falar da morte, a qual também é uma personagem – Dona Morte – que é importante se deter um pouco mais.

As crianças, quando deixadas à própria sorte, podem não chegar a nenhuma conclusão filosófica brilhante, mas, sem dúvida, se formulam as perguntas certas. A inibição do mundo adulto sobre certos assuntos as faz recuar ou silenciar, e existe um certo consenso de que a morte não seria assunto para crianças. Por sorte, Maurício não compartilha desse tabu. Criou uma um personagem de mesmo nome, cuja versão em quadrinhos corresponde à representação clássica que temos dela: Dona Morte é vestida de negro, carrega uma foice e vem a qualquer momento, sem piedade, nos buscar.

Embora existam formas religiosas de minimizar o impacto do limite da vida, a morte apresenta sempre a questão da finitude, e as crianças não deixarão de abordá-la. Claro que o ambiente desses quadrinhos é religioso – basicamente cristão: temos o céu, o inferno, a idéia da transmigração das almas (idéia espírita de

origem, mas já bem brasileira), elementos que fazem da finitude algo menos radical. De qualquer forma, Dona Morte comparece aos quadrinhos para fazer pensar sobre isso que ocorre, a todos os momentos, em todas as famílias e sobre o que se comenta o mínimo indispensável.

É grande o número de famílias em que não se fala da morte para as crianças. Mesmo diante de mortes não-traumáticas, como a de alguém muito velho ou há longo tempo doente, cujo fim era esperado, os adultos nada falam para os pequenos sobre aquilo que já sabiam, mas cochicham ostensivamente ao redor deles. Os adultos, muitas vezes, projetam nas crianças sua impossibilidade de abordar o problema, deixando-as solitárias para elaborar a tristeza de uma ausência sentida. A bem da verdade, projetamos nas crianças uma condição de ignorância que almejaríamos ter, que bom seria se fôssemos poupados de saber da existência de tudo o que é ruim.

A morte retratada por Maurício sempre chega com sua inclemência costumeira e encontra a resistência por parte da vítima, que foge, a engana e pede prorrogação; são raros os que se entregam de bom grado. De um jeito ou de outro, ela acaba por cumprir seu objetivo, mas talvez esteja também para nos lembrar de que podemos viver sabendo de sua existência e ganhando dela a cada dia.

Muitas vezes, correm-se grandes riscos provenientes da ignorância da morte. Jovens seguidamente sucumbem em acidentes frutos da onipotência do *comigo não vai acontecer nada*. A morte está sempre à espreita, não existe essa de *corpo fechado*; levá-la em conta é a melhor forma de evitá-la. Por isso, não é mau negócio tocar nesse assunto com as crianças, que aliás pensam nisso e em outros assuntos cabeludos – como sexo – com muitíssimo mais freqüência do que qualquer adulto possa imaginar.

Outro desses assuntos polêmicos é a loucura. Nas histórias do Cebolinha, existe um personagem que a encarnaria, aliás seu nome é Louco, para não deixar dúvidas. Ele é a representação idealizada da loucura em consonância com nossa época, resultado de anos de trabalho dos movimentos de abertura dos manicômios, visando a valorizar esses sofredores e encontrar uma representação mais digna para a psicose. Na concepção antipsiquiátrica, muito popular na origem desse movimento, o louco habitaria um mundo com outra lógica, seria feliz a seu modo e estaria de bem com sua excentricidade (o que infelizmente não é bem assim). Como a opção de Maurício é não elidir assuntos, talvez seu personagem seja a representação possível da loucura dentro do universo dos quadrinhos para crianças daquela idade. Inclusive não sabemos se ele representa apenas a loucura. Seu interlocutor preferencial é Cebolinha, que já vimos demonstra certa inteligência e uma subjetividade mais elaborada.

As histórias do Louco são puro *non-sense*, possuem uma linguagem onírica, mostram absurdos de todos os tipos. Boa parte é construída com chistes oriundos da linguagem levada ao pé da letra, em que chover canivete é mesmo chover canivete, não há metáfora. Quem tem alguma familiaridade com a linguagem dos sonhos ou dos delírios sabe que é assim mesmo que eles funcionam, trata-se da imaginarização do simbólico, ou seja, da construção de imagens a partir da literalidade das palavras. Tudo o que o Louco diz se materializa, criando situações absurdas. Seguidamente, a interpretação dos sonhos em uma análise segue o caminho contrário, basta traduzir as imagens em palavras e a mensagem onírica se revela.

Os sonhos interrogam, os pesadelos assustam e ambos levantam questões com seus absurdos. Não é necessário freqüentar um consultório de psicanalista; basta observarmos, à mesa do café da manhã, que, ao despertar, estamos intrigados com nossos sonhos e seguidamente buscamos uma interlocução que ajude a resolver a charada onírica. Sabemos que se trata de uma lógica que precisa, como um código, decifração e interpretação e agimos como quem acredita que falar sobre isso é o caminho. E foi por isso que a psicanálise passou a se ocupar dos sonhos.

As crianças também se interessam por seus sonhos e ainda não desenvolveram o preconceito científico, que geralmente distancia os adultos deles. Muitas vezes, se recusam a dormir com medo de que o monstro com que sonharam volte, porque o terreno do onírico demora a ficar claramente separado do desperto. Inclusive depois de crescidos, ainda muitas vezes temos sonhos, de uma vividez tal que tememos terem realmente acontecido. Mas, aquilo que para o adulto é ocasional, ocorre freqüentemente na infância, de tal forma que os terrores noturnos que aparecem insistentemente durante os primeiros anos de vida são resultado dessa sensação de realidade do sonho. Por isso é compreensível para elas que os delírios do louco, que são como sonhos, tomem conta da realidade. É tudo muito absurdo, como no País das Maravilhas de Alice, mas, dentro da lógica infantil, encontra certa viabilidade.

Além disso, as crianças costumeiramente entregam-se a fantasias bizarras, povoadas de vôos, animais estranhos e aventuras. Não bastasse esse pendor para a fantasia, outra fonte para o fantástico provém de quando levam os adultos a sério em certas brincadeiras: por exemplo, a idéia de que pode nascer uma melancia na barriga de quem engole as sementes. O pensamento dos pequenos fica balançado, e eles imaginam de fato essa gestação vegetal, uma barriga enorme com uma melancia dentro. Provavelmente, o Louco dê conta dessa lógica não só dos sonhos, mas das fantasias diurnas também. Em muitos aspectos, o Louco faz o papel daquela ingenuidade infantil que leva a compreender as situações e as falas de forma engraçada, tal como imaginar que todas as receitas culinárias levam *sopa* e *chá* entre seus ingredientes, já que mencionam colheres de sopa ou chá como medida.

O Louco, ao se incumbir da ingenuidade e dos absurdos do pensamento infantil, faz o contraponto que reserva a Cebolinha um espaço de maturidade que os outros personagens não têm. Cebolinha é o mais velho da turma, representante do olhar de Maurício de Sousa sobre sua própria infância;[9] foi o primeiro a ser criado e deu nome às tiras que precederam os gibis por quase uma década. O Louco e o Cebolinha representam para as crianças a possibilidade de ver de fora as bizarrices de sua infância, com o consolo de que, mesmo sendo ainda crianças, já deixaram de ser tolinhas (nisso o expediente é o mesmo que une Christopher Robin a seu urso de pelúcia falante, o Pooh, de que nos ocupamos no capítulo anterior).

Um cachorro que é um portal mágico

 loquinho é o cachorro do Cebolinha, mas bem poderia ser do Louco. Esse cachorro verde, cuja representação é a de um tufo de pêlo ambulante, sem olhos nem focinho, é antes de tudo um enigma, ninguém sabe onde está a cabeça nem onde está o rabo. O próprio sexo desse animal fantástico já foi motivo de dúvida: só sabemos que é macho porque corre atrás de cadelas. Ele tem o porte de um cachorro médio completamente peludo, e existem histórias em que é composto só de pêlo, como se fosse um novelo. Quando é puxado um fio, ele se desfia todo; enrolando-o, restará um novelo e nada de cachorro embaixo. Floquinho é etéreo, mas não só isso, ele é uma espécie de buraco negro de baixa gravidade. Os objetos que caírem dentro dele podem ficar lá, perdidos por muito tempo. Ele parece uma porta para outra dimensão, uma dimensão interior mágica onde tudo cabe e onde o tamanho não é problema.

O que é peludo, enigmático, imaterial e janela para uma dimensão interior? As fantasias principais de incorporação de que temos nos ocupado nessas análises são, sem dúvida, orais, mas não são as únicas que as crianças fazem. Afinal, os bebês não saem pela boca – apesar de seguidamente as crianças se explicarem o mistério do nascimento lançando mão dos recursos que conhecem, como o percurso do alimento.

Mais cedo ou mais tarde, elas descobrem ou aprendem que as crianças são concebidas (entram) e paridas (saem) pela vagina. A vagina não é um órgão, é um orifício. O fato de suas paredes e arredores estarem cobertos de sensores por onde esse buraco se positiva não a exime de ser um espaço vazio, passível de ser preenchido. Ou seja, a vagina pode ser concebida como etérea, como o Floquinho, o qual, em sua parte visível é coberto de pêlos; assim como o órgão sexual feminino é um orifício com bordas peludas. Se a vagina é um buraco peludo, Floquinho é um peludo buraco.

O parto é um enigma até para as mulheres. A elasticidade da vagina, assim como toda a reacomodação óssea que permite a saída de um bebê tão grande por um espaço tão pequeno, é um fenômeno que beira o inacreditável. Mais um ponto para essa nossa associação, tão estranha, entre Floquinho e o interior do corpo materno. Para Floquinho, tamanho não é problema, em mais de uma história a turma já entrou no cachorro para fugir das coelhadas de Mônica, e não consta que ficaram apertados. Não deixa de ser tão espantoso quanto uma gestação gemelar, principalmente de trigêmeos ou mais.

No papel de advogado do diabo, e contra nós mesmos, percebemos que essa hipótese enfraquece ao constatarmos que geralmente as representações evocativas das entranhas da progenitora costumam ser acompanhadas de uma versão terrorífica. A fantasia que melhor a traduz é a de ter sido enterrado vivo. Em princípio, não é agradável pensar que poderíamos ser engolidos novamente pelo monstro que já fez o favor de nos expulsar. Afinal, entrar num corpo é uma incorporação, é fundir-se nesse ser maior. Isso costuma vir acompanhado de terror e angústia, pois perdemos os limites da nossa própria pessoa. Se não sabemos mais onde termina o eu e onde começa o outro, evidentemente pouco nos resta de uma identidade de que possamos reivindicar.

Porém, Floquinho não é nada disso, não evoca medo; ninguém tem pânico de não sair lá de dentro, mais dia menos dia, tudo que entra sai. Tampouco gera objetos, ele não tem essa capacidade, apenas os retém involuntariamente. Ele não se assemelha aos sacos mágicos dos contos de fadas. Embora estes possuam a propriedade de ser infinitos quanto ao conteúdo, como o cachorro de Cebolinha, geralmente são mais generosos, dão ao seu dono incontáveis riquezas por serem geradores.

Em compensação, Floquinho é fonte de mistério, talvez por ser mais um fenômeno que um personagem. Seu dono chega por vezes até a duvidar de que ele seja de fato um cachorro. Certa ocasião, alguém desafiou Cebolinha a provar que aquilo era um cachorro mesmo. O assunto ficaria solucionado fazendo-o latir, mas o safado miou... Logo foi descoberto que o miado vinha de um gato que estava perdido em seu interior. Por fim, Floquinho latiu. Mas com ele é assim, não se sabe bem o sexo, onde é a cabeça e qual é o lado do rabo, enfim, só se pode supor, deduzir com dificuldade seus atributos. Diante de tantas conjecturas, parece que esse personagem nos conduz outra vez a pensar nos mistérios do sexo, em particular o sexo feminino que costuma ser concebido como ausência.

As crianças pequenas sempre têm assunto com bolsas, buracos, gavetas e armários. Quando menos esperamos, elas tiram tudo lá de dentro e, não raro, entram lá; além disso, cada uma tem, em sua casa, seus buracos favoritos para se esconder. Lugares como um armário de panelas são um parque de diversões, pois esses utensílios são barulhentos, brilhosos e ainda cabem uns nos outros. Portas, por onde coisas e pessoas desaparecem e surgem, são igualmente fascinantes, o que leva os pais de bebês deambulantes à exaustão, pois estes abrirão e fecharão portas de recintos e armários milhares de vezes, sendo que muitas vezes deixam os dedos no caminho. Essa curiosidade pelo dentro e fora, assim como a questão do que cabe e do que não cabe, é uma obsessão que faz das crianças bagunceiras profissionais. Não nos surpreende então que Floquinho possa também ser uma forma de brincar com esses assuntos, tão lúdico quanto um bom armário de panelas.

Floquinho oportuniza um exercício tranqüilo da fantasia de entrar e sair de um corpo ou recinto, de aparecer e desaparecer. É fundamental que fique claro que ele não é exatamente uma representação do órgão feminino, apenas evoca algumas das suas possibilidades lógicas, considerando o pensamento infantil, é claro.

Elogios e críticas

 universo de Maurício é muito maior que os personagens analisados, examinamos aqui o que consideramos as linhas de força principais. Mas há um caminho aberto para sistematizar a contribuição educativa de Maurício na cultura brasileira. Sobre isso há muito a dizer e elogiar: por exemplo, existem poucos autores infantis que dão tanto espaço para a ecologia. Em suas histórias, há uma representação muito simpática do índio brasileiro, no Papa Capim. Adequado ou não (na nossa percepção, sim), ele entra no nosso imaginário como um dado a pensar. Enfim, um rastreamento exaustivo, visando a valorizar a abrangência e a relevância do trabalho de Maurício em nossa cultura seria bem-vindo. Tomara que não demore tanto para ser divulgado, quanto demoramos para teorizar sobre a importância da obra de Monteiro Lobato. Foi preciso que seu trabalho envelhecesse, para que começassem a sair estudos revelando o quanto ele nos legou.

A principal crítica que nos ocorre fazer a Maurício é o fato de ele deixar uma importante faceta da infância, a vida escolar, sob a responsabilidade apenas do Chico Bento. Chico é um personagem rural bem complexo, que tem toda uma vida e um sem-número de aventuras para dar conta e ainda tem que se desempenhar como aluno esforçado.

A *Turma da Mônica* propriamente dita não vai à escola, o que a distancia em termos de realidade do grosso de seu público, que está em idade escolar. Ou seja, a maioria dos leitores de Maurício não tem seu cotidiano narrado nessas histórias. Eles encontram material para elaborar suas fantasias antigas, mas não seus problemas atuais. Essa omissão não é qualquer, já que a escolarização se impõe hoje desde muito cedo.

Provavelmente, essa diferença corresponde muito mais a uma transformação social. A infância retratada por Maurício é a sua própria e a de suas três primeiras filhas, transcorrida num tempo em que se brincava com a turma da rua e a escola era apenas uma parte do dia. A violência urbana empurrou as crianças para uma escolarização precoce e prolongou a permanência dos pequenos em atividades pedagógicas (esportivas, artísticas, recreativas). Portanto, embora aqui constatemos um certo envelhecimento da trama, acreditamos que os leitores fazem as devidas transposições entre a turma do bairro do Limoeiro e a da escola.

Tanto famílias como escolas procuram criar para as crianças uma bolha de proteção de tudo o que nosso mundo tem de sofrimento e maldade. Com o Bairro do Limoeiro não é diferente. O espaço de segurança desse mundo é o núcleo familiar, todas as personagens têm pai, mãe e uma casa com paz. A única fonte de sofrimento para essas famílias é a dificuldade financeira, ninguém é rico e alguns, como a família do Cascão e do Cebolinha, precisam lutar bastante. Porém, esses contratempos só emprestam uma tinta bucólica de vida simples, nada é insolúvel nem irreversível ou realmente duro, mesmo situações como o desemprego, ou a separação dos pais, são apresentadas com leveza, graças à comicidade e ao afeto das personagens entre si.

O único personagem órfão é Horácio – figura principal de tiras com alguns outros dinossauros. É uma situação irreversível, que faz dele, paradoxalmente, o mais moderno de todos os personagens do Maurício. Horácio é um tiranossauro pequeno, vegetariano e pacífico (ou seja, a pura contradição), nascido de um ovo abandonado ao sol. É um sujeito fora de época, de lugar, a própria imagem do desamparo e da solidão. Ele é o que mais se parece com os seres humanos de hoje: somos tão sem referências como Horácio, perdidos num lugar que está sempre se renovando, portanto, em extinção, com a sensação de que já nascemos sendo um modelo superado e sem encaixe no papel que esperam de nós. A sua modernidade é a ilusão de construir-se sozinho, sem referências parentais, aliás nem da genética ele aceita herança, por ser vegetariano.

As personagens da *Turma da Mônica* habitam o bairro do Limoeiro, um lugar antigo, onde tudo se ajeita e pode ser tratado com leveza. Com certeza é um espaço assim que lutamos para construir para nossas crianças. Infelizmente, um dia todos crescem e viram Horácio. Restrita a esse universo aconchegante, a ficção de Maurício cumpre sua função, mas não cobre a gama de necessidades das crianças. Estas, finda a infância, buscam consumir histórias que retratem sua vida de lutas no mundo externo, muito além do bairro do Limoeiro.

Assim, sobra espaço para programas e publicações que ofereçam histórias sobre os problemas que as crianças têm na escola e na vida fora de casa e a televisão tem se incumbido com muito boa qualidade dessa temática. Como exemplo, citamos o canal infantil Nickelodeon (TV a cabo de origem norte-americana), que veicula três programas que consideramos interessantes: *Doug*, criado por Jeff Jenkens; *Hey, Arnold!*, de Craig Bartlett; e *As Told by Ginger*, Csupo Gabor. Esses são alguns entre outros, apenas para citar que existe muito espaço entre o público infantil para consumir histórias que enfoquem de frente alguns de seus problemas cotidianos.

No ramo das revistas, a publicação criada pela Disney italiana, chamada *W.I.T.C.H.*, abre espaço para os conflitos das meninas púberes. Na verdade, essa série aposta nos dois caminhos, elas possuem uma faceta mágica e outra comportando o mundo das meninas comuns, com seus problemas bem concretos.

As crianças querem um pouco de tudo, tanto consolo quanto desafio, o importante é a variedade. Aliás, como teremos oportunidade de tratar mais adiante neste livro, o encanto dos livros de *Harry Potter*, escrito pela inglesa J.K. Rowling, provém justamente da exploração deste filão que mistura o mágico e arcaico com o cotidiano moderno das crianças, tendo também um ambiente escolar como cenário preferencial.

Enfim

s personagens da *Turma da Mônica* de certa forma são todas desobedientes: Mônica não atende aos pedidos de não bater nos amigos; Cebolinha não se cura de sua obsessão por derrotar a dona da rua; Magali não pára de comer; e Cascão não toma banho. O dia em que eles obedecerem acaba a história. Sua intransigência demonstra que a infância não é curável, nem domesticável, o único modo de passar pelos seus revezes e mal-entendidos é vivendo-os e sofrendo suas conseqüências, pois é com elas que se cresce. Nessas horas, nada como aliados ficcionais, personagens que sirvam como metáforas do que se sente, mas não se sabe que se sente. Sua missão é durar, persistir sempre idênticos a si mesmos, encenando o mesmo roteiro, enquanto uma geração após a outra passa por eles.

Notas

1. Uma colega, Eda Tavares, sugeriu aqui outra linha de raciocínio que nos parece interessante. Há um significativo número de relatos de irmãos que atacam de alguma forma as bonecas da irmã. Cortam os cabelos, as decepam, enfim, um sem-número de possibilidades, mas certamente é um ataque deslocado à própria irmã, à sua pessoa ou a seus poderes femininos. Afinal, as bonecas são sempre "filhas", que coloca as irmãs como detentoras da capacidade de gerarem vida como a mamãe.

2. Trata-se Candid Camera, um tradicional programa de TV, que iniciou no rádio em 1947. Ele capta reações de gente comum em situações bizarras artificialmente criadas.

3. Esse ponto de vista, normal na infância, pode aparecer de forma patológica na vida adulta, é a paranóia, quando outra vez alguém se sente o centro mundo. Afinal, graças a que está sendo perseguido, o paranóico se considera importante, objeto central de uma grande conspiração cósmica.

4. LACAN, Jacques. *Escritos*. Ver *O Estádio do Espelho Como Formador da Função do Eu*. Rio de Janeiro: Jorge Zahar Editor, 1998.

5. WINNICOTT, D. W. *Da Pediatria à Psicanálise*. Rio de Janeiro: Francisco Alves, 1993, p. 53. Tal capacidade se expressa pela possibilidade de o bebê brincar na presença da mãe (ou substituta), mas abstraindo-a, absorto em seus assuntos, para só depois poder ficar sozinho sem medo de desaparecer.

6. WINNICOTT, D. W. *Realidad y Juego*. Ver *Objetos Transicionales y Fenómenos Transicionales*. Buenos Aires: Gedisa, 1982.

7. Ibidem, p. 18.

8. Não estamos nos referindo aqui aos transtornos alimentares conhecidos como anorexia nervosa e bulimia. Acreditamos poder utilizar o termo "anorexia" para explicar que a criança recusa o alimento por razões meramente subjetivas, que nada tem a ver com as necessidades de nutrição, é uma alusão ao recurso de equacionar as coisas através do comer ou não comer. Para as crianças, a alimentação, tão central na rotina de sua vida, acumula a função de representar o vínculo com a mãe. Compreendemos que faz parte do transcurso normal de uma infância que uma criança passe por períodos em que se recusa a ingerir boa parte dos alimentos e vomita o que se sentir forçada a comer.

9. O próprio Maurício de Sousa numa entrevista declarou que o Cebolinha o representa de certa forma. Ver Zero Hora, em 7 de junho de 2003.

Capítulo XV
ERRAR É HUMANO

Pinocchio

A formação moral das crianças – Importância da experiência – Neurose infantil –
O peso das expectativas parentais – Construção da identidade parental –
Contos de fadas moderno – Internalização das regras – Significado das mentiras –
Defesa contra a alienação – Metáforas do renascimento

Uma antifábula

mbora hoje conheçamos *As Aventuras de Pinóquio*[1] sob a forma de um livro, essa história foi escrita como um folhetim. Seus capítulos saíram entre 1881 e 1883 para uma publicação semanal infantil, o *Giornale per i Bambini*, de Roma, concebidos lentamente por Carlo Collodi,[2] ao longo de uma escrita várias vezes interrompida; retomada quando o autor estava pressionado pelas cartas dos pequenos leitores exigindo a continuação das aventuras do boneco[3] (dizem que também pelas dívidas que eram tão insistentes quanto as crianças). De certa forma, poderíamos dizer que esse marionete já nasceu com seus cordões manipulados pelo seu público, afinal foram as crianças que gostaram da história e pediram sua continuação. Antes disso, Collodi conquistara algum reconhecimento com a tradução dos contos de fadas do francês Charles Perrault para o italiano. Collodi tinha também alguma influência pedagógica, pois escrevera livros didáticos e se interessava por questões educacionais.

De qualquer maneira, essa história e seu personagem principal conseguiram forte penetração na cultura, poucos lhe são indiferentes, mas temos dúvida se ele é tão amado quanto conhecido. Muitos querem distância de Pinocchio, inclusive da versão Disney, mais suave que a original. Isso não é devido à inconsistência da obra, talvez seja eloqüente de seus méritos. No depoimento de algumas pessoas que conhecem a história, mas não gostam dela, percebemos que essa rejeição se deve à empatia com o sofrimento decorrente da desordem psíquica do personagem. Pinocchio produz uma identificação direta e forte, provocando angústia em certos leitores que se emocionam intensamente com as trapalhadas sem fim do herói.

O texto de *Pinocchio*, cujo estilo merece uma visita ao original, é inclassificável. Embora às vezes se aproxime de um conto de fadas e tenha elementos do romance moderno, ele lembra uma fábula ao avesso. Cada confusão armada pelo boneco é cercada de moral: ele é avisado antes de fazê-la, aconselhado a desistir e sujeito a recriminações, geralmente por algum animal que lhe enuncia frases de sabedoria e bom senso, mas Pinocchio insiste e erra sistematicamente; pouco a pouco, são as intenções moralizantes que ficam como as grandes derrotadas da história. Pinocchio sempre faz pouco caso da sabedoria que lhe é oferecida e cai em qualquer cilada que encontra no caminho. De fato, ele só aprende com a experiência, de nada adiantam as admoestações dos mais velhos e dos sábios, ele só saberá separar o joio do trigo errando, errando muito e errando mais uma vez, até a exasperação do leitor.

A aposta pedagógica das fábulas era numa divulgação facilitada dos bons princípios, que, por essa via, ilustrados com situações simples envolvendo animais, poderiam ser compreendidos e incorporados por aqueles a quem se necessitava educar. Conforme a intenção de La Fontaine, tratava-se de construir o sistema moral dos seres humanos, enquanto eram ainda crianças, através de fábulas. Nas suas palavras:

convém que as crianças se alimentem de fábulas ao mesmo tempo que sugam o leite: compete às amas proporcioná-las, pois não há outro meio de acostumar desde cedo à sabedoria e à virtude. Em vez de sermos obrigados a corrigir nossos hábitos, melhor será conseguir torná-los bons enquanto são indiferentes ao bem ou ao mal. Ora, que método poderá contribuir mais utilmente para isso do que estas fábulas? [4]

Pois bem, o texto de Collodi pode ser também uma resposta a essa posição do escritor francês, pois as crianças definitivamente não são muito receptivas às intenções educativas gratuitas fora de sua experiência concreta. A simpatia angariada por Pinocchio deve algo à sua posição teimosa, demonstrando que cada um fará seu caminho individual no sentido da construção do julgamento moral. Cada um processará custosamente dentro de si os princípios da cultura em que cresce, realizando uma síntese própria através de uma história acidentada e singular.

O respeito aos pais, a conquista de um lugar ao sol através do trabalho e não da esperteza, assim como o cuidado com as tentações provenientes das más companhias, são assuntos insistentes nessa história. Em contraponto a tais posições, o boneco opta sistematicamente por péssimos conselheiros e aceita convites que o levam ao mau caminho. A razão das más escolhas deve-se, muitas vezes, à necessidade de aceitação por parte dos outros garotos. Pinocchio, como qualquer outro menino, não quer ser visto como um almofadinha obediente. Quanto ao trabalho, pondera que talvez os garotos vadios, assim como os fora-da-lei, tenham um modo de vida mais interessante para lhe oferecer. No pólo oposto a essas tentações, estão seus *pais*, representados por Gepetto (seu criador), a Fada Azul (uma espécie de madrinha) e os animais conselheiros (dentre eles Grilo Falante, o mais destacado) que tentam poupar-lhe esse desvio.

Aparentemente, seria melhor para todos se os jovens não perdessem tempo com seus equívocos, caso se convencessem de entrada que não há outro jeito, que o mau caminho é atraente a curto prazo, mas oneroso a longo prazo. Se os jovens não desperdiçassem tempo com amizades aparentemente pouco construtivas, amores impossíveis, divertimentos inúteis e fazendo resistência ao inevitável caminho do esforço, dariam menos trabalho ao seu mundo e tornariam-se adultos robóticos, obedientes e trabalhadores mais rapidamente. Mas é dos desvios, do desperdício e da contestação que provém a riqueza cultural da nossa espécie. Não somos formigas ou abelhas, nosso mundo não é uma colméia com um lugar social estabelecido, nossa natureza não oferece um caminho simples, só nos dá alguns instrumentos para viver. O sonho do pedagogo francês deve ser redimensionado, não adianta somente ensinar bem, é preciso respeitar o tempo do educando. [5]

Apesar de a história se assemelhar muito a uma fábula, diferentemente do que acontece nesse tipo de narrativa, o herói sempre é perdoado e tem sucessivas oportunidades de tentar acertar; outra condição de antifábula provém do fato de que o boneco está empenhado em provar que não entendeu a lição. Além disso, ao contrário do que ocorre com Pinocchio, nas fábulas raramente aquele que erra tem oportunidade de ser alertado sobre as possíveis conseqüências de seu ato, recebendo uma chance de evitá-lo; geralmente o ensinamento (a moral da história) comparece após a punição. Por último, poderíamos dizer que, no fim das contas, a história de Collodi, apesar de desdenhar da mecânica das fábulas, transforma-se numa, em função de que sua trama se direciona para um ensinamento moral, em que Pinocchio finalmente se encaixa no bom caminho.

A história de Pinocchio

ealizar uma sinopse dessa novela é sempre um desafio, justamente por ter sido escrita como um folhetim, sem grandes pretensões a uma futura unidade textual. Personagens morrem e reaparecem, não há um fio de continuidade, e o autor termina a história várias vezes, por isso, este trabalho é aproximativo. Só o fazemos para que o leitor relembre minimamente a trama e possa raciocinar conosco. Além disso, um relato breve priva a história da magia do texto original, que é realmente muito encantador. No estilo em que foi escrito, no humor dos diálogos, está a riqueza que cativou seus contemporâneos.

Tudo começa com um pedaço de madeira falante, não ficamos sabendo por que essa madeira era mágica, só que foi dada ao artesão Gepetto por um amigo. Com o material mágico, Gepetto esculpiu um boneco, que antes mesmo de ficar pronto já se comportava mal. Enquanto ainda era um pedaço de pau, conseguiu induzir uma briga entre Gepetto e seu amigo, fazendo observações jocosas sobre um ou outro que desembocaram numa pancadaria.

O sonho de Gepetto era fazer uma marionete perfeita, com muitos dotes artísticos, que viesse a torná-lo famoso e bem de vida. Infelizmente, o começo não poderia ser mais desastroso, o boneco fugiu, provocou mais desentendimentos na rua, e Gepetto acabou injustamente preso por sua causa.

A dedicação do *pai* não encontrou contrapartida no *filho*. Gepetto várias vezes abriu mão de suas coisas para dar conforto e futuro a Pinocchio, mas tudo o que ele recebeu foi apenas ingratidão. Pinocchio não conseguia fazer nada que um bom menino faria, começando por sua incapacidade de ir à escola; seu fascínio era pelo mundo e logo saiu em busca de aventuras.

Junto com as primeiras manifestações de maus modos do boneco, surgiu o Grilo Falante, seu primeiro conselheiro, o qual se apresentou no momento em que Pinocchio se encontrava sozinho em casa, após ter causado a prisão de Gepetto. Tendo a função de ser uma espécie de consciência, o Grilo o advertia insistentemente das enrascadas em que estava se metendo, mas foi mal recebido e terminou martelado contra a parede.

A primeira aventura foi o contato com sua *verdadeira* turma: Pinocchio vendeu a cartilha que Gepetto havia lhe dado para ir à escola e comprou uma entrada para o teatro de marionetes. O dono do teatro, um homem chamado Come-Fogo, era um tirano que abusava desse pequeno mundo de bonecos, os quais eram como escravos seus. Aqui surgiu a oportunidade para que se revelasse uma outra face de Pinocchio, pois, numa atitude corajosa, acabou salvando um boneco de ser queimado. Através dessa demonstração de heroísmo, tocou o coração de Come-Fogo, que lhe presenteou umas moedas de ouro para que as levasse a seu pai.

Na posse de sua pequena fortuna, comportou-se como um fanfarrão e otário, atraindo a ganância de uma dupla de trapaceiros: a raposa e o gato. Os malandros lhe convenceram a ir a um lugar que diziam ser mágico, onde as moedas poderiam ser plantadas para que crescesse, do dia para a noite, uma árvore de moedas de ouro. Assim os gatunos roubaram seu dinheiro, perseguindo-o numa verdadeira caçada. Ao alcançá-lo, por ser de madeira, seus inimigos não conseguiram esfaqueá-lo, portanto resolveram enforcá-lo. Por sorte, ele encontrou a primeira versão da Fada Azul – como uma menina de cabelos azuis, mas era uma fada do bosque –, que o retirou da árvore e cuidou de sua convalescença. Claro que, com essa benfeitora, ele também não se portou bem e foi de certo modo ingrato e desobediente.

Tudo isso aconteceu num reino com suas peculiaridades, entre as quais a de ter chegado a uma cidade onde o crime era ser otário, motivo pelo qual amargou quatro meses de cadeia, exatamente por ter sido ludibriado. Após sua saída da cadeia, a sorte também não lhe ajudou: entrou numa propriedade para comer umas uvas e acabou preso numa armadilha para fuinhas. O proprietário do lugar o acorrentou e o fez servir de cachorro para proteger seu galinheiro. Dessa vez, houve mais uma oportunidade para que se mostrasse o bom caráter de Pinocchio. As fuinhas tentaram corrompê-lo como faziam com o antigo cachorro, mas ele não entrou no papo e as denunciou; e, graças à sua fidelidade, foi solto.

Retomando sua jornada, soube que o pai lhe estava procurando. Seguiu em sua busca mas acabou encontrando novamente a Fada Azul, na aldeia das Abelhas Laboriosas. O nome não é à toa, já que todos trabalham neste lugar e dão sermões a Pinocchio que não trabalha. Mas enfim Pinocchio e a fada estão juntos, e ele faz juras de que vai emendar-se, prometendo que agora sim seria um menino direito. Tais promessas realmente duram por um tempo: de fato ele suportou a escola e a hostilidade dos colegas; entretanto, por influência destes, acabou saindo do bom caminho e metendo-se em confusões outra vez.

Mais uma vez, a Fada Azul o acolhe e escuta suas súplicas e promessas de se emendar. Pinocchio retoma a vida, vai bem na escola e está prestes a virar um menino de verdade, com festa marcada inclusive, quando se lança na última grande aventura: imigra, junto com um colega, para um mundo fantástico, a Terra dos Brinquedos, um lugar onde não existe escola e não se trabalha. Eles só não sabiam do preço da estada: seriam transformados em burros para serem vendidos como animais de carga.

No início, até que Pinocchio não teve um trabalho tão ruim como os outros burrinhos. Foi comprado por um circo, mas, quando fere uma pata, é vendido para que lhe tirassem o couro. Quando seu novo dono resolve afogá-lo no mar, os peixes comem a carne e fica o boneco de pau original que havia por baixo. Raivoso por ver seu couro sumir, o dono de Pinocchio quer vendê-lo então como lenha; o boneco se lança ao mar para fugir e é engolido por um tubarão gigante.

Quis o destino que nessa mesma barriga encontrasse Gepetto, que já estava sobrevivendo por dois anos no interior do corpo do tubarão. Com audácia, Pinocchio consegue tirar o pai da barriga do monstro e, como é bom nadador por ser de madeira, o leva até a praia. Mas Gepetto está muito mal, sua temporada no ventre do tubarão o debilitou além da conta, e agora é Pinocchio quem tem de cuidá-lo.

Pinocchio trabalha noite e dia para dar de comer ao pai e, nos serões, retoma seus estudos. Para completar sua provação, tem notícias de que a Fada Azul está doente. Manda para ela o pouco dinheiro que tinha para auxiliar na sua recuperação e resolve trabalhar ainda mais para poder sustentar também a sua querida protetora. Numa noite sonha que a Fada vem dizer que lhe perdoa das molecagens já feitas e que quem cuida dos pais merece sempre louvor e afeto. Quando desperta, descobre que havia sido transformado num menino de verdade; toda a cabana rústica estava melhorada; e seu pai estava são e voltava a entalhar madeira. Além disso, nos seus bolsos encontrou, em vez dos 40 vinténs de cobre que emprestara à Fada Azul, 40 moedas de ouro. Olhou para o boneco que fora, agora encostado num canto, sem vida, e disse:

Como eu era ridículo, quando era boneco! E como estou contente de ter-me tornado um rapazinho direito.

A versão em desenho animado feita por Walt Disney[6] trouxe uma mudança importante: não há um pedaço de madeira mágica. A vida provém da força do desejo de Gepetto de ter um filho, que, somada ao bom caráter desse homem, sensibiliza a Fada Azul, dando-lhe esse dom.

Dessa forma, Pinocchio de Disney lembra a lenda de Pigmalião. Nesta, o rei de Chipre esculpiu a estátua de uma mulher, enamorando-se de sua obra. Com seu forte anseio por conviver com a amada, comoveu a deusa Afrodite, que deu à estátua o dom da vida. Para Gepetto, na versão Disney, o desejo peremptório é por ver seu boneco transformado num filho e quem se comove é uma fada. A diferença entre a história da mulher estátua e do menino boneco reside em que, no caso de Pinocchio, o dom mágico requer uma prova da parte de quem o recebeu, de merecer esse lugar no coração de seu criador[7] e só então a dádiva seria permanente.

No resto, o desenho animado é bastante fiel a Collodi no espírito, pois, sendo uma versão resumida, muitas liberdades foram tomadas. O clímax de Disney ocorre após Pinocchio ter mostrado coragem e desprendimento, salvando o pai do ventre de uma baleia gigante, e a fada então o transforma em menino. Aqui não há a redenção via trabalho, mas por meio do amor ao pai. Também não há tempo para crescer, é enquanto menino que ele resolve seu drama, ao contrário da história de Collodi, em que a jornada é de menino a homem.

Em 2003, Roberto Benigni, como ator e diretor, fez um filme sobre Pinocchio, muito fiel à obra de Collodi; não foi um sucesso de bilheteria, mas é um bom filme. Talvez não tenha empolgado o público por ser excessivamente fiel ao original, fazendo poucas concessões aos novos tempos.

Repetir o erro é humano

Costuma-se dizer que "errar é humano, insistir no erro é burrice"; os psicanalistas poderiam alterar a frase: "é próprio do humano insistir nos mesmos erros". Na verdade isso pode ser uma das definições da neurose, um caminho equivocado que não conseguimos recusar. E essa é a atitude sistemática de Pinocchio, já que ele não erra uma, mas sim várias vezes, e sempre do mesmo jeito, com uma insistência irritante. O boneco é, nesse comportamento, mais humano impossível, então, desde sempre um menino de verdade. Provavelmente, Pinocchio seria mesmo um boneco, caso se comportasse como uma marionete manipulável. Mas seu caráter voluntarioso e rebelde, alternando repetidos erros com ataques de remorso e culpa, faz dele uma contradição permanente, tão humano, assim como todos nós.

Afinal, temos o péssimo hábito de fracassar ali onde o sucesso é previsível, desejar o que é proibido, tentar ser o que não se espera de nós e não conseguir desempenhar o papel que nos foi reservado. Enfim, olhando com mais cuidado, verificamos que somos todos errados. Exatamente por sermos amados pelos pais, precisamos nos diferenciar de suas expectativas, livrando-nos de ser apenas marionetes presas pelas cordas desse desejo alheio. Até gostaríamos de ser mais obedientes e merecer o apreço deles, fazer o que esperam de nós, mas quando assim nos comportamos, sentimos como se tivéssemos perdido a individualidade, o senso de quem somos.

Quando somos obedientes tornamo-nos personagens do sonho parental, em vez de fazer da vida uma trama orientada pelas nossas expectativas. Por outro lado, quando renegamos a herança cultural e os desejos dos nossos pais, mergulhamos no nada, imperando a desorganização psíquica. Somos, então, o delicado equilíbrio entre não encarnar o que esperam de nós, mas levando em conta exatamente isso. Enfim, resta-nos a possibilidade de uma vida que é balizada por desejos alheios, os quais recusamos ou não conseguimos satisfazer.

Por mais desagradável que isto possa soar, é necessário dizer que a paternidade é o sonho de fazer de alguém a marionete dos próprios sonhos, enquanto a tarefa do filho é insubordinar-se a esse papel, como faz Pinocchio. Infelizmente, é um motivo egoísta que move o aparentemente altruísta ato de procriar; por outro lado, felizmente, porque sem essa ilusão o ser humano estaria extinto. Esse anseio é claramente expresso nas palavras de Gepetto:

Pensei em construir para mim um belo boneco de madeira, porém terá que ser um boneco maravilhoso, que saiba dançar, esgrimir e dar saltos mortais. Quero rodar o mundo com tal boneco, para ganhar para mim o pão e o vinho.

O velho artesão projeta no boneco todas as qualidades que um filho obediente deveria ter: seria maravilhoso e principalmente teria virtudes que reverteriam para o prazer e benefício de seu criador. Depois do boneco *nascido*, Gepetto lhe dedicará sacrifícios e experimentará o peso da responsabilidade que trouxe para sua vida. Na história de Collodi, o sonho do filho maravilhoso e útil não chega nem até o final de sua fabricação. O toco de madeira falante já

troçava de todos e principalmente de Gepetto, chamando-o de Polentina, apelido que muito o irritava.

Pinocchio ganhou esse nome antes da primeira cinzelada:

Quero chamá-lo de Pinocchio,[8] este nome lhe dará sorte. Conheci uma família inteira de Pinocchios: Pinocchio o pai, Pinocchia a mãe e Pinocchios as crianças, e todos passavam bem. O mais rico deles pedia esmola.[9]

Qual seria a sorte que traria ao boneco carregar esse nome de deserdados, Gepetto não nos explicou. Talvez ela assinale uma assimetria entre o criador como todo-poderoso, diante da tosca criatura que estava esculpindo. Mas seus poderes não foram muito longe. Terminado o nariz, esse não parava de crescer; a boca, logo depois de cinzelada, expressou-se rindo e troçando de seu criador; quando mandada calar a boca, a criatura botou a língua para fora; a primeira atitude das recém-fabricadas mãos foi arrancar a peruca de Gepetto. Collodi escreve:

Àquela atitude insolente e provocadora, Gepetto tornou-se triste e melancólico como nunca estivera antes na vida e virando-se para Pinocchio disse:

"Filho maroto! Ainda não está pronto e já faltas ao respeito com seu pai! Isto é mau, meu filho, muito mau!"

E enxugou uma lágrima.

Ainda restavam por fazer as pernas e os pés.

Quando Gepetto terminou de fazer os pés, recebeu um pontapé no nariz.

"Eu mereço", disse consigo mesmo. "Tinha que pensar nisso antes. Agora é tarde".

Assim que seus pés ficaram prontos, o boneco saiu em desabalada corrida pelas ruas, com Gepetto atrás sem conseguir alcançá-lo. Quando finalmente, com ajuda de um guarda, foi apanhado, o povo começou a murmurar que o velho maltrataria o boneco, de modo que quem acaba preso é Gepetto.

Pinocchio ficou só em casa, passando fome e, ainda por cima, teve seus pés queimados no braseiro, quando tentava se esquentar. Gepetto voltou e deu-lhe de comer, entregando-lhe sua própria refeição. Porém, só lhe reconstruiu os pés mediante a promessa de que não voltaria a fugir. Inicialmente o pai duvidou de seu propósito de ser um bom menino, temendo que estivesse mentindo. As intenções de Pinocchio, como se vê, eram das melhores, expressas nas seguintes palavras:

Mas eu não sou como os outros rapazes! Eu sou o melhor de todos e sempre digo a verdade. Prometo, papai, que irei aprender um ofício e que serei o consolo e o sustento da sua velhice.

Gepetto chamou o boneco de filho desde que o construiu, mas essa foi a primeira vez que este o chamou de papai. Incentivado por esse diálogo, o pai vendeu o único agasalho que tinha (estava nevando) para comprar uma cartilha com a qual Pinocchio pudesse ir à escola.

O crescimento de Pinocchio é tumultuado pela sua inadequação, por isso, serve como metáfora privilegiada da subjetividade moderna, em que cada um termina por cinzelar sua própria humanidade. Pinocchio tem também elementos de um conto de fadas, visto que são ajudantes mágicos e situações fantásticas as que dão oportunidade para que a aventura ocorra, mas um conto de fadas moderno, por incluir a constante afirmação da especificidade da trajetória do herói e de como ele é o resultado de sua história.

Nesse sentido, o folhetim de Collodi pode ser também pensado como se fosse um romance, tal como compreendido por Ian Watt.[10] Segundo esse autor, as características do romance são as seguintes: a especificidade da trajetória do herói será determinante de seu comportamento, os detalhes da vida particular de um personagem passam a ser interessantes por serem marcas de sua imparidade, a busca da verdade passa a ser vista enquanto uma questão individual e o mote da aventura será uma espécie de fracasso ou rompimento com a tradição. Grandes romances, como *O Vermelho e o Negro*, de Sthendal, *Madame Bovary*, de Flaubert, ou *Ana Karênina*, de Tolstoi, se baseiam em fracassos dos seus protagonistas, no funcionamento neurótico que lhes faz cair em repetidas ciladas, impedindo-os de cumprir o papel social esperado.

As Aventuras de Pinocchio podem então ser classificadas como um pequeno romance para crianças, em que tudo o que o herói queria era ser um bom menino, mas é o papel que ele menos desempenha. A riqueza de um enredo e o valor do personagem provêm dessa trajetória de erros, afinal, se ele tivesse ido à escola até aprender um ofício e trabalhar como um rapaz obediente, não haveria história para contar. As peripécias de Pinocchio sugerem que um bom homem precisa, de certa forma, ter sido um filho levado, pois só aquele que teve a coragem suficiente para contestar o desígnio paterno, para experimentar outros caminhos e falhar, teria angariado a sabedoria necessária para crescer.

Olá, mundo cruel

eguindo o rumo da história, vemos Pinocchio arrependido da primeira fuga, cheio de boas intenções, pretendendo ir à escola e planejando para si o melhor dos futuros. Estudaria e aprenderia um ofício com o qual pudesse comprar um agasalho luxuoso para Gepetto, capaz de compensar o sacrifício que este fizera por ele. Mas não foi muito longe. Sua primeira atitude foi vender a cartilha para pagar uma entrada no teatro de marionetes.

Nesse pequeno circo, onde as marionetes são escravizadas e se comportam exatamente como Gepetto havia sonhado para o seu boneco, Pinocchio vai se diferenciar, mostrando quão humano é. Foi recepcionado como um irmão pelos outros bonecos, mas feito prisioneiro pelo despótico Come-Fogo. Sua entrada coincidiu com o impasse do diretor, que estava disposto a sacrificar um de seus atores, ou seja queimar um boneco, pois lhe faltava lenha para assar um carneiro. Nesse momento, Pinocchio teve seu primeiro gesto de grandeza, oferecendo-se para ser incinerado no lugar de um irmão. Come-Fogo se comoveu com essa atitude altruísta e soltou-o, dando-lhe moedas de ouro para levar a seu pai. Collodi dá diferentes oportunidades para seu herói: não apenas tentações que lhe revelam a fraqueza, mas também desafios em que possa demonstrar suas boas qualidades. Esta é a primeira chance que ele tem de ser recompensado por uma atitude não-egoísta.

Come-Fogo é o pai ogro, a mais primitiva representação de pai. Ele era rei desse pequeno mundo de bonecos, soberano sobre a vida e a morte de seus escravos e, como podemos demonstrar, também canibal – se considerarmos a *humanidade* dos bonecos. Afinal, um carneiro estava sendo assado, mas era um dos bonecos que seria o combustível, ou seja, para comer um, outro também deveria morrer. Há um deslizamento entre o ser assado e comido e o ser consumido pelas chamas, são dois sacrifícios juntos. Além disso, se atentarmos ao nome, Come-Fogo (no italiano *Mangiafoco*), podemos supor que ele comeria o boneco queimando-o. O ogro gosta de carne, mas como esses bonecos são de madeira, para serem devorados, só servindo de lenha, comidos metaforicamente pelo Come-Fogo. Mas esse pai-ogro termina comovendo-se com a atitude de Pinocchio e também faz a sua aposta nele, com moedas de ouro.

A conquista da condição de menino de carne e osso é um longo e tortuoso caminho, não é algo que só acontece no final, com o simples toque da varinha da fada. Esse episódio no teatro de marionetes é a primeira ascensão do boneco a um nível de humanidade. O ogro eleva-o à categoria de um filho que orgulha o pai, por isso, envia moedas para que ele entregue a Gepetto, como se fosse uma mensagem que informava do valor que demonstrou. Por meio da coragem de enfrentar o ogro, de impedir o sacrifício do outro boneco, Pinocchio deixa de ser marionete, mostra-se livre, sem dono, não pode ser *devorado,* porque não é um dos bonecos de sua propriedade. De qualquer forma, vale a lição de que é perigoso ficar à mercê de um dono, hoje ele te cuida, amanhã te devora...[11]

O início, para pai e filho, é marcado por uma reivindicação de satisfações narcisistas: Gepetto quer circo, pão e vinho; Pinocchio quer diversão em vez de trabalho. Rapidamente, o velho aprenderá que, se quer o filho estudando, terá de demonstrar ser ele também capaz de algum sacrifício, por isso, vendeu seu casaco. O boneco, no teatro de Come-Fogo, livrou-se de ser anulado e escravizado, mostrando um amor ao próximo maior do que a si mesmo. O prêmio de moedas representa o ganho que se pode conquistar na vida quando se está disposto a algum sacrifício. Defende-se aqui uma trajetória individual, em que o sujeito é livre para escolher um destino (e escolher errado também), mas um caminho que deve ser feito com coragem e trabalho. Mais de uma vez ele será aprisionado e solto. Na maior parte das vezes, a fuga só será possível graças a alguma atitude correta que ele teve anteriormente. Na história, há um diálogo da vida com os atos do boneco. Os conselhos não funcionam, mas a vida julga e condena, por isso, é preciso ter bons antecedentes para merecer a liberdade.

Infelizmente, Pinocchio não foi muito longe com as moedas que ganhou de Come-Fogo, pois foi enganado inúmeras vezes pela raposa e pelo gato, que lhe prometiam maneiras absurdas de ganhar dinheiro fácil a partir de suas moedas e o roubam. Esse circuito se repete mais de uma vez ao longo do livro: Pinocchio sai cheio de bons propósitos, cede à tentação de propostas de prazer ou de dinheiro fácil, é enganado, castigado por isso e desilude seu pai, deixando-o na miséria e perdendo-se dele. Depois de feita a bobagem, cabe-lhe realizar alguma ação nobre e piedosa, capaz de angariar ajuda e perdão.

A cada escorregada do trilho do bem, o boneco encontra figuras que lhe oferecem ensinamentos morais. O primeiro deles é o conhecido Grilo Falante, que aparece várias vezes ao longo da história, mas há também um melro branco, um papagaio, um vagalume, um burrinho e uma marmota que lhe dão lições. Um grupo de animais, diretamente convocado do reino das fábulas, comparece para transformar as trapalhadas em lições. Alguns tentam avisar, dando conselhos que Pinocchio só compreende depois de não ter seguido. Outros comparecem para dar a sentença e explicar onde foi que ele errou, muitas vezes, oferecendo-lhe a voz de sua experiência, a título de moral da história.

É interessante observar que pai e filho aprendem ao mesmo tempo. Como vimos, o projeto inicial de Gepetto não é ter um filho para passar o trabalho de educá-lo; ele quer um boneco para viver de suas momices e levar uma vida fácil. Seu discurso de rodar o mundo com ele e ganhar com isso o pão e o vinho é similar ao de Pinocchio antes de cair no mundo para aprender errando:

> Se eu ficar, vai acontecer comigo o que acontece com as outras crianças, ou seja, vão me mandar para a escola e queira ou não eu terei que estudar [...] divirto-me muito mais a perseguir borboletas, trepar nas árvores e apanhar passarinhos no ninho.

> "Qual seria seu ofício?" Pergunta o Grilo a um Pinocchio que responde, cheio de certeza:

> "Comer, beber, divertir-me e vagabundear de manhã à noite".

Gepetto sucumbe ao mesmo circuito de Pinocchio, pois tenta uma paternidade fácil, para logo se arrepender e descobrir que será necessário muito sacrifício para fazer-se digno de ser cuidado na velhice pelo seu filho. Pai e filho percorrem um longo caminho de provações para concluir que esses papéis não nascem com a criatura, são resultado de um longo trabalho de construção subjetiva que toma toda a duração da infância e da juventude. Ao final destas, com Pinocchio já moço trabalhador e Gepetto velho e doente, ambos se fazem merecedores dos títulos de pai e filho.[12]

Educação: um trabalho de equipe

 o longo da história, podemos observar que pai e filho são confrontados com um mundo educador, tal qual se queixa o boneco:

Como somos azarados nós, pobres os meninos. Todo mundo nos repreende, todo mundo nos censura, todos nos dão conselhos. Se deixássemos por conta deles, todos poriam na cabeça que são nossos pais e nossos professores.

A função paterna não é um privilégio do pai, ela está em cada circunstância cerceadora, em cada castigo que a vida impõe, em cada ensinamento pelo qual se aprende errando. A primeira representação de Gepetto é de um velho folgazão, mas que, ao se tornar pai, percebe o tamanho da tarefa e a ela se entrega com certo arrependimento. Sua jornada será de impotência, já que não consegue ser escutado pelo irreverente boneco, seus esforços e sacrifícios serão desperdiçados até o ponto em que finalmente enfrentará a miséria e a doença. O caminho de artesão a pai mostra a diferença entre o cinzelar um corpo e o trabalho de construir uma alma. É uma boa metáfora da distância que separa o procriador daquele que desempenhará a dura tarefa de verdadeiramente se tornar pai.

O drama de Pinocchio provém de sua incapacidade de escutar os sábios conselhos que lhe teriam poupado tantas escolhas erradas. De fato, na pressa de esculpi-lo, Gepetto esqueceu de fazer-lhe as orelhas, talvez porque soubesse que não ia usá-las muito mesmo. O certo é que esse esquecimento é um simbolismo quase literal da surdez cabeça-dura do boneco. Como contraponto, podemos lembrar que o primeiro sinal da sua metamorfose em burro tenha sido justamente o crescimento de um palmo de orelhas. Não por acaso, essa tentação – o País dos Brinquedos – foi a última à qual ele sucumbiu, depois aprendeu a ouvir a voz de sua consciência.

Após essa derradeira aventura, Pinocchio não receberá mais conselhos. Tão firme é sua determinação interna de cuidar do velho e da fada doentes, que só toma atitudes adequadas e louváveis. Depois de receber o par de orelhas, finalmente aprende a ouvir, mas agora já é a voz de uma sabedoria interior que ele escuta. O Grilo Falante, essa encarnação de sua consciência, já não se faz mais necessário, o conselho já não é ouvido como algo vindo de fora, mas de dentro. Fazer a coisa certa agora deixou de ter um caráter alienante.

A falta de orelhas, quando era um boneco infantil e irresponsável, demarca que as palavras de sabedoria devem ser enunciadas, por vários adultos, e repetidas, inúmeras vezes, para as crianças que se comportam sistematicamente como surdas. Graças a isso, os pais, parentes e professores emprestam sua voz à dura e desesperante tarefa de educar. Provavelmente, a ausência de orelhas está demonstrando também que as crianças se fazem de surdas porque estão cansadas de escutar demais. Pinocchio tem razão, o mundo é um educador sistemático, e, a cada momento, há alguém ensinando alguma coisa, tal como os animais que aparecem em todas as cenas para enunciar a moral da história. É impossível então para as crianças ficar escutando tudo. Uma vez encerrada a infância e iniciada a adolescência, não são necessários tantos discursos para guiar a vida, já se têm idéias próprias e uma bússola mínima para andar pelo mundo.

A construção da paternidade é um processo que cabe também para a mãe, representada nessa história pela Fada Azul. Sua primeira figuração é a de uma menina bondosa de cabelos azuis, que se oferece para ajudar Pinocchio na condição de irmãzinha. Apesar de jovem, ela o salva da doença, ensinado-o a engolir o remédio amargo, assim como a não mentir, já que se o fizer, lhe crescerá o nariz. Infelizmente, Pinocchio a desilude, perdendo-se atrás de promessas de vida fácil e levando-a a morrer de desgosto.

A partir daí, ela ressuscitará em vários momentos para ajudá-lo e dar mais lições, sobre a importância da paciência e do trabalho. No segundo encontro, sob a forma de uma mulher que o faz trabalhar em vez de mendigar alimento, passa a ser considerada uma mãe. Diz a fada:

Deixou-me menina e agora me reencontra como mulher; tanto que poderia servir-lhe de mãe.

A grande missão dessa mulher é demonstrar sua capacidade de perdão. Ela terá momentos característicos da necessária rudeza educativa, como quando deixou o boneco gritando por alimento e agasalho uma noite inteira, com o pé magicamente colado à porta que havia chutado, em punição pela impaciência e pela falta de modos. Mas esses sempre alternarão com outros episódios em que ela amolece, perdoa, cuida e repara o vínculo abalado pela aspereza que a colocação de limites requer.

Gepetto também, várias vezes, demonstrará sua capacidade de perdão ao longo da história, ambos sabem que se aprende errando. Mas é a fada quem negocia diretamente com Pinocchio, a ela cabe dar mais chances, mais oportunidades. É uma espécie de tripé: os animais dão os conselhos, enunciam os princípios, tal como nas fábulas; Gepetto oferece os elementos práticos necessários para começar a vida, assim como o lugar de filho que o boneco está sempre tentando merecer; por último, a fada, que parece gerenciar todo o processo. Ela tem em suas mãos a administração do trabalho educativo, decide as doses de apoio e corretivos próprios para o momento, assim como comparece a cada vez com o disfarce e o tipo de assistência necessários. Realmente, a criação de um filho é um trabalho de equipe.

O nariz e a mentira

uando evocamos Pinocchio, o seu nariz expansível e retrátil é indissociável de sua figura. A partir do conhecimento popular de psicanálise, espera-se que façamos a inevitável referência a esse como uma metáfora grosseira do pênis, cujas manifestações exibicionistas devem ser cerceadas pela sociedade, mediante a ameaça de castração. É certamente uma leitura possível, mas simples demais. Não podemos esquecer que o nariz cresce quando o boneco mente. No livro, a fada explica ao boneco que existem dois tipos de mentira: as de pernas curtas e as de nariz comprido, as dele seriam do segundo tipo. As pernas curtas nunca alcançariam seu objetivo, e o nariz comprido denunciaria a farsa.

Mais do que nos dedicarmos a esse pretenso falo facial, é necessário entender o caráter dessas mentiras. Para o poeta Mário Quintana, "a mentira é uma verdade que esqueceu de acontecer", ou seja, ela é inverídica quanto ao fato, mas verdadeira quanto ao desejo que venha a expressar. Ao mentir, ocultamos alguma falha ou ostentamos algum falso valor, é um ato de proteção. O autor da mentira preserva, tentando enganar o interlocutor, a integridade de um ideal, ocultando os pontos discordantes entre a situação real e a que acredita que deveria ter ocorrido. Nesse sentido, por estranho que possa parecer, mentir é um ato de amor ao interlocutor, a quem de alguma forma se quer impressionar.

Há ainda outra leitura possível da mentira: a de marcar a separação entre o pensamento do adulto e a subjetividade da criança. Os pequenos supõem inúmeros poderes nos seus adultos e certamente a telepatia está entre eles, não raro eles acreditam que seus pensamentos possam ser *escutados*. Por exemplo, para uma criança que vivencie um sentimento de continuidade entre ela e sua mãe, ter a experiência de lhe dizer uma mentira e não ser descoberta é fundamental. A possibilidade de contar pequenas lorotas e ludibriar o adulto é um ato de independência, de perceber a limitação desse em controlá-lo. A fada

lembra ao boneco que suas mentiras serão visíveis, mas é enquanto expressão de seus desejos que isso ocorre. O nariz comprido revela a pujança de sua vontade, mostrando indiretamente quão marcante nessa história é a força das tentações.

Quase todas as mentiras de Pinocchio visavam a ocultar suas falhas, mas para isso bastaria dizer que elas têm pernas curtas, não tendo condições de impressionar o interlocutor. Porém, as mentiras de Pinocchio se denunciam, são descobertas pela ostentação daquele imenso nariz, que não passa sequer pela porta. Nesse aspecto, talvez poderíamos pensar numa metáfora peniana para o gigantesco nariz, no sentido do quanto a ereção do membro masculino não mente, revelando um desejo sexual que ele dificilmente poderá ocultar. De certa forma, boa parte das mentiras é de nariz comprido, porque elas seguidamente denotam algum desejo que não se realizou, mas que encontrou na enunciação da mentira uma representação possível.

Pinocchio não resiste a nenhuma excitação, isto é o que aparece ao longo do livro, cada vez que algum prazer surge na sua frente, ele não posterga, embarca sempre. Por que com a sua excitação sexual seria diferente? O desejo sexual é o único velado nessa história, em que o herói sucumbe à cobiça, à preguiça, à gula e a outros pecadilhos. Mas se trata de um relato para crianças, naquela fase em que se faz de conta que elas não têm sexo, então não se fala no assunto. Esse desejo, que é latente, mas não ausente, reaparece como esse nariz erétil. Aliás, os meninos pouco sabem o que fazer com a ereção quando ela surge, até que aprendam a usá-la na experiência da masturbação, será fonte de tanta confusão como o nariz gigante do boneco.

Pinocchio tem uma força vital gigantesca, que serve para o bem ou para o mal. É com a mesma energia que ele se joga a um projeto de transgressão, quanto a um de salvação. Ele sempre se atira de cabeça. Por isso, é correto lembrar que um vem sempre acompanhado do outro, as realizações, assim como as tentações, são movidas por um desejo que se impõe. A evocação do personagem é indissociável desse nariz que cresce, porque sua história é a de alguém que não se deixou cercear em suas vontades pela convenção educativa. Terminou aprendendo, mas à sua moda e depois de ter caído em tentação inúmeras vezes. De certa forma, a negociação necessária entre o desejo e a interdição é o eixo dessa trama.

Existe um conto de fada que pode nos auxiliar-nos a pensar a questão da mentira em outra direção. A história chama-se *A Filha de Nossa Senhora*[13] e faz parte da compilação dos irmãos Grimm. Nessa, uma menina, filha de pais paupérrimos, ganhou como madrinha nada menos que Nossa Senhora. A santa levou a afilhada para o céu e lhe forneceu tudo, do bom e do melhor. Certa ocasião, quando a menina já estava com 14 anos, Nossa Senhora teve de se ausentar e lhe confiou as chaves das portas do céu, mas com uma condição: ela poderia ir aonde quisesse, porém estava-lhe vedado o acesso à determinada porta. É claro que a curiosidade venceu a menina e ela abriu a porta. O lugar proibido encerrava a Santíssima Trindade, em toda a sua luminosidade, e ela tentou tocar o brilho, ficando com o dedo dourado. Os efeitos do brilho eram permanentes e não adiantava tentar lavar a marca de sua falta.[14]

Quando Nossa Senhora voltou, perguntou à menina se ela a havia obedecido, mas ela mentiu, negando sua transgressão. A madrinha sabia que ela estava mentindo, por isso lhe retirou o privilégio de estar no céu e também lhe fez perder a fala.

Na sua misericórdia, Nossa Senhora a cada tanto voltava e dava outra chance à afilhada, perguntando outra vez se ela havia violado o quarto, mas a moça tornava a mentir sempre. Em sua vida terrena, ela teve um filho com um príncipe. Na ocasião desse nascimento, a madrinha novamente apareceu e lhe disse que, se não admitisse a mentira, levaria a criança. Pois bem, a moça novamente negou-se a dizer a verdade, e Nossa Senhora realmente a levou. No ano seguinte, o episódio se repetiu e a madrinha a deixou sem seu segundo filho, ocorrendo o mesmo depois com o terceiro.

Um dia, Nossa Senhora levou a afilhada para o céu para mostrar-lhe os três filhos que perdera, disse que os devolveria se ela admitisse a verdade, porém a moça declarou mais uma vez que não abrira a porta. Quando voltou à terra, uma fogueira esperava por ela, pois era acusada de ter matado os filhos desaparecidos. Somente ali, no momento de morrer, a jovem quis confessar e finalmente admitiu que mentira. Nesse momento, Nossa Senhora interveio e a salvou, devolvendo-lhe os filhos e a felicidade perdida. O conto traz uma moralidade cristã desbordante, temos o triunfo da confissão, algo muito caro a essa religião. Mas isso não invalida o eixo principal da trama: uma mentira que não pode ser desfeita, mesmo que mantê-la custe muito caro.

A questão é a mesma que Pinocchio nos sugere. Por que essas personagens mentem tanto, mesmo sabendo que já ninguém acredita neles, que não há mais sentido aparente na mentira? O conto citado mostra a derrota da moça, vencida pela necessidade compulsória de confissão, e ainda dizem que os contos de fadas têm final feliz... A única certeza que temos é de que o boneco e a afilhada de Nossa Senhora estavam precisando mentir, isso lhes era vital e estava acima de qualquer coisa.

O que está em jogo não é mais a questão da verdade, mas a da alienação. Dizendo de outro modo: a vitória do adulto implica a morte imaginária da criança, pois esta sente que só existe enquanto a sua palavra valer. É como se o destino tivesse armado uma cilada, na medida em que se viram pilhados na compulsão de construir uma mentira que não engana ninguém. Mas mantê-la torna-se uma birra, não há mais como voltar atrás, apenas mentindo seguirão existindo. A mocinha do conto só resolve dobrar-se quando estava para morrer e não tinha mais nada a perder.

Nessa história, a distância que separa a madrinha da afilhada, entre uma menina adotada pela sua condição miserável e Nossa Senhora, a mais poderosa das mulheres, é hiperbólica, mas é justamente esse aspecto, quase caricatural, de valorização do lugar materno, que torna essa narrativa perfeita para representar como filhos pequenos se sentem diante da mãe. Ora, como não ser engolfado pela magnitude dessa mulher? Como fazer para ser alguém destacado dessa a quem devemos tudo? Sendo uma boa menina, atendendo aos desejos dela, a filha se alienaria, reduzida a um satélite de sua órbita, sem vida própria. Claro que a diferenciação pela mentira ou pela transgressão, sendo um mau filho, não é uma das melhores saídas para o impasse, porém, às vezes, é o que acaba acontecendo. De qualquer forma é bom lembrar que nem sempre confrontar os pinóquios com suas mentiras produz um bom resultado. A melhor saída, ainda que difícil, é discutir com o pequeno mentiroso sobre o que ele está afirmando, percebendo o problema de forma mais rica do que enxergar apenas duas possibilidades, verdadeiro ou falso, certo ou errado. Trata-se de buscar a verdade que se oculta na mentira.

A redenção pelo trabalho

 última grande travessura de Pinocchio ocorre quando ele está prestes a ser declarado um menino de verdade. Finalmente, havia conseguido freqüentar a escola, e a festa para comemorar sua conquista já estava arranjada, pois a fada havia considerado seu comportamento satisfatório e lhe concederia esse dom. Mas quando a história parecia ter chegado ao seu final feliz, surge a derradeira tentação sob a forma de uma proposta mirabolante, ir para um país onde:

> não tem escolas, nem professores, nem livros. Naquele país abençoado nunca se estuda. Às quintas-feiras não tem escola, e a semana é composta de seis quintas-feiras e um domingo. As férias de outono começam no primeiro de janeiro e terminam em trinta e um de dezembro.

O País dos Brinquedos, como era chamado esse lugar tão divertido, angariava muitos adeptos, e uma carroça já cheia de meninos passava pelo mundo recolhendo os novos imigrantes. É claro que nosso herói embarca em mais uma enrascada.

Dessa vez é um amigo, Pavio, sobre o qual ele já fora alertado tratar-se de uma má companhia, que convida Pinocchio. Depois de um tempo de grande farra nesse novo mundo, vem a inevitável conta. Todos os meninos foram transformados em burros, e o cocheiro que os conduzira a esse país de fantasia agora os trás de volta ao mundo real, para serem vendidos como bestas de carga.[15]

A alegoria não poderia ser mais direta: aqueles que não estudarem vão viver do trabalho braçal, tanto mais que foi escrito numa época em que as jornadas de trabalho eram de 11 a 12 horas diárias, as condições insalubres e o salário miserável. Os operários eram quase tão maltratados quanto os animais de trabalho. Com Pinocchio não foi diferente, ele fica transformado em burro durante um tempo e passa maus bocados. Só nesse momento ele se dá conta da impossibilidade da vida fácil. Até agora ele buscava uma saída, um mundo mágico e maravilhoso em que nunca se trabalhasse e onde sempre haveria fartura.

O episódio do País dos Brinquedos mostra-se como uma fábula cruel, defensora incondicional da necessidade do estudo e dos perigos de uma vida descomprometida. Não é fácil dizer a uma criança que seu futuro está nas suas mãos, que o porvir depende de como ela esteja administrando seus esforços no presente. Collodi, através dessa última tentação, não deixa espaço a dúvidas, sem o esforço do estudo e do trabalho não há saídas.

Pinocchio deixa de ser um burro no contexto de mais um episódio trágico: seu novo dono tenta matá-lo afogado no mar para usar o seu couro, pois ele havia quebrado a pata e não podia trabalhar. Qual não é sua surpresa, ao tirar o burrico do mar e vê-lo retransformado em boneco, já que os peixes haviam lhe devorado as carnes e só sobrara a estrutura de madeira de seu corpo de marionete. Parece que o encontro com a morte, uma consciência da finitude, a nossa mais radical experiência de fragilidade, oportuniza um crescimento para o nosso personagem (situação idêntica à da afilhada de Nossa Senhora).

Após essa morte, há um renascimento, depois de ter se perdido de Gepetto e ter cometido todos os erros possíveis, Pinocchio retorna ao pai. Vai encontrá-lo dentro da barriga de um monstro. No livro de Collodi é um tubarão gigante, no filme da Disney, uma baleia. Tanto faz, o importante é que será necessário sair desse corpo imenso, através de um segundo nascimento. Os dois já não são os mesmos, Gepetto está mais velho e finalmente Pinocchio está sábio. Escapam juntos, graças à coragem de Pinocchio, do gigantesco ventre que os aprisionava. Depois disso, o filho trabalha duro para manter esse pai doente e fraco, que já não possui mais nada, e só então é que o boneco se humaniza. No livro, ele terá de enfrentar uma jornada dupla, pois a fada também está fraca e doente e cabe a Pinocchio cuidar dela também.

Uma pergunta impõe-se sobre o significado de um monstro que possui um espaço suficientemente grande para abrigá-los durante um tempo, afinal Gepetto sobrevive dois anos nesse ventre. Considerando essa *gestação* e esse *renascimento*, é possível evocar uma representação primitiva do corpo materno que tudo contém.

A gravidez e o parto são enigmas para os pequenos, mas para os maiores também pode ser de uma significação difícil o fato de já termos habitado e saído das entranhas da mãe. A metáfora do renascimento é muito usada para situar todo o recomeço. Para renascer, também é necessário ter morrido antes, recomeçar significa que algo acabou. Nesse caso, o que terminou foi a infância de Pinocchio, e, junto com ela, a ilusão de que a vida poderia transcorrer sem esforços. Crescer é admitir que temos de nos ocupar de tarefas e desafios que ninguém pode executar ou vencer por nós. Não é sem queixas que nos desprendemos da proteção nutriz e aconchegante do ventre materno.

Tanto nos mitos quanto nos rituais de passagem, existe a idéia de entrar e sair de um lugar encantado ligado ao mundo dos mortos.[16] O importante é que a passagem marca uma virada no destino, quem sai não é mais o mesmo, por isso, a idéia de renascer, e este segundo nascimento traz as roupagens do primeiro: ser expulso desamparado desse ventre, à mercê de ameaças e perigos. Os ritos de passagem funcionam assim, como se o homem necessitasse passar por um estágio de morte para poder reviver com um novo

223

estatuto. Dessa maneira, a temporada no ventre do tubarão pode representar um rito que marca a entrada de Pinocchio na maioridade.

Ou seja, depois de ter se tornado um burrinho – numa coroação ao avesso de uma trajetória de erros – por querer viver sem esforços; de ter perdido seu pai e arrancá-lo das entranhas de um tubarão e após, das garras da morte; de trabalhar arduamente para conseguir o dinheiro necessário para salvar a vida de sua mãe fada, ele conquistou o direito de ser humano. Essa trajetória não deixa maiores dúvidas a respeito do que se encerra: não é sua temporada como boneco, mas sim sua vida de criança.

Entre o Pinocchio criança que armou as inúmeras travessuras e recebeu os corretivos necessários e o boneco trabalhador que cuidou de seus pais, mudaram também estes, além dele. Enquanto eram fortes, foi possível exigir-lhes sacrifícios e perdão, quando ficam mais fracos não restou outra saída: foi preciso ser forte para carregá-los. Collodi termina por nos contar que uma vida de prazeres é uma ilusão infantil, que inevitavelmente perdemos quando ficamos sem fiadores, sem garantias, nem lastro. Para não ficar à deriva, é preciso ancorar no trabalho, no princípio de dar para receber, na força dos valores pessoais.

Pinocchio é uma história sobre a dificuldade de transmitir a sabedoria acumulada pela experiência dos pais aos filhos. Uma das lições de moral da história nos revela que não se aprende fora da experiência, embora os adultos necessitem insistir sobre a importância de seus ensinamentos. É um retrato do desespero dos pais, vendo os filhos cometerem os mesmos erros que eles no passado, acreditando nas mesmas ilusões, e é isso que os impulsiona a uma pedagogia que insista nessa possibilidade da prevenção moral. Por outro lado, não há outro recurso, é preciso zelar pelos mais jovens e ensinar uma série de coisas que, infelizmente, a maioria só compreenderá depois de certas experiências.

Junto com Peter Pan, esta é uma das primeiras histórias onde se questiona o mundo adulto, já há nessas obras uma ponta do desprestígio que a maturidade hoje vem largamente assumindo. Não se trata apenas de não crescer, mas de não acreditar que ser adulto seja grande coisa e, convenhamos, é uma tese bem revolucionária para a época.

Acima de tudo, *As Aventuras de Pinóquio* é uma narrativa sobre uma neurose infantil e nisso guarda sua relevância, ficando em segundo plano o fato de ser um romance, ou uma novela moralista. O boneco tem razão, se somos crianças, o mundo não abre mão de nos

educar, por isso, o inevitável desfecho moral. De certa forma, parece que ser um bom menino é só uma questão de tempo... depois de muitas cabeçadas, é claro!

Notas

1. COLLODI, Carlo. *As Aventuras de Pinóquio*. Tradução de Pietro Nasseti. São Paulo: Martin Claret, 2002. As citações que faremos a seguir são desse livro. Recomendamos também as edições das editoras Iluminuras (trad. Gabriella Rinaldi, 2002) e Companhia das Letras (trad. Marina Colasanti, 2002).

2. Pseudônimo do florentino Carlo Lorenzini (1826-1890). Collodi é uma referência à cidade de origem de sua mãe.

3. No original é *burattino*, palavra que serve para fantoche ou marionete, ou seja, bonecos de manipular. Como ele ganha *vida* e anda sem cordões, encontramos nas traduções a palavra "boneco", mas é bom lembrar que originalmente ele é um boneco para ser manobrado.

4. LA FONTAINE, Jean. *Fábulas*. Lisboa: Publicações Europa América, 1989, p. 20.

5. O psicanalista Winnicott, referindo-se à adolescência, fez uma bela defesa do aspecto positivo das dificuldades e incompreensões próprias dessa época, tanto para o indivíduo, como para a sociedade: "A imaturidade é uma parte importante da adolescência. Ela contém as características mais fascinantes do pensamento criativo. Sentimentos novos e desconhecidos, idéias para um modo de vida diferente. A sociedade precisa ser chacoalhada pelas aspirações de seus membros não-responsáveis". In: WINNICOTT, Donald, W. *Tudo Começa em Casa*. São Paulo: Martins Fontes, 1989, p. 126.

6. Os Estúdios Disney fizeram sua versão de Pinocchio em 1940. Esse filme foi muito importante para a popularização da história.

7. Existe uma fábula de Esopo na qual, da mesma forma, quem ganhou o dom teve de provar que era merecedor, mas o desfecho é diferente. Nessa história, uma gata era apaixonada por um humano. Ela tanto implorou a Afrodite, que esta lhe concedeu a graça de transformá-la em mulher. Tudo ia bem até que a deusa resolveu testá-la, queria saber se o seu caráter também havia mudado. Para tanto, fez um rato atravessar o seu caminho, e ela, esquecendo-se sua nova forma, atirou-se sobre a caça. Em função desse gesto, Afrodite julgou que ela não merecia ser humana e a devolveu à sua condição felina.

8. Pinocchio quer dizer pinhão, semente de pinheiro, ou pinha. Sementes geralmente estão ligadas à idéia da vida em formação e ainda à ressurreição, pois a casca rompe e a semente morre para que a planta possa nascer. Especialmente a pinha, e o cone formado de escamas, na Antiguidade clássica eram símbolos da fertilidade e da vida. Dessa forma, Pinocchio fica ligado a uma idéia de potencial, de poder tornar-se grande, mas ainda terá de brotar, de mostrar-se a que veio.

9. A seqüência do texto permite especular um pouco além sobre a possível origem do nome *Pinocchio*. Imediatamente após nomeá-lo, Gepetto lhe esculpe os olhos e estes parecem interrogá-lo, o que o leva a afirmar: *"Olhos de Madeira, que tanto me olhais? (Occhiacci di legno, perché mi guardate?)* Afinal, temos *occhio* (olho) e *legno* (madeira ou no caso, pinho). São olhos fixos, como uma pergunta que insiste. Acreditamos que é como se esse olhar similar colocasse a questão: "o que queres de mim?", mas invertida. Afinal o que quer Gepeto fazendo esse boneco, nos parece ser a questão.

10. WATT, Ian. *A Ascensão do Romance*. São Paulo: Companhia das Letras, 1990.

11. Esta fantasia de ser devorado retorna no final do livro. Antes de ter sido engolido pelo tubarão gigante, Pinocchio foi pescado, e o pescador queria fritá-lo e comê-lo de qualquer maneira. Dessa vez, é um animal amigo, um cachorro que ele salvara de se afogar, que vem em sua ajuda.

12. A ficção moderna, tanto a infantil como a adulta, tem insistido na idéia de que um pai é um efeito *a posteriori* da vinda de um filho. Não se nasceria pai, tornar-se-ia pai por força dos encantos do bebê, ou porque a presença de uma criança e os cuidados que ela inspira são capazes de acordar um pai adormecido que todo o homem carregaria dentro de si. Na versão infantil, podemos destacar o filme de animação *A Era do Gelo* (2002), em que um grupo de animais, todos machos, por um acaso de destino acaba tendo de se incumbir de um bebê humano.

O efeito do bebê acaba revelando o que cada um tem de melhor e faz deles um grupo. Até aquele personagem que faz o papel de um traidor e queria o fim do bebê (representando o ódio ao recém-nascido) acaba mudando de lado.

13. GRIMM, Jacob & Wilhelm. *Todos los Cuentos de los Hermanos Grimm*. Madrid: Coedição Editorial Rudolf Steiner, Mandala Ediciones & Editorial Antroposófica, 2000.

14. O leitor terá observado a coincidência do início dessa história com algumas passagens dos contos que analisamos no Capítulo XI, os quais incluíam a custódia das chaves de um quarto proibido e a marca indelével da transgressão. Porém, não há nenhum motivo para alinhar esta história com aquelas, pois o eixo é outro. É mais uma ocasião para que possamos recordar que os contos tradicionais são como um caleidoscópio, em que os mesmos elementos se combinam, formando histórias muito diversas.

15. Em uma das mais antigas histórias sobre metamorfose, *O Asno de Ouro*, de Apuleio, também temos o personagem principal tendo uma vida animal sob a forma de um asno. As interpretações clássicas das aventuras de Lúcio mencionam o castigo por ter metido-se com a magia. Acreditamos que já é uma leitura cristã, de qualquer forma é possível que tenha inspirado Collodi.

16. Vladimir Propp, analisando as representações sobre a floresta encantada dos contos de fadas e seus monstros, assim fala sobre os ritos de passagem: "A morte e a ressurreição eram provocadas por ações que representavam a deglutição das crianças por um animal monstruoso que a devorava. Era como se o animal a engolisse e ela, após uma permanência menos ou mais longa no estômago deste, era cuspida de volta ou vomitada – ou seja, retornava. Para a realização desse rito construíam-se às vezes casas ou cabanas especiais, com a forma de um animal e com uma porta representando a bocarra". In: PROPP, Vladimir. *As Raízes Históricas do Conto Maravilhoso*. São Paulo: Martins Fontes, 1997, p. 54.

Capítulo XVI
CRESCER OU NÃO CRESCER

Peter Pan e Wendy

Relatividade das pautas de crescimento – Desejo de crescer – Infância como paraíso –
A mãe ideal dos filhos – O filho ideal das mães – O papel da mãe na construção da paternidade –
Aspectos reais e simbólicos da função materna – Nostalgia dos cuidados maternos –
Natureza dos diversos tipos de fantasia – Crianças despóticas – O olhar dos outros como espelho

oncebido pelo escocês James Matthew Barrie, Peter Pan, o menino que não queria crescer, consagrou-se através do livro *Peter Pan e Wendy,*[1] escrito em 1911. O eixo da narrativa é delineado pelo vínculo entre esses dois personagens, e a história em si é uma redenção para as boas mães. Na contramão de todos os relatos de bruxas que se incumbem do lado ameaçador do papel materno nas histórias infantis da tradição, esta é dedicada às boas mães, que contam histórias, zelam pelo sono tranqüilo dos filhos e nunca se magoam com eles, independentemente do que façam.

J.M. Barrie nasceu em 1860 e foi uma criança franzina, com parcas possibilidades de conviver com meninos da sua idade, por isso, encontrou na literatura e na fantasia um lugar para viver e se expressar. Cres-

cido, seguiu acreditando na ficção como consolo, decidindo ser escritor. Após trabalhar como jornalista, estreou com pequenos escritos sobre lugares imaginários e teve grande sucesso. Na vida famíliar, porém, sua trajetória não teve a mesma linearidade. Com a idade de 6 anos apenas, enfrentou a perda de seu irmão mais velho, o que acarretou para sua mãe um grande período de depressão. Na idade adulta, não teve a sorte de ter filhos, por isso, afeiçoou-se a cinco irmãos – George, Michael, Jack, Nico e Peter – que conheceu num parque que costumava freqüentar, travou amizade com as crianças e passou a conviver com elas. Em 1909, seus queridos meninos tornaram-se órfãos, perdendo no curto prazo de dois anos o pai e a mãe, doentes de câncer. O escritor, que já estava separado, assumiu a tutela informal dos meninos da família Davies, formando por essa via indireta a família que a vida inicialmente havia negado-lhe. Infelizmente, já em 1915 a Guerra lhe arrebatou um de seus prediletos e, em 1921, o outro mais próximo morreu afogado.[2]

Das fantasias compartilhadas com essas crianças, brotaram os primórdios da história de Peter Pan, àquela época, sob a forma de uma história para adultos, posteriormente transformada em peça. Esse conto de fadas chegou até nós difundido principalmente através da versão de Walt Disney em desenho animado (1953). Nesse desenho, porém, a figura de Peter Pan foi transformada e exaltada, enfocando maciçamente a trama no contraponto entre o tempo imóvel do mundo de Peter Pan e a vida real das outras crianças, que se resignam a crescer. Além disso, o personagem original de Peter Pan descrito por Barrie é muito mais infantil, despótico e narcisista que o de Disney.

A versão animada faz dele um tipo de adulto infantilizado, mas ainda capaz de cuidar das crianças que se envolvem com sua personalidade magnética. No livro não é bem assim, o personagem é um menino igualmente fascinante, quase adolescente, mas com a subjetividade egocêntrica de uma criança pequena. Sendo assim, Pan está muito mais preocupado em ser amado e obedecido do que em cuidar e liderar com sabedoria seu pequeno bando. Ele tem poderes, como o de voar, por exemplo, os quais funcionam simplesmente em função de que Peter acredita neles e literalmente habita o interior de sua fantasia: uma ilha chamada Terra do Nunca. Lá, ele é rei e senhor, todos são seus súditos, inclusive seus inimigos, que vivem para odiá-lo, liderados pelo lendário Capitão Gancho.

Peter coabita com um grupo de seis meninos, chamados de Meninos Perdidos, para quem funciona como um misto de pai, irmão mais velho e líder de bando. Mas não se espere que ele governe, ele brinca o tempo todo e, como ali a brincadeira não é faz-de-conta, às vezes, morre-se disso. Seu comando sobre o bando de meninos perdidos segue o mesmo modelo ditatorial e sanguinário do Capitão Gancho com seus marujos, os quais pagavam com a vida qualquer falha ou desobediência, assim também eram punidos os meninos que cometessem o equívoco de crescer.

Em 2003, foi produzida uma versão filmada da história que é bastante fiel ao livro de Barrie. O filme se chama simplesmente *Peter Pan*, mais uma vez Wendy é expurgada do título. Felizmente, essa versão aproveita a poesia do texto, incluindo seus toques de absurdo e comicidade, e resgata a importância da história de amor infantil entre Peter e Wendy. A grande novidade dessa filmagem, dirigida por P.J. Hogan, está no fato de a figura do pai e a do Capitão Gancho terem sido representadas pelo mesmo ator, dando a

pista de uma interpretação que estabelece certa equivalência entre esses personagens, com a qual concordamos.

Em todas as versões, a história começa no cenário da amorosa e atrapalhada família Darling, constituída de um pai caricaturalmente sério, uma mãe dedicada, a primogênita Wendy[3], que é quase mocinha e seus dois irmãozinhos, João e Miguel, sendo este último pouco mais que um bebê. O cuidado das crianças é repartido entre a mãe e um tipo peculiar de babá: uma cadela da raça São Bernardo, chamada Naná. Essa casa de classe média, sem que seus habitantes percebam, é regularmente visitada pelo menino mágico e irreverente Peter Pan, que vem voando da Terra do Nunca para escutar as histórias contadas pela Senhora Darling, para depois poder narrá-las aos Meninos Perdidos.

Encontramos Wendy na eminência de crescer, é dela o olhar crítico pelo qual compreendemos seus pais e observamos o mais importante, sua identificação com a mãe. Barrie evidencia a eminência desse crescimento, na medida em que coloca Wendy a fantasiar, divagando no escuro como uma adolescente. Seus sonhos materializam-se na forma do estranho príncipe trajado de duende, acompanhado de uma minúscula fada ciumenta chamada Sininho. Essa fadinha pensa e explicita algumas coisas que não cabem no raciocínio infantil de Peter Pan e que, para Wendy, são desejos inconfessos. Desde o primeiro encontro, Sininho já percebe que o envolvimento entre Peter Pan e Wendy não tem nada de infantil, é um assunto amoroso, por isso, seu ciúme vem à tona.

Peter Pan era, como já dissemos, um freqüentador clandestino da família Darling, mas um acidente fez com que ele perdesse sua sombra durante uma dessas visitas e, para resgatá-la, entra no quarto das crianças. A jovem Wendy o surpreende, mas não se surpreende, pois ele já fazia parte de suas fantasias, compartilhadas em conversas com a mãe. As duas já cochichavam sobre Peter Pan, um jovem que parece viver acima de tudo na fantasia das jovens mulheres.

Quando Wendy fica sabendo o motivo das freqüentes visitas de Peter à sua casa, surge a oportunidade para que ele a convide a fazer o papel de mãe e contar histórias aos Meninos Perdidos. Seus dois irmãos viajam junto por exigência dela, que os acorda para levá-los; eles, por sua vez, se entusiasmam, seduzidos por uma terra na qual encontrarão piratas e índios. Já ela quer ver as sereias e as fadas, mas, acima de tudo, quer brincar de mamãe. Os três irmãos voam para a Terra do Nunca graças a um feitiço que Peter Pan promove. Espalhando sobre eles um pouco de pó de fada, torna-se possível que o desejo de voar se transforme em realidade. Aliás, não só essa, mas inúmeras fantasias infantis agora deixarão o território do faz-de-conta para serem vividas como uma espécie de sonho, do qual não podemos acordar e tampouco sabemos que estamos sonhando.

A temporada na ilha da fantasia se encerra quando a menina constata que seus irmãos haviam se esquecido de sua verdadeira mãe, e a brincadeira estava ficando séria demais. Na volta, os desesperados pais recebem não só seus filhos, mas também os Meninos Perdidos, que acham no seio dessa acolhedora família a possibilidade de crescer. Todos menos um: Peter Pan, que depois da vitória sobre seu rival, o Capitão Gancho, assume o leme do navio pirata, leva as crianças para casa, retorna e fica morando na Terra do Nunca. A cada tanto, ele volta para buscar – por uma temporada – a filha, a neta, e assim por diante, de uma senhora chamada Wendy, para quem o tempo não parou.

Peter Pan é acima de tudo um mágico que muda o caráter da fantasia: o conteúdo é o mesmo que faz parte de brincadeiras e devaneios das crianças, mas seu lugar sim fica diferente. Na Terra do Nunca, paradoxalmente, embora não se cresça tampouco se brinca – ou pelo menos, não da mesma maneira como fazem as crianças em situações cotidianas –, os assuntos infantis são tratados com seriedade de gente grande. Por exemplo, as lutas nessa ilha da fantasia não são o mesmo que brigar com piratas e índios no quarto, com espadas de madeira. Lá isso é verdadeiramente perigoso e, embora nenhuma personagem central morra durante a história, um que outro figurante é sacrificado. Além disso, certos casos são contados para deixar bem claro que nesse lugar não estamos para brincadeiras, ou melhor, que ali brincadeira é coisa séria.

As dificuldades em crescer

lguns contos modernos para crianças já vêm com bula. Este é um dos casos, pois a simples menção do nome de Peter Pan é hoje sinônimo da dificuldade em crescer. Vários autores, querendo popularizar seus argumentos psicológicos, falam da *Síndrome de Peter Pan*[4] para englobar toda a gama de dificuldades de crescimento.[5] Está bem, mas seria simplório pensar que Peter Pan seja só isso, e, se fosse o caso, valeria também indagar de que crescimento estamos falando.

Crescer enquanto um problema é essencialmente um tema moderno. As sociedades tradicionais tinham pautas de crescimento bem-definidas, ou ainda rituais que marcavam a passagem do tempo, pelos quais o grupo social regulava a sucessão das etapas da vida, sem margem de negociação. Com a modernidade, o crescimento passou a ser compreendido como uma maturação psicológica, cujos indicadores são meramente subjetivos, já que o corpo e a idade não necessariamente definem a etapa da vida em que se está. Quando muito, a sociedade exige uma performance (como assumir publicamente um relacionamento amoroso ou trabalhar), mas não diz quando alguém está pronto, e sabemos vagamente o que principia e o que encerra determinada etapa. A ausência de critérios objetivos é tão grande que uma pessoa pode até ter filhos, trabalhar muito, ganhar bem e ainda ser considerada infantil por sua família ou amigos, assim como alguém pode se passar por adolescente, só porque é namoradeiro, embora já tenha mais de 40; por outro lado, é possível que um indivíduo seja visto como um adulto sem jamais ter sequer beijado ou sem nunca ter trabalhado. Enfim, nenhuma pauta garante que alguém ocupe um lugar social de adulto que seja inquestionável.

A psicologia tem valorizado o tema do amadurecimento como uma meta a ser alcançada e se utiliza do rótulo de *regressivo* para desqualificar tudo aquilo que evoca um momento da vida que já devia ter sido superado. Na falta de parâmetros sociais, criamos vagas definições psicológicas, em que a dependência, a dificuldade de suportar as frustrações, os sentimentos egoístas, a dificuldade de controle da raiva e muitos outros estados psíquicos são indesejáveis dentro da dita condição adulta, sendo considerados restos infantis, portanto aspectos regressivos.

A idade adulta é então compreendida como uma época de bom senso e equilíbrio mental. A bem da verdade, a dita maturidade não existe de um modo taxativo, pois carregamos conosco restos da nossa infância e adolescência pela vida afora. Esses restos, enquanto memórias não elaboradas, ainda falam em nós, produzem sintomas e estão na gênese dos desejos mais importantes. É na condição de passageiros clandestinos – que de tanto em tanto se organizam em motim e mudam o curso da embarcação – que a criança e o jovem que fomos viajam pela vida afora, ou seja, entranhados e escondidos num sujeito dito crescido e amadurecido.

Barrie tem o mérito de não ser simplista, para ele não há uma idealização da infância como uma fase de pura criatividade e candura. Por exemplo, ele afirma que para poder voar – único meio de transporte para a Terra do Nunca – é preciso ser *alegre, inocente e sem coração*, reconhecendo que há uma maldade egoísta própria da infância. Quanto aos adultos, os que cresceram e amadureceram são apresentados como aqueles que, de tanto lidar com as chatices da vida, acabaram tornando-se gente sem graça. Temos de concordar com o autor que ambos senões são verdadeiros.

A grande novidade da história de Peter Pan é compreender o crescimento como algo que depende do desejo da criança de permitir isso acontecer. As exigências sociais de estudar, namorar, trabalhar, casar e ter filhos, assim como o imperioso ritmo do corpo que impõe a maturação física, aqui de nada valeriam, diante do desejo da criança, que poderia suspender ou continuar o processo ao seu comando. Nesse sentido, não é estranho que a história seja caracterizada a partir desse aspecto, pois se trata de um ponto de vista surpreendente e oportuno para os tempos atuais, e nisso reside a genialidade desse enredo e a razão de sua difusão.

O herói de Barrie é diferente de outros pequenos dos contos clássicos, como Polegar, em função de que ele não é apenas um miúdo astucioso e valente, mostrando que tamanho não é documento. Peter testa seu poder principalmente contra a irremissível passagem do tempo, é criança por escolha e não como um percalço que o tempo curará ou como uma falta de tamanho que terá de ser compensada. Peter Pan e Pinocchio são os primeiros personagens que vêm questionar o valor de ser adulto. Nascido 30 anos depois, o herói de Barrie parece ter realizado o sonho do boneco italiano.

A Terra do Nunca é um lugar fantástico como o País dos Brinquedos, mas dessa terra não é preciso sair transformado num burro de carga. Livre dos moralismos que transbordavam na obra de Collodi, o mundo de fantasia de Barrie ousou representar as fantasias infantis tanto em seus aspectos irreverentes, quanto pueris e assustadores, assim como explorar a idealização da infância enquanto um período de riqueza imaginária, livre das amarras das responsabilidades adultas.

Peter Pan fez sucesso justamente por trazer tão enfaticamente essa questão aos contos infantis, onde ela estava ausente ou sugerida apenas lateralmente. Agora a resistência a crescer ganhou um nome e um rosto. A infância, antes uma etapa a ser vencida o quanto antes para que a vida começasse, ganhou o estatuto de tempo privilegiado e feliz e começou a angariar adeptos, até o ponto a que chegamos hoje, quando consideramos que crescer é perder um paraíso. Não há nenhuma personagem dos contos de fadas

que não tome as atitudes necessárias para crescer e aparecer, ser pequeno nas histórias da tradição não tem valor algum, apenas como contraponto a uma grande e compensadora coragem ou astúcia. Não existem contos folclóricos cujo tema seja a obstinada resistência a crescer, mesmo porque isso não fazia sentido na sociedade tradicional.

Somente as mães, obrigadas a um maior convívio com a infância de seus filhos, podem ter alguma notícia sobre as fantasias destes, mas nenhuma poderá nem quererá ir até esse mundo imaginário. Sendo mãe, ela já pertence a outro planeta, alheia até da criança que ela própria foi. A infância retratada por Barrie, quando conclui, deixa o sujeito privado do acesso a algo que viveu. É bem lembrado que uma cortina de esquecimento separa o adulto da criança, pois trata-se de épocas da vida que possuem funcionamentos psíquicos diferentes, os quais pouco se comunicam entre si. Os únicos adultos da Terra do Nunca são os fabricados pela imaginação das crianças, são ameaçadores e fazem parte da aventura.

O autor lembra que abandonar a infância implica uma perda de identidade. É como se tivéssemos emigrado e, para habitar uma nova terra, tivéssemos de aceitar esquecer tudo sobre língua, costumes, cheiros e sabores de nossa terra natal. Acessar a idade adulta cobra o preço da amnésia da infância. Esquecemos de como procedíamos em relação às fantasias, do modo infantil de compreender o mundo, da língua que falávamos, como se isso tudo nunca tivesse sido nosso. Alguns adultos podem aprender a falar com as crianças, quando são pais, avós, professores, psicólogos e outros que se ocupam delas, mas funcionarão como bons falantes de uma língua estrangeira, nunca como os nativos dela que um dia foram.

Outrora, a infância foi apenas associada a suas incompetências: criança era aquela que ainda não aprendera isto ou aquilo, mas felizmente havia a possibilidade de cura. O surgimento do *sentimento de infância,* tal como retratado por Philippe Ariès,[6] trouxe consigo uma valorização social das características da infância, agora encaradas como positivas: o que antes era ignorância agora pode ser visto como inocência; o que era incapacidade assume a categoria de potencial, a criança passa a valer pelo que o adulto pode fazer dela, e sua educação é uma realização, não mais um fardo. Porém, mais do que um encanto pelas maravilhas do psiquismo infantil, o adulto vê nelas um caminho para compensar suas frustrações, realizar seus desejos. Por exemplo, se uma criança for mimada e preguiçosa, é possível que tenha sido colocada nesse papel por um adulto que quer ver nela a compensação pelas agruras que sofreu quando criança; se revelar-se uma virtuose, muitas vezes, seus dons estarão a serviço de compensar a mediocridade de seus pais.

Peter Pan não se recusa a crescer apenas porque ser criança é bom, na verdade, ele se nega a realizar esses papéis todos. É como um bebê que aprende a dizer *não* e prazerosamente descobre que tem poder para pôr um limite no assédio e nas demandas de que é objeto, dizendo "não" a tudo que se lhe for solicitado. Por isso, a Terra do Nunca pode ser também o refúgio dos que não querem ser médicos, advogados, modelos, corredores de Fórmula 1, artistas ou jogadores de futebol famosos, dos que se recusam a empreender a corrida pela realização dos sonhos dos pais.

A recusa em crescer é uma jogada de dupla face: por um lado, implica a recusa em atender a todas essas expectativas; por outro, possibilita com que se mantenha consigo o poder de ser um eterno potencial. Pela indefinição de seu destino, as crianças carregam a fantasia de tudo o que poderão realizar, afinal, se nem tentaram ainda, conclui-se que também elas nunca fracassaram.

Certos jovens prolongam indefinidamente a adolescência porque se recusam a fazer escolhas e tentar. Escolher é perder as outras opções que não se quis, enquanto tentar é descobrir que só conseguimos em parte. Em ambos os casos, se perde a ilusão do todo. Assim, os que se resignam a crescer também se conformam à sua futura mediocridade; por mais que façam, serão fadados a ser mais um dos adultos que ficam devendo diante de tudo o que poderiam ter sido na vida. No nosso tempo, crescer está associado a perder, não há mais tanto prestígio na condição adulta. Não é sem razão, então, que hoje os filhos têm tanta dificuldade de prescindir do abrigo da casa dos pais, invertendo a tendência das décadas anteriores, em que sair de casa era a grande meta dos adolescentes, sinal inequívoco da conquista de uma fatia de liberdade.

Por último, a Terra do Nunca representa também a angústia dos que não conseguem crescer, é a lembrança de que a infância deve ser passageira e se não o for poderá funcionar como um pesadelo do qual não conseguimos acordar. Peter Pan não é um menino, ele é a essência da fantasia, por isso, não tem memória nem preocupações; já os Meninos Perdidos sim são crianças, que passam não poucos revezes em sua vida na ilha e, por isso, a abandonam de bom grado assim que recebem o convite de Wendy. As crianças Darling usufruem e exaltam a magia própria da infância, mas em seu caráter temporário e fugaz.

Elogio à mãe

 voto de eterna infância de Peter tem no livro uma explicação, digamos psicológica, que faz parecer a possibilidade de congelar o tempo algo não tão opcional assim. Peter Pan narra duas versões de sua história, que não são necessariamente contraditórias, mais parecem ser complementares. Num primeiro momento, ele conta que, sendo ainda um bebê, escutou de seus pais os projetos do que eles esperavam que ele se tornasse quando crescesse. Por negar-se a seguir esse plano, teria fugido para um parque, onde ficou vivendo com as fadas, que finalmente o levaram para a Terra do Nunca. Na segunda versão, ele explica por que trata com tanta obsessão, mágoa e ceticismo o tema da mãe, a ponto de proibir os Meninos Perdidos de falar sobre o assunto: de fato ele teria partido, conforme o relato anterior, mas decidiu voltar, saudoso daquilo que abandonara. O problema é que nessa ocasião não encontrou sua janela aberta, esperando por ele. Pela janela fechada, viu um novo bebê em sua cama, demonstrando que a mãe o havia esquecido e substituído. A partir daí, ressentido, ele decide não crescer mais e volta para sua terra imaginária.

A mãe, na visão idealizada de Barrie, não deveria conservar mágoas de seus filhos, tudo suportaria e principalmente seria alguém que nunca mudasse de posição; sua janela teria de estar sempre aberta para que os filhos voltassem quando quisessem, não importando o quanto eles a tivessem feito sofrer com sua ausência e abandono. Essa é a mãe que Peter Pan queria e não teve.

É interessante notar essa abordagem psicológica do personagem, considerando que se travava de um livro escrito quando o século XX e a psicanálise eram ainda jovens. Esse pendor para a infância sem fim já nasce atribuído a dramas do núcleo familiar, como se não houvesse muitas dúvidas para Barrie de que somos resultado de como construímos a narrativa da história de nossa filiação.

As crianças Darling têm certeza de que a janela delas nunca estará fechada, independentemente de que tenham sido egoístas a ponto de fugir e fazer os pais passarem por tão maus bocados, por isso, voltam e sabem que não ficarão sós. Wendy vai à Terra do Nunca para reparar o vazio de mãe que havia naquele mundo, graças a isso, aos poucos, os Meninos Perdidos vão se encontrado e terminam por se somar à família Darling. A menina está tão tranqüila da acolhida de seus pais que planeja a adoção de todos esses irmãos sem consultá-los. Eles, por sua vez, após uma curta vacilação por parte do racional e objetivo Sr. Darling, terminam recebendo-os, fazendo jus ao adjetivo *querido* que é o sobrenome da família.

Os Meninos Perdidos também tem sua história: são originalmente crianças que as babás deixaram cair do carrinho sem se dar conta. Se após sete dias ninguém os reivindica, eles são levados pelas fadas para a Terra do Nunca, portanto, são também crianças abandonadas pelas mães ou substitutas, bebês que uma mulher perdeu e não foi buscar. Não há meninas lá, pois, conforme Peter, elas seriam muito espertas e não cairiam do carrinho.

Parece que as meninas têm algo diferente a fazer com suas dúvidas sobre a consistência do amor materno, elas podem se identificar a ele. Wendy traz o papel da mãe dentro de si. Ao longo da permanência na ilha da fantasia, seus irmãos se esquecem da Sra. Darling, a ponto de Miguel, o menorzinho, estar convicto de que Wendy é sua mãe; a menina, no entanto, não sofre dessa amnésia, passa falando da mãe para as crianças, marcando seu lugar de substituta. Ocupando esse papel com abnegação, ela se ocupa o tempo todo dentro de casa, administrando alimentos, remédios, cerzindo roupas e exercendo junto daquelas crianças as duas tarefas principais da maternidade: a rotina (que compreende a administração do sono, da alimentação e da higiene) e o respeito ao pai. A tal ponto essa história ressalta a condição da mãe como rainha do lar, que, na ocasião em que Wendy cai desacordada na ilha, numa chegada dramática, os Meninos Perdidos constroem uma casa em torno dela. Dessa forma, a mãe representa o próprio centro, o eixo em torno do qual gira o mundo doméstico.

Porém, se Wendy, seus irmãos e os Meninos Perdidos e resgatados estão ocupados em exaltar a dignidade do amor materno, Peter tem outros recados a transmitir. Tem o discurso queixoso de quem foi abandonado na infância (embora tenha sido ele que partiu). Apesar disso, tem lugar garantido no coração de todas as mulheres, pois será sempre um menininho em busca da mãe. Para ele, as mães devem ficar sempre disponíveis, embora ele saiba que o preço a pagar para ter uma morada permanente no coração de uma mãe seria o de nunca crescer.

Na casinha de Wendy na Terra do Nunca, ela impôs que um dos meninos deveria ser um bebê porque *toda a casa tem que ter um bebê*. Por isso, ela obrigava seu irmão mais moço a dormir em um berço, apesar de seus protestos de que ele já era grande e poderia dormir com os outros. Dessa forma, fica claro que os outros filhos podem até crescer, desde que ela

mantenha pelo menos um em seus braços a quem, na lógica de Peter, seu verdadeiro amor seria dirigido.

A Sra. Darling

 Sra. Darling tinha no cantinho de seu sorriso um beijo guardado, que nunca ninguém tivera o privilégio de receber, nem seu marido, nem seus três filhos. Nas palavras de Barrie:

Sua cabeça romântica era como aquelas caixinhas, uma dentro da outra, que são fabricadas no enigmático Oriente: por mais que você as retire lá de dentro, sempre sobra mais uma. E sua boca delicada e zombeteira guardava um beijo que Wendy nunca conseguiu ganhar, embora ele estivesse ali, bem visível no canto direito... O Sr. Darling conseguiu que ela lhe desse tudo, a não ser a caixinha mais secreta e o beijo no canto da boca.

Quando ela conhece Peter, fica fascinada, como todas as fêmeas, sejam elas fadas, sereias, ou mulheres, por seu cativante sorriso "Peter ainda conservava seu primeiro sorriso de dentes de leite". – No fim da história, a Sra. Darling entregou a ele seu cobiçado tesouro. "Peter foi embora voando. Levou junto o beijo da Sra. Darling. O beijo que ninguém ganhou e que ele conseguiu com toda facilidade".

Esse gesto nos aproxima da tese de que o verdadeiro amor da mãe é como esse beijo guardado, destinado para aquele filho que se resigne a nunca crescer. Nisso ele é o filho mais devoto, pois, ao longo das gerações, ele voltará a visitar a filha de Wendy, sua neta, bisneta e todas as sucessoras, fazendo de todas elas suas "mães".

Logo no início do livro, a Sra. Darling sonha com Peter Pan: "sonhou que a Terra do Nunca estava bem perto e que um estranho menino, vindo de lá, entrou no quarto. Não ficou com medo dele, pois pensou que já o havia visto no rosto de muitas mulheres que não têm filhos. Talvez se possa encontrá-lo também no rosto de algumas mães".

Como vemos, Pan é ainda mais do que o filho eternamente devoto, ele é o filho idealizado, aquele com quem as mulheres sonham, por isso, ele aparece para materializar sua brincadeira de faz-de-conta, realizando o sonho típico das meninas.

Quando o filho não cresce, a mãe nunca morre; para Peter, todas são a mesma, uma única e perene imagem idealizada da mãe. Ele proporciona a cada menina a realização na fantasia dessa régia brincadeira de bonecas que Wendy fez na Terra do Nunca. Talvez melhor do que nenhum homem, este menino sabe do que as mulheres gostariam: de se perpetuar no papel da mãe da criança pequena, sentir-se objeto daquele amor que seu bebê lhes dedica, de ser eternas possuidoras desse rosado e valioso bem. O devaneio da menina sobre a mulher que ela será inclui este objeto mágico: o bebê. Peter brinca com Wendy no duplo papel de papai e filhinho, sendo ao mesmo tempo aquele que a faz ser mãe e o filho que não a abandonará nunca. Nesse sentido, ele é o homem perfeito, com quem toda a menina sonhou, logo, um menino assim pode representar o mais perfeito objeto de desejo, destinatário do valioso beijo, dessa caixinha que guarda o maior segredo feminino.

A Sra. Darling convidou Peter Pan para ser adotado junto aos Meninos Perdidos, mas ele recusou mediante o fato de que ela lhe garantiu que o faria estudar e mais tarde trabalhar: "Não quero ser homem, seria horrível se um dia eu acordasse e descobrisse que tinha barba". Quando garante que não ficará lá para crescer, ele se torna essa criança eterna e leva consigo o beijo secreto como troféu. O prêmio é recebido à condição de que ele continue sendo uma fantasia que habita o sonho das mulheres.

Wendy enamorada

 eter Pan precipita um sentimento amoroso bastante erotizado não somente em Wendy, mas também nas fadas e sereias (que vivem às turras com a atual escolhida por seu coração), porém se comporta como um bobão, totalmente inocente e desconcertado diante desse elemento que ele parece ignorar, embora saiba administrar a seu favor. Acima de tudo, ele se deixa amar e, em troca, oferece sua ingenuidade e a magia que provêm de sua infância imortal.

Existe uma cena que, se a lermos como se interpreta um sonho, mostra com clareza a dimensão amorosa do casal principal. Quando estão todos chegando à Terra do Nunca, Sininho, morta de ciúmes, põe em prática um plano para livrar-se de Wendy. Enganando os Meninos Perdidos, ela os faz acreditar que Wendy era uma invasora e que Peter havia ordenado que a matassem. Eles então atiram flechas contra a menina que chegava voando. Infelizmente, acertam o alvo, mas, por sorte, ela milagrosamente é salva por um objeto que ganhou de Peter.

A flecha que a derrubou acertou um pingente de bolota de carvalho que ela trazia pendurado no pescoço, o qual havia sido trocado por um dedal com Peter. A troca pode parecer estranha, mas tudo começou com um mal-entendido: deveria ter havido uma troca de beijos, porém Peter não sabia o que era um beijo. Por isso, quando ela lhe ofereceu um beijo, num gesto de grande ousadia para uma menina, ele reagiu fechando os olhos e estendendo a mão aberta, na expectativa de que ali fosse depositado o que quer que fosse que ela estava denominando *beijo*. Desconcertada pela ingenuidade do menino, ela colocou ali seu pequeno dedal. Em retribuição, Peter lhe deu um de seus botões, uma bolota de carvalho, chamando-o também de *beijo*. De certa forma, essa bolota de carvalho era então um *beijo ganhado*.

Apesar de não ter sido ferida pela flechada, já que acabou sendo salva pela bolota de carvalho, ela caiu como morta. Na tradição ocidental, Cupido (deus do amor para os romanos) acabou sendo representado por crianças flechando os candidatos ao idílio. Além disso, em inglês existe a expressão "cair de amores" (*to fall in love*), que significa apaixonar-se (em português temos o mesmo sentido).

Entre Peter Pan e Wendy encontra-se tudo aquilo que um amor herda do vínculo primordial com a mãe e o uso erótico que é possível fazer disso. Embora brinquem alternadamente de mãe e filho e de papai e mamãe, não há dúvida de que foram flechados por um amor de outro tipo. Essa multiplicidade de papéis reservada a Peter Pan é decorrente da diversidade de fantasias a que uma menina recorre para imaginar a mulher que ela será: uma mulher que quer um homem a seu lado que a proteja, mas que também seja dependente dela, que lhe dê filhos, os quais devem realizar seus sonhos, mas de tal forma que nunca a abandonem, além de muitas outras funções contraditórias entre si. Peter Pan consegue se desdobrar em quase todas elas, então não admira que termine impacientando-se com as mulheres.

As fadas da Terra do Nunca

 s fadas são figura onipresente nessa história, elas recolhem as crianças e as levam para a Terra do Nunca. Lá de certa forma zelam por elas. É com a fada Sininho que Peter Pan fica quando se separa de Wendy no final da história, é com ela que ele chega quando a aventura começa. As fadas estão sempre perto de Peter Pan, elas são uma emanação do fascínio das crianças pequenas, seu encanto é gerado por elas: "Quando um bebê ri pela primeira vez, nasce uma fada".

A vida de Sininho fica por um fio em determinado momento, e Peter a salva solicitando que as crianças de todos os lugares, a quem tinha acesso através de seus sonhos, batessem palmas para demonstrar que acreditavam em fadas, portanto as fadas nascem com o primeiro sorriso das crianças e se mantêm vivas enquanto elas acreditarem em sua existência. Assim como a Terra do Nunca é o território onírico mapeado pela fantasia infantil, a fada é a versão da mãe que essa mesma fantasia moldou. Wendy foi à essa terra mágica brincar de mãe, mas lá as fadas são as mães de verdade, que não estão de faz-de-conta, assim como os meninos foram brincar de aventura, mas Peter é a aventura de verdade, que não termina nunca. As fadas são a mãe que as crianças têm quando ainda não sabem que têm, no tempo em que elas eram felizes e não sabiam, por isso, a fada nasce com o sorriso, com a satisfação da criança.

A fada de Barrie representa a mãe que satisfaz à criança, que sabe fazê-la sorrir, por isso, ela faz parte do acervo da Terra do Nunca. Mas o autor não é dado a simplificações, incluiu nessas personagens todas as ambiguidades que fizeram com que ele situasse esse mundo de fantasia num território limítrofe entre o sonho e o pesadelo: as fadas são ciumentas, possessivas e até mesmo capazes de maldades. Sininho não vacila na emboscada que armou para tentar matar Wendy, nem se sente muito culpada quando Peter a pune por isso.

"Peter as achava terrivelmente chatas: viviam se intrometendo em sua vida e às vezes o aborreciam de tal modo que o obrigavam a lhes dar uma boa surra". A fada nesse caso é a mãe de que a criança pequena dispõe dentro de si. Uma mãe internalizada a quem pode satisfazer, a ponto de ser destinatária daquele beijo especial, e a quem pode até punir quando ela não está sendo obediente aos seus desejos infantis. Crescer é perceber que, por mais maravilhosos que sejamos, não receberemos nunca aquele beijo, é saber que não abriremos aquela última caixinha, que a mãe não é altruísta em seus desígnios e não temos poder sobre ela. Ao contrário, ela nos retém junto a si de forma despótica e egoísta. Crescer é também descobrir que, a cada dia que vivemos, nos distanciamos mais dessa miragem que é o amor perfeito entre o bebê e sua mãe, nascido do seu primeiro sorriso. A fada é uma mãe sob medida, de um tipo que só poderia ser mesmo uma fantasia infantil.

As babás

 história de Barrie traz uma precisão psicológica ímpar, que consiste em separar a função materna, enquanto uma operação psíquica, da mulher que a desempenha. O móvel para esse discernimento é a figura de Naná, a cadela-babá. Ela não conta histórias, apenas zela; não compartilha as fantasias de Wendy, apenas tenta impedir que as crianças fujam para a Terra do Nunca; não deixa marcas de sua subjetividade nos filhos, apenas opera a função materna em sua acepção prática.

Em condições normais, uma babá será talvez lembrada através de um cenário, um hábito ou sabor compartilhado com ela, mas não produzirá o mesmo tipo de marca que a voz, o gesto e até os silêncios da mãe imprimem na construção da personalidade da criança pequena. Mais do que substituir a mãe, a babá é uma extensão dela, já que cada mãe escolhe o tipo de babá que seu inconsciente determina; portanto, ela terá o jeito, o estilo e a aparência que convier à mulher que a contratou. Só quando uma mãe está subjetivamente ausente, uma babá pode exercer um papel mais determinante.

Uma babá que não fosse humana seria alguém cuja personalidade não obstruiria jamais essa determinação, de cuidar apenas de forma prática ao serviço de outra mulher, a qual se incumbiria da maternidade no sentido simbólico. A separação entre a mãe (Sra. Darling) e a cuidadora (Naná) ilustra o fato de que a maternidade se apóia nos cuidados maternos primários, mas não se esgota neles.

O pai da família não possuía um bom relacionamento com Naná, por quem não se considerava respeitado, ele não cansava de denunciar que ela era excessiva, tratando seus filhos como se fossem cachorrinhos. George Darling tem razão, a maternidade humana é diferente da animal, justamente no que ela transcende os cuidados de higiene, alimentação e segurança. A maternidade humana se traduz em palavras, no compartilhamento de fantasias e frustrações, mas também em intermediar a relação com o pai das crianças. Além de poder contar e cantar para as crianças, a mãe humana atua como intermediária entre elas e o pai e faz isso mesmo sem saber, na medida em que se envolve com ele, demonstrando afeto e interesse pelas suas opiniões.

Wendy, assim como sua mãe, tinha esse aspecto da função materna muito claro, tanto que, em sua temporada na Terra do Nunca, transformava o respeito a Peter Pan numa devoção: "era uma dona de casa leal demais para permitir qualquer reclamação contra o pai. 'O seu pai é que sabe', vivia repetindo, qualquer que fosse sua opinião pessoal".

A Sra. Darling deixa seus filhos por uns momentos para comparecer a uma festa com seu marido, graças à essa ausência e ao fato de que o sr. Darling havia amarrado Naná, impedindo-a de proteger as crias como um animal faria, os três terão sua aventura, poderão viajar para a ilha de suas fantasias e voltar, decididos a crescer. A maternidade humana é feita de ausências, de brechas – também favorecidas por esse envolvimento com um homem –, em que a criança construirá a própria versão de sua história, quando sua fantasia moldará a personagem do que ela quer ser.

A mãe de janela aberta, eternamente disposta a ver no filho aquele objeto de amor que seu bebê foi outrora, existe para sempre na fantasia de todos os adultos. Ela representará um afeto irrestrito que o adulto buscará inutilmente no amor, mas, caso o encontrar, fugirá apavorado e não sem motivo. Um amor assim trará junto uma face terrífica, afinal ele estará outra vez sentindo-se como um objeto, indefeso como um bebê. Essa operação, porém, é sempre incompleta, pois dentro de todo adulto mora um Peter Pan, olhando de fora da janela agora fechada e denunciando o abandono a que foi submetido.

Peter Pan também representa a porção da nostalgia dos cuidados maternos, como se ali estivesse alguma forma de amor incondicional, que fica aderida à memória do adulto. Talvez aí é que entra a personagem de Naná, essa babá que dedica às crianças uma fidelidade canina e uma paciência de quem não tem outro interesse no mundo. Assim como as fadas representavam a mãe internalizada das crianças pequenas, Naná é a mãe em seu aspecto de dedicação real e prática. A ocupação obsessiva e persistente com os pequenos é um fato e uma necessidade, por isso, toda a mãe é também uma Naná. Por outro lado, toda a mãe é também uma traidora, que vai ao baile com o marido em vez de cuidar dos filhos. Para sorte deles, se não fosse assim, seriam os filhos que jamais iriam a lugar algum.

Existe uma babá mágica e inesquecível: a do filme *Mary Poppins*,[7] que é o inverso de Naná, pois ela se incumbe do aspecto emocional e mais simbólico da maternidade. Poppins é afetiva, educadora, oferecendo fantasias e limites, sempre na medida certa. Ela chega numa família para ocupar-se de duas crianças desorientadas pela ausência subjetiva dos pais. O pai é ocupadíssimo e não tem conexão nenhuma com o universo infantil, enquanto a mãe está totalmente voltada para o mundo externo, já que é uma militante feminista dedicada à campanha pelo voto das mulheres.

A suposição de que uma mãe que pensa sobre mundo e quer mais poder para ela e para seu sexo não poderia cuidar bem das suas crianças é um paradigma do pensamento conservador da virada do século XIX para o XX, isso seria o suficiente para colocar essa obra na lista negra do movimento feminista. Porém, é de Mary Poppins o centro das atenções, a outra (a mãe) somente existe para criar um contraponto, um fundo de ausência que ressalta a presença dessa figura materna mágica que todas as crianças querem ter e as mulheres querem ser. Além disso, Mary Poppins é irreverente e livre, nem a súplica das crianças a faz ficar quando ela decide partir. Tem amigos homens e anda pela cidade sem inibições, não é uma mulher submissa e caseira que viria para compensar a característica mundana da mãe. Seu contraponto é com uma mãe desconectada dos filhos, enquanto ela sim teria a chave do mundo infantil e o poder de reconstituir o fio da família. De qualquer forma, as duas são mulheres que possuem interesses além do lar, ou seja, as crianças que se acostumem a ser criadas por mulheres com horizontes mais largos.

A história de Mary Poppins trata menos da falta de amor pelos filhos e mais da necessidade de compreender a especificidade do pensamento das crianças: para criá-las e iniciá-las no nosso mundo, temos de ir buscá-las no mundo delas. A babá que compartilha o universo mágico infantil lembra Peter Pan, na medida em que brinca com seriedade e materializa as fantasias. Por outro lado, o trio formado por Poppins e os dois irmãos fazem inúmeros passeios, estabelecendo conexões entre o mundo mágico da infância e o ambiente racional do trabalho do pai. A babá mágica os conduz nesse trajeto, de saída da reclusão doméstica inicial, em que só brilhavam os encantos maternos (representados pela personalidade magnética da própria Mary Poppins), para a descoberta de interesses nos parques, nos tipos populares, assim como no mundo de negócios do pai, cujo vínculo com os filhos também é enfocado por ela.

Na vida de todos nós, essa transição acontece imperceptivelmente e a mãe costuma ser a mestra-de-cerimônias. Quando a tarefa está pronta, aquela babá feiticeira pode partir, vai para ninguém sabe onde, afinal tampouco sabemos de onde ela veio. Poppins vai embora porque, mais do que um personagem na vida das crianças, ela encarnava uma função. Com os pais de verdade acontece o mesmo: executam o seu trabalho de criar e educar os filhos e sua função se esvazia.

Restarão depois, ligados por laços afetivos, de carinho, de preservação da memória, de mútua assistência com os filhos, mas de certa forma aposentados.

O mundo do faz-de-conta

eter Pan é diferente dos meninos perdidos. "O que o diferenciava dos outros meninos era que eles sabiam que se tratava de faz-de-conta, enquanto para Peter fantasia e realidade eram exatamente a mesma coisa". Ou melhor, ele é a realização da fantasia das outras crianças.

Cabe uma distinção sobre qual fantasia estamos falando, no caso dois tipos se apresentam: aquela que aparece sob a forma do sonho diurno e a que se realiza através da atividade de brincar das crianças. Na primeira, temos uma cena em que quem fantasia protagoniza, como num filme em que somos diretores e atores, cenas de que desejamos participar. Conquistas amorosas ou profissionais, vinganças pessoais e projeções de futuro são material corrente desses roteiros. Os sonhos diurnos são movimentados por uma tentativa de encenar desejos que admitimos (ou não) ter. A figura de Peter Pan, que, antes de entrar na história, já aparecia nos devaneios de Wendy, faz parte desse tipo de fantasia. Seu personagem era invocado ao serviço da fantasia de projeção da mulher que ela gostaria de se tornar. Essa atividade imaginativa permite um estatuto de relação com o inconsciente mediante o qual o sujeito pode vivenciar uma saída para seus conflitos e uma realização de seus desejos, mas não necessita se comprometer com a parte mais complicada e inadmissível deles.

O brinquedo das crianças tem a mesma liberdade: brincando é possível vingar-se da autoridade dos pais, derrotar o rival do mesmo sexo e, edipicamente, ser escolhido pelo pai ou pela mãe para namorar, ser poderoso e com isso vencer as limitações de ser pequenino e incapaz para a vida, e muito mais. Uma criança pode erguer as mãos, colocar uma capa e *voar* por toda a casa, assim como dar tiros com seu dedo e fingir que é um cachorro, mas se tentar atirar-se pela janela, estrangular um amigo ou urinar num poste, estamos fora do reino seguro das brincadeiras, o que era lúdico tornou-se delirante. Uma prerrogativa importante do território da fantasia é a consciência de sua irrealidade.

O funcionamento psíquico próprio de quando brincamos é parecido com o estado em que nos entregamos aos sonhos diurnos: a realidade se suspende, mas permanece presente. É como nos sonhos em que sabemos estar sonhando. Tanto as fantasias que costumamos elaborar em determinada fase da vida, quanto as brincadeiras a que a criança se apega em determinado período, são vividas como uma possessão pessoal, um território do qual desenhamos o mapa, mas, quando viajamos para lá, estamos entregues à sua trama. Embora saibamos que é irreal, quando entramos na nossa Terra do Nunca, estamos sujeitos a suas leis. Eis a descrição de Barrie para a Terra do Nunca, que muito bem poderia ser uma definição poética da especificidade da fantasia de cada um de nós, temos um acervo comum, mas com ele tecemos um enredo que nos é particular:

A Terra do Nunca sempre é mais ou menos uma ilha, com manchas coloridas aqui e ali e recifes de coral, um vistoso navio ao longe, índios e tocas solitárias, gnomos que em geral são alfaiates, grutas banhadas por um rio, príncipes com seis irmãos mais velhos, uma cabana quase caindo e uma velhinha com nariz adunco. [...] As Terras do Nunca variam muito. A de João, por exemplo, tinha uma lagoa com flamingos que a sobrevoavam e nos quais ele atirava, enquanto a de Miguel, que era muito pequeno, tinha um flamingo com lagoas que o sobrevoavam. João morava num barco emborcado na areia; Miguel, numa tenda de índio; Wendy, numa cabana de folhas muito bem costuradas. João não tinha amigos; Miguel tinha amigos à noite; Wendy tinha um lobinho de estimação que havia sido abandonado pelos pais.

Através dessa primeira descrição, fica nítido que a Terra do Nunca é o espaço construído pela fantasia de cada criança, que bem pode variar conforme a idade, o sexo e o acervo de cada uma, mas tem elementos em comum, de um imaginário compartilhado pelas crianças de determinado lugar e época, que permite inclusive que brinquem entre si. A história de Barrie tem riquezas peculiares, ela tenta uma precisão do caráter desse lugar mágico que outros textos dirigidos à infância deixam sem esclarecimentos.

Na maior parte dos livros infantis, os mundos mágicos existem e pronto, se não os encontramos é porque não sabemos as palavras mágicas ou não fomos os escolhidos para penetrá-los. Outros preferem nos deixar na dubiedade de se foi um sonho, como *Alice no País das Maravilhas*, de Lewis Carroll. Há os casos em que se cai neles por acidente, como no *Mundo Mágico de Oz*, de que nos ocuparemos no capítulo seguinte. A fantasia exposta no livro de Barrie é do tipo de que gostamos de entrar, mas dá medo não poder sair. Sabemos ser seus autores, mas a obra parece conservar certa autonomia da nossa vontade. Exatamente nessa dubiedade reside a particularidade da obra: fica claro que o mundo mágico existe independentemente de que os irmãos o visitem ou não. Ele é um lugar, digamos, concreto, mas seus contornos são ditados pela imaginação das crianças. Portanto, o mundo mágico é ao mesmo tempo dependente e autônomo da criança que fantasia com ele.

Num livro como *A História sem Fim*, de Michael Ende,[8] encontramos esse mesmo tipo de interação entre a história e o menino. O mundo de Fantasia e a vida da Imperatriz Criança dependem de que o menino Bastian acredite neles para continuarem existindo. Sua imaginação sustenta e movimenta o herói que irá livrar o reino mágico de Fantasia de ser devorado pelo Nada. Porém, embora o menino visite Fantasia através da leitura de um livro mágico, aos poucos sua vida e a trama daquele livro se confundem de tal forma em que as aventuras impressas o envolvem totalmente. Ele havia recentemente perdido sua mãe, cuja morte não pôde evitar, mas a da Imperatriz sim estava em suas mãos. Para tal fim, Bastian se encontra totalmente identificado com o jovem herói da trama do livro que estava lendo: um órfão da tribo de caçadores de búfalos Peles-Verdes, chamado Atreiú. Esse jovem caçador conta com a ajuda de vários personagens mágicos (um dragão, um centauro e outros), nos quais Bastian vê representado o apoio que seu pai, consumido pela tristeza do luto, estava lhe negando. O mundo de Fantasia possui tudo o que o melancólico menino precisa, mas também está tomado da mesma tristeza abissal que ameaça transformar seu lar num lugar vazio, num Nada. Tal como no caso da Terra do Nunca, este mundo mágico contém os sonhos e os pesadelos das crianças e funciona como um espelho do que os comove em determinado momento.

É bom esclarecer que a Terra do Nunca era uma ilha, porém as crianças a encontraram não graças ao inexistente senso de orientação de Peter Pan, já que este voava à deriva, norteado apenas pelo seu senso de busca de diversão. O grupo chegou lá porque a ilha também estava procurando por eles. Não há como errar o caminho para a Terra do Nunca, pois se não acertamos o rumo, ela nos localizará. Como todos a conhecem, pois ela provém de uma fantasia compartilhada, como os mundos inventados nas brincadeiras entre pares e irmãos, cada coisa imaginada agora tinha um suporte real.

Wendy, João e Miguel ficaram na ponta dos pés em pleno ar para ver a ilha pela primeira vez, e o engraçado é que a reconheceram de imediato e, até o medo tomar conta deles, saudaram-na, não como algo que haviam sonhado durante muito tempo e que afinal avistavam, mas como uma velha amiga que iam visitar nas férias.

Quando escutamos a fala de crianças muito pequenas, seguidamente nos confundimos sobre o estatuto do que elas dizem, pois ficamos na dúvida se elas acreditam ou não na fantasia que estão descrevendo. Mas uma coisa parece ser decisiva: a fantasia dá para parar, às vezes, até dá trabalho puxar o freio, mas ela pára. Para Peter Pan a fantasia é um delírio, ela não pára nunca, e ele não sai jamais da fantasia porque ele é sua essência, a ilha é uma extensão de seu personagem, tudo gira em torno dele. Para as crianças de verdade, é fundamental saber que se pode sair, que não estão prisioneiros, eis mais uma precisão de Barrie:

A Terra do Nunca sempre se tornava meio escura e assustadora na hora de dormir. Campos inexplorados surgiam e se espalhavam pela ilha, percorridos por sombras negras. O rugido das feras ficava muito diferente. E principalmente se perdia a certeza da vitória. Ainda bem que as crianças tinham as lampadinhas acesas na cabeceira. [...] Naquela época a Terra do Nunca era faz-de-conta mesmo, mas agora era de verdade, sem lampadinhas acesas e com uma escuridão cada vez maior.

Acompanhar Pan foi uma experiência de viver a fantasia na fronteira em que a realidade ameaça desaparecer. Num outro trecho, é relatado como ele, com sua liderança despótica e infantil, por vezes decidia que determinada refeição seria apenas de faz-de-conta. Por obediência devida, todos fingiam comer sem reclamações, mesmo que estivessem com fome de verdade, mas só Peter Pan se sentia realmente satisfeito, dizem que inclusive era capaz até de engordar com esse tipo de alimento. Os Meninos Perdidos não são membros permanentes da fantasia, não têm a capacidade de se alimentar de sonhos como Pan, não são parte dela, são crianças que estão lá por falta de ter para onde ir, já que nenhuma família esperava por elas. No final, são libertadas desse despotismo por Wendy e seus irmãos, que os levam consigo para serem adotados pela família Darling.

No livro, a angústia da família que espera e se desespera pela ausência dos filhos é um elemento importante e decisivo para que as crianças voltem, é a certeza da conexão com o mundo real. Peter Pan fica irritado quando, ao avistar a Terra do Nunca, as crianças reagem com familiaridade, mas sabe que o medo logo chegará, o que o alegra, devolvendo-lhe a supremacia sobre esse território escuro. Mais do que um convite lúdico, a Terra do Nunca tem uma importante dimensão de pesadelo, e a figura de Pan faz parte dela, como no País das Maravilhas a brincadeira ganha vida própria e assume tons grotescos. Brincar de pirata é divertido, mas morrer disso não estava nos planos. Exatamente por isso, o vínculo com a família cumpre essa função de resgate. Para as crianças Darling, é possível desembarcar na terra da fantasia, mas sem queimar os navios no porto.

Ao longo do convívio, Peter e Wendy chegam a se chamar de *minha velha* e *meu querido*, mas a brincadeira chega a tal ponto de veracidade que ele fica angustiado e pede à menina a confirmação de que eles são pais de faz-de-conta mesmo, ao que ela responde que sim, se ele quiser assim. Esse é o princípio do fim, quando Peter precisa se perguntar se realmente ainda estão brincando, é a hora em que a brincadeira se esgotou. Estava ficando realista demais, por isso, Wendy decide retornar, levando todas as crianças com ela para entregá-las aos cuidados da verdadeira mãe.

Mais uma vez temos a personagem de Wendy como eixo, tanto que seus irmãos até se esquecem de sua mãe, já que fazem parte da brincadeira da irmã no papel de mamãe. Mas a menina tem sempre presente que está imitando, nunca sai da dimensão faz-de-conta, por isso, é dela a decisão de voltar e levar todos consigo, de suspender a brincadeira. Se Peter Pan é a encarnação da fantasia e Wendy representa a criança que a produz, a Terra do Nunca é a prova de que sonhos, pesadelos e fantasias são feitos na mesma fábrica, estar num ou noutro é mais uma questão de posição do que da trama da fantasia em si.

As crianças no poder

 ara sorte de todos, a democracia enquanto um valor tem prosperado e difunde-se pelo mundo. Seus reflexos estão em toda a parte e chegaram à família, mas uma pretensa igualdade dentro de casa, na criação dos filhos, para ser mais exato, pode produzir um efeito contrário do esperado. Dentro de uma família, os lugares são muito diferentes, é extraordinário que na modernidade

tenhamos de nos lembrar disso, ou seja, do óbvio: as gerações não estão no mesmo plano, e os mais velhos têm algumas coisas a ensinar a aqueles que estão chegando na vida.

O que vemos hoje na criação dos filhos é que ou os pais tomam as rédeas e governam (sem despotismo) sua família, ou bem a tirania das crianças ganha espaço. A ausência de hierarquia no lar não redunda em democracia, nem em anarquia, ela gera um autoritarismo invertido. Essa novela é exemplar para demonstrar o que pode ser o domínio exercido por crianças e o quanto ele pode ser mais brutal que o do adulto. Verificamos que, quando a infância dita as leis, o autoritarismo revela-se de uma intolerância sem limites, tal qual Peter Pan, que exerce seu poder como um rei absolutista, matando sem dó quem queira contrariá-lo. A violência é diretamente proporcional à impotência e à falta de legitimidade de quem está no mando, por isso, as crianças terminam sendo tão ditatoriais quando têm algum poder, como compensação pela sua fragilidade e falta de preparo para decisões.

Os pais contemporâneos, salvo exceções, não se sentem suficientemente calçados para sua tarefa educativa e tentam compartilhar suas decisões com os mais jovens. O resultado nem sempre é o melhor, a idéia soa boa em tempos de igualdade e questionamento das hierarquias, mas o que vemos na prática é que, seguidamente sob esse discurso, os mais velhos se eximem das suas responsabilidades, da árdua tarefa de educar os mais jovens.

Antigamente, a maturidade supunha uma aura de sabedoria e era uma espécie de fonte natural de autoridade. Não se trata de sermos nostálgicos: não há nada de extraordinário que tenhamos perdido quanto a esse suposto saber absoluto atribuído aos mais velhos, principalmente no exercício ditatorial do pai-patrão, do patriarca cujos desmandos tantos destinos destruiu. Porém, uma vez podados os excessos, a longo prazo, há mais benefícios em contar com pais que se resignem a carregar o fardo de seu cargo, mesmo que errem em certos pontos, do que ser criado pelos que se nivelam com os filhos. Ser pai às vezes é suportar segurar o leme, mesmo não sabendo bem para onde se vai. Furtar-se de capitanear o navio, sucumbindo ao medo do risco e da incerteza da jornada, não só dificulta encontrar o rumo certo, como deixa as crianças desnecessariamente inseguras e angustiadas.

Uma coisa é escutar as crianças, levar em conta seus medos e dificuldades, outra é compartilhar com elas os nossos medos e dificuldades. Isso só deve ser feito em circunstâncias muito especiais, de forma muito delicada, quando se tornar necessário que a criança saiba a respeito de algo triste ou difícil que está afetando a vida familiar ou pública. Por exemplo, se houver uma guerra, uma comoção social, a morte de alguém querido, o desemprego de algum dos pais, a criança pode e deve ser informada do ocorrido e de que isso está afetando sua gente, mas não se espere dela que seja um apoio, ela tem o direito a ser frágil e exigir ser amparada. Se antes de uma viagem de avião, uma criança pequena quiser de seus pais a certeza de que ele não vai cair, cabe-lhes dar a ela uma confiança que eles próprios não têm. É preciso ser grande para haver-se com a angústia decorrente da consciência de que o destino muitas vezes não avisa... Claro que um dia os pais saem de seu lugar de super-heróis, quando termina a infância, mas é preciso esperar o momento.

Como idealizamos a infância como um paraíso e as crianças como seres bons que a vida ainda não estragou, só poderíamos esperar um festival de bondade e criatividade se elas tivessem mais poder. A experiência clínica só confirma o contrário, e a literatura não tem se revelado mais esperançosa. Vide o livro *O Senhor das Moscas,* de William Golding, que conta a história de um grupo de jovens náufragos isolados numa ilha. Em suas tentativas de se organizar, constroem um inferno, no qual as crianças encarnam a figura caricatural do pior despotismo nazifascista. Quando as crianças ficam sem a mediação de um adulto, impera a lei do mais forte.

Até a chegada de Wendy, os meninos se submetiam aos caprichos de Peter por medo, já que ele lhes impunha castigos físicos e até à morte, quando o desobedeciam. Além disso, eram ligados e submissos a ele por receio aos perigos desse mundo paradisíaco-hostil, afinal ele era um líder nato, bravo guerreiro e sem dúvida o mais adaptado ao lugar.

O pai pirata

 alvez Peter Pan só vá crescer quando perder uma briga para o Capitão Gancho, mas, como vimos, não foi dessa vez. Qualquer menino passa por uma fase de briga com o pai, afinal é este que vem dizer o que o filho pode e o que não pode. Ele é a figura da lei e aprender a submeter-se à lei é uma tarefa das mais árduas. Embora não se cresça sem receber limites, pode se dizer que ninguém se entrega de bom grado às exigências civilizatórias. Por isso, nessa época inaugural, quando pai e filho estão encenando seus papéis um para o outro, não fica claro o que o filho ganha e sim o que ele perde.

O pai é visto pelo bebê como um usurpador, ele invade o navio onde mãe e filho balançam acalentados pelas ondas da sua mútua admiração e rouba todos os seus tesouros. Grande, forte, barbudo e mal-cheiroso, seqüestra-a para as violentas aventuras do sexo. Que pode ver ela nesse homem áspero e rude, se tem este macio e suave objeto de desejo a seu dispor? Porém, se não renunciar à presença eterna da mãe, uma criança não crescerá, se não houver o vazio produzido por alguma ausência materna, não há possibilidade de vir a desejar qualquer coisa que seja. A separação da mãe é libertadora, mas na nossa cultura a vemos como um reinado perdido e é aqui que o pirata – ou qualquer outra face imaginária que o pai venha a ter – entra. O pirata é maligno porque vem a nos tirar do seio-paraíso. A figura do Pirata pode muito bem substituir a do pai, pois também se presta à confusão entre impor a sua lei e não se submeter a ela, parecendo que está acima dela, que é sua encarnação.

O pirata é um pai primordial, brutal, despótico, acima do bem e do mal. Não podemos esquecer que esta história é de origem inglesa e um dos heróis nacionais britânicos, Sir Francis Drake, começou seus dias como pirata. A Inglaterra dominou os mares como poucos e essa foi a chave para manutenção de seu império. Se os capitães eram os heróis desse território imenso e hostil que são os mares, os piratas, mitica-mente falando, são ainda mais fantásticos dentro desse referencial imaginário. Os piratas são os representantes da aventura e da busca e possessão de tesouros. Existiam inclusive os piratas com *cartas de corso,* ou seja, com autorização do rei para pilhar, um pirata legalizado de certa forma. Tudo isso abre caminho para a idealização desse aventureiro individualista e corajoso, que corre o mundo inteiro, como herói típico dos séculos XVII, XVIII e XIX, mas que impregna nossa imaginação até hoje.

Se o mundo moderno idealizou o conquistador, certamente no pirata está sua figura *princeps*, pois ele chega para se apropriar, sua força está acima da lei, impõe-se como uma lei maior; ele é um líder incontestável e cruel com seus súditos. Se Peter crescer, será um pirata, afinal, é assim que ele concebe os adultos e, aliás, já é assim que se comporta para com seus companheiros. O filme *Hook, a volta do Capitão Gancho* (1991, dirigido por Spielberg), mostra como seria Peter Pan se tivesse decidido crescer. Havia se tornado um homem insensível, um verdadeiro pirata do mundo das finanças. Foi necessária uma nova temporada na Terra do Nunca para que ele reencontrasse a dose de infância perdida que era imprescindível para ser pai.

O pirata clássico sempre tem um olho de vidro e uma perna de pau, além da sua cara de mau. Ele pagou com partes de seu corpo o preço da vida que leva, por isso, ele é, de certa forma, limitado. No nosso caso, esse gancho que lhe dá o nome é o representante da castração de nosso amável capitão, já que ele, como adulto que é, teve de pagar alguma coisa. Provavelmente, na imaginação de Peter, ser adulto é perder algo precioso que fica simbolizado como uma parte do corpo, mais uma razão para não crescer.

Embora o grande adversário de Gancho seja Peter Pan, seu maior medo era o crocodilo que já comera sua mão. Talvez esse também seja o medo de Peter, afinal o que significa esse crocodilo que faz tic-tac permanentemente? Sabemos que ele engoliu um relógio, simbolicamente ele mesmo pode ser um relógio, ou melhor, o tempo, afinal é ele quem come a carne de todos os que ficam velhos. Na verdade, Peter Pan ainda não o teme, pois seu voto pela infância o coloca, por enquanto, fora da jurisdição desse implacável perseguidor. Ou melhor, o voto pela infância não seria também para manter esse crocodilo-tempo[9] afastado? Por isso, para provocar Gancho, em pleno duelo Pan faz questão de afirmar: "Eu sou a juventude, sou a alegria, sou um passarinho que acabou de sair do ovo". Com certeza, quem sempre sai derrotado diante a Peter Pan é o tempo.

"Havia em Peter alguma coisa que enlouquecia o comandante dos piratas: era a arrogância". Gancho nutria uma secreta admiração pelo seu jovem inimigo, "aquele fedelho orgulhoso e atrevido", parecia congregar em si poderes equivalentes aos dele, sem jamais ter pagado o preço que custou ao pirata. De fato, se todo o pirata carrega em seu corpo as marcas das batalhas que travou, termina provando que nem ele está acima da lei, afinal, pode até desobedecer continuamente, mas lhe custará algo: os pedaços de seu corpo que entrega como castigo por seus pecados. Além disso, o pirata de Barrie tem seus refinamentos:

Ele havia estudado num famoso colégio interno, cujas tradições ainda levava consigo, como se fossem trajes, acima de tudo continuava apaixonado pela boa educação.

O duelo final, em que Peter finalmente vence Gancho, parece uma legítima luta de cavalheiros, pois nela mais vale a honra do que a espada:

(Gancho) Já não tinha vontade de viver, mas ansiava ainda por um único privilégio: antes de esfriar para sempre, queria ver Peter cometer uma falta de educação.

Peter, num gesto magnífico, convidou o adversário a pegar a espada caída. Gancho aceitou o convite imediatamente, embora tivesse a trágica impressão de que seu inimigo estava dando mostras de boa educação. Até esse momento, ele pensava que tinha defrontado-se com um demônio, porém agora o assaltaram suspeitas mais sombrias.

Quando estava no parapeito, olhando por cima do ombro de Peter que pairava no ar, ele o convidou com um gesto a lhe dar um pontapé. Assim Peter o chutou em vez de esfaqueá-lo. Finalmente Gancho recebeu o privilégio que tanto desejava. "Mal-educado!", gritou zombeteiro e todo contente se entregou ao crocodilo. Assim morreu Jaime Gancho.

Paradoxalmente, o pirata morre com a vitória moral, mostrando-se mais *homem* que o rapaz, no sentido de ser capaz de um sucesso socialmente regrado e reconhecido, sob a forma da *boa educação*, por isso, morre heroicamente. Peter não cresce, porque prefere a escaramuça às regras, para tanto se mantém num universo paralelo, a Terra do Nunca, onde sendo tudo faz-de-conta, nada é para valer.

Gancho, o maior de todos os piratas, é um nobre adversário. Sua obsessão para derrotar Pan é um duelo de poder. Ganhar seria dar limites ao ditatorial e endiabrado menino. Peter pode brincar à vontade, mas os piratas, assim como os Peles-Vermelha, travam lutas sangrentas para impor regras e mostrar que a vida pode ser perigosa e curta para quem não reconhece seus limites.

No fim das contas, é um pirata que Pan se torna, assumindo o comando do navio herda o lugar de Gancho, demonstrando que, de alguma forma, ele sempre foi seu pai. É claro que com Peter Pan nada é para valer, toda a aventura é tão intensa quanto passageira, e ele não guarda memória de nada. Muitos anos depois, quando aparece para visitar Wendy que já se encontra com sua filha Jane em idade de viver aventuras na Terra do Nunca, o menino não se lembra sequer quem era Gancho. Sem dúvida, a memória, essa particular forma de registro da passagem do tempo, é privilégio dos que crescem.

A Sombra

 á um elemento interessante no começo da história, que resta enigmático: como e por que Peter Pan perdeu sua sombra? É no encalço dela que ele volta e é surpreendido por Wendy, que o ajuda a pregá-la outra vez em seu corpo, costurando-a nos pés de Peter.

Talvez um relato paralelo possa nos ajudar. Na tradição alemã, existe a história de um rapaz que vende sua sombra ao diabo, aliás outro Peter, mas o nome e o tema da sombra são o único ponto de contato entre essas duas narrativas. Essa pequena novela chama-se: *A História Maravilhosa de Peter Schlemihl*,[10] é de Adelbert von Chamisso e tem uma estrutura que lembra um conto maravilhoso, embora seja considerada uma versão para crianças da lenda de Fausto.

Peter Schlemihl não vende a alma como Fausto, ele vende a sombra, mas, como ficamos sabendo mais tarde, era só uma armadilha do diabo para depois chantageá-lo e obrigá-lo a trocá-la por sua alma, coisa que ele não faz, embora muito sofra pela perda da sombra. Schlemihl achava que podia viver sem sombra ou pelo menos que o saco mágico que recebera do diabo em troca dela, de onde podia tirar todas as moedas de ouro que quisesse, seria uma boa compensação pela sua falta. Triste engano, ninguém o aceitava sem sombra, e ele passou a levar uma vida de enjeitado. A lembrança é válida para pensarmos a respeito da sombra perdida que o nosso Peter vem buscar no quarto das crianças.

Na história alemã, a sombra é retirada com uma tesoura que a corta rente aos pés. No nosso caso, é Wendy que a costura nos pés de Peter, pois este se revela incapaz de fazê-lo. A questão é o que representa esse duplo que é nossa sombra?

A sombra nos acompanha, através dela a luz marca nossa silhueta, parece brincar com nossos contornos como quando vamos a uma casa de espelhos malucos. Não há criança que não tenha tentado pisar na sua sombra, nem adulto que não tenha tentado subjugá-la, fazendo-a dar forma às suas macaquices, formando bichos e caricaturas com as mãos para divertir os pequenos. Mais ou menos obediente, ela testemunha com seus contornos bruxuleantes, uma existência que buscamos desesperadamente ver confirmada através de todos os expedientes possíveis.

Passar desapercebido é uma forma de inexistência, por isso, repetidamente consultamos o espelho, na vã tentativa de capturar a imagem que os olhos dos outros vêem, no espelho procuramos nos ver de fora. Essa operação só funciona porque, no início, os olhos ávidos do bebê que um dia fomos descobriram no olhar da mãe e dos adultos uma fonte privilegiada de diálogo e respostas.

O psicanalista Renée Spitz, em sua descrição do primeiro ano de vida, ressaltou o quanto o sorriso voluntário do bebê, uma das formas inaugurais de diálogo de um ser humano nos primeiros três meses de vida, se dirige a um par de olhos. É a presença de um rosto de adulto, dominado pelos seus dois grandes olhos, que inaugura essa *conversa*, em que o bebê se percebe olhado, sorri e recebe em troca sonoras manifestações do efeito causado por sua pessoa.[11] Sou visto, logo existo. Nesses casos, a sombra funcionaria como um espelho que pode simbolicamente testemunhar que existimos para os outros.

O personagem do conto alemão termina por viver em isolamento absoluto, discriminado pela sua falta de sombra. Porém, podemos pensar o contrário: a falta de sombra já é resultado de seu isolamento, já que nem a luz se digna a lhe espelhar seus contornos. Perdido de sua sombra, Peter Pan certamente precisa de uma mãe, que simbolize esses dois grandes olhos capazes de testemunhar sua existência.[12] Voltando para buscá-la no quarto das crianças Darling, esse lugar onde uma mãe conta histórias e zela pelo sono dos filhos, saiu de lá mais do que com sua sombra devidamente costurada aos seus pés, levou consigo uma mãe para todos os meninos que, como ele, se perderam desse dom que só ela pode dar: o de ter uma imagem. Wendy era uma mãe de faz-de-conta, mas, como vimos, isso não fazia diferença para Peter Pan...

Notas

1. BARRIE, James Matthew. *Peter Pan e Wendy*. São Paulo: Companhia das Letrinhas, 2002. As citações que faremos a seguir de alguns trechos do livro são desta edição muito bem-feita, cuja tradução cuidadosa é de Hildegard Feist.
2. Em 2005, estreou um filme enfocando a relação de J.M. Barrie com os meninos da família Davies e com a mãe deles, Sylvia. O filme é *Em Busca da Terra do Nunca*, com direção de Marc Forster e que foi inspirado na peça teatral *The Man Who Was Peter Pan*, escrita por Allen Knee.
3. Acredita-se que este nome tenha sido inventado por Barrie. Ele é originário da amizade do escritor com uma criança, chamada Margareth, que tinha 4 anos quando eles se conheceram. Ela costumava chamá-lo de *my friendy*, mas como não conseguia pronunciar o *r*, terminava pronunciando a palavra de tal forma que soava *fwendy* ou *wendy*. Há quem conte que ela gostava de dizer que ele era seu *fwendy-wendy*. Margareth morreu com a idade de 6 anos, mas se eternizou no nome da heroína da história mais importante da carreira de Barrie.

4. Por exemplo, o livro *The Peter Pan Syndrome: Men Who Have Never Grown Up*, de Dan Kiley, publicado em 1983.

5. A cultura busca palavras para descrever o fenômeno da dificuldade de crescer contemporânea. Por exemplo, temos os *Kidults* (criançadulto), adultos que consomem produtos culturais infantis; os *Nesters*, filhos que não saem da casa dos pais (do ninho, literalmente); ou os *boomerang kids* (porque vão e voltam). Existem, e cada vez mais, adultos que não se resignaram à necessária independência que a passagem do tempo impõe. Na falta de uma elaboração mais precisa, tomamos emprestado da literatura nomes que nos ajudem, por isso, Peter Pan é tão usado para falar das dificuldades de amadurecimento.

6. ARIÈS, Philippe. *História Social da Criança e da Família*. Rio de Janeiro: Zahar Editores, 1981.

7. *Mary Poppins* é uma novela de Pamela L. Travers publicada em 1934. Em 1964, saiu o filme feito pelos Estúdios Disney.

8. ENDE, Michael. *A História sem Fim*. São Paulo: Martins Fontes/ Editorial Presença, 1985. Publicada originalmente em 1979, a história foi filmada em 1984, com título homônimo.

9. A personificação do tempo é atribuída a Cronos, a origem dessa conexão deve-se originalmente apenas a um jogo de palavras homofônicas em grego entre a palavra "tempo" e o deus da raça dos titãs, mas acabou permanecendo, na nossa tradição cultural, uma associação entre o tempo e um deus devorador.

10. CHAMISSO, Adelbert Von. *A História Maravilhosa de Peter Schlemihl*. São Paulo: Estação Liberdade, 2003

11. SPITZ, René. *O Primeiro Ano de Vida*. São Paulo: Martins Fontes, 1983, p. 91.

12. A respeito desse assunto, é possível aprofundar-se no texto: *O papel de espelho da mãe e da família no desenvolvimento da criança*, no livro *Realidade e Jogo*, de D.W. Winnicott.

Capítulo XVII
O PAI ILUSIONISTA

O Mágico de Oz

O novo conto de fadas – Vicissitudes da função paterna a partir da modernidade –
O pai idealizado da primeira infância – Reconhecimento da fragilidade do pai –
A construção da autonomia – Busca da autorização dos pais para crescer

Mágico de Oz foi um dos contos de fadas modernos de maior sucesso de público do século XX, dadas as dimensões do mundo, comparável à chegada de *Harry Potter*, quase um século depois. Considerando os contos de fadas como variações sobre estruturas básicas, esse clássico norte-americano poderia ser um bom exemplo da sobrevivência do gênero dos contos maravilhosos, já que muitos elementos dos relatos folclóricos tradicionais podem ser encontrados nele. Há uma heroína criança realizando uma jornada de crescimento que inclui perigos, dos quais ela se safa graças ao auxílio de expedientes e seres mágicos, com quem faz aliança em conseqüência de sua boa índole. Há ainda quatro bruxas (duas boas, duas más), objetos mágicos, outras dimensões das quais se entra e se sai, animais falantes,

seres encantados, árvores animadas e, é claro, um final feliz e reconfortador. Convém precisar que essa obra foi criação de um autor moderno, escrita em 1900, portanto nascida junto com o século XX, e lapidada em seu interior, já que à história original se sucederam continuações em livro, que foram sucesso de público durante décadas, e vários filmes.

Tudo começa com um episódio envolvendo uma órfã norte-americana, Dorothy Gale, que é levada por um tornado e termina despencando com casa e tudo no Mundo Mágico de Oz. Embora esse lugar seja fascinante, tão maravilhoso quanto perigoso, e carregado de toda a emoção e beleza que faltava ao cinzento Kansas de onde partiu, ela só pensa em voltar. Em busca do retorno, faz uma jornada por esse território encantado, acompanhada por um bizarro grupo, derrotando uma terrível bruxa e tentando obter os favores do Mágico de Oz, que parecia ser o único com poder suficiente para ajudá-la.

O Mágico de Oz[1] é um ponto de partida, o primeiro volume dessa história, que se celebrizou em duas linguagens: em livros, durante 40 anos, e depois no cinema. Hoje em dia essa história é muito mais popular em forma de filme. Porém, tanto na versão cinematográfica, quanto como livro, poucos conhecem mais de um volume da série. Será ao episódio mais divulgado, o primeiro e inaugural, que nos ateremos na análise que se segue.

Essa obra deve-se a um homem sem tradição literária, Lyman Frank Baum, nascido em 1856, que cresceu cercado de mimos no seio de uma família abastada, enriquecida pela exploração de petróleo. Porém, essa riqueza familiar não durou muito, Lyman passou a vida adulta lutando por estabelecer um negócio, sem grandes sucessos e com várias bancarrotas, até encontrar aquela que seria sua identidade definitiva: autor de literatura infantil.

Durante 20 anos, Baum escreveu 15 volumes da série. Até o fim da vida, em 1919, ele ocupou o cargo de *Historiador Real de Oz,* denominação assumida para demarcar que o mundo mágico havia transcendido seu controle, tornando-se ele próprio um personagem de sua criação. Após a sua morte, a incumbência de seguir adiante ficou aos cuidados de outra escritora: Ruth Plumly Thompson, que produziu um volume por ano, até 1939.

A saúde frágil de Baum, contra a qual lutou toda a vida, obrigou-o a uma infância mais introspectiva, próxima dos livros, dos contos de fadas e marcada pela imaginação. Porém, ele acreditava que devia oferecer às crianças histórias mais parecidas com sonhos do que com pesadelos que lhe inspiravam os contos de fadas tradicionais. Antes do primeiro volume de *Oz*, Baum escreveu uma peça teatral de sucesso, mas foi mesmo como contador de histórias para crianças que ele se consagrou. Seus filhos o inauguraram nessa atividade, mas não somente eles, também as crianças de sua cidade o solicitavam constantemente, quer na sua loja ou mesmo na rua, quando o paravam para que lhes emprestasse um pouco de sua fantasia, sentados no meio fio da calçada. Seu primeiro livro de sucesso na área contou com a parceria do tradicional ilustrador norte-americano Maxfield Parrish e nela aparece uma menina chamada Dorothy. Mas foi junto de outro ilustrador, William Denslow, que Baum publicou, em 1899, um livro de contos infantis chamado *Father Goose, His Book* (na esteira de seu título anterior: *Mother Goose in prose*, de 1897), que se tornou o mais vendido na área.

Essa segunda parceria teve seu ápice na produção do próximo livro: *O Mágico de Oz*, o qual continha nada menos do que 150 ilustrações, cujas imagens foram seguidas posteriormente no cinema. Convenhamos que esse é um número generoso até para nossos tempos de inflação imagética. Portanto, desde seu nascimento, *O Mágico de Oz* está marcado por um casamento inseparável com a imagem, prenúncio da consagração de sua versão cinematográfica, já que hoje poucos o conhecem através da fonte escrita. Dizem inclusive os comentaristas que Frank Baum, o autor, não era muito bem-visto pela crítica, a mesma que derramava laudas de elogios ao ilustrador W.W. Denslow.[2]

O Mágico de Oz teve uma primeira versão cinematográfica de poucos recursos, feita pelo próprio autor, mas se consagrou em 1939, quando foi transformado numa grande produção em filme da Metro Goldwyn Mayer, dirigido por Victor Fleming: um musical estrelado por uma jovem chamada Judy Garland no papel de Dorothy. O sucesso alcançado nos indica que essa história organiza os elementos da tradição num arranjo conveniente à sociedade do tempo que a consagrou, ou seja, combina as velhas e boas personagens do conto de fadas num argumento que responde aos anseios da infância do século XX. Sua difusão também reforça o debate sobre uma nova forma de transmissão, em que o cinema aparece posicionado enquanto narrador privilegiado, cumprindo o papel de preservar uma trama, tal qual os narradores orais faziam com os contos da tradição. *O Mágico de Oz* já fora um sucesso editorial, mas foi esse musical em tecnicolor que lhe garantiu a perenidade.

A viagem à Oz

 filme não se resume a reproduzir a história, ele dá uma volta a mais no texto, transformando a ação toda, ocorrida no mundo mágico de Oz, num sonho da protagonista Dorothy. Apesar de seus recursos cinematográficos, hoje considerados rudimentares, o filme baseado no conto de fadas de Baum continua circulando, sendo encontrado e assistido repetidas vezes por crianças que lhe confirmam o acerto do arranjo.

A história tem um esquema na verdade pouco complexo, o que facilita sua assimilação. Sob esse eixo simples, é montada uma constelação de personagens bem consistentes com uma fineza psicológica ímpar. Dorothy vive numa fazenda do Kansas com seus tios

Henry e Emma, num local descrito como árido, sem vegetação, sem cores, de terra gretada, onde até as pessoas perdiam o rubor e o brilho. O pouco que ficava de pé na cinzenta paisagem era ameaçado pelos constantes tornados, como o que se abateu sobre eles no início da narrativa. A menina se atrasa para entrar no abrigo subterrâneo, junto com sua tia, por ter corrido para resgatar Totó, seu cachorrinho de estimação. Quando vai se proteger já é tarde e voa pelos ares, com casa e tudo.

No filme, antes do tornado, Dorothy tem um dia difícil, pois enquanto dava um passeio, o seu cachorrinho Totó acaba mordendo a mulher mais antipática da cidade, tão poderosa quanto mal-humorada. A tal senhora vai à casa dos tios para pedir a punição do cachorrinho e vem munida com uma autorização do delegado da cidade para levá-lo com ela. Seus tios, embora não gostem da idéia de ver a sobrinha perder Totó, não conseguem força para se opor e não encontram outra saída senão a resignação pela perda. Felizmente, o animalzinho se livra da mulher malvada e volta para sua dona. Para manter-se junto dele, Dorothy resolve fugir. Simplesmente sai de casa, numa fuga sem maior planejamento, mas não vai muito longe. Num lugar próximo da fazenda de seus tios encontra-se com um mágico de araque, um charlatão simpático que a trata de um modo bem paternal e a aconselha, indiretamente, a voltar para casa. Nesse momento, intervém o inesperado: quando entra em casa, um tornado chega tão rápido que ela não consegue entrar no abrigo, e a casa, a menina e o cachorrinho são levados pelos ventos.

O filme dá a entender (posteriormente) que ela desmaia e começa um sonho, em que o mundo mágico de Oz vai ser como o País das Maravilhas de Alice, um território onírico. Como recurso cinematográfico para marcar os contrastes entre o mundo real e cinza e o deslumbrante e colorido mundo de Oz, a primeira e a última parte (quando ela retorna ao Kansas) foram feitas em preto e branco, enquanto a aventura mesma teve o colorido bem marcado.

Já no livro, Dorothy realmente voa para o mundo mágico de Oz. Da versão impressa para a filmada, encontramos um refinamento no roteiro. O livro só realça a falta de brilho do mundo de onde ela provém, enquanto o filme lança uma série de personagens que fazem parte da vida real de Dorothy no Kansas, como os três empregados da fazenda e o mágico falsário, os quais vão emprestar suas imagens e palavras às figuras centrais do sonho que se segue. O filme tem uma concepção bem freudiana do trabalho onírico, já que

nele os restos diurnos vão se organizar num sonho para revelar o que se pensa e o que se deseja.

Depois de ser carregada pelos ares, sua aterrisagem, com casa e tudo, vai ser na terra dos Munchkins. Esse é um dos tantos povos do local, cada um identificado por uma cor. O que ela não sabe é que a casa caiu em cima de uma bruxa malvada, esmagando-a. Os habitantes, por sua vez, ficaram tão gratos por terem sido libertados do jugo maligno daquela bruxa que Dorothy não conseguiu convencer ninguém de que não fora um ato intencional seu que a matara, e, por esse feito, ganha fama de muito poderosa. Fica sabendo também que existem mais bruxas, uma para cada ponto cardeal, duas boas, duas más. A morta foi a Bruxa Malvada do Leste, mas sua irmã, a Bruxa Malvada do Oeste, segue viva e agora está de olho na menina para vingar-se. Por sorte Dorothy também encontra a Bruxa Boa do Norte, que havia sido chamada pelos Munchkins para recepcionar a poderosa forasteira, e esta lhe oferece alguma proteção: no filme tal proteção é um pouco abstrata, a Bruxa Boa a acompanha, como uma espécie de anjo da guarda, e intervém em casos extremos de perigo ou enrascada; no livro, ela dá um beijo na testa de Dorothy, como uma marca de afeto visível que a torna sua protegida, infundindo respeito e temor em quem queira maltratá-la.

A fonte de poder da bruxa morta, um par de sapatinhos de rubi (no livro sapatinhos de prata), acaba ficando com Dorothy, presenteado pela Bruxa Boa, mas ela não sabe como usá-los, apenas os coloca nos pés por achá-los bonitos e resistentes. De qualquer modo, mesmo com a boa recepção dos Munchkins e o apoio da bruxa boa, a heroína está tão sozinha como se sentia no Kansas. E é curioso, pois, embora essa terra seja um lugar tão fantástico como ela sonhou que poderia existir apenas no fim do arco-íris,[3] Dorothy não consegue pensar em outra coisa a não ser no seu desejo de retornar para a cinzenta e triste fazenda de onde veio; entretanto, não sabe como voltar.

Os Munchkins estão muito agradecidos, mas são incapazes de ajudá-la, o mesmo ocorre com a Bruxa Boa do Norte, que não sabe onde fica o Kansas, por isso lhe sugerem procurar o Mágico de Oz, na Cidade Esmeralda, o qual seria muito poderoso e então poderia enviá-la de volta para casa. Como parece que todos os caminhos levam a essa cidade, bastaria seguir uma estrada de tijolos amarelos para chegar até lá.

Na peregrinação até a Cidade Esmeralda, ela encontra três amigos, e eles resolvem acompanhá-la, pois são todos carentes de certos dons que acreditam que o Mágico possa lhes atribuir. São um Espantalho, que gostaria de ter cérebro; um Homem de Lata, que queria um coração; e um Leão que, contrariando a natureza, não teria coragem. Enquanto o que os reúne é um pedido ao Mágico para estarem à altura de suas expectativas, Dorothy quer apenas voltar para casa. Pelo jeito, a condição para fazer parte do grupo é saber o que mais se deseja, baseado na falta mais premente.

Curiosamente, logo percebemos que nas várias dificuldades dessa jornada, onde enfrentam todo o tipo de perigos e revezes, cada um vai mostrando que sua melhor qualidade é exatamente a virtude que quer pedir ao mágico. O grupo é salvo pelos planos geniais do supostamente descerebrado espantalho, pela dedicação amorosa do Homem de Lata sem coração e pela coragem do Leão Covarde. A última a dispor de seu dom é precisamente Dorothy, que somente descobre no fim da história que a magia por que passou todo o tempo buscando esteve sempre com ela.

Os quatro amigos são muito bem tratados na Cidade Esmeralda, mas mal recebidos pelo Mágico de Oz. Ele quase não os ouve, está mais preocupado em amedrontá-los e condiciona sua ajuda a uma missão quase impossível: derrotar a outra Bruxa Malvada (do Oeste) que segue viva. O grupo sabe da dificuldade, mas se lança assim mesmo para enfrentar a bruxa, afinal acreditavam que seria o meio de obter o que queriam. Enfrentam um percurso cheio de perigos, aonde mais uma vez cada um dos amigos vai provando seu valor; são quase destruídos pela bruxa, mas Dorothy descobre casualmente seu ponto fraco, a água, e a mata.

Já que triunfaram, voltam ao mago para reclamar a ajuda que fora condicionada ao extermínio da bruxa. Este os recebe mal outra vez e tenta livrar-se deles – mas já sabemos que esse grupo não desiste facilmente. Para seu grande espanto, acabam descobrindo que o mágico é uma farsa e sua pretensa magia é apenas ilusionismo. O Grande e Poderoso Mágico de Oz é na verdade, como veio a dizer Dorothy, um *grande e terrível impostor*, que tem uma fachada de poder real, mas ele mesmo não tem poder mágico nenhum.

Desmascarado, o Mágico de Oz conta sua história. Relata como foi parar lá por acaso e despertou a fé ingênua daquele povo com seus truques. Desde então, descobriu que poderia fazê-los felizes governando-os e tornou-se prisioneiro de sua mentira. Aproveitando a vontade de partir de Dorothy, propõe-se a ir com ela, no mesmo balão em que chegou. Mas na hora de subir no balão, Totó pulou de seu colo e saiu correndo atrás de um gato. Para capturá-lo, sua dona deixou de embarcar, perdendo a viagem. De qualquer maneira,

o Mágico partiu para sempre, deixando o sábio Espantalho no comando da Cidade Esmeralda.

Condenada a ficar, Dorothy ainda pôde ver seu amigo Homem de Lata assumir o governo do povo dos Winkies, e o Leão Covarde tornar-se rei dos animais de uma floresta. Finalmente, a outra Bruxa Boa lhe revela que o poder de voltar está nos sapatos de prata (ou rubi) que estava calçando desde o começo, bastando bater os calcanhares e dizer para aonde quer ir. Dorothy despediu-se chorando e, quando chegou ao Kansas, encontrou uma casa nova, mas seu mundo original permanecia idêntico a si mesmo. A única mudança era em seu interior, não era mais a menina que partira.

O grande e poderoso papai

aradoxalmente, essa falta de magia do mago é o momento mais mágico, o ponto de virada da trama. Os contos de fadas são pródigos em representar o quanto o pai pode pouco diante do poder da mãe, mas *O Mágico de Oz* empresta densidade psicológica a esse aspecto. E o assunto principal da viagem de Dorothy é esperar soluções provenientes do mágico, mas descobrir que ela mesma terá de derrotar a bruxa e encontrar o caminho de volta. No princípio ela não quer nada para si, somente voltar para casa, tampouco sabe do poder que tem e o atribui aos outros. No final, acabará matando a bruxa com as próprias mãos, tão diferente da forma inocente com a qual liquidou a primeira, e voltará através da força de seu propósito, sem caronas mágicas ou reais.

Na medida em que a criança encontra dentro de si forças para enfrentar seus desafios, ela parece descobrir que o poder do pai é uma farsa. A passagem da crença de que o pai é onipotente para a descoberta de que ele é humano, portanto frágil e falível, passa por uma temporada de queixas e indignação, seja ela consciente ou inconsciente. Em Dorothy, a queixa aparece sob a forma do voto de voltar. Ela vive sua aventura repetindo, de tanto em tanto, que gostaria de ir para casa, portanto reclamando de estar ali. Quer retornar ao estado inicial, no qual não havia tantos desafios. A figura da heroína que liquidou a Bruxa Malvada com sua casa voadora é um espelho no qual ela não se reconhece, no máximo admite ser uma menina responsável por um cachorrinho travesso. Já a indignação assume uma forma de acusação. Denuncia-se a farsa do Mágico, sem perceber que ele não fizera mais do que fingir ser tudo aquilo que se esperava dele. Foi a pedido do povo da Cidade

Esmeralda que ele bancou o governante milagroso, assim como pareceu ter o poder que o grupo esperava dele. Como vemos, os humanos parecem entrar na autonomia inicialmente caminhando de costas: avançam, mas só têm olhos para o que estão perdendo.

Mais dia, menos dia, toda a criança terá de se dar conta de que seu pai não é todo-poderoso, aliás não é nada poderoso, existem forças maiores que o pai. No filme, elas são representadas pela a lei do xerife e pela mulher influente – porque era rica –, portadora do mandato que ordena entregar-lhe o cachorro. Dorothy sai de casa quando seu tio se revela nulo para proteger a ela e seu cãozinho e retorna quando reconhece e assimila de alguma forma essa fraqueza. No livro, o desamparo de Dorothy é mais vago, ressalta-se a melancolia do ambiente e a falta de cuidado dos tios para com ela: quando começa o tornado, o tio se preocupa com os animais, enquanto tia Emma providencia a própria segurança. Esse descaso com a vida da sobrinha contrasta com a dedicação dela a Totó, por cuja salvação é capaz de arriscar a vida.

A novidade dessa história, relativa à posição do pai nas narrativas tradicionais, é a modulação, a explicação dada à sua fraqueza. Em geral, o pai é fraco e omisso diante dos poderes da bruxa e ponto. Aqui ele pode enfim retrucar, falar da tarefa impossível que lhe é imposta e que humano algum está à altura da onipotência que se espera da posição paterna. O pai dessa história pode explicar os caminhos pelos quais alguém aceita tal função e sua condição de impostura. A paternidade é imposta e impostora ao mesmo tempo. O difícil para o filho compreender é que, dessa consciência da fragilidade paterna, nasce a condição para encontrar em si próprio os recursos necessários para viver.

O Mágico de Oz não tem poderes sobre as bruxas, ele sabe que não pode vencê-las porque é um impostor. O interessante é que, desde essa posição de mentiroso, ele vai concentrar o maior poder daquele mundo. Nos contos de fadas provenientes da tradição, a impotência do pai serve como contraponto aos perigosos poderes da mãe (ou substituta), enquanto na história de Baum, apesar da sua condição de falsário, a figura paterna segue organizando a cena. Além de perceber com quantos truques se faz o poder do Mágico, a jornada de Dorothy assiste à transformação de seus amigos, de fracos e queixosos de suas carências, em indivíduos aptos a se superar quando a situação o exigia. No final, o Espantalho, o Homem de Lata e o Leão Covarde não receberam nenhum dom, seguiram sendo os mesmos de quando ela os

encontrou, mas estavam preparados a colocar-se numa posição paterna, própria de quem zela e decide pelos outros. Foi isso que aprenderam cuidando da menina e uns dos outros.

Enquanto Dorothy e seus amigos vão buscando as soluções milagrosas do Mágico e se desiludindo, descobrem dentro de si o que esperavam que este lhes desse, assim como que de seu maior defeito provém a sua grande capacidade. Se o Mágico fingisse lhes atribuir os dons em vez de obrigá-los a enfrentar a bruxa, eles jamais saberiam que o desejo é animado pela busca do que nos falta e o que nos move na vida é o desejo. Ao desmascarar os truques do Mágico, eles na verdade descobrem que dos defeitos podem nascer as melhores qualidades.

Por isso, Dorothy precisa caminhar tanto até ter condição de utilizar a magia que estava a seus pés, só poderá ser poderosa como as senhoras bruxas boas quando tiver amadurecido o suficiente para se identificar com elas. Ou seja, os instrumentos mágicos em si não servem, se a personagem não estiver preparada para usá-los. É nesses detalhes que *O Mágico de Oz* demonstra o que separa um conto de fadas moderno do tradicional. Embora encontremos bruxas e outras magias, nessa versão atual do maravilhoso, o eixo passa pela construção subjetiva da personagem, feita a partir da experiência de vida, sem auxílio da magia. De certa forma, essa história contém uma crítica a si mesma: estamos no território da magia, mas ela não tem soluções diretas para resolver o problema da heroína. Há um desencanto com a magia dentro do seu próprio terreno.

O Grande e Poderoso Mágico de Oz é consciente de não estar à altura de seu poder e recorre a truques de ilusionismo para mantê-lo; no entanto, onde se vê impostura deve se ver a humildade e a sabedoria desse personagem. Se Dorothy, ao ver sua casa despencada sobre a bruxa, tivesse assumido a função de poderosa feiticeira que o povo Munchkin lhe atribuía, ela estaria fazendo como ele, aceitando o cargo que estava sendo-lhe imposto, a coroa que colocaram na cabeça do mágico e a árdua tarefa de reinar. A menina se escapa desse desígnio, mas não o homem, que, ao assumi-lo, se encarrega de cuidar daquele povo. Com estas palavras ele narra sua chegada:

Achei-me no meio de um povo que, vendo-me descer das nuvens num balão, pensou que eu era mágico. Claro que deixei que pensassem assim, porque eles tinham medo de mim e me prometeram fazer tudo o que eu quisesse. Só para me divertir e manter a boa

247

gente ocupada, ordenei que construíssem esta cidade e meu palácio. Então pensei que, como a região era tão verde e bela, eu a chamaria de Cidade Esmeralda. E, para fazer com que o nome se adequasse melhor, pus óculos em toda a gente de forma que tudo parecesse verde. Logo que o palácio foi construído, isolei-me e não me deixei mais ver por ninguém.

Acuado pelo peso do papel que lhe foi incumbido ocupar, o Mágico padece da consciência de que é uma farsa, mas paga o preço. Exatamente essa é a tarefa de um pai: é um homem que, por ocasião do nascimento de um filho, aceita cumprir um papel que sabe ser acima de suas forças. O filho espera dele nada menos do que proteção absoluta, sabedoria irrestrita e herança infinita. O homem não tem nada disso, mas cria o filho como se tivesse. Quando, por exemplo, antes de adormecer, o filho lhe pergunta se ele garante que nada vai acontecer, que ninguém vai morrer, o pai lhe responde que sim. O pequeno dorme tranqüilo, mas o pai fica acordado espreitando a escuridão, sabendo que dos desígnios da morte e do acaso é muito difícil se safar.

Nosso tempo é mais consciente de que ser pai é dar o que não se tem e explicar o que não se sabe, ou seja, é carregar um fardo bastante pesado. Essa condição de narrar as dificuldades de ocupar a posição paterna é outra qualidade do conto de fadas de Baum. Ainda nas (sábias) palavras do Mágico de Oz:

Como posso deixar de ser um impostor, se todo mundo fica me pedindo que faça coisas que todos sabem ser impossíveis?

Existe ainda outra passagem interessante, quando Dorothy descobre a farsa e o reprova:

Acho que você é um homem muito mau!

Ao que ele responde:

Oh, não minha cara. Na verdade sou um homem muito bom: mas tenho que admitir que sou um mau mágico.

A força das bruxas

e encarnar o papel de governante e mágico poderoso já é difícil, o trabalho se complica na companhia da mulher. Ela sim é possuidora do poder fantástico de carregar uma criança em seu ventre, de produzir em seus seios o fluido que mantém seu filho vivo, de marcar seu pequeno corpo com as mãos e a voz, dando forma e conteúdo à inerme criatura que nasce. Nenhum elo físico garante a ligação da criança com o pai, por isso se diz que o pai é como se fosse sempre adotivo, mesmo quando há um laço de sangue garantido.

A paternidade é uma atribuição aceita por um homem, enquanto a mulher, que compartilha um filho com ele, oscila entre duas posições: a de reconhecer o poder do pai e fazer o filho acreditar nisso, mas também a de dar pistas da sua inconsistência. Ela em parte se ilude da mesma forma que a criança e tenta dormir tranqüila, certa de que a morte e o perigo não virão, mas já é uma adulta que descobriu que o pai é um ilusionista e também é tarefa sua ir dando pistas para o filho de que Papai Noel não existe. O Mágico de Oz lamenta-se no livro de ter muito medo das bruxas, que sabia serem realmente capazes de fazer encantamentos, mas possivelmente o que ele mais temia era ser desmascarado por elas.

Instalar um lugar paterno em uma criança é uma tarefa da qual a mãe é articuladora, por isso, ela precisa por vezes acreditar na legitimidade do poder do pai, porque muitos são os perigos que espreitam os seres humanos principiantes e lhes faz falta alguma garantia. Em tempos antigos, Deus era esse pai todo-poderoso, hoje temos de andar pela estrada de tijolos amarelos até encontrar em nós mesmos a força necessária para superar o desamparo (Dorothy), a necessidade do amor (Homem de Lata), a ignorância (Espantalho) e o medo (Leão Covarde). Enquanto não temos condições de admitir o quanto estamos sós, o pai aceita a impostura, e a bruxa finge que se submete a ele. De certa maneira ela é mágica, pois também *faz* o pai aos olhos crédulos da criança.

Espantalho, a sabedoria humilde

omados, os três amigos de Dorothy congregam os atributos necessários ao exercício da função paterna: driblar a ignorância, consciente de que há coisas que o conhecimento não abarca; ser dedicado, mas não basta somente trabalhar, também é preciso prover a família subjetivamente; demonstrar uma coragem que seja como um forte rugido, capaz de calar o próprio medo.

O espantalho representa a parte intelectual. É encontrado por Dorothy preso numa estaca e quando ela liberta seu corpo de efêmera palha, ele já dá provas de que seu pensamento é perspicaz. Desde o primeiro diálogo, ele mostra que, sob uma autoproclamada ignorância, na verdade reside uma sagaz ironia. Após escutar da menina que o que ela mais desejava era voltar para sua terra, que afirmava ser feia, triste e cinzenta, ele afirma:

> Sorte do Kansas que vocês têm cérebro. Se a cabeça de vocês fosse feita de palha como a minha, todos vocês iriam morar em lugares lindos e ninguém viveria no Kansas.

Através dessa observação sarcástica, ele traduz o impasse inicial, o leitor realmente se pergunta o porquê dessa determinação premente de voltar, sem sequer ter explorado o explicitamente belo lugar que recebeu Dorothy. Assim, ao longo da jornada, sempre lembrando que não tem cérebro, o Espantalho vai bolando os planos inteligentes que solucionam os obstáculos que o grupo deve transpor. Ele representa a sabedoria em sua forma pura, descarnada, já que o corpo desse personagem é desmanchado e reconstituído em várias passagens da história, ele é puro pensamento. Se cada um dos companheiros de viagem da menina é uma face desejável do pai, o espantalho certamente é o *papai sabe tudo*.

É fundamental estabelecer que esses personagens desenvolvem suas qualidades graças ao poder invocante da aventura liderada por Dorothy. Antes da chegada dela, o homem de palha só servia para espantar os corvos da plantação, usando trapos do fazendeiro, uma desprezível imagem de algo que nem sequer era um homem. Na companhia da menina, torna-se um sábio, pois o pai só é tudo aquilo quando posto a serviço da tarefa de desempenhar a função paterna.

Gradativamente, o Espantalho vai acreditando em sua inteligência e no final se autoriza a ficar reinando sobre o povo da Cidade Esmeralda, nomeado pelo Mágico para ser seu substituto. Diferentemente do Mágico, o Espantalho não precisa se esconder, ele não é uma farsa, já que, ao longo da estrada de tijolos amarelos, ele aprendeu com quanta ignorância se fabrica uma sabedoria. Durante a jornada, Dorothy vai propiciando a construção do que se espera de um pai. Esse processo mostra a função paterna como resultado de uma construção, em que a mãe e o filho fazem sua parte para que o pai possa tornar-se tal.

Um machado a serviço de Dorothy

o livro, o Homem de Lata conta melhor sua história: ele era um homem normal, um lenhador Munchkin, que sonhava em construir uma casa para poder pedir em casamento a jovem que amava. Sua amada vivia com uma velha, para quem trabalhava, e a referida senhora não estava disposta a abrir mão de sua serva, por isso, pediu à bruxa que desse cabo no lenhador e em suas pretensões. A Bruxa Malvada enfeitiçou seu machado que, em vez de árvores, passou a mutilar partes de seu dono. Apesar disso, ele não desiste e vai substituindo seus membros por peças de lata, até que ele todo se tornasse metálico. Essa transformação foi sendo suportável: "meu corpo brilhava ao sol, e eu me orgulhava muito dele", explica. Mas o que mais lhe dói é não ter ficado com seu coração, pois sem ele esquecera que queria se casar. Por essa vontade de voltar a amar, gostaria então de pedir um coração de volta ao Mágico.

O Homem de Lata vivia sozinho numa cabana na floresta e certo dia enferrujou. Como não pôde alcançar o óleo lubrificante que mantinha suas juntas em funcionamento, ficou paralisado, como uma estátua, por longo tempo até que Dorothy, que passava por ali, escutasse seu chamado. Ele é fabril, forte e eficiente como o lenhador que lhe deu origem, mas lhe falta, no entanto, uma paixão em nome de que cortar suas árvores, por isso terminou estático sem ter para onde ir. Dorothy lhe devolve os motivos para viver, e esse é o óleo que lubrifica suas juntas. Como sói acontecer nessa história, no processo de buscar algo, na verdade já se o conquistou, apenas ainda não se sabe disso. O Homem de Lata providencia os instrumentos, constrói as pontes e os artefatos necessários para a sobrevivência do grupo, ele põe seu machado a serviço da donzela Dorothy, que, como acontecia com sua noiva Munchkin, lhe aciona o desejo de se movimentar. No livro, fica mais clara a secura do tio da menina. Provavelmente, na árida terra do Kansas, trabalhava-se mecanicamente, sem uma paixão que dê razão aos movimento

Ao fim da história, o povo liberto do jugo da Bruxa Malvada do Oeste pede ao Homem de Lata para governá-los. A exemplo de seu colega de palha, ele assume o lugar paterno, que agora tem coragem de ocupar, já que possui a paixão necessária para conduzir seu machado.

A coragem dos medrosos

Leão Covarde é o mais óbvio dos guardiões de Dorothy. Ele deveria ser o mais respeitável dos animais, inatacável e soberano, repousando no topo da cadeia alimentar. Porém, o leão dessa história duvida da sua posição e o motivo desse sentimento é que ele não consegue se achar tão onipotente como deveria, ele tem medo. Em suas palavras:

Naturalmente, todos os animais da floresta esperam que eu seja corajoso, porque em toda a parte o leão é o rei dos animais. Aprendi que se eu rugisse muito forte, todos os viventes se assustariam e fugiriam de mim. Toda a vez que encontro um homem, tenho medo dele. Mas eu sempre solto meu rugido e ele foge o mais depressa possível. Se os elefantes, tigres e ursos quisessem me enfrentar, eu teria fugido, de tão covarde que sou; mas logo que ouvem meu rugido eles fogem e claro que os deixo irem embora.

O Leão consegue produzir efeitos de dominância, mas isso não o impede de sentir medo, pois sabe que, se o opositor reagisse, seria ele quem sairia correndo. Por isso, resolve pedir ao Mágico coragem: "de forma que possa me tornar de fato o Rei dos Animais, como todos me chamam". Ele percebe que aparências enganam e teme ser desvendado, seu sentimento é de insuficiência para o cargo. No entanto, tal qual acontece com seus dois amigos, o Leão não cessa de dar demonstrações de sua valentia, até que no fim pode admitir que não é da ausência do medo que ela é feita. A coragem consiste em lutar contra o medo a cada novo desafio.

No livro, o Leão volta a ser o rei da selva. Numa das florestas que eles atravessam para encontrar a Bruxa Boa do Norte, encontram os animais do local acuados, sob a ameaça de um monstro terrível, parecido com uma aranha gigantesca, do tamanho de um elefante, com uma enorme boca cheia de dentes. Ela havia inclusive devorado outros leões antes dele, porém o nosso herói a vence usando um pouco de estratégia. Se fosse destemido, teria tido o mesmo destino dos antecessores, mas o medo o tornara esperto, a ponto de compreender que quem parece invencível deve ter um ponto fraco, graças a isso escolhe o melhor jeito e momento de matá-la. Após essa prova, aquele grupo de animais lhe pede que aceite governá-los.

A aranha, por ser tecedora, um atributo geralmente feminino, e como animal predador e venenoso que é, se funde num símbolo do perigo atribuído às mulheres. Costumamos também comparar o tufo de pêlos da virilha das mulheres a uma aranha.[4] Seguindo essa inclinação da mitologia[5] e da linguagem popular, poderíamos pensar que o Leão Covarde reconquista seu reino quando enfrenta e vence uma mulher devoradora, um animal preto, peludo e cheio de dentes. A supremacia de um pai deve se fazer valer não somente sobre os pequenos, que se submetem pela fragilidade, também o pai precisa se sobrepor à mulher, a mãe, para que a criança possa ter a tranqüilidade de não ser devorada por ela. Além disso, terá de provar que não sucumbirá ao medo suscitado pelas fantasias derivadas da suposta castração feminina.

O leão que não duvida de sua condição para o cargo procede como um rei que governa por determinação divina. Fora dessa forma de instituição num cargo, todas as outras tornam o poder um atributo provisório, que requer negociações com os súditos ou uma imposição autoritária. Que tem poder teve de conquistá-lo e fará muito esforço para mantê-lo. O Leão Covarde sabe disso e poderá reinar, não como um monarca, mas como um presidente. O pai hoje também tem de vencer eleições dentro de casa, nenhum despotismo será admitido, a paternidade terá de ser sábia e respeitar limites, os seus, os dos outros e do seu cargo, não basta rugir e amedrontar, é necessário saber governar.

Não há lugar como nosso lar

m O Mágico de Oz, há uma viagem inesperada e o anseio de voltar para casa, mas o percurso mesmo é a possibilidade de crescimento da heroína. Dorothy volta para o Kansas, mas está mudada. Aprendeu e cresceu no percurso. O filme nos permite vislumbrar melhor a idéia de que a jornada é na verdade um percurso interior, de auto-conhecimento, afinal tudo teria sido só um sonho, uma vivência puramente subjetiva.

Dorothy não se deixa seduzir muito tempo por outros lugares, ela quer mesmo retornar ao Kansas. No mundo onde sua fantasia a leva, ela protagoniza e tem de responder sobre seus desejos e poderes. Logo em sua chegada fica claro que ela tem de querer alguma coisa, seu grupo, que percorre a estrada de tijolos amarelos, é constituído por aqueles que marcham em nome de um pedido, um desejo. De entrada também lhe perguntam se ela é uma bruxa poderosa, leia-se, se ela já é uma mulher, ela responde a todas essas questões negando-se a desejar algo para si e ser vista como poderosa, ela só quer voltar.

A casa para a qual Dorothy quer retornar não é a fazenda cinzenta de onde seu vôo partiu, o Kansas que ela quer de volta é a infância perdida. Há uma famosa poesia de Casimiro de Abreu, que idealiza e lamenta a infância: "Ai que saudades que eu tenho, da aurora da minha vida, da minha infância querida, que os anos não trazem mais [...]". A pranteada e idealizada infância perdida provavelmente nunca aconteceu, pois os anos de formação de um sujeito humano são cheios de pesadelos, fragilidade e sujeição. Visto de fora, ser criança é se divertir brincando, estar protegido e ser conduzido por alguém; visto de dentro, percebemos que brincar, mais do que um lazer, serve para equacionar desafios que superam nossa capacidade física, intelectual e emocional. Além disso, tanta proteção e orientação é proporcional ao quanto as crianças sentem-se desamparadas e perdidas. Sofremos um recalque da infância, uma espécie da amnésia da origem, compensada por algumas histórias da carochinha que contamos a nós próprios e aos outros sobre o nosso passado.

Dorothy está descontente de seu mundo sem cor e sem afeto, mas não está pronta para partir, pois ainda é dependente dele, embora não lhe ofereça na prática o amparo que ela gestiona; só consegue enunciar que deseja novamente voltar para sua tia Emma, que supõe estará muito preocupada por sua ausência. Ela quer voltar ao cuidado que a infância pressupõe, mas que na prática não teve, já que deixaram que o furacão a levasse pelos ares. Nenhum dos tios arriscou a vida para resgatá-la como ela sempre faz por seu cachorrinho, a quem dedica o tempo todo um cuidado materno de que ela própria, uma órfã, parece carecer.

O herói órfão é uma das marcas da ficção moderna, acreditamos que seu aparecimento e difusão responde aos ideais de autonomia do sujeito moderno. A idéia é a de fazer-se por si mesmo, de estar só no mundo. No terreno da fantasia, essa tendência contemporânea deu lugar à crescente importância dos heróis desgarrados das suas origens, os órfãos. A questão da orfandade coloca numa dimensão trágica a solidão que tanto sentimos como conseqüência dessa posição. No entanto, ela tem sua utilidade: se não admitimos a influência de uma filiação e uma origem, evitamos a condição de devedores da herança inevitável que temos com nossos pais e que nem sempre estamos dispostos a admitir e pagar.[6]

Bruxas boas e más

 m Oz há um leque de personagens para dar conta da função paterna e materna. Já falamos do pai, mas agora precisamos nos ocupar de como a grisalha tia Emma foi substituída por um quarteto de bruxas. A primeira que aparece já chega morta, Dorothy despencou com sua casa em cima dela, matando-a acidentalmente.

Já que estamos num território onírico, valem suas regras, as casas em sonhos geralmente simbolizam o próprio corpo.[7] É esse corpo-casa que mata a primeira bruxa. Podemos pensar essa queda em duas vertentes interligadas; a primeira como o descarte de um corpo infantil que já não serve mais e é dispensado como um casulo, por não comportar mais o tamanho de seu dono; na seqüência, já que o corpo infantil que está sendo superado cederá espaço a um corpo de mulher, é possível supor que a casa voadora simboliza a juventude que derrota o corpo velho da bruxa. Afinal, geralmente é no momento em que os atributos femininos das meninas brotam, que suas mães podem sentir-se atropeladas, como nesse caso. Em inúmeros contos de fadas, esse é o momento em que a filha tem de partir, pois não há possibilidade de se viver sob o mesmo teto onde já reina outra mulher.

A segunda bruxa (mesmo sendo de natureza distinta, no caso boa, conserva o nome de bruxa) faz função de anjo da guarda, sob a forma de um beijo mágico ou de aparições esporádicas e zela pela integridade física de Dorothy. Dá-lhe o sapato mágico, mas não explica como usá-lo, ensina o caminho, mas não a leva até lá. Enfim, oferece os instrumentos, assim como uma mãe ajuda a criança a construir seu corpo, a falar, caminhar e brincar, sem poder determinar muito além dos primeiros passos. As duas bruxas boas são libertadoras; a má escraviza, aprisiona, impede Dorothy de crescer e partir.

A bruxa malvada que deve ser enfrentada é similar à de Branca de Neve e de outras princesas; ela sabe do poder da jovem, percebe nela a mulher em que irá se tornar e tenta impedir a transformação, retendo-a na infância, num tempo em que esta se sujeitava a seu poder. Na verdade, o poder da bruxa se beneficia da ignorância de Dorothy a respeito da capacidade de os sapatinhos de prata (ou rubi) de realizar magicamente seu desejo. Por isso, diz: " Posso escravizá-la porque ela não sabe como usar sua força". Mas, por esse mesmo motivo, a teme, já que a jornada da menina é a de descobrir seu poder, assumir que ela tem os mesmos atributos mágicos, no sentido de que ambas são a mesma coisa: mulheres.

O destino de toda a bruxa é ser derrotada pela princesa, uma jovem que recebe os poderes que os anos terminarão por retirar da velha: o poder da sedução, o de gerar uma vida, o de instituir um pai para seu filho. Portanto, escravizá-la é parar o tempo, mantê-la ignorante de seu crescente poder, sujeitada e passiva como uma criança. A bruxa só morre porque não pode coexistir com a heroína depois que ela cresce, ela é a mãe na sua dimensão retentiva e, do fim de seus poderes, só pode se lamentar:

Sempre fui má, mas nunca pensei que uma garotinha como você poderia me derreter e acabar com minhas más ações.

Paradoxalmente Dorothy encontra nessa bruxa, de certa forma, uma aliada, já que ela tenta submetê-la, na mesma medida em que a menina quer parar o tempo. Afinal, é a última do grupo a se convencer de que não adianta pedir aos outros que façam por ela aquilo de que, infelizmente, terá de se incumbir pessoalmente. Os seus três amigos já estavam prontos para lidar com seus desafios, quando Doroty vai ao encontro da segunda Bruxa boa, ainda, portando o mesmo pedido de sempre: quer voltar a uma infância idealizada, onde fica esperando que alguém a proteja (como ela faz com seu cãozinho) e de onde não fosse necessário partir. Embora enfrente corajosamente uma série de perigos, assim como seus amigos, ela é a única que não percebe o quanto cresceu com isso, é preciso que a última bruxa lhe confira uma espécie de autorização para partir, dizendo-lhe que pode voltar, mas pelos próprios pés, a partir da própria magia. Ou seja, a magia nessa história está aos nossos pés, na medida em que assumimos que eles nos levem aonde queiramos.

Os rapazes do grupo tiveram de ouvir a benção do pai-mágico para se assumir em suas qualidades, Dorothy busca também uma autorização que vem de alguém do seu mesmo sexo para ser uma mulher, pois é a mãe-bruxa que tem de deixá-la partir desse mundo de fantasia para voltar para a dura e cinzenta realidade. De fato, Dorothy terá de retornar, mas não para trás, para uma infância triste e desamparada de órfã; ela terá que voltar para a realidade, tendo aprendido uma lição muito preciosa em nossos tempos de idealização da autonomia: nunca espere dos outros o que você mesmo pode fazer.

Para todos os humanos, a fantasia é um território onde treinamos, é uma vida virtual, onde experi-mentamos desempenhar a personagem que gostaría-amos de ser. Dessas viagens fantásticas nunca voltamos exatamente iguais, pois nelas tivemos uma visão: a de nossos mais prezados desejos. Dorothy começa querendo voltar atrás, para um tempo onde não era necessário dizer quem era nem o que queria, em que era insignificante como uma criança, num tempo em que os protagonistas são sempre os outros e a nós cabe apenas observar. No final, sua aterrissagem certa-mente se dará mais adiante, numa realidade na qual nos entregam as tintas, com as quais faremos a pintura que dará brilho, formas e cores à vida que passaremos a ter. Isso é crescer, mas tal como Dorothy, só nos entregamos à essa tarefa quando todas as resistências forem vencidas.

Notas

1. BAUM, Frank L. *O Mágico de Oz*. São Paulo: Ática, 2003.
2. Conforme mencionado no prefácio de Mário Vilela à edição brasileira dessa história, a qual infelizmente não contém as ilustrações originais de Denslow.
3. A fantasia de Dorothy, que imagina um lugar ideal, em contraponto à sua vida triste, é mais uma das criações da versão cinematográfica. Esse ensejo de Dorothy se expressa na célebre música *Over the Rainbow*, cantada por Judy Garland.
4. Aqui temos uma pista para analisar o grande número de fobias a aranhas. Pode ser um terror derivado da castração feminina, sendo a aranha representação do pretenso órgão faltante.
5. Para os gregos, a aranha descende de Aracne, célebre tecelã que ousou dizer que seus bordados seriam melhores que os da deusa Atena, que, além de suas qualidade intelectuais e guerreiras, também era deusa das tecelãs e bordadeiras. Como castigo pela ousadia, foi transformada em aranha e até hoje segue tecendo.
6. Desenvolvemos mais sobre essa idéia no capítulo XVIII sobre Harry Potter, um dos tantos heróis órfãos. Harry é órfão e passa toda a sua história tentando achar e encaixar as peças da história de sua origem, que se apresenta de forma persecutória e fantasma-górica.
7. Na linguagem popular, diz-se que o corpo é a morada da alma, pois é nesse sentido que tomamos, e os sonhos trazem freqüentemente essa associação.

Capítulo XVIII
UMA ESCOLA MÁGICA*

Harry Potter

Expansão do papel da escola na socialização – Negação do passado e obsessão pelo futuro –
Romance familiar do neurótico – Atitude crítica dos adolescentes – Devaneios adolescentes –
Puberdade – Importância dos segredos – Cisão da figura paterna –
Adolescência como ideal social – Papel das referências culturais no crescimento –
A magia na literatura infanto-juvenil – Dificuldades com a história familiar

O fenômeno

o investigar o significado de Harry Potter, abre-se uma porta para estudar a vida e o pensamento das crianças de nosso tempo. A história desse sucesso começa no terreno literário, depois passa a uma série filmada, transformada a seguir em uma grande gama de produtos infantis. A autora Joanne K. Rowling é uma inglesa que, antes desses títulos, não existia no cenário das letras. Foi com muita dificuldade que conseguiu o apoio de uma pequena editora para lançar a história de seu bruxinho, o qual amargou certo ostracismo antes de ser descoberto por seu público. Foram mais uma vez as crianças, inicialmente numa divulgação boca a boca (repetindo um fenômeno que já ocorrera com outros clássicos como Pinocchio e Peter Pan), que fizeram dos livros dessa autora um sucesso mundial.

Desde a publicação de *Harry Potter e a Pedra Filosofal* em 1997 (no Brasil, 1999), o lançamento de cada volume da série, muitos deles bem grossos, provocou histerias de Oriente a Ocidente, transformando Rowling numa espécie de *pop star*. Por todos os lados chegaram críticas e comentários, e o que mais se marcava era a surpresa de que as crianças da virada do século XXI tinham revelado-se leitores vorazes. Harry Potter

* Este capítulo foi publicado, numa versão resumida, no Caderno de Cultura do jornal *Zero Hora* de Porto Alegre/RS, em 22 de novembro de 2003, com o título: "Anatomia de Harry Potter".

acabou demonstrando que a geração do *joystick* não tem problemas com a letra impressa, faltava mesmo era uma ficção que oferecesse algo na medida de seu imaginário. Para o espanto de todos, contradizendo a profecia de que a letra escrita estava destinada à extinção, descobriu-se que o problema não se relacionava ao livro enquanto meio, mas sim enquanto lacuna temática. Juntamente com os livros de Rowling, houve uma proliferação de títulos, com menor aceitação, mas com a magia como carro-chefe e um grupo de crianças ou jovens aventureiros como protagonista. Esses títulos misturam mistério, encantamentos e dramas psicológicos típicos dessa época. Em síntese, podemos dizer que Potter é herói de uma nova safra de feiticeiros.[1]

A partir do ano 2001, os livros tornaram-se filmes e reproduziram o mesmo esquema de sua versão escrita, de um lançamento anual ansiosamente esperado. Os fãs, o personagem e os atores crescem juntos desde então. A saga teve seu ponto de partida quando o herói aniversaria 11 anos. A partir dessa data, cada ano trouxe um novo livro, acompanhando a passagem do menino feiticeiro pela puberdade e o início da adolescência. Além dos leitores já conquistados, outros mais jovens vão se engajando assim que a infância começa a dar seus primeiros sinais de esgotamento.

Harry Potter revelou uma massa de crianças leitoras, cujos números foram exaustivamente valorizados (quantas páginas, traduções, exemplares) e, apesar da má vontade de alguns críticos, acreditamos que podem ser atribuídos às qualidades literárias da obra. Como não é nossa especialidade, apenas podemos dizer o óbvio: são bem escritos e não caem numa das ciladas mais comuns, a de tratar as crianças como menos exigentes em termos de literatura, já que esses livros contêm personagens complexas e viradas surpreendentes. O mundo dos bruxos é uma realidade paralela à nossa, dando margem então a todo um universo de fantasias, criado para uso exclusivo da trama. Outros autores já fizeram isso e nem sempre obtiveram os mesmos resultados, afinal, criar dimensões mágicas alternativas à nossa realidade é lugar-comum na literatura para essa idade.

Rowling é uma escritora idealista, ela faz mais do que proporcionar boas doses de magia e aventura para contrastar com a triste e chata realidade da vida: seus heróis também encarnam ideais subjetivos preciosos para essa geração de crianças. A grande luta desse herói é pela própria sobrevivência, mas também é contra certa forma de racismo, que discrimina aqueles bruxos que não seriam *puro-sangue*. Em seus livros, há mais divisões

do que a simples partilha entre o bem e o mal: os temas da ambição, do egoísmo, da covardia (que assombram inclusive a mente dos bons), assim como o caminho tortuoso que conduz ao bem, são recorrentes. Da mesma forma, os heróis não são simplesmente obedientes ou transgressivos, eles se mostram sempre com opiniões em relação às leis da escola e do seu mundo, escolhem entre obedecer ou não, por vezes, são forçados a driblar as normas e seguidamente pagam caro por seus atos.[2]

É preciso desconhecer totalmente os meandros do fenômeno para pensar que seus leitores o escolheram apenas graças à publicidade ou à benevolência da mídia. Não se pode esquecer que não houve uma campanha publicitária prévia que tivesse alçado esses livros à condição de objetos de consumo desejáveis. Os responsáveis iniciais pela escolha e difusão foram os leitores. Depois de constatado o imenso impacto de público, o mercado acordou e absorveu o fenômeno, então vieram os brinquedos, os filmes e os produtos com a marca da série. Os fatos são esses, só nos cabe tentar compreendê-los. Mais do que desconfiar e buscar as razões em complôs mercadológicos, só podemos supor que a autora foi feliz em juntar num livro vários interesses caros às crianças contemporâneas. Nesse caso, a melhor pergunta a fazer refere-se à natureza dos temas e à forma como se articulam. Esse é o nosso objetivo neste capítulo, mas antes um pequeno resumo da obra se faz necessário para quem não conhece minimamente a trama.

A história

 arry é filho de um casal de bruxos corajosos e virtuosos para as artes da magia, que haviam se constituído em inimigos do vilão Lord Voldemort e seus seguidores. O motivo da discórdia entre o grupo ao qual pertenciam os pais de Harry e Voldemort encontra-se no cerne de uma disputa política. Como representante das trevas, Voldemort lidera uma acirrada luta pelo domínio do mundo dos bruxos, para impor suas modalidades de funcionamento: autoritárias, beligerantes e capazes de qualquer meio que seja necessário para seus fins. Em grandes linhas, os dois grupos reproduzem as polarizações entre o democrático e o totalitário, o pacifista e o bélico, o justo e o perverso. Além disso, o grupo de Voldemort defendia a discriminação dos bruxos que fossem nascidos de famílias de *trouxas*, que é a denominação dos não-bruxos. A própria Lílian, mãe de Harry, tinha essa origem, já que era possível a pessoas nascidas trouxas revelarem o dom da bruxaria.

Voldemort não é apenas uma espécie de feiticeiro nazista, ele é uma encarnação mais vaga do mal, "o lado negro da força". Seu poder maléfico é tão assustador no mundo dos bruxos que eles nem sequer mencionam-lhe o nome, dizendo apenas o "você-sabe-quem", e todos sabem quem é. Os que escolhem segui-lo espalham em seu redor todos os tipos de perversidade: assassinato, injustiça, enfim, os expedientes necessários numa disputa de poder, quando se está disposto a jogar sujo.

Quando Harry era um bebê, seus pais foram assassinados por Voldemort. Lá pelo quarto livro, ficamos sabendo que o objetivo seria não o assassinato dos pais, mas de Harry. Haveria uma profecia que dizia que ambos não poderiam viver ao mesmo tempo, mas, como tudo nessa saga, tal informação é uma peça a ser encaixada a longo prazo. O feitiço virou contra o feiticeiro, e, mediante a presença desse bebê, cujos pais morreram tentando proteger, Voldemort sucumbiu. Dessa experiência, resta em Harry uma cicatriz na testa, e ainda essa história fez de Harry um herói em seu mundo, muito antes que o menino tivesse consciência de seu poder.

Após o assassinato dos pais e o ataque a Harry, Voldemort ficou tão fraco que praticamente sumiu; em várias ocasiões, ele tenta reaparecer, seja pessoalmente ou através de seus seguidores. De qualquer maneira, não restam muitas dúvidas de que aquele ser maligno quer terminar o que começou, e a vida de Harry corre constante perigo. Além disso, ele permanecerá para sempre ligado àquele que marcou tão tristemente seu destino, já que, mediante a presença de Voldemort, sua cicatriz dói como um aviso.

Nos livros de Rowling, há dois mundos paralelos que funcionam colados, mas dissociados. Por um lado, temos a vida convencional dos *trouxas*, que somos nós. Por mais desagradável que seja, esse termo reflete o desprezo com o qual os bruxos encaram todos aqueles que vivem ignorantes da magia que existe ao seu redor. Os trouxas nada sabem dos bruxos, embora estes, disfarçadamente, estariam entre nós.

A Londres dos trouxas é a cidade real que conhecemos, porém ela tem passagens, só conhecidas pelos iniciados, que a conectam com o mundo dos bruxos. Estes funcionam como uma sociedade secreta, ou melhor, como uma cidade secreta. Eles têm suas cidades, suas escolas, seus políticos (inclusive os corruptos), sua história. O mundo paralelo dos bruxos está destinado não somente aos que já nascem nele, mas

também se exilam em seu interior aqueles que, mesmo tendo nascidos trouxas, revelarem dons para a magia. Nesse caso, o jovem trouxa que for dotado dessas capacidades receberá um dia, ao completar 11 anos, uma carta convidando-o para estudar em Hogwarts (ou em outra escola de magia). Os bruxos sempre percebem quando alguém revela sensibilidade para a magia, mesmo quando está fora de seu mundo.

Todas essas informações não são entregues de forma clara em nenhum momento dos livros. Acompanhamos Harry em sua ignorância inicial a respeito de tudo e, junto com ele, vamos descobrindo aos poucos, montando um quebra-cabeça cujas peças estão espalhadas ao longo dos livros. Este é mais um dos motivos para esperar cada novo volume, pois, além das novas e empolgantes aventuras de Harry para se salvar das armadilhas de Voldemort, esperamos por mais revelações. Sempre descobrimos algo mais sobre a história dos pais de Harry e seus contemporâneos, sobre Hogwarts e o mundo dos bruxos.

Harry cresceu como um trouxa e, portanto, nada sabia sobre magia, tampouco sobre seu passado. Decididos a afastar o bebê de sua precoce tragédia, os professores da Escola de Magia e Bruxaria Hogwarts, à qual seus pais eram ligados, decidiram que ele crescesse longe de tudo isso. O menino viveu até os 11 anos junto à irmã da mãe, entre uma família de trouxas que não tinha nenhuma relação nem simpatia com a realidade paralela na qual a mãe de Harry havia decidido viver.

Os tios de Harry são do pior tipo de trouxas: consumistas, medíocres, egoístas e preconceituosos. Na casa, vive também um primo da mesma idade de Harry, um menino mimado e implicante, capaz de todo o tipo de grosseria. Com seus tios, Harry vive como um enjeitado, jamais recebe uma palavra gentil, é obrigado a desempenhar tarefas domésticas das quais seu primo é poupado, além disso, seu quarto é um cubículo embaixo da escada. Os tios contaram-lhe que seus pais haviam morrido num acidente automobilístico, portanto ele nada compreende a respeito dos estranhos fenômenos que ocorrem em sua presença. Na condição de jovem bruxo, ele produz fenômenos mágicos mesmo não intencionalmente, principalmente movidos por raiva ou desespero, são pequenas e inconscientes vinganças diante das injustiças que sofre constantemente.

Com seu aniversário de 11 anos, chega a carta de convocação para ir estudar em Hogwarts. A partir daí a vida de Harry torna-se uma longa e lenta jornada rumo às necessárias explicações para sua estranha condição. Na escola, encontra um mundo maravilhoso e fascinante, com criaturas mágicas, e depara-se com a possibilidade de aprender feitiços e aprofundar-se nas ciências ocultas. Essa escola é mais do que um colégio, como o que Harry freqüentava antes dos onze anos, é o lugar onde ocorre a iniciação dos jovens bruxos, num ciclo que vai dos 11 aos 17 anos.

Hogwarts organiza-se em quatro *casas*,[3] ou grupos que acolhem os estudantes e os classificam de acordo com sua índole. Essas casas disputam entre si ao longo de todo o ano letivo, e os méritos ou as faltas de seus membros incidem sobre a pontuação da casa como um todo. Assim, cada ato de bravura ou justiça de Harry e seus amigos traz pontos para suas casas, mas as constantes transgressões ao regulamento que são levados a cometer tiram pontos. Quando chegam à escola, os novatos são submetidos ao *Chapéu Seletor*, um chapéu falante, que, colocado sobre a cabeça do aluno, analisa seu caráter e decreta a qual casa deve pertencer.

No encontro de Harry com o Chapéu Seletor, constatamos de imediato que o assunto do bem e do mal não é tratado de forma tão simples em Hogwarts, pois o Chapéu sugere que ele poderia ser um grande bruxo se entrasse para a Sonserina, a casa dos ávidos por poder, cujo representante mais famoso é precisamente Voldemort. Num diálogo travado dentro do pensamento de Harry, o menino se opõe à essa idéia, forçando o Chapéu a uma segunda escolha: ele é então destinado para a Grinfinória, a casa dos corajosos e ousados. É lá que se consolida a amizade com Ronny Weasley e Hermione Granger, seus constantes companheiros de aventuras. Estes representam a versão infantil de seus pais, pois Hermione é uma menina trouxa, muito estudiosa e excelente feiticeira, como sua mãe, enquanto Ronny pertence a uma tradicional família de bruxos, uma família numerosa de gente pobre e visceralmente comprometida com a justiça e o lado bom da magia.

Ao longo dos cinco livros publicados até o ano de 2004, acompanha-se o crescimento de Harry, assim como seu aprimoramento enquanto um bruxo valente, obstinado e melancólico. O mundo e a cabeça de Harry vão se tornando cada vez mais sombrios, e as personagens cada vez mais ambíguas. Ao longo da trama, ele precisa desvendar secretas histórias passadas de traições, sacrifícios pessoais e disputas políticas. O mundo dos bruxos não cessa de surpreender com figuras mágicas como centauros, dragões, lobisomens e hipogrifos; por outro lado, os vilões vão ficando cada vez mais psicológicos.

A cada volume, o combate com as trevas vai se misturando mais com os pesadelos, a depressão e as incômodas mudanças que a adolescência impõe ao herói. A cada passo da saga, mais se mescla o terror externo com o interno de Potter, afinal ele tem uma bagagem triste de lembranças, uma vida solitária de órfão. Sua reação é a revolta, e esta o move a reparar o mal que lhe foi feito. Sua compulsiva curiosidade é um apelo que faz com que o acompanhemos no desvelamento desse mundo enigmático e da sua história cheia de segredos. As histórias de Harry e do mundo dos bruxos entrelaçam-se de tal forma que sua vida termina sendo uma espécie de eixo em torno do qual se decide o destino de todos.

Escola da vida

 principal mérito de Rowling foi situar esse universo mágico dentro da primeira e principal experiência social da vida das crianças de hoje: a escola. A escolaridade para as crianças contemporâneas se inaugura praticamente junto com sua capacidade de falar, quando não antes.[4] Fora da escola, o universo doméstico é extremamente reduzido: papai, mamãe, com sorte algum irmão e, com mais sorte ainda, avós, tios e um que outro primo.

Nossa realidade familiar está diferente da formação tradicional. As gerações estão mais separadas, a família diminuiu, temos menos irmãos e primos, crescemos longe de avós ou tios, ou então mais distantes física e afetivamente do que antes. Até mesmo a vizinhança já foi mais presente, esse espaço de convívio também perdeu a vez para a mobilidade geográfica das famílias. Além disso, a vida em apartamentos e a reclusão em casa estão justificadas pela violência da rua. Enfim, o individualismo reina como ideologia e as condições práticas não favorecem sua diluição. A vida confina-se num núcleo familiar reduzido, dentro de casamentos passageiros.

Premida por essas circunstâncias, a escola garante certa estabilidade e abriga o cerne da vida social das crianças, tanto que os primeiros anos são considerados *de socialização*. É importante ressaltar essa diferença, pois o projeto inicial da escola era apenas destinado à transmissão dos conhecimentos formais. Hoje, suas funções se ampliaram, no sentido de comportar todo o mundo fora de casa para os pequenos. Ali eles aprenderão a dividir, respeitar, esperar a vez e conquistar seu espaço.

Excetuando o caso daqueles que vivem em condições de miséria, em nossa sociedade todos os privilégios que uma família puder ter, por menores que sejam, serão das crianças. Na escola, uma criança descobrirá que é apenas mais uma. Com a professora do berçário ou do jardim, viverá a experiência das famílias numerosas, onde não havia praticamente uma mãe para cada filho. As instituições escolares têm sofrido os efeitos dessas expectativas familiares que passaram a absorver, professores e diretores se cansam de ter de colocar limites em crianças mimadas e sem preparo para o convívio social, resultado desse novo quadro.

Boa parte das aventuras de Harry e seus amigos centra-se na escola. Há uma dupla cisão do mundo entre o dentro e o fora da escola, entre o mundo dos bruxos e o dos trouxas. O mundo mágico possui outros cenários além da escola, mas são secundários para a trama. Embora não tenhamos mais o hábito dos colégios internos, hoje as escolas formam um universo que transcende o horário de aulas. Na escola, os pequenos farão suas primeiras amizades, ali compartilharão hábitos, modas, leituras e músicas que os trouxas dos seus pais, por mais que se esforcem, pouco poderão partilhar. O pai que tentar mostrar-se um iniciado no mundo dos filhos, sendo mais adolescente ou criança que os próprios, parasitando os amigos e o lazer dos filhos, estará privando-os dessa separação de mundos, do seu espaço pessoal de socialização, que é precioso para a construção da personalidade.

Hogwarts é mais que uma instituição de ensino: por ser um lugar de iniciação, é uma escola de vida. Por isso, é justamente na conta dessa expansão do papel da escola que a identificação se insere. As questões atinentes ao ensino tradicional aparecem sob a forma dos exames, da dedicação de Hermione aos livros e das tantas vezes que sua sabedoria salva a situação, mas isso não é a questão central. O aperfeiçoamento subjetivo e moral dos alunos ocorre no confronto com a personalidade dos professores: as personagens crescem amparadas na sabedoria muitas vezes enigmática do diretor Dumbledore, na justa rigidez da professora Minerva, na humanidade brincalhona de Hagrid. Também há os professores implicantes, afetados, carreiristas, neuróticos e malucos.

A sabedoria que se vai obter em Hogwarts é a necessária para atravessar a crise adolescente: um passado maquiado de fantasias mágicas, alguns truques, uma visão muito crítica dos adultos, uma relação ambígua com os limites e, principalmente, a curiosidade de descobrir sobre tudo aquilo que for segredo.[5]

A divisão em casas, assim como o confronto dos vários modos de encarar a vida, mais demarcado entre os heróis (os da casa Grifinória) e seus opositores (da Sonserina), aponta para os diversos caminhos que essa

formação pode tomar. Lembremo-nos de que o Chapéu Seletor estava disposto a indicar para Harry a casa dos arrivistas, ou seja, os feiticeiros do mal também se iniciam em Hogwarts. A instituição dá os meios, propõe as regras, mas os fins dependem de cada um. Os conflitos políticos externos se reproduzem na escola, pois Voldemort e seus seguidores foram derrotados, mas não destruídos, e o poder está com os justos, mas a ameaça é constante. Na vida cotidiana de Harry, a ameaça que destruiu sua família é encarnada pelo seu inimigo Draco Malfoy, líder da Sonserina, filho de Lucius Malfoy, um confesso militante do jogo sujo, assim como rico e influente no mundo dos bruxos. Enfim, quanto mais se conhece Hogwarts, percebe-se que mais se parece com a vida do que com a escola, a questão é que, tanto no mundo dos bruxos quanto no nosso, a escola e a vida por muitos anos se equivalem.

Velhos sábios

ogwarts também fornece uma resposta a outra questão que muito tem pesado sobre os ombros dos mais jovens: a inversão do lugar da sabedoria. Na sociedade contemporânea, os adultos e a tradição que eles encarnam parecem ter pouco a ensinar para uma geração de jovens cujas ousadias, irreverências e modismos são exaltados à exaustão e repetidos pelos mais velhos.

Numa sociedade tradicional, o passado é a fonte do saber, a vida se organiza a partir da manutenção e do respeito ao previamente estabelecido. Mas desde que *invenção* e *revolução* passaram a ser palavras de ordem, isso se inverteu, e o passado nos parece sempre encolhido diante das maravilhas que no futuro seremos capazes de criar em termos de tecnologia, ciência e comportamento. Essa é uma realidade a ser encarada sem nostalgias, afinal, nas sociedades tradicionais, o peso da tradição oprimia a vida com toda a sorte de rituais e crendices, apesar de que confortava com a certeza de uma verdade, que descansava no passado, nos antigos escritos, nos velhos.

No mundo de Rowling, se acredita na tradição, os jovens podem ter a ousadia própria da sua idade, o que é bem-vindo, mas eles demonstram consciência da necessidade de aprender uma sabedoria ancestral, representada por professores velhos, que estão muito longe de ser vistos como gagás ou obsoletos. Essa valorização do passado não se encontra somente na organização tradicional da escola, mas também no caldo de cultura imaginária em que se banha o ambiente. Tal como em Tolkien,[6] convoca-se uma enorme coleção de figuras da mitologia e ficção da tradição ocidental, para um extraordinário *meeting* (e uma grande salada) nos corredores e arredores da escola. Você já pensou em ter o refeitório invadido por um *troll*, encontrar unicórnios no bosque, ter um gigante por amigo e lutar contra cães de três cabeças, lobisomens, serpentes e aranhas gigantes, voar num hipogrifo e criar dragões de estimação?

A mitologia comparece como uma sabedoria do passado, a mais indomesticada das produções culturais, algo que segue ao mesmo tempo fascinando e nos desafiando sobre seu sentido. O esoterismo contemporâneo dificilmente pode ser explicado por uma só vertente, mas essa revalorização da mitologia (e nesse caso uma mistura de referências) parece ir para a mesma direção: uma crítica tanto espontânea quanto ingênua à pretensão totalizante que a ciência nos vende.

Confiar no passado como fonte de sabedoria é um alívio, pois para os mais jovens é assustador perceber que seus adultos esperam deles o conhecimento que deveriam oferecer-lhes. Os adultos de hoje têm deixado seus filhos desamparados. Eles produziram uma espécie de combinação de negação do passado com obsessão pelo futuro: vivem tentando se desconectar da própria origem e, ao mesmo tempo, nutrem uma intensa expectativa de uma felicidade que o futuro possa oferecer. O passado é para ser esquecido, o futuro é uma promessa de gozo.

Mimetizados com a juventude dos filhos, os pais hoje não podem funcionar como uma reserva de sabedoria que os auxilie a interpretar seus impasses, pois ter vivido supõe (ou deveria se supor) que se aprendeu algo com os erros e os acertos cometidos. Eles querem ver seus filhos livres da sua influência, como se esta fosse ser um fardo muito difícil de carregar, esquecem-se de que seus conselhos ou limites servem de parâmetro. O jovem pode até escolher contrariar e transgredir, mas os usará como referência.

Os pais contemporâneos não se conformam a viver o tempo que lhes foi reservado, com as limitações que este tem. Esperam de seus herdeiros não a sucessão, mas a fonte da juventude, imitam sua adolescência, negam que a tendência natural é ser transcendido por eles. Como mal admitem ser de uma geração anterior, tampouco suportam o próprio passado, pois encarar seus velhos e admitir-lhes alguma sabedoria, lembra que um dia serão como eles.

Uma sociedade precisa de velhos, mitos, monstros e de regras que possam ser respeitadas, mas também burladas. Os jovens necessitam de adultos que imponham respeito para que possam ser levados em conta e, após, superá-los. É como dar um salto, para tanto, é preciso uma base para impulsionar, e esta depende do amadurecimento assumido e orgulhoso de seus pais, avós e professores. Convenhamos, é difícil hoje encontrar gosto e orgulho em ser mais velho e se apresentar como alguém que tem algo a dizer.[7]

Resumindo, é mais fácil começar uma adolescência sem que esta esteja carregada da responsabilidade de ser o auge da vida em termos de gozo, ou ainda de apontar as tendências para onde vamos todos. A idealização da adolescência enquanto fase áurea é um fardo para os jovens.

Órfão, mas nobre

ários autores têm apontado uma estrutura similar à *Cinderela* em *Harry Potter*, afinal ele vive num buraco embaixo da escada, enquanto suporta ser maltratado por seu primo, que ganha tudo e principalmente um lugar no coração dos pais. Não é errado, mas é uma saída muito simples para dar conta da complexidade desta trama. Além disso, para alicerçar esse esquema, só haveria o início de *Cinderela* em comum entre ambas histórias, pois, em *Harry Potter*, não há o evento do reconhecimento por um olhar externo amoroso que o restitua, via casamento, à condição nobre anterior. Já que traçar um paralelo é uma boa forma de auxiliar na compreensão, propomos a utilização de um esquema freudiano, que contém essa mesma fantasia de enjeitado, mas com outro final.

Uma das fontes de empatia dessa história pode ser compreendida a partir de uma fantasia típica que Freud denominou de "Romance Familiar do Neurótico".[8] Nessa fantasia, imaginamos sermos filhos adotivos, porque na verdade pertenceríamos a uma família em algum aspecto melhor do que aquela na qual crescemos. Com isso, demonstramos que nossos pais não estão à altura do que sonhamos, que nos amam pouco ou mal e, em seu lugar, convocamos, em devaneios, outra família idealizada, seja de um amigo, de uma obra de ficção ou ainda criada puramente na fantasia. Esse recurso ainda se presta para nos isentar de culpa relativa a qualquer fantasia edípica pendente, afinal, se estivermos desejando ou odiando os progenitores, tanto faz, já que eles não seriam nossos pais.

Harry acreditava que seus pais morreram num acidente e provavelmente não seriam diferentes daquela família de trouxas em que fora criado. Uma gente consumista, interesseira e materialista, portanto incapaz de qualquer tipo de altruísmo ou imaginação, gente pobre de espírito. Em Hogwarts, descobriu que seus pais foram bruxos importantes, que morreram lutando por ele e que já nascera bem dotado de poderes. Ninguém desejaria coisa melhor.

Freud considerava que devanear com esse Romance Familiar não significa uma deslealdade do filho. Ao contrário, essa fantasia estaria ao serviço da preservação daqueles pais magníficos da primeira infância,[9] dessa imagem que será perdida quando a puberdade desfizer o efeito do filtro mágico amoroso que enfeitiça os pequenos. Na puberdade, inevitavelmente se enxerga, como num despertar, a condição humana frágil e defeituosa dos pais, num processo que só será elaborado na adolescência, mas que se inicia naquele momento.

Boa parte dos heróis modernos é órfã, isso responde aos nossos ideais. Queremos ser órfãos, não de pais, mas de referências. O homem moderno acredita que pode fazer-se por si mesmo, que o berço pouco importa. Quanto à educação, a mais importante seria a auto-educação, a construção da identidade com as próprias mãos.

Poucos mitos nos são tão caros hoje quanto a fantasia de uma geração espontânea, que significa nascer e crescer sem estar inserido numa genealogia ou prescindir dela para ser quem se é. Afinal, Tarzan não cresce sozinho na selva e, apesar disso mantém a humanidade? Robinson Crusoé não refunda uma sociedade de um só homem? São projeções míticas do nosso individualismo exacerbado.

Um lugar para os pré-adolescentes

owling criou um neologismo para definir os não-bruxos – *muggle*, palavra provavelmente derivada de *mug*, que significa simplório, pateta, ingênuo. A tradução brasileira para *"trouxa"* deixa de fora um sentido possível enquanto palavra inventada, corrompida.[10] O neologismo evoca um hábito adolescente de ter vocabulário próprio e alguns apodos nada carinhosos para definir os mais velhos.

Tornar-se adulto passa também por encolher os ideais, de preferência sem ter que chegar ao extremo caricatural da família medíocre dos tios de Harry. Todos os jovens têm acusações desse gênero aos seus pais, que parecem ter se tornado mesquinhos de pensamento e curtos de objetivos.

A palavra "trouxa" é similar ao atualmente popular "otário" (que há algumas décadas era "careta" ou "quadrado"), com o qual os jovens definem alguém que é tolo, que não consegue inserir-se corretamente na vida ou no grupo, que não percebe as sutilezas, nem tem o jogo de corpo necessário para saber se colocar no sistema. Na verdade, pensar os não-bruxos como tolos, trouxas, otários, ingênuos coloca-nos no cerne do funcionamento adolescente. Os adultos pensam tudo saber do sistema que habitam, afinal são eles que o movimentam, eles têm o controle do dinheiro, dos bens, da autoridade, eles trabalham e já passaram algumas vezes pela experiência da escolha amorosa. Os jovens são cheios de intenções e tê-las é sinal de que se está próximo dos seus ideais. Quem tenciona idealiza, quem idealiza quer mais do que o medíocre presente oferece, quer transcender. Essa posição predispõe a uma atitude de apreciação crítica dos adultos, pais, substitutos e adjacências. Os adultos estão vivendo a vida em seu momento mais sério e produtivo, os jovens estão planejando a sua e, para tanto, observam cuidadosa e detidamente o que não vão querer repetir.

Trouxas e patetas, aos olhos pretensiosos dos adolescentes, os adultos parecem ter perdido o senso crítico e seriam incapazes de se perceber no papel ridículo que às vezes fazem na vida. Qualquer hábito, estilo ou mania torna-se natural para quem se acostumou a viver com ele. A vida vai delineando alguns sintomas com os quais organizamos essa estrutura mínima de nossa identidade, que os psicanalistas chamam de "ego". O adolescente passa o ego do adulto no raio X, quer lhe ver a estrutura, a ossatura que o sustenta, tenta compreender além do que as aparências mostram. Por isso, muitas vezes, os jovens parecem mais espertos, porque o pacto deles com seus sintomas ainda está em negociação e seus ideais estão à flor da pele, enquanto para os mais velhos o acordo está feito e só será questionado em momentos de crise da conjugalidade, do trabalho, do envelhecimento e do luto.

A puberdade é o princípio de tudo isso, porém sem as facilidades da adolescência, na qual existe a possibilidade de refúgio (ou até mesmo do exílio) nos laços fraternos e amorosos. A história de Potter, que inicia com a puberdade, oferece aos leitores dessa faixa etária um bem-vindo contato com uma versão ficcional do romance familiar. Nunca será tão necessário o recurso a outra família, pois a própria jamais será tão insuportável.

Aqueles que têm medo da crise adolescente é porque não prestaram atenção ao que se processa por trás do silêncio e da irritabilidade do púber. Ele está condenado a viver basicamente em família, como quando era criança, só que agora enxerga como insuportáveis muitas situações que antes eram banais. Ficará nervoso com a voz dos pais, a presença dos irmãos e os costumes da família. Não tem uma identidade constituída, já que lhe falta a liberdade mínima para circular e definir os contornos de suas escolhas pessoais. Sua modalidade de comunicação com seus pares está em processo de modificação: as tentativas de brincar se esvaziam, o hábito de conversar é rudimentar e está em construção, por isso, se perdem em extensos e detalhistas relatos de situações banais.

Brincar para a criança e fantasiar para o adolescente são recursos de elaboração pelos quais o sujeito entra em contato com seus ideais e conflitos de uma forma leve e sem maiores compromissos. Não é necessário arcar com as conseqüências do que se vive nessas cenas, pois brincando ou devaneando está tácito que se está fora da realidade. Na brincadeira, está se vivendo a personagem de uma trama, é como participar de uma ficção da qual se é autor e ator, é uma fantasia vivida, mas com a possibilidade de sair da cena. Nas fantasias, que encontram sua forma mais acabada na adolescência, é possível se imaginar protagonista de uma trama na qual a personagem somos nós mesmos, mas jamais uma dificuldade obstruirá a realização desse sonho.

Uma jovem obesa pode se imaginar finalmente em linha para conquistar todos os rapazes, sem precisar colocar em questão como e por que cultiva seus quilinhos a mais. Um jovem dispersivo pode se imaginar um magnata do videogame, sem que lhe ocorra quanta informática e administração terá de aprender. Na fantasia, o acesso ao inconsciente é possível como na brincadeira, mas, embora o personagem seja o próprio sonhador, ele não se sente completamente implicado, sabe que é outra cena que não a real. É claro que viver totalmente entregue a esse recurso é paralisante, ninguém agüenta o abismo que separa o ideal da realidade.

Somente na juventude, quando se vive ainda muito em pensamento e o sujeito se acredita em treinamento, é possível fantasiar tanto. Depois que o jogo da vida começa para valer, os devaneios são fontes de satisfação, mas também de muita frustração. Infelizmente, já se sabe com quantos paus se faz uma canoa, então fica difícil sonhar com transatlânticos e andar de barquinho.

O púber ainda não consegue imaginar para si um cenário muito diferente do doméstico. Além disso ainda não se concebe com uma identidade pessoal capaz de ser protagonista convincente de um devaneio mais maduro. Entre a infância e a adolescência, passamos por um período em que estamos perdendo a capacidade de brincar e ainda aprendendo a organizar fantasias mais complexas, por isso, recorremos a ambos os recursos, mas nenhum deles está disponível de forma plena. Entre um e outro, a puberdade encontra-se numa fronteira difícil, pois nessa faixa etária ainda não se desenvolveu a estrutura psíquica necessária para bancar a cena dos próprios desejos, que propiciaria a plena capacidade de devanear.

Para poder elaborar o tipo de fantasia de que se constituem os devaneios dos jovens, que significa atingir a capacidade de se imaginar passeando com a roupagem de um futuro idealizado, é premissa que, no pensamento adolescente, os adultos sejam submetidos ao processo de críticas e avaliação que descrevíamos acima. Se os devaneios tivessem como trama uma mera repetição do que foi a vida e as escolhas dos pais, ninguém teria nenhum plano nem sonho para tecer. Por mais que terminemos repetindo muita coisa, ou mesmo utilizando nossa origem como referência, é necessário, em primeiro lugar, pensar-se como diferenciado dos que nos deram a vida, essa é a função da crítica do adolescente aos seus pais. São nessas críticas que se separa o joio do trigo, o eu da personalidade dos pais. Porém, na puberdade, pais, professores ou seus substitutos ainda são muito presentes.

Hogwarts é um lugar externo, as famílias deixam os alunos no trem, e eles chegam à escola sozinhos, no mínimo temporariamente órfãos, já que é um colégio interno. Esse espaço é ideal para se respirar aliviado do ambiente familiar, pelo menos enquanto se está vivendo dentro desses livros.

Não adianta a sociedade impor uma precocidade à fase pubertária, oferecendo a esses pseudo jovens pautas de conduta, vestuário e lazer adolescentes, isso não passa de uma farsa. Nesses casos, o hábito não faz o monge, apenas aplaca a angústia parental de acompanhar uma etapa que é plena de lágrimas e silêncios. Trata-se de uma saída maníaca, como resposta a uma fase que é de tristeza. Afinal, para ganhar o mundo, tem de se ter perdido o lar da infância.

Nessa fase pubertária, uma extensa camada de silêncio recobre os sentimentos e acontecimentos da vida. Esses jovenzinhos calam sobre o que na verdade não sabem dizer direito. Entre os amigos da mesma idade, principalmente entre as meninas, mas não exclusivamente, o segredo é o móvel e o maior tesouro das relações. Amigos guardam segredo entre si a respeito de amores que sentem, mas que jamais terão a coragem necessária para pôr em prática; amigas compartilham ódios e mágoas relativas a outras meninas por quem se sentiram depreciadas.

Nos grupos dessa idade, corre um rio subterrâneo de segredinhos que, de vez em quando, brotam, e o coletivo se alimenta dessa circulação de ninharias e mal-entendidos. Além disso, é importante ocultar dos olhos e ouvidos dos pais o que está acontecendo em seus corpos e mentes, pois faz muito pouco que ainda eram crianças e mal sabem como aparecer publicamente do jeito que estão ficando. Segredos, rubores e risinhos são as manifestações possíveis para uma sexualidade que toma de assalto essas quase crianças tão despreparadas.

Em última instância, os púberes se sentem portadores de seus pequenos segredos exatamente na época em que muitos mistérios dos adultos se tornam acessíveis. Depois de tanta ignorância e teorias sexuais infantis, eles finalmente descobrem (e comentam uns com os outros) o que os adultos fazem na intimidade erótica. Sendo assim, veremos nessas mesmas obras que, feiticeiros ou crianças comuns, os protagonistas sempre serão algum tipo de detetive, e toda a trama deverá conter algum mistério a ser revelado. Em Hogwarts, como na puberdade, o segredo tem muito significado, não é à toa que o importante Ministério da Magia do mundo dos bruxos tem como sua principal atribuição a preservação dessa sociedade mágica oculta dos trouxas.

Acerto de contas com o pai

antasiar outra filiação também permite que o jovem busque figuras de identificação no mundo externo ao lar. Porém, se é o momento de olhar o núcleo familiar de fora, também é aquele em que o jovem descobrirá que carrega em si as marcas de sua origem. Mesmo estando com seus interesses voltados para fora de casa, terá de fazer algum ajuste de contas com sua tradição, religião e grupo étnico. O fato de Harry ser órfão não o livra de dar conta de onde veio, e essa é uma questão posta para todos nós: quem são nossos pais e o que eles nos legaram? Uma novela com esse núcleo temático sempre terá sucesso garantido.

A saga não terminou, anda pelo quinto volume e seguirá, mas várias pistas nos indicam um caminho pleno de referências à mitologia britânica e talvez seja uma reedição de alguns aspectos desses mitos, principalmente no relativo às peculiaridades da filiação.

Especulando um pouco, poderíamos pensar que a origem de Harry seria como a do Rei Arthur, que teve, de certa forma, dois pais. Arthur foi engendrado a partir de uma figura de pai fendida.

A história é a seguinte: Arthur era filho da bela Igraine, casada com Gorlois, Duque de Tintagel. Ocorre que o rei Uther Pendragon era apaixonado por Igraine e, com a ajuda do mago Merlin, se fez enfeitiçar para assumir a forma de Gorlois. Com essa imagem falsa, enganou a duquesa Igraine, que acreditava estar encontrando-se com seu marido, e dessa união resultou Arthur. Afinal de quem ele é filho? Para a mãe, a imagem do homem que a fecundou era de seu legítimo e desejado marido; mediante o feitiço, no entanto, a alma era de outro. De quem é esse corpo que gerou Arthur? De certa forma ele é filho do inimigo, do rival que logo em seguida veio a ser o responsável pela morte do marido da mãe. Como Potter, o futuro rei Arthur também cresceu órfão, pois foi levado por Merlin para ser criado em outra casa, ignorante da sua origem, com forma de garantir sua boa formação.

Hércules, o herói da mitologia clássica, também tinha uma origem semelhante: sua mãe Alcmena foi enganada por Zeus, com o mesmo estratagema, numa noite em que o marido, Anfitrião, estava fora. Anfitrião voltou na manhã seguinte e engendrou nela mais um filho. Assim, ela acabou tendo uma gravidez dupla, sendo que cada bebê tinha um pai diferente. Graças a isso, Hércules tem um meio irmão gêmeo mortal, um pai terreno e um pai celeste.

A princípio, Harry tem apenas um pai, Tiago Potter, mas como está sempre às voltas com seu inimigo, o assassino de seus pais, este exerce uma presença constante, como uma sombra que o envolve. Vários indícios nos mostram que Harry carrega consigo tantas coisas do inimigo quanto de seu pai. Usa o mesmo tipo de varinha de Voldemort, é ofidioglota (fala a linguagem das cobras) como os de sua estirpe e, por pouco, o Chapéu Seletor não o destina para a casa Sonserina, à qual pertenceu seu perseguidor. O feitiço destinado a matá-lo, quando ainda era bebê, impregnou-o com as características de quem o lançou, e assim nosso herói fica marcado com algumas qualidades de Voldemort. A cicatriz na testa, que o identifica tanto quanto seu nome, é o resto dessa operação de batismo de fogo. De sangue ou não, os dois são *pais*, pois legam marcas indeléveis em sua história.

Na saga de Potter equacionam-se e unem dois aspectos complementares: temos a duplicação da figura do pai, entre um que é bom e inocente e outro mau e ardiloso, responsável pela morte do primeiro.

Acrescenta-se ainda a colocação deste outro personagem paterno na figura do vilão.[11]

Para utilizar uma referência mais recente, basta evocar a saga cinematográfica, escrita e dirigida por George Lucas, *Guerra nas Estrelas*. Também nessa história, o maior inimigo do herói resulta ser seu próprio e ignorado pai (num combate final entre ambos, ficamos sabendo que o jovem Luke Skywalker é, na verdade, filho de Darth Vader, o vilão).

Por mais estranho que pareça, também nesse aspecto, o herói de Rowling abre um caminho para identificações com a vida de seus leitores. Afinal, um dos aspectos da filiação não é lidar com identificações que não escolhemos, mas que constatamos ter herdado de nossos pais? Harry pode amar a seu pai sem reservas, pois todo ódio fica canalizado para Voldemort. O mundo é pequeno para Harry e Voldemort. Essa briga só terá fim com a morte de um, pois os dois estão espelhados nesse ódio mútuo. Odiar faz parte do conjunto confuso de emoções que dedicamos a nosso pai, afinal ele é o rival pelo amor da mãe e por isso não vem nada mal a idéia de eliminá-lo. Se lhe dedicamos esses sentimentos não muito nobres, nada mais natural que pensemos que ele quer o mesmo: livrar-se do filho na primeira oportunidade. Portanto, se pudermos livrar nosso pai do peso dessa rixa, escolhendo como inimigo um vilão *paterno*, estaremos isentos da culpa pelos maus sentimentos dirigidos àquele que nos gerou e protegeu.

Mundos mágicos

ada mais comum na infância que habitar os mundos mágicos que a literatura oferece. Geralmente esses mundos constituem um acervo que se levará junto através da adolescência e talvez para o resto da vida. Vide o seu mais meritório e popular representante: a saga *O Senhor dos Anéis*, de Tolkien.

Tolkien criou um mundo de homens e rapazes, onde os desafios da coragem e do crescimento acontecem num lugar marcadamente diferente do cotidiano dos leitores e que bebe seus componentes imaginários na mitologia européia. A operação de seus livros é bem-feita porque permite o trânsito pela tradição (ainda que neste caso artificial) de que se necessita para crescer. Afinal, ao partirmos, precisamos mais do que reminiscências infantis, temos de levar conosco um acervo de referências culturais com as quais organizamos uma identidade própria.

O Senhor dos Anéis deu origem a uma brincadeira adolescente: os *Role-Playing Games* (RPG), onde se dramatizam lutas e proezas num cenário cheio de personagens inspiradas nesse imaginário. Entre um grupo de iniciados no conhecimento da saga, vivem-se aventuras e lutas semelhantes às da Terra Média. Como se vê, o mundo mágico é tanto um bom livro, quanto um lugar para brincar.[12]

Rowling conseguiu repetir essa proeza, levando em conta que hoje se cresce mais cedo. Seus livros são para um público mais jovem que os de Tolkien (geralmente lido na adolescência). As personagens dela são púberes, uma faixa etária que se ampliou, periclitante entre uma infância que não se resigna a terminar e que tem seu território invadido por uma série de pautas de conduta e vivências adolescentes.

A adolescência hoje é mais que uma faixa etária, é um ideal social. Não há adulto que não queira conservar o corpo, o entusiasmo sexual e a possibilidade de escolhas dos 20 anos. Isso faz da juventude um fenômeno que penetra na infância enquanto grande expectativa. Por isso, as crianças são convidadas a se vestir e a consumir objetos culturais próprios desse tempo que está por vir, e as famílias tanto valorizam quanto aplaudem tais iniciativas. Independentemente disso, a puberdade já marca presença, enquanto essa fase em que a infância declina, para horror de um sujeito que ainda é minúsculo para freqüentar o mundo lá fora, mas que começa a se incomodar com seus pais enquanto eles ainda reinam absolutos sobre sua vida.

Atentos aos brotos da adolescência que nasciam na sua criança, os adultos elevaram a puberdade (ou pré-adolescência como costumam chamar) ao *status* de uma etapa da vida que deve ser levada em conta, com o qual as crianças de 9 a 12 anos só tiveram a ganhar. Um de seus bons lucros é Harry Potter, que importa todos os benefícios do imaginário à maneira de Tolkien para seu momento, tendo gente de sua idade como protagonista.

Além disso, esses universos mágicos para uso dos adolescentes e púberes representam um espaço de realização possível para uma nostalgia mítica, algo que nos permitisse acesso a uma sabedoria vinda do passado e uma suposta conexão com nossas raízes. Crescemos sem muito contato com as gerações que nos precederam e sem notar a continuidade que existe entre o que somos e a história dos nossos antepassados. Isso não é exclusivo dessa geração, outras já não se reconheceram na tradição e na religião dos pais e escolheram crenças alternativas.

A religião não vive grandes dias, os fundamentalistas sim, e isso é mais um indício da crise das religiões do que de um avanço das crenças. Só pela força do fanatismo e obscurantismo é possível, atualmente, uma religião ganhar adeptos. Como hoje está cada vez mais difícil acreditar em qualquer coisa, a magia pode entrar no imaginário infantil no lugar dessa religião perdida. Afinal, é uma magia pela outra, e a magia tem vantagens, é um substituto que aproxima as culturas por ser universalista, qualquer criança, das mais variadas origens culturais, pode experimentar nela a nostalgia de uma religião que já não lhe serve mais.

A outra vantagem da magia é nunca ter sido um pensamento dominante, sempre esteve à margem, não é responsabilizada por nos legar uma herança difícil, ela sempre foi um conhecimento subterrâneo recusado pelo *establishment*, a adversária eterna das religiões. Como nunca foi um sistema de pensamento totalizado e coerente, pode ser moldado hoje ao nosso bel-prazer. Na verdade, quando falamos magia, estamos colocando no mesmo caldeirão conhecimentos antigos estruturados, como a astrologia ou a alquimia e todo um conjunto disperso de mitologias e superstições medievais, enfim, tudo que é pré-científico. Este é o saber de Hogwarts, um *renascimento* do mundo anterior à ciência moderna. Entre a ciência e a religião, a autora encontra uma terceira via: o medievo, quando as duas eram confundidas. Na medida em que a magia é um conjunto de práticas objetivas, pelas quais é possível dominar e produzir os efeitos no desconhecido, ela se apresenta como uma forma adequada de religiosidade para nossa cultura pragmática e com a tendência a instrumentalizar os saberes, afinal ela nos tira da passividade da religião.[13]

Podemos arriscar ainda outra hipótese, que seria a generalização de um fenômeno verificável clinicamente em certos jovens: existe neles uma grande dificuldade em estudar a história humana, pois conhecê-la fere tanto sua sensibilidade, quanto seu narcisismo. Tomar emprestado um universo mágico passadista significa algo como "eu não tenho nada a ver com todos esses fatos constrangedores da história dos homens e não quero saber mais nada a respeito". A história humana é, para usar uma metáfora velha, porém precisa, um rio de sangue. Ela nos traz mais motivos de vergonha que de orgulho.

Esses jovens resistentes à história geralmente possuem um gancho específico por onde são pegos, particularidades obscuras e sofridas da vida de seus antepassados estão engajadas em sua recusa, tais como escravidão, genocídios diversos (como culpados ou vítimas); além disso, é difícil também enfrentar que seus avós migraram porque eram uns mortos de fome no lugar de origem. Mas como não podemos ficar sem

história, então alguns jovens usam a ficção para preencher a real história da qual, queiramos ou não, somos o resultado. Não se trata de um delírio, mas de fantasias sobre um passado humano menos cruel, mais heróico ou mais distante de nós. Claro que elas são como uma prótese malfeita, mas podem preencher temporariamente uma busca pelo passado.

A sociedade em Hogwarts

 primo trouxa de Harry é um menino obeso, mimado e desleal, o qual, junto com sua família, permite a Rowling uma ácida crítica ao individualismo e à sociedade de consumo. Seu lugar em casa é a caricatura do majestoso e ilimitado espaço que as famílias contemporâneas mais favorecidas têm reservado a seus filhos.

Outra crítica da qual o bruxinho é porta-voz encontra-se no conteúdo voltado para a questão da tolerância. As várias procedências dos bruxos se prestam para levantar questões raciais, e nisso Harry é definitivo: o herói é intolerante para com os intolerantes. Defende que todos os bruxos são iguais, independentemente da condição de seus nascimentos; se seus pais seriam bruxos puro-sangue ou não, pouco importa. Já sua opinião sobre os trouxas é benévola, são uns otários, mas não devemos odiá-los ou destruí-los.

Os *X-Man*, heróis mutantes dos quadrinhos de autoria de Stan Lee, debatem-se com as mesmas questões: devem devolver a hostilidade da qual são alvo por serem diferentes? Nessas histórias, o elitismo é mais descarado, eles são de fato superiores aos outros, pois, enquanto mutantes, desenvolveram capacidades que os tornam mais dotados que os homens comuns. Provavelmente, essa superioridade sobre os outros humanos, que os poderes emprestam aos mutantes, serve como compensação pelos intensos sofrimentos que esses mesmos dons lhes impingem, tanto provenientes da exclusão social, como das dificuldades de controle dessas forças. Por outro lado, os mutantes fazem a ligação com um aspecto de Potter que deve ser ressaltado: o dom mágico se revela de tal forma para seu portador que se impõe a ele como algo que deve ser controlado, cujo uso prático depende de uma iniciação e de certa força para dominá-lo. É difícil imaginar melhor metáfora para as "mutações" e os fenômenos que acometem o corpo e a mente das crianças quando chegam à puberdade: desde o crescimento de pêlos e volumes, à saída de líquidos e sangue de seus órgãos genitais, às transformações da voz, aos calores e rubores. Haja magia para dominar tanta mutação.

Como em toda a ficção que se apóia em nossa história passada, Harry Potter carrega traços de uma nostalgia do mundo do *ancién regime*, que parece uma sociedade mais fácil de decodificar, em que quem é bom é bom, quem é nobre o é desde sempre. Em *Guerra nas Estrelas*, por exemplo, reúnem-se as duas pontas: o passado e o futuro. Para tanto, se projeta uma tecnologia avançada dentro de um cosmo de relações sociais praticamente feudais. Não estamos em um terreno novo, quase não há conto de fadas sem reis, rainhas, príncipes e princesas, mas nos contos de fadas o aspecto social não é tão relevante quanto nessas construções pseudomíticas. Afinal, naqueles cenários, a sociedade não importa, é apenas pano de fundo, os reis estão a serviço de projetar os pais engrandecidos da primeira infância.

Nessas histórias de mitos artificiais, utiliza-se um universo de fácil compreensão, sem nuances. De qualquer forma, é interessante que sociedades democráticas, em que a mobilidade social é a tônica, forjem histórias nas quais o que vale é o nascimento. Embora a história de Rowling milite em prol de que o berço não faz o bruxo, há a revelação de um dom inato que diferencia aqueles que nascem entre os trouxas, mas são aptos a lidar com as forças ocultas. Não deixa de ser algum tipo de determinismo de origem.

Parece que as sociedades aristocráticas não perderam seu fascínio. O próprio Potter nasceu bom, embora lute com algumas ambigüidades, jamais supomos que ele vai mudar de lado. Ele apenas busca aperfeiçoar-se, mas ele já está pré-pronto, basta a escola e umas aventuras em que os dons já herdados possam se desenvolver. Esse é o aspecto mais fraco e conservador da aventura, mas é bom levarmos em conta que é uma obra para quem mal saiu da infância, e o alcance político delas talvez não vá mais longe do que isso.

A psicologia de Rowling

 ão é da nossa alçada discutir o valor literário da autora, enquanto psicanalistas só podemos julgar a qualidade de uma obra pela profundidade psicológica que ela é capaz de atingir e sobre como ela oferece esquemas que coloquem as crianças a pensar. Quanto a isso, há uma passagem do primeiro livro da saga que fornece um bom índice. O trecho é o seguinte: Harry Potter, em meio a suas andanças pelo castelo de Hogwarts (era de se esperar que essa escola fosse sediada num

castelo maravilhoso), descobre numa sala determinado objeto, que depois ficamos sabendo tratar-se de um espelho mágico, denominado *Espelho de Ojesed*.

Potter corria pela escola, fugitivo de alguma das peripécias que tinha aprontado e oculto por uma capa que o tornava invisível. Quando entrou num aposento, uma sala de aula abandonada, deparou-se com um objeto que parecia discordar do contexto: um majestoso espelho de moldura dourada. Ainda invisível, ele viu o reflexo de sua imagem e de umas dez pessoas, que logo conclui serem seus pais acompanhados dos parentes bruxos de linhagem paterna, de quem crescera afastado, aquela família que perdeu com a morte de seus pais. De dentro do espelho, uma mulher, sua mãe, lhe abanava simpaticamente. Triste, constatou que "Ela e os outros só existiam no espelho". E correu para chamar seu amigo Rony, que viu no espelho uma cena totalmente diferente: estava refletido seu futuro como chefe dos monitores e capitão do time de quadribol de Hogwarts.

Entalhado no alto da moldura do espelho lia-se: "Não mostro seu rosto, mas o desejo em seu coração", estava escrito de trás para a frente, para ser lido num espelho, assim como *Ojesed* é a palavra "desejo" escrita ao contrário. Objetos mágicos costumam ser instrumentos para ajudar o herói a vencer um desafio ou atingir um objetivo, dão poderes. Mas com os espelhos é diferente, eles sempre revelam algum tipo de verdade. Às vezes ele é um duplo que nos surpreende em pleno ato de observar nossa alma. O fato de Harry encontrar-se com o espelho pela primeira vez quando estava invisível ressalta que o reflexo não será da casca, mas da essência imaterial do herói. Esse tipo de espelho, como o da bruxa de Branca de Neve, permite acesso a uma verdade que está inalcançável para o sujeito. O espelho faz com as personagens o mesmo que com a palavra *ojesed-desejo*: desinverte, para que aquilo que já estava escrito pudesse ser lido, só dependia de ser decifrado.

Quando o mestre Dumbledore descobriu os meninos fascinados com as imagens que o espelho lhes oferecia, esclareceu: ele "mostra-nos nada menos do que os desejos mais íntimos, mais desesperados de nossos corações". É nesses detalhes que a riqueza do texto de Rowling se mostra, nesse caso, oferece às crianças um objeto mágico para apresentar o que se oculta de forma mais enigmática na nossa alma, os nossos desejos. Nisso a psicanálise está de acordo com a autora, é neles que reside nossa verdade interior, o maior segredo de cada um são os desejos que se desnudam quando as aparências se tornam invisíveis. Isso é o que poderíamos compreender como um espelho mágico psicanalítico.

Harry é movido pela busca de compreender sua origem e de encontrar lugar numa linhagem, já seu amigo Rony, oriundo de uma família de muitos rapazes, todos lutando por um lugar ao sol no mundo dos bruxos, precisa vencer. O que ambos vêem é a tarefa concluída, é o reflexo do ideal que se constrói a partir de um desejo.

Rowling parece saber que todo o desejo tem uma fantasia que o representa, é esta que encontramos em nossos devaneios de sucesso ou vingança, é esta que move o sujeito em determinada direção. O espelho lembra que a escola é a mesma, os desafios e as aventuras também, mas cada personagem tem uma tarefa distinta na gincana da vida. É essa tarefa, inscrita nos mais secretos esconderijos da mente, o verdadeiro motor que leva o sujeito adiante. Ao mesmo tempo, o espelho paralisava os heróis, pois ficavam fascinados com a miragem do seu desejo e não se moviam no terreno concreto para consegui-lo. O espelho teve de ser removido para devolver nossos protagonistas à ação.

Outro exemplo psicológico interessante é a concepção de depressão que encontramos em uma de suas criaturas. O monstro mais aterrador do universo potteriano é, até agora, a figura do Dementador. Os Dementadores são os guardas da Prisão de Azkaban, que comparecem à escola caçando um prisioneiro fugitivo, e suas presenças passam a ameaçar também os alunos. Eles são um perigo principalmente para Harry, que se revela mais sensível que os outros à sua aura maléfica.

Eles parecem parentes dos Nazgul, descritos em *O Senhor dos Anéis*, que também são espectros que trazem o mal pela sua simples presença. Os Dementadores roubam a força vital, sugam as boas lembranças. Depois de encontrar um deles, uma pessoa se sente como se nunca mais fosse ser feliz na vida. Ser influenciado por eles assemelha-se a viver num pesadelo do qual não se consegue acordar. Mas é preciso esclarecer que eles não oferecem um conteúdo que nos faça sofrer, apenas criam o clima para que fiquemos reduzidos a nossa pior face.

Os Dementadores corporificam uma novidade no mundo dos monstros. O terror psicológico já é comum nos quadrinhos, cujos heróis seguidamente sucumbem sob o peso de seus pesadelos, e, na literatura, sempre foi uma matéria-prima preciosa. Mas agora estamos falando de seres terríficos que se popularizam entre os mais jovens e podem ser usados por eles como a cara contemporânea do medo. Até agora, quase todos os monstros conhecidos machucam, cortam, decepam, engolem e matam suas vítimas, são diferentes destes cuja arma é a tristeza.

Harry é um herói melancólico, a perda dos pais é incontornável, e ele, de tanto em tanto, se abate pelo peso do passado. Por isso, quando os Dementadores rondam Hogwarts, ele é o mais afetado, a ponto de desmaiar na presença deles. Afinal, o herói tem poucas defesas contra esses sugadores de boas lembranças, suas recordações boas são exíguas. O fato é que temos uma excelente imagem da depressão, tão consistente, principalmente para um público jovem, quanto o melhor livro de psiquiatria.

Para sintetizar: a depressão é uma tristeza que nos engolfa, quando os laços afetivos (nossas boas lembranças) que nos seguram como numa teia se desfazem. Então sobrevém o vazio e caimos no chão. Os psicanalistas não teriam muito a objetar a Rowling, é claro que acreditamos que em geral o dementador está na nossa própria trincheira, ou seja, que a maior fonte de dor provém de nós mesmos. A arte é uma forma prévia de sabedoria, escreve-se sob forma de literatura aquilo que sabemos de forma intuitiva, não teórica. Hoje nem as crianças ignoram os perigos da tristeza. Melhor assim, conhecendo os contornos do monstro fica mais fácil combatê-lo.

Uma das preocupações recorrentes dos críticos dessas ficções indaga se estes mundos mágicos não induzem um bovarismo nas crianças. Ou seja, o temor de que a fantasia atrapalhe a assimilação da realidade por facilitar o escape da criança, por preencher sua cabeça com sonhos, por fazê-la habitar mundos imaginários. Acreditamos que é uma preocupação com pouco fundamento: as crianças, fora as gravemente perturbadas, sabem a diferença entre a ficção e a realidade, ou, num nível mais simples, distinguem a brincadeira da realidade. Não é necessário ficção, nem fantasia, para a criança ir a outro mundo, basta começar a brincar com qualquer pedaço de madeira ou pedrinha que encontre no caminho.

De qualquer forma, essa é uma preocupação desnecessária quanto a Rowling, já que o seu universo é de uma magia com menor alcance inclusive que a dos contos de fadas. Para esta autora, a magia existe, mas ela não pode tudo, e a maior parte das conquistas tem de ser feita com muito esforço, se não fosse assim, os protagonistas não estariam numa escola, por exemplo. Uma prova dessas boas doses de realidade que se misturam à fantasia nesses livros é a recorrência da morte, a qual, como no nosso mundo, não tem conserto.

Um dos eixos da trama é a assimilação dolorosa da morte dos pais de Harry e não há magia capaz de dar jeito nisso,[14] ele terá de sofrer, conformar-se e ainda encontrar forças para seguir vivendo. Ora, isso nos distancia em muito dos mundos mágicos dos contos de fadas, onde tudo é reversível, inclusive a morte. O universo de Rowling não poupa as crianças dos inevitáveis sofrimentos advindos do crescimento. As personagens, como costuma acontecer com os adolescentes, se machucam muito, e isso não acontece sem dor, nem sem conseqüência. Na enfermaria de Hogwarts, um ferimento grave pode até ser reparado com poções mágicas, mas o doente passará por um tratamento sem muita anestesia e com remédios bem amargos.

Há mais um exemplo interessante da psicologia de Rowling, um pouco mais inclinado para a antropologia. O arquiinimigo de Harry, como vimos, é Voldemort, mas ninguém fala seu nome, apenas dizem *"você-sabe-quem"* e todos sabem de quem se trata. Essa atitude supersticiosa é motivada pelo medo, pois falar seu nome não é de bom agouro. A autora retoma um uso, ou melhor, uma evitação que era comum em tempos passados, quanto a pronunciar o nome do diabo. Acreditava-se que, caso falássemos seu nome, ele se sentiria convocado. Ainda hoje os dicionários conservam uma quantidade incrível de circunvoluções que eram feitas para evitar dizer o nome do "coisa-ruim". Claro que não necessariamente as crianças sabem disso, mas como todos já passamos por uma fase infantil em que acreditávamos na magia das palavras, somos sensíveis ainda, já que temos uma matriz supersticiosa a esse respeito que basta saber convocar. No fundo, ainda acreditamos que as palavras têm um poder sobre as coisas e vice-versa, como se uma ligação mágica existisse entre a palavra e a coisa.[15] A autora soube despertar uma certa magia que ainda nos habita.

Enfim, são exemplos ilustrativos. O livro está recheado de situações como essas, para cada aventura (e elas são bem emocionantes) há uma contrapartida psicológica. As personagens de Rowling participam de lutas, correrias e sustos, como num bom filme de ação, mas não são por isso personagens planas ou práticas, sempre há a hora da dúvida, do impasse ou da ressaca psicológica. Certamente o leitor que conheça o texto de Harry Potter poderá evocar outras conexões ou exemplos similares ou melhores que os que convocamos para ilustrar essa qualidade do texto.

Um castelo no coração do Brasil

árias críticas locais a Harry Potter dizem que ele seria exótico à cultura brasileira, essas histórias de bruxos não utilizam elementos da nossa tradição e estaríamos alimentando as crianças brasileiras com folclores alheios. O engraçado é que os contos de fadas trazem todos esses elementos, agora criticados, e ninguém se posiciona contra. Mas, principalmente, essa crítica desconhece um fenômeno chamado *Castelo Rá-Tim-Bum*, uma série de TV (dirigida por Cao Hamburger, na TV Cultura, de São Paulo) que, graças ao seu sucesso, originou filmes e uma série de livros. Ficou no ar nas TVs Educativas durante anos na década de 1990, sendo visto e revisto por toda uma geração de crianças brasileiras. Ganhou vários prêmios internacionais, além do reconhecimento local, que não provém de outra fonte que o entusiasmo das crianças, responsáveis pela consagração pública de um programa, que passava fora do circuito chamativo e óbvio das emissoras comerciais. E qual era o mote central desse programa? Tratava-se de um castelo mágico situado em pleno centro de São Paulo. O herói principal era Nino, nada menos que um aprendiz de feiticeiro, um menino de 300 anos, o que para um bruxo não é muita coisa.

A trama do *Castelo Rá-Tim-Bum* era mais simples, pois o programa tinha como público-alvo crianças menores que os leitores de Rowling. A história é uma plataforma onde são inseridos quadros paralelos e variados, sempre buscando a educação no sentido amplo, desde ensinar a contar até noções de higiene pessoal. De qualquer forma, a história guarda algumas semelhanças com o bruxo inglês. Nino também é um bruxo em formação e com problemas de identidade, mas um dos pontos a ressaltar é a valorização do passado. O vilão dessa série é um empresário da construção civil (Doutor Abobrinha) que quer destruir o castelo em nome do progresso e do lucro que um arranha-céu lhe proporcionaria. Outra vez o novo e o velho se enfrentam, sendo que a tradição nessa série sempre vence, e a modernidade é ridicularizada como na caricatural família de trouxas de Potter.

Mas as críticas que seguem nessa direção, diferenciando o imaginário autenticamente local do estrangeiro, não nos esclarecem o que seria uma ficção mágica nacional. Podemos ter saudades de Monteiro Lobato e quem não tem? O fato é que ele foi capaz de colocar o centro mágico do Brasil no interior, na zona rural. No Sítio do Pica-Pau Amarelo, os estrangeiros como Hércules, o Gato Félix, Peter Pan e o Pequeno Polegar só podiam comparecer se passassem pelo crivo rigoroso e exigente da boneca Emília ou da memória culta da avó Dona Benta. De qualquer maneira, não deixa de chamar a atenção que Lobato tenha recorrido a essa legião estrangeira de personagens para colorir suas aventuras rurais. Sabemos que esse recurso não se tornou necessário por falta de monstros e seres mágicos autenticamente nacionais,[16] como o saci-pererê, que ele explora tão bem. Os gregos, norte-americanos e europeus que visitam o sítio o fazem porque nem Lobato nem as crianças possuem fronteiras, são onívoros e toda a ficção que seja de qualidade é bem-vinda em suas terras.

O Brasil mudou de lugar, a cidade é agora nossa realidade. Como qualquer País, somos fruto de uma fusão cultural, não existe autoctonia, somos o resultado de uma confluência que não terminou. Influências externas seguem moldando nosso País, então por que deveríamos fixar-nos num momento particular dessa identidade mutante? Nino, o herói do castelo, embora nascido aqui, é de uma família que vem de outro país, representando todos os imigrantes que fizeram o Brasil e, nesse caso, São Paulo (não é à toa que ele tem um nome que soa italiano). As crianças identificam-se com Nino, pois ele é como quase todas: urbano, descendente de imigrantes que trouxeram sua cultura e esperanças para este País.

Acreditamos que a primeira pergunta que devemos fazer a uma obra de ficção infantil é o quanto ela empresta às crianças elementos para que sua imaginação e inteligência sejam estimuladas e não qual país de origem consta em seu passaporte. De qualquer forma, Nino é a prova que Harry Potter ou algo parecido bem poderia ter nascido no Brasil.

Notas

1. Contemporâneo ao sucesso de Potter, houve outra epidemia bruxesca (especialmente entre as meninas). Trata-se de uma série de revistas chamada W.I.T.C.H. (originalmente criadas pela Disney italiana, espalharam sua influência pelo resto do mundo), que retratava em quadrinhos os revezes de um grupo de cinco feiticeiras pré-adolescentes. Assim como nos livros de Rowling, para essas mocinhas, as descobertas relativas ao mundo mágico se mesclavam com os impasses próprios da idade, como as transformações físicas, os primeiros amores, o mau humor em casa e o tema dos segredos. A partir de 2005, as bruxinhas tornaram-se também desenho animado de TV.

2. "A fantasia potteriana nos oferece, com uma mão, o prato da bruxaria e do misticismo, e com a outra nos dá uma dose forte (e crítica) da realidade atual. A série não arranca o leitor do solo firme da realidade para conduzi-lo ao reino da fantasia, mas quase ao contrário – a história compartilha com o leitor uma visão fantasista da vida, típica da infância, ofere-

cendo-lhe um caminho seguro para transitar dela para a dura vida do mundo teen". In: FISCHER, Luís Augusto. *Os Sete Segredos de Harry Potter. Revista Superinteressante*, Ed. Abril, n. 196. janeiro de 2004.

3. "Hogwarts está dividida em quatro Casas, que funcionam como equipes: Lufa-lufa, Corvinal, Sonserina e Grifinória. Os nomes originais guardam conteúdos que a tradução não tinha como manter: Hufflepuf traz a palavra *huff*, 'acesso de cólera'; em Ravenclaw, temos *raven*, 'corvo', e claw, 'garra'; Slytherin começa com *sly*, 'astuto', 'fingido'; e Gryffindor pode ser associado ao grifo, animal com asas de águia e corpo de leão que protegia um tesouro. Aliás, em quase todo o nome a autora embute um segredo a ser desvendado". Idem.

4. Consideramos a fase pré-escolar como escola, afinal, ela só é pré no nome. É a escola para aquela fase da vida, e mesmo as creches possuem hoje uma forte inclinação pedagógica, e seu modelo de funcionamento é a escola ou uma preparação para ela.

5. Numa leitura psicanalítica de *Harry Potter*, Alfredo Jerusalinsky e Eda Tavares tecem uma visão elogiosa e interessante de Hogwarts: "Uma escola que, em lugar de ensinar os princípios do positivismo técnico, transmita os modos e as vicissitudes do laço social. Que, em lugar de preencher todos os buracos, deixe espaço e mistério suficiente para o surgimento da curiosidade. Que permita a dúvida, a vacilação e até o absurdo para dar às crianças a chance de responder de um modo singular, como mestres criadores e protagonistas ativos. Que ensine como e quais os efeitos de nossa imaginação sobre a realidade, nos fazendo responsáveis dessas conseqüências, embora elas escapem ao nosso controle". "Harry Potter e a Magia da Vida". Caderno de Cultura, *Jornal Zero Hora*, 1 de dezembro de 2000.

6. Estamos referindo-nos à trilogia *O Senhor dos Anéis*, de J.R.R. Tolkien, que tem extensas comunidades de fãs, deu origem a jogos e embalou as fantasias de mais de uma geração. O surgimento recente dos filmes reacendeu a paixão por esse mundo mágico e suas personagens. A Terra Média de Tolkien é morada dos devaneios de um público jovem, mas mais velho do que os leitores de Rowling.

7. Winnicott, em um belo texto chamado *A Imaturidade do Adolescente*, escrito em 1968, comenta esta tendência, que pelo jeito não é de hoje: "quando, como fruto de uma política deliberada, os adultos transferem responsabilidades, realmente tal ato pode representar uma espécie de abandono num momento crítico. Em termos do jogo, ou do jogo da vida,

você abdica justamente quando o adolescente vai te matar (ele se refere à superação dos pais). Alguém fica feliz? Sem dúvida, o adolescente não fica; é ele que agora se tornou o establishment. Toda atividade imaginativa, todo o impulso de imaturidade se perdem. A rebelião não faz mais sentido, e o adolescente que ganha o jogo muito depressa logo é apanhado em sua própria armadilha; tem que se tornar ditador, tem que ficar aguardando ser assassinado – ser morto não por uma nova geração de seus próprios filhos, mas por irmãos." In: WINNICOTT, D. W., *Tudo Começa em Casa*. São Paulo: Martins Fontes, 1989, p. 125

8. "A imaginação da criança entrega-se à tarefa de libertar-se dos pais que desceram em sua estima, e de substituí-los por outros, em geral de uma posição social mais elevada." In: FREUD, Sigmund. *Romances Familiares*. Obras Completas, vol. IX. p. 244. Rio de Janeiro: Imago Editora, 1987.

9. "Na verdade, todo esse esforço para substituir o pai verdadeiro por um que lhe é superior nada mais é do que a expressão da saudade que a criança tem dos dias felizes do passado, quando o pai lhe parecia o mais nobre dos homens e a mãe a mais linda e amável das mulheres.". Idem, p. 246.

10. Os tradutores brasileiros do livro de Samdja, Ângela Ramalho Viana e Antônio Monteiro Guimarães, fazem outra proposta de tradução para o termo *muggle*, sugerem que: "o termo inglês é provavelmente uma deformação de mugger, que significa 'agressor', e tem desse modo conotações bem menos brandas que a expressão (trouxa) escolhida pela tradução brasileira". In: SMADJA, Isabelle. *Harry Potter: as Razões do Sucesso*. Rio de Janeiro: Contraponto, 2004, p. 9.

11. Isabelle Samdja enriquece ainda mais esta questão, mencionando a surpreendente multiplicação das figuras paternas, não apenas numa divisão mani-queísta, mas através de várias figuras: "Tiago Potter, Dumbledore, Sirius Black, Hagrid, Lupin, Snape e o próprio Voldemort... É surpreeendente que tantas pessoas reivindiquem a paternidade de Harry Potter, ou o papel de um pai ou de um protetor. Que sentido atribuir a esse estilhaçamento das figuras paternas? Além de permitir explicar a ambivalência de senti-mentos experimentados por um filho em relação ao pai, essa divisão decerto traduz as diferentes experiências que uma criança pode ter do valor de seu pai.". In: SAMDJA, Isabelle. *Harry Potter: as Razões do Sucesso*. Rio de Janeiro: Contraponto, 2004, p. 105.

12. Os jogos de RPG transcenderam ao imaginário da Terra Média e hoje há variantes de todo o tipo, desde os de franca inspiração em Tolkien, como *Dungeons & Dragons*, até outros mundos ainda mais sombrios, habitados por vampiros, lobisomens e outros tipos de condenado. Para saber mais, ver: RODRIGUES, Sonia. *Roleplaying Game e a Pedagogia da Imaginação no Brasil*. Rio de Janeiro: Bertrand Brasil, 2004.

13. A magia guarda com a religião o fascínio e o respeito pelo desconhecido, elevado à condição de entidade, mas compartilha com a ciência a objetividade com a qual enfrenta essa ignorância: "A essência da magia é a dominação dos poderes supra-sensíveis, escreveu Frazer, ao passo que a essência da religião é o abandono, a entrega de si, o obséquio, a submissão à sua soberana vontade. As religiões monoteístas – judaísmo, cristianismo e islã – levam isso ao pé da letra. Não é à toa que a palavra 'íshlam' quer dizer justamente 'submissão'. A religião, noutras palavras, é o conjunto de práticas que nos permitem motivar os seres supra-sensíveis, dotados não apenas de poderes sobre-humanos, mas também de persona-lidade e vontade livre, enquanto a magia transforma os deuses em escravos do homem. Convoca-os e controla-os autoritariamente em função do objetivo do cliente pagante. Ela não ora nem suplica; submete-os ao poder da fórmula mágica". In: PIERUCCI, Antônio Flávio. *A Magia*. São Paulo: Publifolha, 2001, p. 85.

14. "Enquanto a morte é completamente banalisada e desumanizada nas demais obras, em Rowling ela é vivida como um acontecimento excepcional e trágico: é um momento grave que tem repercussões profundas na psicologia da criança. Além disso, a morte sempre toca uma personagem que, no romance, era muito individualizada e conhecida pelos leitores, de modo que ela provoca uma emoção e uma tristeza reais." Entrevista concedida por Isabelle Smadja, autora de "Harry Potter: as Razões do Sucesso", no Caderno *Mais!*, da *Folha de São Paulo*, 2/12/2001.

15. Muitos povos tiveram essas crenças, especialmente referentes aos nomes próprios. Alguns povos davam nomes secretos às pessoas para que os inimigos não soubessem e não tivessem então poder sobre a pessoa.

16. Para conhecer um pouco do bestiário nacional ver: CORSO, Mário. *Monstruário: Inventário de Entidades Imaginárias e de Mitos Brasileiro*. Porto Alegre: Tomo Editorial, 2002.

Capítulo XIX
AS CRIANÇAS-ADULTOS

Peanuts, Mafalda e Calvin

A infância remanescente na vida adulta – Neurose na infância –
Separação de mundos entre adultos e crianças – Elaboração adulta de sofrimentos infantis –
Idealização da autonomia e passividade infantil –
Exposição das crianças à violência a ao sexo na mídia – Adultos-crianças –
Ilusões pedagógicas – Refúgio na fantasia – Solidão na infância –
Desidealização da parentalidade

té aqui analisamos narrativas direcionadas, pelo menos intencionalmente, para as crianças. O grupo de que nos ocuparemos a seguir possui uma diferença: são histórias em quadrinhos que até podem ser consumidas por crianças, mas seu sucesso ocorre principalmente junto ao público jovem e adulto. Charlie Brown (Minduim), Mafalda, Calvin e seu tigre Hobbes (Haroldo) são personagens que circulam entre as gerações falando para todos nós.

As histórias em quadrinhos não nasceram para o público infantil, sua acessibilidade visava mais à popularização entre os adultos. *Yellow Kid*, o primeiro personagem de uma tira de jornal, viu a luz no mesmo ano em que as luzes se apagaram para a primeira projeção cinematográfica, em 1895.[1] Em ambos os casos, trata-se do nascimento de uma nova linguagem, que além de privilegiar a narrativa através de imagens, empresta-lhes movimento.

Álvaro Moya descreve assim esse fenômeno: "A aproximação entre cinema e quadrinhos é inevitável, pois os dois surgiram da preocupação de representar e dar a sensação de movimento. Os quadrinhos, como o próprio nome indica, são um conjunto e uma seqüência. O que faz do bloco de imagens uma série é o fato de que cada quadro ganha sentido depois de visto o anterior; a ação contínua estabelece a ligação entre as diferentes figuras. [...] Não era mais a fixação pictórica de um instante; agora se observava uma narração figurada."[2]

Como vemos, há uma mudança de linguagem, ou seja, a narrativa ocorre através de seqüências de imagens que, por serem de fácil assimilação, foram se constituindo como uma forma de comunicação globalizada, universal.

Nesse sentido, Sonia Bibe Luyten, citando um desenhista, sintetiza dizendo que "a ilustração é o esperanto da aldeia global".[3] Os quadrinhos possuem a peculiaridade da difusão muito acentuada, são números impressionantes, pois além de divertir gerações diferentes, penetram em culturas muito distintas. Através da publicação como tiras de jornal, as personagens dos quadrinhos foram pioneiras na globalização.

Muitas histórias em quadrinhos iniciaram como idéia e obra de um autor (ou de uma dupla), mas escaparam a seu controle. Personagens importantes, como Flash Gordon, Fantasma ou Super-Homem, tiveram sua permanência garantida por uma sucessão de roteiristas e desenhistas, que foram impingindo certas modificações nos personagens, tornando sua trajetória menos autoral. No caso das três tiras sobre cuja interpretação trabalharemos a seguir, há um detalhe em comum: nunca ninguém, além de seus autores, escreveu ou desenhou um traço de suas personagens. As personagens de Charles Schulz viveram com ele por meio século e se aposentaram com a morte de seu criador. Já Mafalda e Calvin duraram uma década, esgotando em seus autores o filão da relação entre o criador e a criatura.

Embora neste Capítulo nos referiremos a tiras que conheceram enorme popularidade a partir da segunda metade do século XX, não devemos esquecer de que suas personagens fazem parte de uma importante linhagem de crianças, que sempre marcaram forte presença na história dos quadrinhos, já desde o final do século anterior.[4] Nossa idéia é examiná-los de uma forma diferente também: a ênfase será no que isso pode revelar da relação entre adultos e crianças; e ainda, da infância que sobrevive dentro dos adultos.

As personagens que escolhemos para nos ocupar são crianças espertas, as quais, em suas condutas e problemas, refletem o melhor e o pior da condição adulta: a lealdade, a inteligência, a neurose e a mesquinhez. Em sua complexidade, respondem mais pela infância que os adultos ainda carregam dentro de si e pela criança que gostariam de ter sido, do que retratam a realidade de uma infância propriamente dita. Essas personagens são perspicazes e auto-reflexivas, desnudam e descrevem os absurdos da vida cotidiana, a insensatez da nossa existência, funcionando como filósofos precoces. Por isso cabe a pergunta: o que elas têm de infantil?

A infância ganhou dignidade no século XX, não é mais uma etapa da vida da qual convém escapar-se rapidamente, para, enquanto crescido, enfim viver a verdadeira e melhor condição humana. Ao contrário, hoje se considera que a infância merece ser vivida intensamente. Esses quadrinhos são uma das formas de reapropriar-se da infância perdida, desse tempo que não teríamos usufruído o suficiente. Nas sábias palavras do personagem Calvin, "a infância é curta e a maturidade é eterna".

Não é o momento de fazer uma crítica a quanto isso pode ser outra cilada. De fato esses quadrinhos são presos ao espírito de seu tempo e, portanto, revelam as nossas mais altas esperanças quanto ao que possa ser extraído da nossa passagem pela infância. Nesses quadrinhos, já não somos tão passivos como éramos quando pequenos. Na pele dessas personagens, somos crianças espertas, respondemos aos adultos com uma petulância que os deixa constrangidos, apontamos os furos da família e da sociedade e até sofremos. Mas dessa vez colocamos em palavras nosso pesar, o que já é uma forma de controle.

O universo dos quadrinhos é vasto e portanto difícil de ser classificado, mas um dos seus grupos, que descreveremos agora, poderia ser caracterizado como aquele que contém personagens que chamaremos de crianças-adulto.[5] Existem quadrinhos que produzem uma identificação direta do público infantil com as personagens, como a Turma da Mônica, mas Charlie Brown, Mafalda e Calvin são diferentes: a ligação se dá com a criança que gostaríamos de ter sido. Apesar de já termos saído da infância, podemos manter uma relação idealizada e um canal aberto para ela via essas personagens.

PEANUTS

 raticamente ao longo de toda a sua carreira, dos 28 anos até sua morte, 50 anos depois, o norte-americano Charles M. Schulz desenhou os *Peanuts*.[6] Surgidos em tiras de jornal em 1950, eles chegaram a ter sua presença garantida em 2.600 periódicos, em 75 países. Os *Peanuts* são uma turma de crianças, algumas em idade pré-escolar e outras que já freqüentam a escola primária. Algumas personagens surgiram como bebês e foram crescendo, outras nasceram ao longo da história, mas nenhuma delas chegou até a adolescência.

"O mundo dos Peanuts é um microcosmo, uma pequena comédia humana para todos os bolsos", afirmou Umberto Eco.[7] É difícil acreditar que se pode encontrar tanta sabedoria sobre a alma humana em histórias que têm como cenários caixas de areia, canchas de jogo, salas de aula e as dependências da casa, de onde a presença dos adultos foi totalmente banida. Os acontecimentos não são mais empolgantes do que os cenários: conversas no quintal, jogos de beisebol, dama, pega-pega, esconde-esconde, a hora do lanche no recreio, visitas que as crianças fazem umas às outras e brincadeiras com pandorgas. Na ausência de acontecimentos relevantes, os verdadeiros fatos são subjetivos: cada uma das personagens luta por um lugar ao sol, ou seja, na estima de seus pares, enquanto todas elas revelam suas fraquezas e o meio particular de driblá-las ou de sucumbir a elas.

Um elenco de pequenos neuróticos

reud revelou que a sexualidade fazia parte da infância, muito antes de encontrar uma expressão prática na vida adulta. Charles Schulz talvez não endossasse isso (suas personagens até se apaixonam, mas são pueris e platônicas), mas talvez concordaria com Freud quanto ao fato de que a neurose também existe na infância, muito antes de encontrar sua forma adulta.

Schulz escreveu e desenhou as personalidades de suas personagens ao longo de 50 anos e lê-lo é constatar que a graça provém de reencontrar suas especificidades confirmadas em cada nova tira. Vamos descrever brevemente os principais:

O personagem eixo, Charlie Brown (Minduim) é um neurótico de primeira, vive em busca de aceitação por parte dos amigos, mas só faz trapalhadas e recebe em troca todo o tipo de maus-tratos emocionais, já que é continuamente criticado e ridicularizado. Entre os amigos da turma, ele não se ressalta pelas qualidades, mas pelos defeitos. Pouco lúcido, seu papel principal é de otário, pois nas relações sociais se comporta de forma pouco inteligente. Ele é cego tanto para compreender as sutilezas dos relacionamentos que o favorecem (não percebe quando gostam dele), quanto as que o prejudicam, por isso é alvo constante das brincadeiras e principalmente dos desmandos de sua amiga Lucy. Portanto, a solidão e o desprestígio de que ele se queixa são provenientes também da inadequação constante dos seus atos. No afã de constatar a quantas anda seu lugar no amor alheio, ele comete até pequenas grosserias e sarcasmos. Afinal,

parece que é o único sofredor do grupo, pelo menos é assim que ele sente.

Nas palavras de Eco: "Fracassa sempre. Sua solidão torna-se abissal, seu complexo de inferioridade, esmagador (colorido pela suspeita contínua, que também atinge o leitor, de que Minduim não tenha nenhum complexo de inferioridade, mas seja realmente inferior). A tragédia é que Minduim não é inferior. Pior: é absolutamente normal. É como todos nós"[8].

O próprio Schulz definiu assim o seu personagem principal: "Podemos entender por que os outros se incomodam com Charlie Brown. Ele os chateia porque quer muito ser amado. Creio que às vezes eles estão justificados por tratá-lo assim. Charlie Brown é muito vulnerável"[9].

Como não poderia ser diferente, Charlie Brown não é correspondido no amor, e esse território do coração é tão árido como os outros em sua vida. Brown não enxerga quando as meninas próximas se engraçam por ele, mas cultiva uma paixão platônica por uma menina que viu poucas vezes e que certamente não notou a sua existência, a "menina dos cabelos vermelhos". Aliás, as paixões nessa turma são sempre paralelas, nunca se encontram. Enquanto as amizades são possíveis, o amor é sempre acima de tudo uma solitária fantasia pessoal. Isso é verdadeiro relativamente às crianças, cujos amores são sempre mais discursivos que factuais, mas também não deixa de fazer parte da vida dos adultos, cujas fantasias são sempre mais desenvolvidas que os atos.

Por outro lado, a inteligência e a sensibilidade dessas personagens despertam para narrar sua solidão e sofrimento. Aqui, na descrição dos fracassos, Schulz consegue uma profundidade inaudita para as histórias em quadrinhos. Charlie Brown é o existencialismo possível na linguagem dos quadrinhos. E esse é um dos grandes ganchos com os leitores. A identificação com ele nos ajuda a suportar a miséria de cada dia, a nossa porção de infelicidade cotidiana que não conseguimos elidir. Assim como o protagonista, seus amigos são personagens complexas e tampouco estão livres de uma boa dose de sofrimento psíquico.

Lucy, a amiga de Charlie Brown, iniciou a história como uma personagem mais jovem que ele, mas descobriu muito cedo que podia exercer seu poder feminino de chantagear e submeter os meninos. Ela é fria e calculista, parece não ter dúvidas de que os fins justificam os meios. Sua autoconfiança é tão excessiva que seguidamente a leva ao ridículo, mas ela não parece importar-se com isso, pois raramente se dá conta e portanto pouco se abala. Em contrapartida, ela também padece das dores de um amor impossível por um menino que a considera burra e desinteressante. É aqui que seu poder encontra um limite e é nesse ponto que ela quebra a cabeça, incapaz de compreender a situação que escapa ao seu controle. Assim como Charlie Brown, é obcecado pelo papel de perdedor. Lucy é ofuscada pela sua suposição de sucesso. A seu modo, ambos são incapazes de decodificar o que discorda de suas auto-imagens.

O dono do coração de Lucy é Schroeder, um admirador incondicional de Beethoven, cujas sinfonias ele executa virtuosamente em seu pianinho de brinquedo. Através dessa paixão musical, ele mostra a tênue fronteira que separa a entrega artística da desconexão. Ele só se importa com o que tange à música clássica, nem sequer se interessa por outros instrumentos ou estilos musicais, é monotemático. Embora possa participar de algumas outras atividades da turma e seja um bom amigo de Charlie Brown, ele realmente só reage quando a questão literalmente encosta em seu pianinho. É sobre ele que Lucy se debruça e derrama seu solilóquio apaixonado, o qual só produz em Schroeder exasperação, pois se vê interrompido por sentimentos que não compartilha e muito menos compreende. Por isso, escorraça a menina e todos aqueles que o despertam para as outras coisas do mundo.

Schroeder não parece ter o mesmo sofrimento neurótico de seus amigos, pois ele encontrou um refúgio: circunscreveu seu mundo à música clássica e tornou todo o resto sem importância. É uma saída excêntrica, mas viável, uma das alternativas possíveis dentro desse painel da alma humana que Schulz traça. As características das personagens dos Peanuts não funcionam como um poder peculiar a cada um, um dom, são mais que nada tentativas, a maneira que cada um descobriu de lidar com a vida e seus percalços. É como se o autor dissesse: invente seu jeito, afinal nenhum funciona direito...

Linus é o irmãozinho de Lucy, provavelmente o mais culto da turma, mas também o mais explicitamente frágil e hipocondríaco. Ele inclusive acredita sofrer de *pantophobia*, que seria o *medo de tudo*. Na verdade, esse *diagnóstico* foi obtido por Linus numa espécie de consultório psiquiátrico que sua irmã Lucy tem. Trata-se de uma barraquinha, igual àquelas de vender limonada, onde, por uma módica quantia, ela distribui conselhos aos amigos necessitados. Esse serviço é feito com o auxílio do autoritarismo de Lucy, que sempre diz o que lhe convém, mas também ela oferece a seus clientes a nata do senso comum, um discurso vazio que os instiga a vencer seus problemas, mas que desliza

frequentemente para um certo sadismo. Em geral, seus clientes saem mais arrasados do que entraram. É interessante que num pequeno mundo desses se introduza a caricatura de um dispositivo de escuta: o consultório psicoterápico. Nem onde deveriam encontrar compreensão isso é possível, pois não há como imaginar alguém mais cruel e incapaz de empatia do que Lucy. Ficam assim sublinhadas as dificuldades de comunicação: as personagens sabem que nunca são ouvidas pelo interlocutor nem que este seja um "profissional da escuta".

Apesar de crescido, Linus não consegue abrir mão da companhia de seu "cobertor de segurança", que ele esfrega no rosto e é também seu calcanhar-de-aquiles, pois privá-lo dele equivale a deixá-lo totalmente desamparado. Espécie de Woody Allen dos *Peanuts*, Linus tem uma condição altamente neurótica, mas assumidamente sábia, suas tiradas filosóficas sobre a vida são acompanhadas da sucção do polegar e da dependência do cobertor, como se não houvesse contradição. Além disso, a inteligência é a única forma de diminuir a força do autoritarismo da irmã, que encontra nele a vítima de plantão.

Patty Peppermint (Patty Pimentinha) é uma menina ativa, excelente esportista, mas pouco esperta no que diz respeito a outros assuntos. Patty é tão desligada que praticamente não percebe que Snoopy é um cão, ela o chama de "aquele garoto estranho". Tanto é esportivamente ativa, quanto incapaz de se manter acordada quando o assunto é estudo. Ela revela um aspecto importante da nossa sociedade veloz e ativa: corremos e nos ocupamos tanto porque não suportamos ficar parados.

As dificuldades de atenção de Patty vão além do estereótipo esportista-burra, ela é ligada no que diz respeito a seu campo de interesse e sabe liderar os amigos. Tão monotemática como Schroeder, ela evoca uma faceta ligeiramente patológica em algo considerado tão *normal*, saudável e integrado como são os esportes, principalmente nos Estados Unidos. Ao mesmo tempo, essa personagem derruba uma das ilusões de Charlie Brown, o qual considera que, caso se entendesse com alguma bola, seu sucesso estaria garantido. Pimentinha entende-se muito bem com ela, mas só com ela. Óbvio que esta é mais uma sutileza que ele não percebe bem e continua idealizando aquilo em que falha.

Patty aproxima-se do fracasso de Charlie quando o assunto é a feminilidade, pois ela frequentemente passa uma imagem masculina. Por exemplo, numa ocasião um garoto vem reclamar que não jogaria no seu time se Marcie jogasse, pois não admitia participar de um time que tenha meninas, como se ele simplesmente nunca tivesse notado que ela, a capitã do time, é uma menina. Algumas de suas tiras são sobre a inadequação ao papel feminino. Ela não sabe combinar as roupas, julga-se feia, ou seja, não é só na escola que ela não se sai bem. Patty pode ser para as mulheres o que Charlie é para os homens, um errado. Afinal, ela é tão *gauche* quanto ele, vence nos esportes, mas fracassa até na consciência da neurose, terreno onde Charlie é imbatível.

Marcie, a melhor amiga de Patty, é seu antônimo. Incapaz de jogar bem, é ás nos estudos. Elas se complementam, ajudando-se nos setores em que têm dificuldade. Pimentinha leva Marcie ao esporte e tolera sua inépcia, enquanto a outra lhe dá cola e ajuda nas tarefas escolares. Mas não se creia que essa relação é um mar de rosas, pois Marcie não cessa de ressaltar o fracasso (absoluto) da amiga nos estudos. Embora Patty fique chateada, nada muda sua falta de interesse nesse campo e não se poupa de criticar a obstinação da amiga nas tarefas intelectuais, o que não considera um bom modo de viver. Elas são também complementares no embotamento, pois Marcie tem a capacidade de concentração escolar que falta a Patty, mas esse foco não lhe ajuda nas outras coisas da vida.

Apesar da inteligência, Marcie também é insensível às sutilezas e costuma falar o que não deve. Ela é uma personagem frágil e tem em Patty uma protetora. Sua devoção por ela é tanta que chega a ponto de chamá-la de "senhor", tratamento de respeito, mas que também desvela certa virilidade de sua amiga. Marcie é especialmente malvada quando o assunto é a feminilidade. Embora seja pouco destra também nesse campo, sua Patty é ainda mais desastrada, e ela não perde a oportunidade de espetá-la. Elas revelam um aspecto importante das relações entre as personagens dessa turma, a questão da hierarquia. Se na relação de Lucy com Charlie Brown e Linus demonstra-se o lado cruel e obstinado dos que mandam, na complementaridade dessas duas meninas aparece uma hierarquia que é muito presente na infância e na vida: costumamos eleger líderes e protetores, tais papéis não implicam necessariamente posturas de submissão e podem até passar por certas alternâncias.

O constante confronto verbal entre essas amigas também é uma jóia da percepção psicológica de Schulz. Afinal, mesmo que se gostem, as mulheres dificilmente abrirão mão de tratar-se com um certo nível de agressividade verbal. Talvez esse seja o resto de uma incômoda herança da relação amorosa-litigiosa mantida com a própria mãe, que as mulheres carregam consigo pela vida afora. Por isso, trocarão farpas com suas amigas, filhas, noras, outras parentes e colegas de trabalho do mesmo sexo.

Como os *Peanuts* são de várias idades, é comum cuidarem e ensinarem uns aos outros. Nem só de humor cáustico é feito o mundo de Schulz, pelo contrário, através da fragilidade complementária de todas as personagens, revelam-se mensagens carinhosas, crédulas da possibilidade dos humanos se ajudarem e se amarem. Para tal finalidade, além das várias demonstrações de solidariedade que aparecem nas tiras, existem os irmãozinhos mais jovens, particularmente Sally, irmã de Charlie Brown, e Rerun, o caçula da família de Lucy e Linus. Eles têm a ingenuidade dos pequenos e são personagens realmente infantis.

Sally (Isaura em português), mesmo pequena, já tem conflitos com o mundo. Sua principal fonte de angústia é a relação com a escola, por isso atormenta-se constantemente com o fim das férias, ou seja, nem no recesso ela tem paz. Numa série de tiras, ela *dialoga* com o prédio da escola, faz as suas reclamações do que ela julga uma inclemência da instituição e chuta o prédio a modo de vingança. Parece que o processo civilizatório realmente se dá às custas de uma certa dose de opressão pessoal, à qual Sally não se resigna com facilidade. Essa menina seguidamente faz bobagens em suas tarefas escolares porque briga internamente com a instituição, ou seja, neurotiza-se na relação com ela. Sua postura é diferente da de Patty ou de Linus, que dormem na aula. Sally não desligaria jamais em presença da professora, a escola é um lugar demasiadamente perigoso para baixar a guarda.

Snoopy, um cachorro à parte

ara completar o elenco principal, é preciso apresentar sua grande estrela: Snoopy, o cachorro de Charlie Brown. Embora nem sempre o dono e seus amigos pareçam dar-se conta de que ele não é humano. Nos quadrinhos, podemos ler seus pensamentos, que são bastante reveladores do ridículo das situações em que seus pequenos humanos se envolvem, mas ele é realmente infantil.

Esse cachorro faz um mundo à parte dentro do universo de que estamos falando, pois ele é o único que usufrui o lado bom da fantasia. As personagens humanas dessa história sofrem com o cotidiano, suas chatices e problemas, com a agravante de que quando a imaginação deles finalmente voa é mais na construção de fantasias paranóicas, visando a atormentar o sonhador em sua forma de esperar o pior. Para Snoopy, o melhor do mundo da fantasia está aberto. Em boa parte de suas tiras, o encontramos imaginando-se nos seus cenários preferidos, especialmente na Primeira Guerra Mundial, na França, onde ele teria sido um valente aviador. Com o contraste desse personagem, percebemos que os outros foram privados de uma das benesses da infância: o lado bom do escapismo, que se traduz na condição de fantasiar e brincar, sendo que tanto para as crianças de verdade, quanto para esse cachorro, realidade e imaginação nem sempre estão claramente dissociadas. Paradoxalmente, se alguém nessas histórias representa a infância feliz, um tema tão caro para nossos contemporâneos, é um cachorro.

Snoopy é do tipo que uiva para a lua durante o dia, porque tem medo de escuro. Ele brinca, viaja em suas pretensões imaginárias de ser um piloto, um grande escritor, um advogado, enfim, ele pode ser o que bem entender e o mais importante é que os outros embarcam na sua fantasia, contratando seus serviços de advocacia ou tratando sua casa como se fosse um avião. Aliás, essa casa também é um território mágico, pois embora externamente seja uma simples casa de cachorro, seu interior parece abrigar vários andares e ambientes, como biblioteca, sala de bilhar e o que se quiser imaginar lá dentro. Apesar dessa interessante residência, Snoopy passa o dia dormindo fora dela, sobre o telhado, talvez para mostrar sua boa vida, de preguiça e despreocupação.

Como se não bastassem tantas bênçãos, Snoopy é amado por todos, sua inocência cativa o carinho das meninas, tanto que recebe inúmeros cartões de Valentine's Day.[10] Ele tem até um seguidor: um passarinho chamado Woodstock, esse sim, o retrato da inocência e do desamparo. Na verdade, trata-se de um séquito de passarinhos, que são uma espécie de multiplicação do personagem Woodstock, sobre os quais ele exerce certa autoridade e fala sua língua. Em geral, Snoopy tem uma comunicação telepática com os humanos, mas eles nem sempre o compreendem bem.

Como recurso auxiliar, dentro da sua personalidade de escritor (um dos seus vários alteregos), ele desenvolveu a capacidade de se comunicar através da máquina de escrever com os humanos, mas às vezes nem isso lhe garante que seus desejos (comida, comida e comida) sejam atendidos, portanto, o desencontro persiste. A incomunicabilidade de todos nós, tema importante dessas tiras, encontra através de Snoopy outra

forma. As outras personagens lutam para serem amadas, enquanto para o cachorrinho o problema é outro, mais próximo do das crianças: ele precisa ser compreendido para que suas necessidades e desejos sejam corretamente interpretados e atendidos. O problema repete-se entre ele e seu pássaro, pois Woodstock tem inúmeros pedidos que dão um trabalho constante a Snoopy, certas ocasiões ele não os compreende bem ou não pode atendê-los. Infelizmente, como vemos nesse caso, não basta ser amado, o abismo sempre de alguma forma se impõe. De qualquer maneira, as tiras de Snoopy dão a Schulz a possibilidade de explorar o tema da amizade como uma dependência benéfica, uma tentativa de superar a solidão.

A palavra "Snoopy" poderia ter sido traduzida em português por "Xereta", e houve uma tentativa de fazê-lo, mas seu nome em inglês se impôs. De qualquer maneira, esse nome situa mais uma dimensão infantil do personagem: a de ser aquele que olha a vida das pessoas desde fora, mais como observador do que como participante. Como não fala, participa apenas tangencialmente dos conflitos entre as personagens. Se não tem a palavra certa, muitas vezes tem o gesto certo e, se alguém da turma está muito deprimido, é ele que chega intervindo da maneira correta, salvando a situação. Mas não se pense que ele é a versão canina de Pollyana: seguidamente ele é sarcástico, particularmente com seu dono, que é tão sofredor a ponto de não contar nem com a solidariedade irrestrita do próprio cão; e com Lucy, de cujo jugo ele, que não é bobo, precisa se proteger.

Entre os *Peanuts* e os adultos, há um abismo intransponível, em que não se fala a mesma língua. Em sua versão em desenhos animados, a fala dos adultos, dos quais se vêem somente as pernas (principalmente na escola), é uma cantilena incompreensível, um som contínuo do qual não é possível compreender uma só palavra. Essa separação de mundos, entre adultos e crianças, também encontra eco na relação de Snoopy com a turma de crianças, com a diferença de que aqui há uma tentativa constante (e muitas vezes fracassada) de se entender.

Com seus pássaros, Snoopy forma uma esfera dentro de outra, as crianças isoladas dos adultos e os animais separados delas. Esse abismo realmente existe entre crianças e adultos, elas participam do mundo deles principalmente bisbilhotando, enquanto os adultos compreendem parcialmente as necessidades das crianças. Além disso, como Snoopy, elas têm o refúgio da fantasia: na imaginação também podem ser heróis de aventuras e tão virtuosas quanto quiserem.

Não admira que as crianças tenham escolhido o cachorrinho como seu representante na trupe, ele é de fato o seu melhor tradutor.

As personagens de *Peanuts* são como aqueles espelhos paralelos, que refletem uma imagem dentro da outra: os leitores os vêem como crianças, eles, por sua vez, tratam os mais jovens e Snoopy como infantis, que precisam de cuidado e proteção, enquanto o cachorro tem em Woodstock seu menorzinho, submetido às suas ordens e cuidados.

Embora tenhamos personagens díspares, um eixo se sobressai: há um fracasso crônico das personagens, cada uma a seu modo não está à altura de suas próprias expectativas. O efeito não é necessariamente de pessimismo quanto às realizações humanas, mais parece que conforta o leitor, como se dissesse: venha se reunir à turma dos que fracassam, afinal você é como nós e não é tão duro assim, entre fracassos e desencontros vamos levando. Como disse Álvaro de Moya,[11] "ninguém fez tanto sucesso vendendo fracasso".

Histórias de crianças para gente crescida

 mundo de Charlie Brown dificilmente pode ser entendido por crianças. Se tiverem contato com os *Peanuts*, elas tendem a se identificar com Snoopy ou Woodstock, os mais novos, em termos psíquicos, desse time de adultos em miniatura. A maior parte dessas personagens infantis são surpreendentemente capazes de ilustrar as agruras psicológicas da sociedade atual, na qual vivemos pendentes de ganhar o prestígio nosso de cada dia, tão importante quanto o pão. Eles têm a peculiaridade de misturar algumas características da infância com os sofrimentos que se acrescentam com o passar do tempo. Talvez essa mistura de idades nos mostre que há problemas que nos acompanham ao longo da vida, mas isso não basta como explicação.

Poderíamos apelar para uma argumentação simples: é desde pequenino que se aprende que é preciso praticar a arte de obter amigos e influenciar pessoas. Ninguém ignora que a luta por prestígio já mostra sua face cruel no jardim de infância. Qualquer um de nós terá condição de lembrar situações em que, mesmo sendo bem pequeno, foi ridicularizado, excluído, deu-se conta de estar sendo inadequado, sentiu inveja de um colega mais popular ou acreditou ser inferior aos outros. Portanto, seria falso dizer que os sentimentos de Charlie Brown e sua turma são estranhos à infância.

Porém, os incidentes de sofrimento infantil que estamos descrevendo não são totalmente compreendidos quando fazem parte do tempo presente. Uma criança pequena que está vivendo as dificuldades de se socializar pode até sentir certa dificuldade de ir para a escola, comentar com sua família que os amigos não a estão tratando muito bem, chorar e reclamar, mas dificilmente construirá um discurso a esse respeito. Ela não fará disso um traço de identidade, geralmente é um percalço, do qual, embora ela possa sofrer, não tira maiores conclusões.

Normalmente, os dissabores da vida social infantil reverberam mais dolorosamente como lembranças, em rememorações ocorridas num tempo posterior ao vivido. Por exemplo, se quando crianças sofremos o jugo de um amigo ou irmão autoritário, que se mostrava bastante sádico conosco, isso será muito ruim de viver, de fato, mas quando lembrarmos disso, depois de crescidos, compreenderemos o quanto éramos trouxas, nos revoltaremos pela incapacidade de reagir que tínhamos, adoraríamos reencontrar a tal criança e ter a oportunidade de revidar.

As personagens verdadeiramente infantis da turma dos *Peanuts* (como Snoopy, Woodstock, Sally e Rerun) são mais verdadeiras a esse respeito, pois são ingênuas e raramente dão-se conta quando não estão agradando ou fazem papel de ridículas e bobinhas. Em contraste com Charlie Brown, que também é meio embotado nas questões sociais, elas não fazem disso um problema. Somente vista de fora, como é possível depois de adultos, a ingenuidade infantil parece representar nossas inadequações ou fragilidades.

Para ilustrar esse encontro de épocas diferentes, poderíamos pensar num adulto que, ao se sentir deslocado numa festa, evocasse a solidão que sentia no parquinho, quando ninguém lhe emprestou o balde de areia e a pá. As personagens de *Peanuts* prestam-se para esse movimento, apontam mais para a reconstrução da infância que para um retrato daquele período da vida. Esses quadrinhos atribuem à infância uma consciência que só é possível depois que ela terminou. Dentro dessa linha de argumentos, supomos que *Peanuts* faz parte de um processo pelo qual os adultos elaboram algumas recordações complicadas da infância, permitindo repensar nossos primeiros tempos, como se pudéssemos revivê-los com um grau de consciência que nos faltava na época.

Sobre esse aspecto, o da elaboração tardia de memórias da infância, podemos buscar alguma ajuda na teoria psicanalítica. O psicanalista húngaro Sàndor Ferenczi, contemporâneo de Freud, teorizou sobre o que ele chamou de *Sonho do Neném Sábio*. Ele descreve esse *sonho típico* (que é uma classe de sonho que costuma se repetir em várias pessoas diferentes, com algum aspecto comum em todas as aparições), no qual o adulto sonha com a figura de um bebê falante, que diz coisas importantes e impressionantes ao sonhador surpreso, sendo que se expressa fluentemente numa idade em que estaria incapacitado para fazê-lo.[12]

O sentido de fundo desse recurso onírico à representação do nenê falante seria o de emprestar uma consciência adulta a uma época de vivências eróticas incestuosas. À guisa de explicação, Ferenczi lembra-nos a frase do libertino: "Ah! Se eu tivesse aproveitado melhor quando era neném!" Bebês podem freqüentar o corpo materno, com liberdade sobre seus seios e dispõem de uma intimidade com a mãe, ao receber cuidados de higiene e alimentação, que poderia ter sido mais bem aproveitada, se naquela época soubessem das coisas do sexo, tais como se descobre depois. O expediente desse sonho materializa o desejo de poder retroagir o tempo para debelar uma inocência que nos parece ter sido prejudicial, quer seja pelo que deixamos de aproveitar, como na leitura de Ferenczi, ou talvez por aspectos da condição infantil que são difíceis de aceitar, mesmo depois que a superamos.

Vivemos numa sociedade que valoriza ao extremo a independência, a marca pessoal sobre todas as coisas, que faz parecer que estamos escolhendo sempre. A publicidade é onde melhor se esclarece a falsidade dessa fantasia, que nos faz crer ser possível transcender às influências dos outros. Pensamos estar escolhendo livremente, quando não fazemos mais do que optar entre produtos sobre os quais nos foi sugerido que fariam bem à nossa imagem perante nossos seme-lhantes. Paradoxalmente, são as mesmas propagandas que nos vendem a idéia de autonomia: aliás, seria justamente nessa característica pessoal das opções que fazemos que se encontraria o almejado estilo pessoal. Aliás, *estilo* é uma espécie de palavra mágica, cuja expressão conteria a nata de nosso ser. Ele seria a tradução estética da nossa imparidade. Você é a cara do seu estilo e é ele que o diferença dos outros. O problema é que o catálogo de estilos é restrito e também está à venda.

Nesse contexto, fica difícil de aceitar a condição de passividade própria da infância. Gostamos de nos iludir que sempre fomos donos do nosso nariz, que jamais fizeram de nós o que quiseram, que nunca ninguém aproveitou mais que nós de uma situação vivida. É inadmissível pensar que fomos tão pequenos,

a ponto de estar à mercê dos adultos que nos criaram, que eles se divertiram às custas de nosso despreparo, que nos tomaram como objeto de possessão pessoal, dispondo de nosso corpo com liberdades que hoje só daríamos a alguém que amássemos muito, e olhe lá.

Vivemos tempos de idealização da autonomia, onde o herói é um *self made man,* nos quais a compreensão da infância fica afetada por essa ilusão de que alguém pode fazer-se a si mesmo e deve virar-se sozinho. Para tanto, além dos órfãos que estrelam inúmeras tramas infantis, temos na mídia uma grande linhagem de policiais, soldados e heróis solitários, que vencem contra tudo e contra todos, incapazes de fazer parte de algum grupo. Esses desgarrados contam apenas com sua própria força e têm na desconfiança dos outros uma forte aliada. Por outro lado, se a condição infantil tem lá suas coisas difíceis de suportar quando vistas de fora, há motivos para pensar que as personagens crianças também servem de refúgio para adultos contrariados.

Em 1982, o educador norte-americano Neil Postman lançou seu polêmico livro *O Desaparecimento da Infância*, no qual considera que as novas mídias eletrônicas, em particular a televisão, invadiram o recinto da infância, expulsando dele tudo o que a tornava uma etapa diferenciada da vida. Ele se horroriza com as altas doses de sexo, violência e competitividade que passaram a fazer parte da vida das crianças, aliadas a uma estética que privilegia os catálogos de imagens, em demérito da reflexão. Essa pressa em passar uma mensagem, antes que o telespectador possa sequer pensar, estaria encolhendo o espaço de criatividade sem compromissos (simplesmente brincar) e de proteção (mantê-las a salvo daquilo que ainda não conseguem compreender) que as crianças precisam ocupar.

As teses de Postman mantêm alguma atualidade, mas foram contestadas parcialmente pelo fato de que as crianças se apoderaram da televisão, do cinema e do computador para brincar. A seu modo, elas recortam e colam a programação que lhes é oferecida, da mesma forma como utilizam com liberdade os objetos com os quais brincam. Quanto à exposição das crianças à violência a ao sexo, podemos observar que a sociedade tem sido parcialmente sensível aos avisos e há uma consciência em (lenta) expansão de que isso deve ser minimizado na vida dos pequenos.

As preocupações desse autor ainda encontram eco, apesar do quarto de século que nos separa de seu lançamento, porque ainda observamos a dificuldade que nossos contemporâneos têm em

---

compreender as diferentes etapas da vida. Crianças são vestidas e divertidas como adolescentes, colocamos maquiagem e sapatos de salto em menininhas que já são coradas por natureza e precisam mesmo é de um bom calçado para correr; compramos roupa de surfista para garotos que faz pouco aprenderam a se equilibrar nas próprias pernas; e organizamos reuniões dançantes nos aniversários da escola primária. Enquanto isso, os adultos alternam para seu próprio uso as roupas com estampas infantis com a indumentária *teen*.

Os adolescentes, por sua vez, embora imitados por todos, são sistematicamente demonizados na fantasia dos adultos, os quais ficam supondo que eles devem gozar a vida sem restrições, projetando nessa gente jovem e despreparada todos os pecados e irresponsabilidades que gostariam de viver ou de ter vivido. Deve ser por isso que às vezes os jovens se apegam tanto à estética da infância. O Ursinho Pooh é um sucesso no material escolar das adolescentes, as quais vestem mais cor-de-rosa do que as pré-escolares. Já os rapazes têm através dos games a oportunidade de brincar de luta (em substituição aos antigos soldadinhos e ao Forte Apache) até muito além dos seus dias de infância. Talvez essa infantilização ostensiva seja uma forma de proteger-se de uma sociedade que os tem na mira todo o tempo.

Dentro desse funcionamento, que poderíamos chamar de "unitemporal", como foi diagnosticado por Postman, é preciso compreender a contrapartida disso, ou seja, o fenômeno que ele denominou de *adulto-criança*, assim descrito: "Em nossa cultura considera-se hoje desejável que a mãe não pareça mais velha do que sua filha. Ou que a filha não pareça mais jovem que sua mãe. Se isto significa que a infância está desaparecendo ou que a idade adulta está desaparecendo é apenas uma questão de como se deseja enunciar o problema [...] O adulto-criança pode ser definido como um adulto cujas potencialidades intelectuais e emocionais não se realizaram e, sobretudo, não são significativamente diferentes daquelas associadas às crianças."[13]

Temos hoje uma inédita consciência de que a vida tem um prazo definido e, por mais que alguns de nós possam cultivar a fé em certos tipos de transcendência, todos sabemos que um dia nossa vez se acaba e temos de passar o bastão para as gerações seguintes. Por isso as invejamos tanto. É preciso concordar com Postman quanto ao aspecto de que os adultos têm cultivado uma existência infantil, mas não porque estão ficando burros ou bobos, em função de que a mídia teria reduzido

seus cérebros a receptores de imagens. A infância que amamos é idealizada, é a criança com pensamentos adultos de Schulz, através da qual podemos fantasiar que, se tivéssemos sido mais sábios, quiçá teríamos aproveitado melhor.

Essas histórias são uma porta para a infância, não a que vivemos, mas a que nos ficaram devendo, agora seria o momento de dar as respostas certas, de fazer a coisa apropriada, de usufruir esses momentos perdidos e, inclusive, de colocar em melhores palavras nosso sofrimento. Afinal, se a infância é um momento importante, até o sofrimento pelo qual passamos deve ter um lugar de destaque. Logo, se somos mesmo adultos-crianças, precisamos, para nos olhar no espelho, de personagens crianças-adultas.

Um dos tantos sonhos fúteis de Charlie Brown, junto com o de ser a *alma da festa* alguma vez na vida (missão impossível) e jogar bem beisebol (mais ainda), é empinar uma pandorga que não fique toda enrolada nas árvores. Invariavelmente, ele termina dependurado de cabeça para baixo, enroscado no cordão que devia estar levando sua pipa aos céus. Bem, assim é a vida para Schulz, só muda a cor da pandorga, mas seguimos tentando. É essa perseverança que faz com que os *Peanuts* sejam queixosos, mas não depressivos, eles podem fracassar, mas nunca desistem.

MAFALDA

 afalda é uma menina petulante, uma fonte inesgotável de perguntas sem respostas. Sem ser seu objetivo, cria constrangimentos para seus despreparados pais com questionamentos inusitados e agudas observações sobre o mundo. Ela é a personagem principal de tiras humorísticas, publicadas na Argentina desde 29 de setembro de 1964 até 25 de junho de 1973. Quando terminou sua temporada nos jornais, sobreviveu nas décadas seguintes graças às compilações em livros, a bordo dos quais chegou às gerações posteriores e a vários países. Os livros de Mafalda foram traduzidos para seis línguas e alcançaram sucesso tanto na Europa quanto na América Latina. Além disso, a personagem se popularizou em objetos como pôsteres e camisetas.

Filha do humor inclemente de Quino, ou Joaquín Salvador Lavado, nascido em Mendoza, no ano de 1932, ela se permite questionar tudo. Apesar de seus 5 ou 6 anos de vida, não pára de pensar nos descaminhos da humanidade, na beligerância dos povos, no poder dos militares – os golpes pipocavam na América Latina da época –, nos problemas do Terceiro Mundo, na necessária ampliação dos horizontes femininos e na podridão dos políticos de plantão. Ela gosta de brincar de governo, escuta notícias no rádio e filosofa sobre um globo terrestre, que é seu brinquedo predileto. Como vemos, tudo muito engajado.

Uma infância politizada

 afalda é tudo o que na verdade as crianças não são. Elas podem até ser observadoras e fazer perguntas sobre política, mas isso somente ocorrerá no caso desse ser um tema corrente e relevante dentro da família. Na infância, a rua é secundária à casa e são os pais e os irmãos, acrescidos de alguns parentes mais próximos, que ocuparão o centro das atenções. Mesmo os pequenos que freqüentarem creches ou escolas ficarão esse tempo entre outras crianças, aprenderão a diferenciar ambientes diversos e as regras que lhes são próprias, mas continuarão ligados à família em termos emocionais. O que ocorre na escola geralmente é conseqüência da vida doméstica, é raro que um drama se origine no sentido inverso.

Na infância, é possível questionar-se sobre grandes temas, como a morte e o sexo, mas será decorrente de observações e impasses domésticos, e esses pensamentos se expressarão principalmente através de brincadeiras e conversas meio enigmáticas, nas quais se nota nitidamente que a criança está abordando algo que está além de sua compreensão. Seguidamente, as vemos fazer perguntas e afirmações que mostram que estão envolvidas com alguma questão transcendental, mas os diálogos são curtos, estranhos, e a criança se recolhe contente com alguma resposta parcial, deixando o adulto desconcertado. Se algo importante acontece na rua, como catástrofes naturais ou sociais, abalos ou vitórias políticas, problemas como o desemprego e a carestia, será por meio das reações dos membros de sua família diante desses fenômenos que as crianças os acessarão e compreenderão. A criança não é ainda um cidadão constituído, seus pais é que são, sua sociabilidade está ainda em construção.

As personagens de Quino são ainda mais distantes do mundo infantil que a turma de Charlie Brown, cujas vidas contêm dramas de auto-estima e relativos ao convívio com seu grupo de amigos, que não são ausentes da infância. Apesar disso, é necessário esclarecer que a ambientação e a rotina de Mafalda e de seus amigos são tão típicas da infância quanto as dos *Peanuts*. Poderíamos dizer que até mais, na medida em que Quino inclui o relacionamento das personagens com seus pais.

O que é menos próprio da infância, nesse caso, são os dramas enfocados, pois até quando se revolta contra a imposição familiar de tomar sopa, Mafalda o faz com um tom filosófico ou politizado. Como a subjetividade das crianças dessas tiras se aproxima pouco da realidade da infância, acreditamos que para Quino elas representariam uma espécie de utopia ética nesse mundo confuso e problemático. Restaria à infância um lugar de alteridade à mediocridade da vida, ao absurdo que reside na crueldade, na desigualdade e na beligerância da nossa organização social. Pensando nessa direção, só o olhar infantil nos revelaria o ridículo que nos cerca. Estaria nas crianças a possibilidade de esperar algo melhor dos humanos, já que elas ainda não foram corrompidas pelo tempo e pela sociedade. Não pensamos que Quino acredite numa teoria rousseauniana, que atribuiria uma pureza essencial à infância, mas é a mensagem que acaba decantando quando se coloca tanta crítica social na boca de personagens tão jovens.

Aliás, nem todas as crianças desempenham esse papel nas tiras de Mafalda. As personagens que contracenam com a protagonista também mostram em sua personalidade os adultos problemáticos que um dia serão. Em algumas delas, é visível o potencial de liberdade de pensamento e qualidade ética que se gostaria que crescesse junto com as crianças, mas também há personagens que trazem dentro de si o embrião do contrário. É de pequenino que se torce o pepino, por isso entre eles há personagens embotadas e preconceituosas. Através desses protótipos caricaturais de Mafalda e alguns de seus amigos, torna-se possível revelar os pontos de fratura do mundo capitalista e das famílias de classe média em que eles estão crescendo.

Pequena gente grande

 afalda é simplesmente alguém que pensa; sua peculiar sensibilidade pode ser encontrada em qualquer idade salvo, ou pelo menos em raríssimas exceções, na infância.[14] O importante dessa personagem, e seu toque de humor, é sua capacidade de levantar questões relevantes a partir de partículas do cotidiano que estão dentro da casa e da vida de qualquer um. O contato com o mundo é feito através de um rádio, sua representação é um globo terrestre, um banquinho serve para brincar de governo, o armazém onde se compra a comida da casa abre uma janela para as questões econômicas e o jeito das pessoas que passam pela rua é uma ponte para falar de grandes temas humanos, como a felicidade, a bondade e o envelhecimento. A vida desfila pela calçada ou pela pracinha de Mafalda e pode ser conjugada inteiramente dentro das paredes de sua casa. Quino parece dizer que só não pensa quem não quer, não importa quão pequeno se é e quão estreitos são seus horizontes.

Mas nem só de problemas do mundo vive Mafalda, também existem fatos de infância propriamente ditos: sua ojeriza a sopas, seu ciúmes pela chegada do irmão, a curiosidade pelo *hobby* do pai de cultivar plantas de interior, assim como o gosto por se alienar na televisão. Apesar dos assuntos infantis e domésticos, a reação de Mafalda é de elevada reflexão ou de linguajar adulto. Por exemplo, quando expressa seu temor de perder o lugar no amor dos pais em função do nascimento do irmãozinho, ela diz que sente como se o coração deles tivesse "aberto uma filial"; quando canta no banho, ela diz que é "a única maneira de superar essa imensa e branca solidão da banheira".

A graça das tiras de Mafalda parece ser similar à que referíamos relativo aos *Peanuts*: a de colocar a sabedoria de gente grande para interpretar a vida de gente pequena. Não se trata apenas de injetar a maturidade futura no passado pueril da infância, a operação seria também a de mesclar a pureza infantil na capacidade adulta de criticar a sociedade e a própria vida. Essa combinação de inocência infantil com uma crítica adulta aguçada, além do efeito de humor, empresta um sopro de esperança mesmo ao mais trágico pessimista. Afinal, se temos trabalhado tão diligentemente para destruir e estragar o mundo, quem sabe os que virão não o consertem?

Em suma, como nos *Peanuts*, temos em *Mafalda* as personagens crianças-adultos. Um universo onde a precocidade das crianças revela as mazelas adultas. O que distancia as crianças de Schulz das de Quino é a inclusão dos problemas do mundo na trama das tiras. Para Mafalda, esses problemas são quase uma personagem, se lembrarmos um globo terrestre e um rádio com os quais ela praticamente conversa. Enquanto a obra do norte-americano deixa as crianças numa bolha, que as circunscreve à casa e à escola, o argentino as coloca no mapa. Como dizíamos, os cenários são os mesmos, varia o ponto de vista. Para Schulz, no cotidiano

pequeno da infância, é possível encenar a comédia humana do indivíduo; em Quino, além desses, são também enfocados os dramas sociais.

Mafalda colocou toda uma geração a pensar sobre a miséria do seu cotidiano, mas sem se desligar da premência de questionar o momento histórico em que viviam. O mundo dela retrata especialmente a América Latina, dos anos 1960-1970, com suas esperanças e pesadelos. Mas não se pense que ela é uma militante política obcecada pelos grandes temas apenas. Por exemplo, uma das questões constantes é a paixão dessa menina pelos Beatles, uma escolha estética que ela defende com unhas e dentes, diante de seu amigo Manolito, que a acusa de gostar de uma música cuja letra não entende. Ela também tem questões sobre a felicidade, interroga-se porque alguns são tão amargos e outros não, sobre o amor e o casamento.

Porém Mafalda é uma menina, e tanta sensibilidade política não lhe serve muito quando o assunto são seus pais: ela não esconde uma certa decepção pelo pouco que eles conseguiram ser na vida, o pai lhe parece mais um coitado que é sugado pelo mundo do trabalho, a mãe uma medíocre que não sabe, nem se importa com nada fora das lides domésticas. Esta é a mais alfinetada pela crítica da pequena feminista empedernida que ela tem em casa. Num dos quadrinhos, Mafalda observa a mãe trabalhando, estafada com as tarefas de casa, e pergunta, assustada, se a capacidade para triunfar ou fracassar seria algo hereditário. Noutro, diante desse mesmo quadro, a menina lhe pergunta: "o que gostarias de ser se vivesses?"

Essa esperta menina parece não esperar que seus pais lhe transmitam algo, um conhecimento sobre o mundo. É ela que detém a sabedoria. Quando não compreende algo, perguntar a seus pais revela-se inútil, é só para deixá-los perplexos e/ou constrangidos. Nessas tiras, a fonte da sabedoria é o dicionário. Ela o consulta constantemente e discute suas respostas furiosamente. Junto com o globo e o rádio, o dicionário completa o tripé de objetos que representam o mundo.

Apesar de freqüentar a escola, essas crianças parecem aprender sozinhas, com a ajuda de alguns instrumentos. Os pais até fornecem elementos, como certa ocasião em que o pai de Mafalda lhe presenteou com um pôster que mostrava ruínas gregas, dizendo-lhe ser esse o berço da nossa civilização. Bem, bastou o pôster e a frase, para que fossem disparadas um sem-número de reflexões sobre o fato de uma imagem de destruição e ruína ser a de nossa origem. Portanto, temos uma síntese entre um ambiente estimulante e uma liberdade de pensamento, que se processa em mentes puras e não-viciadas. É este nosso ideal de aquisição de conhecimento. Queremos proporcionar aos mais jovens muitas fontes, mas desejamos que tirem suas próprias conclusões, porque confiamos muito pouco nas nossas e esperamos muito das deles. As crianças de Quino são também representantes das nossas mais acalentadas ilusões pedagógicas.

A trupe

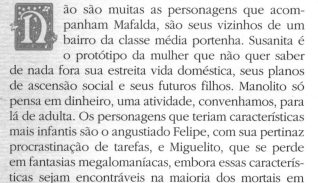

ão são muitas as personagens que acompanham Mafalda, são seus vizinhos de um bairro da classe média portenha. Susanita é o protótipo da mulher que não quer saber de nada fora sua estreita vida doméstica, seus planos de ascensão social e seus futuros filhos. Manolito só pensa em dinheiro, uma atividade, convenhamos, para lá de adulta. Os personagens que teriam características mais infantis são o angustiado Felipe, com sua pertinaz procrastinação de tarefas, e Miguelito, que se perde em fantasias megalomaníacas, embora essas características sejam encontráveis na maioria dos mortais em todas as idades

Felipe, ou Felipito, é um neurótico, mas seu acento está mais na angústia do que no fracasso. A caminho do colégio, ele se paralisa de pânico, supondo que esqueceu o tema de botânica em casa, abre a pasta, para constatar que estava lá. Alguns metros depois, é tomado pela dolorosa possibilidade de ter esquecido o compasso para a aula de geometria, com o coração explodindo, abre a pasta para também concluir que estava com ele. É aí que ele faz a pergunta que poderia ser a da maioria de nós: "Justo a mim tinha que ter me acontecido ser como eu?"

Esse personagem deixa para fazer os deveres de casa no último momento, mas passa a tarde toda martirizando-se porque deveria estar fazendo-os. Não faz suas tarefas, mas está irremediavelmente preso a elas. Quando enfim tenta encarar uma tarefa mais difícil, sentado à mesa, fica devaneando com seu herói preferido, El Llanero Solitário, uma espécie de caubói justiceiro. Apesar de ser um menino esperto e um pouco mais velho, ele não possui a inteligência nem a precocidade de Mafalda, mas é com ele que ela se sente mais perto de ser entendida.

Se na mãe da menina e na personagem de Susanita são veiculadas críticas à mediocridade das mulheres, através de Felipito, Quino expõe a fragilidade e a dependência dos homens, pois a amiga está sempre tentando tirar esse menino dos labirintos neuróticos e sofridos em que ele se mete. Com certeza as angústias de Felipe não são absolutamente próprias de um gênero ou outro, elas apenas se revelam masculinas pelo fato de que despertam em Mafalda um certo zelo maternal, denotando essa eterna vocação para filhos que os homens carregam pela vida afora. O pai de Mafalda também se desespera, diante das perguntas irrespondíveis da sua pequena ou até perante a invasão de formigas em seu jardim de apartamento, aí é a mãe dela que vai cumprir essa missão de dar colo para um homem fragilizado.

As constantes críticas à mediocridade da mãe levam à valorização de uma vida de maior inserção social para as mulheres, motivo pelo qual devíamos classificar Mafalda como uma feminista. Mas, na verdade, esses questionamentos também transcendem o tema do gênero, visam mais do que nada situar que os pais já não servem de exemplo, e os novos humanos deverão crescer apoiados em suas próprias convicções. As mulheres terão de se mostrar maternais em casa, mas também guerreiras na rua. São tempos confusos e misturados para os gêneros e a turma de Mafalda parece ilustrar isso bastante bem. Por outro lado, como a visão de Quino é de esperança, certamente trata-se de uma aposta otimista em que homens e mulheres possam beneficiar-se do fato de que seus destinos se tornaram mais complexos e abertos.

A outra menina do grupo, Susanita, é o oposto de Mafalda e vai na contramão dessa tendência de ampliação dos papéis masculino e feminino. É um contraponto ilustrativo, que serve para ressaltar a posição da personagem principal. Enquanto Mafalda tem olhos para o mundo e seus problemas, Susanita vive sonhando com seus futuros filhos e um lar abastado, o marido parece lhe importar menos nos seus planos, um mero instrumento para atingir seus objetivos. Por isso, não podemos afirmar que ela é romântica e pueril, pelo contrário, sua personagem concentra os piores e mais antigos preconceitos contra as mulheres: ela é calculista, fofoqueira e egoísta, sua paixão pelos filhos bem-sucedidos que terá (conforme ela, seu filho será um doutor muito famoso e rico) é uma ilustração da glória obtida através da maternidade. Ela vive cometendo gafes, hoje diríamos politicamente incorretas, que só mostram o seu anacronismo. Até quando está tentando ser simpática e entender o ponto de vista dos outros se revela ignorante e inadequada. Por exemplo, certa ocasião comenta com Mafalda que, visto ser ela tão anti-racista, talvez o irmão que sua mãe estava esperando viesse a ser uma criança negra e isso seria lindo, pois combinaria com o discurso de sua amiga.

O oposto político de Mafalda, e seu personagem masculino para representar a mesquinhez humana, é Manolito. Esse menino é filho de um gallego,[15] dono de armazém que, aliás, já trabalha com seu pai, fazendo entregas e às vezes atendendo no balcão. Ele é um devoto desse pequeno negócio, fica sonhando com campanhas publicitárias mirabolantes para tocar o futuro grande empreendimento comercial que sonha um dia construir. Na atmosfera política da época dessas histórias, o maior palavrão político para acusar alguém era taxá-lo de pequeno-burguês. Fruto de um marxismo maldigerido, essa palavra vendida como classificação teórica servia para adjetivar o que de pior se imaginava haver em termos de reacionarismo político e estreiteza de pensamento.[16] Pois bem, é nesse contexto que nasce Manolito, um menino que só tem olhos para os negócios, mas tão pequeno é seu foco do mundo que pequeno se torna seu ser. Manolito é limitado e burro, tanto no que diz respeito aos questionamentos que seus amigos fazem, que em geral não acompanha, quanto na escola, onde é o pior aluno da classe. Quino não esconde o que para ele é a inteligência: deve estar relacionada com a imaginação e a capacidade de criticar o mundo; enquanto a burrice é associada ao pragmatismo, a uma mente dinheirista e pobre de espírito.

Miguelito talvez seja o único personagem do grupo que é um pouco mais infantil, é também o mais traquina de todos, bate nas campainhas e sai correndo, grita coisas atrás de um tapume para assustar os passantes. Claro, depois faz uma reflexão, um tanto quanto adulta, de como essa é a faceta mais sórdida da sua personalidade e acusa-se de covardia. Também é adulta sua consciência de que a culpa de pouco ajuda para prevenir novas travessuras.

Para representar a infância propriamente dita e poder fazer piadas com a lógica infantil, foi preciso nascer Guille, o irmão caçula de Mafalda, esse sim transita dentro de um universo composto de papai, mamãe e chupeta. Guille é uma gracinha, faz artes de criança pequena, e é sua irmã e seus amigos que dão discursos defendendo sua liberdade de expressão, ou seja, seus direitos de correr pelado e desenhar nas paredes da casa.

Mais tarde, junta-se ao grupo uma voz ainda mais politizada que a de Mafalda, chama-se Libertad. Embora a nova personagem tenha a mesma idade que Mafalda, é muito pequena na estatura, o que contrasta com a sua enorme capacidade de se expressar. Libertad é pequena como a liberdade que havia na época dessas tiras e fica irritada quando as pessoas tiram a óbvia

conclusão sobre a relação entre seu tamanho e nome. Sua fala acaba sendo uma radicalização do discurso de Mafalda sobre as mazelas do mundo e a asfixia de pensamento. A metáfora não poderia ser mais direta, mas apesar disso a voz dessa esperta pequena encontra a mesma amplitude que uns poucos corajosos conseguiram ter para combater os anos de chumbo que maltrataram a América Latina. São os grandes perfumes nos pequenos frascos.

CALVIN E HAROLDO

s tiras de *Calvin and Hobbes*[17] foram desenhadas, durante uma década (entre 1985 e 1996), pelo norte-americano William B. Watterson. Alcançou uma difusão semelhante à dos *Peanuts*, chegando a figurar em mais de 2.400 jornais ao redor do mundo, sendo que os 14 livros resultantes das compilações das tiras tiveram edições cujo sucesso se traduziu na venda de milhões de exemplares.

Ao contrário da turma de Charlie Brown, o menino Calvin e seu tigre Haroldo (que é simultaneamente um tigre de pelúcia, para os outros, e um amigo de verdade, para seu dono) não produziram nenhum tipo de subproduto. Watterson sempre combateu a possibilidade de que seus personagens fossem transformados em criaturas pueris de plástico ou pelúcia, ou que tivessem suas excentricidades diluídas em bonecos, camisetas, desenhos animados e propagandas. Dessa forma, manteve um controle absoluto sobre o texto e a atitude de Calvin, que dizia ser um alterego seu, mas não um retrato da sua infância.

Eis como ele descreve sua relação com o personagem: [...] "eu era um menino amável, quieto e obediente – exatamente o oposto de Calvin. Uma das razões porque gosto tanto de desenhar esse personagem é que seguidamente eu não concordo com ele. Calvin reflete minha condição adulta, mais do que a minha infância. Muitos dos conflitos de Calvin são metáforas dos meus próprios. Eu suspeito que muitos de nós ficam velhos sem crescer, e que dentro de cada adulto (às vezes não é preciso ir muito fundo) há um pirralho que quer tudo do seu jeito. Eu uso Calvin como um escape para minha imaturidade, como um modo de manter-me curioso sobre o mundo natural, como um meio de ridicularizar minhas obsessões, como forma de observar a natureza humana."[18]

Fiel a essa condição de ser um veículo para as elucubrações de seu criador, Calvin tem destino similar à *Mafalda* e aos *Peanuts*, ele é uma criança que filosofa. Sentado no alto de uma árvore, andando de carrinho de lomba, na cama na hora de dormir (que sempre considera demasiado cedo), discute com seu amigo tigre sobre a natureza humana, sobre nossas esperanças e temores.

O assunto preferido de Watterson é a distorção da realidade, que se apresenta tanto nos freqüentes devaneios do menino – sempre imaginando tramas grandiosas povoadas de monstros –, quanto nas suas brincadeiras, que invadem a realidade e se mesclam com ela. Por isso, é inútil discutir se seu tigre é um amigo imaginário clássico, do tipo que as crianças inventam, como uma duplicação de si mesmas, que diz o que elas não ousam e sente o que elas não admitem, ou se ainda faz as vezes de objeto transicional. De fato Haroldo é isso, mas acima de tudo ele é mais uma das várias representações que sua vasta imaginação lhe permite ter. Outra vez, nas palavras do autor: "Calvin vê Haroldo de um jeito e todos os outros o vêm de outro. Eu mostro duas versões da realidade, e cada uma faz completo sentido para o participante que a está vendo. Eu penso que é assim que a vida funciona. Nenhum de nós vê o mundo exatamente da mesma forma, e eu apenas desenho isso literalmente nas tiras."[19]

É nessa direção que deve ser lido também o mal-entendido constante entre Calvin e seus pais, como ele diz, certa feita "estou condenado a viver com pessoas com as quais não me relaciono!" A infância se presta bem para evocar o desencontro entre aqueles que supomos que deveriam se entender e evidencia a solidão que é possível sentir mesmo quando se é zelosamente atendido.

A família de Calvin é interessante, seus pais parecem ter um mar de paciência e, fora algumas vezes em que se descontrolam, em geral costumam combater suas afrontas no máximo com ironias e sarcasmos. Inclusive eles aceitam tratar o tigre dentro do modo de ver do menino, sempre que este assim o exige. A escola é uma chatice, mas no fim das contas a velha professora e o diretor são até tolerantes com aquele aluno que jamais faz o que deve. A única amiga, Susie (secretamente amada, conforme sugere Haroldo), é sistematicamente maltratada, mas continua brincando com ele. Enfim, não é porque a realidade é terrível que Calvin se refugia em seu mundo paralelo, ele o faz porque essa outra dimensão parece estar ali, constantemente convidativa, para contrapor-se à chatice e à mediocridade de seu cotidiano de criança pequena.

Afinal, talvez a nós também possa parecer que a realidade seja carente de aventuras espaciais, dinossauros, histórias de piratas, monstros embaixo da cama e distorções no espaço e no tempo. Essas e muitas outras são as aventuras que esse menino nos abre a possibilidade de viver, como fez com seu criador. Além disso, parece atraente poder empreender essas viagens imaginárias, com o único risco de se expor ao ridículo quando se devaneia em lugar errado. Calvin é um escapista, e o faz com a procuração de todos seus leitores, cansados da vida unidimensional. Além disso, a fantasia é segura e Watterson explora o contraponto entre a vida infantil protegida do menino e suas perigosas aventuras, onde ele seguidamente se identifica com os monstros.

A fantasia de Calvin revela perigos que seu mundo não tem, além de uma dimensão monstruosa, agressiva e predadora, que habita nosso interior, mas que geralmente é inexeqüível, por sorte. Por isso, há tanta graça nas ocasiões em que o menino está comportando-se (e sentido-se) como um terrível tiranossauro devorador de humanos, enquanto sua mãe manda que ele limpe o nariz, porque para ela essa performance não passa de uma criança engasgada, fungando muito. Como se vê, é uma fantasia segura, pois jamais seremos devorados por um monstro desses, nem correremos o risco de destruir nossos semelhantes. Porém, viagens tão sem riscos apenas aprofundam o sentimento de solidão, pois no devaneio ninguém nos acompanha.

Calvin, o solipsista

 m *Calvin e Haroldo* já temos uma família reduzida, típica do fim do século XX, e toda a solidão que a acompanha. É um menino de 6 anos, filho único e mimado, mas isso não significa que se sinta próximo de seus pais, enquanto eles tampouco interagem com outros parentes ou personagens. Sua vizinhança também é econômica em relacionamentos, resume-se a uma amiga, Susie, em quem concentra seus interesses, geralmente bélicos, mas às vezes como um disfarce para sentimentos amorosos. Não é sem razão que seu principal interlocutor é um tigre de pelúcia.

Esse tigre chama-se Haroldo e apresenta-se sob duas formas: ora ele é um simples bicho de pelúcia, enquanto existem outras pessoas presentes; mas basta o olhar alheio sair de cena e ele se transforma num tigre *de verdade*, irrequieto, barulhento, porém muito amistoso. O tigre preenche a solidão de Calvin com tanta competência que, de certa forma, quase não percebemos o quanto esse sentimento é a tônica da história.

Haroldo está com ele na trágica hora de dormir, quando a escuridão parece povoada de ameaças. O tigre acompanha-o enquanto espera o ônibus escolar, pois Calvin se angustia muito na hora de ir à escola, sabe que lá vai dar tudo errado. Mas nem só na dor o tigre é parceiro, também nos momentos de prazer Calvin não dispensa sua companhia, como no agradável e prolongado tédio das férias. Também na vida cotidiana, o amigo partilha o banco de trás do carro, sentam-se juntos à mesa para comer cereais, assistem à TV, ele vê Calvin fazer (ou melhor enrolar) os temas e testemunha a luta de seu dono contra as gororobas que a mãe serve no jantar.

Em contraste com o isolamento do menino, cujo mundo imaginário é tão inapreensível para todos quanto a identidade secreta de seu tigre de pelúcia, Haroldo está por dentro de tudo, afinal ele é parte integrante de seus devaneios. De certa forma, o tigre e o menino têm uma identidade nesse aspecto: o que os outros vêem é muito pobre, as aparências enganam muito e ocultam a riqueza interior que só existe numa dimensão paralela que tangencia o mundo real, por vezes se confunde com ele, mas é invisível aos olhos dos outros.

Talvez uma das razões de seu sucesso seja a de representar tão bem o isolamento, o afunilamento de relações pessoais a que estamos cada dia mais submetidos. Calvin é um herói solipsista para e como nossos dias de hoje. Ao contrário das turmas de crianças que examinamos antes, agora temos um personagem-solo. Ele tem uma presença forte e tudo gira ao seu redor. De certa forma, todos os outros personagens são coadjuvantes, servem para montar a cena ou mostrar as conseqüências dos atos desse menino impossível.

Embora consigam demonstrar uma certa personalidade, os pais e Susie só existem para contracenar com Calvin, tanto é assim que Haroldo, o segundo personagem, é praticamente seu alterego. Não existem histórias sem a presença de Calvin, salvo raras exceções, que serão sobre seus pais falando sobre ele e a missão quase impossível de criá-lo. Não bastasse contracenar consigo mesmo através de Haroldo, existem algumas histórias em que ele se duplica, tanto viajando no tempo (indo encontrar-se com "ele mesmo de outro tempo"), ou ainda através de uma máquina duplicadora, com que pode construir uma cópia de si próprio "clonado" ou com ligeiras modificações,

visando a que sua duplicata desempenhe tarefas no seu lugar.

Personagens coadjuvantes

a escola, a solidão de Calvin não é muito diferente. Quanto aos colegas, o único personagem que aparece é Moe, um menino da mesma idade, mas maior, burro e muito forte, que atazana a vida de Calvin sempre que pode. Calvin tenta embaraçá-lo com tiradas inteligentes, mas isso nem sempre funciona, pois ele é tão tapado que nem percebe as ironias que lhe são dirigidas. Susie também é sua colega de aula, e a relação na escola não é muito diferente do que a que eles mantêm na vizinhança, na qual um está sempre à espreita para atacar o outro.

Durante as aulas, Calvin passa a maior parte do tempo "viajando" numa espaçonave como Cosmonauta Spiff, um herói que não dá tréguas aos alienígenas inimigos. Embora esse astronauta seja um preparado piloto de combate, muitas vezes é capturado e está prestes a ser torturado, quando Calvin é acordado para a realidade. A perplexidade dos adultos e os olhos vidrados acompanhados de um certo sorriso são os indícios que nosso herói está em mais uma de suas aventuras espaciais imaginárias.

A professora, Miss Wormwood, é uma senhora mais velha, cuja comunicação com o menino é inexistente. Ela é impassível e Calvin não presta atenção no que ela diz, afinal, passa a aula em outro planeta. Quando ela tenta contato com o aluno, interrompendo seus devaneios, normalmente é representada como um enorme e viscoso monstro alienígena do planeta *Zorg*. Aliás, seguidamente a voz dos adultos penetra nas divagações oníricas às quais Calvin se entrega (principalmente no colégio) encarnando uma forma monstruosa e persecutória, que, ao despertar do menino, contrasta com a puerilidade da cena real que ele protagoniza.

Quando os pais precisam sair, contratam uma babá, uma adolescente que sabe o que lhe espera e acaba sendo mais severa que a mãe para *domar* Calvin. Rosalyn parece ser uma das poucas pessoas que mete medo nesse pestinha. A crueldade de Rosalyn e seu descaso profundo com o menino, que representa apenas um bico desagradável que ela faz, contrastam com a atitude dos pais de Calvin. Aqui fica ressaltada a diferença entre o afeto bem-humorado e irônico dos pais e a verdadeira intolerância com as crianças, que aparece nessa jovem.

A parentalidade desvelada

s pais de Calvin estão sempre ocupados em deveres intelectuais ou domésticos, eles só vão ao encontro do filho para mandá-lo desempenhar alguma tarefa. Para conversar, é sempre o filho que vai até eles. Eles são sarcásticos, sabem o problema que têm em casa e tentam enfrentá-lo com um certo humor (às vezes beirando a irritação). Essa atitude ilustra a parte inglória da parentalidade, já que seu pequeno demônio não dá tréguas, é uma máquina de produzir confusões e dar trabalho. Personagens sem nome, pouco sabemos deles, a não ser que o pai trabalha num escritório e a mãe faz algo na máquina de escrever.

A função dos personagens dos pais na história é demarcada desde o prisma do menino: estão lá para atendê-lo, impor limites e ter sua atenção polarizada pela criança. A tarefa deles é resistir à demanda, mas o resultado é o inverso: tanto quanto ele reivindica incessantemente e eles tentam dar menos, mais ele os convoca. O resultado é um desencontro ostensivo.

O casal não esconde as dificuldades da empreitada e, apesar de que o clima entre eles é de uma cumplicidade brincalhona, por vezes acusam-se mutuamente por terem tido alguma influência nociva no caráter do filho. Embora seja um menino inteligente e possua uma criatividade inesgotável, suas capacidades sempre se revelam da forma mais conturbada possível, ele jamais faz o necessário para orgulhar ou agradar aos pais ou à escola, pelo contrário. Eles já abandonaram a esperança de que as coisas sejam muito diferentes, que o filho possa melhorar, parecem resignados com as chatices educativas que têm pela frente. Algumas vezes, um pergunta ao outro se está arrependido, a pergunta fica sem resposta, mas de uma coisa podemos ter certeza: Calvin não vai ter nenhum irmão.

Numa das tiras, das raras em que eles conseguem desestabilizar o filho, Calvin pergunta como veio ao mundo, o pai (que sempre que pode inventa histórias mirabolantes) lhe responde que eles o compraram num supermercado, por uma pechincha. A mãe, antes de consolar o filho que está chorando, vem censurar o pai. Existem momentos de afeto familiar, mas eles são ínfimos se comparados com o constante mal-entendido entre pais e filho. Essa ressalva serve para situar que os pais de Calvin não são pessoas sem coração, que deixariam o pobre filho entregue a um mundo imaginário à guisa de defesa ou compensação. De jeito nenhum, temos aqui uma família moderna, em que os pais sabem o peso e a responsabilidade de sua missão. Por isso tanto dedicam muita energia, quanto se questionam se vale a pena semelhante fardo. Numa tira, Calvin e o pai travam o seguinte diálogo:

(Calvin) – Você falou que, quando você vira pai, recebe um livro que explica tudo no mundo?
(Pai) – Certo.
(Calvin) – Posso vê-lo?
(Pai) – Receio que não!
(Calvin) – Por quê?
(Pai) – Ele explica como é criar um filho.
(Calvin) – Então?
(Pai) – Você não pode saber sobre isso até que seja tarde demais para não ter um.

Parece não haver muitas dúvidas de que a empreitada de ter um filho é um caminho árduo, sem glória e que, caso soubéssemos o que vem pela frente, ninguém ousaria. Por outro lado, o recurso desses pais, que aparece mais demarcado no pai de Calvin e seu pendor para um humor absurdo (que seria uma boa fonte de identificação para a capacidade de fantasiar do filho), é uma forma de enfrentar a tarefa sem esmorecer.

De forma crescente, o humor tem se tornado um dos atributos masculinos mais valorizados contemporaneamente. Um homem com humor demonstra ter uma visão crítica e particular do mundo, assim como da mulher que ele deseja. Junto às mulheres independentes e esforçadas que se precisa seduzir hoje em dia, não há muito espaço para o romantismo arrebatado ou para o patriarcado ostensivo; a sedução melosa ou o machismo exacerbado estão com seus dias contados.[20]

Apesar de desempenharem papéis de acordo com o modelo tradicional, em que o pai sai para o escritório e a mãe faz suas tarefas em casa, os pais de Calvin parecem ter uma relação horizontal, camarada, sendo que a mãe mostra ter uma língua tão ferina e uma capacidade crítica tão aguçada quanto a do pai. Enfim, é uma família moderna porque a hierarquia é mais alegórica do que factual, e a relação do casal é fraterna (embora não sem tensões) no que diz respeito à divisão de tarefas.

Os pais de Calvin foram acusados de serem um tanto quanto sarcásticos com seu filho, e não é do feitio desse autor edulcorar sua visão dos vínculos humanos. Mas acreditamos que esses pais já representam um novo momento: aqui se esboça uma desidealização da parentalidade. Esse casal sabe que não é muito divertido educar, eles inclusive parecem não se realizar grande coisa com a paternidade, ela seria como um fardo, depois que começou não dá mais para voltar atrás. Esses pais parecem que fariam coro com Vinicius de Moraes, em seu *Poema Enjoadinho:*[21]

[...] Filhos são o demo
Melhor não tê-los...
Mas se não os temos
Como sabê-los? [...].

Não são idéias fáceis de dizer, até então a parentalidade era vendida como uma nobre missão, necessária para realizar a mulher e dar sentido à vida do homem, um casal sem filhos não seria completo. Porém, o poema de Vinícius brinca com a ambivalência, pois filhos incomodam, mas desafiam e enternecem, os versos acima seguem assim:

Como saber
Que macieza nos seus cabelos
Que cheiro morno
Na sua carne
Que gosto doce na sua boca!

Para depois revidar com:

Chupam gilete
Bebem shampoo
Ateiam fogo no quarteirão
Porém, que coisa
Que coisa louca
Que coisa linda
Que os filhos são!

Watterson é um humorista, sua linguagem visa expor as feridas, não suturá-las. Por isso, ele explicita o que nessa poesia decanta das contradições: filhos são um mal necessário, por isso, apesar das incomodações, o pai de Calvin só permitirá que o filho leia o tal manual depois que seja tarde demais para lhe negar um neto.

Convém ressaltar que essas questões sobre a família são tangenciais ao que parece ser o grande tema das tiras de Calvin, que é uma solidão decorrente da impossibilidade de compartilhar a visão de mundo que os humanos têm. A infância e a família, hipoteticamente lugares de proteção e encontro, servem para que possa se ressaltar os tantos desencontros de que uma vida é feita.

As tiras mostram momentos de afeto basicamente nas relações entre o menino e o tigre. Porém, como o tigre é uma extensão de si mesmo, um modo particular

de Calvin ver o mundo, não chega a ser uma solução, talvez um consolo. Pelo menos é possível ficar bem consigo mesmo, encontrar afeto no interior da própria alma. De resto, os vínculos são basicamente estruturados sobre a queixa da insuficiência do outro ou através de uma demonstração de carinho às avessas: é atazanando-se mutuamente que muitas vezes se relacionam o menino com sua amiga Susie, seus pais entre si, com o filho e vice-versa.

Boa parte do tempo, o menino reclama a atenção de seus ocupados pais e traz pesquisas de opinião pública, que ele mesmo faz, em que o pai não se sai muito bem nessa enquete de uma só voz. Os pais queixam-se constantemente do filho e seguidamente acusam um ao outro por não educá-lo o suficiente. Sentem-se impotentes para pôr algum limite nessa pequena máquina de caos que eles têm em casa, e o pai por vezes lamenta-se de ser tão diferente do próprio pai, quanto à sua incapacidade de administrar as regras. É o humor, a possibilidade de rir desse cotidiano de desencontros, que costura os laços dessa pequena família.

O amigo tigre

nquanto os pais coadjuvam para criar os enredos, a parte reflexiva situa-se nos diálogos com o tigre. Boa parte do mote das tiras é a conversa com Haroldo que, apesar de na ação ser tão infantil quanto Calvin, através dos conselhos que dá, parece ser mais velho. Ele antecipa certos fracassos de seu amigo quando ele tem idéias estapafúrdias, revela os sentimentos que o menino não admite ter e juntos filosofam um bocado.

São de Hobbes, não o filósofo inglês do século XVII, mas do tigre, tiradas *filosóficas*, ou, como eles mesmos denominam, *provérbios de tigre* como: "o problema do futuro é que ele fica se transformando em presente"; ou "eu suponho que se não pudermos rir das coisas que não têm sentido, não poderíamos reagir a muita coisa"; ou ainda "quando estiveres velho, vais desejar ter tido mais do que lembranças desta viagem (da vida), quando olhares para trás". Aliás, esses provérbios de tigre são parte de um diálogo sofisticado, já que nas tiras Calvin não se pergunta pouca coisa, ele *só* quer saber coisas simples, como qual nosso propósito na vida e qual a razão da existência humana.

A altura do nível desse diálogo interior, mais uma vez colocando preocupações grandes em boca de gente pequena, só pode decorrer em fantasias igualmente grandiosas. Por exemplo, numa das personalidades que assume em seus devaneios, o Cosmonauta Spiff, Calvin foge da aula para ficar "livre para vagar pelos céus, na nobre busca do homem para investigar o mistério do universo". É óbvio o contraste entre a banalidade da vida e a riqueza que as fantasias nos oferecem. Afinal, quem vai querer ficar para responder quanto é cinco mais sete se tem uma missão dessas para cumprir?

Os tempos modernos, pelo menos no mundo ocidental, assistiram ao rompimento dos fios das religiões e das grandes causas. Como marionetes soltos, libertos mas tontos, parecemos-nos com Calvin, na solidão e no desencanto. Em função disso, talvez seja natural que pudéssemos esperar mais dessa curta vida, que já não acreditamos que faça grande diferença para o destino da humanidade. Não mudaremos o mundo, nem o destino da fé está em nossas mãos. Cada vez mais a política e a economia parecem tornar-se mecanismos supra-humanos, alheios à vontade dos mortais. É natural que a fantasia se faça grandiosa, pois, como Calvin, os humanos nunca se perguntam pouca coisa e nunca se conformam verdadeiramente com a insignificância. A vida de cada um de nós é como a desse menino: há um abismo entre a vastidão do mundo de fantasia (que inclui filmes, *games*, livros e outras formas de devaneio coletivo) e o encolhimento de perspectivas da vida real.

A sabedoria meio estapafúrdia do tigre, que Calvin escuta com atenção, contrasta com a do pai, que é constante motivo de questionamento e chacota por parte do filho. O pai fica dizendo também suas máximas e dando conselhos, que são ridicularizados nas tiras. Numa das mais belas (visualmente, inclusive), Calvin encontra-se num mundo totalmente cubista, a perspectiva do quadrinho parece ter enlouquecido, como num quadro de Picasso, onde frente e perfil do personagem convivem e os objetos justapõem todos seus ângulos. A inviabilidade desse mundo serve ao menino como argumento diante de seu pai, que numa discussão lhe havia proposto que tentasse ver as coisas desde outros pontos de vista. Mais uma vez, a impotência paterna é ressaltada.[22] O pai de Calvin parece realmente pertencer a uma geração de adultos que não tem grande cotação na opinião de seus filhos. Acontece que seguidamente a ironia de Haroldo soa muito parecida com as palavras paternas – especialmente quanto ao estilo do pai de falar –, mas vindas do tigre, como vêm isentas do peso da autoridade, Calvin as escuta.

Se formos considerar as tiradas de Haroldo como parte da sabedoria interior do próprio Calvin, como

um diálogo consigo mesmo (como ele trava com seus duplos, em outras ocasiões), teremos contextualizada uma das razões pelas quais tendemos, hoje em dia, tão facilmente para uma ilusão autodidata: parece sempre mais viável buscar as respostas sozinho (preferimos *buscar na internet*, que parece ser um instrumento impessoal ou nos livros ditos de *auto-ajuda*). Pais e professores têm boas intenções, mas sua sabedoria está sempre posta em dúvida, pois já não acreditamos mais na sua capacidade de nos compreender.

As histórias em quadrinhos sofreram todo o tipo de ataque por parte de estudiosos, pedagogos e políticos conservadores. Afinal, a facilitação da sua linguagem, utilizando a narrativa através de seqüências de imagens, parecia atuar no sentido do empobrecimento de seu público: os jovens, as crianças e os leitores de jornal. Esperamos que a análise das histórias que encerramos aqui ofereça argumentos contrários, pois não foi preciso procurar muito para encontrar nelas profundidade e crítica social. Provavelmente, a caricatura política e os livros ilustrados, que juntos deram origem à linguagem dos quadrinhos, lhes emprestaram muito de sua irreverência. O olhar infantil, assim como o humor, são formas de revelar o que o senso comum oculta, afinal, por sorte ou por azar, somos engraçados.

"As crianças são as mensagens vivas que enviamos a um tempo que não veremos",[23] escreveu o mesmo Postman que citávamos antes. Certamente essas personagens são, nesse aspecto, esse tipo de criança. Essas tiras, já encerradas por seus autores, seguirão encontrando leitores por um tempo que os transcenderá.

Notas

1. "Yellow Kid, o herói da primeira verdadeira história em quadrinhos, apareceu em dois painéis [...] na edição de domingo do New York World do dia 5 de maio de 1895. Curiosamente, nesse mesmo ano, em que surgia o primeiro personagem de histórias em quadrinhos do mundo, se assistia, no mês de dezembro, ao início das projeções, no Boulevard des Capucines, em Paris, do grande sucesso do cinematógrafo Lumière, dando nascimento ao cinema no mundo contemporâneo". In: MOYA, Álvaro. *História da História em Quadrinhos*. São Paulo: Brasiliense, 1996, p. 24.

2. MOYA, Álvaro. *Shazam!* São Paulo: Perspectiva, 1977, p. 110.

3. LUYTEN, Sonia Bibe. *Mangá: o Poder dos Quadrinhos Japoneses*. São Paulo: Hedra, 2000, p. 33.

4. Entre os mais importantes precursores da linguagem dos quadrinhos, destacamos *Max und Moritz* (Alemanha, 1865), dois garotos impossíveis, seguidos por *The Yellow Kid* (Estados Unidos, 1895), *Buster Brown* (idem, 1902), *Little Nemo* (idem, 1905), sendo que todos eles eram crianças levadas ou sonhadoras. Evidentemente que nesses primórdios também havia personagens adultas, animais e outros seres caricaturais, porém era já forte a presença e a empatia dos heróis (ou anti-heróis) infantis. Para uma história detalhada do gênero, ver MOYA, Álvaro. *História da História em Quadrinhos*. São Paulo: Brasiliense, 1996.

5. Como veremos adiante, aproveitamos um conceito de Neil Postman, invertendo-o para título desse capítulo.

6. No Brasil, a palavra *Peanuts* foi traduzida para *Minduim*, nome que se aplica ao personagem principal, Charlie Brown, porém não pegou, e as tiras são realmente conhecidas pelo nome original ou a partir do nome de seu cachorro Snoopy, que foi progressivamente roubando a cena.

7. ECO, Umberto. *Apocalípticos e Integrados*. São Paulo: Perspectiva, 1979, p. 287.

8. Ibidem, p. 288.

9. *Peanuts: the Art of Charles M Schulz*. Edited and designed by Chip Kidd. New York: Pantheon Books, 2001 (tradução dos autores).

10. Ocorrida em 14 de fevereiro, é uma data similar ao Dia dos Namorados comemorado no Brasil, porém celebra também a amizade e outros tipos de relações afetivas.

11. "*O sucesso do fracasso*" é o título que o autor deu ao verbete sobre *Peanuts*. No seu entendimento, "Peanuts é o divã mais barato para os milhares de fãs do mundo inteiro realizarem sua catarse". In: MOYA, Álvaro. *História das Histórias em Quadrinhos*. São Paulo: Brasiliense, 1996.

12. "O desejo de se tornar sábio e de ultrapassar os adultos em sabedoria e ciência nada mais é senão uma inversão da situação da criança". In: FERENCZI, Sàndor. *Escritos psicanalíticos. O sonho do neném sábio* (1923). Rio de Janeiro: Livraria Taurus Editora, 1983, p. 214.

13. POSTMAN, Neil. *O Desaparecimento da Infância*. Rio de Janeiro: Graphia, 1999. Pg. 112 e 113.

14. Crianças sabem ser surpreendentes e dizer coisas que deixam os adultos de queixo caído pela esperteza que contém. Porém, isso não faz parte de um pensamento sistemático, apenas de sua particular sensibilidade para apreender e enunciar elementos do inconsciente familiar.

15. Um paralelo no Brasil, que lembre a mesma simbologia, pode ser um português dono de padaria.

16. O irônico é que o próprio Quino foi acusado de ser um pequeno-burguês, e Mafalda seria uma propaganda do modo de vida norte-americano. *Para Ler Mafalda*, de Pablo José Hernandez, pode ser um bom exemplo da miséria da crítica marxista dos anos 1970. Esse ataque a Mafalda é tão inconsistente que não vale uma defesa. Para maiores detalhes sobre essas críticas injustas, ver MOYA, Álvaro. *História das Histórias em Quadrinhos*. São Paulo: Brasiliense, 1996, p. 183.

17. No Brasil, foram publicadas com o nome de *Calvin e Haroldo*, por isso, passaremos a chamar o tigre por seu nome brasileiro, como se popularizou entre os leitores.

18. WATTERSON, Bill. *The Calvin and Hobbes Tenth Anniversary Book*. Kansas City: Andrews and McMeel, 1995 (tradução nossa).

19. Ibidem.

20. "No passado, tratava-se de conferir ao amor uma existência poética, sagrada, quase religiosa; convém no presente criar uma atmosfera animada e festiva, mostrar-se divertido e simpático [...]. Quando dominam as coordenadas do ócio e da personalidade não-convencional, o ideal da relação homem-mulher tende a liberar-se de sua antiga gravidade romântica: a distração, o riso e o humor podem triunfar". In: LIPOVETSKY, Gilles. *La Tercera Mujer*. Barcelona: Editorial Anagrama, 1999, p. 49 (tradução nossa).

21. MORAES, Vinicius. *Antologia Poética*. Rio de Janeiro, José Olympio, 1981, p. 161.

22. WATTERSON, Bill. *Calvin and Hobbes Sunday Pages (1985-1995)*. Kansas City: Andrews McMeel Publishing, 2001, p. 51 (ver também a tira que vai no mesmo sentido, na p. 57).

23. POSTMAN, Neil. *O Desaparecimento da Infância*. Rio de Janeiro: Graphia, 1999, p. 11.

Anexo
GÊNESE E INTERPRETAÇÃO DE UM CONTO FAMILIAR

Vampi, o Vampiro Vegetariano

Contos narrados em família – Questões sobre casamento ente culturas distintas –
A importância de narrar histórias – Mãe suficientemente boa – Mãe suficientemente narrativa –
Espaço de ilusão – Função paterna – Pais suficientemente narrativos – Inconsciente familiar

Mário Corso[1]

té agora, estamos nos atendo à influência de histórias, tradicionais ou recentes, usadas pelos pais na relação com seus filhos. Mas sabemos que elas não abrangem a totalidade do fenômeno, porque existem pais que narram contos de sua própria autoria. Analisar uma experiência dessas aponta para uma direção um pouco diferente do que estamos fazendo ao longo deste livro, afinal uma coisa é compartilhar fantasias (mesmo que o eco seja sempre diverso), outra é criá-las para um contexto particular. De certa forma, estamos diante da diferença entre o geral e o particular. Quando os pais tomam emprestado um relato já estabelecido para contá-lo a seus filhos, eles podem até recriá-lo ao usar um estilo pessoal de narrativa, mas recriar é diferente de criar. No caso de uma história original, temos um relato único, fruto de um encontro pontual: será uma síntese peculiar de uma família, em um determinado momento da vida.

Vou utilizar aqui o exemplo de um caso particular que nos pode ajudar a compreender e a incentivar a criação de contos no contexto familiar. Trata-se de um episódio da minha família, um conto elaborado junto com minhas duas filhas, quando elas tinham aproximadamente 6 (Laura) e 3 anos (Júlia), em 1995.

Uma das melhores coisas que descobri com a paternidade foi a oportunidade de contar histórias. Tanto contava as da tradição, quanto inventava narrativas para minhas filhas. Foi, no entanto, uma agradável surpresa constatar o quanto os relatos criados davam conta dos impasses da minha recém-formada família. O resultado dessa interação é intelectualmente óbvio, pelo menos para quem é familiarizado com a psicanálise, mas vivenciar a experiência com tal intensidade foi marcante e creio que, de minha parte, foi uma das causas deste livro.

O conto que examinaremos foi gestado ao longo várias noites, junto à cama das meninas. Elas mesmas se davam conta da divisão entre as histórias criadas para elas e as que já existiam, preferindo claramente as improvisadas a cada noite, tanto por mim quanto pela mãe delas. Quando estávamos muito cansados para criar, negociávamos uma da tradição, lida ou contada, dependendo do acaso, e elas escutavam com a mesma atenção. Já as histórias criadas geralmente começavam numa noite e, depois de alguma resolução, seguiam noutra noite para aproveitar as personagens, que então viveriam novas aventuras.

Nesse momento, tínhamos já a convicção da importância das narrativas infantis para o desenvolvimento das crianças. Unindo-se a isso o fato de elas serem ouvintes atentas e participativas – talvez pelo nosso empenho –, o cotidiano da contação de histórias antes de dormir estava consolidado. Sempre que possível, nos revezávamos para fazê-las adormecer depois de um conto e dos comentários que a trama suscitava.

No meio a tantas histórias, houve uma que me surpreendeu. As meninas também ficaram especialmente ligadas a ela, e foi, sem dúvida, a mais importante da infância delas. Sua continuação era reivindicada por meses, como de fato aconteceu, mas eu só fui me dar conta do motivo do apreço depois de um bom tempo. O processo era ativo, praticamente uma criação coletiva, pois minhas filhas não aceitavam certas cenas, que retiravam do enredo, bem como sugeriam passagens e polemizavam em torno de nomes e características das personagens.

Um ano depois, Laura ilustrou esse pequeno conto, e fizemos uma edição caseira, em forma de livro infantil, para os amigos. Foi nesse momento que ele ganhou a forma escrita a seguir. Este conto é a narrativa original, o primeiro episódio. Depois disso, as mesmas personagens viveram outras aventuras; porém é nessa primeira forma que elas são lançadas, que está a chave para se entender o seu impacto junto às meninas.

Repito, não houve intencionalidade nenhuma, eu não tinha a menor idéia de por que estava contando essa história. Contava porque alguma tinha de ser contada, e ela foi nascendo no diálogo com as crianças. Tampouco escolhia uma ou qualquer outra das que me ocorriam como fábulas instrutivas para este ou aquele momento do crescimento das meninas. Como qualquer pai, tecia minhas narrativas sem quaisquer intenções psicológicas ou pedagógicas, inventava guiado mais por um senso estético e lúdico do que por qualquer outra coisa.

Como é um conto pequeno e estamos diante de um estudo de caso, mais vale a leitura na íntegra do que uma sinopse. É preciso levar em conta que na versão escrita utilizei primeira pessoa, por questões meramente de estilo e facilidade narrativa, mas, quando foi contado, a narrativa era em terceira pessoa.

VAMPI

O Vampiro Vegetariano

e vocês acham que têm problemas é porque não conhecem os meus. Nasci vampiro, o que em si não é nenhum problema. Acontece que sou um vampiro vegetariano. Aliás o único. Não conheço outro vampiro que se alimente só de vegetais. Isso pode até soar bem entre vocês, eu sei que cada dia há mais humanos vegetarianos, mas para um vampiro é um desastre.

Por sorte consigo manter em segredo, morro de medo que meus amigos descubram. Vocês não conseguem nem imaginar a vergonha que seria para minha família se todos viessem a saber.

Não lembro como começaram meus problemas com o sangue, sei que não gosto e pronto. Tomo catchup ou suco de beterraba. Como esses sucos são vermelhos, todo mundo acha que é sangue. Nunca falei disso para ninguém, é o meu segredo.

Na verdade minha mãe sabe, é ela quem prepara as poções de vegetais que tomo, não parece gostar disso, mas não quer que eu passe fome. Aliás ela também não come direito, nunca a vejo comer, está sempre de dieta... Mas meu segredo eu posso contar a vocês, porque igual vocês não conhecem nenhum vampiro mesmo.

Esta minha mania sempre me fez pensar muito, sempre quis saber por que eu era tão esquisito. O que me consola é que eu tenho uma família meio esquisita também.

Eu sou o mais velho dos irmãos. Depois de mim vem a Vampirela. Uma vampira de verdade, que adora uma sopa de sangue quente. Se bem que ela tem umas coisas diferentes também. Possui um armário cheio de bichos de pelúcia e arranjou um namorado humano. Não sei se vocês sabem, mas o namoro de vampiros com humanos é rigorosamente proibido. Se papai souber disso, o castelo cai. Bichinhos de pelúcia até que passa, embora seja ruim para a reputação de uma vampira, mas namorar humanos é terrível.

Depois dela vem Vampricila, ela tem a mania de trocar a noite pelo dia. Nós somos seres da noite, ficamos acordados de noite e dormimos durante o dia. Minha irmã aproveita a luz do dia, enquanto nossos pais dormem, para ver programas melosos na TV humana. Além disso, brinca com umas bonecas que se chamam Barbie. Não sei onde ela conseguiu essas coisas. Por aqui meninas vampiras brincam com bonecas bruxas, com monstrinhos, sapos e lagartixas.

Tenho dois irmãos gêmeos: Buda e Pest, os dois adoram animais, por certo vão ser veterinários. Não podem ver um dragão sarnento e escamoso abandonado pelas ruas que já o trazem para o castelo. Nosso castelo já está cheio de dragões, hidras e cachorros de três cabeças. Esses são os que menos me preocupam, acho que são vampiros mesmo.

O meu irmão caçula, Vampeter, ainda não sabe caminhar, vive no colo de minha mãe, a Condessa Vanessa.

Sou filho do Conde Vampir, esse nome não lhe diz nada pois você é humano, se fosse uma criatura deste lado do mundo, seu sangue gelaria ao ouvi-lo. Só de ver meu pai, seus olhos penetrantes e as cicatrizes que ele tem no rosto, marcas da guerra da Burgúndia, qualquer um treme.

Bom, também vive no castelo meu tio Vampirelo, mas meu pai não gosta muito que falemos dele, diz que é um mau exemplo por tomar muito formol. Ele é um vampiro formólatra.

No meu aniversário de 13 anos, tudo mudou. Talvez vocês não saibam dos costumes dos vampiros, eu explico: quando um vampiro menino faz 13 anos, seu pai lhe ensina as palavras mágicas para se transformar e se destransformar em morcego. Todo o vampiro aguarda ansiosamente esse dia e comigo não foi diferente.

No dia tão esperado, eu descobri que tinha vertigem, conseguia voar mas só perto do chão. Não foi um fiasco maior porque enganei a todos. Saí voando no meio das pernas das pessoas, e elas pensaram que eu estava brincando. Depois saí pela janela mas, na verdade, fiquei escondido do lado de fora do parapeito. Uns minutos depois voltei arfando, não de cansaço e sim de susto.

Para mim isso foi a gota d'água. Fiquei desconsolado, que bela porcaria de vampiro que eu era. O que o meu pai ia pensar de mim? Resolvi então descobrir o que estava errado comigo, por isso fui detetivar a minha própria vida.

Como começar uma investigação é que são elas, mas meu instinto de recém-detetive me ajudou. Comecei a procurar pistas nos álbuns de fotografias da família. Mal sabia o que me esperava. Justo ali minhas suspeitas se confirmaram.

O baú de recordações da família tinha de tudo mas não havia nada sobre a vida da minha mãe antes do casamento. Estava tudo cheio de tios, tias, avós, bisavós, tataravôs, padrinhos, antigos amigos, mas nada, nadica de nada sobre mamãe e a sua família.

O que esconderia o passado de minha mãe? Sendo sincero comigo mesmo, eu já tinha percebido que havia um mistério, mas nunca quis pensar nisso, afinal, mãe é mãe.

A vontade de entender o que se passava comigo falou mais alto e resolvi seguir minha própria mãe. Peguei minha lupa (não sei por que, mas todo detetive usa uma) e comecei a seguir seus movimentos. No começo foi muito monótono, mãe cozinhando, mãe fazendo a cama, mãe corrigindo temas... Quase desisti, mas a curiosidade é um bichinho dentro da gente que não nos larga.

Finalmente, houve um movimento suspeito. Mamãe preparou o carro para sair, mas já estava amanhecendo, deveríamos ir todos para a cama, quer dizer, para os caixões. Aquilo não fazia sentido, então fiquei atento.

Depois que todos em casa dormiam, mamãe furtivamente dirige-se à garagem levando Vampeter. Cuidadosamente, segui os dois. Estava agitado, alguma coisa me dizia que estava entrando no mistério.

Num descuido de minha mãe, escondi-me no ataúde. Nosso carro é uma perua preta, um carro fúnebre superchique. Como sempre tem um caixão dentro do carro, usei-o para me esconder, e dali dava para continuar espionando sem ser visto

Arrancamos e começamos a rodar. Como estava escondido, não sabia para onde estávamos indo. Tive dois medos. O primeiro que o dia estava chegando, o sol saindo, e vocês bem sabem o que a luz do sol faz com os vampiros: ficamos reduzidos a pó.

Outra coisa é que o carro começou a rodar macio. No mundo dos vampiros não há asfalto, por isso sentia que estávamos já no mundo dos humanos. Existe uma passagem secreta que separa os dois mundos, só os vampiros conhecem.

Sinto não confiar em vocês, mas não posso contar, além disso, detesto turista. Imaginem só o que aconteceria com a calma de nosso mundo se vocês chegassem!

Mas o que fazia minha mãe se aventurar no mundo dos humanos durante o dia? Iríamos virar pó?

Além disso, o Vampeter, no banco de trás, me viu espiando e não parava de dizer: "qué brincá com Vampi". Minha mãe, por sorte, tinha que olhar para a frente e pensava que Vampeter estava com saudades.

Mas aquilo demorava muito, e o carro sacudia, e eu estava cansado e... ninguém é de ferro, dormi em pleno exercício do dever. Uma desonra para a classe dos detetives.

Quando acordei, o carro estava parado no sol. Nunca tive um susto tão grande. Nem quando fiquei dependurado do lado de fora da janela no meu aniversário. Era em pleno dia claro. Preparei-me para virar pó.

Num susto dentro desse susto, vi que minhas pernas já estavam no sol. Pensei que estava consciente, apesar de morto. Tudo isso é um pouco confuso, pois nós, os vampiros, já somos mortos-vivos. O fato é que não virei pó. Fique muito impressionado e ainda mais curioso.

Seria eu o descobridor que essa idéia fixa com o sol que os vampiros têm seria apenas uma superstição? Será que passamos séculos fugindo de um falso inimigo? O sol não seria esse terrível aniquilador de vampiros? Ou sou eu o diferente, e isso faz parte do mistério que persigo?

Minha cabeça girava, eu seguia nervoso e acuado. Enxergava mal com tanta claridade. Estava em pleno dia no mundo dos humanos e não sabia como voltar. Meu pai tinha me contado sobre inúmeras guerras que os humanos travaram entre si e de como, friamente, maltratavam-se e matavam-se por pequenas diferenças. O que não fariam com um vampiro?

Saí do carro tonto de tanta luz e fui procurar minha mãe. Não estava mais perseguindo o mistério, eu queria era encontrar minha mãe, estava morto de medo. Tinha certeza de que, se um humano me reconhecesse, meu fim seria lento e doloroso.

Caminhei até a casa mais próxima de onde nosso carro estava estacionado. Pensei comigo mesmo: mamãe está lá. E estava certo, pela janela pude ver tudo. Mas mal podia crer em meus olhos, mamãe estava tranqüilamente tomando chá com uma humana. Vampeter brincava no chão próximo aos raios de sol e nada lhe acontecia.

Aquela humana parecia-me familiar, na verdade, era extraordinariamente parecida com a minha mãe. Essa semelhança colocou mais um enigma na minha cabeça, como se não bastassem as dúvidas que eu já tinha.

Tive uma curiosidade medonha de escutar o que elas falavam e grudei meu ouvido na porta. Escutava mal, não conseguia entender qual era a conversa, mas parecia amigável. Pareciam duas velhas amigas conversando. De repente percebi que havia uma coisa horrível e disforme, um cachorro aleijado, com uma só cabeça, latindo atrás de mim. Era branco, pequeno e peludo, nunca tinha visto coisa mais asquerosa.

Não pensei que fosse possível, mas fiquei com mais medo do que já estava, o cachorro latia para mim. Fiquei preso entre o monstro e a porta. Por um momento a voz se tornou mais clara, a estranha estava mais próxima da porta e disse assim:

"Vampeter, tenho uma surpresa pra ti. O cachorrinho do vizinho está na porta latindo, ele vem todo dia me visitar".

Quando pensei em me esconder já era tarde, além do mais não poderia passar pelo terrível animal.

Por sorte e por azar, a estranha humana abriu a porta, e eu caí de cara no chão. Foi tudo muito rápido, fiquei ali no chão sem saber o que fazer. Minha mãe parecia mais assustada do que eu. Depois a cara dela mudou para braba, depois mudou para triste e começou a chorar.

Vampeter era o único que mantinha o bom humor, ria muito e queria brincar. Eu não sabia o que dizer, a humana começou a chorar também.

Mulheres são como vampiras, pensei, quando não sabem o que fazer choram. Tive uma imensa vontade de chorar, mas um vampiro não chora. A muito custo consegui manter a calma. Pelo menos por fora, quando levantei senti as minhas pernas como se elas fossem feitas de gelatina. Meu coração parece que ocupava todo o meu peito, penso que chegava a escutar suas batidas. Na verdade eu devia uma explicação, mas minha mãe também. Quem começaria?

A humana começou. Veio em minha direção com determinação. Pensei que seria o meu fim. Depois ela me agarrou e eu me senti sendo esmagado. Será que minha mãe permitiria esse crime na sua frente? Como ela me salvaria? Quando a tortura da humana começou, senti que minha sorte estava mudando. O abraço fatal até que era bem legal, era macio e a humana usava um perfume, que perfume! Enquanto eu estava ainda enredado em seus braços ela disse: "bem-vindo, meu sobrinho!"

Aquilo ressoava na minha cabeça, eu escutava de novo: meu sobrinho. Mas o que era isso? Eu entendia, mas não queria entender. Isso significava que ela é minha tia. Um dos mistérios resolvido, a semelhança estava explicada. Mas se minha mãe tem uma irmã humana, então quer dizer que ela é...

Sim, meus amigos, minha mãe é humana. Difícil crer na lógica do meu pensamento. Ao mesmo tempo, tudo assim fazia sentido, o mistério que eu buscava estava descoberto. Não se pode dizer que eu estava contente, sim, estava era muito confuso.

Você também não estaria? Além disso, comecei a gostar do abraço da humana e então me senti mal por estar gostando do que não devia estar gostando.

Não sabia o que dizer nem o que pensar. Fiquei tonto e pedi um copo de água. Não tinha sede, mas ganhava tempo. Minha agora tia ofereceu-me coca-cola. Quis começar bem nossa amizade e não recusei, mesmo sem saber o que era. Tomei aquela poção borbulhante, preta e açucarada. Enquanto isso minha mãe falou:

"Não sei como você chegou aqui, filho, mas essa é a casa de minha irmã caçula, ela se chama Vitória. Ela já te conhece, você vinha aqui quando tinha a idade do Vampeter".

Pensei em dizer para a minha mãe para pararmos por aqui mesmo, que chegava de revelações. Pelo menos para um só dia. Mas minha mãe seguiu falando. É sempre assim. Já falei para vocês que minha mãe fala demais? Acho que é um vício das mães.

"Tinha medo de não ser amada por ti e pelos teus irmãos, então escondi que era uma humana. Teu pai sabe de tudo. Aliás, nunca escondi dele que era uma humana, ele gostou de mim mesmo assim. Já tive namorados humanos antes de teu pai que eram piores que o diabo. Como eu gostei dele, não me importei dele ser um vampiro ou qualquer outra coisa".

Não sei se foram essas revelações ou a poção preta, mas fiquei mais tonto. Mamãe percebeu que eu não estava bem e resolveu que era hora de voltarmos para o castelo.

Despedi-me de minha recém-tia, falando que voltaria a vê-la. Ela ficou contente e disse que temos muitas coisas para falar. Afinal, temos anos de conversas atrasadas.

Quando cheguei ao carro não sabia se estava feliz ou triste. Há ocasiões em que não sabemos o que estamos sentindo, e eu estava num desses momentos. Sentia-me mais aliviado, afinal eu não sou um vampiro de meia-tigela. Mas o que sou eu? Existe um nome para cruza de vampiros com humanos? Seria

eu um vampimano ou um humampiro? Por que logo comigo vai acontecer essas coisas? Logo eu que era contra os transgênicos. Era só o que me faltava, sou um vampiro geneticamente modificado.

Vocês entenderam o que aconteceu? Eu tinha um mistério, resolvi e agora tenho outro. Onde que meus pais estavam com a cabeça? Por que uma humana casa com um vampiro ou um vampiro sai de seu país e vai buscar uma humana para casar.

Não é fácil descobrir um dia que se tem algo de humano. Afinal, são um povo bárbaro. Você já ouviu falar de uma nação de vampiros tentar invadir e matar outra nação de vampiros? Nunca, sabem por quê? Porque não guerreamos há muitos séculos. No meu país, quando alguém se enfurece e quer brigar, logo vamos dizendo: "cuidado, você vai acabar se tornando um humano".

Quando ficamos sós no carro, o clima pesou. O mal-estar era tão forte que até o Vampeter acabou ficando quieto. Resolvi falar qualquer coisa só para ir amansando minha mãe. Comentei que os morcegos do dia são coloridos. Minha mãe topou a conversa e me ensinou que morcegos, quando são coloridos, se chamam passarinhos e são parentes da coruja. Vejam só!

Pouco tempo depois, começamos a nos aproximar do portão dos mundos, comecei a me sentir melhor e perguntei à minha mãe como tudo começou. Como que ela conheceu papai e por que resolveram ficar juntos. Ela contou tudinho, tintim por tintim, mas é muito demorado, vou resumir pra não encompridar.

Tudo começou numa noite fria e escura. Mamãe caminhava por uma rua deserta, voltando para sua casa, quando percebeu que alguém a seguia. Seu sangue gelou quando sentiu algo a lhe tocar o pescoço, mesmo com muito medo, conseguiu acertar com a bolsa o rosto do bandido. O que o bandido não sabia é que a minha mãe carregava um tijolo na bolsa exatamente para esse tipo de assalto. Minha mãe nem olhou para trás para saber como ele caiu.

Não é que na outra noite ele estava lá de volta. Minha mãe já estava mais preparada que no dia anterior e pode mirar com mais calma bem no rosto daquele tipo estranho.

Ela estava enganada quando pensou que tinha livrado-se dele. Na terceira noite, ali estava outra vez o sujeito esquisito. Parecia que ele queria falar alguma coisa. Mamãe já não tinha tanto medo, já o derrotara nos outros dias, olhou para ele, viu o rosto com um lado inchado e teve pena. Num gesto de bondade, não lhe golpeou no mesmo lugar. Bateu sim, mas do outro lado.

O resultado é que, na quarta noite, o rosto já estava melhor, não por estar menos inchado, mas por estar mais parelho. Minha mãe pensou em mudar de tática. Afinal, as bolsadas só tinham efeito na hora, e minha mãe chegou a pensar que era em tomar bolsadas que ele estava interessado. Ergueu a bolsa e perguntou: quer apanhar mais?

Ele disse: "quero o teu pescoço para sempre".

Minha mãe se sentiu ofendida e, dessa vez, deu uma bolsada para valer. Só depois ficou pensando na estranha frase sobre ter o pescoço para sempre. O que ela não sabia, e que só soube depois de tudo esclarecido, é que essa era a maneira de os vampiros pedirem as mulheres vampiras em casamento.

Esse mal-entendido só foi resolvido várias bolsadas, digo noites, depois. Um dia, ele disse que era um vampiro e minha mãe teve certeza que ele era louco. Pois é, minha mãe nessa época acreditava que vampiros eram lendas.

Bolsada vai, bolsada vem, minha mãe se acostumou com o ser estranho e deixou ele falar. No começo pensou estar ajudando um louco inofensivo. Depois ela começou a ter dúvida e, finalmente, essa estranha pessoa, que depois viria a ser meu pai, teve a idéia de dar uma prova. Puf, ele se transformou em morcego na frente dela. Minha mãe aí sim teve medo, ficou certa que ele era um tipo de diabo. Foram precisos muitos dias e bolsadas para que tudo se esclarecesse, e eles começassem a namorar.

Tiveram muitas dificuldades, pois é proibido, bem proibidíssimo, vampiros namorar humanos. Para minha mãe não era tão problemático, não há lei que impeça humanos de namorar vampiros, pois, por sorte, eles não acreditam muito em nossa existência. Só que, conforme eu sei agora, existe uma forte campanha difamatória contra os vampiros. Ninguém nos aceita. Os humanos fazem cada coisa e nós que somos os malvados!

Dizem que vampiro é isso, que vampiro é aquilo, tudo farofa. Além do mais, vindo de quem? De vocês, humanos. Será que vocês têm moral para falar de outros povos? Olhem-se mais no espelho (já que vocês podem). Pois é, mas agora eu sinto que sou um pouco como vocês.

No começo, papai até pensou em emigrar para o mundo dos humanos para ser guarda noturno, porteiro de boite ou coisa parecida, mas era muito difícil por causa do sol. Os vampiros quando puros, de pai e mãe vampiros, realmente viram pó de pum quando são atingidos pelo sol. Minha mãe é muito branca, pinta umas olheiras e fica, acreditem, mais vampira do que meu pai. Até hoje a família do meu pai acredita, como eu também acreditava, que minha mãe é uma pobre órfã vampira que papai encontrou.

Um dentista amigo de papai, que sabe de tudo, até colou uns caninos maiores por cima dos dentes normais de minha mãe, e assim todos acreditam. Já ia esquecendo, é claro que existem dentistas vampiros, perder os dentes é o maior medo de todos os vampiros, por isso eles têm bons dentistas. Há quem diga que todos os dentistas seriam vampiros, mas não é verdade, existem dentistas humanos. A maior ofensa que se pode dizer a um vampiro é chamá-lo de banguela. Isso tira qualquer um do sério.

Quando chegamos ao castelo, já estava anoitecendo, todos iriam sair de seus caixões, teríamos que ser cuidadosos para não fazer barulho. Nem deixei mamãe pedir, logo disse que não contaria nada para meus irmãos. Não achava justo que eles não soubessem, mas que cada um descobrisse quando fosse a sua hora. Pelo menos agora seria mais fácil agüentar as esquisitices de meus irmãos.

Fiquei muito curioso sobre os humanos, resolvi que estudaria todos os manuais de bruxarias que falassem de humanos. No outro dia, dei a desculpa que estava doente e pude dormir durante toda uma noite e todo um dia. Quando acordei, cheguei a pensar que fora tudo um sonho, não fosse o olhar cúmplice de minha mãe.

Será que vocês estão pensando no que eu estou pensando? Pois é, as tais cicatrizes no rosto, oriundas da guerra da Burgúndia precisam ser mais bem explicadas. Mas isso fica para outro dia. Eu ainda estava muito agitado, afinal, eu estive no mundo dos humanos e voltei vivo. O chato é que queria contar para todos e só posso contar para vocês, paciência.... Valeu a pena ser detetive de mim mesmo.

Garanto que você também tem um mistério. Se você, ou alguém da sua casa, gosta muito de carne mal-passada, assim sangrando, ou gosta de coisas de terror ou, ainda, sente algo forte no coração quando enxerga a lua cheia, quem sabe tem um antepassado vampiro? Descubra, se for capaz...

Um casamento misto

mbora o recurso à magia esteja presente nesta história, estamos fora do terreno dos contos de fadas. O herói introspectivo e a jornada interior são tão importantes quanto a aventura. Além disso, a narrativa centrada numa pessoa com um drama subjetivo faz com que essa estrutura nos remeta mais às novelas modernas, que às histórias infantis tradicionais.

Não é preciso pensar muito para descobrir que a trama, contextualizada numa família formada a partir de um casamento misto, se desenrola com as tentativas de um filho para se situar diante da diferença de duas heranças culturais. Mesmo sendo óbvio, eu fiquei um bom tempo contando a história com essas personagens sem me perguntar quem elas eram e o que isso tudo significava. Certo dia, não deu mais para ignorar que Vampi retratava minhas inquietações sobre como educar minhas filhas diante de duas tradições: a católica e a judaica.

O impasse que eu vivia não era religioso, já que tanto eu quanto minha esposa somos ateus e não pensamos em dar para nossas filhas uma educação religiosa, pelo menos do modo tradicional. Mas isso não é tão simples, existem ritos que trazem um sentido social importante para as famílias e para receber as crianças na sociedade. Além do mais, religião não é só uma questão de fé, há todo um legado de tradições que não pode ser ignorado, não se pode fazer um corte brusco com uma história que vem de tanto tempo. Assim, como não somos ateus militantes (até nutrimos uma secreta inveja de quem consegue acreditar em algo), não nos oporíamos a um ou outro ritual.

Nosso casamento foi bem aceito por ambas as famílias, a questão da origem religiosa era apenas fonte de anedotas de ambos os lados, por isso, até nossas filhas chegarem, praticamente não nos questionamos sobre o assunto. Mas, depois da chegada delas, qualquer escolha de um ritual significava apoiar tal parte da família em detrimento da outra. Fôssemos de uma só tradição, certamente faríamos algumas concessões diante do convencional, sempre oferecendo a elas uma crítica ao que estaria sendo feito – não necessariamente no momento, talvez mais tarde.

Hoje uma educação religiosa não é tão marcante, mesmo que se queira, como foi para as gerações passadas. O mundo dispõe de uma série de possibilidades para escapar do pensamento dogmático de qualquer religião, pelo menos na cultura ocidental. Mesmo assim, o nascimento, a entrada na adolescência, assim como o casamento ainda se beneficiam dos ritos religiosos e culturais que marcam e celebram seu acontecimento. Por isso, optamos por escolher padrinhos para as meninas, embora tenham sido nomeados fora de uma cerimônia formal. Além disso, achamos que as crianças devem conhecer a religião das famílias de origem, não necessariamente crer nelas, mas saber no que seus antepassados acreditavam.

Assim, embora sem qualquer ritual, optamos por ensinar um pouco da tradição de cada uma das origens. Isso resolve um problema e cria outro, a questão era então como dizer às nossas filhas o que elas eram, qual seria sua identidade em termos de tradição religiosa. Elas não tinham sido batizadas na igreja católica, logo não teriam primeira comunhão, e nem fizeram *bat mitsvá* como colegas e amigos de origem judaica. Já os dias sagrados de ambas religiões eram lembrados, porém sem muita ênfase, pois não seria natural para nós. Ser católico é um pouco mais fácil, principalmente num país que tem essa religião como sistema dominante. Mas a questão judaica é uma herança mais complexa e mesmo que uma pessoa se esqueça disso, os outros a lembrarão. A história recente do povo judeu é um assunto espinhoso que minhas filhas estão tentando entender, não sem muito sofrimento, considerando-se que o avô materno perdeu o pai e seu único irmão num campo de concentração.

Eram esses os impasses que estavam na minha cabeça quando elaborei (elaboramos) o vampiro originário de duas culturas. Seu sintoma é tentar a síntese das tradições, enquanto carrega algo de cada uma sem poder optar em definitivo por nenhuma. Era isso que eu, dessa maneira alegórica e inconsciente, dizia através da história: não há registro para essa síntese que vocês são e vão ter que compor algo com um pouco de cada uma. Não sei o que elas farão, mas essa sugestão não poderia ser mais sincera.

Vampi já era um herói atormentado, seus problemas alimentares o inquietavam, mas é a partir de um ritual que a história muda de rumo. É claro que o ritual encoberto a que o conto faz alusão metafórica é o *bar mitsvá*, o ritual de maioridade judaico. No conto, a maioridade se traduz pela demonstração de um poder especial, no caso voar, mas ligado também a um saber místico: as palavras mágicas, passadas de pai para filho, que afinal são as palavras mágicas contidas na Torá.

O ritual de maioridade para meninas, aos 12 anos, se chama *bat mitsvá*. Creio que isso vem somar-se à escolha do vampiro, em alusão à palavra *bat*, morcego em inglês. Vocábulo que, devido a Batman, até minhas filhas sabiam o que significa. Afinal minhas *batgirls* seriam, como o Batman, a síntese entre os homens e os morcegos.

Além disso, quando recebemos convites para rituais, que nos levam a participar de cerimônias tanto judaicas quanto católicas, a questão de pertença a um ou outro sistema religioso ressurge para nossa família. O ritual do Vampi extrai daí sua relevância, ele aponta nossa falta de rituais e conseqüentemente a diferença das nossas filhas para com as outras crianças. No conto, é por ocasião de um ritual que o herói entra em crise existencial e parte para uma descoberta

Eu supunha, inconscientemente, que minhas filhas viviam um *Complexo de Vampi,* tentando assimilar as duas filiações culturais. De certa forma, o certo é que quem estava vivendo esse complexo era eu, pois não sabia o que lhes passar como legado, e a mãe delas, menos ainda. Eu tive uma educação católica formal da qual já não me queixo, digamos que estou pacificado a esse respeito. Já Diana vive o seu judaísmo como algo atravessado, ela não conhece bem a sua religião de origem e foi criada por seus pais fora das tradições, embora tenha tido alguma convivência com judeus ortodoxos de um ramo da sua família.

Algumas vezes pensei que teria havido uma antecipação da minha parte, trazendo à baila um assunto que, na verdade, estava pesando mais para o meu lado. Mas penso que não, afinal minhas filhas aderiram entusiasticamente à história, tanto que a construímos juntos. Além disso, como a invenção da história não passa por uma determinação consciente, seus tempos não obedecem à razão, mas sim às necessidades interiores de elaboração, com seu próprio cronograma.

O material que se faz presente neste conto familiar merece um comentário à parte. O conteúdo assemelha-se a um sonho, não tanto pelo seu caráter inconsciente, afinal é passível de se fazer consciente sem maiores dificuldades, mas pela resolução que o conflito encontra. Não é à toa que Freud introduziu o estudo da interpretação dos sonhos com exemplos de sonhos que realizavam tarefas ou atendiam desejos pendentes. Não há o que o trabalho onírico não faça para viabilizar uma boa noite de sono. O sonho é, na maior parte das vezes, um aliado do descanso, ele dá um jeito nas pendências, despacha os problemas a seu modo.

Esse conto oferece uma possibilidade de resolução do problema da identidade cultural dividida: propõe o caminho de pensar um ser misto como algo palpável e interessante, mesmo sendo um vampiro excêntrico. Como não tínhamos uma definição precisa da síntese religioso-cultural que nosso casamento produziu, fantasiei uma. Essa forma alegórica respeita

a diferença, tornando-a inclusive mais radical do que é, mas conserva a força do amor que une os dois mundos. O resultado dessa união são filhos que têm traços de identificação com ambos os lados. Ou seja, o Vampi resolve nosso problema, ele é um ser inteligente o suficiente para se questionar, corajoso para enfrentar seus segredos e, ainda, para aceitar sua diferença. Então, encontramos, através desse vampiro, uma forma para encaminhar a elaboração de algo que não conseguia ser falado de outra maneira. Essa era a resolução possível, considerando a pouca idade que minhas filhas tinham na ocasião.

No momento em que o conto estava sendo narrado, o caminho da identificação das meninas com os personagens era lateral: elas se consideravam as irmãs esquisitas do Vampi. Elas também eram diferentes e, um dia, à sua maneira, teriam de descobrir essa diferença, assim como ele descobriu a complexidade da sua origem. Ou seja, a tarefa era adiada para um momento de mais maturidade, como se elas dissessem: "está bem, ele já enfrentou, um dia será a nossa vez, mas precisamos de mais tempo".

Pensar qual origem ficou para os vampiros e qual para os humanos não leva a lugar algum, o que importa é a diferença. Eu mesmo tentei fazer essa interpretação e cheguei a ambas conclusões, em cada um dos povos do conto há elementos para se fazer as conexões com uma ou outra tradição. Os judeus podem ser os vampiros, afinal são uma minoria que vive em *outro mundo* – a sua cultura. Por outro lado, quando se trata de derramar sangue, podemos chamar os povos de tradição cristã, eles são especialistas nisso, tanto que já vampirizaram o povo judeu várias vezes. Penso que a questão principal gira em torno de um povo do dia e um povo da noite que não podem se misturar, pois esta é a lei. Essa metáfora serve para muitos povos com diferenças culturais acentuadas.

Quanto a ser vegetariano, vale umas palavras a mais, pois isso é uma questão importante em nossa família. Meu irmão e sua esposa são muito presentes para nossas meninas, embora fisicamente distantes – sempre morando num canto remoto do mundo –, são subjetivamente marcantes. Ambos são vegetarianos, e vocês podem imaginar o quanto isso é motivo de assunto para o resto de uma família gaúcha, para quem o churrasco é quase um ritual de pertença. De qualquer forma, o vegetarianismo é uma identidade construída a partir de uma restrição alimentar.

Essa identidade também ecoa em várias histórias contadas pela Diana, trazidas de sua infância, sobre como foi conviver com uma parte da família que só comia *kosher* – comida apropriada para consumo segundo estritas regras religiosas judaicas. Ela vivia de forma incômoda o fato de seus parentes se recusarem a usar os pratos e talheres de sua casa por serem impuros; por extensão, ela também se sentia impura. Trata-se da noção de uma identidade imaginada não como religiosa e cultural, mas, na visão de uma criança, como uma questão de regramento da oralidade.

Buda e Pest, os gêmeos, são uma alusão a meu sogro, afinal ele é húngaro nascido em Pest, cidade gêmea de Buda. Nas histórias que se seguiram, eles ganharam mais espaço como cientistas precoces, outra alusão ao avô, engenheiro químico e curioso por ciência.

O Vampi não se restringe a isso. Mais coisas são ditas nessa história, mas já não pertencem ao meu encontro com minhas filhas ou, pelo menos, não tanto, pertencem, sim, a minha história pessoal. Poderia facilmente fazer as conexões, mas fugiria da nossa sistemática; entretanto, algumas pinceladas valem a pena, apenas para pensar de que maneira certas questões podem ser passadas aos filhos. As bolsadas repetidas, por exemplo, são a minha fantasia infantil de como eu concebia o sexo: o amor dos adultos teria um componente agressivo. O que disso passa para as minhas filhas está em aberto; se a infância delas lhes lançou a mesma hipótese sobre a relação sexual formulada pela minha, certamente elas encontrarão nessa cena uma ilustração.

Embora o vampiro seja um personagem clássico, tenho uma afinidade com sangue por experiência pessoal. Cresci vendo minha mãe, por ser bioquímica, tirando sangue de todo o mundo. Sangue esse que era depois analisado, passava por vários processos, enfim, era um elemento cotidiano da minha infância, e principalmente eu tinha motivos para crer que minha mãe se interessava muito por ele. Quanto ao sol, digamos que compartilho com os vampiros o medo de seus efeitos. Não que eu vire pó, mas ele para mim é um problema, pois tenho uma pele muito sensível, que infelizmente passei como herança para minha filha mais velha.

O encontro com a tia tardiamente descoberta é importante no conto porque, quando era menino, conheci tios com quem não tivera contato até então – não foi exatamente assim, mas esse foi o jeito como percebi. Meu avô teve dois casamentos e havia uma certa distância, que por sorte se dissolveu, entre as duas famílias que ele constituiu, e a lembrança desse grato encontro ficou fortemente gravada em mim. Como isso não tem importância nenhuma para ninguém, a não ser para mim, não vou aborrecê-los com o resto de conexões autobiográficas, apenas podemos constatar como retalhos de lembranças de um pai podem tornar-se literatura familiar. Provavelmente, não é diferente com os escritores, alimentam-se de restos de cotidiano, reminiscências e questões pendentes.

Mesmo que eu não quisesse, Vampi traria as marcas do nosso tempo, nesse sentido ele foge ao meu controle. É um personagem que vive o dilema de não se sentir parte integral de nada, sente-se dividido diante de duas identidades. Ora, viver essa incerteza, ser chamado a se engajar em alguma entre as múltiplas identidades oferecidas não é a nossa condição moderna? Neste conto está o clássico dilema da escolha entre a tradição e o rompimento, este ilustrado pelo casamento proibido, deixando a força das convenções herdadas para trás. Além disso, há também um manifesto à tolerância, um dos grandes desafios atuais. Nesse sentido, ele é um espelho de todos nós e não especificamente da minha família.

Há outra questão sobreposta: faz parte da infância lidar com o dilema de saber como um ser pode provir de dois seres diferentes. É um mistério que paira sobre a concepção. Em outras palavras, por que é necessário um pai e uma mãe para fazer uma criança? Por que não podemos nascer apenas de um? Quem tem familiaridade com o estudo das mitologias sabe como essa questão é recorrente também nesse campo. Ou seja, mesmo sem querer, acabamos falando dos temas humanos universais. O que é ter um pai e uma mãe? E o que fazemos com a história deles que, queiramos ou não, é também a nossa? Por que os nossos pais se amam? O que fez a união deles? O amor dos pais, principalmente a história do primeiro encontro, é uma questão bastante fantasiada, afinal, se eles não tivessem se encontrado, o filho não existiria. A origem de cada um está concernida nesse feliz ou infeliz encontro, por isso o conto do Vampi também é universal.

Por último, mas não menos importante, o objetivo desse apêndice do livro é incentivar os pais a serem narradores. Continuem comprando livros, mas se aventurem também a produzir suas próprias narrativas. Elas podem não ser tão bem articuladas quanto as outras, mas só elas podem transmitir algo próprio, algo que é importante para sua família. Não tente compreender, deixe-se tomar pela história que está contando. A interpretação é algo a mais e, caso seja possível, pode ajudar a pensar a relação com as crianças, os conflitos que elas despertam nos pais e os que elas de fato estão vivendo. Na prática, ela só é importante para nos convencermos a levar a sério a função de contar histórias para as crianças.

Não importa que suas personagens sejam tiradas de outro contexto ou que se utilizem trechos de histórias clássicas, o que vale é deixar-se falar, às vezes nem sabendo como as histórias vão terminar. As crianças costumam ser sensíveis a tais iniciativas, elas vão se interessar pela trama só porque provêm dos pais, elas percebem que algo a mais está sendo transmitido e são tomadas de curiosidade. Aliás, convém lembrar que uma infância rica não depende de que somente os pais sejam narradores, outros adultos próximos podem complementar ou suprir esse papel. Outra fonte de inspiração muito valiosa são as histórias que muitos trazem em seu baú de infância, histórias contadas por avós, tios ou babás.

Os livros são histórias prontas que podemos compartilhar e delas tiramos forma para nossos sonhos, elas ajudam a lidar com medos e desejos, nos ensinam toda sorte de coisa. Já as histórias inventadas ao pé da cama cumprem outra função: elas vão transmitir outras mensagens, algo que você nem sabe que está dizendo, um estilo de narrar, uma filosofia que você nem sabe que tem e, principalmente, os mitos próprios da família em questão. Por último, mais uma vez é bom lembrar, um conto familiar não necessita ser interpretado para que sua eficácia atue na dinâmica familiar. Aliás, a interpretação, para as crianças, geralmente não é bem-vinda. Quando ocorre, pode inibi-las a seguirem contando suas fantasias.

Pais suficientemente narrativos

 história do Vampi é um fenômeno que produziu e produzirá, em diferentes momentos da vida, questionamentos e inúmeras rodadas de significação para cada um dos membros da família. Nenhuma interpretação será definitiva, sempre que a história for retomada, algumas pontas de significação ainda se deixarão entrever. É por isso que uma análise não se esgota, pode acabar a paciência do paciente ou se esvaírem os motivos que o levaram ao divã, mas assunto sempre haverá. O importante então é perceber como uma narrativa cristaliza, assim como uma foto congela um momento vivido, certa constelação inconsciente em determinado grupo familiar. Reencontrar a foto sempre convidará a um novo olhar, afinal uma imagem é sempre mais do que ela própria, é um pequeno fato.

Podemos fazer a comparação com um grupo de amigos que atravesse a vida se reencontrando: ele terá um pequeno acervo de contos e anedotas – uma

bebedeira, uma aventura, um mal-entendido – que, quando narrados, selam a identidade de seus membros, servem para apresentar o grupo para os de fora e para si mesmos. Uma história criada por um membro da família, assim como um relato de algo vivido, como aquelas histórias constrangedoras sobre a infância que as mães costumam contar na frente dos namorados dos filhos, poderia ter no mínimo essa mesma função, de selar a identidade de um grupo familiar por compartilhar uma narrativa. Mas a ficção criada no calor do inconsciente da família, no entanto, é diferente, ela necessita ser compreendia de forma mais profunda que uma história ou uma anedota que caracteriza um grupo.

Contar uma história, como a do Vampi, que procure de alguma forma recobrir ou viabilizar a compreensão de uma aliança, de um casamento – união que tenta uma síntese para duas referências disjuntas –, abre flanco para uma série de questionamentos que se impõem aos seus protagonistas. Por exemplo, não há como evitar a indagação a respeito de por que foi feita a escolha de um amado diferente. Não havia nenhuma vampira interessante para o pai do Vampi? Por que sua mãe foi se interessar por um sujeito tão bizarro? Por que a síntese desse amor permanece difícil, estrangeira aos rituais, geradora de conflitos neuróticos para o vampirinho? Por que não se fabricou outra síntese? Tais questões servem para realçar que, diferentemente das anedotas que caracterizam um grupo, a narrativa inventada vai retratar certos pontos nodais do inconsciente familiar, em que se fala mais, muito mais, do que se compreende.

É difícil definir o espaço em que essas palavras brotam, pois, embora enunciado por um, no caso o pai, não é de propriedade exclusiva dele. Realmente parece um sonho. Um conto criado para os filhos é como um sonho sonhado em voz alta pelo pai, cuja trama pudesse ser alterada por todos. O trabalho onírico – a construção de um sonho – é fruto de uma coleta e síntese: restos diurnos, não apenas de fatos, mas também de pensamentos (tidos, inacabados ou evitados), se unem a alguma expressão verbal ou artística (cena de filme, quadro, propaganda ou cenário de viagem, uma frase ouvida ou lida, um ditado), que vai dar o clima da cena. A síntese de tudo isso visa a equacionar uma saída para algum problema ou questão que insiste em não adormecer com seu dono.

Na tentativa de teorizar sobre o fenômeno que envolve a contação de histórias, encontramos a providencial elaboração de Celso Gutfreind, em seu livro *O Terapeuta e o Lobo*, sobre a utilidade terapêutica das histórias infantis. Ele se refere à adaptação da expressão *mãe suficientemente boa*,[2] originalmente winnicottiana, para *mãe suficientemente narrativa,* o que vem ao encontro de nossa necessidade.[3] Esta seria uma mãe que,

para ser razoável, precisa ouvir e contar, ou mesmo calar (...) uma relação capaz de envelopar as pulsões de uma criança e banhá-las de referências, quanto mais não sejam as referências de uma história a qual ela já pertenceria.[4]

Quando tivemos oportunidade de um contato pessoal com Celso Gutfreind, que além de psicanalista é um reconhecido autor de ficção para crianças, perguntamos sobre as fontes por ele utilizadas para esse conceito que nos havia interessado. Ele se referiu a um colega na França, B. Golse, que teria sido o primeiro a mencioná-lo. Celso fez o mesmo que nós, gostou da idéia e solicitou a fonte de onde seu colega havia registrado tal idéia. Golse não conseguiu encontrar a referência e, assim, Gutfreind teve de citar, em seu livro, o conceito como proveniente de comunicação oral.

Podemos recorrer a outro conceito de Winnicott para nos ajudar nesse momento. Ele tinha uma expressão para descrever o tipo de conteúdo que se cria num espaço entre um ser humano e outro – por exemplo, o bebê e o seio, o psicanalista e o paciente – e que não pertence nem a um nem a outro:

espaço de ilusão. Esse espaço seria um lugar intermediário no qual o bebê cria o seio (*fantasiando-o*) uma e outra vez a partir de sua capacidade de amor ou de sua necessidade. Desenvolve-se nele um fenômeno subjetivo que chamamos de peito materno (*expressão que sintetiza todos os cuidados maternos*). A mãe coloca o peito no lugar em que o bebê está pronto para criar e no momento oportuno (*as observações entre parênteses são nossas*).[5]

Convém observar atentamente essa última frase:

a mãe coloca o peito no lugar onde o bebê está pronto para criar,

ou seja, ela oferece um apoio concreto, seus cuidados, de tal forma que o filho possa se apropriar deles. É como se a criança pudesse ter pensado assim: "a presença da mamãe é aconchegante, mas fui eu que fiz que ela estivesse ali".

O apoio concreto e oportuno da mãe se confunde com o desejo da criança e, graças a isso, torna-se algo que esta pode considerar como seu.

O relato do Vampi foi sendo construído dia a dia, totalmente balizado pela reação das meninas, cada personagem ou novo elemento dependia da aprovação da audiência, que tinha poder de lhe alterar o destino. Trata-se de uma criação, mas colocada a serviço de outra. A autoria se dilui num espaço de ilusão, este, por sua vez, não seria possível se não houvesse a presença cuidadora do discurso do pai, disposto a oferecer o apoio sem o qual a ilusão não vingaria. O inverso também vale, é a escuta dos filhos que faz brotar esse discurso onírico nos pais.

Voltando ao conceito de *mãe suficientemente narrativa,* pensamos se não ficaria melhor se pudéssemos estendê-lo para *pais suficientemente narrativos,* pois não estamos no território dos cuidados maternos primários, estes apenas nos servem de metáfora. A narrativa, diferente da construção dos primórdios do eu, é uma atribuição simbólica que pode e deve ser dividida por pai e mãe.

Como o bebê encontra o peito ali onde ele está a ponto de criá-lo, a criança encontra seus pais ali onde ela imagina que eles estejam. A história narrada é uma oferta que os pais fazem para ajudar nessa criação. Os pais não sabem o que dizem, nem o filho sabe o que escuta, mas ali, naquele ato de sonhar juntos, se está fabricando o livro de uma vida.

E quem tem de ser suficientemente narrador? Como vimos na história de Peter Pan, o único momento em que ele admite que precisa de alguém é na busca de uma mãe para ter de quem ouvir histórias. A mais famosa narradora de histórias, Sherazade, de *As Mil e Uma Noites,* é uma mulher. Talvez, como coube à mãe a proximidade com a infância, ficou para ela também a representação, a encarnação dessa figura que nos envolve com palavras; entretanto, quando uma mãe conta histórias, se inicia justamente um processo que transcende sua figura de mãe, dá-se a introdução de algo maior que ela e que, na verdade, a distancia do filho.

Toda uma corrente psicanalítica[6] dedicou-se a teorizar a respeito do papel do pai como aquele cuja função seria a de propiciar uma bem-vinda separação entre a mãe e o seu bebê. Deveria-se chamar a essa operação mais especificamente de *função paterna,* para que não fique colada à pessoa concreta do pai. Aliás, a criança pode muito bem ter seu pai em casa, sem que ele exerça essa função, assim como pode não o ter e contar com algum expediente ou pessoa em sua vida que desempenhe o papel. A função paterna interfere como um terceiro na díade mãe-filho, podendo – caso não haja melhor opção – o papel ser encarnado por qualquer interesse que envolva a mãe o suficiente para fazê-la esquecer do filho por algum tempo. Na falta de um pai, o filho e a mãe colherão na sua vida interesses e pessoas que operem na suplência dessa personagem. Isso funciona, mas é uma via mais trabalhosa.

A figura de um pai presente na vida da criança é benéfica, inclusive pelas razões que abordamos neste capítulo. Sua voz, colocada nas histórias que contará ou, pelo menos, nas palavras do que dirá para educar o filho, talvez no seu jeito de comentar o que pensa da vida, funcionará mais do que um terceiro, capaz de ajudar na descolagem entre o bebê e a mãe. A presença real do pai propiciará apoios identificatórios para os filhos, ocasionará oportunidades de elaboração dos pontos nodais do inconsciente familiar, será um guia e tradutor do mundo interno e externo ao lar.

Nessa abordagem da importância e da característica da função paterna, podemos pensar a dinâmica familiar como um espaço, relativo ao qual se situam um fora e um dentro. Paterno seria aquilo que puxa a mãe e a criança para fora da díade em que tendem a se encapsular, é o corte que areja o vínculo. Materno é o espaço interno constituído por um olhar, uma voz, que vão oferecendo ao bebê a oportunidade de se descobrir, mais que isso, se constituir – como tivemos oportunidade de descrever em várias ocasiões ao longo deste livro. Por isso, falamos em funções paterna e materna e não em papai e mamãe, já que o casal parental pode inclusive se revezar nessas funções.

Sempre no princípio de tudo há uma voz. Um filho tem que ser narrado; para existir, seu corpo precisa ser de alguma forma descrito, apresentado ao próprio dono. Existe uma narração primária, própria da função materna, em que a mãe traduz os fatos fisiológicos e ambientais para seu bebê, nomeia, interpreta seus humores. Isso pede uma mãe suficientemente narradora, tal como descrita no livro de Gutfreind.

Faz parte da função materna incumbir-se das palavras que vão ser as fundações, os pilares sobre os quais o bebê irá se montar, esse discurso tem uma musicalidade acentuada: será composto de exclamações, cantigas e pequenos *jingles*, que acompanham hábitos de alimentação, higiene e sono. É uma voz que reveste, recobre, como se jogasse uma cobertura de compreensibilidade sobre o que nomeia. Poderíamos pensar que a *mãe suficientemente narrativa* é uma das facetas da *mãe suficientemente boa*, é um desdobramento do conceito de Winnicott.

À função paterna corresponde uma voz que serve para outras finalidades, geralmente o pai narrador cria personagens que passam a ser compartilhadas com a criança. Essa figura imaginária pode protagonizar histórias inventadas ou apenas participar de brincadeiras, pode, por exemplo, ser representada pela mão do pai (feito marionete e que pode ser nomeada de aranha, formiga ou representar outra personagem qualquer) ou apenas ser referida. Para alguns pais, o momento de desenhar com os filhos se presta tanto para inventar histórias quanto para escutar as crianças. Algumas soltam a fantasia com o apoio do papel.

A invenção de uma personagem é apenas um dos recursos narrativos, há muitos outros, como contar feitos pessoais, de algum antepassado ou de alguma figura admirada política, religiosa ou culturalmente. Se a voz materna é a que constitui uma musicalidade que cadencia os fatos, emprestando-lhes uma lógica, a paterna é uma espécie de mestre-de-cerimônias do mundo.

Esperamos que fique bem claro que se trata de tipos de discurso, de tal forma que uma mãe não se restringe à voz materna, nem o pai à paterna. Como no caso das funções paterna e materna, anteriormente referidas (das quais a voz é um aspecto), eles são posições que podem encontrar certas variações. Em função disso, dessa alternância e da inexistência de uma hierarquia em importância entre quem narra, preferimos chamar essa capacidade de *pais suficientemente narrativos*.

Se o conceito lhe parecer um pouco imponderável, lembramos que a natureza do assunto também o é. Vejamos, qual seria a quantidade de histórias necessárias para compor um sujeito? Não é uma matemática precisa, muitas nuances se encerram nesse processo. É uma questão um pouco sem saída, qualquer um de nós pode pensar que deve haver uma inserção numa cadeia discursiva e que a riqueza de uma subjetividade vai estar ligada a isso, mas como provar? O contrário é mais verificável: referimo-nos aos problemas encontrados quando temos pais demasiadamente silenciosos – que se encontrem deprimidos, por exemplo –, o resultado pode ser o de um empobrecimento subjetivo.

O discurso parental ensina a pensar, cria potencialidades de equacionar e solucionar as coisas. Ele não é tão importante no conteúdo quanto na forma, pois o simples exercício de pensamento e narratividade por parte dos pais, ou mesmo de um só deles, pode ser potencial de erudição e criatividade no filho, mesmo que os pais não o tenham. O contrário também é válido, encontramos famílias em que a sensibilidade artística e a consistência cultural dos pais são indiscutíveis, mas existe um abismo separando pais e filhos. A função parental não passa por osmose, ela depende de um exercício ativo de transmissão.

Como verificamos na análise do conto do Vampi, uma das coisas mais importantes nesse exercício é o fato de o discurso parental ser depositário de uma carga inconsciente, que transcende a possibilidade de compreensão dos que falam e dos que escutam. Aliás, se houvesse intenção de conscientizar o processo, tal fluxo se interromperia. Por isso, dizemos que o que flui entre pais e filhos responde melhor ao nome de transmissão que de ensinamentos, de aprendizagem ou de outro termo mais pedagógico.

Um contra-exemplo talvez ajude: a adoção freqüentemente produz segredos. Nunca é um assunto fácil, mesmo que o enfrentemos diretamente e sem medo. O segredo se impõe quando os pais, por uma insegurança amorosa (talvez por não terem elaborado a ferida narcísica que certas adoções provocam – a falta de fertilidade do casal), optam pelo silêncio, às vezes sobre o fato total, às vezes sobre parte. A criança, por sua vez, entende que o silêncio sobre suas origens faz parte do laço com seus pais. Ela então não vai querer saber o que sua família não deseja que ela saiba. O problema é que isso possivelmente produzirá um efeito generalizante. As perguntas caladas contaminam a própria capacidade intelectual da criança, sua curiosidade fica comprometida, afinal ela é obediente, o pacto era não saber.

Assim como uma criança pode ter sua curiosidade embotada pela obediência devida a um segredo, o mesmo ocorre com o pensamento de outra cujas idéias e palavras não interessam a ninguém. Falar com uma criança, contar-lhe histórias ou causos é estar interessado em sua escuta, é autorizá-la a ter idéias.

O resultado de uma narrativa proveniente dos pais é mais que uma criação coletiva, é uma história ficcional que se escreve enquanto alguém vive sua história real, uma se desenvolve apoiada na outra. A condição de ser pais suficientemente narrativos não é um dom especial, encontrável em pais particularmente dotados para a parentalidade. Acreditamos estar descrevendo um processo corriqueiro, que pode ter características mais marcadamente literárias ou não, mas seu resultado independe disso.

Onde houver um filho criativo, no sentido de ter encontrado soluções para viabilizar sua vida, podemos ter certeza de que ele teve pais suficientemente narrativos. Neste capítulo, valorizamos o evento da história ficcional contada pelos pais, na clássica hora antes de dormir, apenas para demonstrar que o que se diz aos filhos, por mais maluco e ficcional que seja, nunca é irrelevante. A existência de um espaço lúdico verbal, como o propiciado por esses costumeiros encontros noturnos, é sempre palco de excentricidades significativas. O convívio familiar das crianças contemporâneas, filhos de pais que trabalham de sol a sol, tem se reduzido, quando muito, a esse encontro noturno. Nesse pequeno espaço de tempo, toda a forma de comunicação vale a pena.

Notas

1. Esta é a única parte do livro escrita somente por um de nós; na parte teórica a seguir, sobre *Pais suficientemente narrativos*, retomamos a escrita compartilhada.

2. Seria a "mãe atenta a todas as formas de diálogo e de brincar criativo, ela devia se mostrar capaz de inspirar à criança uma frustração necessária, a fim de desenvolver seu desejo e sua capacidade de individuação. Essa relação, que reduz o lugar do pai ao mínimo indispensável, aparece como exclusiva e não-erotizada". In ROUDINESCO, Elisabeth & PLON, Michel. *Dicionário de Psicanálise*. Rio de Janeiro: Jorge Zahar Editor. 1998, p. 784.

3. Deve ficar bem claro, que esta adaptação do termo não questiona em absoluto o conceito criado por Winnicott. Ele é de extrema importância, conforme ressaltado por Gutfreind, mas foi adaptado para essa específica necessidade de teorização.

4. GUTFREIND, Celso. *O Terapeuta e o Lobo: a Utilização do Conto na Psicoterapia da Criança*. São Paulo: Casa do Psicólogo. 2003, p. 145

5. WINNICOTT, D.W. *Realidad y Juego*. Buenos Aires: Gedisa. 1982

6. Referimo-nos às teorias de Jacques Lacan e daqueles que se inspiraram nelas. Winnicott elaborou seu enfoque psicanalítico numa época em que se enfatizava muito a importância da estruturação interna da criança como causadora de eventuais distúrbios psíquicos. Formado no interior das teorias de Melanie Klein, ele buscou outro eixo: a relevância do vínculo com a mãe como determinante. Ambas teorias, de Klein e Winnicott, ressaltaram aspectos importantes do desenvolvimento humano e permitiram ousadias clínicas indispensáveis, realizando a seu modo necessárias revoluções no pensamento psicanalítico. Porém, consideramos que devem ser lidos à luz de uma retomada da importância do conflito edípico, no sentido freudiano. Foi a importância que a teoria lacaniana dispensou à função paterna que proporcionou mais essa virada.

Conclusão
O VALOR DE UMA BOA HISTÓRIA

istórias não garantem a felicidade nem o sucesso na vida, mas ajudam. Elas são como exemplos, metáforas que ilustram diferentes modos de pensar e ver a realidade e, quanto mais variadas e extraordinárias forem as situações que elas contam, mais se ampliará a gama de abordagens possíveis para os problemas que nos afligem. Um grande acervo de narrativas é como uma boa caixa de ferramentas, na qual sempre temos o instrumento certo para a operação necessária, pois determinados consertos ou instalações só poderão ser realizados se tivermos a broca, o alicate ou a chave de fenda adequados. Além disso, com essas ferramentas podemos também criar, construir e transformar os objetos e os lugares.

Uma mente mais rica possibilita que sejamos flexíveis emocionalmente, capazes de reagir adequadamente a situações difíceis, assim como criar soluções para nossos impasses. Certamente, essas qualidades dependem de que tenhamos recebido um suporte adequado na infância, ou seja, uma família que nos ofereceu a proteção e o estímulo necessários para crescer, um nome e uma missão na vida. Porém, independentemente do quanto nossa família tenha nos providenciado um bom acervo emocional, os problemas, as dúvidas e as exigências surgirão, como uma esfinge devoradora que se interpõe no caminho. Bem, essa é a hora em que uma boa caixa de histórias é de grande valia.

Por acreditar no poder da fantasia, nos lançamos na tarefa de refletir sobre o que as histórias antigas, que ainda são narradas, e as novas, que surgiram modeladas por valores contemporâneos, têm a dizer às pessoas que recorrem a elas. Supusemos que há uma relação pragmática com a ficção, usamos o que nos é útil. Porém, essa utilidade não depende de mensagens diretas, pois, se esse fosse o caso, apenas se consumiriam livros de auto-ajuda e manuais variados, o que felizmente não é verdade. Muitos adultos caem nessa cilada, fato que somente os torna mais pobres de espírito, na medida em que esse tipo de leitura não os alivia das obsessões, nem os livra de suas ruminações labirínticas.

Por sorte, as crianças são muito mais espertas, elas são adeptas irrestritas da ficção e quanto mais mágica, onírica, radical e absurda, melhor. Pode-se também traçar um paralelo interessante com a poesia, através da qual as palavras se tornam ferramentas polivalentes. Crianças adoram trocadilhos, rimas divertidas, sentidos surpreendentes e humor, e é nisso que as julgamos sábias, pois o domínio da língua flexibiliza o entendimento da realidade e faz nosso pensamento mais versátil e ágil. Enfim, é uma sorte que na mesma época em que estamos em formação, arrumando as malas que conterão os fundamentos que vamos levar na viagem pela vida afora, sejamos consumidores vorazes de ficção.

Graças a essas mentes onívoras, foi possível constatar que ainda há lugar para novas e velhas personagens, cada uma com uma missão a cumprir. Os contos de fadas não envelheceram, um bom número deles segue sendo bastante útil às crianças, apenas tiveram de se adaptar um pouco às exigências dos novos tempos, além disso, eles não dão conta de todas as pautas de que elas hoje necessitam tratar.

Podemos nos dizer satisfeitos com as produções dos séculos XIX e XX para as crianças, até porque foi nessa época que se inventou a ficção propriamente infantil. Constatamos que as histórias para crianças desse período não parecem ser estruturalmente muito diferentes dos contos de fadas, no que tange à capacidade de fornecer elementos que as ajudem a elaborar suas questões. Mudam os temas, mas a operação é a mesma. Como os contos de fadas, a ficção de hoje traz elementos para cena, se a criança vai usá-los para um fim regressivo ou como auxílio num momento do crescimento, isso vai depender da vida que está levando. Não nos parece que as produções recentes, pelo menos as que examinamos, por si mesmas possam ser responsabilizadas por eventuais problemas que as crianças venham a apresentar. Sozinhas, histórias não induzem à violência, não fazem apelos regressivos que as retenham na infância, não produzem isolamento social, nem as desligam da realidade. Se certas crianças apresentam alguns desses comportamentos, é melhor procurar culpados em outro lugar.

É fácil dizer que a ficção infantil poderia ser melhor, que deveríamos elaborar narrativas mais educativas, que transmitissem valores positivos para nossas crianças. Mas, como Pinocchio já demonstrou muito bem, elas não se engatam em posturas francamente didáticas e preferem histórias que não tenham embutida a intenção de educá-las. Atenção, não se trata de abrir mão de educar as crianças, mas sim de evitar contrabandear intenções pedagógicas subliminares dentro de seu suprimento de fantasia: aqui elas parecem preferir um território livre de influências pedagógicas.

Muitas vezes, certos adultos querem dar aula até no recreio, e isso as crianças sentem quando lhes oferecem histórias marcadamente educativas, repletas de bons princípios morais, mesmo que sejam pautadas por ideais modernos, como a tolerância e o respeito à natureza. Se esses princípios fizerem parte da vida do autor, provavelmente encontrarão eco em suas histórias e, por essa via, serão construídas as personagens boas e éticas com os quais elas gostam de se identificar, mas se elas farejarem que estão diante de um Cavalo de Tróia repleto de pedagogia, não terão dúvidas em incendiar o engodo.

Isso não quer dizer que tenhamos de mantê-las num mundo de fantasia e alienação. Pelo contrário: crianças modernas adoram opinar, são filhas de um ideal democrático e não aceitam nada que não tenham compreendido ou elaborado. Questionam leis, regras, e o tema dos limites é motivo de constante polêmica, da qual elas participam ativamente. Isso é fruto de uma educação familiar e escolar que incentiva a curiosidade, a criatividade e a capacidade de questionar, na qual também acreditamos. Prova disso é que não faltam personagens genuinamente irreverentes para ilustrar essas qualidades que hoje consideramos desejáveis. Porém, quando se trata de ficção, os propósitos racionais têm de ficar em segundo plano, pois se fala desde outro lugar e, na melhor das hipóteses, estaremos no território da arte. Literatura, cinema e teatro podem até questionar ou defender ideais, mas isso será um efeito colateral benéfico de sua função mais importante, a de nos fornecer boas histórias.

A ficção, infantil ou adulta, supre os indivíduos de algo que não se encontra facilmente em outros lugares: todos precisamos de fantasia, não é possível viver sem escape. Para suportar o fardo da vida comum, é preciso sonhar. Mas não devemos confundir a oferta de fantasia através da ficção, que fornece tramas capazes de alimentar devaneios e brincadeiras, com uma educação alienante, que confunde infância com puerilidade, desmerece a curiosidade das crianças e pinta o mundo em tons pastéis. Os assuntos complicados costumeiramente evocados pelos contos de fadas, assim como algumas tramas que demonstramos serem subjacentes às histórias infantis contemporâneas, provam que as crianças não se esquivam de assuntos cabeludos, inclusive às vezes os enfrentam de forma bem ousada. É bem por isso que tantas dessas narrativas permaneceram conosco pelo resto da vida, graças à riqueza que emprestaram e seguem oferecendo como auxílio diante de encruzilhadas e dificuldades que continuam se interpondo no caminho.

Fantasia versus *alienação*

rovavelmente, o maior tabu que temos hoje na educação das crianças seja evitar transparecer nosso pessimismo. Na medida do possível, não lhes dizemos claramente o quanto a vida é pesada para todos. Mesmo que elas saibam que não vivemos no melhor dos mundos, lhes infundimos a esperança de que os bons podem salvar a situação. Ocultamos, sempre que possível, o fato de que nós mesmos temos certa apreensão de que talvez o futuro possa ser ainda pior. Sempre que possível douramos a pílula, postergamos a revelação de nossas dúvidas até que elas descubram sozinhas, e muitas vezes essa é a causa de certas depressões que normalmente ocorrem na adolescência: trata-se de um desencanto abrupto com o mundo.

Como contrapeso à sonegação da realidade a que tende a educação que fornecemos, a ficção acaba sendo uma saída para que certas verdades se imponham. Mesmo que fragmentariamente, ela traz à tona alguns desses elementos recalcados, por exemplo, através da violência apocalíptica de certos filmes, quadrinhos e *games*. Esses produtos não chegaram do espaço sideral, eles são congruentes com o estado da política atual em quase todo o mundo, vivemos numa época em que a desigualdade e a violência são epidêmicas e se perpetuam. Infelizmente, não temos a receita de quando, quanto e como uma confrontação com as dificuldades do mundo deva ser administrada às crianças. De qualquer forma, é importante apontar que o que expulsamos pela porta acaba voltando pela janela.

Que fique bem claro, então, que defender a importância do recurso à fantasia e à ficção não implica supor que as crianças devam crescer em um ambiente de histórias pobres, de um maniqueísmo barato e finais felizes a qualquer preço. Certamente não estamos fazendo nenhum tipo de libelo às vantagens da alienação e do bovarismo. Defendemos a importância da ficção por crer que a capacidade de criar e questionar se nutre da mesma fonte que a de devanear. Parcos recursos imaginários redundam somente em pobreza de espírito e numa civilidade bovina.

Infelizmente, nem só de boas histórias vive a infância. Seguidamente, obras de ostensiva estética *kitsch*, envolvendo personagens populares da mídia ou simplesmente lançando mão de roteiros simplórios, tornam-se moeda corrente entre as crianças. Como nenhuma criança vive sem relação com as outras, sejam vizinhos, colegas de escola ou parentes da mesma idade, é impossível evitar que tenham contato com esse tipo de produto, mesmo que parcialmente. No contexto da socialização dos pequenos, as histórias são uma espécie de linguagem comum entre eles, portanto também inclui os itens populares e por vezes indigestos do cardápio. Se formos muito rígidos na tentativa de preservar nossos filhos, deixando-os distantes das produções que supomos ruins – e convenhamos, não é pequena a oferta de programas de cultura *trash* à disposição –, podemos constituir uma criança alienada daquilo que seus semelhantes estão usando para brincar e conversar. Acreditamos que é melhor conhecer um produto de qualidade duvidosa e sofrer seus efeitos, do que se sentir excluído de um grupo por não poder falar sobre um assunto. Corre-se o risco, por esse desconhecimento, de valorizar algo que não tem valor algum. Uma simples proibição só irá sublinhar a importância, podendo fazer a criança pensar que lá existe algum segredo da vida adulta que estamos querendo lhe sonegar.

Essa linguagem comum aos pequenos (e muitas vezes aos grandes também) tem na televisão sua maior fonte. A melhor saída parece-nos ser a mais trabalhosa: não deixar uma criança de fora do que o seu tempo oferece, mas tanto selecionar e oferecer alternativas a isso, como também elaborar com ela uma crítica aos produtos mais fracos. Tanto a TV quanto os produtos de baixa qualidade só podem fazer mal a uma criança que esteja subjetivamente abandonada, e, nesse caso, tampouco se estivesse exposta somente a programas corretos, ela estaria muito melhor. Ou seja, o drama aparece quando uma criança recebe esses produtos culturais, bons ou ruins, adequados ou inadequados, como única fonte de contato com o mundo, quando os adultos que zelam por ela não são capazes de fazer diálogos interessantes e ajudá-las na sua apreensão do mundo. Não há produto bom o suficiente que salve uma criança do isolamento e não há um produto ruim o bastante que possa prejudicar aquela que estiver conectada com um ambiente estimulador.

Justamente, uma das questões mais equivocadas em relação às questões que estamos desenvolvendo é o exagero quanto ao alcance do poder da ficção na subjetividade em geral e particularmente na infância, quando a pretensa influência seria ainda maior. A tendência de hoje é localizar a origem dos problemas das crianças não na forma em que elas estão vivendo realmente sua infância, seus possíveis mal-estares em relação aos amigos, à escola e à família, mas em influências parciais sobre sua vida, e uma delas seria proveniente do mundo da fantasia. Como cada geração tem recebido novos produtos, a geração dos pais raramente compreende o que de fato seus filhos estão consumindo, isso já gera uma primeira desconfiança.

Parece-nos que esse mal-entendido entre os adultos e os produtos culturais consumidos por jovens e crianças provém do fato de os pais de hoje não se sentirem legitimados como influência dominante no resultado da educação do seu filho. Por isso, projetam sua insuficiência, seus medos, sua insegurança quanto aos valores no primeiro alvo que passar, se sentindo isentos de culpas e vendo abrandadas suas obrigações. Não se deve esquecer de que as histórias somente mobilizam algo que as crianças já têm em seu interior, e a constituição de sua personalidade se dá a partir do que sua família lhe transmite, consciente e inconscientemente.

É necessário fazer uma advertência antes de encerrar. Nosso estudo pode passar um certo otimismo quanto à qualidade dos produtos da indústria cultural para a infância, afinal analisamos e encontramos bons indicadores em alguns deles, mas é bom frisar que aqui não houve uma análise ampla da cultura oferecida hoje às crianças. Estamos na verdade longe disso, temos poucos exemplos e trabalhamos justamente com histórias que sabíamos serem capazes de propiciar uma boa capacidade de simbolização. Uma pesquisa em extensão sobre a ampla gama da oferta de ficção para as crianças não era nosso objetivo e sim um estudo focando certas tramas a partir das quais pudéssemos falar de crianças, de psicanálise e das boas histórias de ficção com seus possíveis benefícios.

A história real dos homens nunca foi fácil de aceitar. A violência, a ignorância e a injustiça triunfam com maior freqüência do que gostaríamos de admitir. Pelo menos, nossa capacidade de criar, de contar histórias, parece ter encontrado formas de sobreviver e questionar. Afinal, certa dose de otimismo é possível, pois, embora a ficção não tenha o poder de salvar o mundo, como tantos heróis contemporâneos têm tentado, ela pelo menos o enriquece. Esperamos com este livro ter contribuído um pouco para a legitimação da fantasia como parte imprescindível na vida das crianças, assim como ter oferecido aos adultos algumas pistas para compreender por que alguns contos e histórias infantis disputam espaço em suas memórias com fatos, ditos e imagens do seu passado.

Essas histórias entraram por uma porta, saíram pela outra... e quem quiser que conte outras!

QUASE ÍNDICE

uem já fez uma tese ou um livro sabe que uma pesquisa não tem fim, mas que em um determinado momento é necessário parar. Neste *quase-índice* encontram-se então as histórias que tínhamos vontade de incluir quando começamos o livro, mas por várias razões não conseguimos. Por honestidade com o leitor e na esperança que colegas se interessem em dar conta delas, aqui estão as que ficaram de fora.

Na primeira parte, sobre os contos de fadas, os limites que encontramos não foram poucos: o universo desses contos é vastíssimo, faz aproximadamente uns três anos que estamos lendo contos de fadas ininterruptamente, de vários compiladores e de diversos países e seguimos tendo material para ler, para voltar a ler, para pensar. A imersão nos contos nos deu a dimensão de sua amplitude e de quantas histórias ainda poderíamos trabalhar. Recolhemos as mais conhecidas, acrescidas de umas poucas histórias menos populares, cujo conteúdo se impunha por sua temática exemplar ou por serem contos intermediários, que influenciaram os mais conhecidos. Mesmo assim, ficaram de fora certos contos pelos quais temos apreço,

por exemplo, o *Gato de Botas*, ou as inúmeras versões do *Pequeno Polegar*. Eles não são menos importantes que os outros, mas, por uma limitação nossa, ficaram sem a devida atenção.

Com a segunda parte do livro, temos uma relação diferente, afinal, a amplitude é ainda maior e só é possível trabalhar por amostragem, salvo algumas histórias que já se tornaram clássicas, tivemos de fazer escolhas. Então, muita coisa boa e interessante ficou de fora.

Por muito tempo, estudamos e estávamos com o compromisso, conosco mesmo, de incluir uma análise de *Alice no País das Maravilhas*. O sem-número de estudos sobre Alice e a profundidade de alguns desses ensaios, assim como a dificuldade de reunir todo o material que desejávamos, nos desencorajaram. Temíamos chegar a conclusões a que outros já chegaram e não dar os merecidos créditos. Alice é uma paixão também para adultos e muitos autores escreveram sobre o tema. É uma pena, daria oportunidade a uma reflexão sobre o sonho e a fantasia, e provavelmente sobre a nova subjetividade das meninas, afinal foi escrito numa época de transformação, ainda que lenta, do papel da mulher. Com Alice começavam a despertar heroínas, ainda meninas, que davam conta desse novo momento de construção de uma identidade feminina ousada e independente.

Com a ficção brasileira, nossa maior dívida é com Monteiro Lobato, gostaríamos de ter examinado algumas de suas personagens, principalmente a boneca Emilia. A vastidão da obra de Lobato tornaria essa empreitada maior do que nossas forças. E ainda, sentíamos que o mundo lobatiano pede mais reflexões antropológicas e históricas do que psicanalíticas. Para explorar a paisagem do *Sítio do Pica-Pau Amarelo,* consideramos fundamental aprofundar certos estudos em literatura, antropologia e história brasileira. Como isso não foi possível, capitulamos, com medo de acabar na barriga da Cuca.

Nossa segunda dívida é com Ziraldo. *O Menino Maluquinho* conseguiu ser um personagem conhecido amplamente pelas crianças brasileiras, enquanto sua *Professora Maluquinha* simbolizará para sempre o vínculo amoroso que possibilita a aprendizagem. Mas a literatura brasileira é prolífica, temos a sorte de contar com muita gente brilhante, por exemplo: Ruth Rocha, Maria Clara Machado, Eva Furnari, Ana Maria Machado, Lygia Bojunga, Cristina Porto, Liliana Iacocca, entre outros, enfim, é um universo tão rico como amplo. Se o Brasil não der certo, pode ter certeza que o motivo é outro, não é por falta de bons nomes na nossa literatura infantil. Uma análise das características comuns a esse grupo de escritores, que falasse do lugar e tempo que influenciou suas obras, seria certamente revelador do que é nascer e crescer no Brasil.

Com a turma dos super-heróis também estamos em falta. Aparentemente, existe um eixo comum que percorre as histórias dos super-heróis, mas eles são muitos. Poderíamos escrever sobre um deles, porém como situar algo sem explorar os parentes e suas possíveis relações? Mais uma vez, fomos desestimulados pelo tamanho do empreendimento. Acreditamos que uma reflexão séria sobre os super-heróis daria quase tanto trabalho quanto nos deu a segunda parte deste livro. É uma pena, pois o universo Marvel nos encanta, seria uma satisfação poder mergulhar em suas tramas e ver se encontraríamos os fios que sustentam esse encontro da magia com a urbe caótica, tecnológica e angustiada.

Enquanto fazíamos o livro, nossa filha mais nova, Júlia, nos lembrou da importância de uma de suas paixões de infância: *Pipi Meias Longas,* livro infantil escrito pela sueca Astrid Lindgren, em 1945, que inicia uma série. Conhecíamos a fama da escritora, o que ela representou, mas com a observação dos efeitos da leitura em nossa filha compreendemos o fascínio que seu texto ainda encerra. Aquela menina travessa mereceria um trabalho psicanalítico cuidadoso. Para ter uma idéia dessa personagem surpreendente, pense numa mistura da força da Mônica com a irreverência da Emília, escrito de uma forma muito divertida. Infelizmente não deu.

Gostaríamos de ter abordado um produto recente das indústrias Disney, para tanto tínhamos nos programado para estudar o *Rei Leão.* Testemunhamos sua aparição e sucesso junto às crianças, bem como o uso de seu conteúdo (como se fosse uma mitologia) por elas. Ficou claro para nós, por experiência clínica e parental, o quanto essa história é rica e formativa para os pequenos. A história do leãozinho Simba ficou de fora para que o presente volume não se tornasse tão extenso.

Uma fábula moderna, cujo impacto viesse do cinema, sem raiz na tradição, daria uma importante reflexão. Um exemplo didático seria *E.T. – O Extraterrestre,* o filme de Spielberg. Não é preciso dizer a ninguém o quanto essa história encantou crianças e adultos. Isso seria motivo suficiente para fazê-la merecedora de um estudo psicanalítico mais profundo, quem sabe conseguiríamos dizer algo que ainda não foi dito sobre esse estrangeiro radical e desgarrado que necessitava, mais do que tudo, voltar para seu lar.

Além disso, ao término do livro, temos uma sensação que ele já está levemente envelhecido. Conseguimos fazer leituras de histórias situadas numa transição do século XIX para o XX, mas falta uma reflexão sobre o fim do século passado e o engate com o que estamos vivendo.

Para fins de atualização, gostaríamos de ter enfocado a produção japonesa recente. O Japão consegue ser hoje um grande exportador de cultura, capaz de balançar o que parecia invencível: a estética Disney-norte-americana. Seu segredo é ter colocado no liquidificador elementos míticos de todas as culturas, organizados dentro de uma linguagem francamente visual. Essa aparentemente improvável colagem tem produzido um tão enigmático quanto bem-sucedido produto, largamente consumido pelas crianças do mundo inteiro. Embora suas roupagens sejam muito diversas, a estrutura das histórias parece ser monotemática: lutas de prestígio entre oponentes. Curiosamente, o tema da competitividade, tão contemporâneo, envolve combatentes que evocam múltiplos elementos da tradição, tanto das fadas, quanto dos mais variados mitos. Na verdade, a Coréia e Hong Kong também fazem produções similares, um estudo mais amplo do fenômeno deveria englobá-los.

Da mesma maneira, uma recente modalidade de produção de histórias infantis ficou de fora: a animação por computador. Os estúdios Pixar ou Dreamworks (futurologia nunca dá certo, mas...) podem ser os equivalentes de Disney do século que se inicia e não conseguimos examinar mais a fundo em seus produtos.

Teria sido divertido dialogar com tipos tão peculiares como os papões de *Monstros S. A.* ou *Shrek*, o simpático ogro verde que pôs os contos de fadas de cabeça para baixo.

Enfim, pesquisar tem seus custos, fomos até onde nos foi possível.

Fontes Primárias
de Consulta

ANDERSEN, Hans Christian. *Contos de Andersen*. Rio de Janeiro: Editora Paz e Terra, 1988.

ANDERSEN, Hans Christian. *Contos*. Lisboa: Editorial Estampa, 1984.

ASBJORNSEN, Peter Christen., MOE, Jorgen. *Contos Populares Noruegueses*. São Paulo: Landy Editora, 2003.

AFANAS'EV, Aleksandr. *Contos de Fadas Russos* (Em três volumes). São Paulo: Landy Editora, 2002.

BARRIE, J. M. *Peter Pan e Wendy*. São Paulo: Companhia das Letrinhas, 2002.

BASILE, Giambattista *El Cuento de los Cuentos o El Pentamerón*. Barcelona: José J. de Olañeta Editor, 1992.

BAUM, L. Frank. *O Mágico de OZ*. São Paulo: Editora Ática, 2003.

BENEDEK, Elek. *O Mundo de Contos e Lendas da Hungria*. São Paulo: Landy Editora, 2002.

BROWNING, Robert. *O Flautista de Manto Malhado em Hamelin*. (Edição Bilíngüe), São Paulo: Musa Editora, 1993.

CALVINO, Italo. *Fábulas Italianas*. São Paulo: Companhia das Letras, 1995.

CAMIGLIERI, Laurence, HUISMAN, Marcelle e Georges. *As Mais Belas Lendas da Idade Média*. São Paulo: Martins Fontes, 2001.

CHAMISSO, Adelbert Von. *A História Maravilhosa de Peter Schlemihl*. São Paulo: Estação Liberdade, 2003.

COLLODI, Carlo. *As Aventuras de Pinóquio*. Tradução Gabriella Rinaldi. São Paulo: Iluminuras, 2002.

COLLODI, Carlo. *As Aventuras de Pinóquio*. Tradução Marina Colasanti. São Paulo: Companhia das Letrinhas 2002.

COLLODI, Carlo. *As Aventuras de Pinóquio*. Tradução Pietro Nassetti. São Paulo: Martin Claret 2002.

Contos Populares Chineses. (em dois volumes). São Paulo: Landy Editora, 2001.

Contos Populares do Tibet. São Paulo: Landy Editora, 2001.

CROKER, T. Crofton e outros. *Nós Acreditamos em Duende e em Outros Seres Encantados: Contos de Fadas e Lendas Populares da Irlanda*. Vol I e II. São Paulo: Landy Editora, 2001.

ESOPO. *Fábulas Completas* (Tradução e introdução de Neide Smolka). São Paulo: Moderna, 1995.

GRIMM, Jacob. GRIMM, Wilhelm. *Contos de Fadas*. Belo Horizonte: Villa Rica Editoras Reunidas, 1994.

GRIMM, Jacob. GRIMM, Wilhelm. *Todos los Cuentos de los Hermanón Grimm*. Madrid: Editoriales Rudolf Steiner, Mandala y Editorial Antroposófica (Argentina), 2000.

FRIEDLANDER, Gerald. *Contos da Tradição Judaica*. São Paulo: Landy Editora, 2003.

JACOBS, Joseph. *Contos de Fadas Ingleses*. São Paulo: Landy Editora, 2002.

JACOBS, Joseph. *Contos de Fadas Celtas*. São Paulo: Landy Editora, 2002.

JACOBS, Joseph. *Contos de Fadas Indianos*. São Paulo: Landy Editora, 2003.

JACOBS, Joseph. *Mais Contos de Fadas Celtas*. São Paulo: Landy Editora, 2002.

KIDD, Chip. Peanuts: *The Art of Charles M. Schulz*. New York: Pantheon Boooks, 2001.

LA FONTAINE. *Fábulas*. Lisboa: Publicações Europa-América, 1987.

LANG, Andrew. *El Libro Amarillo de los Cuentos de Hadas*. Madrid: Neo Person, 2001.

LANG, Andrew. *El Libro Azul de los Cuentos de Hadas*. Vol I e II Madrid: Neo Person, 2000.

LANG, Andrew. *El Libro Gris de los Cuentos de Hadas*. Madrid: Neo Person, 2002.

MILLS, Alice *Children's Treasury*. New York: Random House, 2002.

MILNE, A. A. *The Complete Tales of Winie-the-Pooh*. New York: Dutton Children's Books, 1994.

OPIE, Iona and Peter. *The Classic Fairy Tales*. U.K: Oxford University Press 1992.

O Mundo da Criança: Histórias de Fadas. Vol III. Rio de Janeiro: Delta, sem data.

Os Mais Belos Contos de Fada Árabes. Rio de Janeiro: Vecchi, 1959.

Os Mais Belos Contos de Fada Chineses. Volume I e II. Rio de Janeiro: Vecchi, 1959.

Os Mais Belos Contos de Fada Indianos. Rio de Janeiro: Vecchi, 1959.

Os Mais Belos Contos de Fada Ingleses. Rio de Janeiro: Vecchi, 1959.

Os Mais Belos Contos de Fada Italianos. Rio de Janeiro: Vecchi, 1959.

Os Mais Belos Contos de Fada Iugoslavos. Rio de Janeiro: Vecchi, 1959.

Os Mais Belos Contos de Fada Poloneses. Rio de Janeiro: Vecchi, 1959.

Os Mais Belos Contos de Fada Portugueses. Rio de Janeiro: Vecchi, 1959.

Os Mais Belos Contos de Fada Tchecos. Rio de Janeiro: Vecchi, 1959.

PEDROSO, Consiglieri. *Contos Populares Portugueses*. São Paulo: Landy Editora, 2002.

PERKINS, Patricia Barrett *A Child's Book of Stories*. New York: Random House, 1998.

PERRAULT, Charles. *Contos de Perrault*. Belo Horizonte: Itatiaia, 1989.

PIMENTEL, Figueiredo. *Contos da Carochinha*. Rio de Janeiro: Livraria Garnier, 1992.

PIMENTEL, Figueiredo. *Histórias da Avozinha*. Rio de Janeiro: Livraria Garnier, 1994.

PIMENTEL, Figueiredo. *Histórias da Baratinha*. Rio de Janeiro: Livraria Garnier 1994.

QUINO, Joaquín Salvator Lavado. *Toda Mafalda*. Buenos Aires: Ediciones de la Flor, 2003.

TATAR, Maria. *The Annotated Classic Fairy Tales*. New York: W.W. Norton & Company, 2002.

TATAR, Maria. *Contos de fadas: edição comentada & ilustrada*. Rio de Janeiro: Jorge Zahar Editores, 2002.

WATTERSON, Bill. *Calvin and Hobbes Sunday Pages 1985-1995*. Kansas: Ohio State University Libraries, 2002.

Bibliografia Teórica

ANDRÉ, Serge. *O Que Quer uma Mulher?* Rio de Janeiro: Jorge Zahar Editor, 1987.

ARIÈS, Philippe. *História Social da Criança e da Família*. Rio de janeiro: Zahar Editores, 1991.

ASSOCIAÇÃO PSICANALÍTICA DE PORTO ALEGRE. *Adolescência*. Revista ano V-Número 11. Porto Alegre, 1995.

ASSOCIAÇÃO PSICANALÍTICA DE PORTO ALEGRE. *Adolescência: entre o Passado e o Futuro*. Porto alegre: Artes e Ofícios, 1997.

ASSOCIAÇÃO PSICANALÍTICA DE PORTO ALEGRE. *Sintoma na Infância*. Revista ano VII – Número 13. Porto alegre, 1997.

ASSOCIAÇÃO PSICANALÍTICA DE PORTO ALEGRE. *Psicanálise e Literatura*. Revista ano VIII- Número 15. Porto Alegre: 1998.

BADINTER, Elisabeth. *Um Amor Conquistado: O Mito de Amor Materno*. Rio de Janeiro: Nova Fronteira, 1985.

BETTELHEIM, Bruno. *A Psicanálise dos Contos de Fadas*. Rio de Janeiro: Paz e Terra, 2001.

BETTELHEIM, Bruno. *Uma Vida para Seu Filho: Pais Bons o Bastante*. Rio de Janeiro: Campus, 1990.

BRUNEL, Pierre (Org.). *Dicionário de Mitos Literários*. Rio de Janeiro: José Olympio e Editora UNB, 1997.

CALLIGARIS, Contardo. *A Adolescência*. São Paulo: Publifolha, 2000.

CALLIGARIS, Contardo. *Crônicas do Individualismo Cotidiano*. São Paulo: Editora Ática, 1996.

CALLIGARIS, Contardo. *Terra de Ninguém*. São Paulo: Publifolha, 2004.

CHEMAMA, Roland. *Dicionário de Psicanálise*. Porto Alegre: Artes Médicas, 1995.

COELHO, Nelly Novaes. *Literatura Infantil: Teoria, Análise, Didática*. São Paulo : Moderna, 2000.

CORSO, Mário. *Monstruário – Inventário de Entidades Imaginárias e de Mitos Brasileiros*. Porto Alegre: Tomo Editorial, 2002

COSTA, Ana Maria Medeiros da. *A Ficção do Si Mesmo: Interpretação e Ato em Psicanálise*. Rio de Janeiro: Companhia de Freud, 1998.

COSTA, Ana Maria Medeiros... (et al.) (Org.) *Adolescência e Experiências de Borda*. Porto Alegre: Editora da UFRGS, 2004.

COSTA, Jurandir Freire. *Sem Fraude nem Favor: Estudos sobre o Amor Romântico*. Rio de Janeiro: Rocco, 1998.

DARNTON, Robert. *O Grande Massacre dos Gatos*. Rio de Janeiro: Graal, 1996.

DEUTSCH, Helene. *La Psicología de La Mujer*. Buenos Aires: Editorial Losada, 1952.

DOLTO, Françoise e DOLTO-TOLITCH, Catherine. *Palabras para Adolescentes o el Complejo de la Langosta*. Buenos Aires: editorial Atlantida, 1995.

DUNDES, Alan. *Morfologia e Estrutura no Conto Folclórico*. São Paulo: Perspectiva, 1996.

ECO, Umberto. *Apocalípticos e Integrados*. São Paulo: Editora Perspectiva, 1979.

ECO, Umberto. *O Super-Homem de Massa: Retórica e Ideologia no Romance Popular*. São Paulo: Editora Perspectiva, 1991.

ELIADE, Mircea. *Aspectos do Mito*. Rio De Janeiro: Edições 70, 1989.

FERENCZI, Sàndor. *Escritos Picanalíticos 1909-1933*. Rio de Janeiro: Timbre Taurus, 1983.

FREUD, Sigmund. *A Interpretação de Sonhos* (1900). Obras Completas. Vols IV e V. Rio de Janeiro: Imago Editora, 1987.

FREUD, Sigmund. *Psicopatologia da Vida Cotidiana*. (1901) Obras Completas. Vol. VI Rio de Janeiro: Imago Editora, 1987.

FREUD, Sigmund. *Três Ensaios sobre a Teoria da Sexualidade*.(1905) Obras Completas. Vol VII. Rio de Janeiro: Imago Editora, 1987.

FREUD, Sigmund. *O Esclarecimento sexual das Crianças*. (1907). Obras Completas. Vol IX. Rio de Janeiro: Imago Editora, 1987.

FREUD, Sigmund. *Escritores Criativos e Devaneio*. (1908). Obras Completas. Vol IX. Rio de Janeiro: Imago Editora, 1987.

FREUD, Sigmund. *Sobre as Teorias Sexuais das Crianças*. (1908). Obras Completas. Vol IX. Rio de Janeiro: Imago Editora, 1987.

FREUD, Sigmund. *Romances Familiares.* (1909). Obras Completas. Vol IX. Rio de Janeiro: Imago Editora, 1987.

FREUD, Sigmund. *Análise de uma Fobia em um Menino de Cinco Anos.* (1909). Obras Completas. Vol X. Rio de Janeiro: Imago Editora, 1987.

FREUD, Sigmund. *Um Tipo Especial de Escolha de Objeto Feita pelos Homens*. (1910). Obras Completas. Vol XI. Rio de Janeiro: Imago Editora, 1987.

FREUD, Sigmund. *Sobre a Tendência Universal à Depreciação na Esfera do Amor* (1912). Obras Completas. Vol XI. Rio de Janeiro: Imago Editora, 1987.

FREUD, Sigmund. *O Tema dos Três Escrínios.* (1913). Obras Completas. Vol XII. Rio de Janeiro: Imago Editora, 1987.

FREUD, Sigmund. *Algumas Reflexões sobre a Psicologia do Escolar.* (1914). Obras Completas. Vol XIII. Rio de Janeiro: Imago Editora, 1987.

FREUD, Sigmund. *Sobre o Narcisismo: Uma Introdução.* (1914). Obras Completas. Vol XIV. Rio de Janeiro: Imago Editora, 1987.

FREUD, Sigmund. *Luto e Melancolia.* (1917). Obras Completas. Vol XIV. Rio de Janeiro: Imago Editora, 1987.

FREUD, Sigmund. *O Tabu da Virgindade.* (1918). Obras Completas. Vol XI. Rio de Janeiro: Imago Editora, 1987.

FREUD, Sigmund. *História de uma Neurose Infantil* (1918). Obras Completas Vol XVII. Rio de Janeiro: Imago Editora, 1987.

FREUD, Sigmund. *A Psicogênese de um Caso de Homossexualismo numa Mulher.* (1920) Obras Completas. Vol XVIII. Rio de Janeiro: Imago Editora, 1987.

FREUD, Sigmund. *Psicologia de Grupo e a Análise do Ego.* (1921) Obras Completas. Vol. XVIII Rio de Janeiro: Imago Editora, 1987.

FREUD, Sigmund. *Alguns Mecanismos Neuróticos no Ciúme, na Paranóia e no Homossexualismo*. (1922) Obras Completas. Vol. XVIII Rio de Janeiro: Imago Editora, 1987.

FREUD, Sigmund. *A Organização Genital Infantil: Uma Interpolação na Teoria da Sexualidade.* (1923) Obras Completas. Vol XIX. Rio de Janeiro: Imago Editora, 1987.

FREUD, Sigmund. *A Dissolução do Complexo de Édipo.* (1924) Obras Completas. Vol XIX. Rio de Janeiro: Imago Editora, 1987.

FREUD, Sigmund. *Algumas Conseqüências Psíquicas da Distinção Anatômica entre os Sexos.* (1925) Obras Completas. Vol XIX. Rio de Janeiro: Imago Editora, 1987.

FREUD, Sigmund. *O Fetichismo.* (1927) Obras Completas. Vol. XXI Rio de Janeiro: Imago Editora, 1987.

FREUD, Sigmund. *Sexualidade Feminina.* (1931) Obras Completas. Vol. XXI Rio de Janeiro: Imago Editora, 1987.

FREUD, Sigmund. *Novas Conferências Introdutórias sobre Psicanálise. Conferência XXXIII: Feminilidade.* (1933) Obras Completas Vol XXII, Rio de Janeiro: Imago, 1987.

FREUD, Sigmund. *Construções em Análise.* (1937) Obras Completas. Vol. XXIII Rio de Janeiro: Imago Editora, 1987.

FROMM, Erich. *A Linguagem Esquecida*. Rio de Janeiro: Jorge Zahar Editores, 1962.

GILLIG, Jean-Marie. *O Conto na Psicopedagogia*. Porto Alegre: Artes Médicas, 1999.

GINZBURG, Carlo. *Mitos, Emblemas, Sinais*. São Paulo: Companhia das Letras, 1990.

GINZBURG, Carlo. *História Noturna: Decifrando o Sabá*. São Paulo: Companhia das Letras, 1991.

GUTFREIND, Celso. *O Terapeuta e o Lobo: A Utilização do Conto na Psicoterapia da Criança*. São Paulo: Casa do Psicólogo, 2003.

HEINER, Heidi Anne. Autora do site *www.surlalunefairytales.com*, disponível desde 1998.

IZZI, Massimo. *Diccionário Ilustrado de los Monstruos*. Barcelona: José J. de Olañeta Editor, 1996.

JACOBY, Sissa (Org.) *A Criança e a Produção Cultural: do Brinquedo à Literatura*. Porto Alegre: Mercado Aberto, 2003.

JERUSALINSKY, Alfredo. *Psicanálise do Autismo*. Porto Alegre: Artes Médicas, 1984.

JERUSALINSKY, Alfredo. *Psicanálise e Desenvolvimento Infantil*. Porto Alegre: Artes e Ofícios, 1999.

JONES, Gerard. *Brincando de Matar Monstros: Por Que as Crianças Precisam de Fantasia, Videogames e Violência de Faz-de-Conta*. São Paulo: Conrad editora, 2002.

JORGE, Ana Lúcia Cavani. *O Acalanto e o Horror*. São Paulo: Escuta, 1988.

KAUFMANN, Pierre. *Dicionário Enciclopédico de Psicanálise*. Rio de Janeiro: Jorge Zahar editor, 1996.

KEHL, Maria Rita. *A Mínima Diferença, Masculino e Feminino na Cultura*. Rio de Janeiro: Imago, 1996.

KEHL, Maria Rita. *Deslocamentos do Feminino*. Rio de Janeiro: Imago, 1998.

KEHL, Maria Rita (Org.) *Função Fraterna* Rio de Janeiro: Relume-Dumará, 2000.

LACAN, Jacques. *Escritos*. Rio de Janeiro: Jorge Zahar, 1998.

LAQUEUR, Thomas Walter. *Inventando o Sexo: Corpo e Gênero dos Gregos a Freud*. Rio de Janeiro: Relume Dumará, 2001.

LEBOVICI, Serge. *Traité de Psychiatrie de L'Enfant et de L'Adolescent*. Paris: Presses Universitaires de France, 1985.

LEVI-STRAUSS, Claude. *Antropologia Estrutural*. Rio de Janeiro: Tempo Brasileiro, 1985.

LEVI-STRAUSS, Claude. *Antropologia Estrutural Dois*. Rio de Janeiro: Tempo Brasileiro, 1976.

LEVI-STRAUSS, Claude. *A Oleira Ciumenta*. São Paulo: Editora Brasiliense, 1986.

LEVI-STRAUSS, Claude. *O Pensamento Selvagem*. São Paulo: Editora Nacional e Editora da USP, 1970.

LURKER, Manfred. *Dicionário de Simbologia*. São Paulo: Martins Fontes, 1997.

PERROT, Michelle. *Mulheres Públicas*. São Paulo: Fundação Editora da UNESP, 1998.

PIAGET, Jean. *A Representação do Mundo na Criança*. Rio de Janeiro: Record, 1983.

PIERUCCI, Antônio Flávio. *A Magia*. São Paulo: Publifolha, 2001.

POMMIER, Gérard. *A Exceção Feminina: os Impasses do Gozo*. Rio de Janeiro: Jorge Zahar Editor, 1987.

POMMIER, Gérard. *A Ordem Sexual*. Rio de Janeiro: Jorge Zahar Editor, 1992.

POMMIER, Gérard. *Do Bom Uso Erótico da Cólera e Algumas de suas Conseqüências*. Rio de Janeiro: Jorge Zahar Editor, 1996.

POSTMANN, Neil. *O Desaparecimento da Infância*. Rio de Janeiro: Graphia, 1999.

PROPP, Vladimir. *As Raízes Históricas do Conto Maravilhoso*. São Paulo: Martins Fontes, 1997.

PROPP, Vladimir. *Morfologia do Conto*. Lisboa: Vega: 2003.

LASCH, Christopher. *Refúgio num Mundo sem Coração. A Família: Santuário ou Instituição Sitiada?* Rio de Janeiro: Paz e Terra, 1991.

LAPLANCHE, Jean. *Teoria da Sedução Generalizada e Outros Ensaios*. Porto Alegre: Artes Médica, 1988.

LIPOVETSKY, Gilles. *La Tercera Mujer*. Barcelona: Anagrama, 1999.

LUYTEN, Sonia Bibe. *Mangá: o Poder dos Quadrinhos Japoneses*. São Paulo: Hedra, 2000.

MANGANELLI, Giorgio. *Pinóquio: um Livro Paralelo*. São Paulo: Companhia da Letras, 2002.

MANGEL, Alberto e GUADALUPI, Gianni. *Dicionário de Lugares Imaginários*. São Paulo: Companhia das Letras, 2003.

MEIRELES, Cecília. *Problemas da Literatura Infantil*. Rio e Janeiro: Nova Fronteira 1984.

MILLOT, Catherine. *Nobodaddy: a Histeria no Século*. Rio de Janeiro: Jorge Zahar Editor, 1989.

MOYA, Álvaro de. *História da História em Quadrinhos*. São Paulo: Editora Brasiliense, 1996.

MOYA, Álvaro de (Org.). *SHAZAM!* São Paulo: Editora Perspectiva, 1977.

RASSIAL, Jean-Jacques. *A Passagem Adolescente: da Família ao Laço Social*. Porto Alegre: Artes e Ofícios, 1997.

RASSIAL, Jean-Jacques. *O Adolescente e o Psicanalista*. Rio de Janeiro: Companhia de Freud, 1999.

ROBLES, Martha. *Mujeres, Mitos y Diosas*. México: Fondo de Cultura Económica, 2000.

RODARI, Gianni. *Gramática da Fantasia*. São Paulo: Summus Editorial, 1982.

RODRIGUES, Sonia. *Roleplaying Game e a Pedagogia da Imaginação no Brasil*. Bertrand Brasil: Rio de Janeiro, 2004.

ROITMAN, Ari (Org.) *As Identificações na Clínica e na Teoria Psicanalítica*. Rio de janeiro: Relume-Dumará, 1994.

ROUDINESCO, Elisabeth e PLON, Michel. *Dicionário de Psicanálise*. Rio de Janeiro: Jorge Zahar editor, 1998.

TRIGO, Luiz Gonzaga Godoi. *Entretenimento: Uma Crítica Aberta*. São Paulo: Editora Senac SP, 2003.

SAMDJA, Isabelle. *Harry Potter: as Razões do Sucesso*. Rio de Janeiro: Contraponto, 2004.

SPITZ, René A. *O Primeiro Ano de Vida: Um Estudo Psicanalítico do Desenvolvimento Normal e Anômalo das Relações Objetais*. São Paulo: Martins Fontes 1983.

STEINBERG, Shirley e KINSHELOE, Joe (Org.) *Cultura Infantil: a Construção Corporativa da Infância*. Rio de Janeiro: Civilização Brasileira, 2001.

TODOROV, Tzvetan. *Introdução à Literatura Fantástica*. São Paulo: Perspectiva, 2003.

WARNER, Marina. *Da Fera à Loira: Sobre Contos de Fadas e Seus Narradores*. São Paulo: Companhia das Letras, 1999.

WATT, Ian. *A Ascensão do Romance: Estudos sobre Defoe, Richardson e Fielding*. São Paulo: Companhia das Letras, 1996.

WATT, Ian. *Mitos do Individualismo Moderno: Fausto, Dom Quixote, Dom Juan, Robinson Crusoe*. Rio de Janeiro: Jorge Zahar, 1997.

WINNICOTT, D. W. *O Brincar e a Realidade*. Rio de Janeiro: Imago, 1975.

WINNICOTT, D. W. *Textos Selecionados: da Pediatria à Psicanálise*. Rio de Janeiro: Francisco Alves, 1993.

WINNICOTT, D. W. *Tudo Começa em Casa*. São Paulo: Martins Fontes, 1989.

ZILBERMAN, Regina (Org.) *A Produção Cultural para a Criança*. Porto Alegre: Mercado Aberto, 1990.

Índice